TRAITÉ PRATIQUE

DES

BREVETS D'INVENTION

DESSINS

MODÈLES ET MARQUES DE FABRIQUE

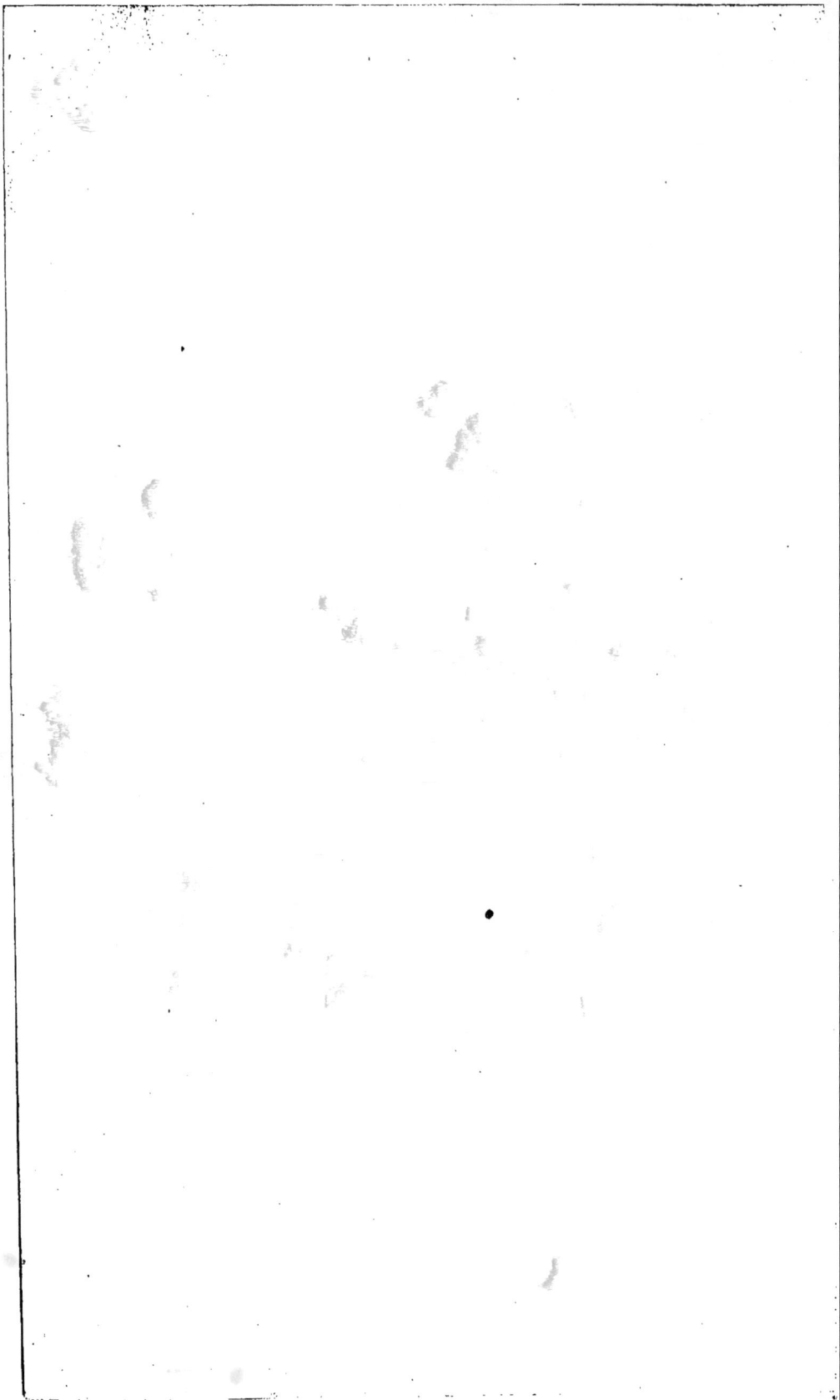

TRAITÉ PRATIQUE

DES

BREVETS D'INVENTION

DESSINS

MODÈLES ET MARQUES DE FABRIQUE

NOMS COMMERCIAUX, ENSEIGNES ET AUTRES DÉSIGNATIONS
D'ÉTABLISSEMENTS ET PRODUITS INDUSTRIELS

COMPRENANT

LA LÉGISLATION ÉTRANGÈRE ET LES TRAITÉS INTERNATIONAUX

DEUXIÈME ÉDITION

Augmentée des nouvelles Lois françaises et étrangères

PAR

IS. SCHMOLL

AVOCAT, ANCIEN MAGISTRAT

———————— ✦◆✦ ————————

PARIS

LIBRAIRIE POLYTECHNIQUE DE J. BAUDRY

RUE DES SAINTS-PÈRES, 15

—

1875

PRÉFACE

Nous examinons spécialement dans cet ouvrage cette partie du droit qui se rapporte à la propriété industrielle. Il fut un temps où l'on ne faisait guère état que de la propriété foncière. Aujourd'hui la propriété industrielle a pleinement conquis son droit de cité. Aussi est-ce devenu pour le fabricant, pour le négociant, pour le simple artisan même une impérieuse nécessité de connaître à quelles conditions tient la conservation des droits que créent, à leur profit, les productions nées de l'application des sciences ou des arts à l'industrie. Sans doute cette matière a déjà donné lieu à des études consciencieuses. Mais peut-être manquait-il un ouvrage qui condensât, en un seul volume, l'état actuel de la science sur les divers points qui font l'objet de ce traité, à savoir : les brevets d'invention, les dessins, les modèles, les marques de fabrique et la concurrence déloyale. On comprend aisément qu'ici plus qu'ailleurs le choc des intérêts a dû provoquer des luttes ardentes. Or, la loi ne peut pas tout dire ; c'est l'œuvre des tribunaux de résoudre les difficultés que n'a pas prévues le législateur. C'est ainsi que, dans ces dernières années, s'est formée, à côté de la loi, et la complétant, une jurisprudence dont les solutions peuvent être regardées désormais comme à peu près définitives. Qui ne les connaît pas, court le danger de voir périr les droits les plus précieux, faute d'avoir rempli, pour leur conservation, telle ou telle formalité essentielle. Qui ne les connaît pas, marche en aveugle, privé qu'il est de la lumière que lui fournirait la connaissance de ses droits et de ses devoirs. Répandre cette lumière si nécessaire, tel est le but que nous nous sommes proposé ; pour l'atteindre, nous avons pensé que ce n'était pas assez de faire connaître la jurisprudence française, mais que, dans un temps où les barrières sont supprimées comme les distances, où grâces à des traités conclus avec presque tous les pays civilisés, notre propriété industrielle est partout protégée, c'était un devoir pour nous de parler de la législation étrangère et des conventions internationales. Si nous ajoutons enfin que ce livre paraît, au moment où, selon une expression heureuse, vont s'ouvrir de nouveau les grandes assises de l'intelligence humaine, peut-être nous sera-t-il permis de dire que les deux raisons d'être de tout ouvrage, l'utilité et l'opportunité, ne lui font pas défaut.

Janvier 1867.

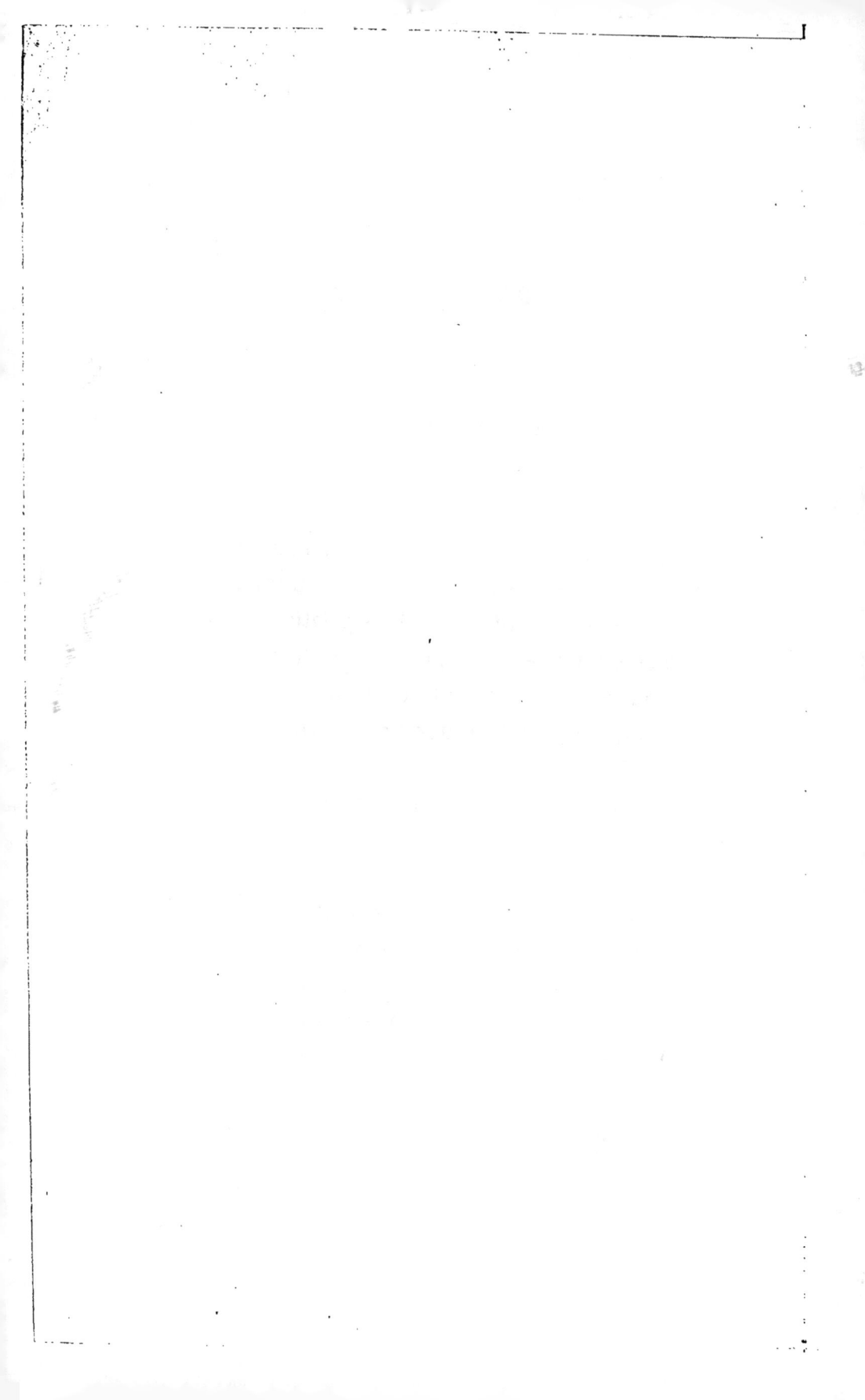

PRÉFACE

DE LA DEUXIÈME ÉDITION

———

Depuis l'époque où a paru la première édition de cet ouvrage, des modifications assez importantes se sont produites dans la législation française et étrangère de la propriété industrielle. En France, les évènements de 1870 ont donné naissance à un certain nombre de décrets qui avaient principalement pour but d'adoucir la rigueur des déchéances édictées par la loi en matière de brevets d'invention.

Bien que ces décrets aient été destinés à régler des situations toutes provisoires, il était bon de les faire connaître; car, il y aura souvent lieu d'examiner si l'inobservation des prescriptions qu'ils contiennent n'aurait pas entraîné la déchéance de plus d'un brevet pris antérieurement à 1870.

Une loi de la plus haute importance est celle du

28 novembre 1873, qui se rapporte aux marques
de fabrique. On verra que le législateur s'est proposé d'assurer aux marques de fabrique la protection la plus efficace, au moyen d'un timbre
ou poinçon spécial apposé par l'Etat et dont la
contrefaçon entraîne l'application de pénalités
terribles.

Pour la législation étrangère, on remarquera la
loi qui a aboli les brevets d'invention en Hollande. Les demandes de brevets par les hollandais devenaient de plus en plus rares. Aussi la
Chambre hollandaise, qui depuis longtemps se
proposait de modifier la loi des brevets, a trouvé
plus simple de l'abolir. Nous n'avons rien à dire
à cela, si ce n'est que désormais un hollandais ne
devrait plus pouvoir prendre de brevets en France. Et ce que nous disons ici de la Hollande, nous
le dirons également de la Suisse et de tous les
Etats où la propriété industrielle n'est pas garantie par la loi. Le seul principe juste en pareille
matière est celui de la réciprocité, principe qui
a d'ailleurs été admis par le législateur français dans la loi de 1857 sur les marques de
fabrique. Voilà bien longtemps que la loi de
1844 appelle de sérieuses réformes. Espérons
que le législateur, instruit par l'expérience de ces
quarante dernières années, n'hésitera pas à in-

troduire dans la loi nouvelle un principe qui devrait être de règle dans nos rapports avec l'étranger. A nos nationaux, nous devons la protection; aux étrangers, nous ne devons que la justice.

Le principe de réciprocité est celui qui a été admis par la Chambre des députés de l'empire d'Allemagne dans une nouvelle loi du 30 novembre 1874 sur les marques de fabrique, et dont nous avons cru devoir donner une traduction complète. On sait que la contrefaçon des marques françaises se fait en Allemagne sur une vaste échelle. La nouvelle loi règle d'une façon minutieuse les droits des propriétaires des marques de fabrique, tant allemands qu'étrangers. Espérons que cette loi ne sera pas pour les fabricants français une lettre morte, et que, lorsque leurs marques seront audacieusement contrefaites, comme il n'est arrivé que trop souvent, ils trouveront enfin des juges à Berlin.

Janvier 1875.

BREVETS D'INVENTION.

LOI DU 5 JUILLET 1844.

TITRE PREMIER.

Dispositions générales.

ARTICLE PREMIER. — Toute nouvelle découverte ou invention, dans tous les genres d'industries, confère à son auteur, sous les conditions et pour le temps ci-après déterminés, le droit exclusif d'exploiter à son profit ladite découverte ou invention. — Ce droit est constaté par des titres délivrés par le Gouvernement sous le nom de *Brevets d'invention*.

ART. 2. — Seront considérés comme inventions ou découvertes nouvelles : — L'invention de nouveaux produits industriels ; — L'invention de nouveaux moyens, ou l'application nouvelle de moyens connus, pour l'obtention d'un résultat ou d'un produit industriel.

ART. 3. — Ne sont pas susceptibles d'être brevetés :

1° Les compositions pharmaceutiques ou remèdes de toute espèce, lesdits objets demeurant soumis aux lois et règlements spéciaux sur la matière, et notamment au décret du 18 août 1810 relatif aux remèdes secrets ;

2° Les plans ou combinaisons de crédit ou de finances.

ART. 4. — La durée des brevets sera de cinq, dix ou quinze années.

Chaque brevet donnera lieu au paiement d'une taxe qui est fixée ainsi qu'il suit, savoir :

500 francs pour un brevet de cinq ans ;

1,000 francs pour un brevet de dix ans ;

1,500 francs pour un brevet de quinze ans.

Cette taxe sera payée par annuités de 100 francs, sous peine de déchéance, si le breveté laisse écouler un terme sans l'acquitter.

1

TITRE II.

Des formalités relatives à la délivrance des Brevets.

—

SECTION PREMIÈRE.

Des demandes de brevets.

ART. 5. — Quiconque voudra prendre un brevet d'invention devra déposer, sous cachet, au secrétariat de la préfecture, dans le département où il est domicilié, ou dans tout autre département, en y élisant domicile :

1° Sa demande au Ministre de l'agriculture et du commerce ;

2° Une description de la découverte, invention ou application faisant l'objet du brevet demandé ;

3° Les dessins ou échantillons qui seraient nécessaires pour l'intelligence de la description ;

4° Et un bordereau des pièces déposées.

ART. 6. — La demande sera limitée à un seul objet principal, avec les objets de détail qui le constituent et les applications qui auront été indiquées.

Elle mentionnera la durée que les demandeurs entendent assigner à leur brevet, dans les limites fixées par l'art. 4, et ne contiendra ni restrictions, ni conditions, ni réserves.

Elle indiquera un titre renfermant la désignation sommaire et précise de l'objet de l'invention.

La description ne pourra être écrite en langue étrangère. Elle devra être sans altération ni surcharges. Les mots rayés comme nuls seront comptés et constatés, les pages et les renvois paraphés. Elle ne devra contenir aucune dénomination de poids et de mesures autre que celles qui sont portées au tableau annexé à la loi du 4 juillet 1837.

Les dessins seront tracés à l'encre et d'après une échelle métrique.

Un duplicata de la description et des dessins sera joint à la demande.

Toutes les pièces seront signées par le demandeur ou par un mandataire dont le pouvoir restera annexé à la demande.

ART. 7. — Aucun dépôt ne sera reçu que sur la production d'un récépissé constatant le versement d'une somme de 100 francs à valoir sur le montant de la taxe du brevet.

Un procès-verbal, dressé sans frais par le secrétaire-général de la préfecture, sur un registre à ce destiné et signé par le demandeur, constatera chaque dépôt, en énonçant le jour et l'heure de la remise des pièces.

Une expédition dudit procès-verbal sera remise au déposant, moyennant le remboursement des frais de timbre.

ART. 8. — La durée du brevet courra du jour du dépôt prescrit par l'article 5.

SECTION II.

Délivrance des brevets.

ART. 9. — Aussitôt après l'enregistrement des demandes et dans les cinq jours de la date du dépôt, les préfets transmettront les pièces, sous le cachet de l'inventeur, au Ministre de l'agriculture et du commerce, en y joignant une copie certifiée du procès-verbal de dépôt, le récépissé constatant le versement de la taxe, et, s'il y a lieu, le pouvoir mentionné dans l'article 6.

ART. 10. — A l'arrivée des pièces au ministère de l'agriculture et du commerce, il sera procédé à l'ouverture, à l'enregistrement des demandes et à l'expédition des brevets, dans l'ordre de la réception desdites demandes.

ART. 11. — Les brevets dont la demande aura été régulièrement formée seront délivrés, sans examen préalable, aux risques et périls des demandeurs, et sans garantie, soit de la réalité, de la nouveauté ou du mérite de l'invention, soit de la fidélité ou de l'exactitude de la description.

Un arrêté du Ministre, constatant la régularité de la demande, sera délivré au demandeur et constituera le brevet d'invention.

A cet arrêté sera joint le duplicata certifié de la description et des dessins, mentionné dans l'article 6, après que la conformité avec l'expédition originale en aura été reconnue et établie au besoin.

La première expédition des brevets sera délivrée sans frais.

Toute expédition ultérieure, demandée par le breveté ou ses ayant-cause, donnera lieu au paiement d'une taxe de 25 francs.

Les frais de dessins, s'il y a lieu, demeureront à la charge de l'impétrant.

ART. 12. — Toute demande dans laquelle n'auraient pas été observées les formalités prescrites par les nos 2 et 3 de l'article 5, et par l'article 6, sera rejetée. La moitié de la somme versée sera acquise au Trésor; mais il sera tenu compte de la totalité de cette somme au demandeur, s'il reproduit sa demande dans un délai de trois mois, à compter de la date de la notification du rejet de sa requête.

ART. 13. — Lorsque, par application de l'article 3, il n'y aura pas lieu à délivrer un brevet, la taxe sera restituée.

ART. 14. — Une ordonnance royale, insérée au Bulletin des Lois, proclamera tous les trois mois, les brevets délivrés.

ART. 15. — La durée des brevets ne pourra être prolongée que par une loi.

SECTION III.

Des certificats d'addition.

ART. 16. — Le breveté ou les ayant-droit au brevet auront, pendant toute la durée du brevet, le droit d'apporter à l'invention des changements, perfectionnements ou additions, en remplissant, pour le dépôt de la demande, les formalités déterminées par les articles 5, 6 et 7.

Ces changements, perfectionnements ou additions, seront constatés par des certificats délivrés dans la même forme que le brevet principal, et qui produiront, à partir des dates respectives des demandes et de leur expédition, les mêmes effets que ledit brevet principal, avec lequel ils prendront fin.

Chaque demande de certificat d'addition donnera lieu au paiement d'une taxe de 20 francs.

Les certificats d'addition, pris par un des ayant-droit, profiteront à tous les autres.

ART. 17. — Tout breveté qui, pour un changement, perfectionnement ou addition, voudra prendre un brevet principal de cinq, dix ou quinze années, au lieu d'un certificat d'addition expirant avec le brevet primitif, devra remplir les formalités prescrites par les articles 5, 6 et 7, et acquitter la taxe mentionnée dans l'article 4.

ART. 18. — Nul autre que le breveté ou ses ayant-droit, agissant comme il est dit ci-dessus, ne pourra, pendant une année, prendre valablement un brevet pour un changement, perfectionnement ou addition à l'invention qui fait l'objet du brevet primitif.

Néanmoins, toute personne qui voudra prendre un brevet pour changement, addition ou perfectionnement à une découverte déjà brevetée, pourra, dans le cours de ladite année, former une demande qui sera transmise, et restera déposée sous cachet, au ministère de l'agriculture et du commerce.

L'année expirée, le cachet sera brisé et le brevet délivré.

Toutefois, le breveté principal aura la préférence pour les changements, perfectionnements et additions pour lesquels il aurait lui-même, pendant l'année, demandé un certificat d'addition ou un brevet.

ART. 19. — Quiconque aura pris un brevet pour une découverte, invention ou application se rattachant à l'objet d'un autre brevet, n'aura aucun droit d'exploiter l'invention déjà brevetée, et, réciproquement, le titulaire du brevet primitif ne pourra exploiter l'invention, objet du nouveau brevet.

SECTION IV.

De la transmission et de la cession des brevets.

ART. 20. — Tout breveté pourra céder la totalité ou partie de son brevet.

La cession totale ou partielle d'un brevet, soit à titre gratuit soit à titre onéreux, ne pourra être faite que par acte notarié, et après le paiement de la totalité de la taxe déterminée par l'article 4.

Aucune cession ne sera valable, à l'égard des tiers, qu'après avoir été enregistrée au secrétariat de la préfecture du département dans lequel l'acte aura été passé.

L'enregistrement des cessions et de tous autres actes emportant mutation sera faite sur la production et le dépôt d'un extrait authentique de l'acte de cession ou de mutation.

Une expédition de chaque procès-verbal d'enregistrement, accompagnée de l'extrait de l'acte ci dessus mentionné, sera transmise par les préfets, au Ministre de l'agriculture et du commerce, dans les cinq jours de la date du procès-verbal.

Art. 21. — Il sera tenu, au ministère de l'agriculture et du commerce, un registre sur lequel seront inscrites les mutations intervenues sur chaque brevet, et, tous les trois mois, une ordonnance royale proclamera, dans la forme déterminée par l'art. 14, les mutations enregistrées pendant le trimestre expiré.

Art. 22. — Les cessionnaires d'un brevet et ceux qui auront acquis d'un breveté ou de ses ayant-droit la faculté d'exploiter la découverte ou l'invention profiteront, de plein droit, des certificats d'addition qui seront ultérieurement délivrés au breveté ou ses ayant-droit. Réciproquement, le breveté ou ses ayant droit profiteront des certificats d'addition qui seront ultérieurement délivrés aux cessionnaires.

Tous ceux qui auront le droit de profiter des certificats d'addition pourront en lever une expédition au ministère de l'agriculture et du commerce, moyennant un droit de 20 francs.

SECTION V.

De la communication et de la publication des descriptions et dessins de brevets.

Art. 23. — Les descriptions, dessins, échantillons et modèles des brevets délivrés resteront, jusqu'à l'expiration des brevets, déposés au ministère de l'agriculture et du commerce, où ils seront communiqués, sans frais, à toute réquisition.

Toute personne pourra obtenir, à ses frais, copie desdites descriptions et dessins, suivant les formes qui seront déterminées dans le règlement rendu en exécution de l'art. 50.

Art. 24. — Après le paiement de la deuxième annuité, les descriptions et dessins seront publiés, soit textuellement, soit par extrait.

Il sera, en outre, publié, au commencement de chaque année, un catalogue contenant les titres des brevets délivrés dans le courant de l'année précédente.

Art. 25. — Le recueil des descriptions et dessins, et le catalogue, publiés en exécution de l'article précédent, seront déposés au ministère de l'agriculture et du commerce, et au secrétariat de la préfecture de chaque département, où ils pourront être consultés sans frais.

ART. 26. — A l'expiration des brevets, les originaux des descriptions et dessins seront déposés au Conservatoire des arts et métiers.

TITRE III.

Des droits des étrangers.

ART. 27. — Les étrangers pourront obtenir, en France, des brevets d'invention.

ART. 28. — Les formalités et conditions déterminées par la présente loi seront applicables aux brevets demandés et délivrés en exécution de l'article précédent.

ART. 29. — L'auteur d'une invention ou découverte déjà brevetée à l'étranger, pourra obtenir un brevet en France; mais la durée de ce brevet ne pourra excéder celle des brevets antérieurement pris à l'étranger.

TITRE IV.

Des nullités et déchéances, et des actions y relatives.

SECTION PREMIÈRE.

Des nullités et déchéances.

ART. 30. — Seront nuls et de nul effet les brevets délivrés dans les cas suivants, savoir :

1° Si la découverte, invention ou application, n'est pas nouvelle;

2° Si la découverte, invention ou application, n'est pas, aux termes de l'article 3, susceptible d'être brevetée ;

3° Si les brevets portent sur des principes, méthodes, systèmes, découvertes et conceptions théoriques dont on n'a pas indiqué les applications industrielles ;

4° Si la découverte, invention ou application, est reconnue contraire à l'ordre ou à la sûreté publique, aux bonnes mœurs ou aux lois du royaume, sans préjudice, dans ce cas, et dans celui du paragraphe précédent, des peines qui pourraient être encourues pour la fabrication ou le débit d'objets prohibés ;

5° Si le titre sous lequel le brevet a été demandé indique frauduleusement un objet autre que le véritable objet de l'invention ;

6° Si la description jointe au brevet n'est pas suffisante pour l'exécution de l'invention, ou si elle n'indique pas d'une manière complète et loyale, les véritables moyens de l'inventeur ;

7° Si le brevet a été obtenu contrairement aux dispositions de l'article 18 ;

Seront également nuls et de nul effet les certificats comprenant des changements, perfectionnements ou additions qui ne se rattacheraient pas au brevet principal ;

ART. 31. — Ne sera pas réputée nouvelle, toute découverte, invention ou application qui, en France ou à l'étranger, et antérieurement à la date du dépôt de la demande, aura reçu une publicité suffisante pour pouvoir être exécutée.

ART. 32. — Sera déchu de tous ses droits :

1° Le breveté qui n'aura pas acquitté son annuité avant le commencement de chacune des années de la durée de son brevet ;

2° Le breveté qui n'aura pas mis en exploitation sa découverte ou invention en France, dans le délai de deux ans, du jour de la signature du brevet, ou qui aura cessé de l'exploiter pendant deux années consécutives, à moins que, dans l'un ou l'autre cas, il ne justifie des causes de son inaction ;

3° Le breveté qui aura introduit en France des objets fabriqués en pays étranger, et semblables à ceux qui sont garantis par son brevet.

Sont exceptés des dispositions du précédent paragraphe les modèles de machines dont le Ministre de l'agriculture et du commerce pourra autoriser l'introduction dans le cas prévu par l'article 29.

ART. 33. — Quiconque, dans ses enseignes, annonces, prospectus, affiches, marques ou estampilles, prendra la qualité de breveté, sans posséder un brevet délivré conformément aux lois, ou après l'expiration d'un brevet antérieur, ou qui, étant breveté, mentionnera sa qualité de breveté ou son brevet, sans y ajouter ces mots : *sans garantie du Gouvernement*, sera puni d'une amende de 50 à 1,000 francs.

En cas de récidive, l'amende pourra être portée au double.

SECTION II.

Des actions en nullité et en déchéance.

ART. 34. — L'action en nullité et l'action en déchéance pourront être exercées par toute personne y ayant intérêt.

Ces actions, ainsi que toutes contestations relatives à la propriété des brevets, seront portées devant les tribunaux civils de première instance.

ART. 35. — Si la demande est dirigée en même temps contre le titulaire du brevet ou contre un ou plusieurs cessionnaires partiels, elle sera portée devant le tribunal du domicile du titulaire du brevet.

ART. 36. — L'affaire sera instruite et jugée dans la forme prescrite pour les matières sommaires, par les articles 405 et suivants du code de procédure civile. Elle sera communiquée au procureur du roi.

ART. 37. — Dans toute instance tendant à faire prononcer la nullité ou la déchéance d'un brevet, le ministère public pourra se rendre partie intervenante et prendre des réquisitions pour faire prononcer la nullité ou la déchéance absolue du brevet.

Il pourra même se pourvoir directement par action principale pour faire prononcer la nullité, dans les cas prévus aux numéros 2, 4 et 5 de l'article 30.

ART. 38. — Dans les cas prévus par l'article 37, tous les ayant-droit au brevet dont les titres auront été enregistrés au ministère de l'agriculture et du commerce, conformément à l'article 21, devront être mis en cause.

ART. 39. — Lorsque la nullité ou la déchéance absolue d'un brevet aura été prononcée par jugement ou arrêt ayant acquis force de chose jugée, il en sera donné avis au Ministre de l'agriculture et du commerce, et la nullité ou la déchéance sera publiée dans la forme déterminée par l'article 14 pour la proclamation des brevets.

TITRE V.

De la contrefaçon, des poursuites et des peines.

Art. 40. — Toute atteinte portée aux droits du breveté, soit par la fabrication de produits, soit par l'emploi de moyens faisant l'objet de son brevet, constitue le délit de contrefaçon.

Ce délit sera puni d'une amende de 100 à 2,000 francs.

Art. 41. — Ceux qui auront sciemment recélé, vendu ou exposé en vente, ou introduit sur le territoire français un ou plusieurs objets contrefaits, seront punis des mêmes peines que les contrefacteurs.

Art. 42. — Les peines établies par la présente loi ne pourront être cumulées.

La peine la plus forte sera seule prononcée pour tous les faits antérieurs au premier acte de poursuite.

Art. 43. — Dans le cas de récidive, il sera prononcé, outre l'amende portée aux articles 40 et 41, un emprisonnement de un à six mois.

Il y a récidive lorsqu'il a été rendu contre le prévenu, dans les cinq années antérieures, une première condamnation pour un des délits prévus par la présente loi.

Un emprisonnement d'un mois à six mois pourra aussi être prononcé, si le contrefacteur est un ouvrier ou un employé ayant travaillé dans les ateliers ou dans l'établissement du breveté, ou si le contrefacteur, s'étant associé avec un ouvrier ou un employé du breveté, a eu connaissance, par ce dernier, des procédés décrits au brevet.

Dans ce dernier cas, l'ouvrier ou l'employé pourra être considéré comme complice.

Art. 44. — L'article 463 du code pénal pourra être appliqué aux délits prévus par les dispositions qui précèdent.

Art. 45. — L'action correctionnelle, pour l'application des peines ci-dessus, ne pourra être exercée par le ministère public que sur la plainte de la partie lésée.

Art. 46. — Le tribunal correctionnel, saisi d'une action pour délit de contrefaçon, statuera sur les exceptions qui seraient tirées par le prévenu, soit de la nullité ou de la déchéance du brevet, soit des questions relatives à la propriété dudit brevet.

ART. 47. — Les propriétaires d'un brevet pourront, en vertu d'une ordonnance du président du tribunal de première instance, faire procéder, par tous huissiers, à la désignation et description détaillées, avec ou sans saisie, des objets prétendus contrefaits.

L'ordonnance sera rendue sur simple requête, et sur la représentation du brevet; elle contiendra, s'il y a lieu, nomination d'un expert pour aider l'huissier dans sa description.

Lorsqu'il y aura lieu à la saisie, ladite ordonnance pourra imposer au requérant un cautionnement qu'il sera tenu de consigner avant d'y faire procéder.

Le cautionnement sera toujours imposé à l'étranger breveté qui requerra la saisie.

Il sera laissé copie au détenteur des objets décrits ou saisis, tant de l'ordonnance que de l'acte constatant le dépôt du cautionnement, le cas échéant; le tout à peine de nullité et de dommages-intérêts contre l'huissier.

ART. 48. — A défaut par le requérant de s'être pourvu, soit par la voie civile, soit par la voie correctionnelle, dans le délai de huitaine, outre un jour par trois myriamètres de distance, entre le lieu où se trouvent les objets saisis ou décrits et le domicile du contrefacteur, recéleur, introducteur ou débitant; la saisie ou description sera nulle de plein droit, sans préjudice des dommages-intérêts qui pourront être réclamés, s'il y a lieu, dans la forme prescrite par l'article 36.

ART. 49. — La confiscation des objets reconnus contrefaits, et, le cas échéant, celle des instruments ou ustensiles destinés spécialement à leur fabrication, seront, même en cas d'acquittement, prononcées contre le contrefacteur, le recéleur, l'introducteur ou le débitant.

Les objets confisqués seront remis au propriétaire du brevet, sans préjudice de plus amples dommages-intérêts et de l'affiche du jugement, s'il y a lieu.

TITRE VI.

Dispositions particulières et transitoires.

ART. 50. — Des ordonnances royales, portant règlement d'adminis-

tration publique, arrêteront les dispositions nécessaires pour l'exécution de la présente loi, qui n'aura d'effet que trois mois après sa promulgation.

ART. 51. — Des ordonnances, rendues dans la même forme, pourront
régler l'application de la présente loi dans les colonies, avec les modifications qui seront jugées nécessaires.

ART. 52. — Seront abrogés, à compter du jour où la présente loi
sera devenue exécutoire, les lois des 7 janvier et 25 mai 1791, celle du
20 septembre 1792; l'arrêté du 17 vendémiaire an VII, l'arrêté du 5 vendémiaire an IX; les décrets des 25 novembre 1806 et 25 janvier 1807,
et toutes les dispositions antérieures à la présente loi, relatives aux brevets d'invention, d'importation et de perfectionnement.

ART. 53. — Les brevets d'invention, d'importation et de perfectionnement actuellement en exercice, délivrés conformément aux lois antérieures à la présente ou prorogés par ordonnance royale, conserveront leur effet pendant tout le temps qui aura été assigné à leur durée.

ART. 54. — Les procédures commencées avant la promulgation de
la présente loi seront mises à fin, conformément aux lois antérieures.

Toute action, soit en contrefaçon, soit en nullité ou déchéance de
brevet, non encore intentée, sera suivie conformément aux dispositions
de la présente loi, alors même qu'il s'agirait de brevets délivrés antérieurement.

TRAITÉ PRATIQUE

DES

BREVETS D'INVENTION.

LOI DU 5 JUILLET 1844

EXPLICATION.

PRINCIPES GÉNÉRAUX.

1. — Toute la théorie de la loi repose sur les trois propositions suivantes :

Première proposition : Les inventeurs ont le droit de profiter de leurs découvertes.

Deuxième proposition : La société a un droit d'usage sur ces découvertes.

Troisième proposition : Il ne faut sacrifier ni le droit de l'inventeur à celui du public, ni le droit du public à celui de l'inventeur.

2. — L'article 1er de la loi confère à l'auteur de toute nouvelle découverte ou invention industrielle, le droit exclusif de l'exploiter pendant un certain nombre d'années.

A proprement parler, il y a là plutôt un privilége, qu'une véritable propriété. Car un des caractères de la propriété, c'est d'être perpétuelle, tandis qu'ici le droit est temporaire.

Cependant on peut très-bien dire qu'on est propriétaire d'un brevet, et l'on peut en disposer par testament, par donation, par toute espèce de contrat, absolument comme des autres biens.

3. — La propriété d'un brevet peut appartenir à toute personne, à un seul ou à une société.

La société constituée pour l'exploitation d'un brevet est-elle civile ou commerciale? Nous pensons que cette société est commerciale, même lorsqu'elle n'a été formée que pour l'obtention d'un brevet; car on se propose d'obtenir une chose destinée au commerce. En tous cas, il n'y a aucune espèce de doute lorsque la société a été formée, non-seulement pour l'obtention, mais encore pour l'exploitation du brevet. La Cour de Paris a jugé que dans ce cas, ladite société était essentiellement commerciale (Arrêt du 8 janvier 1845).

4. — Sous le régime de la communauté conjugale, le brevet entre en communauté.

5. — Le brevet est comme tous les biens d'un débiteur le gage de ses créanciers. Il peut être saisi et vendu aux enchères.

6. — La preuve préalable de la qualité d'inventeur n'est pas nécessaire pour l'obtention d'un brevet. Mais ce qui peut paraître plus singulier, la qualité d'inventeur n'est pas toujours suffisante pour la validité d'un brevet : en effet, il peut très-bien arriver que deux personnes aient la même idée, et qu'un précédent inventeur se soit déjà assuré la propriété de la découverte. Le cas s'est rarement présenté. Ce qui est arrivé plus fréquemment, c'est que des indiscrétions aient été commises et qu'un faux inventeur s'appropriant une idée qui ne lui appartient pas, se soit hâté de prendre un brevet. Le brevet ne sera pas pour cela annulé : mais le véritable inventeur aura le droit d'en revendiquer la propriété.

7. — Il a été jugé que rien ne pouvait suppléer la prise d'un brevet. C'est en vain que l'inventeur dépose les modèles de son invention et leur description au greffe du Tribunal de commerce ou au Conseil des prud'hommes. Ce dépôt ne peut protéger les inventions susceptibles d'être brevetées; il n'est

utile que pour réserver la propriété des dessins de fabrique (1er mars 1845, Cour royale de Paris ; — 15 février 1854, Cour impériale de Paris).

8. — Lorsque plusieurs personnes sont co-propriétaires d'un brevet, quel est le droit de chacune d'elles ? Là Cour de Paris, par arrêt du 4 décembre 1845, a jugé que chacun des co-propriétaires pouvait user comme il l'entendrait du droit d'exploiter l'invention commune. .

ARTICLES 1 ET 2.

De ce qui peut être l'objet d'un brevet.

9. — Toutes les inventions ne peuvent être l'objet d'un brevet. Les art. 2 et 3 consacrent le principe que pour qu'une invention soit brevetée, il faut qu'elle ait pour objet un produit ou un résultat industriel.

Qu'est-ce qu'un produit industriel ? C'est un corps certain, susceptible d'entrer dans le commerce. Ainsi pour la validité du brevet, deux conditions : nouveauté de l'objet ; faculté de le mettre dans le commerce.

Peu importe que les procédés à l'aide desquels l'on obtient le produit industriel nouveau soient déjà connus : ainsi la Cour de Paris a jugé, le 29 décembre 1859, qu'un tissu imitant la broderie au crochet faite à la main, quoique produit par l'adjonction du métier à la Jacquard et du métier à mailles fixes, adjonction tombée dans le domaine public, est brevetable s'il constitue un produit industriel nouveau.

10. — Peut encore être l'objet d'un brevet, l'invention d'un moyen nouveau pour l'obtention d'un résultat ou d'un produit industriel connu. Ainsi, voici un produit industriel connu : Je trouve un instrument à l'aide duquel j'obtiens le produit avec plus de rapidité ou d'économie : seul, j'aurai le droit d'exploiter mon moyen.

11. — Peut encore être brevetée, l'application nouvelle

de moyens connus pour l'obtention d'un résultat ou d'un produit industriel connu :

Voici d'une part un instrument connu, d'autre part, un produit industriel connu ; mais, jusqu'alors, personne n'avait songé à obtenir ce produit connu au moyen de cet instrument connu : Je trouve l'application de l'instrument au produit. Il y aura là une application nouvelle susceptible d'être brevetée.

Ainsi est brevetable l'application du métier à tisser à la fabrication des paillassons ; cette opération constitue, en effet, *l'application nouvelle* de moyens connus à un produit connu.

12. — Enfin, si, par l'application nouvelle de moyens connus, j'obtiens un résultat industriel nouveau, c'est-à-dire une quantité plus grande, une qualité meilleure, brevet encore. C'est en ce sens que la Cour de Paris a jugé qu'un tissu composé d'*éléments connus* dans la fabrication des tissus était brevetable, si ces éléments n'avaient jamais été combinés ensemble pour produire le même effet (18 novembre 1857).

Ainsi, encore, a-t-on décidé que l'application nouvelle d'un point de couture depuis longtemps employé est brevetable, par exemple lorsque ce point de couture est substitué à l'emploi des cercles de cuivre servant à la fabrication de tuyaux à incendie en toile (18 juin 1846. Cour de Paris).

De même de celui qui s'est fait breveter pour l'application d'un nœud à chaque point de la couture des gants (16 juillet 1846. Cour de Paris).

13. — Mais par suite du principe que nous avons posé plus haut, à savoir qu'il n'y a que les résultats ou les produits industriels qui puissent être brevetés, la découverte d'un principe scientifique ne peut être brevetée, tandis que l'application d'un principe scientifique connu peut donner lieu à un brevet.

C'est ainsi qu'il a été jugé que l'application industrielle du rouge d'aniline pouvait faire l'objet d'un brevet, bien que cette matière fût connue dans la science, par le motif qu'aucune production ni application industrielle de cette matière n'avaient eu lieu avant l'exploitation du brevet pris pour cet objet (Cour de cassation, 28 juin 1864. Affaire Renard frères et Franc, c. Depouilly et autres).

14. — Il n'y a jamais lieu de considérer le plus ou moins d'importance de l'objet pour lequel on demande un brevet. Les objets les plus minimes, à la seule condition d'être nouveaux, peuvent être brevetés ; et, il faut le dire, ce sont bien plus souvent les petites inventions industrielles que les grandes qui font la fortune de leurs auteurs.

ARTICLE 3.

Produits pharmaceutiques. — Plans et combinaisons de crédit et de finance.

15. — Ne peuvent être l'objet d'un brevet : 1° les compositions pharmaceutiques ou remèdes de toute espèce, lesdits objets demeurant soumis aux lois et règlements spéciaux sur la matière ; 2° les plans ou combinaisons de crédit et de finance.

ARTICLE 4.

Durée des brevets.

16. — Aux termes de l'article 4, la durée des brevets est de 5, 10 ou 15 années.

Pendant longtemps, il y avait intérêt à demander un brevet de courte durée ; cela tenait à ce que la taxe était différente. Ainsi, le brevet de cinq ans coûtait 300 francs, celui de dix ans, 800, et celui de quinze ans, 1,500. Aujourd'hui que la taxe est la même, on préfère les brevets de quinze ans. Le seul intérêt qui puisse rester pour prendre un brevet de durée plus courte, c'est qu'en cas de cession, il faut payer l'intégralité de la taxe.

ARTICLES 5 ET SUIVANTS.

Formalités à remplir.

17. — Aux termes de l'article 5, « quiconque voudra prendre un brevet d'invention devra déposer sous cachet, **au**

secrétariat de la Préfecture, dans le département où il est domicilié, ou dans tout autre département, en y élisant domicile :

1° Sa demande au Ministre de l'Agriculture et du Commerce ;

2° Une description de la découverte, invention ou application faisant l'objet du brevet demandé ;

3° Les dessins ou échantillons qui seraient nécessaires pour l'intelligence de la description ;

4° Un bordereau des pièces déposées. »

L'élection de domicile, quand la demande est faite dans un département autre que celui du domicile ordinaire, a pour but de faciliter les rapports du breveté avec l'administration.

L'inventeur peut toujours déposer un échantillon ; mais c'est surtout dans les descriptions et les dessins que doit se trouver l'exposé complet de l'invention, puisque ces seules pièces sont signées de lui et remises en duplicata, dont l'un des doubles lui est ensuite transmis pour la conservation de ses droits.

Il n'en est pas de même de l'échantillon dont le dépôt n'est pas fait en double, et qui pouvant n'être pas susceptible de recevoir les signatures et cachets, soit de l'inventeur, soit de l'autorité, n'est point intimement lié au titre de l'inventeur et ne fait pas foi de l'invention et des moyens de l'exécuter (Arrêt de la Cour de Douai du 29 janvier 1859).

18. — Aux termes de l'*article* 6, la demande doit être limitée à un seul objet principal, avec les objets de détail qui le constituent et les applications qui auront été indiquées.

19. — La demande doit mentionner la durée que les demandeurs entendent assigner à leur brevet, dans les limites fixées par l'article 4, et ne contenir ni restrictions, ni conditions, ni réserves.

20. — Elle indiquera un titre renfermant la désignation sommaire et précise de l'objet de l'invention.

21. — La description ne pourra être écrite en langue étrangère. Elle devra être sans altérations ni surcharges. Les mots

rayés comme nuls sont comptés et constatés, les pages et les renvois paraphés. Elle ne devra contenir aucune dénomination de poids ou de mesures autre que celles qui sont portées au tableau annexé à la loi du 4 juillet 1837.

22. — Les dessins seront tracés à l'encre et d'après une échelle métrique.

23. — Un duplicata de la description et des dessins sera joint à la demande.

24. — Enfin toutes les pièces doivent être signées par le demandeur ou par un mandataire dont le pouvoir restera annexé à la demande.

25. — De ce que l'article 6 porte que la demande sera limitée à un seul objet, il ne s'en suit pas que le brevet ne comprenne pas les applications qui découlent nécessairement, naturellement de l'objet de l'invention. C'est en ce sens que la Cour de cassation, par arrêt, en date du 27 décembre 1837, dans l'affaire Rattier et Guibal contre Janvier, a jugé que le brevet pris pour l'idée de filer le caoutchouc réservait en même temps à l'inventeur le droit de faire des tissus avec les fils obtenus.

26. — La description doit être claire, exacte, précise, telle enfin qu'elle puisse être facilement comprise par les gens compétents.

Nous verrons plus loin que l'insuffisance de description ou la dissimulation d'une partie des moyens propres à exécuter l'objet de l'invention entraîne la nullité du brevet.

27. — Aux termes de l'*art.* 7, aucun dépôt ne sera reçu que sur la production d'un récépissé constatant le versement d'une somme de 100 francs à valoir sur le montant de la taxe du brevet.

Un procès-verbal dressé sans frais par le secrétaire-général de la préfecture, sur un registre à ce destiné, et signé par le demandeur, constatera chaque dépôt, en énonçant les jour et heure de la remise des pièces.

Une expédition dudit procès-verbal sera remise au déposant moyennant le remboursement des frais de timbre.

28. — L'*article* 8 dit que la durée du brevet courra du jour du dépôt prescrit par l'article 5.

29. — *Article 9.* — Aussitôt après l'enregistrement des demandes et dans les cinq jours de la date du dépôt, les préfets transmettront les pièces, sous le cachet de l'inventeur, au Ministre de l'agriculture et du commerce, en y joignant une copie certifiée du procès-verbal de dépôt, le récépissé constatant le versement de la taxe, et, s'il y a lieu, le pouvoir mentionné dans l'article 6.

30. — *Article 10.* — A l'arrivée des pièces au Ministre de l'agriculture et du commerce, il sera procédé à l'ouverture, à l'enregistrement des demandes et à l'expédition des brevets, dans l'ordre de la réception desdites demandes.

Délivrance des Brevets

ARTICLE 11.

31. — Les brevets dont la demande aura été régulièrement formée seront délivrés sans examen préalable, aux risques et périls des demandeurs et sans garantie soit de la réalité, de la nouveauté, ou du mérite de l'invention, soit de la fidélité ou de l'exactitude de la description.

Un arrêté du Ministre, constatant la régularité de la demande, sera délivré au demandeur et constituera le brevet d'invention.

A cet arrêté sera joint le duplicata certifié de la description et des dessins, mentionné dans l'article 6, après que la conformité avec l'expédition originale en aura été reconnue et établie au besoin.

La première expédition des brevets sera délivrée sans frais.

Toute expédition ultérieure demandée par le breveté ou ses ayant-cause, donnera lieu au paiement d'une taxe de 25 francs.

Les frais de dessin, s'il y a lieu, demeureront à la charge de l'impétrant.

Cet article consacre législativement le principe du non-examen. Le gouvernement n'a nullement à s'inquiéter de la question de savoir si une chose est oui ou non brevetable ; c'est là l'affaire des tribunaux. Seulement on laisse au Ministre le droit d'examiner si les formalités ont été remplies, comme on va le voir dans l'article 12.

ARTICLE 12.

32. — « Toute demande dans laquelle n'auraient pas été observées les formalités prescrites par les n°s 2 et 3 de l'article 5 et par l'article 6, sera rejetée. La moitié de la somme versée restera acquise au Trésor, mais il sera tenu compte de la totalité de cette somme au demandeur, s'il reproduit sa demande dans un délai de trois mois, à compter de la date de la notification du rejet de cette requête. »

On voit combien il est important de remplir exactement les formalités prescrites par les articles 5 et 6, puisque le défaut d'accomplissement de ces formalités entraîne le rejet de la demande. Ainsi le Ministre pourrait et devrait rejeter comme irrégulière une demande de brevet, qui, contrairement à l'article 6, se trouverait comprendre plusieurs objets principaux.

Mais si le Ministre ne rejetait pas la demande et délivrait le brevet, l'arrêté de délivrance aurait pour effet, aux termes de l'article 11, de constater la régularité de la demande.

Toutefois, cette constatation ne ferait pas obstacle au droit des tribunaux de reconnaître que l'un des objets est nouveau, que l'autre ne l'est pas, et de prononcer la nullité du brevet, en ce qui touche le dernier objet. Cette annulation partielle du brevet étant fondée non sur la complexité du brevet, mais sur le défaut de nouveauté de l'un des objets brevetés, ne violerait pas l'autorité de la constatation faite par le Ministre de la régularité de la demande (Ainsi jugé, Cour de cassation, 1er mars 1856).

Des Certificats d'addition.

Articles 16, 17, 18 et 19.

33. — Il faut distinguer deux cas :

Premier cas. — La personne qui a trouvé uñ perfectionnement pour un objet déjà breveté, est l'inventeur lui-même.

Deuxième cas. — C'est une autre personne que l'inventeur
qui trouve le perfectionnement.

Premier cas. — Celui qui après avoir été inventeur, a perfectionné son œuvre, a deux droits bien distincts :

1° Celui de demander un brevet d'invention pour son perfectionnement ;

2° Celui de demander un certificat d'addition.

Quel avantage y a-t-il pour l'inventeur à suivre l'une ou
l'autre voie ?

Il y a cet avantage à prendre un second brevet, d'étendre
son privilége au-delà du délai primitif ; ou pour parler plus
exactement, lorsque l'objet du premier brevet sera tombé dans
le domaine public, à l'expiration du temps fixé pour sa durée,
celui qui se sera assuré par un nouveau brevet, la jouissance
privilégiée d'un perfectionnement apporté à l'objet de son invention, aura pour ce nouvel objet, pendant une nouvelle période, un droit exclusif d'exploitation.

L'avantage que présente le certificat d'addition, c'est que
l'impétrant n'a qu'une taxe de 20 francs à payer, tandis que
dans le premier cas, il doit payer l'annuité de 100 francs,
comme pour le premier brevet.

Autre différence. — Le certificat d'addition n'étant regardé
que comme l'accessoire du brevet principal, la nullité de ce
dernier entraîne celle du certificat d'addition ; tandis que le
brevet de perfectionnement a une existence indépendante de
celle du brevet primitif.

Si donc l'inventeur éprouvait quelque doute sur le mérite
de sa première invention, et, qu'il fût au contraire assuré de
la nouveauté d'un perfectionnement, il devrait prendre un
brevet principal, de peur que, s'il se bornait à prendre un
certificat d'addition, la nullité de son brevet principal venant
à être prononcée, n'entraînât également celle du certificat
d'addition.

34. — Aux termes de l'*article* 18, le breveté ou ses ayant-

droit, c'est-à-dire ceux qui tiennent de lui la propriété du
brevet à un titre quelconque, ont seuls, le droit pendant une
année, à partir de la délivrance du brevet, de prendre valablement un brevet de perfectionnement ou un certificat d'addition.

Toutefois, cela n'empêche pas la personne qui veut prendre un brevet pour changement, perfectionnement ou addition, de former sa demande, pendant la première année. Elle
sera transmise par la préfecture au ministère de l'agriculture
et du commerce, où elle restera déposée sous cachet. L'année
expirée, le cachet sera brisé et le brevet délivré. Mais le breveté principal aurait la préférence, s'il avait lui-même formé
sa demande dans l'année.

35. — *Deuxième cas.* — Qu'arrivera-t-il lorsqu'un tiers aura
pris un brevet de perfectionnement? L'article 19 dit que
l'inventeur primitif conservera tous les avantages de son
invention. Rien de plus juste : celui qui ne fait que perfectionner ne peut pas violer le droit de l'inventeur. En revan-
che, il est juste que le titulaire du brevet primitif ne puisse
pas s'approprier gratuitement un perfectionnement dont il
n'est pas l'auteur. L'inventeur et l'auteur du perfectionnement seront donc obligés de s'entendre pour exploiter l'invention perfectionnée.

SECTION IV.

Articles 20, 21 et 22.

De la transmission et de la cession des brevets.

36. — On entend par cession, l'aliénation d'une chose, soit
à titre gratuit, soit à titre onéreux.

37. — La transmission est le changement de propriétaire
qui s'opère sans l'intervention du titulaire primitif, comme
par exemple dans une succession.

38. — Il importe de ne pas confondre la cession du brevet,

avec la concession du droit d'exploiter en tout ou partie.

Par la cession, la propriété change de main; tandis que lorsqu'il y a simple concession du droit d'exploiter en tout ou en partie, le propriétaire reste le même, et seul, il a le droit de poursuivre les contrefacteurs.

39. — Du reste, la cession peut être ou totale ou partielle. Ainsi, je puis céder le droit de fabriquer, et me réserver le droit de vendre; ou bien, je puis ne céder que pour un certain temps; ou bien encore, je puis céder à un individu tel des avantages attachés à mon invention, tel autre, à un autre individu; en un mot, je puis mettre à ma cession toutes les conditions dont un contrat ordinaire est susceptible.

Il a été jugé que le cessionnaire d'un brevet avait, par suite de la cession, le droit le plus absolu sur le brevet; qu'il pouvait l'anéantir, modifier, dénaturer même l'invention, sans que l'inventeur ait le droit de se plaindre (26 août 1845, Cour royale d'Orléans).

40. — C'est encore par application des règles du droit commun, que la Cour de Paris a jugé que celui qui cède la propriété d'un brevet pris pour un produit, et pour le procédé propre à l'obtenir, doit garantir l'obtention du produit et l'emploi du procédé, tels qu'ils sont écrits au brevet; et qu'en conséquence, si, en suivant fidèlement les prescriptions du brevet, on ne peut obtenir le produit énoncé, il y a lieu de prononcer la résiliation de la cession (3 décembre 1860, Cour de Paris).

41. — Quel sera le tribunal compétent pour statuer sur les contestations qui peuvent s'élever à l'occasion des ventes de brevets? Ici encore il faut avoir recours à une règle du droit commun. La cession d'un brevet ne constitue pas par elle-même un acte commercial. Le plus souvent, le titulaire cède son brevet moyennant une prime fixe ou une redevance annuelle; c'est là un contrat purement civil, et le tribunal civil sera seul compétent. Que si, au contraire, le vendeur reste par une clause formelle, associé au bénéfice devant résulter de l'exploitation du brevet, si la cession constitue une opéra-

tion faite dans un but commercial, les tribunaux de commerce seront alors compétents.

42. — Le contrat de cession de brevet ne relève que des règles du droit commun; mais la validité en est subordonnée à l'observation de certaines formalités prescrites par l'article 20.

D'après cet article, la cession ne peut être faite que par acte notarié, et après le paiement de la totalité de la taxe.

Il faut de plus que l'acte de cession soit enregistré au secrétariat de la préfecture du département dans lequel l'acte est passé.

L'intervention du notaire et la formalité de l'enregistrement à la préfecture ont pour but de prévenir les fraudes en donnant à la cession la plus grande publicité possible.

43. — Il faut remarquer que les formalités dont il s'agit ici, ne sont exigées que pour la cession des brevets. La simple concession d'une tolérance n'exige aucune formalité. Il a même été jugé que la mise en société d'un brevet, ne constituait pas une cession proprement dite, et que l'acte de société n'était pas soumis à la nécessité d'un acte authentique et d'un enregistrement (2 mai 1864, Cour de Paris). Cependant, il serait plus prudent en pareil cas de suivre les formalités. Car la question de savoir s'il y a une simple mise en commun ou un apport dans une société commerciale et par conséquent une mutation de propriété, peut être une question délicate à juger, et l'existence d'un brevet pourrait se trouver compromise faute d'accomplissement des formalités prescrites par les articles, dont nous occupons en ce moment.

44. — La loi ne dit pas dans quel délai les formalités devront être accomplies.

La jurisprudence a décidé qu'il suffisait qu'elles fussent accomplies avant tout acte de poursuite. Entre les parties contractantes, la cession est valable nonobstant l'inaccomplissement des formalités Les tiers seuls peuvent se prévaloir de ce qu'elles n'ont pas été remplies. Mais quand bien même des cessions antérieures auraient eu lieu par acte sous seings privés, et sans avoir payé l'intégralité de la taxe, pourvu que le dernier cessionnaire soit porteur d'un acte authentique et d'une quittance de la taxe entière, ses poursuites seront valables (26 mai 1865, Cour impériale de Paris).

Mais nous répéterons ce que nous avons déjà dit : il sera toujours plus prudent de se conformer dans tous les cas aux prescriptions de l'article 20.

45. — Une personne a fait une cession partielle de son brevet, puis elle a pris un certificat d'addition. A qui ce certificat devra-t-il profiter ?

L'article 22, dit que les cessionnaires profiteront de plein droit des certificats d'addition, qui seraient ultérieurement délivrés au breveté. Réciproquement, le breveté profitera des certificats d'addition délivrés au cessionnaire. C'est toujours l'application de la règle que le certificat d'addition n'est que l'accessoire du brevet principal.

SECTION V.

De la communication et de la publication des descriptions et dessins des brevets.

Articles 23, 24, 25 et 26.

46. — Tout le monde peut prendre connaissance des brevets. La raison de cette publicité est facile à comprendre. D'abord il est utile aux industriels de connaître les procédés brevetés, pour ne pas se mettre en contravention.

Ensuite, il faut que les personnes qui veulent prendre un brevet, puissent s'assurer qu'il n'en a pas encore été pris pour le même objet.

L'*article* 23 dit que les descriptions, dessins, échantillons et modèles des brevets délivrés resteront, jusqu'à l'expiration des brevets, déposés au ministère de l'agriculture et du commerce, où ils seront communiqués sans frais à toutes réquisitions. Toute personne peut obtenir à ses frais copie desdites descriptions et dessins.

L'article 24 dispose qu'après le paiement de la seconde annuité, les descriptions et dessins seront publiés soit textuellement, soit par extrait. — Il est en outre publié au commencement de chaque année, un catalogue contenant les titres des brevets délivrés pendant l'année précédente.

Les recueils des descriptions et dessins et le catalogue sont déposés au ministère de l'agriculture et du commerce et au secrétariat de la préfecture de chaque département où ils peuvent être consultés sans frais.

A l'expiration des brevets, les originaux des descriptions et dessins sont déposés au Conservatoire des Arts-et-Métiers.

———

TITRE III.

Des droits des étrangers.

Articles 27, 28 et 29.

47. — Les étrangers peuvent obtenir en France des brevets d'invention.

Nous ferons remarquer qu'il ne s'agit nullement ici d'une simple introduction que la loi ne protége pas, mais d'une véritable invention. Cette faculté que la loi accorde aux étrangers sera bien souvent illusoire; car, du moment que l'invention aura été rendue publique, le brevet ne pourra être obtenu en France. Mais dans les pays où les descriptions ne sont pas publiées immédiatement, cette faculté pourra être utile.

48. — La loi met une restriction à la prise des brevets par les étrangers ; c'est que la durée du brevet pris en France ne pourra excéder celle du brevet pris à l'étranger.

49. — Bien que la loi ne semble accorder qu'à celui qui s'est fait breveter à l'étranger la faculté d'obtenir en France un brevet d'invention, il résulte d'un arrêt de la Cour de cassation du 14 mars 1860 que ce droit peut être exercé par les héritiers ou ayant-cause de l'inventeur.

Le même arrêt a déc'dé qu'un brevet pris ainsi par un héritier ou un ayant-cause (celui qui tient son droit du breveté à un titre quelconque) est valable, bien que le titulaire n'ait ni rappelé dans sa demande le brevet étranger, ni indiqué en quelle qualité il agissait.

TITRE IV.

Des nullités et déchéances et des actions y relatives.

SECTION 1.

Des nullités et déchéances.

Articles 30, 31 et 32.

50. — En quoi la nullité diffère-t-elle de la déchéance ?

Un brevet dont la nullité est prononcée est censé n'avoir jamais existé.

Au contraire, un brevet tombé en déchéance, valable dans le principe, n'a cessé d'exister qu'à partir de la date des faits pour raison desquels la déchéance a été déclarée. Exemple :

Quelqu'un prend un brevet pour un produit pharmaceutique, ou pour une théorie scientifique : je puis composer le même breuvage, appliquer la même théorie sans que les inventeurs puissent jamais me rechercher : car il y a nullité.

J'ai pris un brevet parfaitement valable ; mais je laisse commencer une nouvelle année sans solder l'annuité : il y a déchéance. Ce n'est donc qu'à partir du jour de la déchéance qu'on pourra fabriquer des objets semblables à l'objet breveté. On saisit aisément les conséquences de cette différence : un brevet nul, étant censé n'avoir jamais existé, ne pourra jamais donner lieu à des dommages-intérêts. Un brevet déchu, au contraire, cessant d'exister à partir du jour de la déchéance, pourra motiver des dommages-intérêts pour toute la période de temps pendant laquelle il a été valable.

51. — Nous allons examiner d'abord les cas de nullité.

Premier cas.—Si la découverte, invention ou application n'est pas nouvelle. Aux termes de l'article 31, il n'y a plus nouveauté dès que l'invention a reçu une publicité suffisante pour pouvoir être exécutée. Peu importe d'ailleurs que la publicité résulte de ce que la prétendue invention a déjà été mise en usage, ou de ce qu'elle aurait été publiée dans un ouvrage imprimé : dès lors qu'il y a eu publicité, plus de brevet possible.

52. — Un brevet est-il un titre indivisible, et suffit-il qu'il contienne des parties non brevetables pour être déclaré nul? — Non, lorsqu'un brevet contient un objet connu et un objet nouveau, il y a invention en ce qui concerne ce dernier objet, par conséquent brevetabilité, et les tribunaux peuvent très-bien ne prononcer que la nullité partielle, en validant le brevet pour les parties nouvelles (9 juillet 1855, Cour de Paris).

Mais s'il appartient aux tribunaux de valider un brevet en ce qu'il contient de nouveau, ils ne sauraient, après avoir constaté qu'il y a des parties non brevetables, valider le brevet pour le tout. Un tel jugement implique, en effet, contradiction, et viole l'article 30 qui décrète de nullité tout brevet pris pour un objet déjà connu (6 mai 1857, Cour de cassation).

53. — De ce que le défaut de nouveauté entraîne la nullité du brevet, il ne faut pas en conclure que tout essai, toute tentative antérieure suffise à vicier le brevet; un essai infructueux peut faire naître la pensée d'une invention heureuse, et il n'est pas une invention qui ne soit en germe dans un procédé antérieur (Cour impériale de Lyon, 8 mars 1862).

54. — De même, la Cour de Paris a jugé, le 30 mai 1857, qu'un essai rudimentaire et grossier d'un appareil qui n'a jamais été exécuté en grand ni appliqué industriellement, ne constitue pas une antériorité qui s'oppose à la validité du brevet pris plus tard pour ce même appareil. Tout au plus le public pourrait-il fabriquer l'appareil, tel qu'il avait été trouvé, dans sa forme défectueuse et incomplète, mais non avec les organes nouveaux et les modifications à l'aide desquels le breveté l'a rendu industriellement praticable.

55.—Nous avons déjà vu que les principes scientifiques n'étaient pas susceptibles d'être brevetés ; au contraire, l'application industrielle de ces principes est brevetable. On ne saurait donc, en pareil cas, opposer à l'inventeur la notoriété du principe ou de la théorie scientifique. Et par exemple celui qui, le premier, isole et fabrique une substance en vue des propriétés industrielles qu'il a été aussi le premier à lui reconnaître, est dans le sens légal, le véritable inventeur, alors même qu'elle aurait été entrevue par d'autres dans des manipulations purement scientifiques (13 novembre 1861, Cour impériale de Lyon).

56. — La publicité donnée à une invention antérieurement à la prise du brevet, lui fait perdre son caractère de nouveauté. Mais il ne suffit pas qu'elle ait pu recevoir une publicité suffisante, il faut qu'elle ait effectivement reçu cette publicité. En conséquence, un inventeur peut se faire valablement breveter en France, après avoir pris un brevet en Angleterre, et pour faire annuler son brevet français, il faut prouver non-seulement qu'à partir du dépôt de sa description au *patent-office* tout le monde a pu prendre connaissance de son invention, mais qu'en réalité il en a été pris connaissance avant la demande du brevet en France (22 juin 1861, Cour impériale d'Amiens).

Le dépôt au conseil des prud'hommes antérieurement à la prise du brevet, constitue-t-il une publication suffisante pour invalider un brevet pris postérieurement pour le même objet ? C'est avec raison que le tribunal de la Seine a, par jugement du 13 mai 1862, décidé la négative en se fondant sur ce que le dépôt au conseil des prud'hommes est cacheté.

Quant à la publicité en elle-même, à la divulgation, ce sera une question d'appréciation à faire par les tribunaux. Le breveté a-t-il fait connaître son invention de telle façon qu'on ait pu croire qu'il renonçait à vouloir prendre un brevet, il y aura nullité. S'est-il au contraire borné à parler de son invention à un nombre restreint de personnes auxquelles il aura demandé des conseils, des encouragements, dans ce cas il ne saurait encourir les rigueurs de l'article 31.

C'est en ce sens qu'il a été jugé que la démonstration d'un procédé, faite devant un jury d'exposition, est réputée confidentielle et que par conséquent elle n'enlève pas à l'inventeur son caractère de nouveauté (8 mars 1859, tribunal correctionnel de la Seine).

Le même tribunal est allé plus loin encore : il a décidé par jugement du 4 février 1859, que l'inventeur peut vendre le produit de son invention avant de le faire breveter, si ces ventes n'ont pour but que d'essayer la bonté de son produit, et si d'ailleurs la vue de l'objet ne révèle pas le procédé employé pour le fabriquer ; il n'y a pas dans ce cas divulgation de l'invention.

Quant à la divulgation par les ouvriers, les employés du maître, la jurisprudence est unanime à reconnaître qu'elle ne saurait constituer une véritable publicité, et que l'invention brevetée postérieurement à cette divulgation frauduleuse, doit néanmoins être considérée comme nouvelle.

57.— Cependant la Cour de cassation a rendu, le 12 janvier 1865, un arrêt d'où il résulte que dès là que la publicité a été suffisante pour permettre l'exécution de l'invention, soit qu'elle ait eu lieu en France, soit qu'elle ait eu lieu à l'étranger, le brevet pris postérieurement en France, est frappé de nullité. Un sieur Joly avait pris en Belgique un brevet d'invention pour des procédés de teinture dits cache-poutils. Dans un procès de contrefaçon dirigé par lui contre un sieur Bertre, ce dernier soutenait que le brevet était nul par ce motif que la publicité antérieure à la découverte ou invention, pour laquelle M. Joly s'était fait breveter, résultait, en premier lieu, de ce qu'il avait quelques mois auparavant, pris un brevet en Belgique pour la même découverte ; en second lieu, de ce que l'arrêté du Ministre portant à son profit octroi dudit brevet, avait été inséré par extrait au *Moniteur belge* ; en troisième lieu, de ce que la description qui y avait été jointe, avait été également insérée, par extrait, dans le *Recueil spécial des brevets d'invention*, publié en Belgique, en exécution de l'article 20 de la loi belge, du 24 mai 1854 ; et enfin, en quatrième lieu, de ce que, conformément au dernier paragraphe dudit article 20, les descriptions et dessins du brevet belge de Joly avaient été mis plusieurs mois avant la demande de son brevet en France, à la disposition du public, qui était ainsi admis à en prendre connaissance et en obtenir des copies moyennant le paiement des frais. La Cour de Paris avait repoussé ces divers moyens, sur ce qu'il n'était pas justifié que l'invention eût été effectivement exécutée. Mais la Cour suprême a cassé l'arrêt de la Cour de Paris. Elle a posé en principe que la disposition de l'article 31 était générale et absolue ; que la loi ne distinguait pas entre la publicité de fait et la publicité légale, et que cette publicité légale résultait du dernier paragraphe de l'article 20 de la loi belge, c'est-à-dire de la mise à la disposition de tous dans les archives et dépôts publics, des descriptions et dessins annexés au brevet. Là, le public avait pu prendre une connaissance complète de tous les éléments du brevet Joly. Le brevet avait donc reçu tout à la fois une publicité légale et de fait complètement suffisante pour l'exécution de l'invention ; donc l'invention était connue avant d'être brevetée en France ; donc le brevet français de M. Joly était entaché de nullité.

Cet arrêt est un des plus importants que la Cour de cassation ait rendus en matière de brevets d'invention. Il touche en effet toutes les inventions qui, avant d'avoir d'avoir été brevetées en France, l'auraient été dans les pays étrangers où la loi a organisé une publicité immédiate des brevets (V. le *Génie industriel*, livraison d'avril 1865).

58. — *Deuxième cas.* — On a vu dans l'article 3, que les compositions pharmaceutiques et les plans ou combinaisons de crédit ou de finances ne sont pas susceptibles d'être brevetés. En conséquence, un brevet pris pour l'un de ces objets serait radicalement nul.

Ajoutons que les simples changements de forme ou des ornements nouveaux ne sont pas non plus des objets brevetables.

59. — *Troisième cas.* — Si les brevets portent sur des principes, méthodes, systèmes, découvertes et conceptions

théoriques dont on n'a pas indiqué les applications industrielles.

Nous avons déjà vu en effet que ces sortes de découvertes ne sont pas brevetables ; qu'il n'y a de brevetable que ce qui offre une application industrielle.

Ainsi il a été jugé qu'une méthode pour l'enseignement de la lecture ou de la calligraphie , ne constituait pas un objet brevetable.

La Cour de cassation a décidé que l'idée théorique de la déviation verticale des gaz des hauts-fourneaux n'était pas susceptible d'être brevetée, indépendamment de tout système d'application (2 mai 1851).

60. — *Quatrième cas.* — Toute invention contraire à l'ordre, à la sûreté publique, aux bonnes mœurs ou aux lois.

Le § 4 de l'article 30 ajoute : « Sans préjudice dans ce cas » et dans celui du § précédent, des peines qui pourraient être » encourues pour la fabrication ou le débit d'objets pro- » hibés. »

Ainsi celui qui, par une méthode nouvelle, essaierait de fabriquer du tabac ou de la poudre , s'exposerait aux peines de la loi. Mais l'inventeur d'un système nouveau de fabrication de ces objets, dont le monopole est entre les mains de l'Etat, ne prendrait pas pour cela un brevet nul : seulement il devrait céder son brevet à l'État.

61. — *Cinquième cas.* — Si le titre sous lequel le brevet a été demandé indique frauduleusement un objet autre que le véritable objet de l'invention.

Il faut remarquer ici que ce n'est pas la simple erreur, mais l'erreur frauduleuse seulement qui est atteinte par la loi.

62. — *Sixième cas.* — Si la description jointe au brevet n'est pas suffisante pour l'exécution de l'invention , ou si elle n'indique pas d'une manière complète et loyale les véritables moyens de l'invention.

Mais, si la description doit être exacte et loyale, il n'est pas nécessaire qu'elle indique les applications naturelles, nécessaires ou analogues qui se rattachent à l'invention. A l'appui de cette théorie, nous avons déjà cité l'arrêt de la Cour de cassation, aux termes duquel il a été jugé que celui qui a trouvé le moyen de filer le caoutchouc, a, par cela même, le droit exclusif de faire des tissus avec ces fils, bien qu'il ne l'ait pas revendiqué dans son brevet.

Il a été jugé avec raison que l'expiration d'un brevet délivré pour un produit nouveau (le drap-velours de Montagnac) obtenu par l'application et la combinaison nouvelle de moyens connus, n'entraîne point la déchéance d'un second brevet délivré à l'inventeur de ce produit pour un procédé nouveau (le battage à frais), qui permet de fabriquer le même produit industriel avec plus de précision et de rapidité, lorsqu'il n'a pas été prouvé que le procédé, objet du second brevet, fût compris de fait ou d'intention dans le mémoire descriptif annexé au premier brevet ; dans ce cas, les deux brevets ont une vitalité distincte, comme leur objet (Cour impériale de Metz, 11 février 1864. Voir Dalloz, jurisp. génér. 6e et 7e cahier 1864).

63. — Il n'est pas nécessaire que l'inventeur explique les principes scientifiques dont son invention est l'application. Ce qu'il faut, c'est qu'il explique l'objet de sa découverte d'une manière assez claire ou assez complète pour que tout homme compétent puisse l'exécuter. En un mot, il ne doit rien cacher de ce qui fait partie de son invention.

64. — *Septième cas:* — Si le brevet a été obtenu contrairement aux dispositions de l'article 18.

C'est-à-dire, si un brevet de perfectionnement a été pris par un autre que l'inventeur dans la première année de la concession du brevet.

65. — La loi déclare nuls également les certificats comprenant des changements, perfectionnements ou additions qui ne se rattacheraient pas au brevet principal.

66. — Examinons maintenant les cas de déchéance.

La loi déclare déchus de tous ses droits.

1o Le breveté qui n'aura pas acquitté son annuité avant le

commencement de chacune des années de la durée de son brevet.

67. — Comment doit se calculer le délai? La Cour de cassation, par arrêt du 10 janvier 1863, a décidé que le jour du dépôt à la préfecture de la demande d'un brevet, jour duquel court la durée de ce brevet, n'était pas compris dans le calcul de la durée de chacune des années du brevet. En conséquence, le breveté qui a fait sa demande le 29 décembre, à 11 heures 45 minutes, a, pour payer la taxe annuelle, la journée entière du 29 décembre des années suivantes, et le paiement de l'annuité est utilement fait en ce jour, même après 11 heures 45 minutes.

68. — Mais quand le paiement de la taxe n'a pas été effectué au jour fatal, la déchéance est encourue d'une manière absolue.

69. — Que faut-il décider lorsqu'il s'agit du paiement de la totalité de la taxe exigée en cas de cession par l'article 20? La Cour de cassation a, dans son arrêt du 1er septembre 1855, jugé que le retard apporté à ce paiement n'entraîne pas la déchéance.

70. — 2° Est également déchu de tous ses droits, le breveté qui n'aura pas mis en exploitation sa découverte ou invention en France, dans le délai de deux ans à dater du jour de la signature du brevet, ou qui aura cessé de l'exploiter pendant deux années consécutives, à moins que dans l'un et l'autre cas, il ne justifie des causes de son inaction.

L'intérêt de la société exigeait qu'on ne permît pas à l'inventeur de rester éternellement dans l'inaction. Mais il peut arriver aussi que cette inaction ait été forcée, par exemple si l'inventeur a été atteint d'une maladie, ou si, malgré ses efforts il n'a pu trouver les capitaux nécessaires. Dans ce cas, les tribunaux ont un plein pouvoir d'appréciation.

Il suffit du reste, pour qu'il n'y ait pas déchéance, que l'exploitation n'ait pas été interrompue pendant deux années consécutives.

71. — 3° Est encore déchu le breveté qui aura introduit

en France des objets fabriqués en pays étranger et semblables
à ceux qui sont garantis par son brevet.

Cet article a été introduit dans l'intérêt de l'industrie française. Il ne faut pas que celui qui est protégé dans son industrie par la loi de son pays refuse de faire profiter le travail
national de la main-d'œuvre résultant de l'emploi de son
industrie.

L'article 32, dernier alinéa, faisait une exception pour les
modèles de machines dont le Ministre de l'agriculture et du
commerce pourrait autoriser l'introduction dans le cas prévu
par l'article 29, c'est-à-dire dans le cas où l'auteur d'une
invention ou découverte déjà brevetée à l'étranger prend un
brevet en France. Le dernier alinéa de l'article 32 a été considéré depuis comme trop restrictif du pouvoir du Ministre,
et il a été modifié de la manière suivante par la loi du 31
mai 1856 : « Néanmoins, le Ministre de l'agriculture, du
» commerce et des travaux publics, pourra autoriser l'intro-
» duction 1° des modèles de machines ; 2° des objets fabriqués
» à l'étranger, destinés à des expositions publiques ou à des
» essais faits avec l'assentiment du gouvernement. »

72. — L'article 33 punit d'une amende de 50 à 1,000 francs
celui qui, dans des enseignes, annonces, prospectus, affiches,
marques ou estampilles, prendrait la qualité de breveté sans
posséder un brevet délivré conformément aux lois, ou après
l'expiration d'un brevet antérieur.

73. — La loi punit de la même peine celui qui, étant breveté, mentionnerait sa qualité de breveté ou son brevet sans
y ajouter ces mots : *Sans garantie du gouvernement.*

En cas de récidive, l'amende peut être portée au double.

74. — Il a été jugé que le droit de poursuivre en vertu
de l'article 33 n'appartenait pas exclusivement au ministère
public, mais qu'il pouvait être exercé par un particulier dans
son intérêt personnel (1er avril 1851. Tribunal correctionnel
de la Seine).

75. — Un industriel pourrait commettre certains faits
qui, sans tomber sous l'application de la loi pénale, donne-

raient lieu à des dommages-intérêts pour concurrence déloyale. Tel serait le fait de se dire l'inventeur d'un procédé dont on ne serait que l'acheteur. L'usurpation du titre d'inventeur, même après que le procédé est tombé dans le domaine public, donnerait lieu à des dommages-intérêts au profit de l'inventeur véritable.

76. — Se rend également coupable de concurrence déloyale le fabricant qui, ayant reçu des médailles à l'Exposition pour des machines à graver, fait figurer lesdites médailles sur ses annonces, où il n'est question que de machines à coudre. En conséquence, celui qui a été médaillé pour les machines à coudre a le droit de l'actionner en dommages-intérêts (11 novembre 1859. Cour de Paris).

SECTION II.

Des actions en nullité et en déchéance.

ARTICLES 34, 35, 36, 37, 38 et 39.

77. — Nous allons maintenant examiner par quels tribunaux doivent être jugés les procès relatifs aux brevets d'invention, quelles personnes peuvent intenter ces procès, quelle est, enfin, la manière de procéder.

L'article 34 nous dit que toutes contestations relatives à la propriété des brevets seront portées devant les tribunaux civils de première instance. Le même article nous apprend que les actions en nullité et en déchéance peuvent être intentées par toute personne y ayant intérêt.

Que faut-il entendre par ces mots : Toute personne y ayant intérêt?

Est-ce à dire que toute personne peut, dans l'intérêt général de la société ou de l'industrie, attaquer un brevet?

Non, le ministère public seul est investi en France d'un tel pouvoir.

Il faut que le demandeur en nullité ou en déchéance ait à faire le procès un intérêt réel, sérieux, justifié. « Ainsi,

disait M. Philippe Dupin lors de la discussion de la loi, un
fabricant voudra faire usage d'une machine brevetée ; par
exemple, un marchand de draps voudra se servir de ce qu'on
appelle une tondeuse, il aura le droit d'attaquer celui qui,
sans droit, aurait pris un brevet pour cette machine. »

Par suite de ce principe, que toute personne y ayant intérêt
peut intenter l'action en nullité ou en déchéance, on comprend
que le titulaire d'un brevet peut se trouver exposé à une foule
de procès. En vain aura-t-il triomphé contre un premier adversaire ; comme la chose jugée n'a d'autorité qu'entre les
mêmes parties, des adversaires nouveaux pourront venir le
relancer. Il y a là un grand inconvénient, dont le seul remède
se trouve dans les dommages-intérêts que les tribunaux
pourront prononcer contre les plaideurs téméraires.

78. — Aux termes de l'article 35, si la demande est dirigée en même temps contre le titulaire du brevet et contre un
ou plusieurs cessionnaires partiels, elle sera portée devant le
tribunal du domicile du titulaire du brevet.

La raison de cette disposition est fort simple :

En général, lorsqu'on intente une action contre plusieurs
personnes, on a le droit d'assigner, à son choix, devant le
tribunal du domicile de l'une des parties attaquées. Je réclame 10,000 francs à Pierre, de Paris, Paul, de Lyon, Jean,
d'Orléans ; je puis, si je veux, traîner Pierre et Paul devant le
tribunal d'Orléans. Mais en matière de brevet d'invention, la
partie la plus intéressée au procès est presque toujours le
titulaire, soit qu'il retire du brevet les bénéfices les plus
considérables, soit qu'il ait à répondre au recours de ses cessionnaires ; il aurait donc été injuste de le soustraire à la
juridiction de ses juges naturels, et c'est pourquoi la loi veut
que le procès soit jugé par le tribunal du lieu où demeure le
principal intéressé, le titulaire du brevet.

79. — L'*article* 36 nous dit que l'affaire sera instruite et
jugée dans la forme prescrite pour les matières sommaires,
par les 405 et suivants du Code de procédure civile, et qu'elle
sera communiquée au procureur impérial.

La procédure dans les matières appelées sommaires, comme par exemple une demande dont le taux ne dépasse pas 1500 fr., est plus rapide et plus économique que dans les matières ordinaires.

Les procès de brevet d'invention sont certainement de ceux qui demandent à être jugés avec le plus de rapidité et le moins de frais possible. Mais, en fait, il faut bien reconnaître qu'il y a loin ici de la théorie à la pratique. Car il n'est guère de procès en contrefaçon qui ne nécessitent des enquêtes, des expertises, d'où des délais et des frais quelquefois considérables.

80. — Le dernier alinéa de l'article 36, veut que le procureur impérial soit entendu en ses conclusions. L'article 37 lui donne un rôle beaucoup plus important. Dans les procès tendant à faire prononcer la nullité ou la déchéance d'un brevet, le ministère public pourra se rendre partie intervenante et prendre des réquisitions pour faire prononcer la nullité ou la déchéance absolue du brevet.

Cette disposition a pour but d'éviter la multiplicité des procès. En effet, l'autorité de la chose jugée n'a lieu qu'entre les mêmes parties. Le procès jugé entre Pierre et Paul ne l'est qu'entre eux, et il peut recommencer le lendemain sur le même objet, et être jugé différemment, si les parties sont différentes. On a donc voulu parer à cet inconvénient. Et comme le ministère public représente la société tout entière, la loi lui a conféré le droit de demander la nullité ou la déchéance absolue. De telle sorte que si le tribunal fait droit aux réquisitions du ministère public, le procès sera jugé contre le breveté d'une manière définitive.

Il faut remarquer que si devant le tribunal civil le droit d'intervention du ministère public est absolu, ce droit ne peut être exercé devant le tribunal correctionnel, où les moyens de nullité et de déchéance ne sont appréciés qu'au point de vue de la poursuite, de la question de savoir si le prévenu doit être oui ou non condamné, mais où jamais les juges n'ont le droit de prononcer d'une manière générale la nullité ou la déchéance d'un brevet, questions qu'il appartient au tribunal civil seul de décider (ainsi jugé, 8 décembre 1850, Cour d'Amiens).

81. — Comme par suite du droit d'intervention et même d'action principale du ministère public, le brevet peut tomber d'une manière définitive, l'*article* 38 exige que dans le cas prévu par l'article 37, tous les ayant-droit au brevet dont les titres auront été enregistrés au ministère de l'agriculture et du commerce, conformément à l'article 21, soient mis en cause. Et comme le public profite de cette décision, il faut qu'il soit averti. Aussi l'*article* 39 dit-il : « Lorsque la nullité ou la déchéance absolue d'un brevet aura été prononcée par jugement ou arrêt ayant acquis force de chose jugée (c'est-à-dire contre lequel aucun recours n'est plus possible), il en sera donné avis au ministre de l'agriculture et du commerce, et la nullité ou la déchéance sera publiée dans la forme déterminée par l'article 14 pour la proclamation des brevets. »

82. — Il faut remarquer ici que ce droit accordé au ministère public de faire prononcer une nullité ou une déchéance absolue est exorbitant du droit commun. Il constitue une véritable exception aux principes de l'autorité de la chose jugée, en vertu desquels une décision judiciaire n'a de valeur qu'entre les parties qui figuraient au procès. Lors de la discussion de la loi, il fut entendu qu'une circulaire ministérielle recommanderait aux officiers du ministère public de n'user qu'avec une grande modération du pouvoir nouveau ui leur était conféré.

83. — Ainsi l'intérêt général est sauvegardé par le ministère public auquel la loi donne un double droit : 1° celui d'intervention dans toute instance, tendant à faire prononcer la nullité ou la déchéance d'un brevet ; 2° celui d'action principale. Nous avons vu que le premier de ces droits est absolu. Il n'en est pas de même du second. D'abord le ministère public ne peut jamais de son chef intenter une action en déchéance. Et pour les nullités, il ne peut exercer l'action directe que dans trois cas seulement, qui sont

considérés comme étant d'ordre public, savoir : 1° Si la découverte, invention ou application n'est pas, aux termes de l'article 3, susceptible d'être brevetée; 2° si elle est reconnue contraire à l'ordre ou à la sûreté publique, aux bonnes mœurs ou aux lois de l'Empire; 3° si le titre sous lequel le brevet a été demandé indique frauduleusement un objet autre que le véritable objet de l'invention.

84. — Quand la partie demanderesse en nullité ou en déchéance aura succombé, le ministère public intervenant, quel sera l'effet de la sentence pour l'avenir? Il est évident que si le ministère public a fait valoir seulement une cause de nullité ou de déchéance, il pourra plus tard en faire valoir une nouvelle; mais il ne pourra plus agir pour la même cause; et le ministère public de tous les autres tribunaux ne pourra plus l'invoquer : car il est de principe que le ministère public est indivisible.

85. — Mais, lorsque la demande a été ainsi rejetée, les particuliers ont-ils encore le droit de faire valoir l'action en nullité ou en déchéance pour la même cause? Oui, car la loi, à tort ou à raison, a voulu que le jugement qui, s'il annule le brevet, à la requête du ministère public, peut être invoqué par tous, n'eût d'effet, s'il est favorable au breveté, qu'à l'égard de ceux qui y ont été parties.

86. — Celui qui a succombé dans un instance en nullité, peut former une nouvelle action pour cause de déchéance, et réciproquement. Mais celui qui a succombé dans une action en nullité, motivée, par exemple, sur le défaut de nouveauté, peut-il renouveler cette action, en invoquant un autre moyen, par exemple, l'infidélité de la description? La question est controversée, mais l'affirmative est généralement admise.

TITRE V.

De la contrefaçon, des poursuites et des peines.

Articles 40, 41, 42, 43, 44, 45, 46, 47, 48 et 49.

87. — La loi définit la contrefaçon, l'atteinte portée aux

droits du breveté soit par la fabrication de produits, soit par l'emploi de moyens faisant l'objet de son brevet. Le délit de contrefaçon est puni d'une amende de 100 à 2,000 francs.

88. — Celui qui intente une action en contrefaçon peut à son choix la porter devant le tribunal civil ou le tribunal correctionnel. La juridiction correctionnelle offre l'avantage d'être plus rapide et moins coûteuse.

89. — Il faut remarquer que ce que la loi punit comme délit de contrefaçon, c'est l'atteinte aux droits du breveté, résultant : 1° soit de la fabrication de produits; 2° soit de l'emploi de moyens faisant l'objet du brevet. Une atteinte quelconque portée aux droits du breveté ne suffit pas pour constituer la contrefaçon; il faut que les faits aient une gravité assez grande pour motiver une condamnation correctionnelle, et cette gravité se trouve précisément dans la fabrication des produits ou l'emploi des moyens qui font l'objet du brevet.

90. — On n'aurait pas le droit de fabriquer des objets semblables, alors même qu'on alléguerait n'en pas vouloir faire commerce. Mais chacun a le droit de faire sur un même sujet des études, des expériences.

91. — La contrefaçon peut exister, malgré quelques légères différences dans la fabrication des objets. Ainsi on a très-bien pu juger que lorsqu'un individu est breveté pour la fabrication des bourrelets en baleine pour enfants substitués aux bourrelets matelassés pour éviter la transpiration, celui qui fabrique des bourrelets en osier se rend coupable de contrefaçon.

92. — Il a été jugé également qu'en matière de procédés chimiques, il n'est pas nécessaire, pour qu'il y ait contrefaçon, qu'on ait employé identiquement les substances indiquées par le breveté; il suffit que les substances employées soient analogues à celles désignées au brevet (30 novembre 1859. Cour de Paris).

93. — Jugé encore que lorsqu'un brevet a été valablement pris pour le rouge extrait de l'aniline, et qui n'est autre que le résultat de la faculté qu'a l'aniline de se colorer en rouge

au contact de certains réactifs, nul autre que le breveté ne peut fabriquer du rouge d'aniline par aucun procédé, alors même que la constitution chimique du produit serait différente (13 novembre 1861. Cour impériale de Lyon).

94. — En résumé, pour qu'il y ait contrefaçon, la loi n'exige pas que l'objet argué de contrefaçon soit en tout identique à l'objet breveté, mais seulement que, par l'emploi du même système, du même procédé, on soit parvenu à se procurer le même effet utile (31 décembre 1856. Cour de Lyon).

95. — Aux termes de l'article 3 du code pénal, les tentatives de délits ne sont considérées comme délits que dans des cas déterminés par une disposition spéciale de la loi. La loi de 1844 étant muette sur ce point, il en résulte que la tentative de contrefaçon ne saurait être considérée comme un délit.

96. — La contrefaçon peut résulter de réparations d'une certaine nature. Il a été jugé que l'acheteur d'un objet breveté qui, par des réparations importantes, perpétue l'usage de la chose vendue, est coupable de contrefaçon (19 août 1854, Cour de Paris; et 24 avril 1855, Cour d'Orléans).

97. — Dans l'affaire Sax contre Besson, la Cour de Paris, par arrêt du 11 juillet 1861, a décidé que le fait de recevoir des objets qu'on sait être contrefaits pour les réparer, constitue le délit de recel, prévu et puni par l'article 41 ; mais qu'il y a contrefaçon de la part de celui qui, en réparant ces objets contrefaits, prolonge leur durée, les transforme et leur donne par cette transformation une existence légale.

98. — Le délit de contrefaçon résulte encore de la violation des conventions passées avec le breveté. La Cour de Paris, par arrêt du 14 avril 1859, a jugé que lorsque le droit de fabriquer un objet breveté n'a été concédé qu'à une condition, laquelle n'a pas été exécutée, toute fabrication constitue non pas une simple inexécution justiciable des tribunaux civils, mais bien le délit de contrefaçon pour lequel le tribunal correctionnel est compétent.

99. — Le tribunal de Cambrai est même allé jusqu'à décider (19 mai 1835) que celui-là est coupable de contrefaçon, qui transporte un outil breveté dans un autre endroit que l'endroit convenu avec le breveté.

100. — Celui qui fait fabriquer des objets contrefaits doit être considéré comme *co-auteur* de la contrefaçon et frappé de la peine édictée par l'article 40. Conformément à ce principe, la Cour de Paris a jugé que l'administration d'un chemin de fer qui commande des travaux à des entrepreneurs de son choix est responsable de la contrefaçon commise dans l'exécution desdits travaux (10 février 1859, affaire Pouillet contre le chemin de fer de Graissessac).

101. — Lorsque l'invention consiste uniquement dans la forme nouvelle, donnée à l'instrument employé à la production d'un résultat industriel connu, on ne peut réputer contrefacteur celui qui a obtenu le même résultat avec un instrument d'une forme différente ; par exemple, l'individu breveté pour le tannage des cuirs au moyen d'une presse à plateau de son invention n'est pas fondé à poursuivre en contrefaçon celui qui a fait usage d'une presse différente pour le tannage par la pression.

102. — L'article 41 dit que ceux qui auront sciemment recelé, vendu ou exposé en vente, ou introduit sur le territoire français un ou plusieurs objets contrefaits, seront punis des mêmes peines que les contrefacteurs.

Ainsi la loi considère comme des délits : 1° le recel ; 2° la vente ; 3° l'exposition en vente ; 4° l'introduction sur le territoire français d'un ou plusieurs objets contrefaits.

Mais une différence profonde sépare le délit prévu par l'article 40 de celui que frappe l'article 41. En effet, en ce qui touche le délit de contrefaçon, la bonne foi n'est pas un motif d'excuse, tandis que la loi ne punit les faits qu'elle prévoit dans l'article 41 que lorsqu'ils ont été commis sciemment, c'est-à-dire avec connaissance de la contrefaçon.

La raison de cette différence est très-simple. Il existe en effet un dépôt général où le fabricant peut et doit rechercher les inventions brevetées avant d'appliquer son industrie à des objets nouveaux. Il est donc toujours coupable au moins de négligence ou d'imprudence grave, lorsqu'il a fabriqué des objets déjà brevetés au profit d'un autre. Mais on ne pourrait sans une gêne excessive, imposer au commerce la même obligation de recherche; il convenait donc de ne punir le vendeur et l'introducteur d'objets contrefaits, que lorsqu'ils auraient eu connaissance de la contrefaçon.

103. — Toutefois on a jugé que le simple débitant, bien qu'il ne puisse être condamné aux peines prononcées par la loi qu'autant qu'il est prouvé qu'il a agi sciemment, peut néanmoins, lorsqu'il est actionné devant un tribunal civil, être déclaré responsable du préjudice qu'il a causé par sa faute. Dans ce cas, la faute consiste à avoir agi imprudemment en faisant ce qui était interdit par le brevet, qui est un acte du gouvernement légalement publié (12 mai 1860, tribunal civil de la Seine).

104. — Il a été jugé également que le prévenu de contrefaçon, acquitté par la juridiction correctionnelle, attendu que sa mauvaise foi n'était pas prouvée, n'en est pas moins responsable civilement du préjudice qu'il a causé par sa faute, son imprudence ou sa négligence (14 mars 1862, tribunal civil de la Seine).

105. — L'*article* 42 dit que les peines établies par la loi ne pourront jamais être cumulées; et que la peine la plus forte sera seule prononcée pour tous les faits antérieurs au premier acte de poursuite.

106. — L'*article* 43 prononce, en cas de récidive, outre l'amende portée aux articles 40 et 41, un emprisonnement d'un à six mois.

La récidive, c'est-à-dire le fait de renouveler la faute qui a déjà été une première fois réprimée, indique dans l'auteur du fait une immoralité spéciale. La loi a donc pu aller en ce cas jusqu'à l'emprisonnement. Toutefois, il était bon de fixer un délai au delà duquel un individu ne pourrait plus être considéré comme récidiviste. Aussi la loi dit-elle qu'il n'y a récidive que pour autant qu'il a été rendu contre le prévenu, dans les cinq années antérieures, une première condamnation pour un des faits prévus par les articles 40 et 41.

107. — On a pensé aussi que la peine de l'emprisonnement devait être appliquée, quand le contrefacteur serait un ouvrier ayant travaillé dans les ateliers du breveté, ou lorsque, s'étant associé avec un ouvrier du breveté, il aurait eu par lui connaissance des procédés décrits au brevet, et que, dans ce cas, l'ouvrier pourrait être considéré comme complice du contrefacteur.

108. — La Cour de cassation, par arrêt du 28 mai 1853, a décidé que l'article 43 était applicable même au cas où la contrefaçon, résultant de la coopération de l'ouvrier, a précédé la demande de brevet.

En effet, dans le sens de cet article, le mot brevet doit s'entendre non-seulement de l'inventeur déjà pourvu du brevet au moment de la contrefaçon, mais encore de celui qui ne l'a obtenu que postérieurement à la contrefaçon, s'il est démontré d'ailleurs que c'est par le fait de cette contrefaçon que l'inventeur qui voulait garder le secret de sa fabrication, a cru devoir se faire breveter.

109. — L'*article* 44 permet, dans tous les cas, l'application de l'article 463 du Code pénal, et, par conséquent, la substitution de l'amende à l'emprisonnement, s'il existe des circonstances atténuantes.

110. — En principe général, tout délit donne lieu à une action répressive qui peut être exercée d'office par le ministère public, de quelque manière qu'il ait acquis la connaissance du fait, et sans qu'il ait besoin d'être saisi par une plainte de la partie lésée. Mais, dans certains cas, et, par différentes considérations, il ne lui est permis d'agir que sur cette plainte, par exemple, en matière de chasse sur la propriété d'autrui. Le breveté pouvant avoir consenti aux faits qui paraissent constituer une infraction à ses droits exclusifs, il convenait d'établir ici une exception semblable, et de n'admettre la poursuite du ministère public que sur une plainte

qui repousse la supposition favorable au libre exercice du commerce et de l'industrie. Ces considérations présentées à la chambre des députés, dans le rapport de M. Cunin-Gridaine, ont été formulées dans l'*article* 45 de la manière suivante : « L'action correctionnelle pour l'application des peines ci-» dessus ne pourra être exercée par le ministère public que » sur la plainte de la partie lésée. »

111. — Au breveté appartient exclusivement le choix entre la juridiction civile et la juridiction correctionnelle. Alors même que le défendeur à la contrefaçon aurait porté sa demande en main-levée de la saisie devant la juridiction civile, le breveté n'en conserve pas moins le droit d'engager l'action en contrefaçon devant le tribunal correctionnel. Sinon, il dépendrait du contrefacteur de se soustraire à la peine de son délit.

112. — Nous avons dit que l'action publique ne pouvait être mise en mouvement que sur la plainte de la partie lésée. Qu'arriverait-il si cette partie lésée, après avoir commencé un procès civil, s'était désistée de sa demande? Pourrait-elle encore porter plainte au correctionnel? La Cour de Paris a résolu cette question en ce sens que le désistement de l'action civile n'élève pas une fin de non-recevoir contre l'action publique, l'article 45 exigeant seulement une plainte préalable en matière de contrefaçon industrielle, et l'article 4 du Code d'instruction criminelle disposant d'une manière générale et absolue, dans l'intérêt de l'ordre public, que la renonciation à l'action civile ne peut arrêter et suspendre l'action publique (20 janvier 1855, Cour de Paris).

113. — Une fois l'action publique mise en mouvement, il n'appartient plus à personne de l'arrêter. Mais si le prévenu est acquitté, et qu'il n'y ait pas d'appel de la part du ministère public, l'appel interjeté par la partie lésée ne peut, d'après les principes généraux en matière pénale, avoir d'effet qu'au point de vue de ses intérêts civils. La Cour pourra donc en ce cas accorder des dommages-intérêts au plaignant, mais elle ne pourra pas prononcer l'amende contre le prévenu.

114. — L'article 46 est l'application de cette règle que le

juge de l'action est juge de l'exception : en d'autres termes,
le tribunal qui a qualité pour statuer sur tous les moyens de
la demande a aussi qualité pour statuer sur tous les moyens
de la défense. Mais la loi a voulu que la nullité ou la déchéance d'un brevet ne pût être prononcée que par les tribunaux civils. Les tribunaux correctionnels pourront donc examiner les questions de nullité ou de déchéance, mais seulement pour apprécier la question de savoir s'il y a lieu de renvoyer le prévenu des fins de la plainte, mais non pour prononcer d'une manière directe la nullité ou la déchéance d'un
brevet. C'est là ce qui résulte d'une jurisprudence constante.

115. — Les procès de contrefaçons soulèvent fort souvent
des questions délicates au point de vue de l'autorité de la
chose jugée. Le prévenu de contrefaçon peut faire valoir toute
espèce de moyens pour sa défense. Mais supposons qu'il y ait
déjà succombé dans un procès civil, où il était demandeur en
nullité ou en déchéance, pourra-t-il, devant le tribunal correctionnel, invoquer pour sa défense la nullité ou la déchéance
du brevet? Non ; l'autorité de la chose jugée s'y oppose ; on
ne saurait admettre en effet que sur un même objet, entre les
mêmes parties, le tribunal correctionnel prononce un jugement contraire à celui qui a été rendu par le tribunal civil.

Mais on comprend très-bien toutefois que s'il venait à se
produire une nouvelle cause de déchéance, le prévenu de contrefaçon pût l'invoquer devant les juges correctionnels.

116. — Nous avons dit que la solution définitive des questions de nullité et de déchéance n'appartenait pas au tribunal
correctionnel qui ne statue sur ces questions que par voie
d'exception, qu'au point de vue de la défense présentée par le
prévenu.

Il résulte de là que lorsque le juge correctionnel rejette un
moyen de nullité, sa décision ne s'étend pas au-delà du fait
incriminé, du fait en question ; de telle sorte que si un nouveau
fait de contrefaçon vient à être poursuivi, sans qu'une sentence au civil ait statué souverainement entre les parties sur
ce moyen de nullité, le prévenu est encore recevable à repro-

duire ce moyen sans qu'on puisse lui opposer l'autorité de la chose jugée (1er février 1858, tribunal correctionnel de Lille).

117. — Il résulte encore du principe posé plus haut que le jugement correctionnel, qui a repoussé une action en contrefaçon, en accueillant l'exception tirée par le prévenu de la déchéance et de la nullité du brevet, ne peut être opposé comme ayant l'autorité de la chose jugée à l'action civile ultérieurement engagée contre la même personne par le breveté, à raison de faits de fabrication postérieurs à ceux qui ont fait l'objet des poursuites correctionnelles. En cette matière comme en toute autre, le tribunal correctionnel n'est juge de l'exception que dans la mesure et les limites de l'action, c'est-à-dire au seul point de vue de la prévention (29 avril 1857, Cour de cassation, Chambre civile).

118. — Puisque le juge civil est le véritable juge des questions de nullité et de déchéance, il arrivera souvent que le prévenu de contrefaçon aura intérêt à assigner le breveté devant le tribunal civil en nullité ou déchéance de son brevet. Souvent aussi ce sera une tactique du prévenu pour retarder le jugement de l'affaire. En pareil cas, le tribunal devra-t-il surseoir à statuer jusqu'à ce que la juridiction civile ait rendu sa décision? La Cour de cassation a décidé, par arrêt du 14 février 1855, que le tribunal correctionnel est libre d'accorder ou de refuser le sursis suivant les circonstances.

Si le tribunal correctionnel accorde le sursis, il peut fixer un délai pour faire statuer sur la nullité ou déchéance, et il a toujours le droit d'apprécier la nature des diligences faites par le prévenu pour décider si elles sont suffisantes ou bien s'il a procédé avec lenteur, afin d'entraver le cours de la justice (11 mars 1848, Cour d'appel de Paris).

119. — Aux termes de l'article 47, les propriétaires de brevets peuvent, en vertu d'une ordonnance du président du tribunal de première instance, faire procéder par tous huissiers à la désignation et description détaillées, avec ou sans saisie, des objets prétendus contrefaits.

Ainsi, ce n'est pas seulement un échantillon, mais tous les

4

objets prétendus contrefaits que le breveté a le droit de saisir. Il y a là une sorte de confiscation préventive pour le garantir du préjudice qui peut lui être causé par la contrefaçon.

120. — Il a été jugé que la loi autorisant la description avec ou sans saisie, la saisie ne doit être ordonnée que lorsqu'il y aura lieu de craindre la disparition des objets incriminés ; et que hors ce cas, la description garantit suffisamment la conservation des droits du breveté (Paris, 8 mars 1845, aff. Parisot contre Pauwels).

121. — L'expert qui peut être commis par le président du tribunal pour aider l'huissier dans sa saisie n'a d'autre mission que de détailler et décrire les objets ; il n'a pas qualité pour apprécier s'il y a oui ou non contrefaçon.

122. — Si la loi devait protection au breveté, elle ne devait pas oublier celle qui est due au prévenu. Aussi dispose-t-elle que le président pourra, dans son ordonnance, imposer à celui qui requiert la saisie, un cautionnement qu'il sera tenu de consigner avant d'y faire procéder.

Quand le breveté est Français, le cautionnement est facultatif. Il est obligatoire, au contraire, quand le breveté est étranger. Il ne fallait pas, en effet, qu'un étranger pût venir intenter contre un Français des poursuites vexatoires, et se soustraire par la fuite au paiement des dommages-intérêts.

123. — Le cautionnement devrait-il être imposé même à l'étranger qui a été autorisé à établir son domicile en France ?

La question est délicate. Dans le sens de l'affirmative, on peut dire que la loi ne fait pas de distinction. Pour la négative, on peut dire que la raison, pour laquelle la loi impose le cautionnement à l'étranger, n'existe pas pour celui qui a été autorisé à établir son domicile en France. En fait, son établissement répond des dommages-intérêts ; en droit, étant admis à jouir de tous les droits civils, il doit se trouver pour tout ce qui se rapporte à l'exercice de ces droits, sur un pied d'égalité avec le Français : nous pensons en conséquence que le cautionnement ne serait pas obligatoire.

124. — Le dernier alinéa de l'article 47 dispose « qu'il sera

» laissé copie au détenteur des objets décrits ou saisis, tant
» de l'ordonnance que de l'acte constatant le dépôt du cau-
» tionnement, le cas échéant; le tout à peine de nullité et de
» dommages-intérêts contre l'huissier. »

125. — Nous avons déjà vu que celui qui est lésé par la
contrefaçon peut ou citer directement son adversaire devant
le tribunal correctionnel ou porter plainte entre les mains du
procureur impérial. Dans le premier cas, la saisie est opérée
par un huissier; dans le second cas, elle le serait par un
commissaire de police, agissant d'après l'ordre du procureur
impérial.

126. — La saisie peut comprendre non-seulement les
objets contrefaits, mais encore les instruments destinés à la
contrefaçon, puisque l'article 49 en prononce la confiscation
aussi bien que des objets contrefaits.

127. — Elle peut comprendre même les matières auxquelles le produit contrefait a été appliqué. C'est ainsi que le
tribunal de Chateauroux a, le 13 décembre 1841, décidé que
l'individu breveté pour l'emploi de l'acide oléique au dégraissage des laines ou étoffes de laine, est fondé à faire saisir
chez les tiers les laines qu'ils ont illégalement dégraissées
par ce procédé et même les draps confectionnés avec ces
laines.

128. — La saisie peut s'étendre jusqu'à la comptabilité du
prévenu, en ce sens que l'ordonnance du président peut autoriser à procéder à l'examen des livres du prétendu contrefacteur : dans ce cas cet examen embrasse non-seulement les
livres de comptabilité, mais encore toute correspondance
ayant un caractère commercial, et se rapportant à l'objet de
la saisie (28 août 1856, tribunal de la Seine).

129. — Peut-on se pourvoir contre l'ordonnance du président qui autorise la saisie? La question est controversée. Un
des derniers arrêts de la Cour de Paris sur ce point (9 juillet
1855) a décidé que, lorsque dans une plainte en contrefaçon
le juge a autorisé les mesures de saisie et de scellé indiquées
par l'article 47, et que sur un référé introduit devant lui, il a

maintenu cette saisie, la partie intéressée peut interjeter appel contre cette seconde ordonnance.

130. — Si le prévenu est acquitté, la saisie indûment faite donne lieu à des dommages-intérêts, alors surtout qu'elle a été faite avec une confusion regrettable et sans nécessité pour un certain nombre d'objets (27 décembre 1860, tribunal correctionnel de la Seine).

131. — L'*article* 48 dispose que la saisie ou description sera nulle de plein droit, sans préjudice des dommages-intérêts, si le saisissant ne se pourvoit pas par la voie civile ou par la voie correctionnelle, c'est-à-dire ne saisit pas de son action soit la juridiction civile, soit la juridiction correctionnelle dans un délai de huitaine, à partir du jour de la saisie, outre un jour par trois myriamètres de distance entre le lieu où se trouvent les objets saisis ou décrits et le domicile du contrefacteur recéleur, introducteur ou débitant. La raison de cette disposition est facile à comprendre : la loi n'a pas voulu que le prévenu restât trop longtemps dans l'état de suspicion où le place le fait de la saisie.

132. — La saisie est donc nulle faute d'assignation dans la huitaine. Mais le breveté peut faire procéder à une nouvelle constatation en vertu de la même ordonnance ; car ce n'est pas l'ordonnance qui est anéantie, ni le droit de poursuivre, mais seulement l'acte dressé par l'huissier (28 décembre 1850, Cour d'Amiens).

133. — La conséquence de la nullité de la saisie est de rendre immédiatement libres les objets qui avaient été saisis. Mais cette nullité n'empêche pas le plaignant en contrefaçon de suivre sur sa plainte, sauf à faire la preuve en dehors du procès-verbal de saisie (3 juillet 1861, tribunal correctionnel de la Seine).

134. — Aux termes de l'*article* 49, la confiscation des objets reconnus contrefaits, et, le cas échéant, des instruments et ustensiles destinés spécialement à leur fabrication, est, même en cas d'acquittement, prononcée contre le contrefacteur, le recéleur, l'introducteur et le débitant. Les objets

confisqués sont remis au propriétaire du brevet, sans préjudice de plus amples dommages-intérêts et de l'affiche du jugement, s'il y a lieu.

L'article met sur la même ligne le contrefacteur, le vendeur, etc... Mais il est clair qu'on n'a eu en vue que les vendeurs, les débitants ou ceux qui ont introduit en France des
objets contrefaits. Pour ceux-là, même alors qu'ils sont
acquittés comme non coupables, comme ayant agi sans intention frauduleuse, la confiscation des objets est prononcée.
Mais, en ce qui concerne le contrefacteur ou le prévenu de
contrefaçon, on ne voit pas comment, en cas d'acquittement,
la confiscation pourrait être prononcée, puisque la bonne foi
n'est pas pour lui une excuse, et qu'en conséquence l'acquittement implique nécessairement l'absence de contrefaçon.

135. — La Cour de cassation a jugé que lorsque les objets
contrefaits sont inséparables d'objets non contrefaits, la confiscation du tout doit être prononcée (arrêt du 2 mai 1822).

C'est en ce sens qu'il a été jugé que celui qui est breveté
pour un appareil de distillation à l'aide duquel on obtient des
alcools d'une manière plus prompte et plus économique
qu'avec les procédés antérieurement connus, peut faire opérer
la saisie et doit obtenir la confiscation à son profit non seulement des appareils qui sont reconnus être la contrefaçon du
sien, mais encore des alcools fabriqués à l'aide de ces appareils (19 juin 1858, Cour de Paris).

136. — Par application des mêmes principes, lorsqu'un
contrefacteur est condamné pour une succession de faits de
contrefaçon consommés et renouvelés pendant des années
entières, et que la saisie opérée dans ses magasins a porté
sur des objets terminés et sur d'autres en cours d'exécution,
mais fabriqués en vue de la contrefaçon, ils peuvent à ce titre
être soumis à la confiscation, sans qu'on puisse alléguer que
ce serait punir la simple tentative de contrefaçon; l'arrêt qui
juge ainsi ne viole pas l'article 49 de la loi de 1844 (21 août
1858, Cour de cassation, affaire Sax contre Gautrot).

137. — On sait que tous les objets mobiliers garnissant les

lieux loués sont le gage du propriétaire. Ce gage comprend-il les objets contrefaits? Non ; car la peine de la confiscation place les objets, au regard de l'inventeur, hors du commerce, puisqu'ils ne peuvent être vendus que par lui ; qu'ils doivent lui être remis et qu'il aurait même le droit de les détruire ; d'où il suit qu'ils ne peuvent être le gage des loyers du propriétaire (18 juin 1850, référé, ordonnance de M. le Président du tribunal de la Seine, et 3 avril 1861, tribunal civil de la Seine).

138. — Les objets contrefaits sont remis au breveté ; c'est le premier élément de l'indemnité qui lui est due. En conséquence, les tribunaux civils peuvent, aussi bien que les tribunaux correctionnels, sans commettre un excès de pouvoir, prononcer la confiscation des objets contrefaits, attendu que cette confiscation, différente en cela de celle dont parle l'article 11 du Code pénal, n'est pas une peine, mais une réparation du préjudice causé (9 mai 1859, Cour de cassation).

139. —. Le second élément de la réparation due au breveté consiste dans les dommages-intérê's. Un jugement du tribunal correctionnel de la Seine, en date du 8 août 1851, rendu dans l'affaire Masse-Tribouillet contre Moinier et consorts, indique très-bien les règles qui doivent présider à l'appréciation des dommages-intérêts : les contrefacteurs doivent restituer aux brevetés dont ils ont usurpé la propriété tous les bénéfices illégitimes qu'ils ont réalisés à l'aide de leurs pratiques frauduleuses ; ils doivent aussi leur tenir compte du gain dont ils les ont frustrés ; ils doivent pareillement réparer le tort qu'ils leur ont causé par la baisse du prix des marchandises fabriquées et la hausse du prix des matières premières, conséquence habituelle et presque nécessaire d'une concurrence déloyale ; ils doivent enfin les indemniser largement de tout ce qu'ils ont souffert dans leur crédit, des sacrifices de toute nature qu'ils ont été forcés de subir et de tous les frais qu'ils ont été obligés d'avancer pour soutenir leurs droits et les faire consacrer.

En nous occupant plus haut des questions relatives à l'autorité de la chose jugée, nous avons vu que le breveté qui perd devant la juridiction correctionnelle son procès en contrefaçon, peut très-bien demander devant le tribunal civil des dommages-intérêts à raison de la concurrence déloyale. Conformément à ce principe, la Cour de Paris a jugé le 30 juillet 1857, que le jugement ou l'arrêt qui, sur une plainte en contrefaçon, décide que les faits imputés au prévenu ne constituent pas le délit de contrefaçon, ne peut statuer sur l'action civile poursuivie accessoirement à cette plainte. En conséquence, alors même que les motifs de ces jugement et arrêt contiendraient l'énonciation qu'il n'existe aucun préjudice pour le plaignant, ils ne peuvent être considérés comme l'expression de la chose jugée à l'égard de l'action civile, et le plaignant a toujours le droit de former une demande pour les mêmes faits devant la juridiction civile.

140. — La loi a conféré au breveté des droits dont l'exercice peut entraîner de graves abus. Mais celui qui sans droit aura fait pratiquer des saisies, aura intenté des poursuites contre un individu qu'il aura injustement accusé de contrefaçon, devra supporter la peine de sa témérité, à savoir des dommages-intérêts dont la double mesure sera son imprudence d'une part et d'autre part le préjudice causé.

Et le juge correctionnel sera, tout aussi bien que le juge civil, compétent pour statuer sur les dommages-intérêts réclamés contre le plaignant par le prévenu qui s'est porté partie civile (3 avril 1858, Cour de cassation).

141. — Examinons enfin le troisième élément des réparations accordées par la loi au breveté contre le coupable de contrefaçon, à savoir l'affiche et l'insertion du jugement dans les journaux.

L'affiche et l'insertion du jugement dans les journaux peuvent être ordonnées soit par les tribunaux correctionnels, soit par les tribunaux civils. La Cour de cassation a jugé que l'insertion et l'affiche pouvaient être ordonnées soit à titre de peine, soit à titre de dommages-intérêts; que, dans le premier cas, elles ne pouvaient être prononcées qu'en vertu d'un

texte formel, tandis que dans le second cas elles doivent être
considérées comme une réparation accordée à la partie civile,
et le jugement qui les ordonne doit être maintenu (Cour
de cassation, 21 mars 1839).

142. — Il a été jugé que la disposition d'un jugement portant qu'il serait affiché et inséré dans les journaux, devait
s'entendre de la totalité du jugement et non pas seulement du
dispositif.

143. — Tout le monde a le droit d'imprimer les jugements
et arrêts. Toutefois, l'individu qui ferait faire dans le public
une distribution non autorisée, pourrait se rendre passible de
dommages-intérêts, si cette distribution avait eu lieu à dessein
de nuire.

Des voies de recours.

144. — Les voies de recours contre les jugements et arrêts
en matière de contrefaçon sont régies par le droit commun.

Ainsi, l'opposition à un jugement correctionnel par défaut,
doit être formée dans les cinq jours de la signification du jugement.

L'appel doit être formé dans les dix jours de la date du
jugement.

Le pourvoi en cassation doit être formé dans les trois jours
de la date de l'arrêt.

Quant aux jugements civils, ce sont également les délais
ordinaires; s'il s'agit d'un jugement par défaut, l'opposition
peut être formée jusqu'à l'exécution; l'appel et le pourvoi
dans les deux mois de la signification.

De la prescription.

145. — La prescription des actions et des condamnations
en matière de contrefaçon, est également régie par le droit
commun. Pour les actions, trois ans, que l'instance soit civile
ou correctionnelle. C'est ce qui résulte de la combinaison des
articles 2, 3, 637 et 638 du code d'instruction criminelle, aux

termes desquels l'action civile se prescrit par le même délai que l'action publique. Cette prescription commence à partir du dernier fait qui a pu donner lieu à l'action.

Les peines prononcées se prescrivent par cinq ans, et les dommages-intérêts par trente ans, quelle que soit la juridiction, civile ou correctionnelle, par laquelle ils aient été accordés.

146. — Il a été jugé que l'inventeur, dont le brevet est expiré, peut néanmoins poursuivre les contrefacteurs, pourvu que le fait constituant le délit soit antérieur à l'expiration du brevet, et ne soit point prescrit au moment où la poursuite est intentée (20 avril 1851, Cour de cassation).

SECTION VIII.

Dispositions particulières et transitoires.

147.— Nous avons très-peu d'observations à présenter sur les articles 50 à 54, qu'il suffit de lire pour les comprendre.

L'article 50 annonce que des ordonnances royales, portant règlement d'administration publique (c'est-à-dire rendues en conseil d'État), arrêteront les dispositions nécessaires pour l'exécution de la loi.

Ces ordonnances n'ont pas été faites. La circulaire ministérielle, dont nous donnons le texte dans l'annexe, en a tenu lieu jusqu'à ce jour.

Aux termes de l'article 51, des ordonnances rendues dans la même forme pourront régler l'application de la loi dans les colonies, avec les modifications qui seront jugées nécessaires.

L'artice 52 porte abrogation des lois, décrets et arrêtés antérieurs à la loi nouvelle.

Pour les articles 53 et 54, à la lecture desquels nous nous contentons de renvoyer le lecteur, ils sont sans objet aujourd'hui.

ANNEXES

—

I

Circulaire du Ministre de l'agriculture et du commerce aux Préfets des départements, du 1ᵉʳ octobre 1844.

Monsieur le Préfet, la loi du 5 juillet 1844 sur les brevets d'invention, promulguée le 8 du même mois, est exécutoire le 9 octobre courant; je viens appeler votre attention sur les principales dispositions de cette loi, qui apporte de notables améliorations dans la position des inventeurs, et qui entraînera quelques changements dans la marche suivie par l'administration pour l'enregistrement et l'expédition des demandes de brevets. La loi nouvelle, comme les lois des 7 janvier et 25 mai 1791, a posé en principe que les brevets d'invention ne peuvent s'appliquer qu'aux découvertes relatives aux arts industriels, et que ces titres doivent être expédiés sans examen préalable.

Sur le premier point, la loi du 5 juillet est encore plus explicite que les précédentes : aux termes de cette loi, l'invention de nouveaux produits industriels, l'invention de nouveaux moyens ou l'application nouvelle de moyens connus pour obtenir un résultat ou un produit industriel, peuvent seuls devenir l'objet d'un brevet valable.

Les principes, méthodes, systèmes, découvertes ou conceptions théoriques, ou purement scientifiques, ne sont pas susceptibles d'être brevetés valablement, à moins que l'inventeur n'ait donné à l'appui l'indication d'une application industrielle.

La législation actuelle a d'ailleurs reproduit l'exclusion qui avait été prononcée par la loi du 20 septembre 1792, contre les plans et combinaisons de crédit et de finances, et elle y a ajouté celle des compositions pharmaceutiques et remèdes de toute espèce. Mais ces dispositions restrictives n'ont pas dans le vœu de la loi, la même portée, et elles ne peuvent avoir les mêmes conséquences dans l'application. Les unes appartiennent au régime préventif, et l'exécution en est confiée au gouvernement; les autres protégées par la sanction pénale d'une nullité absolue, ont été placées pour leur observation, sous l'autorité répressive des tribunaux.

Cette distinction, qui résulte des termes exprès de la loi, votre préfecture doit avoir soin, le cas échéant, de la faire bien comprendre aux demandeurs, en leur rappelant : 1° Qu'il ne peut être délivré de brevets pour les compositions pharmaceutiques et remèdes de toute espèce, ou pour des plans et combinaisons de crédit et de finances ; — 2° Que les brevets qui seraient délivrés pour des principes, méthodes, systèmes ou découvertes ou conceptions théoriques ou scientifiques, sans application industrielle, seraient nuls de plein droit. — Cette explication bien comprise portera toujours les inventeurs, je me plais à le croire, à renoncer à une demande qui ne pourrait jamais aboutir qu'à un titre entaché de nullité; mais si, contre mon attente, il en était autrement, votre préfecture ne devrait pas perdre de vue, à l'égard des brevets demandés pour des principes sans application industrielle, que le gouvernement n'a pas le droit de les refuser, et doit, dès lors, borner son action à un avertissement officieux, et à l'égard des préparations pharmaceutiques ou des plans de finances, que la loi n'a attribué qu'au ministre de l'agriculture et du commerce, et non aux préfectures, le droit de refus du brevet.

L'on doit donc, dans l'un comme dans l'autre cas, enregistrer les demandes et remplir à leur égard les formalités prescrites par la loi. Ces formalités, déterminées par le titre 2, sont les suivantes : — 1. Exiger le récépissé constatant le versement de la somme de 100 fr., à valoir sur le paiement du montant de la taxe. — 2. Faire déclarer le domicile réel ou élu de l'inventeur dans le département, et, si le demandeur n'est pas lui-même l'inventeur, réclamer le pouvoir écrit de ce dernier. — 3. Recevoir le paquet cacheté contenant la demande au ministre, la description de l'invention, les dessins ou échantillons nécessaires pour l'intelligence de la description et le bordereau des pièces déposées. — 4. Dresser et faire signer par le demandeur le procès-verbal constatant le dépôt de la demande. — 5. Remettre au demandeur une expédition du procès-verbal de dépôt, sans autre frais que le remboursement du prix du timbre. — Enfin, expédier au ministre de l'agriculture et du commerce, avec une lettre d'envoi et dans les cinq jours de la date du dépôt, le paquet cacheté remis par l'inventeur ou son représentant, et y joindre le récépissé de la taxe, la copie certifiée du procès-verbal de dépôt et, s'il y a lieu, le pouvoir ci-dessus mentionné.

1. La durée des brevets est fixée, comme précédemment, à cinq, dix ou quinze années, et le montant de la taxe à 500, 1,000 et 1,500 francs. La somme à payer d'avance, qui, sous l'ancienne législation, était de la moitié du montant de la taxe, est réduite uniformément à 100 francs, dont la moitié reste acquise au Trésor, si la demande vient à être rejetée par une des causes énumérées dans l'article 12 de la loi, et n'est

pas reproduite dans le délai de trois mois à compter de la notification de ce rejet.

2. L'élection de domicile a de l'importance, soit pour le paiement ultérieur des annuités de la taxe, soit pour les notifications éventuelles prévues par la loi dans le cas d'instance en nullité absolue du brevet. La loi n'ayant pas déterminé la forme du pouvoir à exiger des représentants des inventeurs, le mandat sous seing privé peut être admis ; mais, dans ce cas, la signature du mandant doit être légalisée.

3. Les demandes de brevets doivent être déposées cachetées, pour n'être ouvertes qu'au ministère de l'agriculture et du commerce ; les dessins ou modèles qui pourraient y être joints doivent rester également sous le cachet du demandeur. — La demande ou requête au ministre doit, à peine de nullité, satisfaire à chacune des conditions imposées par l'article 6 de la loi. Il est donc de la plus grande importance que les inventeurs soient bien prévenus de cette circonstance, et j'insiste expressément pour que, avant d'être admis à faire le dépôt de leurs pièces, ils soient invités à prendre connaissance de cet article. Je rappelle particulièrement, en outre, que la requête ne doit comprendre qu'une seule invention, avec l'ensemble des détails accessoires qui la constituent ou la complètent, et avec l'indication de ses diverses applications, qu'elle doit déterminer la durée (cinq, dix ou quinze ans) que l'inventeur entend assigner à son brevet ; qu'elle ne peut contenir aucune condition, restriction ou réserve comme seraient l'invitation de tenir la description secrète, de ne pas délivrer de brevets avant un délai déterminé, la réserve d'en porter ultérieurement la durée à dix ou quinze années, etc., etc., qu'elle doit présenter un titre donnant la désignation sommaire et précise de l'objet de l'invention, en ne perdant pas de vue que toute indication mensongère qui tendrait à dissimuler le véritable objet de l'invention serait une cause de nullité du brevet ; que la description doit être, également à peine de nullité, suffisante pour l'exécution de l'invention, et doit exposer d'une manière complète et loyale les véritables moyens de l'inventeur ; enfin, qu'il doit être produit un duplicata collationné avec soin et exactement conforme au primata, tant de la description que des dessins ou échantillons y annexés.

4. Le procès-verbal constatant le dépôt doit être écrit sur un registre spécial ouvert à cet effet, dont les pages, cotées par première et dernière, auront été préalablement paraphées par vous-même. Tous les procès-verbaux y seront inscrits à la suite des uns des autres, sans blancs ni ratures ; ils seront dressés en présence des parties intéressées, porteront un numéro d'ordre et indiqueront le jour et l'heure de la remise des pièces.

5. Une expédition du procès-verbal sera remise au déposant, moyennant le remboursement du prix du timbre. — Le droit d'enregistrement de 12 francs, qui avait été établi par la loi du 25 mai 1791, a été supprimé.

6. Ainsi que je viens de le rappeler, les demandes de brevets déposées dans les préfectures doivent m'être adressées immédiatement ; la loi a même voulu que le délai entre le dépôt et la transmission au ministre n'excédât pas cinq jours. L'observation de cette obligation est d'autant plus importante que, d'après la nouvelle loi, la durée du brevet court à partir du jour même du dépôt.

Telles sont, Monsieur le Préfet, les formalités à remplir, en vertu de la loi nouvelle, pour obtenir un brevet d'invention. L'accomplissement exact de ces formalités est essentiel, car la loi, par son article 12, a prononcé la nullité des demandes à l'égard desquelles ces formalités n'auraient pas été remplies ; il importe donc que les demandeurs en soient bien avertis. Il importe également qu'ils ne perdent pas de vue que dorénavant, par suite de la disposition de la loi qui oblige l'inventeur à fournir sa description en double expédition, il ne s'écoulera qu'un intervalle de quelques jours à peine entre l'arrivée des demandes au ministère et l'expédition des brevets, et qu'ainsi les inventeurs ne se trouveront plus en mesure soit de demander à prolonger la durée d'un brevet, soit de renoncer à leur demande avant la délivrance du titre. Les dispositions que je viens de rappeler s'appliquent indistinctement à tous les inventeurs français ou étrangers ; la loi ne fait aucune différence entre les uns et les autres, et il était digne de la France de donner ainsi l'exemple du respect pour le droit des inventeurs, sans distinction de nationalité. L'étranger qui, comme le Français, remplit les formalités imposées par la loi, doit donc être admis de la même manière à faire constater son droit.

Mais si l'invention qui fait l'objet du brevet demandé a été déjà brevetée dans un pays étranger, le demandeur doit signaler ce fait dans sa demande au ministre, et indiquer, par une date précise, le terme de la durée du brevet étranger ; en outre, il doit déclarer quel est, dans la limite de cette durée, le nombre d'années qu'il entend assigner au brevet à lui délivrer, et l'inventeur étranger ou français, qui prend ainsi un brevet pour sa découverte brevetée en pays étranger, ne doit pas oublier que la loi française ne répute pas nouvelle toute découverte, invention ou application qui, en France ou ailleurs a reçu, antérieurement à la date du dépôt de la demande, une publicité suffisante pour être exécutée. Ces dispositions ont remplacé celles qui, sous la législation antérieure, réglaient ce qui était relatif aux brevets d'importation, désormais supprimés.

Les formalités relatives aux brevets destinés à constater des changements, améliorations ou perfectionnements, sont, aux termes des articles 16 et 17, les mêmes que celles que je viens d'indiquer. Un seul cas mérite explication : Suivant l'article 18, nul autre que le breveté ou ses ayant-droit ne peut, pendant une année, prendre valablement un brevet pour une addition, changement ou perfectionnement à une invention déjà brevetée; seulement la loi fournit à l'inventeur le moyen de prendre date pour sa découverte, en l'autorisant à déposer une demande de brevet qui ne doit être ouverte qu'après l'expiration de l'année de privilége accordée à l'inventeur primitif. Les demandes de cette nature seront reçues et enregistrées comme les autres demandes, mais le procès-verbal du dépôt devra indiquer spécialement l'invention à laquelle se rattache l'addition ou le perfectionnement qu'on veut faire breveter.

Ces premières instructions, Monsieur le Préfet, vous mettront en mesure d'arrêter les dispositions nécessaires pour l'exécution immédiate de la loi, et je vous adresse ci-joint un modèle du procès-verbal destiné à constater le dépôt des demandes de brevets d'invention. Ce procès-verbal a été calculé de manière à satisfaire aux différentes prévisions de la loi, et j'ai fait remplir, à cet effet, quatre exemplaires de ce modèle de formules à suivre dans les quatre cas qui peuvent se présenter. Je vous transmettrai successivement des instructions sur les autres parties de la loi, et notamment sur l'enregistrement des cessions des brevets et le paiement des annuités.

Signé : L. CUNIN-GRIDAINE.

Demande ordinaire de brevet.

Cejourd'hui, premier novembre mil huit cent quarante-quatre, à deux heures vingt minutes, a comparu devant nous, secrétaire général de la préfecture de la Seine, le sieur Jean-Baptiste N...., horloger, demeurant à Paris, rue de la Paix, n° 8,

Lequel, après nous avoir produit un récépissé constatant le versement d'une somme de cent francs, a déclaré vouloir prendre un brevet d'invention de quinze ans pour un nouveau régulateur marquant le temps vrai et le temps moyen, et a déposé à cet effet, entre nos mains, un paquet cacheté qu'il nous a dit renfermer :

1° Sa demande au ministre;

2° Une description originale de l'invention faisant l'objet du brevet demandé;

3° Les dessins et échantillons nécessaires pour l'intelligence de la description ;

4° Le duplicata de la description et les dessins ;

5° Un bordereau des pièces déposées.

Duquel dépôt nous avons dressé le présent acte, que le comparant a signé avec nous, secrétaire général, après lecture faite.

Demande de certificat d'addition.

Cejourd'hui, premier décembre mil huit cent quarante-quatre, à deux heures quinze minutes, a comparu devant nous, secrétaire-général de la préfecture du département de la Seine, le sieur Jean-Baptiste N..., horloger, demeurant à Paris, rue de la Paix, n° 8.

Agissant au nom et comme mandataire du sieur Louis G..., lampiste, demeurant à Lyon, rue des Saints-Pères, n° 14, aux termes du pouvoir qu'il lui a donné le 5 novembre dernier, dûment légalisé et certifié véritable par ledit mandataire :

Lequel, après nous avoir produit un récépissé constatant le versement d'une somme de vingt francs, a déclaré vouloir prendre un certificat d'addition au brevet d'invention de quinze ans délivré à son mandant, le 15 octobre dernier, pour une lampe à modérateur, laquelle addition consiste en un modérateur destiné à rendre la lumière toujours égale ;

Et a déposé à cet effet, entre nos mains, avec le pouvoir ci-dessus mentionné, un paquet cacheté qu'il nous a dit renfermer :

1° Sa demande au ministre ;

2° Une description originale de l'addition faisant l'objet du brevet demandé ;

3° Les dessins et échantillons nécessaires pour l'intelligence de la description :

4° Le duplicata de la description et des dessins ;

5° Un bordereau des pièces déposées.

Duquel dépôt nous avons dressé le présent acte, que le comparant a signé avec nous, secrétaire-général, après lecture faite.

Demande du brevet pour une invention brevetée en pays étranger.

Cejourd'hui, premier décembre mil huit cent quarante-quatre, à trois heures quarante minutes, a comparu devant nous, secrétaire-général de la préfecture du département de la Seine, le sieur John S..., armurier, demeurant à Londres,

Faisant élection de domicile chez le sieur N..., demeurant à Paris, rue de Rivoli, n° 10 ;

Lequel, après nous avoir produit un récépissé constatant le versement d'une somme de cent francs, nous a déclaré vouloir prendre un brevet d'invention de dix ans, pour une découverte pour laquelle il a obtenu en Angleterre, le 1er décembre 1843, une patente ayant encore treize années de durée, laquelle invention consiste en un moyen de charger les fusils par la culasse,

Et a déposé à cet effet, entre nos mains, un paquet cacheté qu'il nous a dit renfermer :

1° Sa demande au ministre ;

2° Une description originale de l'invention faisant l'objet du brevet demandé ;

3° Les dessins nécessaires pour l'intelligence de la description ;

4° Le duplicata de la description et des dessins ;

5° Un bordereau des pièces déposées ;

Duquel dépôt nous avons dressé le présent acte, que le comparant a signé avec nous, secrétaire-général, après lecture faite.

Demande d'un brevet pour un perfectionnement à une invention déjà brevetée.

Cejourd'hui, vingt décembre mil huit cent quarante-quatre, à trois heures vingt-cinq minutes, ont comparu devant nous, secrétaire-général de la préfecture du département du Rhône, les sieurs Louis N..., chimiste demeurant à Lyon, et Nicolas N..., pharmacien, demeurant aussi à Lyon,

Faisant élection de domicile chez le sieur Pierre N..., rue des Récollets, n° 13, à Lyon ;

Lesquels, après nous avoir produit un récépissé constatant le versement d'une somme de cent francs, nous ont déclaré vouloir prendre un brevet d'invention de cinq ans, pour un perfectionnement à l'invention objet du brevet délivré au profit du sieur Antoine L..., le 9 octobre dernier, pour un appareil lithotritique, ledit perfectionnement consistant en un moyen d'empêcher l'écartement des branches de l'instrument,

Et ont déposé à cet effet, entre nos mains, un paquet cacheté qu'ils nous ont dit renfermer :

1° Leur demande au ministre ;

2° Une description originale de l'invention faisant l'objet du brevet demandé ;

3° Les dessins nécessaires pour l'intelligence de la description ;

4° Le duplicata de la description et des dessins ;

5° Un bordereau des pièces déposées ;

Duquel dépôt nous avons dressé le présent acte, que les comparants ont signé avec nous, secrétaire-général, après lecture faite.

————

Cejourd'hui   mil huit cent
à   heures   minutes,   comparu
devant nous   le sieur

Lequel, après nous avoir produit un récépissé constatant le versement d'une somme de   francs
déposé entre nos mains un paquet cacheté qu'il nous   dit ren-
fermer :

  1°   demande au ministre ;

  2° Une description originale de   faisant l'objet du
        demandé ;

  3° Les   nécessaires pour l'intelligence de la description ;

  4° Le duplicata de la description ;

  5° Un bordereau des pièces déposées ;

Duquel dépôt nous avons dressé le présent acte, que le comparant a signé avec nous,   après lecture faite.

II.

Loi du 2 mai 1855, garantissant jusqu'au 1er mai 1856 les inven-
tions industrielles et les dessins de fabrique admis à l'Expo-
sition universelle de 1855.

ARTICLE PREMIER. — Tout Français ou étranger auteur, soit d'une découverte ou invention susceptible d'être brevetée, aux termes de la loi du 5 juillet 1844, soit d'un dessin de fabrique qui doive être déposé, conformément à la loi du 18 mars 1806, ou ses ayant-droit, peuvent, s'ils sont admis à l'Exposition universelle, obtenir de la Commission impériale d'exposition un certificat descriptif de l'objet déposé. La demande de ce certificat doit être faite dans le premier mois, au plus tard, de l'ouverture de l'Exposition.

ART. 2. — Ce certificat assure à celui qui l'obtient les mêmes droits que lui conférerait le brevet d'invention, à dater du jour de l'admission par le Comité local de l'Exposition jusqu'au 1er mai 1856, lors même que cette admission serait antérieure à la promulgation de la présente loi, et sans préjudice du brevet que l'exposant peut prendre, ou du dépôt qu'il peut opérer avant l'expiration de ce terme.

ART. 3. — Les demandes de certificats doivent être accompagnées d'une description exacte de l'objet à garantir, et, s'il y a lieu, d'un plan ou d'un dessin dudit objet. — Ces demandes, ainsi que les décisions prises par la Commission impériale, seront inscrites sur un registre spécial, qui sera ultérieurement déposé au ministère de l'agriculture, du commerce et des travaux publics. La délivrance de ce certificat est gratuite.

III.

COLONIES

Arrêté du 21 octobre 1848, réglant l'application dans les colonies de la loi du 5 juillet 1844.

ARTICLE PREMIER. — La loi du 5 juillet 1844 sur les brevets d'invention recevra son application dans les colonies, à partir de la publication du présent arrêté.

ART. 2. — Quiconque voudra prendre, dans les colonies, un brevet d'invention, devra déposer, en triple expédition, les pièces exigées par l'article 5 de la loi précitée, dans les bureaux du directeur de l'intérieur. — Le procès-verbal constatant ce dépôt sera dressé, sur un registre à ce destiné, et signé par ce fonctionnaire et par le demandeur, conformément à l'article 7 de ladite loi.

ART. 3. — Avant de procéder à la rédaction du procès-verbal de dépôt, le directeur de l'intérieur se fera représenter : 1° le récépissé délivré par le trésorier de la colonie, constatant le versement de la somme de cent francs, pour la première annuité de la taxe; 2° chacune des pièces, en triple expédition, énoncées aux paragraphes 1, 2, 3 et 4 de l'art. 5 de la loi du 5 juillet 1844 ; 3° une expédition de chacune de ces pièces restera déposée sous cachet dans les bureaux de la direction, pour y recourir au besoin. Les deux autres expéditions seront enfermées dans une seule enveloppe, scellée et cachetée par le déposant.

ART. 4. — Le gouverneur de chaque colonie devra, dans le plus bref délai, après l'enregistrement des demandes, transmettre au ministre de l'agriculture et du commerce, par l'entremise du ministre de la marine et des colonies, l'enveloppe cachetée contenant les deux expéditions dont il s'agit, en y joignant une copie certifiée du procès-verbal, le récépissé du versement de la première annuité de la taxe, et, le cas échéant, le pouvoir du mandataire.

ART. 5. — Les brevets délivrés seront transmis, dans le plus bref délai, aux titulaires par l'entremise du ministre de la marine et des colonies.

Art. 6. — L'enregistrement des cessions de brevets, dont il est parlé en l'art. 20 de la loi du 5 juillet 1844, devra s'effectuer dans les bureaux du directeur de l'intérieur. — Les expéditions des procès-verbaux·d'enregistrement, accompagnées des extraits authentiques d'actes de cession et des récépissés de la totalité de la taxe, seront transmises au ministre de l'agriculture et du commerce, conformément à l'art. 4 du présent arrêté.

Art. 7. — Les taxes prescrites par les art. 4, 7, 11 et 22 de la loi du 5 juillet 1844, seront versées entre les mains du trésorier de chaque colonie, qui devra faire opérer le versement au Trésor public, et transmettre au ministre de l'agriculture et du commerce, par la même voie, l'état de recouvrement des taxes.

Art. 8. — Les actions pour délit de contrefaçon seront jugées par les Cours d'appel dans les colonies. — Le délai des distances, fixé par l'art. 48 de ladite loi, sera modifié conformément aux ordonnances qui dans les colonies régissent la procédure en matière civile.

Art. 9. — Le ministre de l'agriculture et du commerce, et le ministre de la marine et des colonies sont chargés, chacun en ce qui le concerne, de l'exécution du présent arrêté.

IV.

ALGÉRIE

Décret du 5 juillet 1850 (promulgué en Algérie le 2 août 1850) qui déclare la loi du 5 juillet 1844, sur les brevets d'invention, applicable à l'Algérie.

Article premier. — La loi du 5 juillet 1844 sur les brevets d'invention recevra son exécution en Algérie, à partir de la promulgation du présent décret.

Art. 2. — Les pièces exigées par l'article 5 de la loi précitée devront être déposées en triple expédition au secrétariat de la préfecture à Alger, Oran ou Constantine. Une expédition de ces pièces restera déposée sous cachet au secrétariat général de la préfecture, où le dépôt aura été fait pour y recourir au besoin.

Les deux autres expéditions seront enfermées dans une seule enveloppe, scellée et cachetée par le déposant, pour être adressée au ministre de la guerre.

Art. 3. — Le préfet devra, dans le plus bref délai après l'enregistrement des demandes, adresser au ministre de la guerre, qui la transmettra au ministre de l'agriculture et du commerce, l'enveloppe cachetée contenant les deux expéditions dont il s'agit, en y joignant les autres pièces exigées par l'article 7 de la loi du 5 juillet 1844. Les brevets délivrés seront envoyés par le ministre du commerce au ministre de la guerre, qui les transmettra aux préfets pour être remis aux demandeurs.

ART. 4. — Les taxes prescrites par les articles 4, 7, 11 et 22 de la loi du 5 juillet seront acquittées entre les mains du trésorier-payeur, qui les versera au Trésor, et qui enverra au ministre de la guerre, pour être transmis au ministre de l'agriculture et du commerce, un état de recouvrement des taxes.

ART. 5. — Les actions pour les délits et contrefaçons seront jugées par les tribunaux compétents en Algérie. Le délai des distances fixé par l'article 48 de la loi du 5 juillet sera modifié conformément aux lois et décrets qui, dans l'Algérie, régissent la procédure en matière civile.

V.

DÉPARTEMENTS ANNEXÉS

Décret du 11 août 1860.

Napoléon, par la grâce de Dieu, etc.,

Sur le rapport de notre ministre secrétaire d'État au département de l'agriculture, du commerce et des travaux publics ; vu l'article 3 du sénatus-consulte du 12 juin 1860, avons décrété et décrétons ce qui suit :

ARTICLE PREMIER. — Les lois du 5 juillet 1844 et du 31 mai 1856, relatives aux brevets d'invention, sont déclarées immédiatement exécutoires dans les départements de la Savoie et de la Haute-Savoie et dans la partie annexée des Alpes-Maritimes.

ART. 2. — Notre ministre secrétaire d'État au département de l'agriculture, du commerce et des travaux publics, est chargé de l'exécution du présent décret qui sera inséré au bulletin des lois.

Fait au camp de Châlons, le 11 août 1860.

NAPOLÉON.

DESSINS ET MODÈLES DE FABRIQUE

DESSINS ET MODÈLES DE FABRIQUE

LOI DU 18 MARS 1806

PORTANT ÉTABLISSEMENT D'UN CONSEIL DE PRUD'HOMMES A LYON

SECTION III.

De la conservation de la propriété des dessins.

14. — Le Conseil des prud'hommes est chargé des mesures conservatrices de la propriété des dessins.

15. — Tout fabricant qui voudra pouvoir revendiquer, par la suite, devant le Tribunal de commerce, la propriété d'un dessin de son invention, sera tenu d'en déposer aux archives du Conseil des prud'hommes un échantillon plié sous enveloppe, revêtu de ses cachet et signature, sur lequel sera également apposé le cachet du Conseil des prud'hommes.

16. — Les dépôts de dessins seront inscrits sur un registre tenu *ad hoc* par le Conseil des prud'hommes, lequel délivrera aux fabricants un certificat rappelant le numéro d'ordre du paquet déposé et constatant la date du dépôt.

17. — En cas de contestation, entre deux ou plusieurs fabricants, sur la propriété d'un dessin, le Conseil des prud'hommes procédera à l'ouverture des paquets qui lui auront été déposés par les parties; il fournira un certificat indiquant le nom du fabricant qui aura la priorité de date.

18. — En déposant son échantillon, le fabricant déclarera s'il entend se réserver la propriété exclusive pendant une, trois ou cinq années, ou à perpétuité; il sera tenu note de cette déclaration. A l'expiration du délai fixé par ladite déclaration, si la réserve est temporaire, tout paquet d'échantillon déposé sous cachet dans les archives du conseil devra être transmis au conservatoire des arts de la ville de Lyon, et les échantillons y contenus être joints à la collection du conservatoire.

19. — En déposant son échantillon, le fabricant acquittera entre les mains du receveur de la commune une indemnité qui sera réglée par le Conseil de prud'hommes et ne pourra excéder un franc pour chacune des années pendant lesquelles il voudra conserver la propriété exclusive de son dessin, et sera de dix francs pour la propriété perpétuelle.

DESSINS ET MODÈLES DE FABRIQUE

—

EXPLICATION.

—

CHAPITRE PREMIER.

Ce qu'on entend par Dessin de fabrique.

1. — La loi dont nous allons étudier les dispositions relatives aux dessins de fabrique, est intitulée : « Loi du 18 mars 1806, portant établissement d'un Conseil de prud'hommes à Lyon. » Ce n'est qu'accessoirement et dans la section 3 du titre 2 qu'elle parle des dessins de fabrique, sous les articles 14 à 20, où le législateur organise les mesures conservatrices de ces dessins pour les manufactures de Lyon. Depuis, les dispositions de cette loi ont été étendues par la jurisprudence à tous les dessins, à quelque ville et à quelque fabrique qu'ils appartiennent.

2. — Deux questions se présentent tout d'abord en cette matière : 1° Qu'est-ce que le dessin de fabrique? En quoi se distingue-t-il du dessin d'art? A quels signes caractéristiques reconnaîtra-t-on le dessin protégé par la loi de 1806? 2° Quelles différences séparent le dessin de fabrique de l'invention nouvelle?

Pour résoudre ces questions, il nous faut jeter un coup-d'œil sur la loi du 19 juillet 1793, relative à la propriété artistique et littéraire.

La loi du 19 juillet 1793 porte en intitulé : « Décret relatif aux droits de propriété des auteurs d'écrits en tous genres, compositeurs de musique, peintres et *dessinateurs*. » Cette loi est encore aujourd'hui la loi fondamentale en matière de propriété artistique et littéraire. Elle assure aux auteurs et aux artistes la propriété de leurs œuvres leur vie durant, et à leurs héritiers pendant dix ans. La loi du 8 avril 1854 a étendu à trente ans le droit des héritiers, et à la durée de leur vie celui des veuves des auteurs, compositeurs, etc. Enfin, une loi toute récente, celle du 14 juillet 1866, a disposé que la durée des droits accordés par les lois antérieures aux héritiers, successeurs irréguliers, donataires ou légataires des auteurs, compositeurs ou artistes, serait portée à cinquante ans, à partir du décès de l'auteur.

Maintenant, comment la propriété des œuvres artistiques est-elle protégée?

L'article 425 du Code pénal porte : « Toute édition d'écrits, de composition musicale, de *dessin*, de peinture ou de toute autre production, imprimée ou gravée en entier ou en partie, au mépris des lois et règlements relatifs à la propriété des auteurs, est une contrefaçon, et toute contrefaçon est un délit. »

Article 426 : « Le débit d'ouvrages contrefaits, l'introduction sur le territoire français d'ouvrages qui, après avoir été imprimés en France, ont été contrefaits chez l'étranger, sont un délit de la même espèce. »

Article 427 : « La peine contre le contrefacteur ou contre l'introducteur sera une amende de cent francs au moins et de deux mille francs au plus; et contre le débitant, une amende de vingt-cinq francs au moins et de cinq cents francs au plus.

» La confiscation de l'édition contrefaite sera prononcée, tant contre le contrefacteur que contre l'introducteur et le débitant.

» Les *planches*, moules ou matrices des objets contrefaits seront aussi confisqués. »

Telles sont les principales dispositions protectrices de la propriété littéraire et artistique. On voit que le dessinateur, comme le peintre, comme le sculpteur, a sûr ses œuvres un droit de propriété pleine et entière; à lui seul appartient le droit de les reproduire dans un autre art que le sien; à lui le droit d'en disposer comme bon lui semble. Tant qu'il n'en a pas aliéné la propriété, nul n'y peut toucher sans tomber sous le coup des articles 425 et suivants du Code pénal.

Examinons maintenant les dispositions protectrices du dessin industriel ou dessin de fabrique; et d'abord, à quels caractères reconnaîtra-t-on ce genre de dessin?

La question est délicate. Il est bien difficile en effet de marquer la limite précise où un dessin quitte le domaine des beaux-arts pour passer dans celui de l'industrie. Faut-il considérer la nature du dessin? Il y a des cas sans doute où le seul examen de l'œuvre en indiquera manifestement la destination. Mais il peut très bien arriver qu'un dessin, fait d'abord dans un but artistique, change de destination pour s'appliquer à l'industrie : sera-t-il alors protégé tout à la fois comme dessin artistique, par la loi de 1793, et comme dessin industriel par la loi de 1806? Ou ne pourra-t-il revendiquer le bénéfice que d'une seule de ces lois, soit la première, s'il est encore dessin d'art, soit la seconde, s'il est devenu dessin industriel?

L'intérêt de la question vient d'abord de ce que les formalités à remplir ne sont pas les mêmes, selon qu'on veut se réserver le bénéfice de l'une ou de l'autre loi. De plus, tandis que la durée de la propriété pour le dessin artistique est limitée à un certain espace de temps, elle est perpétuelle pour le dessin de fabrique.

En 1841, une nouvelle loi avait été préparée sur la propriété littéraire et artistique. Dans le projet présenté à la Chambre des pairs, en 1845, voici comment l'orateur s'exprimait sur le sujet qui nous occupe : « Les ouvrages de la peinture, de la sculpture ou du dessin sont des objets d'art. La reproduction qui en est faite par le moulage, comme par la gravure ou la lithographie, ne leur ôte pas ce caractère; elle doit être régie exclusivement par la loi artistique. Mais lorsque l'artiste consent à associer son travail à celui du fabricant, lorsque voulant participer aux avantages de l'industrie, il permet que son œuvre entre dans la composition d'un produit industriel, soit pour en déterminer la forme, soit pour en faire le sujet principal, l'accessoire et l'ornement, il ne peut invoquer que la loi industrielle pour le règlement et la garantie de ses droits à cet égard... »

C'est d'après ces données que l'article 2 du projet de loi réputait modèles ou dessins de fabrique, toutes combinaisons de tissage et toutes dispositions de dessin, de peinture ou de sculpture, appliqués à la composition d'objets industriels. Quant aux auteurs de productions appartenant aux beaux-arts, la loi leur réservait les droits résultant, à leur profit, de la loi du 19 juillet 1793, en proscrivant l'imitation des productions artistiques dans la composition des modèles ou dessins de fabrique.

On le voit, dans le projet de loi de 1845, ce n'était pas par leur nature ou leur destination, mais par leur reproduction qu'on distinguait les dessins d'art de ceux de l'industrie. Dès qu'un dessin était reproduit, avec l'agrément de l'artiste, par un procédé industriel, peu importait son origine, il devait être considéré comme dessin industriel. Et cette distinction avait une certaine importance : car dans le projet de loi, la propriété industrielle avait une durée moins longue que la propriété artistique. Mais le projet ne fut pas adopté. Il faut donc repousser la distinction qui était faite par le ministre, et examiner la question telle qu'elle se présente sous l'empire des lois en vigueur, celle de 1793 et celle de 1806.

La loi de 1793 avait pour but de protéger les œuvres artistiques, « les productions du génie ou de l'esprit qui appartiennent aux beaux-arts, » ce sont ses propres expressions. Peu importe donc de quelle manière seront reproduites ces œuvres du génie ou de l'esprit qui appartiennent aux beaux-arts; c'est leur nature, leur destination qui les constituent œuvres d'art, et qui leur valent la protection de la loi de 1793.

Que veut au contraire le législateur de 1806? Dans une loi qui s'occupe de l'organisation d'un Conseil de prud'hommes à Lyon, il parle des dessins de fabrique. A ce moment, il n'a en vue que les manufactures de Lyon. Ce qu'il veut protéger, ce sont ces nombreux dessins qui figurent sur les tissus, les étoffes de Lyon ; c'est la contrefaçon de ces dessins qu'il veut punir : on peut dire que l'objet de la loi est tout industriel. C'est donc bien l'origine, la nature, la destination du dessin qui le constituent artistique ou industriel. Et alors, peu importera l'usage qui pourra être fait postérieurement dans l'industrie d'un dessin artistique : il ne changera pas pour cela de nature. Seulement de l'usage industriel naîtront pour le commerçant le droit et l'obligation de déposer son modèle, conformément à la loi de 1806, dont il pourra revendiquer les dispositions protectrices, tandis que l'artiste, le créateur du dessin, de l'œuvre d'art, ne cessera pas pour cela de pouvoir invoquer le bénéfice de la loi de 1793.

Ces principes ont été appliqués dans un jugement du tribunal de la Seine, ainsi conçu : « Attendu que les lois soit anciennes, soit nouvelles, qui ont pour but de protéger la propriété des dessins, dits de fabrique, au point de vue de la contrefaçon, n'ont jamais considéré le dessin, c'est-à-dire l'œuvre propre du dessinateur, à part de l'usage auquel il est destiné ; — que le dessin de fabrique n'acquiert son complément d'existence, et surtout la publicité qui le rend susceptible d'être contrefait, que par son application à l'industrie, c'est-à-dire à la confection des produits fabriqués ou manufacturés ; que cette solution repose sur l'ensemble des lois et règlements spéciaux, qui n'indiquent les mesures conservatoires de la propriété à l'égard de la contrefaçon, et n'admettent le droit de réclamation qu'en vue des fabricants et des manufacturiers qui y sont seuls dénommés, etc... » (Confirmé par la Cour de Paris, 10 juillet 1846.)

Le *dessin de fabrique*, artistique ou non, est donc celui qui est exécuté ou appliqué dans l'industrie ; exécution ou application industrielle, tels sont les signes caractéristiques auxquels on reconnaîtra le dessin de fabrique.

« Ainsi, dit M. Dalloz, on entend par dessins de fabrique les dessins appliqués à toutes sortes d'étoffes et même à toutes matières, au moyen du tissage ou de l'impression, ou par tout autre procédé industriel. La loi du 18 mars 1806, quoique ayant en vue surtout la ville de Lyon et les étoffes de soie, a été étendue par la jurisprudence aux manufactures et à toutes les étoffes. Ainsi, on dépose journellement à Paris des dessins sur toutes étoffes, imprimées, tissées et brodées, sur soies, satins, châles, tapis, toiles cirées, calicots, toiles, cachemires, blondes, dentelles, velours, gaze damassée, tissus de passementerie à point de marque, calottes grecques, et même sur toutes autres matières, papiers peints, cuirs, reliures, et il doit en être de même des dessins imprimés sur assiettes, porcelaines, faïences, tôles. La jurisprudence des tribunaux et des Cours d'appel n'est pas moins constante que l'usage, qui décide que le dépôt des dessins effectué conformément à la loi du 18 mars 1806, en assure la propriété aux fabricants de toiles peintes et de toiles de coton qui l'ont effectué. (Paris, 26 décembre 1833 et 29 décembre 1835.) — De même pour les papiers peints. (Colmar, 4 août 1819, et Tribunal correctionnel de la Seine, 15 janvier 1862, affaire Desfossé contre Daniel.) Divers jugements ont déclaré la même loi applicable aux impressions sur calottes grecques (Tribunal de commerce de Paris, 3 février 1835), aux indiennes (Tribunal de commerce de Paris, 21 mars 1836), aux dentelles (Tribunal de commerce de Caen, 10 janvier 1826). »

3. — Que faut-il décider à l'égard de ces dessins, qui, par leur relief, appartiennent à la sculpture? Faudra-t-il assimiler aux objets dont nous donnions tout à l'heure la nomenclature incomplète, cette foule d'objets en fer, fonte, porcelaine, cristal, etc., qu'embellit la sculpture industrielle?

La question a été longtemps débattue. Dans une affaire où les sieurs Delaunay frères poursuivaient le sieur Robineau en contrefaçon de médailles de religion, la seconde Chambre de la Cour de Paris avait statué de la manière suivante : « En ce qui touche le dépôt en conformité de la loi du 18 mars

1806, — Considérant que cette loi s'applique aux dessins de fabrique destinés à être reproduits industriellement par le tissage, par l'impression sur étoffe ou par tous autres moyens analogues, mais nullement aux œuvres de fonte en bronze ou en toute autre matière d'estampage ou de gravure sur métaux appartenant à l'industrie ; — Considérant dès lors que le dépôt dont argumentent Delaunay frères, inutile pour l'objet auquel ils l'ont appliqué, ne saurait créer en leur faveur un droit qui ne pourrait trouver sa raison d'être que dans une de ces créations, dans une de ces compositions rentrant dans le domaine des arts proprement dits, ou même des arts industriels, lesquels rencontrent, dans la loi de 1793, la consécration du droit de propriété exclusive réservé à leur auteur ; — Considérant qu'appréciée sous ce dernier aspect, la médaille de religion dont il s'agit au procès, par son sujet est dans le domaine public, etc... »

Ainsi, la Cour de Paris jugeait que la loi de 1806 ne s'appliquait qu'aux dessins destinés à être reproduits sur étoffes. Mais la Cour suprême n'a pas admis cette théorie. Elle a décidé que la loi de 1806 s'applique non-seulement aux dessins de fabrique proprement dits, mais encore aux dessins destinés à être reproduits en relief, c'est-à-dire aux modèles de fabrique se reproduisant par le moulage ou par des procédés mécaniques. (Cassation, 2 août 1854, 10 mars 1858, 28 juillet 1856.)

Aujourd'hui, cette jurisprudence est universellement adoptée. Toute espèce de modèles de fabrique, que l'objet soit en fonte, en porcelaine, en carton-pierre, en cuivre estampé, en cristal, en fer-blanc, etc..., se trouve placée sous la protection de la loi de 1806.

CHAPITRE II.

Qualités nécessaires au Dessin de fabrique pour pouvoir être l'objet d'une propriété industrielle.

§ 1.

4. — La condition essentielle à remplir par un dessin de fabrique pour être l'objet d'une propriété industrielle, c'est la nouveauté.

M. Regnault de Saint-Jean d'Angély, rapporteur au Corps législatif de la loi du 18 mars 1806, disait à ce sujet : « La troisième section du deuxième titre de la loi attribue aux prud'hommes une fonction nouvelle, protectrice de la propriété, et qui, offrant à ceux qui *inventent* ou *perfectionnent* la partie de la fabrication qui appartient aux arts du dessin une nouvelle garantie, sera à la fois un encouragement à faire et une récompense d'avoir fait un pas de plus dans la carrière. Chaque jour voit varier à Lyon ces dessins pleins de goût et de grâce, où l'on imite tantôt les étoffes légères et éclatantes dont se parent les sultanes et les odalisques, tantôt les étoffes riches et fortes dont se couvrent les grands de la Turquie et de la Perse. Souvent la nouveauté d'un dessin quadruple le prix d'une étoffe. Plus d'une fois une fleur tracée et habilement tissue, un amalgame de couleurs a fait connaître, achalandé, enrichi une fabrique. »

Les idées que le rapporteur exprimait dans ce langage élégant, la loi les traduit d'un mot, en disant dans l'article 15 : « Tout fabricant qui voudra pouvoir, par la suite, revendiquer la propriété d'un dessin de *son invention...* »

Ainsi, création nouvelle, telle est la condition d'existence pour la propriété des dessins. Il ne suffirait donc pas de déposer un dessin pour s'en assurer la propriété, si ce dessin était déjà dans le commerce.

5. — Par application des mêmes principes, il a été jugé que l'inventeur d'un dessin de fabrique ne peut, après avoir vendu ce dessin à l'étranger, et l'y avoir fait exécuter, poursuivre en France la contrefaçon de ces dessins faite d'après les étoffes fabriquées à l'étranger, bien qu'en le vendant, il s'en soit réservé la propriété en France et qu'il en ait régulièrement effectué le dépôt (Cour de Paris, 10 juillet 1846).

6. — Il ne faut pas confondre la nouveauté avec l'invention. Un dessin peut être nouveau, bien que le type d'après lequel il a été fait soit déjà connu. Dans l'affaire Desfossé contre Daniel, où il s'agissait de contrefaçon de papiers peints, le tribunal correctionnel de la Seine s'exprimait ainsi sur cette question de nouveauté :

« Attendu qu'il est constant et reconnu par Desfossé que la disposition particulière donnée aux étoffes dites capitonnées était connue bien avant le dépôt de son dessin, fait au secrétariat du conseil des prud'hommes le 18 septembre 1860, et même qu'avant cette époque l'imitation de ces étoffes capitonnées avait été transportée dans la fabrication des papiers peints ; qu'ainsi, Desfossé ne saurait revendiquer la propriété de son dessin, comme représentant un type nouveau, ni même comme constituant l'application nouvelle d'un dessin connu ;

» Attendu que malgré la prééxistence du type comme modèle de dessins et des imitations qui en ont été faites, l'auteur d'une nouvelle imitation conserve la propriété de son œuvre, si cette imitation a un cachet et comme une individualité qui lui est propre ; que tel est le caractère du dessin de fabrique déposé par Desfossé, et qu'il ne reste plus qu'à examiner la question de savoir si Daniel, en faisant à son tour et plus tard une imitation de l'étoffe capitonnée, semblable au dessin de Desfossé, a copié servilement ce dessin, ou s'inspirant de la vue du type modèle, et des imitations déjà connues, il a pu arriver sans plagiat au dessin qu'il emploie dans sa fabrication, etc... »

Ici, le tribunal compare les deux dessins d'après la direction et la disposition des lignes géométriques, les couleurs employées, et leur dégradation pour produire les effets de lumière, et condamne le dessin de Daniel comme servilement copié sur celui de Desfossé.

7. — Il a été jugé de même pour d'autres objets de manufacture. C'est ainsi que le tribunal de commerce de la Seine, dans une affaire Hébert c. Damiron (juin 1842), a décidé que, quoique les dessins des châles de l'Inde rentrent par leur origine étrangère dans le domaine public, si un fabricant, en s'inspirant à cette source commune, fait subir une transformation à un dessin, soit par des additions, des corrections ou des combinaisons particulières, il en résulte une création nouvelle qui constitue une œuvre personnelle, et susceptible d'une propriété exclusive.

8. — La cour de Rouen a décidé que des dessins d'indienne, quoique puisés dans le domaine public, peuvent, par leur agencement et leurs dispositions, constituer une nouveauté, une sorte d'invention particulière, dont la contrefaçon doit être réprimée (17 mars 1843).

9. — Même solution pour les rubans et pour les velours (Lyon, 25 novembre 1847, affaire Barlet — 25 mars 1846, affaire Lecomte).

10. — La cour de Lyon, par arrêt du 18 mars 1863, a jugé de même en matière d'étoffes pour ombrelles que la combinaison nouvelle d'éléments connus constitue un dessin de fabrique nouveau, et que, par suite, il y a contrefaçon, lorsqu'au lieu de combiner à nouveau les mêmes éléments, on imite servilement la disposition spéciale créée par un fabricant, et qui a fait l'objet d'un dépôt régulier au conseil de prud'hommes.

Le tribunal de commerce et la cour de Paris ont appliqué les mêmes principes, en décidant que celui qui avait déposé le modèle d'une broche en or, se distinguant par la combinaison nouvelle de ses formes et un cachet propre, avait le droit d'en revendiquer la propriété contre celui qui avait fabriqué

une broche en cuivre, qui n'était que la reproduction exacte
du modèle déposé (Affaire Lobjois contre Dobbé et Hémon,
Cour de Paris, 5 juillet 1864).

Ainsi, la combinaison nouvelle d'éléments connus suffit à
constituer la propriété du dessin de fabrique. Du moment
qu'un dessin porte un cachet particulier, le signe d'une individualité propre, il est placé sous la protection de la loi. Libre
aux concurrents de combiner ces mêmes éléments d'une autre
manière, mais non de se servir de l'œuvre d'autrui pour en
tirer un bénéfice illégitime.

11. — Mais on ne saurait considérer comme nouveauté la
reproduction d'un dessin déjà appliqué dans une autre industrie, et tombé dans le domaine public. La cour de Cassation a
décidé que la nouveauté d'application d'un dessin, en ce qu'on
l'emploierait dans des tissus de laine alors qu'il n'avait été
encore appliqué qu'à des dentelles ou à des tissus de fil, est
insuffisante pour donner au fabricant le droit de s'attribuer la
propriété exclusive de cette application; — que, par suite,
la loi du 18 mars 1806 sur les dessins de fabrique ne concernant que la propriété exclusive des dessins nouvellement
imaginés ou exécutés pour la première fois par l'art du dessin,
ne peut être invoquée pour protéger la propriété privative de
l'application nouvelle d'un dessin connu et déjà tombé dans le
domaine public (Arrêt du 16 septembre 1846).

§ II.

12. — Il faut prendre garde de confondre le dessin de fabrique avec le procédé de fabrication. Ainsi de certaines dispositions particulières de mailles dans quelques tissus, de certains
mélanges de fil peuvent bien constituer un produit industriel
nouveau, susceptible d'être breveté, mais non un dessin de
fabrique de nature à être protégé par la loi de 1806.

13. — La jurisprudence nous fournit de nombreux exem-

6

ples de l'erreur où tombent parfois des industriels sur ce point si important pour eux.

Un sieur Édouard Tellier, se prétendant l'inventeur d'un procédé de chinage sur coton, applicable à la laine grasse, et susceptible de résister à l'action du foulon, dépose au secrétariat des prud'hommes des échantillons de chinage sur coton et sur laine, avec déclaration qu'il entend se réserver pendant trois ans la propriété de son procédé. Il ne prend pas de brevet d'invention. — Édouard Tellier apprend que Guillaume Tellier livre au commerce des objets manufacturés semblables à ceux qu'il produit. Il dirige contre celui-ci des poursuites en contrefaçon de dessin. 14 octobre 1846, jugement du tribunal de Rouen qui déclare Édouard Tellier non-recevable par les motifs suivants : « Attendu que le dépôt fait par Édouard Tellier, le 22 juin dernier, au secrétariat des prud'hommes de Rouen, se composait de douze échantillons de laine, ayant reçu le genre de teinture appelé dans le commerce, chiné ; — Attendu que si la loi du 18 mars 1806 a eu pour but d'assurer aux industriels la propriété des dessins qu'ils auraient inventés, cette loi n'a eu en vue que les dessins proprement dits appliqués sur des étoffes quelconques, et non certains procédés d'application ; — Attendu que le chinage appliqué sur du fil ne constitue pas un dessin, mais ne forme qu'un des éléments destinés à composer des dessins lorsque le fil sera réuni en tissu ; — Attendu que c'est du procédé de chinage sur laine en général, et non de certains dessins de chinage en particulier qu'Édouard Tellier prétend revendiquer la propriété ; — Attendu qu'un brevet d'invention aurait seul pu assurer à Éd. Tellier la propriété d'un procédé dont il prétend être l'inventeur... » Appel.

Arrêt : « La Cour ; Attendu qu'il ne résulte pas des documents de la cause qu'Éd. Tellier soit l'inventeur de la variété des couleurs appliquées sur les fils, ni de leur dimension ; — Adoptant les motifs des premiers juges sans qu'il soit besoin de s'arrêter à la conclusion subsidiaire de l'appelant, tendant à ce qu'il soit ordonné une expertise ; Confirme. » (2 février 1837, Cour de Rouen. Répertoire de M. Dalloz, tome 27, p. 751.)

14. — Il a été jugé de même que les dessins de fabrique, dans le sens légal de ce mot, et dont la propriété exclusive est assurée à l'inventeur, sont ceux qui sont le produit d'une idée nouvelle ; que cette qualification ne peut être donnée aux figures diverses produites par la combinaison des pleins et des vides formés par les mailles d'un métier fonctionnant d'après les procédés communs et suivant un système tombé dans le domaine public (Cour de Nîmes, 2 août 1844.). — Et, spécialement, que des marmotines (sorte de bonnet de femme), déposées conformément à la loi du 18 mars 1806, ont pu, nonobstant l'arrangement particulier des mailles et l'agencement d'une dentelle au réseau, être considérées comme ne constituant pas un dessin de fabrique, sans que l'arrêt qui le décide ainsi tombe sous la censure de la Cour de cassation (Chambre criminelle, 15 mars 1845. Répertoire de M. Dalloz déjà cité, *ibidem*).

15. — Il a été jugé plus récemment que la disposition particulière donnée à des fils métalliques qui s'entre-croisent (dans l'espèce ces fils étaient destinés à soutenir le tissu de la carcasse de chapeaux de femmes), ne saurait constituer un dessin de fabrique, alors que cette espèce de tissu, obtenu à la main, est destinée à être recouverte d'étoffe et dérobée à la vue (Tribunal correctionnel de la Seine, 4 décembre 1862).

16. — Jugé de même que la loi du 18 mars 1806, qui autorise les fabricants à s'assurer par un dépôt au Conseil des prud'hommes la propriété des dessins de leur invention, ne s'applique qu'aux dessins de fabrique proprement dits, et ne saurait s'étendre dès lors à un mode particulier de pliage ou pelotonnage de la soie qui, en le supposant nouveau, et susceptible de propriété industrielle, ne pourrait être garanti que par un brevet d'invention (Cour de Lyon, 25 mars 1863).

17. — En résumé, le fabricant ne doit jamais perdre de vue que l'objet dont il veut s'assurer la propriété doit réunir ces deux conditions : 1° Il faut que ce soit véritablement un

dessin, c'est-à-dire celte œuvre qui, destinée aux beaux-arts
ou à l'industrie, ne peut s'accomplir que par la connaissance
de l'art ; en vain le fabricant prétendrait-il placer sous la protection de la loi de 1806 un objet qui en réalité ne serait
qu'un procédé de fabrication ; les tribunaux lui refuseront
toujours cette protection ; 2° il faut que le dessin soit nouveau. Il ne saurait être permis, en effet, de s'approprier, en
remplissant les formalités de la loi, un dessin qui serait déjà
dans le commerce.

CHAPITRE III

Du Dépôt

18. — Nous avons terminé la partie la plus difficile de
notre tâche. Nous avons essayé d'expliquer, de façon à ne
laisser de doute dans l'esprit de personne, ce que la loi avait
entendu protéger sous le nom de dessin de fabrique ; quelles
étaient les qualités constitutives du dessin de fabrique, quelle
extension avait été donnée par la jurisprudence à la loi de
1806.

19. — Il nous reste maintenant à examiner les formalités
prescrites par la loi à l'industriel qui veut conserver la propriété de son dessin.

L'article 15 est ainsi conçu : « Tout fabricant qui voudra
pouvoir revendiquer par la suite, devant le tribunal de commerce, la propriété d'un dessin de son invention, sera tenu
d'en déposer aux archives du conseil des prud'hommes, un
échantillon plié sous enveloppe revêtue de ses cachet et signature, sur laquelle sera également apposé le cachet du
conseil des prud'hommes. »

Ce dépôt a une très-grande importance, en ce qu'il donne
une date au dessin nouveau. C'est l'authenticité en matière
de propriété industrielle.

20. — Comment le dépôt doit-il être fait ?

La loi dit que le fabricant devra déposer un échantillon.

Est-ce à dire que le dépôt serait nul, si au lieu d'un échantillon il déposait un simple dessin?

Non, assurément. La loi ne veut que le possible. Or, pour un grand nombre d'articles, d'une fragilité trop grande, ou d'un trop gros volume, il serait impossible de déposer l'échantillon. Mais comme l'échantillon permet de mieux apprécier les qualités du dessin, le fabricant fera très-bien de le déposer chaque fois qu'il le pourra. En fait, on dépose tous les jours des échantillons d'étoffes, papiers peints, toiles cirées, reliures, blondes, dentelles, hermines, velours, satins, etc. Dans le cas où le fabricant ne pourrait déposer qu'un dessin, M. Gastambide conseille de le colorier pour éviter les difficultés qui pourraient être élevées sur les couleurs primitivement employées par lui, chose assez importante dans un dessin d'étoffes ou d'objets manufacturés.

21. — Le dépôt est-il une condition de la propriété ou seulement un moyen de la constater, c'est-à-dire un simple moyen de preuve?

Cette question, d'un intérêt si pratique, a été vivement controversée.

M. Gastambide s'exprime ainsi sur ce point : « Nous l'avons déjà dit, en expliquant la loi de 1793, le dépôt a pour objet et pour effet de conserver la propriété ; celui qui publie sans déposer est présumé faire l'abandon de sa propriété, et ne peut plus la ressaisir même par un dépôt ultérieur. » Ces principes sont également ceux de la loi de 1806, et régissent par conséquent la propriété des dessins de manufactures. La loi de 1806 semble même plus explicite en ce sens que la loi de 1793. Ainsi, elle se sert de ces expressions assez claires : « Tout fabricant qui voudra pouvoir revendiquer *par la suite* la propriété de son dessin, sera tenu de déposer, etc... » *Par la suite*, indique suffisamment que le dépôt doit être fait tout d'abord, c'est-à-dire avant la mise en vente, et que plus tard il ne serait plus temps de le faire. Le dépôt est si bien une *réserve* de propriété, que la loi de 1806, dans son article 18, ajoute : « En déposant son échantillon, le fabricant déclarera s'il entend se réserver la propriété exclusive pendant une, trois, cinq années ou à perpétuité. » Si donc il ne se *réserve* pas la propriété, évidemment il l'abandonne, et il l'abandonne sans retour. C'est ainsi au surplus que le décidait formellement l'ancienne législation. Le règlement du 14 juillet 1787, relatif aux dessins des étoffes de soieries, et qui a servi de base aux dispositions de la loi de 1806, s'exprimait ainsi dans son article 6 : « Faute par les fabricants d'avoir rempli les formalités du dépôt prescrites par l'article précédent, avant la mise en vente des étoffes fabriquées, ils seront et demeureront déchus de toutes réclamations. » Le dépôt, pour conserver la propriété, doit donc être opéré *avant la mise en vente*, avant la mise dans le commerce. Le dépôt ultérieur n'a aucun effet.

M. Blanc professe la même opinion.

Cette doctrine n'a pas été d'abord consacrée par la jurisprudence. Le tribunal de commerce de Paris, dans un jugement en date du 3 février 1835, avait en effet résolu la question dans un sens diamétralement opposé à la théorie ci-dessus exposée : « Attendu que si le dépôt au greffe n'a été fait que postérieurement à la mise en vente par Loridan frères du dessin dont s'agit, on ne peut arguer de ce fait pour prétendre que le dessin en question était tombé dans le domaine public ; qu'en effet, l'invention d'un dessin est une propriété que personne n'a le droit de violer ; que la formalité du dépôt est nécessaire pour revendiquer son droit en justice, mais qu'indépendamment de cette formalité, la propriété n'en existe pas moins, etc... » — On trouve la même solution dans un arrêt de Lyon du 7 avril 1824 ; de Paris, 24 juin 1847, de la Cour de cassation du 14 janvier 1828 et du 17 mai 1843.

Mais la jurisprudence la plus récente veut que le dépôt soit effectué avant la mise en vente. Ainsi décidé par la Cour de Paris le 20 février 1866 dans l'espèce suivante, que les termes de l'arrêt font suffisamment connaître : « La Cour, considérant que, dans le système de la législation moderne, la libre concurrence est le principe fondamental de la production et du commerce ; — que ce principe, sans doute, ne doit point servir à autoriser des abus et qu'il n'est pas plus permis, entre maisons rivales, de détourner un modèle de fabrique que de détourner subrepticement une clientèle ; mais que la concurrence ne devient illicite que lorsqu'elle dégénère en délit civil par l'emploi du dol, de la fraude ou de la mauvaise foi ; que c'est dans ce cas seulement qu'elle tombe sous l'application de l'article 1382 du code Napoléon et qu'elle peut donner lieu à des dommages-intérêts ; — qu'ici donc, comme partout ailleurs, l'action en dommages-intérêts ne prend sa source que dans la violation du droit d'autrui ; — que si les lois des 19 juillet 1793 et 18 mars 1806 reconnaissent et consacrent la propriété industrielle, ce n'est qu'à la condition du dépôt conformément aux règles de la matière, soit du modèle, soit du dessin de l'œuvre dont l'auteur entend se réserver la propriété exclusive ; — que ce dépôt n'est jamais impossible pour des objets d'art appliqués à l'industrie ; — que, s'il est constant que Pigis a créé le modèle de chasse-roues qu'il exécute dans ses fonderies et livre depuis plusieurs années au commerce, il est également avéré qu'il n'a point conservé son droit de propriété par la formalité essentielle du dépôt ; — que son œuvre est donc tombée dans le domaine public, et que dès lors il est loisible à chacun de la reproduire concurremment avec l'auteur du modèle ; — que c'est à tort, conséquemment, que les premiers juges ont condamné Tabarot, Rozier et Gérard à des dommages-intérêts pour avoir commandé ou exécuté des chasse-roues pareils à ceux de Pigis, et que par suite les demandes en garantie répiproquement formées par les appelants entre eux deviennent sans objet ; — met le jugement dont est appel au néant ; déboute Pigis de sa demande (Dans le même sens, arrêts de la Cour de Lyon des 11 mai 1842 et 15 août 1849 ; de la Cour de cassation du 1er juillet 1850 et 28 juillet 1856 ; de la Cour de Paris du 13 juillet 1865). »

22. — De l'état de la jurisprudence actuelle il résulte donc que le fabricant qui veut conserver la propriété de son modèle, devra toujours en effectuer le dépôt. La réalisation de

ce dépôt présente d'ailleurs de grands avantages. Elle sup-
prime toute espèce de discussion sur la question de savoir si
le fabricant a oui ou non entendu se réserver la propriété du
modèle. De plus, le dépôt devient pour lui une constatation
de priorité, et c'est à l'adversaire à faire la preuve contraire
à celle qui résulte de l'antériorité du dépôt. C'est ce que dit
formellement la Cour de Paris, en ces termes : « Considérant
que le dépôt fait par Kœnig, le 17 mai, établissait à son
profit, jusqu'à preuve du contraire, la propriété du dessin
qu'il revendique, etc. » (Paris, 1re Ch., 19 février 1858, aff.
Kœnig frères contre Germann et Marly).

23. — Mais il est évident que si un contrefacteur se servait
d'un ouvrier du fabricant pour copier son dessin avant que
celui-ci l'eût livré au commerce, le contrefacteur ne pourrait
jamais arguer de l'absence du dépôt. Car le dessin n'est sorti
des ateliers du fabricant que contrairement à sa volonté et
par suite d'une manœuvre déloyale, que les tribunaux doivent réprimer sévèrement.

24. — De même, dit M. Gastambide, si celui qui a surpris
le secret d'un fabricant, gagne de vitesse sur ce dernier, et
fait le dépôt avant lui, il ne sera pas pour cela à l'abri des
poursuites. Le véritable propriétaire du dessin devra seulement prouver qu'en effet son secret lui a été dérobé, et qu'il
ne l'a point livré au public jusqu'au jour où il a rempli lui-
même la formalité du dépôt. La priorité de date du dépôt
peut bien servir, d'après l'article 17 de la loi de 1806, à fixer
les droits de propriété entre deux fabricants qui le réclament, mais c'est lorsqu'aucune autre preuve ne vient à l'en-
contre.

25. — Nous avons vu qu'aux termes de la loi de 1806, le
dépôt des dessins devait avoir lieu aux archives du Conseil
des prud'hommes. Dans les villes où il n'y a pas de Conseil
de prud'hommes, le dépôt peut être fait au greffe du tribunal de commerce ou du tribunal civil, lorsque celui-ci remplit en même temps les fonctions de tribunal de commerce
(Ordonnance du 17 août 1825).

26. — On s'est demandé si le manufacturier qui a deux fabriques en France devrait déposer son dessin aux archives des deux conseils de prud'hommes d'où ressortent ces fabriques. Il sera toujours prudent de faire un double dépôt. Mais la Cour de Paris a décidé implicitement que le dépôt fait aux archives du Conseil des prud'hommes par un manufacturier de Lyon, inventeur d'un dessin imprimé sur étoffe, a pour effet de conserver la propriété de ce dessin dans toute la France. Pourquoi, en effet, exigerait-on deux dépôts, puisque le dépôt est cacheté, et, en conséquence, a pour but non de donner de la publicité au dessin nouveau, mais simplement d'assurer la priorité au fabricant?

27. — Qu'arriverait-il si un fabricant déposait au greffe du tribunal de commerce un dessin qui aurait dû être déposé aux archives du Conseil des prud'hommes et réciproquement? M. Gastambide pense que le dépôt serait nul, parce qu'il n'a pas seulement pour objet de constater la priorité de son invention, mais d'avertir les tiers que le fabricant a entendu se réserver la propriété de son dessin. M. Dalloz répond très-bien qu'il ressort tant des dispositions de la loi de 1806 que des décisions de la jurisprudence, que le dépôt n'a nullement pour objet d'avertir les tiers, mais uniquement de constater l'intention de se réserver la propriété, et qu'en conséquence il suffirait pour intenter l'action en contrefaçon, de régulariser le dépôt : le fabricant pourrait alors se servir du certificat de dépôt irrégulier pour constater la date à laquelle remonte la propriété.

28. — Nous avons vu qu'aux termes de l'article 15 l'échantillon doit être remis par le fabricant, plié sous enveloppe revêtue de ses cachet et signature, et qu'on appose ensuite sur cette enveloppe le cachet du conseil des prud'hommes. Cet échantillon reste en dépôt aux archives. On voit le but de ces mesures, prescrites pour empêcher la substitution d'un dessin à un autre : mais il est regrettable qu'on n'ait pas organisé pour les dessins de fabrique une publicité semblable à celle des brevets d'invention.

29. — Aux termes de l'article 16, les dépôts de dessins sont inscrits sur un registre tenu *ad hoc* par le conseil de prud'hommes, qui délivre aux fabricants un certificat rappelant le numéro d'ordre du paquet déposé, et constatant la date du dépôt.

On remarquera qu'il ne s'agit pas ici d'un procès-verbal contenant description, comme cela avait lieu sous l'empire de l'arrêt de 1787, mais d'une simple inscription sur les registres.

30. — L'article 17 dit qu'en cas de contestation entre deux ou plusieurs fabricants sur la propriété d'un dessin, le conseil des prud'hommes procédera à l'ouverture des paquets qui auront été déposés par les parties, et qu'il fournira un certificat indiquant le nom du fabricant qui aura la priorité de date.

31. — Article 18 : « En déposant son échantillon, le fabricant déclarera s'il entend se réserver la propriété exclusive pendant une, trois ou cinq années, ou à perpétuité : il sera tenu note de cette déclaration. »

32. — A l'expiration du délai fixé par ladite déclaration, si la réserve est temporaire, tout paquet d'échantillon déposé sous cachet dans les archives du conseil, devra être transmis au conservatoire des arts de la ville de Lyon, et les échantillons y contenus être joints à la collection du conservatoire.

33. — Article 19 : « En déposant son échantillon, le fabricant acquittera entre les mains du receveur de la commune une indemnité qui sera réglée par le conseil des prud'hommes, et ne pourra pas excéder un franc pour chacune des années pendant lesquelles il voudra conserver la propriété exclusive de son dessin, et sera de dix francs pour la propriété perpétuelle. »

Ainsi, le fabricant est libre de se réserver pour un temps ou à perpétuité la propriété de son dessin. Quelle que soit son option, il ne paie qu'une faible indemnité qui ne peut être supérieure à 1 franc par année, s'il ne veut qu'une propriété temporaire; à 10 francs, s'il veut une propriété perpétuelle.

34. — Il y a un cas où le fabricant aura toujours intérêt à demander la propriété perpétuelle : c'est lorsqu'il n'y a pas dans la commune de conseil de prud'hommes, et que le fabricant est obligé de faire le dépôt au greffe du tribunal de commerce ou du tribunal civil : en effet, dans ce cas, d'après l'ordonnance du 17 août 1825 (art. 2), le dépôt doit être reçu gratuitement, sauf le droit du greffier pour la délivrance du certificat constatant ledit dépôt. L'ordonnance déroge ici à la loi de 1806 ; le greffier ne pouvait en effet régler l'indemnité à défaut du conseil des prud'hommes ; mais elle y déroge surtout en ce qu'elle n'établit pas de droit proportionnel, de telle sorte que, les frais étant les mêmes, le fabricant aura toujours intérêt à se réserver la propriété perpétuelle.

CHAPITRE IV

De la contrefaçon

35. — La contrefaçon des dessins de fabrique tombe sous l'application des articles 425 et suivants du Code pénal, qui punissent d'une amende de cent francs au moins et deux mille francs au plus toute édition d'écrits, de composition musicale, de *dessin*, de peinture ou de toute autre production imprimée ou gravée en entier ou en partie au mépris des lois et règlements relatifs à la propriété des auteurs.

36. — La contrefaçon consiste sans aucun doute dans la reproduction servile du dessin appartenant à autrui ; mais en général, le contrefacteur essaie de dissimuler l'imitation. Pourra-t-il, par une dissimulation plus ou moins habile, échapper aux dispositions de la loi ? Évidemment non, et c'est ce qui a été parfaitement jugé par l'arrêt suivant de la Cour de Rouen, en date du 17 mars 1843 : « La Cour, vu les articles 425, 427, 52 et 55 du Code pénal ; — Attendu que de l'instruction et des débats, notamment de l'examen des échantillons respectivement produits, il résulte que Deruque et

Leplay-Vardon ont contrefait sur l'indienne dont l'échantillon est représenté par la maison Henry Barbet, le dessin dont cette maison avait fait le dépôt aux termes des lois sur la matière, ce qui devait lui assurer la vente exclusive de cette nouveauté pendant la durée du privilége légalement obtenu ; — Attendu que, bien que Henry Barbet ait puisé dans le domaine public les éléments du dessin contrefait, il a néanmoins, par la disposition, l'agencement de ces divers éléments, constitué une nouveauté qui a conservé son caractère essentiel dans les indiennes contrefaites par Deruque et Leplay-Vardon ; — Que, dans plusieurs de ces indiennes, l'on n'aperçoit, quand on les a sous la main, que de légères différences qui, à quelque distance, sont imperceptibles à l'œil ; d'où il suit que la concurrence commerciale, ainsi fraduleusement établie par Deruque et Leplay-Vardon, a causé à Henry Barbet un préjudice qu'il est juste de réparer ; — Déclare contrefaites les indiennes saisies ; condamne les intimés solidairement et par corps à 1,500 francs de dommages-intérêts, etc... »

37. — Une deuxième action avait été formée par M. Barbet contre M. Fauquet. Le tribunal reconnut que les indiennes fabriquées par ce commerçant, étaient une contrefaçon de celles de la maison Barbet, et, par jugement du 12 janvier 1843, il condamna M. Fauquet aux peines portées par la loi, en ces termes : « Attendu que, sans entrer dans l'examen des conditions premières, objet du débat entre les parties, et quelque favorable que fût au prévenu la doctrine qui serait admise, elle n'ira jamais jusqu'au point de légitimer l'imitation, même la plus incontestable, sous prétexte qu'on aurait eu droit d'imiter ce qui n'appartenait pas originairement au prétendu inventeur, ce qu'il aurait pris lui-même sur des œuvres précédentes ; — Qu'en effet, si les rayures, filets et encadrements ne présentent pas, d'une manière détachée, rien qui soit d'une conception neuve, il restera toujours évident que l'agencement, la disposition entre eux de ces éléments connus, constitueront une propriété, une sorte d'invention particulière, la seule qui, dans l'état actuel de la fabrique ou de ses produits, puisse

se concevoir; qu'autrement il faudrait renoncer à toutes combinaisons, à l'espoir d'en profiter seul, au dépôt enfin qui n'a
été établi que dans la vue de ce privilége ; — Attendu que la
question est donc concentrée dans une appréciation de fait,
dans la conséquence à tirer de la comparaison des deux échantillons, celui de la maison Barbet, celui argué de contrefaçon,
à l'effet de vérifier quels rapports existent entre eux, et ce,
sans autre secours que celui des yeux ; or, il est impossible,
après cette confrontation, de n'être pas convaincu qu'il y a,
non identité absolue, ce qui n'arrivera presque jamais, mais
cette imitation, que ne fait pas cesser une légère différence ;
— Attendu que la seule ici consiste dans la suppression d'un
filet pour n'en mettre que deux, et dans un peu moins de
largeur des bandes brunes au dessin Fauquet ; que, du reste,
l'agencement est le même, la physionomie identique, et qu'en
somme, on voit la volonté de copier et faire passer, à la faveur
d'un certain déguisement, un article contrefait ; — Attendu
qu'il importera peu, dès lors, que Fauquet prétende s'être
inspiré ailleurs, et rencontré par hasard avec la composition
de Barbet ; qu'un pareil moyen de défense n'a aucune valeur,
parce qu'il justifierait ou pourrait justifier toutes les contrefaçons, et rendrait illusoires les précautions prises sous la
garantie de la loi par le dépôt préalable ; — Déclare Fauquet
coupable de contrefaçon, le condamne à l'amende de 100 francs
et à 2,000 francs de dommages-intérêts; déclare confisqués
tant les pièces saisies à Paris que toutes celles ainsi fabriquées,
et les rouleaux ayant servi à la confection. » — Appel.— Arrêt : « La Cour, adoptant les motifs des premiers juges, confirme, etc... » (Du 17 mars 1843, Cour de Rouen.)

38. — Ainsi, la reproduction cherchera vainement à se dissimuler à l'aide de quelques changements insignifiants : dès que
la confusion est possible entre le dessin original et le dessin
imité, il y a préjudice pour le fabricant qui a déposé son dessin, préjudice émanant d'une fraude que la loi ne saurait
tolérer.

39. — Mais de même qu'on peut se servir des éléments

tombés dans le domaine public pour en composer un dessin nouveau, de même il n'est pas défendu de combiner les éléments d'un dessin, objet d'une propriété privée, mais à la condition également de former un dessin nouveau, un dessin qui ne puisse pas être confondu avec le premier.

40. — Le fabricant accusé de contrefaçon pourra-t-il invoquer sa bonne foi? Pourra-t-il soutenir qu'il croyait le dessin tombé dans le domaine public? Nous avons vu qu'en matière de brevets d'invention le contrefacteur ne peut pas arguer de bonne foi : en effet, les brevets sont publics, et, avant de se servir de tel procédé de fabrication, de mettre dans le commerce tel produit nouveau, le contrefacteur pouvait s'assurer s'il était oui ou non breveté. Mais ici, ce qui fait la difficulté, c'est qu'il n'y a pas de publicité : on n'a pas oublié en effet que le dessin est remis dans une enveloppe cachetée aux archives du conseil des prud'hommes ou au greffe du tribunal de commerce, à défaut de conseil des prud'hommes, ou du tribunal civil, à défaut de tribunal de commerce. Comment donc s'assurer que tel dessin est la propriété de tel fabricant? Cela ne serait possible que dans un cas : celui où un fabricant n'aurait déposé qu'un seul dessin; parce qu'alors il suffirait de consulter les registres d'inscriptions; mais un fabricant en a presque toujours un grand nombre de déposés, et alors il est bien impossible de savoir s'il a effectué le dépôt pour le dessin qu'on veut reproduire. Dans les premiers temps que paraît un dessin, l'inconvénient n'est pas très-grand; car si je ne puis pas m'assurer du dépôt, je sais dans tous les cas que ce dessin ne m'appartient pas, et que par conséquent je ne dois pas le reproduire. Mais, puisque l'auteur du dessin peut ne se réserver qu'une propriété temporaire, il est fort possible qu'au bout de quelques années ce dessin tombe dans le domaine public. Il est vrai qu'à l'expiration du temps pendant lequel le fabricant s'est réservé la propriété, le cachet est rompu, et l'échantillon envoyé au conservatoire de la ville de Lyon, ce qui permet de savoir si le dessin est tombé dans le domaine public. Nous avons dit toutefois, qu'une certaine

jurisprudence admettait que le dépôt n'était pas nécessaire pour réserver la propriété du dessin. Dans ce système, il est évident que le contrefacteur pourrait invoquer sa bonne foi ; car, en l'absence du dépôt, il lui est bien impossible de savoir si et pour quel temps le fabricant a entendu se réserver la propriété du dessin. Mais la jurisprudence la plus récente, celle qui tend à prévaloir définitivement, n'admettant la réserve de propriété que sous la condition du dépôt, comme le contrefacteur a pu savoir si le dessin était oui ou non tombé dans le domaine public, il ne sera pas admis à invoquer sa bonne foi.

41. — Que faudrait-il décider dans le cas où un dessin fabriqué sur une certaine étoffe serait reproduit sur une autre ? A cet égard, il faut remarquer que la propriété conférée par la loi de 1806 à l'auteur d'un dessin, n'est pas une propriété absolue dans le vrai sens du mot. De quoi s'agit-il ici ? D'une propriété industrielle, c'est-à-dire d'une propriété s'appliquant à certains produits qu'il importe de protéger contre la contrefaçon. Par là, il est facile de comprendre qu'il n'y aura de contrefaçon que pour autant que le dessin aura été reproduit dans une industrie similaire, par exemple si un dessin fait pour étoffes de soie était copié pour des indiennes. (Paris, 29 décembre 1845, aff. Barbet). En cette matière, l'intérêt du commerçant est la mesure de son action. Dès là que la reproduction d'un dessin dans une autre industrie que la sienne sera de nature à lui causer un préjudice, il sera certainement fondé à intenter contre l'imitateur une action en contrefaçon.

Ainsi, dans l'exemple que nous avons cité, il est certain que la reproduction d'un dessin appliqué à des soieries sur des étoffes d'indienne était de nature à causer un préjudice sérieux au fabricant, par la dépréciation résultant de l'application à des objets d'une qualité inférieure. Il en serait de même de l'application de dessins de tenture ou de tapisserie à des papiers peints, parce qu'il peut y avoir concurrence entre ces deux industries.

CHAPITRE V

Des tribunaux compétents

42. — Le fabricant qui veut intenter une action en contre-façon de dessins de fabrique peut choisir entre la voie civile et la voie pénale.

S'il choisit la voie civile, c'est-à-dire s'il se contente d'intenter contre le contrefacteur une demande en dommages-intérêts, il devra s'adresser au tribunal de commerce. L'article 15 dit en effet : « Tout fabricant qui voudra pouvoir revendiquer par la suite, *devant le tribunal de commerce*, la propriété d'un dessin de son invention... »

Si le fabricant veut faire condamner son adversaire aux peines édictées par la loi contre le contrefacteur, il l'assignera devant le tribunal correctionnel, qui prononcera tout à la fois sur la peine, à la réquisition du ministère public, et sur les dommages-intérêts, à la requête de la partie civile.

43. — De ces deux juridictions, quelle est celle que le fabricant devra choisir de préférence ?

Il est impossible d'indiquer une règle absolue. Disons toutefois que la juridiction correctionnelle est plus rapide et plus économique que la juridiction commerciale.

44. — L'article 427 du Code pénal prononce contre le contrefacteur une amende de cent francs au moins et de deux mille francs au plus ; et contre le débitant, une amende de vingt-cinq francs au moins et de cinq cents francs au plus.

La confiscation des objets contrefaits sera prononcée tant contre le contrefacteur que contre le débitant.

Les planches, moules, ou matrices des objets contrefaits, et tous les instruments ayant servi à la contrefaçon seront confisqués.

45. — L'article 463 du Code pénal permet aux tribunaux correctionnels de réduire l'amende, même au-dessous de seize francs, par l'admission des circonstances atténuantes.

46. — Quant aux réparations civiles, elles consistent :

1° Dans les dommages-intérêts qui sont accordés au plaignant contre le contrefacteur. La loi de 1793, sur la propriété artistique et littéraire, dit que le contrefacteur sera tenu de payer au véritable propriétaire une somme équivalente au prix de 3,000 exemplaires de l'édition originale. En matière de dessins de fabrique, la loi n'indique pas de base certaine pour les dommages-intérêts, qui devront être arbitrés par le juge, d'après le préjudice causé au plaignant. Les dommages-intérêts peuvent être réclamés soit devant le tribunal de commerce, soit devant le tribunal de police correctionnelle.

2° Dans l'impression et l'affiche du jugement.

3° Dans la confiscation.

Aux termes de l'article 429 du Code pénal, le produit des confiscations doit être remis au propriétaire pour l'indemniser d'autant du préjudice souffert.

CHAPITRE VI

De la preuve de la contrefaçon

47.—L'article 17 de la loi de 1806 porte : « En cas de contestation entre deux ou plusieurs fabricants sur la propriété d'un dessin, le conseil des prud'hommes procédera à l'ouverture des paquets qui auront été déposés par les parties; il fournira un certificat indiquant le nom du fabricant qui aura la priorité de date. »

Nous nous sommes déjà expliqué sur l'importance du dépôt. Nous avons vu que quelques arrêts récents refusent la propriété au fabricant qui a mis en vente avant de déposer. Quelque opinion qu'on puisse avoir sur ce point, on voit que le dépôt a une importance essentielle au point de vue de la preuve. Il serait, en effet, extrêmement difficile, dans bien des cas, de reconnaître quel est celui de deux ou de plusieurs

7

fabricants qui a le premier livré au commerce le dessin dont chacun revendique la propriété, s'il fallait avoir recours aux moyens de preuve ordinaires. Le dépôt établit, en faveur de celui qui l'a effectué le premier, une présomption grave de priorité de possession, qui met à la charge de l'adversaire la preuve contraire.

48. — A défaut du dépôt, et souvent même en outre de la preuve qui en résulte, le fabricant pourra appeler à son aide, soit devant la juridiction commerciale, soit devant la juridiction correctionnelle, tous les moyens de preuve ordinaires : témoignages, correspondances, registres, etc... Quant à la contrefaçon en elle-même, bien souvent il suffira de la simple comparaison entre l'original et l'objet contrefait pour juger la question. Mais les tribunaux peuvent ordonner toutes les mesures qu'ils croiront propres à éclairer leur religion, expertises, enquêtes, etc.

49. — En ce qui concerne les débitants et les introducteurs, la preuve résultera du procès-verbal de saisie que le fabricant a le droit de faire pratiquer chez eux comme chez le contrefacteur lui-même. Ils seront, en effet, obligés de déclarer la provenance des objets saisis. En tout cas, le fabricant pourra faire la preuve du débit ou de l'introduction par tous les moyens que nous indiquions tout-à-l'heure, livres de commerce, témoins, correspondances, etc.

CHAPITRE VII

De la Prescription

50. — La prescription des actions et des condamnations en matière de dessins de fabrique est régie par le droit commun.

Celui qui veut intenter une action en contrefaçon doit le faire avant que trois années se soient écoulées à partir du délit, sans distinction entre l'instance correctionnelle et commerciale (articles 2, 3, 637 et 638 du Code d'instruction criminelle). La prescription commence à partir du dernier fait qui a pu donner lieu à l'action.

Les condamnations pénales se prescrivent par cinq ans; les condamnations civiles se prescrivent par 30 ans, qu'elles émanent du tribunal correctionnel ou du tribunal de commerce.

ANNEXES

I.

Ordonnance portant règlement sur les dessins de fabrique ;
17-29 août 1825.

ARTICLE 1. — Le dépôt des échantillons de dessins qui doit être fait, conformément à l'art. 15 de la loi du 18 mars 1806, aux archives des conseils de prud'hommes, pour les fabriques situées dans le ressort de ces conseils, sera reçu, pour toutes les fabriques situées hors du ressort d'un conseil de prud'hommes, au greffe du tribunal de commerce, ou au greffe du tribunal de première instance, dans les arrondissements où les tribunaux civils exercent la juridiction des tribunaux de commerce.

ART. 2. — Ce dépôt se fera dans les formes prescrites, pour le même dépôt, aux archives des conseils de prud'hommes, par la loi du 18 mars 1806.

II.

Décret impérial du 5 juin 1861, prescrivant le dépôt des dessins et modèles de fabrique étrangers au secrétariat du conseil des prud'hommes.

Napoléon, etc... Vu la loi du 18 mars 1806, tit. II, sect. III, concernant les dessins de fabrique ; — le décret du 11 juin 1809, art. 59, concernant les conseils des prud'hommes ; — les ordonnances royales du 26 décembre 1844 et du 9 juin 1847, qui ont établi à Paris quatre conseils de prud'hommes ; — le traité de commerce conclu le 23 janvier 1860 entre la France et le royaume de la Grande-Bretagne et d'Irlande, art. 12 ; — Notre conseil d'Etat entendu ; — Avons décrété et décrétons ce qui suit :

ARTICLE 1. — Le dépôt des dessins et modèles de fabrique, provenant des pays où des conventions diplomatiques ont établi une garantie réciproque pour la propriété des dessins et modèles de cette nature, doit se faire au secrétariat des conseils de prud'hommes de Paris, suivant la nature des industries.

ART. 2. — Notre ministre de l'agriculture, du commerce et des travaux publics est chargé de l'exécution du présent décret, qui sera inséré au *Bulletin des lois* et publié au *Moniteur.*

Fait au palais de Fontainebleau, le 5 juin 1861.

NAPOLÉON.

Observation. On trouvera dans la partie relative au droit étranger toutes les conventions diplomatiques conclues jusqu'à ce jour entre la France et les nations étrangères pour la protection réciproque des dessins et des marques de fabrique.

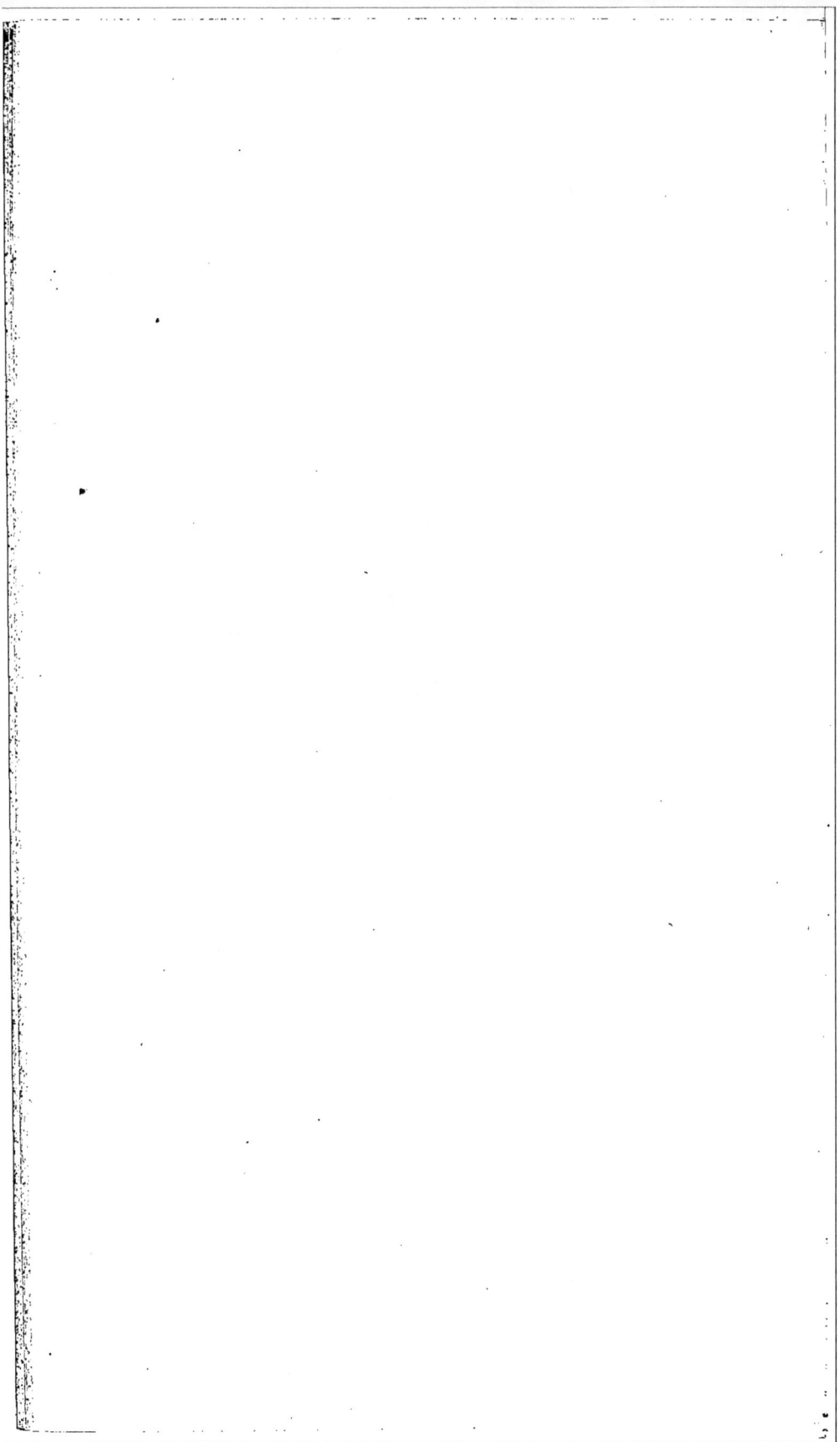

DES MARQUES DE FABRIQUE

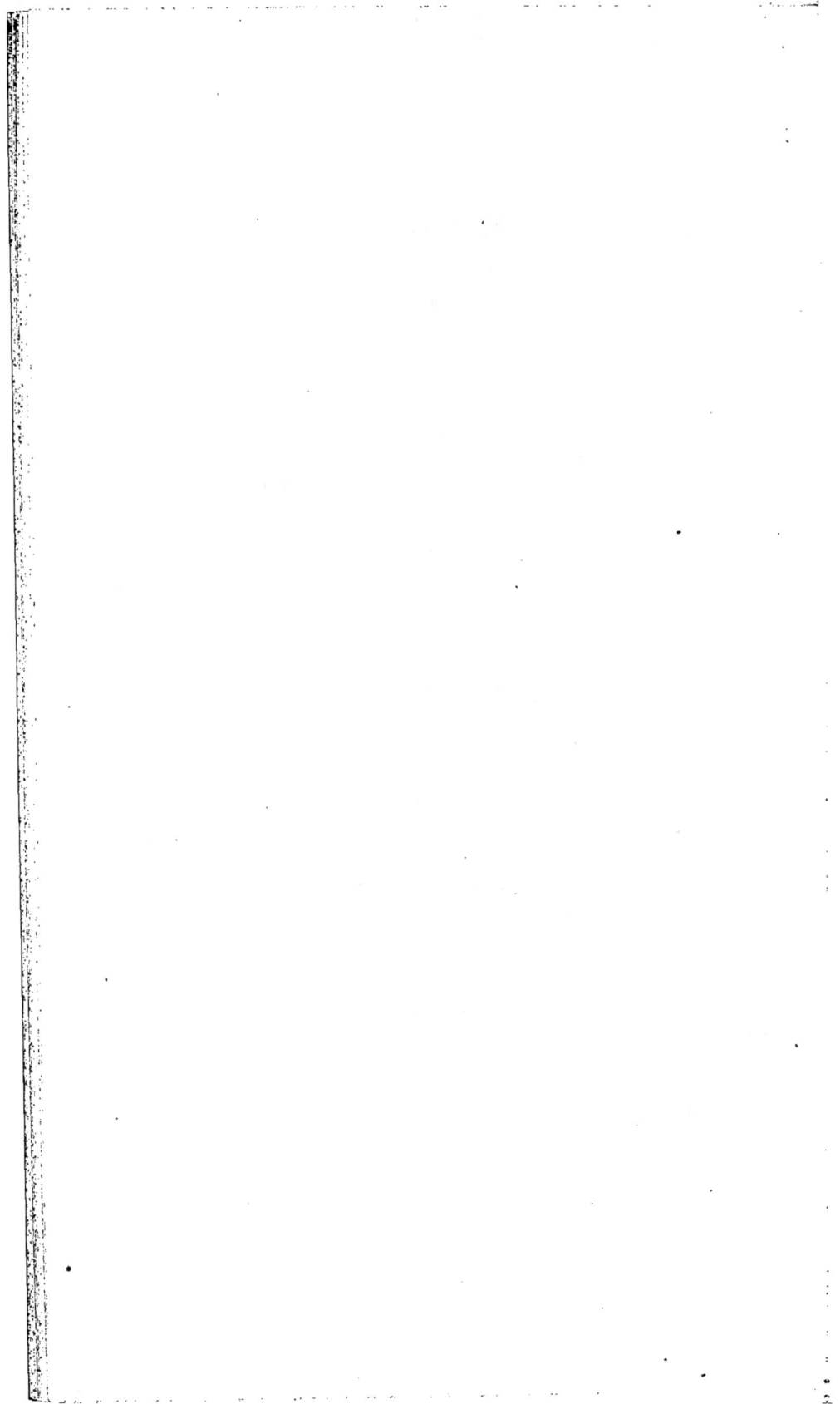

MARQUES DE FABRIQUE

LOI SUR LES MARQUES DE FABRIQUE ET DE COMMERCE

LOI DU 23 JUIN 1857

Napoléon, par la grâce de Dieu et la volonté nationale, Empereur des Français, à tous présents et à venir, salut.

Avons sanctionné et sanctionnons, promulgué et promulguons ce qui suit :

LOI.

Extrait du procès-verbal du Corps législatif.

Le Corps législatif a adopté le projet de loi dont la teneur suit :

TITRE Ier.

DU DROIT DE PROPRIÉTÉ DES MARQUES.

ART. Ier. La marque de fabrique ou de commerce est facultative.

Toutefois, des décrets rendus en la forme des règlements d'administration publique, peuvent exceptionnellement la déclarer obligatoire pour les produits qu'ils déterminent.

Sont considérés comme marques de fabrique et de commerce les noms sous une forme distinctive, les dénominations, emblèmes, empreintes, timbres, cachets, vignettes, reliefs, lettres, chiffres, enveloppes et tous autres signes servant à distinguer les produits d'une fabrique ou les objets d'un commerce.

2. Nul ne peut revendiquer la propriété exclusive d'une marque, s'il n'a déposé deux exemplaires du modèle de cette marque au greffe du tribunal de commerce de son domicile.

3. Le dépôt n'a d'effet que pour quinze années.

La propriété de la marque peut toujours être conservée pour un nouveau terme de quinze années au moyen d'un nouveau dépôt.

4. Il est perçu un droit fixe d'un franc pour la rédaction du procès-verbal de dépôt de chaque marque et pour le coût de l'expédition, non compris les frais de timbre et d'enregistrement.

TITRE II.

DISPOSITIONS RELATIVES AUX ÉTRANGERS.

5. Les étrangers qui possèdent en France des établissements d'industrie ou de commerce jouissent, pour les produits de leurs établissements, du bénéfice de la présente loi, en remplissant les formalités qu'elle prescrit.

6. Les étrangers et les français dont les établissements sont situés hors de France jouissent également du bénéfice de la présente loi, pour les produits de ces établissements, si, dans les pays où ils sont situés, des conventions diplomatiques ont établi la réciprocité pour les marques françaises.

Dans ce cas, le dépôt des marques étrangères a lieu au greffe du tribunal de commerce du département de la Seine.

TITRE III.

PÉNALITÉS.

7. Sont punis d'une amende de cinquante francs à trois mille francs et d'un emprisonnement de trois mois à trois ans, ou de l'une de ces peines seulement :

1° Ceux qui ont contrefait une marque ou fait usage d'une marque contrefaite ;

2° Ceux qui ont frauduleusement apposé sur leurs produits ou les objets de leur commerce une marque appartenant à autrui ;

3° Ceux qui ont sciemment vendu ou mis en vente un ou plusieurs produits revêtus d'une marque contrefaite ou frauduleusement apposée.

8. Sont punis d'une amende de cinquante francs à deux mille francs et d'un emprisonnement d'un mois à un an, ou de l'une de ces peines seulement :

1° Ceux qui, sans contrefaire une marque, en ont fait une imitation frauduleuse de nature à tromper l'acheteur, ou ont fait usage d'une marque frauduleusement imitée ;

2° Ceux qui ont fait usage d'une marque portant des indications propres à tromper l'acheteur sur la nature du produit ;

3° Ceux qui ont sciemment vendu ou mis en vente un ou plusieurs produits revêtus d'une marque frauduleusement imitée ou portant des indications propres à tromper l'acheteur sur la nature du produit.

9. Sont punis d'une amende de cinquante francs à mille francs et d'un

emprisonnement de quinze jours à six mois, ou de l'une de ces peines seulement :

1° Ceux qui n'ont pas apposé sur leurs produits une marque déclarée obligatoire ;

2° Ceux qui ont vendu ou mis en vente un ou plusieurs produits ne portant pas la marque déclarée obligatoire pour cette espèce de produits ;

3° Ceux qui ont contrevenu aux dispositions des décrets rendus en exécution de l'article 1er de la présente loi.

10. Les peines établies par la présente loi ne peuvent être cumulées;

La peine la plus forte est seule prononcée pour tous les faits antérieurs au premier acte de poursuite.

11. Les peines portées aux articles 7, 8 et 9 peuvent être élevées au double en cas de récidive.

Il y a récidive lorsqu'il a été prononcé contre le prévenu dans les cinq années antérieures, une condamnation pour un des délits prévus par la présente loi.

12. L'article 463 du Code pénal peut être appliqué aux délits prévus par la présente loi.

13. Les délinquants peuvent en outre être privés du droit de participer aux élections des tribunaux et des chambres de commerce, des chambres consultatives des arts et manufactures, et des conseils de prud'hommes pendant un temps qui n'excédera pas dix ans.

Le tribunal peut ordonner l'affiche du jugement dans les lieux qu'il détermine, et son insertion intégrale ou par extrait dans les journaux qu'il désigne, le tout aux frais du condamné.

14. La confiscation des produits dont la marque serait reconnue contraire aux dispositions des articles 7 et 8 peut, même en cas d'acquittement, être prononcée par le tribunal, ainsi que celle des instruments et ustensiles ayant spécialement servi à commettre le délit.

Le tribunal peut ordonner que les produits confisqués soient remis au propriétaire de la marque contrefaite ou frauduleusement apposée ou imitée, indépendamment de plus amples dommages-intérêts, s'il y a lieu.

Il est prescrit, dans tous les cas, la destruction des marques reconnues contraires aux dispositions des articles 7 et 8.

15. Dans le cas prévu par les deux premiers paragraphes de l'article 9, le tribunal prescrit toujours que les marques déclarées obligatoires soient apposées sur les produits qui y sont assujettis.

Le tribunal peut prononcer la confiscation des produits, si le prévenu a encouru, dans les cinq années antérieures, une condamnation pour un des délits prévus par les deux premiers paragraphes de l'article 9.

TITRE IV.

JURIDICTIONS.

16. Les actions civiles relatives aux marques sont portées devant les tribunaux civils et jugées comme matières sommaires.

En cas d'action intentée par la voie correctionnelle, si le prévenu soulève pour sa défense des questions relatives à la propriété de la marque, le tribunal de police correctionnelle statue sur l'exception.

17. Le propriétaire d'une marque peut faire procéder par tous huissiers à la description détaillée, avec ou sans saisie, des produits qu'il prétend marqués à son préjudice en contravention aux dispositions de la présente loi, en vertu d'une ordonnance du président du tribunal civil de première instance, ou du juge de paix du canton, à défaut de tribunal dans le lieu où se trouvent les produits à décrire ou à saisir.

L'ordonnance est rendue sur simple requête et sur la présentation du procès-verbal constatant le dépôt de la marque. Elle contient, s'il y a lieu, la nomination d'un expert, pour aider l'huissier dans sa description.

Lorsque la saisie est requise, le juge peut exiger du requérant un cautionnement qu'il est tenu de consigner avant de faire procéder à la saisie.

Il est laissé copie aux détenteurs des objets décrits ou saisis, de l'ordonnance et de l'acte constatant le dépôt du cautionnement, le cas échéant; le tout à peine de nullité et de dommages-intérêts contre l'huissier.

18. A défaut par le requérant de s'être pourvu, soit par la voie civile, soit par la voie correctionnelle, dans le délai de quinzaine, outre un jour par cinq myriamètres de distance entre le lieu où se trouvent les objets décrits ou saisis et le domicile de la partie contre laquelle l'action doit être dirigée, la description ou saisie est nulle de plein droit, sans préjudice des dommages-intérêts qui peuvent être réclamés, s'il y a lieu.

TITRE V.

DISPOSITIONS GÉNÉRALES OU TRANSITOIRES.

19. Tous produits étrangers portant soit la marque, soit le nom d'un fabricant résidant en France, soit l'indication du nom ou du lieu d'une fabrique française, sont prohibés à l'entrée et exclus du transit et de

l'entrepôt, et peuvent être saisis, en quelque lieu que ce soit, soit à la diligence de l'administration des douanes, soit à la requête du ministère public ou de la partie lésée.

Dans le cas où la saisie est faite à la diligence de l'administration des douanes, le procès-verbal de saisie est immédiatement adressé au ministère public.

Le délai dans lequel l'action prévue par l'article 18 devra être intentée, sous peine de nullité de la saisie, soit par la partie lésée, soit par le ministère public, est porté à deux mois.

Les dispositions de l'article 14 sont applicables aux produits saisis en vertu du présent article.

20. Toutes les dispositions de la présente loi sont applicables aux vins, eaux-de-vie et autres boissons, aux bestiaux, grains, farines, et généralement à tous les produits de l'agriculture.

21. Tout dépôt de marques opéré au greffe du tribunal de commerce antérieurement à la présente loi aura effet pour quinze années, à dater de l'époque où ladite loi sera exécutoire.

22. La présente loi ne sera exécutoire que six mois après sa promulgation. Un règlement d'administration publique déterminera les formalités à remplir pour le dépôt et la publicité des marques, et toutes les autres mesures nécessaires pour l'exécution de la loi.

23. Il n'est pas dérogé aux dispositions antérieures qui n'ont rien de contraire à la présente loi.

Délibéré en séance publique, à Paris, le 12 mai 1857.

Le Président,

Signé SCHNEIDER.

Les Secrétaires,

Signé Comte JOACHIM MURAT, marquis de CHAUMONT-QUITRY, TESNIÈRE, ED. DALLOZ.

Extrait du procès-verbal du Sénat.

Le Sénat ne s'oppose pas à la promulgation de la loi relative aux marques de fabrique et de commerce.

Délibéré et voté en séance, au palais du Sénat, le 4 juin 1857.

Le Président,

Signé TROPLONG.

Les Secrétaires,

Signé A. duc DE PADOUE, le comte LE MAROIS, baron T. DE LACROSSE.

Vu et scellé du sceau du Sénat :

Signé Baron T. DE LACROSSE.

Mandons et ordonnons que les présentes, revêtues du sceau de l'État et insérées au Bulletin des lois, soient adressées aux cours, aux tribunaux et aux autorités administratives, pour qu'ils les inscrivent sur leurs registres, les observent et les fassent observer, et notre ministre secrétaire d'état au département de la justice est chargé d'en surveiller la publication.

Fait au palais de Saint-Cloud, le 23 juin 1857.

Signé NAPOLÉON.

Vu et scellé du grand sceau :   Par l'Empereur :
Le Garde des sceaux, Ministre secrétaire d'état   Le Ministre d'État,
au département de la justice,   Signé ACHILLE FOULD.
Signé ABBATUCCI.

DES MARQUES DE FABRIQUE

ET DE COMMERCE

LOI DES 23-27 JUIN 1857

EXPLICATION

—

CHAPITRE PREMIER

Principes généraux.

---

1. — La propriété des marques de fabrique et de commerce est régie par la loi des 23-27 juin 1857. Cette loi était réclamée depuis longtemps par les besoins du commerce. Non qu'il n'existât auparavant une législation spéciale sur cette matière ; mais c'était une législation sans harmonie et pleine de contradictions. Les lois en vigueur avant celle de 1857 étaient la loi du 22 germinal an XI, un décret du 11 juin 1809, les articles 142 et 143 du Code pénal, et différents décrets spéciaux. Les vices de cette législation n'étaient que trop sensibles. Ainsi, d'après le décret du 11 juin 1809, qui était général, les contestations civiles sur les marques étaient d'abord soumises au conseil des prud'hommes à titre de conciliation, puis, en cas de non-conciliation, au tribunal de commerce. Au contraire, pour la quincaillerie et la coutellerie, d'après un décret du 5 septembre 1810, les prud'hommes étaient constitués juges, et à leur défaut les juges de paix. De même les prud'hommes jugeaient

les contestations relatives aux marques des savons, d'après un décret du 1er avril 1811. Quant aux dispositions pénales, elles n'étaient pas moins incohérentes. D'après la loi du 22 germinal an XI, combinée avec les articles 142 et 143 du Code pénal, la contrefaçon des marques et l'usage frauduleux des véritables marques étaient punis de peines criminelles, la réclusion et la dégradation civique, tandis que d'après le décret de 1810 la contrefaçon des marques de coutellerie n'était punie que d'une peine correctionnelle, 300 francs d'amende. Cette législation si sévère offrait cependant des lacunes : ainsi elle ne prévoyait pas le débit de marchandises portant des marques contrefaites. Mais elle péchait surtout par une excessive rigueur, et l'exagération de la peine assurait presque toujours l'impunité du coupable.

Le commerce et l'industrie attendaient donc une loi nouvelle comme un véritable bienfait.

En 1845, un projet de loi sur les modèles et dessins de fabrique fut présenté à la Chambre des pairs par M. Cunin-Gridaine, alors ministre de l'agriculture et du commerce. Ce projet discuté en 1846 seulement par cette chambre, et adopté à peu près dans les termes proposés par le Gouvernement, ne fut porté à la chambre des députés qu'en 1847. Le rapport de la commission qui apportait d'assez profondes modifications au projet de loi, ne fut soumis à la chambre que dans les derniers jours de la session de 1847. Il n'avait pu être discuté lorsque la révolution de février éclata.

La question fut reprise en 1850. Le conseil général de l'agriculture, des manufactures et du commerce la discuta de nouveau dans la session de cette année ; et, à la suite de sa délibération, un nouveau projet fut envoyé par le gouvernement au conseil d'état, qui l'adopta, avec certaines modifications, le 17 juillet 1851. Mais les événements politiques vinrent encore une fois l'ajourner.

Enfin la question fut reprise, cette fois d'une manière définitive, en 1857, et le 27 juin de la même année fut promulguée la loi dont nous allons étudier les dispositions.

Avant tout, il importe de marquer d'une manière précise le but que se sont proposé les législateurs de 1857.

« Sous l'ancien régime, dit M. Dalloz, la marque était obligatoire : c'était une garantie de la bonne fabrication, c'est-à-dire de la fabrication conforme aux prescriptions des règlements, au moyen de laquelle il était possible d'atteindre les fabricants que les règlements déclaraient responsables de la bonté de leurs produits ; la marque équivalait à une signature apposée sur les produits : aussi était-il défendu de faire figurer sur les objets fabriqués d'autres inscriptions ou dénominations que celles qu'ils devaient porter, de travailler sous plusieurs noms, de prendre d'autre nom que le sien, d'altérer ou de décomposer des noms de fabricants, ou d'inscrire sur les produits le nom d'un lieu autre que celui de leur fabrication. Enfin, il était expressément interdit d'employer aucune marque étrangère. Ces prohibitions diverses étaient bien moins dans l'intérêt des fabricants que dans celui des consommateurs ; elles n'avaient pas pour objet de protéger le fabricant et la propriété de son nom ou de sa marque contre des usurpateurs, mais bien plutôt d'empêcher que, par l'indication d'un nom ou d'une marque autre que le sien, le fabricant n'échappât à la responsabilité qui pesait sur lui. »

Tel était l'esprit des lois antérieures à 1789.

Les lois nouvelles et par dessus tout, celle de juillet 1857, ont été conçues dans un esprit tout différent.

Aujourd'hui chacun peut produire, fabriquer comme il veut; le fabricant n'est plus obligé de suivre certains procédés, et n'est plus, dès lors, responsable de la conformité ou de la non conformité de ses produits aux prescriptions réglementaires; sa marque n'est plus obligatoire. Mais le fabricant, propriétaire des produits de son travail et de son industrie, a le droit d'apposer sur ces mêmes produits son nom ou tout autre signe indicatif de sa propriété et de leur origine, afin que d'autres ne se fassent pas, sous un faux nom ou sous une fausse marque, honneur de ses produits, n'usurpent pas sa propriété, ou bien afin qu'ils ne fassent pas passer aux yeux

8

des consommateurs comme siens des produits qu'il n'aurait
pas fabriqués, en lui empruntant son nom, sa marque. C'est
ce droit du fabricant, c'est sa propriété que les lois nouvelles,
relatives aux marques de fabrique, ont voulu protéger sans
porter atteinte à la liberté d'industrie.

2. — Nous allons maintenant examiner en détail les dispositions de la loi sur les marques de fabrique. Cette loi est
divisée en cinq titres : le premier traite du caractère purement
facultatif de la marque et des conditions auxquelles la propriété de la marque s'acquiert ou se conserve ; le second, des
droits de l'étranger ; le troisième, des pénalités ; le quatrième,
des juridictions ; le cinquième contient les règles générales et
les dispositions transitoires.

CHAPITRE II

TITRE I DE LA LOI.

Du droit de propriété des marques.

3. — L'article 1 pose d'abord le principe que la marque
est facultative.

Nous avons dit précédemment que sous l'ancien régime la
marque était obligatoire. Elle avait en vue l'intérêt du consommateur bien plus que celui du fabricant. Mais surtout
elle avait pour objet la fabrication d'après certains procédés
dont il n'était pas permis à l'industrie de s'écarter, par suite
du système de réglementation alors en vigueur. La révolution
de 89 a relégué ces idées dans le domaine de l'histoire.
Liberté du travail, liberté de l'industrie, tel est le mot d'ordre
actuel.

La loi de 1857 ne s'occupe donc nullement des marques au
point de vue prohibitif ou réglementaire. Elle ne s'occupe pas
de l'estampille au moyen de laquelle l'autorité inscrit son visa
sur certains produits spéciaux, qu'exceptionnellement elle vérifie soit dans un intérêt de police, soit même dans un intérêt de
garantie publique. Il s'agit de la marque personnelle au fabricant ou au commerçant, que celui-ci est dans l'usage d'ap-

poser sur les objets de sa fabrication ou de son commerce
pour en constater l'origine.

C'est la propriété de cette marque que la loi de 1857 a
voulu protéger : c'est le seul but qu'elle se soit proposé.

4. — La marque, au sens le plus général, est tout signe
servant à distinguer les produits d'une fabrique ou les objets
d'un commerce. La loi énumère non pas tous ces signes, mais
les plus usités et les principaux parmi eux : « Sont considérés
comme marques de fabrique et de commerce les noms sous
une forme distinctive, les dénominations, emblèmes, empreintes, timbres, cachets, vignettes, reliefs, lettres, chiffres,
enveloppes et tous autres signes servant à distinguer les produits d'une fabrique ou les objets d'un commerce. »

« Les noms sous une forme distinctive, » dit la loi. En
effet, l'apposition du nom est la plus sûre et la plus claire de
toutes les marques. Mais il faut observer que ce que la loi
protège ici, ce n'est pas le nom en lui-même. Une autre loi,
celle du 28 juillet 1824, protège le nom des commerçants et
punit les usurpations, retranchements et altérations dont ils
peuvent être l'objet, et cela sans aucune condition de dépôt
ou de forme particulière. C'est donc le nom affectant une
forme distinctive, devenu marque, qui est protégé par la loi
de 1857 comme toute autre marque, moyennant l'accomplissement de certaines formalités.

5. — Il a été jugé, antérieurement à la loi actuelle, et par
application des mêmes principes qui ont présidé à sa rédaction, qu'un commerçant ne peut se servir pour marque de
fabrique du nom patronymique d'un tiers, alors que ce nom
est porté et a été adopté aussi pour marque par un autre négociant faisant le même genre de commerce; et qu'un individu non commerçant ne pouvait louer à un commerçant le
droit de se servir de son nom patronymique pour marque
de fabrique, lorsque cette location n'a pour objet que de faire
profiter celui-ci du crédit d'un autre commerçant qui porte
également ce nom (Cour de Poitiers, 12 août 1856).

6. — Il a même été jugé qu'un commerçant ne peut, d'une

manière absolue, marquer ses produits de son propre nom,
lorsque ce nom appartient aussi à un autre commerçant qui
l'a antérieurement adopté pour marque de fabrique (Cour de
cassation, 2 janvier 1844).

7. — Il peut être interdit à un individu de prêter son nom
à des tiers, et notamment à une société où il n'est entré qu'à
raison de son nom seul et dans l'unique objet de faire profiter
cette société du crédit du commerçant qui le porte également
(Cour de Paris, 6 mars 1851, et Cour de cassation, 4 février 1852).

8. — On sait que les produits pharmaceutiques ne peuvent
être brevetés. Mais l'inventeur ou le fabricant du produit peut
indiquer sa fabrication par des signes particuliers qu'il sera
défendu à tout autre de reproduire. Il a été jugé, par exemple,
que la préparation pharmaceutique du Rob Boyveau-Laffecteur pouvait être vendue par tout pharmacien, sous cette qualification, quoiqu'elle fût empruntée au nom de son premier
préparateur, si elle est accompagnée d'énonciations de nature
à en distinguer la provenance de celle des produits sortant du
laboratoire des ayant-cause du premier préparateur (31 janvier 1860, cassation, affaire Charpentier et Cⁱᵉ contre Giraudeau de Saint-Gervais).

9. — En résumé, ce que veut la loi, c'est que, lorsqu'un
industriel a adopté un signe pour distinguer ses produits,
que ce signe soit un nom, un cachet, ou tout autre emblème,
ce signe devenu la *marque* du commerçant soit respecté par
tout le monde à l'égal de toute autre propriété.

10. — La marque est facultative. Libre au commerçant
d'apposer ou non sa marque sur ses produits. Cependant
pour certains produits spéciaux, et à titre exceptionnel, il
peut y avoir utilité, nécessité même de rendre la marque de
fabrique ou de commerce obligatoire. Actuellement la marque
ou le nom est obligatoire pour l'imprimerie, pour les matières
d'or et d'argent, pour les étoffes d'or faux ou mi-fin, pour les
cotons filés, pour les tulles de coton, les velours, les draps,
pour les tissus français similaires aux tissus étrangers prohi-

bés (1), pour les armes à feu, les savons, les cartes et les matières vénéneuses. La variété des combinaisons de l'industrie étant telle qu'il peut apparaître tout à coup des produits nouveaux ou des combinaisons nouvelles de produits anciens qu'il serait nécessaire d'assujettir à la marque dans l'intérêt de la sécurité publique ou pour prévenir des fraudes trop faciles, la loi a dû prévoir ce cas. Aussi, après avoir dit dans le premier paragraphe que la marque est facultative, s'exprime-t-elle ainsi dans le second : « Toutefois, des décrets rendus en la forme des règlements d'administration publique (c'est-à-dire délibérés en conseil d'état), peuvent exceptionnellement la déclarer obligatoire pour les produits qu'ils déterminent. »

CHAPITRE III

Des formalités à remplir pour conserver la propriété des marques de fabrique.

11. — Nous avons dû donner quelques développements à nos explications sur le premier article. A cet article se rattachent en effet les questions les plus importantes de la matière : les questions de propriété des marques. Nous savons maintenant que le but principal, et nous pourrions presque dire, malgré quelques dispositions accessoires, le but unique de la loi du 13 juin 1857, a été de consacrer d'une manière absolue

---

(1) La marque sur les tissus français similaires aux tisssus étrangers prohibés avait été rendue obligatoire par un décret du 14 décembre 1810 et l'article 59 de la loi du 28 avril 1816.

Par suite des nombreux traités de commerce conclus dans ces dernières années, cette obligation est devenue presque sans objet.

Il n'y a plus, en effet, en Europe que la Russie et l'Autriche qui n'aient pas conclu avec la France de traité, dans lequel la prohibition se trouve abolie. Quant à la Turquie, bien qu'elle n'ait pas conclu de traité, comme elle n'est pas à redouter pour la fabrication des tissus, ceux-ci entrent en France par tolérance. — Un traité de commerce est sur le point d'être conclu avec le Portugal.

Quant aux pays situés hors d'Europe, la prohibition subsiste toujours ; seulement leurs produits sont admis en France en acquittant les droits de douane.

le droit de propriété des marques de fabrique. Nous allons maintenant examiner quelles sont les formalités à remplir pour garantir ce droit de toute atteinte coupable.

12. — L'article 2 est ainsi conçu : « Nul ne peut revendiquer la propriété exclusive d'une marque, s'il n'a déposé deux exemplaires du modèle de cette marque au greffe du tribunal de commerce de son domicile. »

Le motif de cette disposition est facile à saisir. Si une marque peut devenir la propriété d'un commerçant par cela seul qu'il l'a adoptée le premier, ce ne peut être évidemment que sous certaines conditions de publicité. Autrement je pourrais très-innocemment me servir d'un emblème, d'un symbole, d'un signe dont vous auriez fait usage, ne le connaissant pas.

Il faudra donc déposer deux exemplaires du modèle de la marque. Dans la pensée de la loi, telle qu'elle était alors présentée, un des deux exemplaires devait rester au greffe du tribunal de commerce pour servir au jugement des contestations qui peuvent s'élever ; l'autre était destiné au Conservatoire des Arts-et-Métiers, où les marques devaient être centralisées et classées de manière à pouvoir être mises facilement à la disposition des intéressés. Cette destination a été suivie, mais le Corps législatif n'a pas adopté la proposition faite par l'orateur du gouvernement, de déférer au tribunal de commerce le jugement des contestations en matière de marque ; elles ont été laissées à la jurisprudence de droit commun, au tribunal civil.

13. — Un décret impérial en date du 11 août 1858 a déterminé les formalités à remplir pour le dépôt des marques.

Le dépôt doit être fait par la partie intéressée ou par son fondé de pouvoir spécial.

La procuration peut être sous seings privés, mais enregistrée ; elle doit être laissée au greffier.

Le modèle à fournir consiste en deux exemplaires sur papier libre, d'un dessin, d'une gravure ou d'une empreinte, représentant la marque adoptée.

Le papier doit former un carré de 18 centimètres de côté, dont le modèle occupe le milieu.

— Si la marque est en creux où en relief sur les produits, si elle a dû être réduite pour ne pas excéder les dimensions du papier, ou si elle présente quelque autre particularité, le déposant l'indique sur les deux exemplaires, soit par une ou plusieurs figures de détail, soit au moyen d'une légende explicative.

Ces indications doivent occuper la gauche du papier où est figurée la marque ; la droite est réservée aux mentions prescrites à l'article 5, conformément à un modèle annexé au décret.

— D'après l'article 4 du décret, un des deux exemplaires de la marque est collé par le greffier sur une des feuilles d'un registre tenu à cet effet et dans l'ordre des présentations. L'autre est transmis dans les cinq jours, au plus tard, au ministre de l'agriculture, du commerce et des travaux publics, pour être déposé au Conservatoire des Arts-et-Métiers.

— Le greffier dresse le procès-verbal du dépôt dans l'ordre de présentation, sur un registre en papier timbré, coté et paraphé par le président du tribunal de commerce ou du tribunal civil. Il indique dans ce procès-verbal : 1° Le jour et l'heure du dépôt ; 2° Le nom du propriétaire de la marque et celui de son fondé de pouvoir ; 3° La profession du propriétaire ; son domicile et le genre d'industrie pour lequel il a l'intention de se servir de la marque.

Chaque procès-verbal porte un numéro d'ordre. Ce numéro est également inscrit sur les deux modèles, ainsi que le nom, le domicile ou la profession du propriétaire de la marque, le lieu et la date du dépôt, et le genre d'industrie auquel la marque est destinée.

Lorsqu'au bout de 15 ans, le propriétaire d'une marque en fait un nouveau dépôt, cette circonstance doit être mentionnée sur les modèles et dans le procès-verbal de dépôt.

Le procès-verbal et les modèles sont signés par le greffier et par le déposant ou par son fondé de pouvoir.

Une expédition du procès-verbal du dépôt est délivrée au déposant.

— L'article 6 dit qu'il est dû au greffier, outre le droit fixe de 1 franc pour le procès-verbal de dépôt de chaque marque, y compris le coût de l'expédition, le remboursement des droits de timbre et d'enregistrement. Le remboursement du timbre du procès-verbal est fixé à 35 centimes, aujourd'hui 50, par suite de l'augmentation du timbre.

Toute expédition délivrée après la première donne également lieu à la perception de 1 franc au profit du greffier.

— Au commencement de chaque année, les greffiers dressent sur papier libre et d'après le modèle donné par le ministre de l'agriculture, du commerce et des travaux publics, une table ou répertoire des marques dont ils ont reçu le dépôt pendant le cours de l'année précédente.

. Les registres, procès-verbaux et répertoires déposés dans les greffes, ainsi que les modèles réunis au dépôt central du Conservatoire des Arts-et-Métiers, sont communiqués sans frais.

14. — Que faudrait-il décider à l'égard d'une marque qui ne serait pas déposée ?

L'orateur du gouvernement disait à ce sujet : « Il est bien entendu qu'il ne saurait être interdit à personne d'user d'une marque non déposée; mais la marque dans ce cas ne constituera pas pour celui qui s'en servira une propriété interdite à tous autres. Il ne jouira pas du bénéfice de la loi, il n'aura pas l'action correctionnelle, et, s'il lui reste l'action civile, en réparation des dommages causés, ouverte par l'art. 1382 du Code Napoléon, toujours est-il qu'il ne pourra trouver dans l'usage habituel, dans la possession antérieure d'une marque, autre chose qu'un élément insuffisant par lui-même, et ne pouvant que concourir avec d'autres circonstances pour établir son droit à des dommages-intérêts. Telle est la pensée qui a fait écrire dans les articles 2 et 3, que la propriété de la marque ne pouvait être acquise et conservée qu'au moyen du dépôt et à partir du dépôt. S'il était nécessaire d'accorder à la marque une protection efficace, il ne l'était pas moins de fournir aux fabricants les moyens de se mettre en règle, et d'éviter des contrefaçons ou des usurpations involontaires. »

Ainsi, d'après l'orateur du gouvernement, celui qui n'aura pas déposé sa marque n'en sera pas moins le propriétaire; mais il n'aura pas l'action correctionnelle; tout au plus aura-t-il une action en dommages-intérêts, si d'autres circonstances viennent démontrer chez celui qui se sert de la même marque une intention de concurrence déloyale.

15. — D'après l'article 3, le dépôt n'a d'effet que pour quinze années. — La propriété de la marque peut toujours être conservée pour un nouveau terme de quinze années au moyen d'un nouveau dépôt.

Cet article tient au même ordre d'idées que le précédent. Le dépôt au tribunal de commerce n'a en effet d'autre but que de permettre à tout commerçant de vérifier si la marque dont il veut se servir n'appartient pas déjà à un autre commerçant qui l'a adoptée. Mais on comprend que cette vérification eût été très-difficile, pour ne pas dire impossible, si elle avait dû s'étendre à un trop grand nombre d'années. Grâce à l'article 3, on ne sera jamais obligé de remonter au-delà de quinze ans.

16. — Article 4 : « Il est perçu un droit fixe de 1 franc pour la rédaction du procès-verbal de dépôt de chaque marque et pour le coût de l'expédition, non compris les frais de timbre et d'enregistrement. »

Cet article n'offre pas de difficultés. Le même commerçant peut, s'il a plusieurs marques, en faire le dépôt dans un seul procès-verbal; mais le droit de rédaction sera perçu autant de fois qu'il y aura de marques déposées.

CHAPITRE IV

TITRE 2 DE LA LOI.

Dispositions relatives aux étrangers.

Articles 5 et 6.

17. — C'est aujourd'hui un principe admis par notre droit

international que celui du libre exercice du commerce et de l'industrie par les étrangers en France. En conséquence les étrangers qui ont en France des établissements industriels doivent y trouver même protection que les nationaux. Le bénéfice de la loi sur les marques de fabrique leur est donc accordé, à condition par eux de se conformer à ses prescriptions.

18. — Ainsi, pour les étrangers qui possèdent en France des établissements d'industrie ou de commerce, pas de difficulté. Mais que fallait-il décider à l'égard des étrangers dont les établissements sont situés hors de France? Ici la question était plus délicate. Cédant à ces sentiments de générosité qui sont le privilége et l'honneur du caractère français, quelques personnes voulaient que le bénéfice de la loi fût étendu à tous sans exception. Mais l'adoption de cette proposition eût présenté de graves inconvénients. Tandis, en effet, que nous aurions reconnu aux étrangers la propriété de leurs marques, ceux-ci auraient continué à usurper les nôtres, au grand détriment du commerce français. Quoi de plus juste, au contraire, que de dire aux étrangers : Si vous voulez que nous protégions vos marques en France, protégez les nôtres dans votre pays? Ce principe, à la fois moral et politique, a triomphé, et l'article 6 qui le consacre est ainsi conçu : « Les étrangers et les Français dont les établissements sont situés hors de France jouissent également du bénéfice de la présente loi, pour les produits de ces établissements, si, dans les pays où ils sont situés, des conventions diplomatiques ont établi la réciprocité pour les marques françaises.

» Dans ce cas, le dépôt des marques étrangères a lieu au greffe du Tribunal de commerce de la Seine. »

CHAPITRE V

Pénalités.

19. — Ce titre traite des peines qui seront infligées aux contrefacteurs des marques de fabrique.

L'article 7 prévoit trois délits :

1° Celui que commet un individu en contrefaisant une marque appartenant régulièrement à un fabricant ou à un commerçant ou en faisant usage d'une marque contrefaite. Ce délit était autrefois assimilé au faux en écritures privées par la loi du 22 germinal an XI et par l'article 142 du Code pénal et puni de la réclusion. Cette peine était excessive, et, les cours d'assises refusant de prononcer une condamnation aussi rigoureuse, l'impunité était assurée au coupable contre lequel il ne restait d'autre recours que l'action civile. Aujourd'hui, la contrefaçon des marques est rangée parmi les délits et jugée par les tribunaux correctionnels qui peuvent prononcer un emprisonnement de trois mois à 3 ans et une amende de 50 francs à 3,000 francs ou l'une de ces deux peines seulement.

2° Le second délit prévu par l'article 7 est celui que commet un individu en apposant frauduleusement sur ses produits ou les objets de son commerce une marque appartenant à autrui. Le fait de s'être procuré la marque véritable d'une autre personne pour en faire cet usage frauduleux, tombe sous l'application de la même peine que le délit précédent.

3° Enfin, l'article frappe encore de la même peine ceux qui ont sciemment vendu ou mis en vente un ou plusieurs produits, revêtus d'une marque contrefaite ou frauduleusement appposée.

La loi ne parle pas des recéleurs. Cela n'était pas nécessaire; car les dispositions du droit commun sur la complicité, et notamment la complicité par recel (art. 59 et suiv. du Code pénal), s'appliquent à ces délits comme à tous les autres.

20. — Il est rare qu'un individu se livre à la contrefaçon brutale, grossière de la marque d'autrui. Presque toujours l'imitation sera dissimulée. Si la marque consiste dans des lettres, on prend d'autres lettres, mais affectant les mêmes formes ; d'autres fois, on se servira de la même dénomination qu'un fabricant, en ajoutant sous une forme plus ou moins perceptible le mot façon ; etc., etc. Ce sont ces fraudes innombrables que la loi réprime dans l'article 8 : « Sont punis, dit cet article, d'une amende de 50 francs à 2,000 francs, et d'un emprisonnement d'un mois à un an ou de l'une de ces peines seulement : ceux qui sans contrefaire une marque, en ont fait une imitation frauduleuse de nature à tromper l'acheteur, ou ont fait usage d'une marque frauduleusement imitée. »

21. — L'article 8 a un second objet, qui diffère essentiellement du premier. Dans le paragraphe 1, il punit les imitateurs frauduleux. Dans le paragraphe 2, il ne s'agit plus des atteintes portées à la propriété des marques, mais des tromperies qui peuvent se commettre au moyen de la marque. Peut-être n'était-ce pas ici la place de cette partie de l'article. Nous l'avons dit, la loi de 1857 a pour objet de réglementer la propriété des marques de fabrique. Quant aux abus que peut commettre le propriétaire d'une marque au moyen de cette marque même, c'était ailleurs qu'il les fallait réprimer. Quoi qu'il en soit, l'intention du législateur a été de combler une des lacunes de l'article 423 du Code pénal. Cet article punit la tromperie sur la nature ou sur la quantité de la marchandise vendue. La loi du 27 mars 1851 punit les falsifications de substances ou denrées alimentaires et la tromperie ou *tentative* de tromperie sur la qualité des choses vendues au moyen de certaines manœuvres qu'elle indique. Ce sont ces dispositions répressives de la fraude en matière de vente de marchandises qu'on a voulu compléter en disant dans le § 2 de l'article 8 : « Sont punis, etc., ceux qui ont fait usage

d'une marque portant des indications propres à tromper l'acheteur sur la nature du produit. »

22. — Enfin, le troisième paragraphe de l'article frappe de la même peine : « ceux qui ont *sciemment vendu ou mis en vente* un ou plusieurs produits revêtus d'une marque *frauduleusement imitée*, ou portant des indications propres à tromper l'acheteur sur la nature du produit. »

23. — Lors de la discussion de la loi au Corps législatif, un député, M. Tesnière, avait proposé d'appliquer l'article 8 aux tromperies ou tentatives de tromperie sur l'origine des produits. Cet amendement ne fut pas adopté. M. Busson, rapporteur de la loi, s'exprimait ainsi à ce sujet : « Cet amendement aggravait d'abord l'inconvénient reproché à l'article 8, de compromettre la simplicité de la loi. Et puis, comment déterminer d'une manière nette, incontestable, le lieu d'origine ou de fabrication? La circonscription industrielle s'étend, se restreint, se déplace. On appelle dans le commerce, articles de Lyon, de Rouen, de Roubaix, d'Amiens, d'Elbeuf, de Sedan, etc., des objets qui sont fabriqués dans un certain rayon autour de ces villes. Les eaux-de-vie de Cognac ne se récoltent pas seulement sur cette commune. Où donc sera la limite à laquelle commencera le délit? Ce serait aussi, dans plusieurs cas, atteindre ou même détruire plusieurs grandes industries nationales dont les produits égalent au moins les produits étrangers similaires. Que leur origine soit nécessairement signalée, ils sont délaissés immédiatement pour des objets souvent inférieurs, mais que recommandent l'habitude et le préjugé. — Enfin, c'est interdire à l'industrie française d'imiter, par représailles, des industries étrangères, et l'exposer, sans défense suffisante, à une concurrence désastreuse. — Des abus sans doute peuvent se produire ; le remède est dans la faculté donnée au Gouvernement de rendre la marque obligatoire dans certains cas exceptionnels. Lorsqu'enfin l'usurpation d'un lieu d'origine aura pour effet d'établir une confusion avec les marques d'autres commerçants, ceux-ci trouveront dans les articles 7 et 8 les moyens

de poursuivre tout ce qui serait une contrefaçon ou une imitation. Le droit commun, enfin, autorise à demander la réparation du préjudice éprouvé par tout fait de concurrence déloyale. »

24. — L'article 9 punit d'une amende de 50 fr. à 1,000 fr. et d'un emprisonnement de 15 jours à 6 mois, ou de l'une de ces deux peines seulement :

1° Ceux qui n'ont pas apposé sur leurs produits une marque déclarée obligatoire ;

2° Ceux qui ont vendu ou mis en vente un ou plusieurs produits ne portant pas la marque déclarée obligatoire pour cette espèce de produits ;

3° Enfin, ceux qui auront contrevenu aux dispositions des décrets qui, aux termes de l'article 1, auront assujetti de nouveaux produits à l'obligation de la marque.

25. — Les articles 10, 11 et 12, empruntés à la loi du 5 juillet 1844 sur les brevets d'invention, ont pour objet d'interdire le cumul des peines lorsque le délinquant vient répondre, devant le tribunal, de plusieurs des délits antérieurs au premier acte de poursuite, sauf l'application, en ce cas, de la peine la plus forte ; — de permettre aux tribunaux d'élever les peines au double lorsqu'il a été prononcé, contre le prévenu dans les cinq années antérieures, une condamnation pour un délit prévu par la loi ; et de les autoriser à modérer la peine, suivant les circonstances, en permettant l'application de l'article 463 du Code pénal.

26. — Les peines mentionnées ci-dessus atteignent le délinquant dans ses biens et sa liberté. Le juge peut, suivant le cas, cumuler l'amende et l'emprisonnement, ou n'appliquer qu'une seule de ces pénalités. Il a paru juste et nécessaire de les fortifier par d'autres peines purement morales. En conséquence, les tribunaux sont autorisés par l'article 13 à interdire aux délinquants toute participation aux élections des tribunaux de commerce, des chambres de commerce, des chambres consultatives des arts et manufactures et des conseils de prud'hommes, pendant un temps qui n'excédera pas dix

ans. De plus, les tribunaux pourront ordonner que les jugements de condamnation soient affichés et publiés dans les
journaux. Cette dernière disposition, indépendamment de
l'effet moral qu'elle doit produire, aura l'utilité de prémunir
les consommateurs et fabricants contre le renouvellement de
fraudes déjà commises à leur préjudice.

27. — La confiscation des objets dont la marque serait reconnue contraire aux dispositions des articles 7 et 8, et des
instruments ayant spécialement servi à commettre le délit,
est le complément de la répression. En matière de contrefaçon
des œuvres d'art et d'esprit, l'article 427 du Code pénal prononce la confiscation comme une conséquence nécessaire de la
peine dont le délinquant est frappé. On n'a pas cru devoir
aller aussi loin en matière de contrefaçon des marques ; l'article 14 ne rend pas la confiscation obligatoire pour le juge,
qui appréciera les circonstances, notamment l'importance du
dommage causé par la contrefaçon et les conséquences que
pourrait avoir la confiscation. Il se peut, en effet, que, d'une
part, le dommage causé aux tiers par le délit soit de peu d'importance, et que, d'autre part, la confiscation soit de nature à
entraîner la ruine du délinquant, ou à compromettre les intérêts de ses créanciers. C'est pourquoi la loi laisse toute lati-
tude au juge sur ce point, ainsi que sur la question de savoir
si les produits confisqués devront être ou non remis au propriétaire de la marque qui a été contrefaite ou frauduleusement
apposée, sans préjudice de plus amples dommages-intérêts
s'il y a lieu. Mais dans tous les cas, même d'acquittement, les
tribunaux devront ordonner la destruction des marques reconnues contraires aux dispositions de la loi.

28. — L'article 15, prévoyant le cas où il s'agirait d'infraction aux dispositions des décrets qui ont rendu la marque
obligatoire, veut que le tribunal ordonne toujours, même s'il
y a eu acquittement, l'apposition de la marque sur les produits, objets de la poursuite. On n'a pas ordonné la confiscation dans ce cas, parce qu'on a pensé que pour un premier
délit ce serait une sévérité excessive.

29. — Mais ce complément de la répression se justifie, et le second paragraphe de l'article 15 l'autorise, si le délinquant, condamné une première fois pour infraction à l'obligation de la marque, est poursuivi de nouveau pour un délit de même nature, avant le laps de cinq années. La menace de confiscation peut être, en effet, le seul moyen d'empêcher l'individu qui est rentré dans la possession des objets poursuivis pour infraction à l'obligation de la marque, de résister à l'injonction du juge, et de les remettre dans le commerce sans les marquer.

CHAPITRE VI

TITRE 4.

Juridictions.

30. — Le titre que nous allons maintenant étudier nous apprend : 1° devant quels tribunaux seront portées les contestations relatives aux marques; 2° quelles formalités devront être remplies pour procéder à la saisie en cas de contrefaçon.

31. — Voyons d'abord les juridictions.

L'article 16 nous dit que « les actions civiles relatives aux marques sont portées devant les tribunaux civils et jugées comme matières sommaires. »

D'après le projet de loi, le jugement de ces sortes d'affaires devait appartenir aux tribunaux de commerce. Voici ce que disait à ce sujet l'orateur du gouvernement : « Dans la législation actuelle et d'après le décret du 11 juin 1809, les conseils de prud'hommes ont une part d'action au moins consultative en matière de marques de fabrique; ils interviennent même comme juges, d'après le décret du 5 septembre 1810 sur les marques de coutellerie. Le projet de loi discuté devant les anciennes Chambres législatives avait maintenu l'intervention conciliatrice des prud'hommes. Le

conseil général de l'agriculture, des manufactures et du
commerce, dans l'une de ses dernières sessions, a demandé
que cette intervention fût supprimée comme une formalité
inutile. Il faut bien le reconnaître, en effet, les conseils de
prud'hommes sont institués pour vider les différends qui
s'élèvent entre les patrons et les ouvriers. Leur intervention
en matière de marques de fabrique les introduit dans des
débats d'une tout autre nature, puisqu'il s'agit alors de
contestations entre fabricants seulement. Les tribunaux de
commerce sont, d'ailleurs, parfaitement aptes à prononcer
sur les affaires de marques. »

On le voit, le projet attribuait juridiction aux tribunaux
de commerce. La commission n'adopta pas cette idée et pro-
posa d'attribuer juridiction aux tribunaux ordinaires. On lit
dans le rapport : — « Mais si l'action civile est seule engagée,
quel tribunal en connaîtra ? Il était difficile de la soumettre
aux conseils des prud'hommes, dont le nombre est encore
restreint, et dont l'institution a surtout pour objet de terminer
les difficultés entre patrons et ouvriers. Il fallait opter entre
les tribunaux de commerce, ainsi que l'indiquait le projet,
et les tribunaux ordinaires, comme l'ont proposé plusieurs
membres de la commission et l'honorable M. Tesnière. C'est
à cette dernière idée que votre commission s'est arrrêtée.
La marque de fabrique et de commerce est une *propriété*;
c'est donc aux tribunaux chargés d'apprécier les questions
de propriété qu'il faut attribuer ces litiges. Les difficultés
relatives aux brevets d'invention sont soumises aux tribunaux civils par la loi du 5 juillet 1844, dont l'expérience a
justifié les dispositions sur ce point. Pourquoi, d'ailleurs, ne
pas rendre ces tribunaux uniformément compétents pour les
marques ? Sinon, il serait loisible au plaignant, en engageant
l'action correctionnelle, de porter à son gré l'affaire devant
les juges civils (1) ou les juges de commerce. Ce serait à
coup sûr une disposition fort critiquable, celle qui commet-

(1) Les juges correctionnels ne sont autres, en effet, que des membres des
tribunaux civils jugeant correctionnellement.

trait à une partie la faculté de choisir la juridiction et de décider la compétence. »

Telles sont les principales considérations qui déterminèrent la chambre à opter pour la juridiction des tribunaux civils.

La loi ajoute que les affaires de marques y seront jugées comme matières sommaires (1), c'est-à-dire qu'on devra suivre la procédure rapide et peu coûteuse indiquée par la loi dans les affaires qu'elle appelle sommaires.

32. — De même que le propriétaire d'un brevet peut à son choix traduire le prévenu de contrefaçon devant les tribunaux civils ou devant les tribunaux correctionnels, de même le propriétaire de la marque peut saisir de son action l'une ou l'autre de ces juridictions. En étudiant la matière des brevets, nous avons vu que, bien que les tribunaux correctionnels ne statuent pas d'ordinaire sur les questions de propriété dont le jugement appartient à la juridiction civile, cependant, dans un intérêt de célérité et d'économie, la loi avait donné à ces tribunaux le droit de statuer sur les moyens soulevés par le prévenu relativement à la propriété du brevet. Aux termes de l'article 16, § 2, il en sera de même en ce qui touche les questions relatives à la propriété de la marque, soulevées par le prévenu dans le débat correctionnel.

33. — Les articles suivants qui ont trait aux formalités relatives à la saisie, sont empruntés également à la loi des brevets d'invention.

Aux termes de l'article 17, le propriétaire d'une marque peut faire procéder par tous huissiers à la description détaillée, avec ou sans saisie, des produits qu'il prétend marqués à son préjudice en contravention aux dispositions de la loi, en vertu d'une ordonnance du président du tribunal civil de première instance, ou du juge de paix du canton, à défaut de tribunal dans le lieu où se trouvent les produits à décrire ou à saisir.

L'ordonnance est rendue sur simple requête et sur la présentation du procès-verbal constatant le dépôt de la marque.

_____

(1) Articles 404 et suiv. du Code de procédure civile.

Elle contient, s'il y a lieu, la nomination d'un expert, pour aider l'huissier dans sa description.

Lorsque la saisie est requise, le juge peut exiger du requérant un cautionnement qu'il est tenu de consigner avant de faire procéder à la saisie.

Il doit être laissé copie aux détenteurs des objets décrits ou saisis, de l'ordonnance et de l'acte constatant le dépôt du cautionnement, le cas échéant; le tout à peine de nullité et de dommages-intérêts contre l'huissier.

Ainsi le propriétaire d'une marque qui croit avoir à se plaindre de contrefaçon peut, ou faire procéder à une simple description des objets portant la marque qu'il prétend contrefaite, ou faire saisir ces objets, qui dans ce cas sont, par le fait de la saisie, mis sous la main de la justice, et ne peuvent plus disparaître. Mais dans ce dernier cas, et pour éviter des poursuites vexatoires, la loi permet au juge d'exiger un cautionnement de celui qui requiert la saisie.

34. — Les prescriptions de l'article 18 sont également destinées à sauvegarder l'intérêt des commerçants qui pourraient être poursuivis trop légèrement. La loi impose au poursuivant l'obligation de se pourvoir soit par la voie civile soit par la voie correctionnelle dans un délai de quinzaine outre un jour par cinq myriamètres de distance entre le lieu où se trouvent les objets décrits ou saisis et le domicile de la partie contre laquelle l'action doit être dirigée. La loi ne veut pas, en effet, qu'on puisse faire peser trop longtemps sur un commerçant cette sorte de suspicion, éminemment préjudiciable, qui résulte d'une action en contrefaçon. Et faute par celui qui a commencé les poursuites, de saisir de son action soit le tribunal civil soit le tribunal correctionnel dans le délai indiqué plus haut, la description ou saisie est nulle de plein droit, sans préjudice des dommages-intérêts qui peuvent être réclamés s'il y a lieu.

35. — La loi ne parle pas des poursuites qui pourraient être intentées d'office par le ministère public. C'est qu'en matière pénale, la poursuite d'office appartient de droit au ministère public, toutes les fois qu'il n'est pas dérogé expressément à

cette règle générale. Nous avons vu qu'en matière de brevet d'invention, l'action corréctionnelle ne peut être exercée par le ministère public que sur la plainte de la partie lésée (Article 45 de la loi du 5 juillet 1844). La loi n'a pas répété cette disposition dans la matière qui nous occupe. Mais on comprend aisément que, la contrefaçon des marques comme celle des brevets blessant bien plus l'intérêt privé que l'intérêt général, le ministère public laissera le plus souvent aux parties elles-mêmes le soin de poursuivre la répression des délits dont elles souffrent préjudice.

36. — La juridiction attribuée aux tribunaux civils et aux tribunaux correctionnels en France, ne déroge point à la juridiction de nos consuls, si le litige s'élève hors de France, entre français. Cette juridiction reste réglée conformément à d'anciens édits et ordonnances, et, pour certains pays, à des capitulations, traités ou usages encore en vigueur, ainsi qu'à des lois récemment promulguées.

CHAPITRE VII.

TITRE V.

Dispositions générales ou transitoires.

37. — L'article 19 a pour but de réprimer un genre de fraude qui se commet souvent à l'étranger au préjudice du commerce français. Certains industriels étrangers apposent sur leurs produits des marques de fabriques françaises ; ils font passer ces produits par notre territoire, où ils les font séjourner pendant quelque temps en transit ; puis ils les vendent comme produits français. Or, ce sont bien souvent des objets d'une qualité très-inférieure, dont la vente est de nature à jeter du discrédit sur les produits de nos fabriques et de nos manufactures. La loi devait sévir contre une fraude aussi dommageable à notre industrie. En conséquence, tous produits étrangers portant soit la marque, soit le nom d'un fabricant résidant en France, soit l'indication du nom ou du lieu d'une fabrique française, sont prohibés à l'entrée et

exclus du transit et de l'entrepôt, et peuvent être saisis, en quelque lieu que ce soit, soit à la diligence de l'administration des douanes, soit à la requête du ministère public ou de la partie lésée.

Le délai pour intenter l'action, soit par le ministère public, soit par la partie lésée, est porté à deux mois.

Les dispositions de l'article 14, relatives à la confiscation, sont applicables aux produits saisis en vertu de l'article 19.

38. — S'il importe de réprimer les fraudes qui peuvent se commettre par l'usurpation à l'étranger de marques françaises, les grands principes de la liberté de l'industrie et du commerce veulent qu'aucune entrave ne soit apportée aux opérations loyales. Un négociant français peut, sans encourir aucun reproche, faire fabriquer ses produits à l'étranger, et les revêtir de sa marque. Une circulaire du ministre de l'agriculture et du commerce, du 3 juin 1864 (voir Annexes n° 24), indique quelles sont en ce cas les formalités à remplir.

39. — L'article 20 étend les dispositions de la loi aux vins, eaux-de-vie et autres boissons, aux bestiaux, grains, farines, et généralement à tous les produits de l'agriculture.

Cette disposition se justifie parfaitement par l'intérêt qu'ont les producteurs agricoles et même ceux qui font le commerce des produits de cette nature, à pouvoir s'assurer la propriété d'une marque qui distingue leurs produits et qui les signale à la confiance publique.

On n'a pas oublié que la loi, dans le dernier paragraphe de l'article 8, punit l'usage d'une marque propre à tromper l'acheteur sur la nature du produit. Cette disposition s'applique comme toutes les autres, à tous les produits spécifiés dans l'article 20.

Toutefois, il faut qu'il s'agisse de tromperie sur la *nature* du produit. Et il a été jugé que la tromperie à l'aide d'une marque contenant de fausses indications, n'est pas atteinte par l'article 8 de la loi du 27 juin 1857, lorsqu'elle ne porte que sur la qualité du produit, et non sur sa nature. A cet égard, on ne doit considérer comme tromperie sur la nature que celle qui porte sur l'essence même ou l'identité de la marchandise, en sorte que la mise en vente d'une marchandise altérée par un mélange, ne peut constituer une telle tromperie, qu'autant que le mélange a eu pour résultat de la rendre impropre à sa destination, et non pas seulement d'en affaiblir les propriétés (1).

40. — L'article 21 contient une disposition transitoire qui dispense ceux qui avaient opéré le dépôt au greffe de leurs marques antérieurement à la loi, de faire un nouveau dépôt au moins pour une période de quinze ans.

41. — L'article 22 contient également une disposition transitoire qui suspend l'exécution de la loi pendant un laps de temps de six mois après sa promulgation. Le législateur annonçait en effet qu'un règlement d'administration publique déterminerait les formalités à remplir pour le dépôt et la publicité des marques, et toutes les autres mesures nécessaires à l'exécution de la loi. La publication de ce règlement et les mesures à prendre par le commerce et l'industrie pour se mettre en règle vis-à-vis de la nouvelle loi, exigeaient un certain laps de temps.

Le règlement annoncé est contenu dans un décret en date du 11 août 1858, dont nous avons analysé les dispositions sous l'article 2 relatif aux formalités à remplir pour s'assurer la propriété des marques, et que nous reproduisons en entier dans les annexes.

42. — L'article 23 et dernier porte qu'il n'est pas dérogé aux dispositions antérieures qui n'ont rien de contraire à la nouvelle loi. Cela est de principe. Cependant le législateur a cru devoir s'en exprimer pour mieux montrer que la loi n'a voulu autre chose qu'assurer aux marques de fabrique une protection efficace, et non abolir les dispositions des lois antérieures, qui demeurent en dehors de la loi nouvelle. On trouvera aux annexes ceux des textes de lois qui restent en vigueur à côté de la loi du 23 juin 1857.

(1) Un projet de loi est en ce moment soumis au Corps législatif pour réprimer les fraudes dans la vente des engrais.

ANNEXES

Observation. — Nous venons de voir sous le premier article de la loi de 1857, qu'il n'est pas dérogé à toutes les dispositions antérieures, qui n'ont rien de contraire à la nouvelle loi. Nous devons donner ici le texte de ces dispositions. Il sera facile à la simple lecture des lois et décrets qui ont précédé la loi de 1857, de comprendre quelle est la partie de ces lois qui reste en vigueur, quelle est celle qui n'a plus d'objet. S'agit-il, en effet, de la peine édictée par l'ancienne législation, pour réprimer la contrefaçon des marques de fabricant, il est évident qu'en présence des termes de la loi de 1857, les dispositions ayant trait à la peine, ne sauraient être appliquées; la loi de 1857 remplace sur ce point toutes les lois anciennes. S'agit-il, au contraire, de certaines formalités relatives aux marques de telle ou telle industrie, par exemple, de la coutellerie, de l'obligation de marquer de telle ou telle façon des produits d'une certaine nature, les dispositions anciennes restent en vigueur; elles n'ont, en effet, rien de contraire à la nouvelle loi.

I.

Loi du 19 Brumaire an VI (9 Novembre 1797) relative à la surveillance du titre et à la perception des droits de garantie des matières et ouvrages d'or et d'argent.

TITRE Iᵉʳ. — section ii. — *Des poinçons.*

Art. 7. La garantie du titre des ouvrages et matières d'or et d'argent est assurée par des poinçons; ils sont appliqués sur chaque pièce, en suite d'un essai de la matière et conformément aux règles établies ci-après.

8. Il y a, pour marquer les ouvrages, tant en or qu'en argent, trois espèces principales de poinçons, savoir : *celui du fabricant, celui du titre* et *celui du bureau de garantie.* — Il y a d'ailleurs deux petits poinçons, l'un pour les menus ouvrages d'or, l'autre pour les menus ouvrages d'argent, trop petits pour recevoir l'empreinte des trois espèces de poinçons précédentes. — Il y a, de plus, un poinçon particulier pour les vieux ouvrages dits *de hasard* ; un autre, pour les ouvrages venant de l'étranger ; une troisième sorte pour les ouvrages doublés ou plaqués d'or et d'argent ; une quatrième sorte, dite *poinçon de recense,* qui s'applique par l'autorité publique, lorsqu'il s'agit d'empêcher l'effet de quelque infidélité relative aux titres et aux poinçons ; enfin, un poinçon particulier pour marquer les lingots d'or ou d'argent affinés.

9. Le poinçon du fabricant porte la lettre initiale de son nom, avec un symbole ; il peut être gravé par tel artiste qu'il lui plaît de choisir, en observant les formes et proportions établies par l'administration des monnaies.

14. Le poinçon de chaque fabricant de doublé ou de plaqué a une forme particulière déterminée par l'administration des monnaies. Le fabricant ajoute en outre, sur chacun de ses ouvrages, des chiffres indicatifs de la quantité d'or et d'argent qu'il contient.

TITRE VI. — SECTION Iʳᵉ. — *Des obligations des fabricants et marchands d'ouvrages d'or et d'argent.*

ART. 72. Les anciens fabricants d'ouvrages d'or et d'argent, et ceux qui voudront exercer cette profession, sont tenus de se faire connaître à l'administration du département et à la municipalité du canton où ils résident, et de faire insculper dans ces deux administrations leur poinçon particulier, avec leur nom, sur une planche de cuivre, à ce destinée. L'administration du département veillera à ce que le même symbole ne soit pas employé par deux fabricants de son arrondissement.

73. Quiconque se borne au commerce d'orfévrerie, sans entreprendre la fabrication, n'est tenu que de faire sa déclaration à la municipalité de son canton, et est dispensé d'avoir un poinçon.

90. Lorsqu'un orfèvre mourra, son poinçon sera remis, dans l'espace de cinquante jours après son décès, au bureau de garantie de son arrondissement, pour y être biffé de suite. Pendant ce temps, le dépositaire du poinçon sera responsable de l'usage qui en sera fait, comme le sont les fabricants en exercice.

91. Si un orfèvre ou fabricant quitte le commerce, il remettra son poinçon au bureau de garantie de l'arrondissement, pour y être biffé devant lui ; s'il veut s'absenter pour plus de six mois, il déposera son

poinçon au bureau de garantie, et le contrôleur fera poinçonner les ouvrages fabriqués chez lui en son absence.

II.

Arrêté du 23 Nivôse an IX (13 Janvier 1801) relatif à la marque des ouvrages de quincaillerie et de coutellerie.

Art. 1er. Les fabricants de quincaillerie et de coutellerie de la République sont autorisés à frapper leurs ouvrages d'une marque particulière, assez distincte des autres marques pour ne pouvoir être confondue avec elles. La propriété de cette marque ne sera assurée qu'à ceux qui l'auront fait empreindre sur des tables communes, déposées, à cet effet, dans l'une des salles du chef-lieu de la sous-préfecture. Il leur sera délivré un titre qui en constatera le dépôt.

III.

20 Floréal an XIII (10 Mai 1805). Décret contenant règlement sur la guimperie, les étoffes d'or et d'argent et les velours.

TITRE Ier. — *Guimperie.*

Art. 1er. Tout guimpier sera rigoureusement astreint à ne monter sur soie que de la dorure et de l'argenterie fine ; tout ce qui sera faux ou mi-faux devra être monté sur fleuret ou sur fil.

TITRE II. — *Étoffes d'or et d'argent.*

2. Les étoffes de soie, or et argent, croisés, satins, taffetas brochés ou liserés, velours, toiles d'or et d'argent, tant pleins que figurés, quelque dénomination qu'on puisse leur donner, fabriqués avec or et argent fin, ne porteront aucune marque distinctive dans la lisière.

3. Toutes les fois que ces mêmes étoffes seront fabriquées avec des dorures fausses ou mi-fines, elles devront porter une bande noire de quarante fils au moins dans chacune des deux lisières.

4. Lorsque, dans la fabrication des susdites étoffes, il entrera en même temps et des dorures fines, et des dorures fausses ou mi-fines, une seule des deux lisières devra porter la barre noire indiquée par le précédent article.

TITRE III. — *Velours.*

5. Les velours à un poil devront porter une chaînette sur chaque lisière ;

— ceux à un poil et demi, une chaînette sur l'une desdites lisières, et deux sur l'autre; — ceux à deux poils auront deux chaînettes sur chaque lisière, ceux à deux poils et demi, deux chaînettes sur une lisière; et trois sur l'autre; — ceux à trois poils auront trois chaînettes sur chaque lisière; — ceux à trois poils et demi, trois sur l'une et quatre sur l'autre; — ceux à quatre poils, quatre chaînettes sur chaque lisière.

6. Les velours dans lesquels il entrera des trames ou des organsins crus devront avoir deux lisières blanches.

IV.

Décret du 9 février 1810 concernant la fabrication des cartes à jouer.

Art. 4. Les fabricants mettront sur chaque jeu une enveloppe qui indiquera leurs noms, demeures, enseignes et signatures en forme de griffe, de laquelle enveloppe ils seront tenus de déposer une empreinte, tant au greffe du tribunal de première instance que dans les bureaux de la régie. — Ils ne pourront changer la forme de leurs enveloppes, sans en faire la déclaration auxdits bureaux et sans faire les mêmes dépôts de celles qu'ils substitueront aux précédentes. — Tout emploi et entrepôt de fausses enveloppes est prohibé. — Seront réputées fausses, les enveloppes non conformes à celles déposées ou qui seraient trouvées chez des fabricants autres que ceux y indiqués. — Les cartiers qui feront des enveloppes par sixains ne pourront les employer qu'en forme de bandes, de manière à laisser apparentes celles de contrôle apposées par les préposés de la régie sur chaque jeu, après la vérification des cartes à figure.

V.

Code pénal (Février et Mars 1810).

Art. 142. — Ceux qui auront contrefait les marques destinées à être apposées, au nom du gouvernement, sur les diverses espèces de denrées ou de marchandises, ou qui auront fait usage de ces fausses marques; ceux qui auront contrefait les sceaux, timbres, ou marques d'une autorité quelconque ou qui auront fait usage des sceaux, timbres ou marques contrefaits; ceux qui auront contrefait les timbres-poste, ou fait usage sciemment de timbres-poste contrefaits, seront punis d'un emprisonnement de deux ans au moins et de cinq ans au plus.

Les coupables pourront en outre être privés des droits mentionnés en l'art. 42 du présent Code pendant cinq ans au moins et dix ans au plus, à compter du jour où ils auront subi leur peine. Ils pourront aussi être mis, par l'arrêt ou le jugement, sous la surveillance de la haute police pendant le même nombre d'années. Les dispositions qui précèdent seront applicables aux tentatives de ces mêmes délits.

ART. 143. Quiconque s'étant indûment procuré les vrais sceaux, timbres ou marques ayant l'une des destinations exprimées en l'art 142, en aura fait ou tenté de faire une application ou un usage préjudiciable aux droits ou intérêts de l'Etat ou d'une autorité quelconque, sera puni d'un emprisonnement de six mois à trois ans; les coupables pourront en outre être privés des droits mentionnés en l'art. 42 du présent Code pendant cinq ans au moins et dix ans au plus, à compter du jour où ils auront subi leur peine. Ils pourront aussi être mis, par l'arrêt ou le jugement, sous la surveillance de la haute police pendant le même nombre d'années.

VI.

Décret du 25 juillet 1810, qui fixe la lisière des draps fabriqués à Louviers.

ART. 1er. Les dispositions de l'arrêt du Conseil d'Etat, du 5 décembre 1782, portant règlement pour la fabrication des étoffes de laine dans la généralité de Rouen, sont remises en vigueur en ce qui concerne la ville de Louviers. Les fabricants de cette ville jouiront, en conséquence, de l'autorisation exclusive d'avoir à leurs draps une lisière jaune et bleue.

VII.

Décret du 14 décembre 1810, contenant règlement sur les armes à feu fabriquées en France et destinées au commerce.

ART. 8. Les fabricants, marchands et ouvriers canonniers ne pourront vendre aucun canon sans qu'il ait été éprouvé et marqué du poinçon d'acceptation, à peine de 300 francs d'amende pour la première fois, d'une amende double en cas de récidive, et de confiscation des canons ainsi mis en vente.

VIII.

Décret du 1er avril 1811, tendant à prévenir et à réprimer la fraude dans la fabrication des savons.

ART. 1er. Tout fabricant de savon, dans l'étendue des terres de notre domination, sera tenu d'apposer, sur chaque brique de savon sortant de

sa fabrique, une marque déposée au tribunal de commerce et au secré
tariat du Conseil des prud'hommes.

2. Cette marque sera différente pour le savon fabriqué à l'huile d'o-
live, pour celui fabriqué à l'huile de graines, et pour celui fabriqué au
suif ou à la graisse.

3. Tout savon non marqué ou tout savon marqué comme savon à
l'huile, quoiqu'il soit à la graisse, ou marqué d'une fausse marque, sera
saisi dans les magasins des fabriques ou chez les marchands, à la diligence des prud'hommes, de tout officier de police judiciaire et municipale, ou à la réquisition de toute partie intéressée ; et la confiscation en
sera prononcée par les autorités compétentes, moitié au profit des hospices, moitié au profit des officiers de police ou des parties requérantes,
sans préjudice d'une amende qui ne pourra excéder 3,000 francs, et
qui sera double en cas de récidive, ou d'autres peines portées par les
lois et règlements.

4. Tout fabricant convaincu, par la décomposition, d'avoir fraudé
dans la fabrication du savon, par l'introduction d'une quantité surabon-
dante d'eau ou de substances propres à en altérer la qualité, sera poursuivi et son savon confisqué, comme il est dit à l'article précédent, sans
préjudice des dommages-intérêts, s'il y a lieu.

5. Les prud'hommes des villes où il y a des fabriques de savon auront, sur les magasins où le savon fabriqué se dépose, ou dans les lieux
de débit, le droit d'inspection pour l'exécution des articles précédents,
indépendamment de la juridiction qui leur est attribuée par les lois et
règlements.

6. Le présent décret n'est applicable qu'aux savons destinés aux
blanchisseries, teintures et dégraissage, et non à la fabrication des savons de luxe et de toilette.

IX.

Décret du 18 septembre 1811, qui détermine la marque des savons.

ART. 1er. La marque pour le savon fabriqué à l'huile d'olive sera de
forme concave ovale, et portera dans le milieu, en lettres rentrées, ces
mots : *Huile d'olive.* Celle pour le savon fabriqué à l'huile de graines
sera de forme concave carrée et portera dans le milieu, aussi en lettres
rentrées, ces mots : *Huile de graines.* La marque pour le savon au suif
ou à la graisse sera de forme concave triangulaire, et devra porter également dans le milieu, aussi en lettres rentrées, ces mots : *Suif* ou
Graisse. A la suite de chaque marque, qui devra être en caractères

assez gros pour être aperçus sans difficulté, sera le nom du fabricant et
de la ville où il fait sa résidence.

2. A compter du 1er avril prochain, il ne pourra plus être vendu, par
les fabricants, de savons destinés aux blanchisseries, teintures et dégraissage, s'ils ne sont revêtus de la marque ci-dessus, sous peine de
1,000 francs d'amende, et du double en cas de récidive.

3. Les contraventions à l'article ci-dessus seront portées devant nos
Cours et tribunaux comme matières de police.

X.

Decret du 22 décembre 1812, qui établit une marque particulière
pour les savons à l'huile d'olive fabriqués à Marseille.

Art. 1er. La forme des marques prescrite par notre décret du 18 septembre 1811 continuera d'être employée dans toutes les fabriques de
savons de notre empire. Ces fabriques les mettront, en conséquence, sur
tous les savons qui sortiront de leurs ateliers.

2. A compter de ce jour, la ville de Marseille aura une marque particulière pour ses savons à l'huile d'olive. Cette marque présentera un
pentagone dans le milieu duquel seront, en lettres rentrées, ces mots :
Huile d'olive, et, à la suite, le nom du fabricant et celui de la ville de
Marseille.

3. Tout particulier établi dans une ville, autre que celle de Marseille,
qui versera dans le commerce des savons revêtus de la marque accordée par l'article précédent, sera puni, pour la première fois, d'une
amende de 1,000 francs ; en cas de récidive, cette amende sera double ;
les savons seront, en outre, confisqués.....

4. La saisie des savons revêtus de la marque appartenant à la ville
de Marseille aura lieu sur la réquisition des autorités constituées de cette
ville, ou de ceux de ses fabricants qui seraient munis de patentes. Les
contestations auxquelles elle donnera lieu seront portées devant nos
Cours et tribunaux comme matières de police.

6. S'il était fabriqué à Marseille du savon avec de l'huile de graines,
du suif ou de la graisse, alors la marque sera la même que celle qui
est prescrite pour les savons de cette nature par notre décret du 18
septembre 1811, notre intention étant qu'on applique exclusivement,
aux briques de savon à l'huile d'olive fabriquées à Marseille, celle dont
la forme présente un *pentagone*.

XI.

Décret du 22 décembre 1812, portant que toutes les manufactures

*de draps de l'Empire pourront obtenir l'autorisation de mettre
a leurs produits une lisière particulière à chacune d'elles.*

TITRE Ier.

DISPOSITIONS GÉNÉRALES.

ART. 1er. Toutes les manufactures de draps de notre Empire sont
admises à participer à la faveur qui a été accordée à celles de *Louviers*.
Elles pourront, en conséquence, obtenir l'autorisation de mettre à leurs
produits une lisière qui sera particulière à chacune d'elles.

2. Les fabriques qui désireront obtenir une lisière exclusive sont tenues d'en adopter une tellement distincte, qu'on ne puisse la confondre
avec celles que d'autres villes auraient déjà obtenues, dont, par conséquent, elles auraient la possession exclusive. Ces lisières seront accordées d'après le vœu qu'émettront les Chambres de commerce ou les
Chambres consultatives de manufactures, qui joindront à leurs délibé-
rations un modèle de celle qui aura paru devoir être choisie de préférence.

La demande sera d'abord communiquée au préfet, qui examinera si
elle est de nature à être accueillie; il la transmettra ensuite, avec son
avis, à notre ministre des manufactures et du commerce, pour, sur son
rapport, être statué par nous en Conseil d'État.

3. La lisière ayant pour objet d'indiquer quelle est la manufacture qui
a confectionné les produits, il est ordonné aux fabricants de la ville à
laquelle il en aura été accordé une, de la mettre aux draps qu'ils seront
dans le cas d'établir. Ceux qui ne se conformeront pas à cette disposition seront punis conformément à l'article 479 du Code pénal. L'amende
sera double en cas de récidive; le montant des amendes sera versé
dans la caisse des hospices de la commune.

4. Lorsqu'une ville aura obtenu une lisière exclusive, les fabricants
des autres villes auront un délai de six mois pour achever celle des
pièces qu'ils auront commencées avec cette lisière. A l'expiration de ce
délai, il leur est défendu de l'employer; tout contrevenant à cette défense sera poursuivi conformément à ce qui est dit pour les marques
particulières.

5. Les poursuites pour raison de contrefaçon d'une lisière ne pourront être dirigées contre les débitants, à moins que, pris en contravention, ils ne se refusent à donner les renseignements nécessaires pour
découvrir l'auteur du délit; elles n'auront lieu que contre les manufacturiers, pour les draps seulement qu'ils fabriqueront après le délai de
six mois déterminé dans l'article précédent.

6. Les décrets qui auront accordé à une fabrique une lisière exclusive seront insérés dans le *Bulletin des Lois*. Cette insertion n'ayant point eu lieu pour notre décret du 25 juillet 1810, nous ordonnons qu'elle soit faite.

XII.

Loi du 21 avril 1814, *relative à la liberté de la presse.*

ART. 15. Il y a lieu à saisie et séquestre d'un ouvrage, 1°... 2° si chaque exemplaire ne porte pas le vrai nom et la vraie marque de l'imprimeur.

XIII (1).

Loi de Douanes du 28 avril 1816.

ART. 59. A dater de la publication de la présente loi, les cotons filés, les tissus et tricots de coton et de laine, et tous autres tissus de fabrique étrangère prohibés, seront recherchés et saisis dans toute l'étendue du royaume. — A l'effet de distinguer les tissus fabriqués en France, toute pièce d'étoffe de la nature de celles prohibées devra porter une marque et un numéro de fabrication, pour servir de premier indice au jury, dont il sera parlé ci-après.

XIV.

Ordonnance du 8-14 août 1816, *portant que les fabricants d'é-toffes et tissus de la nature de ceux qui sont prohibés ne doivent mettre dans le commerce ces étoffes et tissus que revêtus d'une marque de fabrication.*

ART. 1er. Les fabricants d'étoffes pleines ou mélangées en laine ou en coton, et de tous tissus de la nature de ceux qui sont prohibés, venant de l'étranger, ne pourront mettre dans le commerce ces étoffes et tissus que revêtus d'une marque de fabrication et d'un numéro d'ordre, repris de leurs registres d'entrée et de sortie.

2. Les marques indiqueront le nom de la ville ou de l'arrondissement où la fabrication a eu lieu, et le nom du fabricant, ou tel chiffre ou signe qu'il déclarera choisir. Elles seront tissues, brodées ou imprimées, selon la nature de l'étoffe et à la volonté du fabricant, mais de manière à pouvoir se conserver le plus longtemps qu'il sera possible.

(1) Au sujet de la marque obligatoire sur les étoffes et tissus prohibés, voir la note page 117.

3. Les prud'hommes, ou à leur défaut les maires, assistés de fabricants notables, vérifieront la nature de chaque marque et le procédé d'application. Si ce dernier est défectueux, et si la marque est susceptible d'être confondue avec des signes déjà employés par d'autres manufacturiers, ils exigeront un procédé plus solide et une désignation différente. En cas de contestation à ce sujet, il en sera référé au préfet, qui décidera, après avoir pris l'avis de la Chambre consultative des manufactures ou de la Chambre de commerce qui en fait les fonctions.

4. Chaque fabricant est tenu de déposer à la sous-préfecture de son arrondissement deux empreintes ou modèles de sa marque : l'un de ces modèles y sera conservé ; l'autre sera transmis au ministre de l'intérieur, pour rester dans les archives du jury institué par l'art. 63 de la loi du 28 avril, présente année.

5. La marque de fabrication sera apposée, ainsi que le numéro d'ordre, aux deux extrémités de la pièce. Les teinturiers, imprimeurs ou autres apprêteurs seront tenus de la conserver, en la couvrant, au besoin, pendant les apprêts.

6. Aucun coupon ne peut être mis dans le commerce sans sa marque et son numéro. Lorsqu'un fabricant usera, pour ses pièces, de marques tissues, il y suppléera, pour les coupons tirés de ces pièces, au moyen d'une marque brodée ou imprimée, ou d'un plomb, ou d'un bulletin portant les mêmes indications. Les modèles de ces marques de supplément seront déposés avec ceux de la marque principale.

7. La bonneterie de coton ou de laine est aussi assujettie à la marque de fabrication. Cette marque consistera, autant qu'il sera possible, en lettres, chiffres ou signes travaillés dans le tricot même, et à l'aide desquels on puisse reconnaître le nom du fabricant et sa résidence, en recourant aux modèles qui seront déposés, comme il est dit en l'article 4. Les dispositions de l'art. 3 sont aussi applicables à la bonneterie.

8. Les contrevenants aux obligations prescrites par les dispositions précédentes seront responsables des dommages qu'éprouveraient des tiers sur qui les objets auraient été saisis, sans préjudice des peines portées par les art. 142, 143 et 423 du Code pénal.

9. Les marques et numéros étant, aux termes de la loi, le premier indice de l'origine nationale des tissus, les marchands en détail sont avertis qu'ils doivent conserver ces signes à chaque coupon restant dans leurs magasins.

10. Tout acheteur est autorisé à exiger de son vendeur une facture signée qui indique la marque et le numéro des pièces, laquelle facture doit correspondre aux livres du marchand qui fait la vente, et aux factures par lui reçues du vendeur précédent, le tout, pour y recourir au besoin.

XV.

Loi de Douanes du 21 avril 1818.

Art. 42. Après l'expiration du délai fixé par l'article ci-dessus, toute marchandise de l'espèce de celles désignées dans l'art. 59 de la loi du 28 avril 1816, qui sera trouvée dépourvue de la marque de fabrique ou d'origine, sera saisie pour ce seul fait ; et, lors même que le jury auquel elle sera soumise, selon l'art. 63 de ladite loi, la déclarerait d'origine française, le propriétaire ou détenteur ne pourra la recouvrer qu'après avoir payé une amende de 6 pour 100 de sa valeur, telle qu'elle aura été estimée et déclarée par ledit jury.

46. Les dispositions des articles composant le présent titre sont communes aux cotons filés. La marque voulue par l'art. 59 de la loi du 28 avril 1816 sera suppléée, à leur égard, par un mode de dévidage et d'enveloppe qu'une ordonnance du roi déterminera (Voir, à cet égard, dans les Recueils, les trois ordonnances des 26 mai, 16 juin et 1er décembre 1819).

XVI.

Ordonnance du Roi du 23-30 Septembre 1818, relative à la marque des tissus et tricots en coton ou en laine, fabriqués dans l'étendue du royaume.

Art. 1er. Les marques de fabrication et numéros d'ordre dont l'apposition sur tous les tissus et tricots en coton ou en laine fabriqués dans l'étendue du royaume, a été prescrite par les lois et ordonnances précédentes, notamment par les art. 3 et 7 de notre ordonnance du 8 août 1816, pourront en ce qui concerne exclusivement les produits des fabriques de bonneterie qui se vendent ordinairement par paquets de douze articles, n'être appliqués dorénavant qu'à raison d'une seule marque et d'un seul numéro par douzaine.—Il sera libre, en conséquence, au manufacturier de rassembler à l'avenir les objets de cette sorte par lui fabriqués, en paquets de douze articles de même nature, et de les réunir sous un plomb ou cachet unique, portant l'empreinte de la marque qu'il aura adoptée, et scellant une étiquette sur laquelle sera inscrit le numéro d'ordre. L'empreinte ou le modèle de ce plomb ou cachet sera, conformément à l'art. 4 de l'ordonnance du 8 août 1816, déposé à la sous-préfecture de l'arrondissement.

2. Tous les articles de bonneterie ci-dessus spécifiés seront soumis,

10

immédiatement après leur fabrication, à la marque qui vient d'être indiquée ; ils ne pourront être mis dans le commerce qu'après avoir été revêtus de cette marque, sous peine, contre les contrevenants, d'être passibles des poursuites édictées par la loi du 21 avril 1818.

4. Les tulles et châles, ou mouchoirs de cou en laine, en coton, ou
mélangés de ces deux matières, ou de soie, etc., n'étant pas, dans beaucoup de cas, susceptibles de recevoir une marque tissée, brodée ou imprimée, la marque de fabrique, prescrite par l'art. 1er de l'ordonnance
du 8 août 1861, pourra être aussi suppléée, pour ces articles, par un
plomb ou cachet apposé à chaque pièce, et scellant une étiquette sur
laquelle sera inscrit le numéro d'ordre. — Ces plomb ou cachet devront
présenter les indications prescrites par l'art. 2 de notre ordonnance du
8 août 1816, et leur modèle ou empreinte sera, de même, déposé à la
sous-préfecture de l'arrondissement.

XVII.

29 *Octobre* — 6 *Novembre* 1846. *Ordonnance du roi, portant règlement sur la vente des substances vénéneuses.*

ART. 7. Avant de délivrer la préparation médicinale, le pharmacien y
apposera une étiquette indiquant son nom et son domicile, et rappelant
la destination interne ou externe du médicament.

XVIII.

Marques de fabrique et de commerce.

Circulaire de S. E. M. le ministre de la justice. 27 *juin* 1857.

Monsieur le procureur général, la loi relative aux marques de fabrique, qui va être incessamment promulguée, établit pour la répression
des fraudes qui se commettent en cette matière de nouvelles pénalités.
Son exécution exigera dans certains cas le concours de l'administration
des douanes et de l'autorité judiciaire.

Lorsque les agents des douanes auront, aux termes de l'article 19 de
la loi, opéré la saisie de produits venus de l'étranger avec une marque
française, ils devront dresser procès-verbal de cette saisie et le transmettre immédiatement au ministère public. Outre l'envoi de ce procès-
verbal, il arrivera quelquefois que, pour l'instruction de la procédure,
les marchandises saisies seront transportées en tout ou en partie au
greffe du tribunal, ce qui suspendra nécessairement l'accomplissement

des formalités de douane et l'exercice des droits appartenant à l'administration. — Afin de garantir à cet égard toute sécurité aux intérêts de l'industrie et de l'État, que la douane a également mission de protéger, M. le ministre des finances demande que, dès que le tribunal aura, soit prononcé la confiscation, soit ordonné la remise aux propriétaires de la marque contrefaite des marchandises arrêtées à la douane, ces marchandises, lorsqu'elles auront été déposées au greffe, soient réintégrées au bureau de la douane, pour y demeurer jusqu'à ce que toutes les formalités légales aient été accomplies. — Le chef de service des douanes de la localité sera d'ailleurs tenu, d'après les instructions qui lui seront adressées, de justifier au procureur impérial de l'exécution des dispositions du jugement du tribunal.

M. le ministre des finances a exprimé, en second lieu, le désir que, dans tous les cas, les frais du procès-verbal de transport et autres qui auraient été avancés par la douane soient liquidés dans le jugement à la charge de la partie condamnée.

Ces demandes m'ayant paru fondées, je vous prie, monsieur le procureur général, de vouloir bien y donner dès à présent satisfaction en adressant à vos substituts des instructions pour qu'ils veillent à ce que les mesures ci-dessus spécifiées ne soient jamais négligées, et en les invitant à se concerter, toutes les fois qu'il en sera besoin, avec les chefs de douane de leur arrondissement, pour aplanir les difficultés qui pourraient se présenter. Je désire que vous m'accusiez réception de cette circulaire, et m'informiez de ce que vous aurez prescrit pour son exécution.

Le garde des sceaux, ministre de la justice,

Signé : ABBATUCCI.

XIX.

Marques de fabrique et de commerce.

Circulaire de la direction des douanes et des contributions indirectes. 6 août 1857.

Le *Bulletin des Lois,* n₀ 514, du 27 juin dernier, a publié la loi sur les marques de fabrique et de commerce, qui a été sanctionnée par l'Empereur le 23 du même mois. Une ampliation de cette loi est jointe à la présente. Les dispositions de l'article 19 comportent quelques explications pour guider le service dans l'application qu'il aura à en faire.

Et d'abord, je dois faire remarquer qu'une saisie de l'espèce, quoique exercée à la diligence de l'administration des douanes, ne s'opère en réalité que dans un intérêt d'ordre public, et à la requête du ministère public. — Le procès-verbal à rédiger dans ces occasions devra donc être libellé à la requête de M. le procureur impérial près le tribunal auquel ressortira le bureau de douane où cet acte sera rédigé. Il devra donner une description exacte des marchandises arrêtées et des marques dont elles sont revêtues ; si ces marques consistent en étiquettes ou autres impressions susceptibles d'être enlevées, on en annexera une ou plusieurs au procès-verbal de saisie, en les y fixant par une empreinte en cire du cachet en usage dans le bureau. Les marchandises seront d'ailleurs, dans tous les cas, scellées sur l'enveloppe extérieure d'une ou plusieurs empreintes du même cachet.

Les procès-verbaux de ces sortes de saisies n'étant de nature à faire foi en justice que jusqu'à preuve contraire, il n'est pas nécessaire qu'ils soient suivis de toutes les formalités prescrites par la loi de douane du 9 floréal an VII, notamment de l'affirmation ; mais il sera indispensable qu'ils soient enregistrés avant l'expiration du terme de quatre jours, fixé par l'article 20 de la loi du 22 frimaire an VII, le délai de deux mois spécifié dans le dernier paragraphe de l'article 19 devant courir d'une date certaine.

Les receveurs transmettront immédiatement au procureur impérial les procès-verbaux ainsi régularisés, et si aucun avis ne leur parvient touchant la suite qui y sera donnée, ils devront, dix jours au moins avant l'expiration du délai de deux mois dont je viens de parler, réclamer d'office de ce magistrat un avis qui puisse fixer le service sur le sort ultérieur de la saisie. Les marchandises déposées au bureau après la saisie y seront conservées avec soin, à moins que le Tribunal n'en ordonne l'apport au greffe. Dans ce dernier cas, l'expédition s'en effectuera sous la garantie du plombage et d'un acquit-à-caution qui devra être souscrit par l'agent chargé du transport, et dans lequel on stipulera l'obligation de le rapporter dans un bref délai, revêtu d'un certificat de réception des objets par le greffier du Tribunal.

Conformément aux instructions que Son Excellence le garde des sceaux vient d'adresser, de son côté, à MM. les procureurs généraux, instructions dont je joins une ampliation à la suite de la présente, les marchandises amenées au greffe seront, après la solution du procès, réintégrées au bureau de la douane où la saisie en aura été opérée, à l'effet d'y être soumises à l'application du régime qui leur sera propre, selon qu'elles seront ou non frappées de prohibition à l'entrée. Ce renvoi devra être accompagné, soit d'une expédition, soit d'un extrait authentique du jugement du Tribunal. Si cette pièce n'était pas produite, les receveurs devraient la réclamer immédiatement près du procureur impérial.

Les quatre cas différents qui sont à prévoir peuvent se résumer ainsi : — 1° ou il y aura abstention de poursuites de la part du ministère public et de la partie lésée ; — 2° ou le Tribunal aura déclaré la saisie nulle pour défaut de fondement, et ordonné la remise des marchandises au détenteur dépossédé ; — 3° ou il aura ordonné la remise des marchandises à la partie lésée ; — 4° ou enfin, il aura prononcé la confiscation de ces mêmes marchandises.

Dans le premier cas, le receveur, après la notification reçue du ministère public, remettra la marchandise pour la destination indiquée dans la déclaration au détenteur saisi, contre son récépissé motivé et écrit sur papier timbré. Il conservera ce récépissé pour la décharge de sa responsabilité.

Dans le second cas, le receveur devra également, contre récépissé, remettre les marchandises aux mains de qui il aura été ordonné par le jugement, dont ampliation ou extrait authentique sera entre ses mains. Ces marchandises demeureront soumises au régime sous lequel les plaçait la déclaration de l'importateur réintégré dans sa propriété.

Dans le troisième cas, la remise des marchandises s'opérera dans les mêmes conditions, avec cette seule différence, que la confirmation de la saisie et l'attribution de la propriété faite à un tiers, faisant tomber la déclaration faite en douane par le premier détenteur, le nouveau propriétaire devra être admis à déposer une autre déclaration pour le transit, la réexportation, l'entrepôt ou la consommation, selon que le comporteront, d'ailleurs, la nature des produits et le régime sous lequel la législation des douanes les place.

Enfin, dans la quatrième hypothèse, c'est-à-dire quand le Tribunal aura prononcé la confiscation des marchandises, les receveurs se concerteront avec leurs collègues des domaines, pour que la vente soit effectuée sous le plus court délai possible, et avec insertion dans le cahier des charges de la clause stipulant que la vente a lieu, suivant les cas, à charge de payement des droits de douane ou de réexportation, et avec faculté, s'il y a lieu, de transit et d'entrepôt. La marchandise ne sera livrée à l'acquéreur que sous l'accomplissement préalable des dispositions qui précèdent.

Le service ne perdra pas de vue, au surplus, que, selon les termes de l'article 14 de la loi, lorsque le tribunal prononcera la confiscation ou la remise à la partie lésée des marchandises dont la marque aura été reconnue contraire aux dispositions des articles 7 et 8, le jugement devra prescrire la *destruction* de ces marques. Lors donc que le jugement contiendra cette prescription, les receveurs des douanes devront veiller à ce que la destruction ordonnée ait lieu en présence, soit du receveur des domaines, s'il y a confiscation, soit en celle de la partie mise en possession de la marchandise, si telle est la destination donnée à cette marchandise. Les frais de cette opération suivront le sort des autres frais occasionnés par la saisie. Les directeurs référeront à l'administration des difficultés d'application qui pourraient surgir en cette matière. Les receveurs devront informer sans délai le procureur impérial qui aura été saisi de l'affaire, de l'exécution, en ce qui concerne la douane, des dispositions résultant des jugements intervenus.

Aux termes de la circulaire de Son Excellence le garde des sceaux, les frais dont l'avance aura été faite par la douane pour le procès-verbal, le transport des marchandises, s'il y a lieu, etc., seront liquidés dans le jugement à la charge de la partie condamnée. Les receveurs devront, en conséquence, fournir au procureur impérial un relevé exact et complet de ces frais de toute nature.

Je ferai remarquer en terminant que, ainsi que le porte l'article 22, la loi du 23 juin ne sera exécutoire que six mois après la date de sa promulgation, c'est-à-dire le 27 décembre prochain. — Jusqu'à cette époque, on continuera à procéder comme par le passé, en informant directement et sans retard Son Excellence le ministre de l'agriculture, du commerce et des travaux publics, de la saisie qui serait faite en douane, à l'arrivée de l'étranger, de produits revêtus de marques françaises.

Les directeurs des douanes sont invités à donner, chacun dans son ressort, des ordres conformes aux dispositions de la présente, et à tenir la main à leur ponctuelle exécution.

Le Conseiller d'État, Directeur général,

Signé : Th. Gréterin.

XX.

Décret du 26 juillet 1858, portant règlement d'administration publique pour l'exécution de la loi du 23 juin 1857, sur les marques de fabrique et de commerce.

(Inséré au *Bulletin des lois*, le 11 août 1858, XIe S., Bull. 625, n° 5785.)

NAPOLÉON, etc. — Vu l'article 22 de la loi du 23 juin 1857, sur les marques de fabrique et de commerce, ainsi conçu : — « Un règle-

» ment d'administration publique déterminera les formalités à remplir
» pour le dépôt et la publicité des marques et de toutes les autres me-
» sures nécessaires pour l'exécution de la loi; » — Notre Conseil d'État
entendu, — Avons décrété et décrétons ce qui suit :

ARTICLE PREMIER. — Le dépôt que les fabricants, commerçants ou
agriculteurs peuvent faire de leurs marques au greffe du tribunal de commerce de leur domicile, ou, à défaut du tribunal de commerce, au greffe
du tribunal civil, pour jouir des droits résultant de la loi du 23 juin 1857,
est soumis aux dispositions suivantes :

ART. 2. — Ce dépôt doit être fait par la partie intéressée ou par son
fondé de pouvoir spécial. La procuration peut être sous seing privé,
mais enregistrée ; elle doit être laissée au greffier.

Le modèle à fournir consiste en deux exemplaires, sur papier libre,
d'un dessin, d'une gravure ou d'une empreinte représentant la marque
adoptée. — Le papier forme carré de 18 centimètres de côté, dont le
modèle occupe le milieu.

ART. 3. — Si la marque est en creux ou en relief sur les produits, si
elle a dû être réduite pour ne pas excéder les dimensions du papier, ou
si elle présente quelque autre particularité, le déposant l'indique sur les
deux exemplaires, soit par une ou par plusieurs figures de détail, soit
au moyen d'une légende explicative.

Ces indications doivent occuper la gauche du papier où est figurée la
marque ; la droite est réservée aux mentions prescrites à l'article 5,
conformément au modèle annexé au présent décret.

ART. 4. — Un des deux exemplaires de la marque est collé par le
greffier sur une des feuilles d'un registre tenu à cet effet et dans l'ordre
des présentations. L'autre est transmis dans les cinq jours, au plus tard,
au ministre de l'agriculture, du commerce et des travaux publics, pour
être déposé au Conservatoire impérial des arts et métiers.

Le registre est en papier libre, du format de 24 centimètres de largeur sur 40 de hauteur, coté et parafé par le président du tribunal de
commerce ou du tribunal civil, suivant les cas.

ART. 5. — Le greffier dresse le procès-verbal du dépôt dans l'ordre
des présentations, sur un registre en papier timbré, coté et parafé
comme il est dit à l'article précédent. Il indique dans ce procès-verbal :
1° le jour et l'heure du dépôt ; 2° le nom du propriétaire de la marque
et celui de son fondé de pouvoir ; 3° la profession du propriétaire, son
domicile et le genre d'industrie pour lequel il a l'intention de se servir
de la marque.

Chaque procès-verbal porte un numéro d'ordre. Ce numéro est également inscrit sur les deux modèles, ainsi que le nom, le domicile ou la
profession du propriétaire de la marque, le lieu et la date du dépôt, et
le genre d'industrie auquel la marque est destinée.

Lorsque, au bout de quinze ans, le propriétaire d'une marque en fait un nouveau dépôt, cette circonstance doit être mentionnée sur les modèles et dans le procès-verbal du dépôt.

Le procès-verbal et les modèles sont signés par le greffier et par le déposant ou par son fondé de pouvoir. — Une expédition du procès-verbal de dépôt est délivrée au déposant.

Art. 6. — Il est dû au greffier, outre le droit fixe de 1 franc pour le procès-verbal de dépôt de chaque marque, y compris le coût de l'expédition, le remboursement des droits de timbre et d'enregistrement. Le remboursement du timbre du procès-verbal est fixé à 35 centimes. — Toute expédition délivrée après la première donne également lieu à la perception de 1 franc au profit du greffier.

Art. 7. — Le greffier du tribunal de commerce du département de la Seine, chargé, dans le cas prévu par l'article 6 de la loi du 23 juin 1857, de recevoir le dépôt des marques des étrangers et des Français, dont les établissements sont situés hors de France, doit en former un registre spécial, et mentionner, dans le procès-verbal de dépôt, le pays où est situé l'établissement industriel, commercial ou agricole du propriétaire de la marque, ainsi que la convention diplomatique par laquelle la réciprocité a été établie.

Art. 8. — Au commencement de chaque année, les greffiers dressent sur papier libre et d'après le modèle donné par le ministre de l'agriculture, du commerce et des travaux publics, une table ou répertoire des marques dont ils ont reçu le dépôt pendant le cours de l'année précédente.

Art. 9. — Les registres, procès-verbaux et répertoires déposés dans les greffes, ainsi que les modèles réunis au dépôt central du Conservatoire impérial des arts et métiers, sont communiqués sans frais.

Art. 10. Notre ministre de l'agriculture, du commerce et des travaux publics, et notre garde des sceaux, ministre de la justice, sont chargés, chacun en ce qui le concerne, de l'exécution du présent décret.

Fait à Plombières, le 26 juillet 1858.

Signé : NAPOLÉON.

Par l'Empereur :

Le ministre secrétaire d'État au département
de l'agriculture et des travaux publics,

Signé : E. ROUHER.

Réduction, à la moitié, du MODÈLE *annexé au décret du 26 juillet* 1858, *pour l'exécution de la loi sur les marques de fabrique et de commerce, en ce qui concerne le dépôt.*

PLACE RÉSERVÉE	PLACE RÉSERVÉE
aux	aux
INDICATIONS	MENTIONS
du	du
DÉPOSANT.	GREFFIER.

(Au centre : PLACE DU DESSIN représentant la marque.)

NOTA. Le papier doit former, en tout, un carré de 18 centimètres de chaque côté ; la place réservée au dessin de la marque occupe le centre et ne doit pas excéder un cadre de 10 centimètres de large sur 8 centimètres de haut.

XXI.

Instruction ministérielle

Arrêtée de concert entre le garde des sceaux, ministre de la justice, et le ministre de l'agriculture, du commerce et des travaux publics, pour l'exécution de la loi du 23 juin 1857 et du décret du 26 juillet 1858, sur les marques de fabrique et de commerce.

(*Moniteur universel*, 8 septembre 1858.)

Les fabricants, commerçants ou agriculteurs qui veulent déposer leurs marques au greffe du Tribunal de commerce, ou, à défaut de Tribunal de commerce, au greffe du Tribunal civil, peuvent, soit s'y présenter eux-mêmes, soit se faire représenter par un fondé de pouvoir spécial. Dans ce dernier cas, la procuration peut être dressée sous seing privé ; mais elle doit être enregistrée et laissée au greffier pour être annexée au procès-verbal mentionné ci-après.

Le déposant doit fournir, en double exemplaire, sur papier libre, le modèle de la marque qu'il a adoptée. Ce modèle consiste en un dessin, une gravure ou une empreinte, exécutés de manière à représenter la marque avec netteté et à ne pas s'altérer trop aisément. Le papier sur lequel le modèle est tracé doit présenter la forme d'un carré de 18 centimètres de côté, et la marque doit être tracée au milieu du papier. Dans le modèle annexé au décret, un espace de 8 centimètres de hauteur sur 10 centimètres de largeur est réservé à la marque. On ne pourrait admettre un dessin excédant sensiblement cette limite et ne laissant pas les espaces nécessaires pour les mentions à insérer en vertu du décret.

Si la marque est en creux ou en relief sur les produits, si elle a dû être réduite pour ne pas excéder les dimensions prescrites, ou si elle présente quelque autre particularité, le déposant doit l'indiquer sur les deux exemplaires, soit par une ou plusieurs figures de détail, soit au moyen d'une légende explicative.

Ces indications doivent occuper la gauche du papier où est figurée la marque ; la droite est réservée aux mentions qui doivent être ajoutées par le greffier, ainsi qu'il sera dit ci-après.

Le greffier vérifie les deux exemplaires. S'ils ne sont pas dressés sur papier de dimension ou conformément aux prescriptions énoncées ci-dessus, ils sont rendus aux déposants pour être rectifiés ou remplacés.

Dans le cas où les deux modèles de la marque ne seraient pas exactement semblables l'un à l'autre, le greffier devrait également refuser de les admettre. Le déposant désigne au greffier celui des deux exemplaires qui doit rester au greffe, et sur lequel doit être écrit le mot *primata*, et celui qui est destiné à être déposé au Conservatoire impérial des arts et métiers, et sur lequel on écrit le mot *duplicata*.

Le greffier colle le premier de ces exemplaires sur une des feuilles d'un registre qu'il tient à cet effet. Les modèles y sont placés à la suite les uns des autres, d'après l'ordre des présentations. Le registre est fourni par le greffier ; il doit être en papier libre, du format de 24 centimètres de hauteur. Le papier de chaque modèle ayant 18 centimètres de côté, il doit en tenir deux sur le recto ou le verso de chaque feuillet, et il doit rester une marge de 3 centimètres à gauche et à droite, et de 2 centimètres en haut et en bas. Le registre est coté et parafé par le président du tribunal de commerce ou du tribunal civil, suivant les cas.

Le nombre des feuillets est proportionné au nombre des dépôts qui s'effectuent ordinairement dans la localité.

Le greffier dresse ensuite sur un registre en papier timbré, coté et parafé comme le registre mentionné ci-dessus, le procès-verbal du dépôt, dans l'ordre des présentations. Il indique : 1º le jour et l'heure du dépôt; 2º le nom du propriétaire de la marque et, le cas échéant, le nom de son fondé de pouvoir; 3º la profession du propriétaire, son domicile et le genre d'industrie pour lequel il a l'intention de se servir de la marque. Le greffier inscrit en outre un numéro d'ordre sur chaque procès-verbal, et reproduit ce numéro dans l'espace réservé à la droite de chacun des deux exemplaires du modèle. Il y joint le nom, le domicile et la profession du propriétaire de la marque, le lieu et la date du dépôt, et le genre d'industrie auquel la marque est destinée. De plus, lorsqu'au bout de quinze ans le propriétaire d'une marque en fera un nouveau dépôt, cette circonstance devra être mentionnée sur les deux modèles et dans le procès-verbal du dépôt.

Le greffier et le déposant ou son fondé de pouvoir doivent apposer leur signature ; 1º au bas du procès-verbal ; 2º au-dessous des mentions portées à droite et à gauche sur les deux exemplaires du modèle. Si le déposant ne sait ou ne peut signer, il doit se faire représenter par un fondé de pouvoir qui signe à sa place.

Pour le registre des procès-verbaux comme pour le registre des modèles, le nombre des feuillets est proportionné à celui des dépôts qui s'effectuent ordinairement dans la localité.

Il est dû au greffier, outre le droit fixe de 1 franc pour le procès-verbal de dépôt de chaque marque, y compris le coût de l'expédition, le remboursement des droits de timbre et d'enregistrement. Le remboursement du timbre du procès-verbal est fixé à 35 centimes.

Dans le cas où une expédition du procès-verbal est demandée ultérieurement au greffier par une personne quelconque, elle doit être délivrée moyennant l'acquittement d'un droit fixe de 1 franc et le remboursement du droit de timbre.

Les modèles déposés au greffe, ainsi que les procès-verbaux dressés par le greffier, doivent être communiqués sans frais à toute réquisition.

Le second exemplaire de chaque modèle déposé sera transmis par le greffier, dans les cinq jours de la date du procès-verbal, au ministre de l'agriculture, du commerce et des travaux publics. Cet exemplaire est destiné au Conservatoire impérial des arts et métiers, où il sera communiqué sans frais à toute réquisition.

Au commencement de chaque année, le greffier dressera sur papier libre, et d'après le modèle qui sera donné par le ministre de l'agriculture, du commerce et des travaux publics, un répertoire des marques dont il aura reçu le dépôt pendant le cours de l'année précédente. Ce répertoire sera conservé au greffe et communiqué sans frais à toute réquisition, comme les documents ci-dessus.

XXII.

Instruction de la direction générale de l'enregistrement et des domaines, sur les droits de timbre et autres en matière de marques de fabrique et de commerce, 6 octobre 1858, n° 2133.

Cette instruction, après avoir reproduit les articles de la loi du 23 juin 1857 et du règlement du 26 juillet 1858 relatifs au dépôt des marques, se termine ainsi :

Il résulte des dispositions ci-dessus transcrites : 1° qu'il doit être tenu au greffe du tribunal de commerce, ou, à défaut de tribunal de commerce, au greffe du tribunal civil, deux registres, dont l'un, *en papier non timbré*, sur lequel seront collés les modèles de marques, également exemptés du timbre, et l'autre, *en papier timbré*, pour la rédaction des procès-verbaux de dépôt de marques; 2° que ces procès-verbaux sont assujettis à l'enregistrement comme les autres actes du greffe, et passibles du droit fixe de 3 francs ; mais qu'il n'est dû de droits de greffe, ni pour la rédaction ni pour l'expédition des procès-verbaux, la loi du 23 juin 1857 et le décret réglementaire ayant attribué au greffier, pour ces formalités, un salaire spécial, sans parler de la perception des droits de greffe.

L'article 7 du décret du 26 juillet impose au greffier du tribunal de commerce du département de la Seine l'obligation de tenir un registre spécial pour les dépôts des marques des étrangers et des Français dont les établissements sont situés hors de France. Ce registre, destiné à recevoir les modèles des marques, est exempt du timbre. Il en est de même du répertoire dont la formation est prescrite par l'article 8 du décret.

Lors de la vérification des greffes, les employés supérieurs auront à s'assurer que le registre des procès-verbaux de dépôt est en papier timbré, et que ces procès-verbaux ainsi que les procurations sous seing privé laissées au greffier, en conformité de l'article 2 du décret, ont été enregistrés. Les procurations dont il s'agit ne sont pas affranchies du timbre.

La loi du 23 juin 1857 et le décret réglementaire du 26 juillet 1858 ne concernent que les marques de fabrique, et remplacent le décret du 11 juin 1809, mentionné au paragraphe 5 de l'instruction, n° 1755. Il n'y a donc pas lieu d'en faire l'application aux dépôts de dessins qui continuent à être régis par la loi du 18 mars 1806, par la décision du 20 juin 1809 (instruction n₀ 437) et par l'ordonnance du 17 août 1825, d'après lesquelles le registre de dépôt est exempt du timbre, tandis que le certificat remis au déposant doit être rédigé sur papier timbré et enregistré gratis.

Le directeur général de l'enregistrement et des domaines,
Signé : Tournus.

XXIII.

Décret du 26 mai 1860 relatif à la marque des objets dorés ou argentés par les procédés chimiques.

Napoléon, etc., vu la loi du 19 brumaire an VI relative à la surveillance du titre des matières d'or et d'argent ; — considérant qu'il est nécessaire, dans l'intérêt du commerce comme dans celui du public, d'apposer sur les ouvrages dorés ou argentés par les procédés galvaniques ou électro-chimiques une marque particulière qui permette de les distinguer des produits de l'orfévrerie et de la bijouterie véritable, avons décrété et décrétons ce qui suit :

Article 1er. Sont applicables aux fabricants d'ouvrages dorés ou argentés par les procédés galvaniques ou électro-chimiques les art. 14 et 95 à 100 de la loi du 19 brumaire an VI, relatifs aux obligations des fabricants de plaqué. — En conséquence, les fabricants d'ouvrages dorés ou argentés par les procédés ci-dessus sont tenus de se servir *exclusivement,* pour marquer leurs produits, de poinçons dont la forme est un *carré parfait.* Néanmoins, par dérogation à l'art. 97 de ladite loi, ils sont dispensés d'insculpter sur leurs ouvrages le mot *doublé* et la quantité d'or et d'argent qui y est superposée.

Art. 2. Les fabricants de ces sortes d'ouvrages se conformeront immédiatement aux dispositions qui précèdent. — Un délai d'une année, à partir de la promulgation du présent décret, est accordé aux marchands non fabricants pour la vente des ouvrages de cette espèce qui existent en leur possession.

XXIV.

Circulaire du ministre de l'agriculture, du commerce et des travaux publics aux présidents des chambres de commerce.
Paris, le 8 juin 1864.

Monsieur le président,
Vous savez que l'art. 19 de la loi du 28 juin 1857, sur les marques

de fabrique et de commerce, dispose « que tous produits étrangers portant soit la marque, soit le nom d'un fabricant résidant en France, soit l'indication du nom ou du lieu d'une fabrique française, sont prohibés à l'entrée et exclus du transit et de l'entrepôt, et peuvent être saisis à la requête du ministère public ou de la partie lésée. »

La Cour de cassation a décidé, par un arrêt du 9 avril 1864, que ledit article n'est applicable qu'à l'usurpation frauduleuse faite à l'étranger, soit de la marque, soit du nom d'un fabricant français, et, par suite, qu'il n'y a aucun délit quand c'est du consentement et par l'ordre de celui-ci que son nom et sa marque ont été apposés sur des produits fabriqués à l'étranger.

Conformément à cette jurisprudence, j'ai décidé, d'accord avec le département des finances, que l'importation et le transit de produits portant la marque ou le nom d'un fabricant français peuvent s'effectuer sous les conditions du tarif, pourvu que la déclaration d'entrée soit accompagnée d'un certificat spécial signé de ce fabricant, et constatant que ces produits ont été fabriqués sur sa demande et qu'ils lui sont destinés. Ce certificat mentionnera en outre : 1° La nature et la qualité des produits importés; 2° la description de la marque ou du nom dont ils sont revêtus. La signature devra être légalisée par l'autorité municipale du domicile du négociant français.

Veuillez, je vous prie, porter cette décision à la connaissance des industriels et des commerçants de la circonscription de votre chambre, et leur recommander d'apporter dans la rédaction de ce certificat la plus scrupuleuse exactitude, car les produits omis sur cette pièce et ceux imparfaitement désignés seraient saisis comme tombant sous l'application de l'article ci-dessus mentionné.

DES SECRETS DE FABRIQUE

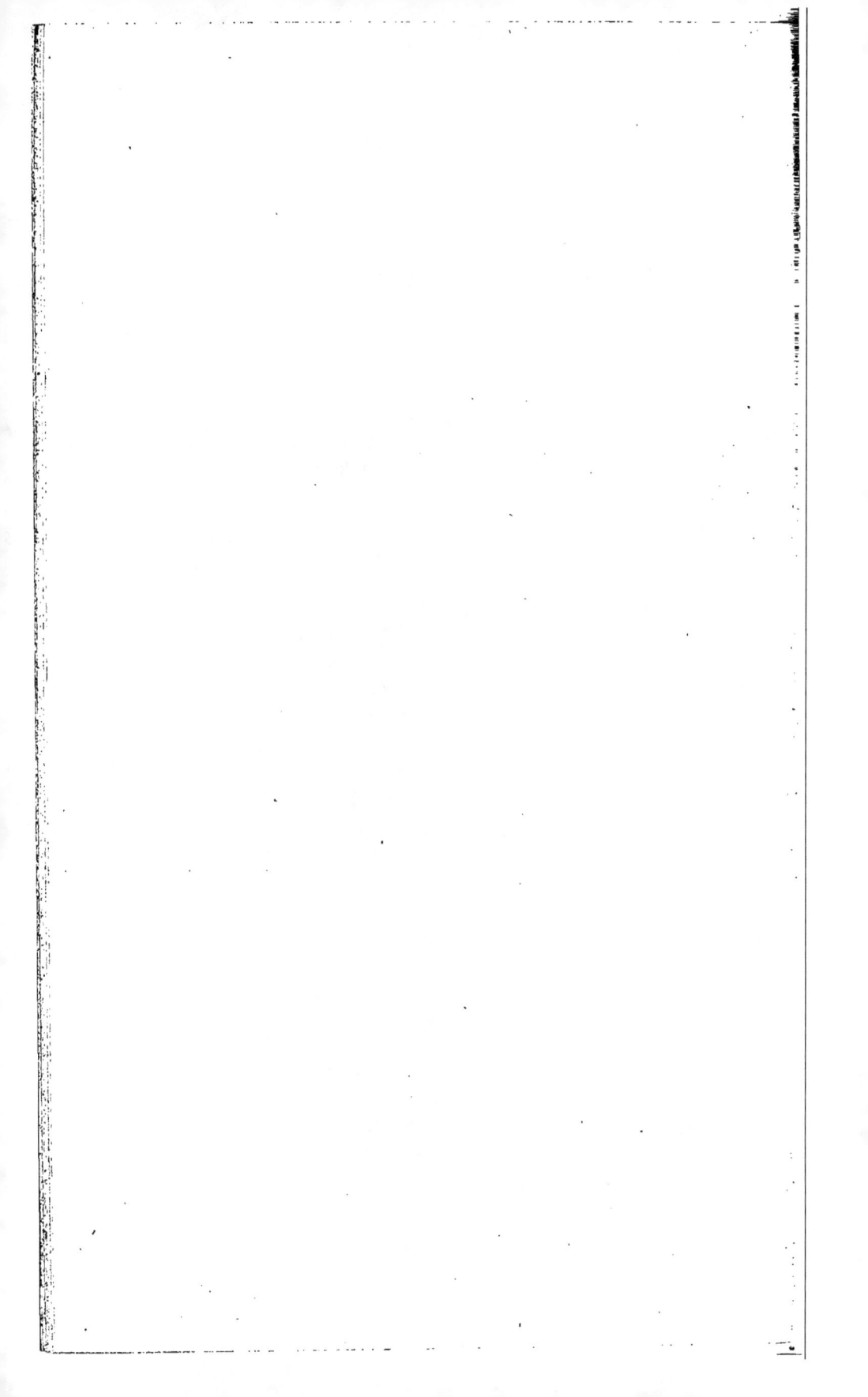

SECRETS DE FABRIQUE

——

1. — L'article 418 du code pénal punissait de la réclusion la violation des secrets de fabrique, quand la communication en avait été faite à des étrangers ou à des Français résidant en pays étranger. Cet article a été modifié par la loi du 13 mai 1863; aujourd'hui, il est ainsi conçu :

« Art. 418. — Tout directeur, commis, ouvrier de fabrique, qui aura communiqué ou tenté de communiquer à des étrangers ou à des Français résidant en pays étranger, des secrets de la fabrique où il est employé, sera puni d'un emprisonnement de deux ans à cinq ans et d'une amende de cinq cents francs à vingt mille francs. — Il pourra, en outre, être privé des droits mentionnés en l'article 42 du présent code pendant cinq ans au moins et dix ans au plus, à compter du jour où il aura subi sa peine. Il pourra aussi être mis sous la surveillance de la haute police pendant le même nombre d'années. — Si ces secrets ont été communiqués à des Français résidant en France, la peine sera d'un emprisonnement de trois mois à deux ans et d'une amende de 16 francs à 200 francs. Le maximum de la peine prononcée par les paragraphes 1 et 3 du présent article sera nécessairement appliqué, s'il s'agit de secrets de fabrique d'armes et munitions de guerre appartenant à l'État. »

Pourquoi l'article 418 a-t-il été ainsi modifié ? L'exposé des motifs en donnait les raisons suivantes :

« Cette pénalité (la peine de la réclusion) est d'une époque où le patriotisme, surexcité par les circonstances, était singulièrement ombrageux en matière de secrets de fabrication. Nous croyons cette disposition un peu changée par le caractère nouveau des relations internationales, par l'esprit de rivalité pacifique, substitué à celui des anciennes luttes, et par

11

les conditions nouvelles faites aux inventeurs. — Sans doute, cette révélation des secrets de la fabrique qui vous emploie, reste toujours un acte condamnable, un abus de confiance, c'est pourquoi l'on maintient le principe de l'incrimination, et l'on ne change rien au § 2. — On ne méconnaît pas non plus que la révélation à l'étranger n'ait quelque chose de plus grave; c'est la raison qui fait porter l'emprisonnement à cinq ans, et conserver cette amende si forte de 20,000 francs, qui est de toutes les peines la mieux appropriée : mais l'infraction, quoique aggravée, n'a pas l'intensité morale d'un crime. — Il faut bien s'avouer que l'esprit de notre temps n'est pas très-favorable aux secrets de fabrication. L'article 418 suppose nécessairement deux choses : qu'il y avait un secret et un droit exclusif. L'un et l'autre peuvent exiger des appréciations d'autant plus difficiles, que nos lois subordonnent le droit exclusif à des conditions qui semblent inconciliables avec le secret; ces appréciations seront mieux faites par les magistrats que par le jury. — Néanmoins, il peut se présenter un cas affranchi de ces difficultés, et par rapport auquel les justes exigences du sentiment national n'ont rien perdu de leur opportunité : c'est le cas où le secret est celui d'une fabrique d'armes ou de munitions de guerre appartenant à l'État; après avoir hésité à maintenir pour celui-là la peine de la réclusion, il a paru suffisant, et plus conséquent aux raisons générales du projet, de marquer la gradation par le maximum des peines correctionnelles. C'est l'objet d'un paragraphe final ajouté à l'article. »

2. — Remarquons que, pour qu'il y ait lieu d'appliquer la loi, il faut que les moyens de fabrication révélés soient véritablement des secrets, c'est-à-dire qu'ils appartiennent exclusivement à la fabrique, qu'ils aient été inventés pour elle, qu'ils lui aient été spécialement appliqués.

3. — Le tribunal correctionnel de la Seine a jugé, le 8 mai 1862, que lorsqu'un maître d'usine, tout en dirigeant le travail de ses ouvriers, fait personnellement avec eux des essais, pour améliorer sa fabrication, les procédés obtenus dans ces

conditions, même par le concours et l'habileté de ses ouvriers ou contre-maîtres, deviennent des secrets de fabrique, dont ceux-ci ne sauraient disposer à aucun titre sans commettre le délit prévu et puni par l'article 418 du code pénal.

4. — Par application des mêmes principes, la cour de Lyon a jugé le 31 décembre 1863, dans l'affaire Guinon, Marnas et Bonnet contre Richoud et Thévenin, que le chimiste qui, étant employé dans une fabrique, communique à un autre fabricant des produits ou procédés particuliers de cette fabrique, se rend coupable de révélation de secrets de fabrique, encore bien que l'invention de ces produits et procédés fût en tout ou en partie due à ses travaux.

Dans cette même affaire, la même cour a décidé que l'industriel qui, au lieu de prendre un brevet d'invention, pour un produit nouveau ou perfectionné, tel qu'une couleur destinée à la teinture, désire conserver sa fabrication secrète, peut, pour se réserver la preuve de priorité, faire le dépôt d'échantillons cachetés au conseil des prud'hommes.

5. — Celui qui reçoit d'un ouvrier communication du secret de la fabrique de son maître, et se sert ensuite de ce secret dans son intérêt particulier, doit-il être, par cela seul, considéré comme complice du délit commis par l'ouvrier, et puni comme tel ? La question a été résolue négativement par la Cour de cassation, en ces termes : « Attendu que le seul fait de recevoir d'un commis ou ouvrier communication d'un secret de la fabrique dans laquelle il est employé, fait en lui-même purement passif, ne suffit pas pour constituer la complicité du délit prévu par l'article 418 du code pénal ; qu'il faut, de la part du prévenu de complicité, quelque acte direct de provocation ou d'assistance, dans les termes de l'article 60 du même code ; que cet acte doit précéder ou accompagner la communication par laquelle se consomme le délit, et que la complicité ne peut résulter d'un acte postérieur ; que le seul fait reconnu par l'arrêt attaqué à la charge de Dangles, c'est d'avoir, sachant que le secret à lui communiqué par Philippe, ouvrier de Peltier, était la propriété de ce dernier, cherché à l'ex-

ploiter et à en tirer partie à l'aide d'un brevet d'invention, pris à cet effet; que ce fait étant postérieur à la consommation du délit, c'est avec raison que la Cour royale de Paris a refusé de punir Dangles, comme complice du délit commis par Philippe, et qu'en jugeant ainsi, elle n'a point violé les art. 59, 60 et 418 du code pénal. — Rejette (Du 14 mai 1842, Chambre criminelle.) »

DE LA PROPRIÉTÉ DES NOMS

DE LA PROPRIÉTÉ DES NOMS

LOI DU 28 JUILLET 1824

———

Loi relative aux altérations ou suppositions de noms sur les produits fabriqués.

ARTICLE PREMIER. Quiconque aura soit apposé, soit fait apparaître par addition, retranchement, ou par une altération quelconque sur des objets fabriqués le nom d'un fabricant autre que celui qui en est l'auteur, ou la raison commerciale d'une fabrique autre que celle où lesdits objets auront été fabriqués, ou enfin le nom d'un lieu autre que celui de la fabrication, sera puni des peines portées en l'article 423 du Code pénal, sans préjudice des dommages-intérêts, s'il y a lieu.

Tout marchand, commissionnaire ou débitant quelconque sera passible des effets de la poursuite, lorsqu'il aura sciemment exposé en vente ou mis en circulation les objets marqués de noms supposés ou altérés.

ART. 2. L'infraction ci-dessus mentionnée cessera, en conséquence, et nonobstant l'article 17 de la loi du 2 avril 1803 (22 germinal an XI), d'être assimilée a la contrefaçon des marques particulières prévues par les articles 142 et 143 du Code pénal.

DE LA PROPRIÉTÉ DES NOMS

LOI DU 28 JUILLET 1824

EXPLICATION.

—

CHAPITRE PREMIER.

De la concurrence déloyale par l'usage des noms commerciaux.

1. — En nous occupant des marques de fabrique, nous avons dit qu'une loi spéciale protégeait la propriété des noms. Que faut-il entendre par là ? Est-ce à dire qu'on pourra m'interdire de porter un nom qui m'appartient, sous prétexte qu'un autre négociant porte le même nom ? Nullement; ce que la loi interdit, il faut bien se pénétrer de ce principe qui servira à expliquer les décisions de la jurisprudence, c'est la concurrence déloyale faite au moyen de la similitude des noms.

2. — Ainsi qu'on l'a pu voir par la lecture du texte, la loi s'occupe en même temps du nom des individus et du nom des villes,

Le rapporteur de la loi du 28 juillet 1824, s'exprimait ainsi :

« Si l'industrie contribue à la richesse des États, elle contribue aussi à la fortune du manufacturier, et la réputation des objets fabriqués est pour lui une véritable propriété que la loi doit garantir.

» Il est des villes de fabrique dont les produits ont aussi une réputation qu'on peut appeler collective, et c'est encore une propriété.

» Les draps de Louviers ou de Sedan, sont distingués dans le commerce comme des espèces particulières; et il importe aux habitants de ces villes d'empêcher que d'autres tissus, qui y ressemblent plus ou moins, ne se confondent avec les leurs, à la faveur d'une déclaration mensongère qui aurait le double inconvénient de les décréditer et de tromper le consommateur.

» ..... Les fraudeurs se sont mis facilement à couvert..., et on a vu des draps originairement marqués de tel domicile, *près* Louviers, ou *rue de* Louviers, *à l'instar de* Sedan, ou *filature de* Sedan, et des marchands se rendant par ces additions, complices de la simulation ainsi préparée, couper, sur le chef, les mots *près de* ou *rue de, à l'instar de;* en faire, par ces retranchements, des draps de Louviers ou de Sedan, et les vendre pour tels.

» Cette fraude est devenue si commune, et la sécurité de ceux qui s'y livrent si parfaite, qu'on serait tenté de croire qu'il n'existe point de lois de répression, surtout quand on voit dans des circulaires imprimées, et revêtues de signatures à la main, annoncer tout simplement au commerce que l'on fabrique dans tel endroit des draps qu'on se propose de présenter sous la marque de tel autre lieu, auquel se rattache une grande célébrité.

» Vous être frappés, Messieurs, du préjudice immense qui résulte de ces coupables abus; ils tendent à détruire une réputation précieuse, en la prostituant à des produits qui ne méritent pas d'y participer; ils introduisent dans le commerce le dol et la mauvaise foi, en trompant le consommateur qui, privé des connaissances nécessaires pour bien juger l'objet qu'on lui présente, s'en rapporte au nom qu'il y voit inscrit, et, sous cette perfide apparence, le paie souvent bien au-delà de sa vraie valeur. »

3. — La loi du 28 juillet 1824 a donc pour but de réprimer les usurpations de noms commises par l'apposition, l'addition, le retranchement ou l'altération *sur des objets fabri-*

qués, soit du nom d'un fabricant autre que celui qui en est l'auteur, ou de la raison commerciale d'une fabrique autre que celle où lesdits objets auront été fabriqués, soit même du nom d'un lieu autre que celui de la fabrication.

On le voit, il ne s'agit ici des usurpations de noms qu'en tant qu'elles se rapportent à des objets fabriqués. Quant à celles qui se rapportent aux enseignes, prospectus, annonces, nous nous occuperons plus loin des questions de propriété industrielle qui s'y rattachent.

4. — La loi punit l'usurpation d'un nom ou d'une raison sociale. Il ne suffirait donc pas de l'usurpation de simples initiales ou d'un signe, pour motiver l'application de la loi. C'est ce qui a été jugé le 12 juillet 1851, par la Cour de cassation dans une affaire où il s'agissait d'un fabricant qui avait apposé sur des couverts le chiffre 6 qui figurait sur ceux de la maison Christofle. Mais si cette usurpation n'est pas punie par la loi du 28 juillet 1824, elle l'est par celle du 23 juin 1857, sur les marques de fabrique.

5. — Que faut-il décider lorsque le même nom appartient à deux commerçants ?

Celui qui le premier a eu l'usage commercial des noms, pourra demander que son concurrent soit tenu d'ajouter à son nom des indications propres à le distinguer du sien.

Le tribunal de commerce a jugé que lorsqu'un commerçant était connu dans le commerce sous l'un de ses noms, il n'avait pas le droit d'y ajouter tout à coup un autre nom, même qui lui appartient légitimement, lorsque cette addition a le caractère d'une concurrence déloyale. Dans l'espèce, le sieur Deferrière, fabricant de bijouterie, était connu depuis longtemps sous ce nom unique dans une maison de la rue du Grand-Chantier. Un sieur Leblanc, également fabricant de bijouterie, étant venu s'établir dans la même maison, le sieur Deferrière imagina de se faire appeler Leblanc-Deferrière, ce qui était véritablement son nom. Le tribunal, saisi de la question, statua de la manière suivante : « — Attendu qu'il résulte des

débats qu'encore bien que le défendeur justifie que son véritable nom est Leblanc- Deferrière, noms dont il se servait dans
les actes authentiques et civils auxquels il a concouru ou qui
lui étaient nécessaires, il avait adopté pour raison commerciale un seul de ses noms, celui de Deferrière; qu'il s'en était
sans exception, servi pour toutes ses relations commerciales,
jusqu'au moment de l'entrée du demandeur dans la maison
où les deux parties habitent; attendu qu'il est constant pour
le tribunal que, dans un intérêt de concurrence déloyale, il a
apporté une modification essentielle à sa raison commerciale,
en la faisant précéder de son nom de Leblanc qu'il avait négligé jusqu'alors; — qu'en cet état, et en raison de la confusion
qu'il a fait naître, et qui pourrait être d'une continuité préjudiciable à son concurrent, il y a lieu de faire droit à la demande de celui-ci, et d'ordonner que le défendeur sera tenu
de supprimer de sa raison commerciale le nom de Leblanc
qu'il y a récemment ajouté, tant sur ses enseignes, que sur ses
adresses et factures; — En ce qui touche les dommages-intérêts : — Attendu qu'un préjudice est justifié; que, d'après
les éléments d'appréciation que possède le tribual, il y a lieu
d'en fixer la réparation à 300 francs; — Par ces motifs, dit que
le défendeur sera tenu de retrancher de ses tableaux, enseignes, factures et adresses le nom de Leblanc, dont il a fait
précéder sa raison commerciale, jusqu'alors Deferrière et compagnie, et le condamne à 300 francs de dommages-intérêts et
aux dépens. » (Tribunal de commerce, 11 janvier 1860.)

Sur l'appel, la Cour a confirmé la sentence, en disant toutefois que l'interdiction prononcée par le jugement du tribunal de commerce cesserait du jour où l'une des deux parties
n'habiterait plus la même maison (18 juillet 1861). Enfin,
par arrêt du 18 novembre 1862, la Cour de cassation a rejeté
le pourvoi du sieur Deferrière.

6. — Si un fabricant ne peut faire à un autre une concurrence déloyale même avec son véritable nom, on comprend
qu'il doit en être ainsi, à plus forte raison quand on emprunte
le nom d'un tiers. Ainsi jugé par la Cour de Poitiers dans l'ar-

rêt suivant: « La Cour, attendu qu'il est démontré dans la cause que la maison de commerce de Surgères qui, tout récemment, a fait entrer dans sa composition un nouveau membre portant le nom de Seignette, a eu essentiellement en vue, à la faveur de ce nouvel associé, qui se nomme Élysée Seignette, d'enlever à la maison Seignette de la Rochelle, la marque A. Seignette, dont elle estampille les pièces d'eau-de-vie qu'elle expédie pour les États-Unis d'Amérique, et que cette entreprise réalisée par la maison de Surgères, qui a frappé de la même marque les pièces d'eaux-de-vie, par elle aussi expédiées aux États-Unis a donné lieu au procès intenté contre elle par la maison A. Seignette et Pontin; — Attendu qu'il n'est pas contesté que cette maison, tant par elle que par son auteur, est depuis longues années en possession de la marque A. Seignette qui couvre sa marchandise, et qui, pour les acheteurs, est le signe et la garantie de sa bonne qualité; que cette marque est donc la propriété de cette maison, et qu'elle ne peut lui être enlevée, ce qui arriverait si une autre maison faisant le même commerce pouvait aussi, avec une identité complète, user de la marque, ainsi qu'en a usé la maison de Surgères; — Attendu que la fin de non-recevoir opposée à la maison de la Rochelle et résultant de ce que la marque qu'elle s'attribue n'a pas été déposée au greffe du tribunal de commerce, n'est pas fondée; — Que c'est avec raison que le jugement ordonne que si la maison Seignette de Surgères veut composer sa marque du nom de Seignette, elle y ajoutera non-seulement la lettre initiale du prénom, mais le prénom entier, soit Élysée, soit Alexandre; — Par ces motifs, et en adoptant ceux des premiers juges, met l'appel au néant. » (12 juillet 1843; Cour de Poitiers, 1re Chambre.)

7. — Dans le même sens, le tribunal de la Seine a rendu le jugement dont voici les termes : « Attendu qu'il s'agit d'examiner si le sieur Farina a le droit de se servir en France des noms de Jean-Marie Farina; — Attendu que Collas fils est en possession des noms de Jean-Marie Farina, sous lesquels sont connus depuis plus de trente ans les produits qui sortent de la

fabrique établie à Paris par Jean-Marie-Joseph Farina ;
qu'aucune réclamation ne s'est élevée de la part de ceux qui
exploitaient avant lui à Cologne le même genre d'industrie
sous la même raison de commerce ; — attendu qu'aucune disposition de loi ne s'oppose à ce que le successeur, pour conserver l'achalandage d'un fonds, indique au public, comme
marque ou comme enseigne, le nom de son prédécesseur ;
qu'il est évident que, lorsque le nom est commun à plusieurs,
on ne peut avoir la prétention d'en déshériter ceux qui le possèdent également ; mais qu'on a le droit de s'opposer à une
similitude de raison de commerce qui vous cause préjudice
par la confusion qu'elle établit entre vos produits et ceux d'une
autre fabrique ; — Attendu que, lorsqu'un commerçant veut
exercer dans une ville une industrie déjà exploitée par une
personne portant le même nom que lui, il doit combiner ses
noms et prénoms de telle sorte que sa raison de commerce soit
bien distincte de celle qui a été précédemment adoptée par la
maison préexistante ; — Attendu que, dans l'espèce, l'énonciation *vis-à-vis le marché de Cologne*, qui est ajoutée au nom
de l'intervenant, n'est pas suffisante pour empêcher toute confusion ; que cette énonciation peut être dissimulée ou supprimée ; que c'est le nom qui frappe le consommateur et souvent
détermine l'acquisition ; — Attendu que Farina de Cologne a
six prénoms ; qu'il a un associé ; qu'il était donc facile à ladite
société de prendre une raison de commerce autre que celle de
Jean-Marie Farina ; — Attendu que, par cette combinaison,
Farina et Krammer, Dorff et Cⁱᵉ, causent un préjudice grave
à Collas fils, et peuvent tromper la foi publique ; — Par ces
motifs, ordonne que Farina de Cologne apportera une modification à sa raison de commerce, soit par suppression, inter-
calation ou adjonction de ses prénoms, ou par l'addition des
noms de ses coassociés, de telle sorte qu'il n'y ait point de confusion possible entre la raison sociale qu'il prendra et l'ancienne maison de commerce de Jean-Marie Farina de Paris,
à peine de dommages-intérêts à fixer ultérieurement (12 janvier 1842, tribunal de la Seine). »

Appel. — Arrêt de la cour de Paris, ainsi conçu : « En ce qui touche l'appel principal ; — Adoptant les motifs des premiers juges ; — Sur l'appel incident de Collas ; — Considérant que les dispositions du jugement sur les noms ne sont ni précises ni suffisantes, et pourraient donner lieu à de nouvelles contestations ; émendant quant à ce, ordonne que les appelants seront tenus, dans leurs enseignes, prospectus, étiquettes, et autres indications, de faire précéder le nom de Farina de tous les prénoms Jean-Georges-Charles-Marie-Eugène-Hubert dans l'ordre où ils sont inscrits dans l'acte de naissance et en caractères de même grosseur... le jugement au surplus sortissant effet. »

8. — Même décision a été rendue par le tribunal de la Seine dans une affaire Hansslauer contre Picard et Gambier. M. Hansslauer, successeur de M. Gambier, fabricant de pipes à Givet, mais ayant un dépôt à Paris, avait actionné M. Picard, fabricant de pipes à Rennes, et Gambier, tonnelier à Montmagny, à raison de la fabrication de pipes portant une inscription analogue à la sienne. Le tribunal se fondant sur ce que ces derniers avaient en effet fabriqué des pipes semblables à celles du successeur de Gambier, en inscrivant avec des lettres en creux sur les tuyaux une mention dont la similitude avec celles dites Gambier avait été de nature à tromper le public et à jeter une confusion fâcheuse entre les produits de l'une et l'autre fabrication, a condamné les défendeurs en 2,000 francs de dommages-intérêts, ordonné la destruction de toutes les pipes, modèles et ustensiles saisis, fait défense aux défendeurs de copier à l'avenir la mention qui se trouve sur les pipes d'Hansslauer, à peine de 100 francs par chaque contravention constatée et ordonné l'insertion du jugement dans 6 journaux au choix du demandeur.

9. — Une décision basée sur les mêmes principes a été rendue par la Cour de Paris le 6 mars 1851, dans une affaire intéressant la veuve Cliquot. Le pourvoi a été rejeté par arrêt de la Cour de cassation du 4 février 1852 (Dalloz, *Recueil périodique*, année 1852).

10. — On sait qu'après une période de quinze années un brevet tombe dans le domaine public. Mais si l'inventeur a attaché son nom à son invention, on pourra bien fabriquer le produit, mais on ne pourra pas prendre le nom de l'inventeur, qui ne cesse pas d'être sa propriété. C'est en ce sens que le tribunal de commerce a décidé qu'un individu n'avait pas le droit de se dire fabricant de lampes Carcel, mais qu'il devait mettre sur ses enseignes et factures lampes *dites* de Carcel ou *façon de* Carcel.

11. — Dans l'affaire Frère contre Sapolowski, le même tribunal a décidé par jugement du 18 octobre 1844, que celui qui fabrique et vend de la pâte pectorale connue sous le nom de Regnault, doit inscrire sur ses prospectus et ses boîtes, au lieu de ces mots : *pâte* pectorale de Regnault, ceux-ci : pâte préparée suivant la formule de Regnault.

12. — Nous avons examiné les différents cas dans lesquels un industriel a le droit de faire respecter la propriété de son nom. Le principe, en cette matière, nous l'avons dit, c'est que nul ne peut se faire d'un nom, fût-il le sien, un moyen de concurrence déloyale.

Mais il ne faudrait pas exagérer la portée de ce principe au point de tomber dans l'injustice et de gêner la liberté de l'industrie.

Ainsi, s'il n'y a entre deux noms qu'une vague ressemblance, et surtout si à côté d'un nom figurent des indications suffisamment propres à le différencier de celui d'un autre industriel, on ne saurait voir là le fait d'une concurrence déloyale.

Ainsi jugé dans l'espèce suivante, dont les termes de l'arrêt font suffisamment connaître l'objet : « La cour; attendu, en principe, que le tribunal de commerce a reconnu, avec juste raison, que la marque d'un négociant, énonciation soit de son nom, soit de sa raison de commerce, est une propriété qui ne peut être usurpée, et qu'il est en droit d'empêcher qu'elle ne soit employée par un autre; — qu'il est également certain, alors que la marque usurpée ne serait pas absolument identique, qu'elle pourrait néanmoins être interdite à celui qui

voudrait en faire usage, si, nonobstant la différence qui existerait, il pourrait en résulter une confusion préjudiciable; —
Attendu néanmoins, que lorsque la marque consiste dans l'é-
nonciation du nom de celui qui l'emploie, les personnes qui
ont le même nom patronymique ont un droit égal à s'en servir,
et que l'une d'elles ne peut interdire cet usage à l'autre, sous
prétexte qu'elle en éprouve un dommage quelconque, puisque
leurs droits résultent du même principe ; — Attendu, en fait,
que Charles Jobit et Louis-François appartiennent à la même
famille et ont le même nom patronymique, et qu'ils se distinguent seulement par des prénoms différents; — Attendu que
les eaux-de-vie expédiées par Mathurin Monnin, l'ont été
avec la marque Louis-François Jobit et compagnie; que s'il
peut résulter quelque confusion de l'identité de leurs noms pa-
tronymiques, c'est le résultat naturel de leur filiation légitime;
— Attendu, d'autre part, qu'il demeure démontré par les
pièces produites au procès que Louis-François Jobit fait des
affaires de commerce, qu'il achète et vend des eaux-de-vie;
qu'il est prouvé par sa correspondance que c'est de son consentement et pour les eaux-de-vie qui lui étaient expédiées,
que Mathurin Monnin se servait de la marque, objet du procès;
— Attendu que, dans ce fait, tel qu'il est reconnu par la cour,
on ne peut pas voir l'usurpation ni un abus de la marque de
Charles Jobit et Cie ; — Infirme, etc... (25 juin 1841, cour de
Bordeaux, 1re chambre.) »

On remarquera que dans cet arrêt il est surtout question
d'usurpation de marque. Si nous l'avons cité ici plutôt que
dans l'explication de la loi sur les marques de fabrique, c'est
qu'il s'agit de contrefaçon de marque au moyen de l'usurpation d'un nom, c'est-à-dire de la propriété d'un nom plus
encore que de celle d'une marque.

13. — Nous avons dit plus haut que lorsqu'un brevet est
tombé dans le domaine public, chaque particulier n'a pas
pour cela le droit de s'emparer du nom de l'inventeur;
qu'ainsi, par exemple, pour les lampes dont Carcel était l'inventeur, un autre industriel pouvait, après l'expiration du

brevet, en fabriquer et en vendre sous cette appellation :
« lampes *dites de* ou *façon de* Carcel, mais non sous la dénomination de lampes Carcel, ce qui constituerait l'usurpation
du nom du fabricant. Mais il peut arriver qu'un produit soit
depuis longtemps connu dans le commerce sous le nom de
l'inventeur, qui sert alors à déterminer la nature du produit,
sans qu'il soit possible de le désigner commercialement d'une
autre manière. Ainsi pour les limes connues dans le commerce
sous les noms de limes Spencer et Stubs. Les sieurs Mathias
Spencer et fils, Williams et Joseph Stubs avaient poursuivi
plusieurs fabricants en usurpation de leurs noms. Voici quel
fut l'arrêt de la Cour : « — Considérant que tout fabricant
français peut réclamer contre l'usurpation de son nom commercial ou de sa raison sociale, sans avoir rempli les formalités prescrites par les décret et arrêté des 23 nivôse an ix et
5 septembre 1810 (aujourd'hui remplacés par la loi de 1857),
lesquels ne s'appliquent qu'aux marques des fabricants ; —
que le fabricant étranger doit trouver en France la même protection contre la fraude ; — mais considérant què, dans l'espèce, l'empreinte apposée sur les limes saisies ne reproduit
pas exactement le nom commercial ou la raison sociale de
Mathias Spencer et fils, et de Williams et Joseph Stubs ; —
que le nom de Spencer et de Stubs, sans autre désignation, s'y
confond avec la marque et ne fait qu'un avec elle ; — qu'il
est constant que depuis quarante ans, ces noms sont apposés
sur des limes fabriquées en France et livrées au commerce, et
que cet usage, quelque abusif qu'il soit, n'a donné lieu à aucune plainte, à aucune réclamation de la part des appelants
ou de leurs auteurs ; — que d'ailleurs l'empreinte de ces
noms a moins pour objet de faire connaître l'origine de la fabrication que de désigner la nature et la qualité de la marchandise ; — par ces motifs, déboute les appelants de leur
demande, etc... » (3 juin 1843, Cour de Paris, 1re chambre,
M. Séguier, 1er président. — Même solution, 30 avril 1864,
Cour de cassation, affaire Spencer C. Peigney — et 29 avril
1864, Cour de Paris, affaire Stubs C. Astier et autres.)

14. — Un arrêt de la chambre correctionnelle de la même Cour, en date du 18 février 1852, a décidé que le fait de fabriquer des flacons en inscrivant dans la pâte les mots *eau de Botot* ne constituait ni une contrefaçon de marque ni une usurpation de nom. La Cour se fonde sur ce que l'eau dentifrice connue sous le nom d'eau de Botot est depuis longtemps tombée dans le domaine public; que l'héritière de Botot, la fille Barbin, ne pouvait en conséquence réclamer le droit exclusif de préparer ce cosmétique, non plus que celui de la fabrication des flacons destinés à le contenir, puisqu'il n'existait à son profit aucun privilége résultant d'un brevet d'invention; que le droit de fabriquer le cosmétique et les flacons appartenait à tous; que dès lors Bonneau et Tavernier, en fabricant des flacons de verre, dans lesquels étaient moulés en relief les mots *eau de Botot,* et ne renfermant d'ailleurs aucun liquide, n'avaient apposé sur des objets fabriqués ni le nom d'un négociant autre que celui qui en était l'auteur, ni la raison commerciale d'une fabrique; qu'ainsi les faits imputés à Bonneau et Tavernier ne constituaient aucune des infractions prévues et punies par la loi du 28 juillet 1824, ni par aucune autre loi spéciale.

La Cour de cassation a rejeté le pourvoi formé contre cet arrêt par le motif que les flacons saisis ayant été trouvés isolés de la marchandise, l'inscription gravée dans la pâte de ces flacons ne constituait pas un fait punissable (Chambre criminelle, 9 juillet 1852).

« Ces décisions vont un peu loin, dit M. Dalloz. Nous ne croyons pas qu'on puisse imprimer sur un produit les seuls mots : Botot, Carcel, Ternaux, alors que d'une part, on entend désigner par là l'eau de Botot, les lampes Carcel, les châles Ternaux, et que, d'autre part, les inventeurs ou leurs héritiers continuateurs de leur commerce sont encore vivants. »

Nous partageons complétement l'avis de M. Dalloz. Il est probable que la décision de la Cour eût été tout autre si au lieu de saisir chez un verrier des flacons vides, on eût saisi chez un parfumeur des flacons remplis de liquide avec l'inscription *eau de Botot*. Nous comprenons parfaitement qu'on ne voie pas de contrefaçon dans le fait de vendre des limes sous le nom de Spencer, parce que depuis plus de cinquante ans on dit : des *Spencer*, et qu'il n'y a pas d'autre dénomination usitée parmi les fabricants; mais vendre de l'eau de Botot, dans des flacons portant cette marque, sans autre addition, nous paraît tout à la fois une contrefaçon de marque, et une usurpation de nom.

CHAPITRE II.

De l'action en contrefaçon.

15. — Nous avons vu qu'en matière de marques de fabrique, le dépôt était la condition préalable de l'action en contrefaçon. En matière de propriété de noms, le dépôt n'est pas nécessaire, et cela pour une raison très-simple : c'est que le nom est connu. De plus tandis que pour les marques il serait impossible sans le dépôt de s'assurer que telle ou telle marque est devenue la propriété de tel ou tel commerçant, la propriété des noms se révèle d'elle-même, puisqu'elle ne dépend pas de la volonté de ceux auxquels ils appartiennent.

16. — A qui appartient l'action en usurpation de noms? — Au fabricant et à ses successeurs. Sous ce dernier mot faut-il comprendre tout à la fois ses héritiers et ses successeurs industriels? Les premiers ont incontestablement le droit d'agir, puisqu'ils sont investis par la loi de tous les droits et actions de leur auteur. — Quant aux seconds, il y a une autre raison de leur reconnaître le droit d'action en usurpation de nom, à savoir que dans la plupart des cas ils auront entendu conserver le nom du prédécesseur, comme un des éléments de la propriété du fonds de commerce (Ainsi jugé en principe, affaire Seignette, cour de Poitiers, 12 juillet 1833).

17. — Les héritiers pourraient-ils s'opposer à ce que le successeur du fonds de commerce se servit du nom de leur

auteur ? Que les héritiers aient à cette suppression un véritable
intérêt dans certains cas, c'est ce qu'il est impossible de nier ;
mais il faut reconnaître aussi qu'en face de leur droit s'élève
aussi le droit très-légitime pour l'acquéreur du fonds de commerce de conserver un nom qui peut avoir une valeur considérable. M. Dalloz pense que dans ce cas il faudrait concilier
l'intérêt de la famille et celui du successeur, en impartissant
à ce dernier un délai après lequel il ne pourrait plus se servir
du nom. Mais le tribunal et la cour de Paris n'ont pas consacré cette théorie, ainsi qu'on va le voir par la décision
suivante, dont les énonciations expliquent suffisamment les
faits de l'affaire : « Le tribunal : — Attendu qu'au commencement du siècle, les frères Ternaux étaient associés pour
la fabrication et le commerce de châles et de draperie ; qu'en
1814, leur société prit fin ; que Ternaux aîné fut nommé li-
quidateur ; que, depuis, Ternaux jeune, père des demandeurs,
est resté complétement étranger aux affaires de son frère,
qui continua seul les opérations auxquelles ils s'étaient
livrés ensemble autrefois ; que, plus tard, Ternaux aîné s'as-
socia ses deux fils ; qu'en 1829, une société en participation
a été formée entre Ternaux aîné, stipulant tant en son nom
personnel que pour ses deux fils, et Bournhonet et Descours,
pour l'exploitation à Paris du commerce de draperies seulement ; qu'en 1830, Ternaux aîné, auxdits noms, a cédé à
Labouret et Dumont ses droits dans la société de 1829, s'in-
terdisant de prendre aucun établissement semblable à Paris,
et prenant l'engagement de continuer son patronage à la
nouvelle société Bournhonet, Descours, Labouret et Dumont ;
que son fils lui a succédé, que les diverses sociétés mentionnées précédemment ont toujours leur siége rue des Fossés-
Montmartre, 4, dans le local que Ternaux aîné avait occupé ;
— Attendu qu'en 1829 Ternaux avait contracté aussi une
autre association avec Simon et Chalat, mais pour la fabrication et le commerce de cachemires, châles, mérinos et nouveautés, s'engageant pour lui et au nom de la maison Ternaux
et fils à renoncer à ce genre d'industrie ; que, plus tard, les

droits de cette société ont été transmis à Courtier; que lui-même les a cédés à Bournhonet fils, par acte notarié du 4 avril 1857; — Attendu que Ternaux aîné s'étant interdit formellement par les conventions précitées, la faculté de faire à Paris le commerce de draperies et de châles, il s'ensuit que les sociétés sus-énoncées représentaient, quant aux objets qu'elles devaient exploiter, les établissements dont il avait été le chef; que ces sociétés, ou ceux qui leur ont succédé, pouvaient donc, conformément aux usages constants du commerce, se dire seuls successeurs de Ternaux aîné, ou mettre sur la devanture ou dans l'intérieur de leurs magasins, ou imprimer en tête de leurs factures ces mots : *Successeurs de Ternaux, maison Ternaux, fabrique Ternaux;* qu'ils étaient d'autant plus fondés à agir ainsi, que Ternaux aîné leur avait promis son patronage, et que des documents du procès il résulte la preuve qu'ils avaient été autorisés expressément à prendre ces titres, et que même l'un des fils Ternaux s'était intéressé personnellement à un procès que Simon avait intenté contre un négociant qui les avait usurpés sans droit; que Bournhonet fils, d'après ce qui a été dit précédemment, a le droit de jouir des prérogatives des deux sociétés fondées par Ternaux aîné;

Attendu que Ternaux-Compans et consorts invoquent vainement les règles concernant la transmission des noms propres; qu'en effet Bournhonet père et fils n'ont jamais entendu prendre le nom de Ternaux; qu'il s'agit, dans l'espèce, non de la cession d'un nom de famille, mais de celle de la qualité de successeur et de continuateur des affaires d'un négociant, qualité qui entre quelquefois pour un chiffre considérable dans le prix d'un fonds de commerce, et qui peut, sans aucun doute, être l'objet de conventions privées; — Attendu, d'ailleurs, que les demandeurs ne sont pas les héritiers de Ternaux aîné; qu'à la vérité ils sont fils de Ternaux jeune, mais que ce dernier ayant renoncé au commerce depuis 1814, et un intervalle de plus de quarante ans s'étant écoulé depuis, ils n'ont pas lieu de craindre que le public les croie intéressés dans les affaires des successeurs de leur oncle; — Attendu enfin, que Bournhonet a modifié les inscriptions dont se plaignaient les demandeurs, et mis au-dessus de la porte cochère donnant sur la place Notre-Dame-des-Victoires ces mots : *Ancienne maison Ternaux, Bournhonet, successeur*, et sur la façade rue des Fossés-Montmartre et sur les glaces de la devanture ou de l'intérieur sur un store ceux-ci : *Ancienne maison Ternaux, ancienne fabrique Ternaux et fils*; que par là, il a fait disparaître tout ce qui pouvait blesser la susceptibilité des demandeurs; par ces motifs, — donnant acte des changements opérés par Bournhonet dans les inscriptions placées à l'intérieur et à l'extérieur de leurs magasins, déclare mal fondée la demande de Ternaux-Compans et autres, les en déboute et les condamne aux dépens. »

Cette décision a été confirmée par la première chambre de la cour de Paris le 29 juin 1858. Il résulte donc de la jurisprudence actuelle que l'acquéreur d'un fonds de commerce a toujours le droit de se servir du nom de son prédécesseur, lorsque le nom constitue une valeur qui est entrée pour une part plus ou moins considérable dans l'estimation du fonds de commerce.

18. — Aux termes du § 2 de l'art. I de la loi de 1824 tout marchand, commissionnaire ou débitant quelconque est passible des effets de la poursuite, lorsqu'il a sciemment exposé en vente ou mis en circulation les objets marqués de noms supposés ou altérés. — Que faudrait-il décider si ces objets, provenant de fabriques étrangères, étaient débités par un marchand français? La réponse est dans l'article 426 du Code pénal, qui range parmi les délits de contrefaçon le débit d'ouvrages, qui, après avoir été imprimés en France, ont été contrefaits à l'étranger. Il y a même raison de décider pour l'usurpation ou l'altération des noms (Ainsi jugé, tribunal correctionnel de la Seine, 8 avril 1827, et tribunal de commerce, 4 mai 1827).

19. — Deux voies sont ouvertes à celui qui veut intenter une action en usurpation ou altération de noms : la voie civile et la voie correctionnelle. Si le fait qui motive l'action est

entaché de fraude, elle devra être portée devant les tribunaux correctionnels. S'il s'agit d'une simple imitation, d'une similitude de nature à créer entre deux fabricants une concurrence déloyale, l'industriel lésé devra intenter à son concurrent une action en dommages-intérêts.

20. — Devant quel tribunal cette action devra-t-elle être portée ? On s'accorde à reconnaître en cette matière la compétence du tribunal de commerce; car ici, la justice aura à statuer beaucoup moins sur une question de propriété de noms que sur des faits de concurrence déloyale, à raison de l'emploi commercial de noms semblables.

21. — Quand l'usurpation de noms a lieu par les moyens indiqués dans l'article 1 de la loi de juillet 1828, c'est-à-dire quand elle est de nature à être jugée correctionnellement, ce même article 1 porte que le coupable sera puni des peines portées en l'article 423, sans préjudice des dommages-intérêts s'il y a lieu. Les peines portées par cet article, sont un emprisonnement de trois mois à un an, et une amende ne pouvant excéder le quart des restitutions ou dommages-intérêts, et égale au moins à 50 francs, plus la confication des objets du délit. — Quel sera l'objet confisqué ? « En général, dit M. Gastambide, les tribunaux ordonnent la suppression des étiquettes, bouteilles, boîtes portant les faux noms, mais ils en exceptent la marchandise elle-même. Lorsque le nom est inhérent à la substance même de la marchandise, on ordonne que le nom sera effacé. »

22. — La prescription est la même que pour les autres délits, c'est-à-dire de trois ans. D'après les principes que nous avons déjà posés en matière de brevets d'invention, cette prescription atteindrait également l'action civile en dommages-intérêts.

CHAPITRE III.

Du nom des villes.

23. — Nous avons vu que l'article 1 de la loi du 28 juillet

1824, protége le nom des villes à l'égal de celui des individus, en frappant d'une peine quiconque aura soit apposé, soit fait apparaître, par addition, retranchement, ou par une altération quelconque, sur des objets fabriqués, le nom d'un lieu autre que celui où ils auront été fabriqués.

Nous avons dit quels étaient les motifs de cette protection accordée au nom des villes : ils se résument en cette idée que la bonne réputation des produits d'un lieu de fabrication, constitue une sorte de propriété commune à laquelle ont droit ceux qui habitent ledit lieu de fabrication.

C'est par application de ces principes que la Cour de Paris à jugé que celui qui, à cause de la réputation, dont jouissaient dans le commerce les brosses fabriquées à Charleville, appose faussement sur ses produits le nom d'origine, commet le délit prévu par la loi du 28 juillet 1824.

La Cour de Limoges (30 juillet 1864) a également décidé que le fait par un fabricant de vendre des cuirs sortant de ses magasins avec un cachet, portant ces mots : « *Tannerie Argenton, J.-B. Alphont, près Tours*, » alors qu'il n'existait à Argenton aucun fabricant de ce nom, constituait vis-à-vis des tanneurs de ce lieu un fait de concurrence déloyale.

Nous avons maintenant à examiner quelques-unes des questions qui se rattachent à cette matière.

24. — Et d'abord, la propriété du nom d'une ville ou d'un canton, peut-elle jamais devenir la propriété d'un seul individu ? La négative a été décidée avec raison dans l'espèce suivante : « Un sieur Ollivier de Laleu, fabricant de la chaux hydraulique, dite *de Doué* (nom du canton d'où la chaux était extraite), avait assigné les sieurs Grignon et Leroux, qui fabriquaient aussi de la chaux hydraulique, en lui donnant la qualification de *chaux de Doué*, pour se voir condamner à la suppression de cette qualification et à 10,000 francs de dommages-intérêts. — 4 juillet 1838, jugement du tribunal de commerce de Nantes, qui relaxe les défendeurs des fins de la demande par les motifs suivants : « Considérant qu'Ollivier de Laleu n'est porteur d'aucun brevet d'invention, qu'il n'a fait aucune déclaration, ni rempli aucune formalité près de qui de droit, pour rendre propre à la chaux hydraulique qu'il fabrique le nom *de Doué ;* qu'on ne saurait admettre comme enseigne à lui acquise, exclusivement à tous autres, le nom générique d'un canton donné à ses produits, parce que d'après les principes en matière commerciale, le nom d'un terrain appartient à la marchandise et non aux commerçants ; — Considérant qu'Ollivier ne possède pas tout le banc calcaire·où est puisée la pierre pour son fourneau ; que Guillon, chaufournier, mandant de Grignon et Leroux, prend sur le même banc celle qu'il convertit en chaux ; qu'ainsi, il a pu, comme Ollivier, donner à la chaux hydraulique qu'il fabrique le nom *de Doué;* que la mesure que Guillon a adoptée de mettre son nom sur tous les sacs de chaux qu'il livre au commerce ne permet d'élever contre lui aucune idée de contrefaçon, par ces motifs, etc.....» — Appel. — 21 mars 1839, la Cour de Rennes a confirmé avec adoption de motifs. — Le pourvoi formé contre l'arrêt a été rejeté par la Cour de cassation, le 24 février 1840 (Dalloz, article industrie et commerce).

25. — Des décisions identiques ont été rendues dans des affaires où des propriétaires de vignobles revendiquaient la propriété du nom de la provenance. Dans l'affaire Chadeuil contre Villeneuve-Durfort, la cour admet Chadeuil le défendeur à prouver tant par titres que par témoins que son domaine est situé sur un territoire auquel était affecté autrefois le nom de Cautemerle, dont les dames Villeneuve réclamaient la propriété exclusive. (24 mars 1846). — Dans une autre affaire, un sieur Fabre de Rieunègre, également propriétaire de vignobles, veut faire interdire au sieur de Laloubie le droit d'estamper ses vins : *la Cardonne.* La cour constate en fait que les domaines des parties sont situés dans un territoire circonvoisin du village de la Cardonne, et qu'en conséquence le sieur de Laloubie a le droit de se servir de cette dénomination (Bordeaux, 2 avril 1846).

26. — De ce que le nom d'une ville, d'un canton, d'une

contrée appartient à tous les habitants, il s'ensuit qu'ils ont
droit d'intervenir dans les procès relatifs à la propriété desdits
noms. La cour de Cassation en a ainsi décidé dans un procès
intenté par la veuve Clicquot à des fabricants de la Touraine...
« Attendu que le tribunal a reconnu en fait que les prévenus
avaient fait usage, pour boucher les vins fabriqués par eux en
Touraine, de bouchons portant les noms d'Aï et de Versy ; qu'il
aurait dû dès lors leur appliquer les dispositions de l'art 1 de
la loi du 28 juillet 1824 et prononcer contre eux les peines
portées par l'article 423 du Code pénal, auquel cette loi renvoie ; qu'en effet, les vins de Champagne sont des produits
fabriqués, et les lieux où on les récolte et où on les prépare
des lieux de fabrication ; — En ce qui touche le pourvoi des
prévenus contre la disposition du jugement qui a admis l'intervention des sieurs Walbaum et consorts ; — Attendu que le
jugement a reconnu, en fait, que l'usurpation des noms d'Aï
et de Versy, dont les défendeurs ont été reconnus coupables, a
causé un grave préjudice aux négociants de cette contrée, et
s'est fondé pour admettre l'intervention sur le tort que
les intervenants ont personnellement éprouvé ; — Rejette. »
(12 juillet 1845, chambre criminelle.)

27. — Le nom d'une ville appartient-il d'une manière exclusive aux habitants *intrà muros*, ou peut-il être employé
également par les habitants de la banlieue ? La question a été
résolue dans le sens le plus large par la Cour de cassation à
propos des draps de Sedan : « Attendu que le jugement atta-
qui constate en fait, que les draps saisis au préjudice des
prévenus sont fabriqués ou pour mieux dire, tissés dans les
environs de Sedan, avec les mêmes procédés et les mêmes matières que ceux employés dans cette ville ; qu'ils reçoivent à
Sedan même les dernières opérations, telles que le tondage, la
teinture, etc... qui, en dernière analyse, en font le véritable
mérite ; que de tels draps sont des draps de Sedan ; et que,
par conséquent, les fabricants, quoique non domiciliés dans
l'intérieur de la ville, peuvent, sans contrevenir à la loi, apposer cette marque sur leurs produits ; — Attendu que dans

l'état des faits ainsi constatés, le jugement attaqué n'a violé aucune loi ; — Rejette. » (28 mars 1844, chambre criminelle.)

28. — Mais si le droit de désigner des marchandises par le nom du lieu de fabrication, appartient à la banlieue industrielle, il ne s'étend pas plus loin, et les habitants des pays environnants ne pourraient même pas apposer sur leurs produits les mots : *façon de, à l'instar de, ou de* Louviers, Sedan, etc., sans encourir les peines de la loi. C'est ce qui ressort nettement des termes du rapport présenté au Corps législatif, dont nous avons extrait les principaux passages au début de ces explications.

29. — Le propriétaire d'une source d'eau thermale a-t-il le droit exclusif d'employer le nom de la source? La question s'est présentée à propos des eaux de Saint-Alban, servant au traitement des maladies cutanées. Les sieurs Goin et Cie, propriétaires de ces eaux, avaient assigné en usurpation de nom les sieurs Pidot et Vuillaume de Lyon qui fabriquaient des eaux de même nature et les vendaient sous le nom d'eaux de Saint-. Alban. Le 8 juillet 1840, le tribunal civil de Lyon a rendu le jugement suivant : « Attendu que les défendeurs offrent de placer sur leurs affiches et annonces, comme sur les bouteilles mêmes qu'ils livrent à la consommation, le mot *factice* joint à celui de Saint-Alban; — Attendu qu'on ne peut admettre, avec les demandeurs, que leur établissement leur donne le droit exclusif de se servir du mot Saint-Alban; qu'il suffit que les produits de leur fabrication restent distincts de ceux qui sont vendus par d'autres fabriques pour qu'ils ne puissent élever aucune réclamation; — Attendu que si l'on admettait le système des demandeurs, il en résulterait que la fabrication des eaux factices serait universellement interdite, et que les consommateurs, quelque éloignés qu'ils fussent des sources minérales, seraient obligés d'y avoir recours; — Attendu, quant aux dommages articulés, qu'il n'est point établi que les défendeurs aient agi de mauvaise foi, et qu'ils vendent et débitent depuis trois années, sans que les demandeurs y aient fait obstacle; qu'ils avaient placé sur leurs bouteilles la

lettre F, indiquant que leurs eaux étaient factices,' et que sur
la réclamation des demandeurs, ils offrent d'y placer le mot
factice en entier ; qu'ils n'ont fait pour les eaux de Saint-Alban
que ce qu'ils font pour les eaux minérales; que leur industrie est exercée publiquement et sans obstacle de la part des
propriétaires soit des sources minérales, soit des fabriques
placées près desdites sources ; qu'en s'adressant à eux, les consommateurs savent bien qu'ils ne peuvent obtenir que des eaux
fabriquées par eux-mêmes à Lyon; qu'ainsi la foi publique n'est
point trompée, et que les demandeurs ne rencontrent dans la
fabrication des défendeurs qu'une concurrence licite et dont
ils ne peuvent demander la suppression ; — Attendu, quant
aux dépens, que les défendeurs ont soutenu qu'ils n'avaient
point fabriqué d'eau de Saint-Alban, ce qui a nécessité les
perquisitions faites et que le contraire a été établi ; — Par ces
motifs, dit que sous le bénéfice de l'offre des défendeurs de
placer sur toutes leurs bouteilles d'eau de Saint-Alban fabriquée le mot *factice,* comme aussi dans les factures et annonces, ils sont renvoyés d'instance; ordonne main-levée de la
saisie pratiquée à leur préjudice ; les condamne néanmoins
aux dépens. » — Sur l'appel, ce jugement a été confirmé avec
adoption de motifs par la cour de Lyon, le 7 mai 1841.

30. — Le nom d'une ville étrangère peut-il être l'objet
d'une propriété exclusive ? La question a été résolue en sens
opposés. Pour l'affirmative, on peut citer un jugement du tribunal correctionnel de la Seine, du 5 mars 1829 ; et pour la
négative un jugement du même tribunal, du 9 juillet 1835.
M. Gastambide conclut dans le premier sens. M. Dalloz pense
au contraire que le nom d'une ville étrangère ne peut former
une propriété de nature à être protégée par la loi française,
parce que la loi de 1824 a eu en vue l'intérêt non des consommateurs, mais bien des producteurs et des pays de production français.

31. — Quant aux règles relatives à l'action, à la compétence, à la peine, à la prescription, ce sont les mêmes que
pour les noms d'individus. Remarquons toutefois que tandis

que l'action en usurpation de noms d'individus n'appartient qu'au propriétaire ou à ses ayant-cause, l'action en usurpation de nom d'une ville appartient à tous les habitants de la ville.

ENSEIGNES

ET AUTRES DÉSIGNATIONS

D'ÉTABLISSEMENTS OU PRODUITS INDUSTRIELS

ET COMMERCIAUX

Etiquettes, Factures, Prospectus, Formes, etc.

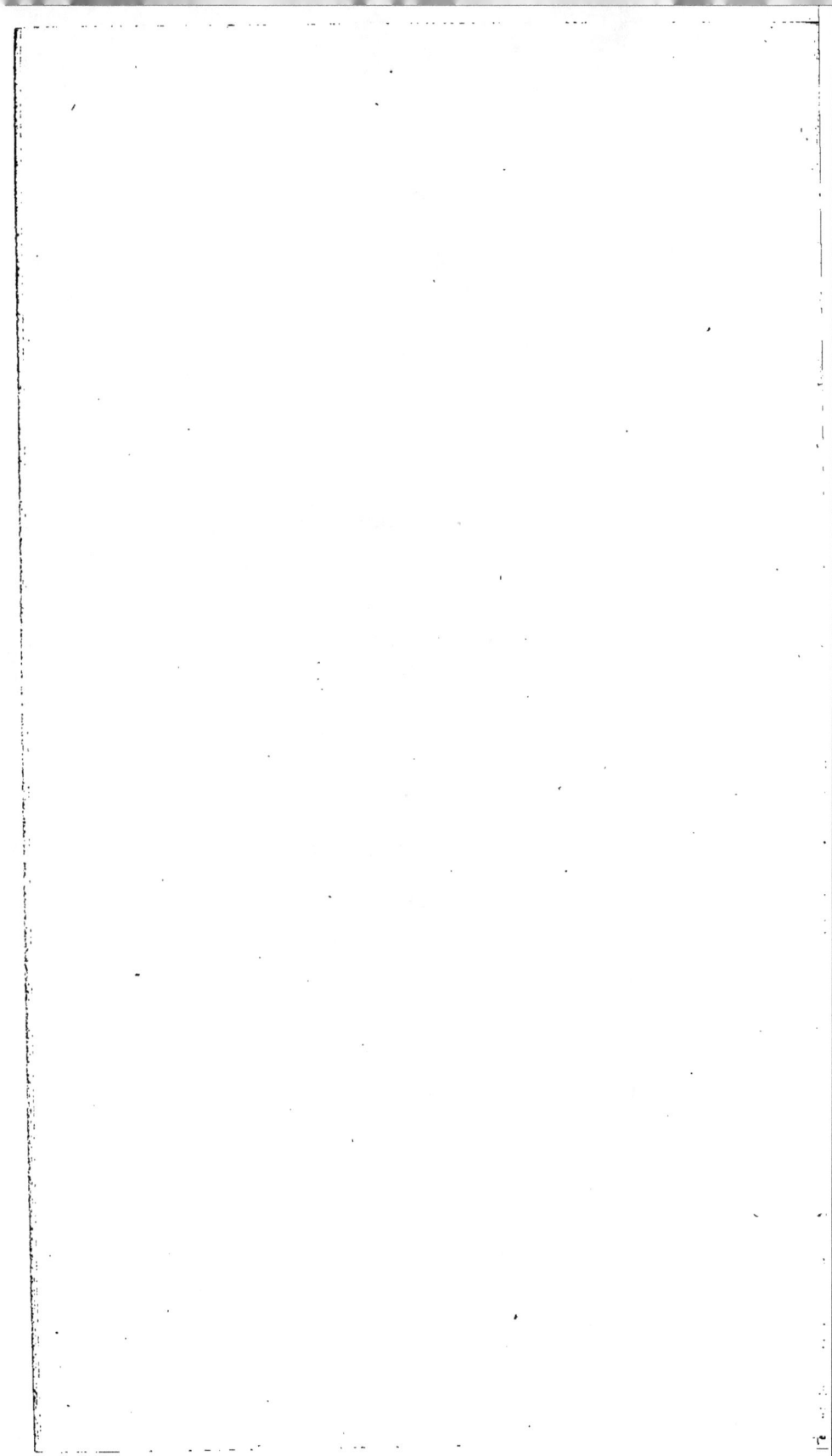

ENSEIGNES

ET AUTRES DÉSIGNATIONS

D'ÉTABLISSEMENTS OU PRODUITS INDUSTRIELS

ET COMMERCIAUX

———

1. — Ce n'est pas seulement par leur nom ou par une marque particulière que les industriels désignent leurs établissements ou leurs produits. L'enseigne, les étiquettes, les enveloppes, les annonces, les prospectus, les affiches, les factures, les plaques, les panonceaux, les écussons sont autant de désignations dont l'usage constitue une propriété protégée par la loi.

Il est évident que chacun est libre dans le choix de telle ou telle désignation, mais sous la condition de ne pas créer de confusion entre des établissements rivaux, ce qui constituerait la concurrence déloyale.

Ici, nous n'avons plus, comme dans les autres matières que nous avons étudiées, de texte de loi précis. Mais les principes généraux suffisent à protéger tout ce qui est susceptible de propriété. L'art. 1382 du Code Napoléon, aux termes duquel tout fait de l'homme qui cause à autrui un dommage oblige celui par la faute duquel il est arrivé à le réparer, défend le commerçant honnête contre les effets d'une concurrence déloyale.

Nous nous occuperons d'abord des enseignes.

CHAPITRE Ier.

Des enseignes.

2. — L'enseigne est la désignation extérieure et matérielle

(tableau, inscription, écusson, etc.) au moyen de laquelle un commerçant distingue son établissement d'autres établissements du même genre.

Nous avons dit que chacun était libre de choisir telle ou telle désignation pour son établissement ou pour ses produits. Mais il est évident qu'on ne saurait sans mauvaise foi prendre l'enseigne déjà adoptée par un individu exerçant le même commerce, sans lui causer un préjudice grave. Une enseigne déjà prise par un autre commerçant lui appartient en vertu d'un droit qu'on pourrait appeler droit du premier occupant.

En cette matière on peut poser en principe qu'il y a concurrence déloyale dès là que l'enseigne adoptée par un commerçant peut, malgré certaines dissemblances, entraîner une confusion entre deux maisons de commerce.

C'est ce qui a été jugé par la cour d'Angers, le 13 novembre 1862, en ces termes : « La cour : — Attendu que Boisseau qui tenait place Sainte-Croix à Angers, un magasin de bijouterie, a transféré, au mois d'avril 1861, son magasin rue Saint-Laud, n° 19 ; — Attendu que, dans la maison limitrophe, au n° 21 de la même rue Saint-Laud, se trouvait déjà le magasin de bijouterie tenu par Gaillard et ses ancêtres, et portant en relief une sculpture représentant deux bœufs d'or traînant une charrue avec la légende : *Aux bœufs d'or* ; — Attendu que Boisseau, qui n'avait adopté aucune enseigne spéciale pendant les premiers mois de son établissement dans la rue Saint-Laud, en prit une au mois de septembre 1861, et choisit une sculpture en relief représentant deux bœufs d'or traînant un chariot chargé de gerbes avec la légende : *Aux moissonneurs* ; — Attendu que les dissemblances qui existent entre les deux enseignes sont suffisantes pour permettre de distinguer les deux magasins, quand on les examine attentivement ; — Mais attendu que les ressemblances des deux enseignes doivent entraîner dans l'erreur les personnes qui n'examinent pas les magasins avec beaucoup d'attention ; — Attendu d'ailleurs que le choix de l'enseigne de Boisseau ne peut s'expliquer que par le désir d'établir une confusion

entre les deux magasins ; — Attendu que Boisseau a ainsi
causé à Gaillard un préjudice que les documents de la cause
permettent dès à présent d'apprécier sans recourir à une enquête ; — Par ces motifs, la cour infirme le jugement du tribunal de commerce du 7 juillet 1862 ; condamne Boisseau à
faire disparaître dans la quinzaine du présent arrêt, l'enseigne
de son magasin de bijouterie du n° 19 de la rue Saint-Laud,
à peine de tous dommages-intérêts en cas de refus ou retard ; le condamne en 50 francs de dommages-intérêts envers Gaillard et en tous les dépens de première instance et
d'appel. »

3. — Les mêmes principes ont été consacrés par la cour de
Paris, 4° chambre, dans un arrêt du 11 avril 1860, confir-
matif d'un jugement rendu par le tribunal de commerce de la
Seine le 13 mars 1859, qui, sur la demande de M. Gibert,
propriétaire du débit de tabac établi rue Saint-Honoré, près
du Palais-Royal, sous l'enseigne de *la Civette*, avait ordonné
que Madame Pousse, propriétaire d'un autre débit de tabac
situé dans le voisinage, serait tenue de supprimer de son enseigne les mots : *A la Civette de la rue de Rivoli*. On voit par
ces jugements et arrêts qu'il n'est pas permis d'adopter l'enseigne déjà prise par un autre commerçant, même en y ajoutant des énonciations secondaires, dès qu'il reste une confusion possible entre les deux établissements.

4. — Il a été jugé qu'un établissement commercial, dont
la raison de commerce forme l'enseigne, peut exiger qu'un
établissement plus nouveau et du même genre change sa
raison commerciale et son enseigne, si, à cause de leur identité, il y a eu des méprises et des discussions entre les deux
établissements : le dernier établissement opposerait en vain
que son enseigne et sa raison commerciale n'étant composées
que de son nom, on ne pouvait lui en interdire l'usage sans
attenter à sa propriété (Cour de cassation, Chambre des requêtes, 26 juin 1822. V. Dalloz, industrie et commerce,
p. 773).

5. — Il a été jugé également que l'ancien gérant d'une

13

société établie sous une raison sociale formée de son nom, peut bien donner son propre nom pour raison sociale à des sociétés nouvelles ayant pour objet la même industrie que l'ancienne, mais qu'il ne lui est pas permis d'ajouter à ce nom sur ses enseignes, annonces, prospectus, une qualification qui puisse faire confondre la nouvelle société avec l'ancienne, autorisée à conserver le nom de son ancien gérant (Tribunal de commerce de la Seine, 29 mars 1843, aff. Bonnard-Campmas et Cie contre G. Bidault. V. Dalloz, à la page indiquée dans l'article précédent).

6. — Il est évident que chacun a le droit de prendre sur son enseigne une qualité qui lui appartient, et que, par exemple, le directeur d'une fabrique de produits chimiques et l'élève qui y a été employé comme tel, qui, après la dissolution d'une société établie entre eux et le propriétaire ou maître de la fabrique, forment un établissement pour leur propre compte, peuvent indiquer sur leurs étiquettes et leurs prospectus leur précédente qualité de directeur de la fabrique et d'élève (Paris, 5 mars 1839, aff. Thiboumery), — que, de même les élèves d'un fabricant, qui ont payé leur apprentissage soit en argent, soit par l'abandon de leur travail pendant plusieurs années, peuvent prendre le titre de ses élèves et le placer sur leurs enseignes et factures (Tribunal de commerce de la Seine, 13 octobre 1841. V. Dalloz, page indiquée plus haut) ; — que, de même encore, toute personne pouvant fonder des agences applicables à un certain genre d'industrie et spécialement à celle des transports, une compagnie de chemin de fer est sans droit pour s'opposer à ce qu'un commissionnaire annonce son établissement sous le titre d'*Agence générale de transports pour tous les chemins de fer*, et cela encore bien que ce dernier aurait été l'agent spécial de cette compagnie (Tribunal de commerce de la Seine, 8 septembre 1859, affaire Chemin de fer de l'Est contre Méaux).

7. — Mais si chacun peut ainsi prendre une qualité qui lui appartient, c'est toujours sous la réserve du droit d'autrui et sous la condition de ne point créer de confusion entre

deux établissements du même genre. C'est ce qui a été jugé, avec raison, dans l'espèce suivante, que les termes du juge-ment font suffisamment connaître .

« Attendu qu'il est allégué et non dénié que Neech a placé au second étage de la maison qu'il occupe un tableau sur le-quel est écrit : M. R. W. Neech, english dentist, ex-premier opérateur de la maison Williams Rogers, et, qu'en outre, di-verses circulaires portant la même indication de premier opérateur de la maison Williams Rogers, ont été répandues dans le public; — attendu que Cohen, se disant Williams Rogers, se plaint de cet état de choses, qui peut être-de na-ture à lui causer un préjudice; — attendu qu'il établit, en effet, que le nom de Williams Rogers est aujourd'hui la pro-priété commerciale de la maison dont il est le chef, et que nul n'a droit de s'en servir sans son autorisation, même en ajoutant à ce nom la qualification d'ex-premier opérateur de ladite maison; — que jamais Cohen, dit Williams Rogers, n'a donné cette autorisation à Neech ; — qu'il a d'autant plus lieu de se plaindre de l'usurpation commise par Neech, qu'il est certain que ce dernier a eu l'intention de faire une cer-taine concurrence à son ancien patron; — attendu, toutefois, que le demandeur ne justifie pas d'un préjudice actuel dont il soit dû réparation; par ces motifs : ordonne que ce dernier sera tenu, dans les trois jours de la signification du présent jugement, de faire disparaître de son tableau le nom de Williams Rogers, ainsi que de tous prospectus, annonces et autres moyens de réclame et de publicité, sinon et faute par lui de ce faire dans ledit délai, et icelui passé, condamne Neech à cinq francs de dommages-intérêts par chaque jour de retard, et ce, pendant un mois, après quoi il sera fait droit ; — condamne le défendeur aux dépens (Tribunal civil de la Seine, 2e Chambre, 27 décembre 1863). »

8. — La même question a été résolue dans le même sens dans l'espèce suivante : Un sieur Dubois avait acquis le fonds de la demoiselle Alexandrine, marchande modiste, rue de la Paix, n° 5. Les demoiselles Louise et Lucile avaient ou-

vert un établissement dans la même rue, au n° 16, et avaient
mis sur leur enseigne : « Elèves d'Alexandrine. » Le sieur
Dubois leur a intimé d'avoir à supprimer cette inscription.
Le Tribunal de commerce, saisi de l'affaire, a jugé que l'autorisation donnée par Alexandrine à ses anciennes ouvrières,
postérieurement à la vente du fonds de commerce, n'était pas
suffisante, que l'autorisation ne pouvait être valablement
donnée que par Dubois lui-même, et, en conséquence, a condamné les demoiselles Louise et Lucile à supprimer de leurs
enseignes le titre d'élèves d'Alexandrine (Tribunal de commerce de la Seine, 27 octobre 1863).

9. — La possession d'une enseigne confère à celui qui le
premier l'a adoptée, le droit exclusif de s'en servir. La circonstance invoquée par le défendeur qu'il aurait précédé le
demandeur dans le même genre de commerce serait ici insi-
gnifiante. Ainsi jugé dans l'espèce suivante : Un sieur Nessim-
Daham, Algérien, avait fondé à Paris, passage Jouffroy, un
établissement de vente d'objets algériens, avec cette enseigne :
A la ville de Tunis. Plus tard, il alla s'établir boulevard des
Italiens, n° 18. C'est à ce moment qu'un nommé Ben-Sadoun,
qui avait lui-même fondé un établissement du même genre
rue de Rivoli, sous la désignation *Au Sultan*, vint se fixer
boulevard des Italiens, n° 30. Nessim-Daham établit alors une
succursale au boulevard des Capucines, n° 29, avec l'enseigne :
Au grand Sultan. Demande par Ben-Sadoun de la suppression de l'enseigne. — Jugement : « Attendu que le défendeur
a fondé, il y a plusieurs années, sur le boulevard des Italiens,
n° 18, un établissement ayant pour spécialité la vente d'articles d'Orient, sous l'enseigne : *A la ville de Tunis*, et que
dans le courant de l'année dernière il fonda un nouvel établissement du même genre au boulevard des Capucines,
n° 29, mais qu'il y prit l'enseigne du *Grand Sultan* ; —Attendu
qu'antérieurement à cette époque, le demandeur avait ouvert
rue de Rivoli, n° 172, et boulevard des Italiens, n° 30, deux
magasins de même nature, avec cette enseigne : *Au Sultan* ;
— Attendu que l'enseigne *Au Grand Sultan* n'offre pas avec

l'enseigne *Au Sultan* une différence assez grande pour qu'il ne
ne puisse y avoir de confusion entre ces deux établissements ;—
Attendu que dans ces circonstances il y a' lieu d'ordonner la
suppression complète de l'enseigne *Au Grand Sultan*, etc... »
(Tribunal de commerce de la Seine, 7 septembre 1859.)

10. — Le locataire (dans l'espèce un maître d'hôtel meu-
blé), qui apporte avec lui une enseigne, peut l'emporter à fin
de bail, et le propriétaire est mal fondé à soutenir que l'enseigne fait désormais partie intégrante de l'hôtel, et qu'il a
pu en céder la propriété (Orléans, 18 août 1830, et Cour de
cassation, 6 décembre 1837).

11. — Par tout ce qui précède, on voit assez que l'enseigne
constitue véritablement une propriété industrielle. En conséquence, le propriétaire d'une enseigne a le droit d'en disposer à son gré : il peut en aliéner la propriété par tel moyen
qu'il lui plaît de choisir, et notamment par la vente. D'ordinaire, l'enseigne se vend avec le fonds de commerce.

12. — Il a été jugé que le droit pour l'époux commun en
biens, de faire procéder à la vente du fonds de commerce dépendant de la communauté, l'autorise à comprendre dans la
vente le nom commercial sous lequel ce fonds a été exploité,
et le droit pour l'acquéreur de s'en servir sur ses enseignes,
factures et prospectus.

13. — L'enseigne est un accessoire du fonds de commerce.

Lors donc qu'il n'y aura pas de stipulations contraires, il
faudra décider qu'elle a été transmise avec lui.

Il a été jugé, en conséquence, que la vente d'un fonds de
commerce sans restriction est censée comprendre l'achalandage, les armoiries et autres enseignes, servant à signaler
et accréditer cet établissement. L'espèce mérite d'être rapportée. En 1819, un sieur Auger, chocolatier des cours de
France, d'Autriche et de Russie, tombe en faillite. Les syndics
d'Auger et Auger lui-même vendent à Dumont le fonds de
commerce sans réserve aucune. Postérieurement à la vente,
Auger reconnaît le fait dans des lettres missives signées de
lui, adressées à des personnes qui se fournissaient antérieure-

ment dans la maison, et dans lesquelles il recommande Dumont comme étant son successeur. En 1823, Auger se sépare
de Dumont, ouvre une fabrique rue de la Sourdière, tout
près de l'établissement de Dumont, et y place les armoiries de
France et de Russie. De plus, il fait afficher, insérer dans les
journaux et imprimer dans des circulaires adressées à différentes personnes, que Dumont a usurpé sur lui les accessoires
ont il s'agit, et qu'il est faux que ce dernier soit son successeur. C'est dans ces circonstances que le tribunal de la Seine
a été saisi de l'affaire. Le tribunal, se fondant d'une part sur
ce que le fonds de commerce avait été vendu sans aucune
réserve des choses inhérentes audit commerce, et par conséquent, y compris l'achalandage, ainsi que les armoiries et autres enseignes, servant à signaler et accréditer ledit commerce ;
et d'autre part, sur ce qu'aux termes de l'article 1625 du
code Napoléon, le vendeur doit assurer à l'acquéreur la possession paisible de la chose vendue, et, à plus forte raison,
n'occasionner aucun trouble dans sa possession, a, par jugement du 29 mai 1824, ordonné: 1° la fermeture de la boutique de la rue de la Sourdière ; 2° la suppression des armoiries dont elle était décorée; 3° la suppression des placards dif-
famatoires apposés par Auger avec dommages-intérêts.

Appel par Auger qui soutient : 1° que la vente de son actif
faite à Dumont ne comprenait que les marchandises et ustensiles décrits dans l'inventaire, et non le fonds de commerce ;
qu'en droit l'actif d'un failli ne pourrait comprendre son industrie, ni la faculté de l'exercer à sa volonté; 2° que celui
qui a vendu un fonds de commerce pouvait former un établissement dans le même lieu, sans apporter un véritable
trouble dans la possession de l'acheteur. — Arrêt : « La Cour,
adoptant les motifs des premiers juges, met l'appel au néant. »
(19 novembre 1824, Cour de Paris, 1re chambre, M. Séguier,
1er président.)

14. — Jugé de même que l'acquéreur d'un café a droit de
s'opposer à ce que son vendeur, s'il ouvre un autre établissement, se serve de l'enseigne du café vendu ou d'une enseigne

analogue. (Aix, 22 mai 1829 ; Dalloz, article industrie et commerce, p. 775;—Poitiers, 23 janvier 1844, affaire Champeaux,
Dalloz, jurisprudence générale, vol. 45, 1ʳᵉ part., p. 115.)

15. — Que faudrait-il décider dans le cas où la confusion
viendrait à naître de la similitude des noms, si deux noms
semblables appartiennent réellement aux propriétaires d'établissements rivaux ? La question s'est présentée en 1858 dans
l'espèce suivante : Les sieurs Pinaud et Amour étaient propriétaires d'une maison de chapellerie, située à Paris, rue de
Richelieu, 87, et connue depuis vingt-cinq ans sous le nom de
maison Pinaud. Un sieur Pineau, chapelier, précédemment
établi rue des Fossés-Montmartre, profitant de la similitude
de son nom avec le chapelier de la rue Richelieu, vint s'établir au 91 de la même rue, et mit en œuvre tous les moyens
pour attirer à lui la clientèle de son confrère. Sur l'instance
introduite par Pinaud et Amour contre le sieur René Pineau,
le tribunal de commerce a rendu le jugement suivant : « Attendu que si le défendeur a le droit incontestable de s'établir
sous son véritable nom, et de mettre ce nom sur ses magasins, il y a lieu de lui interdire toute concurrence déloyale,
et d'ordonner dans ce but les mesures nécessaires pour éviter
la confusion qui pourrait exister aux yeux du public entre
les deux maisons ; — qu'en conséquence, le défendeur doit
être tenu de supprimer le mot maison qui, dans les usages
du commerce, indique un établissement de date ancienne et
d'importance notoire, — que, de plus, il y a lieu d'ordonner
que Pineau changera les écussons choisis par lui et placés au
fond de ses chapeaux, — qu'enfin, il y a lieu de lui donner
acte de ses offres et d'ordonner que le nom de *Pineau* sera
précédé du prénom *René*, et que ces deux noms seront mis sur
son magasin, ses factures et lettres de commerce, sur la même
ligne et en mêmes caractères,—par ces motifs, ordonne, etc. »
(Tribunal de commerce, 28 mai 1857.)

16. — La cour impériale de Paris est allée plus loin. Elle a
interdit à un individu l'usage même de son nom, apposé sur
ses enseignes dans un but évident de concurrence déloyale.

Le sieur Robineau avait acquis l'établissement bien connu sous le nom de *la mère Moreaux*. Le sieur Duriot, tenant un commerce du même genre dans une boutique voisine, imagina de s'associer avec le sieur Moreaux fils, et bientôt on vit apparaître sur la devanture de la boutique, ces mots : *Moreaux fils de la mère Moreaux et Duriot*. Le tribunal de commerce avait ordonné la suppression des mots *de la mère Moreaux*, mais avait maintenu à l'associé du sieur Duriot le droit de se servir de son nom. Le sieur Robineau a interjeté appel du jugement, et demandé la suppression totale du nom de Moreaux. Voici l'arrêt de la cour : « La cour — considérant que la loyauté la plus entière doit accompagner les opérations commerciales, et que les fraudes en pareille matière, sous quelque masque qu'elles se cachent, doivent être complétement et sévèrement réprimées ; — Considérant que les conclusions de Robineau en première instance, étaient générales et absolues ; qu'elles tendaient non-seulement à la suppression des mots : Fils de la mère Moreaux, mais encore à la suppression du nom de Moreaux ; — Que ce fait ressort clairement de la teneur de l'exploit introductif d'instance ; — Que les premiers juges l'ont ainsi compris, comme le démontrent les motifs de leur jugement, divisés en deux parties : la première, applicable au nom de Moreaux seul ; la seconde, aux mots : Fils de la mère Moreaux ; — Qu'il ne s'agit donc pas d'une demande nouvelle ; — Considérant qu'il est établi que la société, formée entre Duriot et Moreaux fils, est une manœuvre frauduleuse, concertée entre les deux susnommés dans le but de faire une concurrence déloyale à l'établissement contigu, existant antérieurement ; que ce fait ressort notamment de diverses stipulations de l'acte de société, qui démontrent que Moreaux fils n'est pas un associé sérieux et légitime, et qu'il a prêté abusivement son nom à Duriot pour procurer à celui-ci un nouveau moyen de faire naître la confusion entre les deux établissements rivaux, et de détourner les pratiques à son profit ; — Met l'appellation et le jugement dont est appel au néant ; — Emendant et faisant droit au

principal, sans s'arrêter à la fin de non-recevoir proposée par
les intimés et tirée de l'article 464 du Code de procédure
civile, de laquelle ils sont déboutés ; — Ordonne que Duriot
sera tenu de faire disparaître immédiatement et d'une manière
absolue de ses enseignes, factures, prospectus, lettres et étiquettes, le nom de Moreaux avec ou sans addition, sous peine
de cent francs de dommages-intérêts par chaque jour de retard pendant un mois, passé lequel temps, il sera fait droit
par la cour ; — Condamne Moreaux fils et Duriot aux dépens
de première instance et d'appel. »

17.— Nous citerons enfin, pour terminer sur cette matière
si pratique et si importante de l'usage des noms commerciaux
sur les enseignes, factures, etc., une décision du tribunal de la
Seine, en date du 25 mars 1858. Les sieurs Chevreuil et Muy
avaient exploité ensemble un fonds de marchand tailleur. La
société ayant été dissoute par la mort de Chevreuil père, le
fonds fut vendu devant notaire, et racheté par Muy. Aux termes d'une des clauses de l'acte de société, Chevreuil père s'in-
terdisait, dans le cas où le fonds serait racheté par son coas-
socié, après dissolution, le droit de fonder un établissement
du même genre. Cependant, le sieur Chevreuil fils émit la prétention d'interdire à Muy l'usage du nom de son père, et sub-
sidiairement de le contraindre à ajouter audit nom le sien
avec la qualité de son successeur. Jugement : « Le tribunal :
— Attendu que suivant procès-verbal authentique, du 14 janvier 1855, de Jozon, notaire à Paris, Muy, ancien associé de
Chevreuil père, s'est rendu adjudicataire, moyennant 95,000
francs, du fonds de commerce exploité autrefois par ledit
Chevreuil père ; — Attendu que le droit de conserver le nom
de Chevreuil sur son enseigne, ses écussons et ses factures est
entré nécessairement pour une part considérable dans le
prix élevé de l'acquisition faite par Muy ; — Attendu qu'en
conservant ce nom, Muy s'est d'ailleurs conformé aux usages
constamment pratiqués dans le commerce ; — Attendu, en fait,
que le défendeur est sans intérêt, puisqu'il lui est formellement interdit par l'adjudication sus-énoncée de 1855, d'ex-

ploiter soit directement, soit indirectement, sous le nom de Chevreuil un établissement de marchand tailleur; — Par ces motifs, déclare Chevreuil mal fondé en sa demande. »

18. — Le jugement que nous venons de citer est fondé sur une clause spéciale de l'acte de société et sur les usages du commerce. Mais on peut dire d'une manière générale que toutes les décisions que nous avons rappelées ou rapportées s'inspirent de cette même pensée que la bonne foi doit présider aux relations commerciales, et que toute manœuvre frauduleuse et déloyale doit être sévèrement réprimée, par quelque moyen qu'elle se manifeste.

19. — Nous avons dit au début de ces explications que la propriété des enseignes n'était pas protégée par des lois spéciales, mais seulement par le principe général, consigné dans l'article 1382 du code Napoléon : « Que tout fait de l'homme qui cause à autrui un dommage oblige celui par la faute duquel il est arrivé à le réparer. » Il suit de là que le propriétaire d'une enseigne est sans intérêt, et par conséquent sans droit à faire supprimer une enseigne semblable adoptée par un autre commerçant pour une industrie différente. Ainsi jugé : « Attendu que si Torrès était déjà en possession de l'enseigne : *A la ville de Bordeaux*, quand elle a été adoptée par Brugerolles frères, l'identité des deux enseignes ne peut lui occasionner aucun dommage; que l'industrie du premier n'a aucune analogie réelle avec le commerce du second ; qu'il vend des habits confectionnés pour hommes et que ceux-ci ont un magasin de nouveautés; que les deux établissements situés dans des quartiers différents ne s'adressent ni aux mêmes besoins, ni à la même classe d'acheteurs; que l'un ne saurait donc faire concurrence à l'autre, et qu'on ne peut voir dans la demande de Torrès qu'une spéculation qu'on ne saurait encourager; — Par ces motifs, déclare Torrès mal fondé dans sa demande. » (1er mars 1858, cour impériale de Bordeaux.)

CHAPITRE II.

Des désignations de marchandises; noms, boîtes, enveloppes, étiquettes, etc.

20. — Les indications propres à désigner une marchandise, telles que les noms, boîtes, enveloppes, étiquettes, et même la couleur et les dimensions d'une marchandise, peuvent faire, comme les enseignes, l'objet d'une propriété industrielle.

Ici, comme en matière d'enseignes, la propriété n'est point protégée par une loi spéciale, mais par le principe général de l'art. 1382 du Code Napoléon.

Quant aux règles d'appréciation, elles sont simples et se résument en deux lignes : la bonne foi doit présider aux relations commerciales; la fraude doit être réprimée.

21. — Nous allons passer en revue successivement les différentes manières de désigner les marchandises; nous verrons quelle protection leur est accordée par la jurisprudence.

§ 1er.

Dénomination de produits ou marchandises.

La meilleure manière de désigner un produit ou une marchandise est d'y mettre son nom. En ce cas la propriété du nom est protégée par la loi de 1824 dont nous avons déjà étudié les dispositions. Nous avons vu que l'usurpation du nom est punie de peines correctionnelles. Mais on peut aussi désigner une marchandise sous un nom de fantaisie. Ce nom sera protégé par la loi civile, et l'imitation frauduleuse sera réprimée par les dommages-intérêts qui pourront être prononcés contre l'auteur de cette imitation.

C'est conformément à ces principes qu'a été rendu le jugement suivant dans une instance en concurrence déloyale formée par MM. Guislain et Cie contre un sieur Labrugnère. « Le tribunal : Sur la demande afin qu'il soit fait défense à Labrugnère de se servir du nom de la *Floride* où de la *Fluoride* sur ses produits; — Attendu qu'il résulte des documents produits qu'à la date du 22 mars 1858, Guislain et Cie ont déposé au greffe du tribunal, à l'effet de se réserver la propriété du nom : *Eau de la Floride*, pour le produit vendu par eux devant servir à teindre les cheveux, une boîte contenant des prospectus relatifs à la vente au public de ce produit; — Attendu que Labrugnère, dans le but de faire confusion entre un produit fabriqué par lui, destiné au même effet, et celui fabriqué par Guislain et Cie, a désigné son produit *Eau de la Fluoride*; — Sur les dommages-intérêts; — Attendu que par le fait dont s'agit, Labrugnère a causé à Guislain et Cie un préjudice dont il doit la réparation, et que le tribunal, d'après les éléments d'appréciation qu'il possède, fixe à la somme de 500 francs; — Sur la demande en insertion : — Attendu qu'en présence des nombreuses annonces faites par le défendeur, il y a lieu de faire droit à ce chef de demande et d'ordonner l'insertion du présent jugement dans deux journaux de Paris, au choix de Guislain et Cie et aux frais du défendeur; — Par ces motifs, jugeant en premier ressort, fait défense à Labrugnère de dénommer à l'avenir l'eau fabriquée par lui sous le nom d'*Eau de la Floride* ou de la *Fluoride*; — Dit en conséquence qu'il sera tenu, dans les trois jours de la signification du présent jugement, de supprimer toutes annonces, étiquettes et prospectus annonçant son produit sous cette dénomination, sinon qu'il sera fait droit, et pour le préjudice causé condamne Labrugnère, même par corps, à payer à Guislain et Cie la somme de 500 francs à titre de dommages-intérêts; — Ordonne l'insertion des motifs et du dispositif du présent jugement dans deux journaux de Paris, au choix de Guislain et Cie, et aux frais de Labrugnère, et condamne Labrugnère aux dépens. »

Sur l'appel interjeté par les deux parties, la cour, quatrième chambre, a confirmé la sentence des premiers juges, en élevant toutefois à la somme de 800 francs l'allocation des dommages-intérêts.

22. — Il avait été jugé d'abord que le titre d'une nouvelle préparation médicamenteuse était, comme celui d'un ouvrage littéraire, la propriété exclusive de son auteur, et qu'en conséquence un tiers ne pouvait vendre sous ce titre une préparation analogue (Trib. com. de la Seine, 16 janvier 1834, aff. Gardet). La question s'est représentée de nouveau en 1856 à propos du remède connu sous le nom de Rob Boyveau-Laffecteur. M. Giraudeau de Saint-Gervais, propriétaire de ce remède, non autorisé par le Codex, prétendait avoir seul le droit de le vendre sous le nom qui lui avait été donné.

Sa prétention avait été accueillie par le tribunal de la Seine et la cour de Paris. Mais l'arrêt de cette cour a été cassé par la cour suprême dans les termes suivants :

« La cour : — Vu les art. 3 de la loi du 5 juillet 1844, et 32 de la loi du 21 germinal an XI ; — Attendu que le litige entre les parties n'a point eu pour objet l'exploitation d'un remède selon la formule, laquelle a été, au contraire, reconnue de droit commun en matière pharmaceutique, mais seulement la dénomination sous laquelle ce remède serait désigné dans les annonces des pharmaciens Charpentier et Cie ; — Attendu que lorsqu'il n'est pas contesté que la fabrication et l'exploitation d'un produit industriel sont entrées dans le domaine public comme celles d'un médicament dans le domaine commun de la pharmacie, il faut reconnaître qu'elles y entrent avec la faculté ouverte dans ce dernier cas à tous les pharmaciens de l'annoncer et de le débiter sous la dénomination qui sert dans l'usage à le désigner ; que réserver à l'inventeur ou au premier préparateur le droit exclusif de se servir de cette désignation, serait maintenir à son profit pour l'annonce et le débit de ce médicament, un monopole que la loi lui refuse ; que, spécialement, en obligeant les pharmaciens à changer le nom sous lequel un remède est connu, pour y substituer

une dénomination nouvelle et particulière, on risquerait de
les mettre en contradiction avec les règles de leur profession,
et de les exposer au reproche d'annoncer un remède secret;—
Attendu que l'application de ces principes peut s'étendre à la
désignation dont le nom de l'inventeur ferait partie, si, dans
l'usage et par le fait même de l'inventeur, son nom est devenu
l'élément nécessaire de la désignation d'un produit; que, sans
doute, ses concurrents ne pourraient, sans porter atteinte aux
droits qui continuent de lui appartenir, emprunter son nom de
manière à induire le public en erreur sur l'individualité du
fabricant et la provenance des produits; mais qu'à la charge
de donner des indications suffisantes pour prévenir toute méprise à cet égard, il peut, dans certains cas, leur être permis
d'employer comme rappel d'une formule tombée dans le domaine public la désignation passée en usage, avec le nom qui en
serait devenu partie nécessaire;—Et, attendu en fait, que Charpentier et Cie, auxquels on n'a point contesté la faculté de fabriquer et de débiter le remède dont il s'agit au procès, ont demandé
par leurs conclusions à être autorisés à se servir de la dénomination de Rob dépuratif végétal selon la formule de Boyveau-
Laffecteur; — Attendu que, sans examiner si l'emploi de ce
nom était devenu l'élément usuel et nécessaire de la désignation du produit, la cour impériale de Paris se fondant, non
sur une apréciation de faits et d'intentions, mais sur le principe d'un droit absolu de propriété qu'elle a reconnu à Giraudeau, relativement à la dénomination, en a tiré la conséquence
générale que tout usage par un concurrent de cette dénomination, même seulement comme rappel d'une formule, est un
moyen d'éluder le principe et un abus, qu'elle a fait défense à
Charpentier et Cie de s'en servir sous quelque forme que ce
soit, et ne leur a permis d'exploiter la formule du remède
dont il s'agit qu'en le couvrant d'une dénomination qui leur soit
particulière; — En quoi ladite cour a violé les articles susdési-
gnés;—Casse et annule l'arrêt rendu par la Cour impériale de
Paris, le 15 mai 1858; remet la cause et les parties au même
et semblable état qu'avant l'arrêt attaqué, et pour être fait droit

les renvoie devant la cour impériale d'Orléans. » (Cour de cassation, chambre civile, 31 janvier 1860, M. Renouard, président).

23.—On remarquera que la Cour de cassation n'érige pas en doctrine absolue le droit de vendre un médicament sous le nom d'autrui. Mais lorsque ce nom est devenu l'élément usuel et nécessaire de la désignation du produit, tout le monde peut s'en servir, à la condition de ne pas établir de confusion sur la provenance du produit. La doctrine contraire tendrait à constituer au profit de l'inventeur d'un remède un véritable monopole, et, en cela, violerait l'article 3 de la loi du 5 juillet 1844 sur les brevets d'invention, qui repousse toute espèce de privilège pour les compositions pharmaceutiques.

24. — Par application des mêmes principes, la Cour suprême a cassé un arrrêt de la Cour impériale de Paris, qui avait fait défense à Charpentier et Cie de se servir des mots « *élixir tonique antiglaireux* de Guillié, malgré l'offre faite par Charpentier et Cie de faire précéder le nom du docteur Guillié des mots : *suivant la formule de…* ; et d'y ajouter, en caractères apparents, les mots : *préparé par Charpentier et Cie*. (29 mai 1861, Cour de cassation.)

25. — Ainsi le nom d'un remède étant dans le domaine public, chacun a le droit de le vendre sous le nom qui lui a été primitivement donné. Mais, il ne s'ensuit nullement qu'en pharmacie plus que dans toute autre industrie, la concurrence déloyale puisse être autorisée ; et le tribunal correctionnel de la Seine a jugé avec raison, le 15 février 1860, qu'il y avait contrefaçon dans le fait d'imiter la forme, la couleur et la disposition typographique, de flacons, enveloppes et étiquettes régulièrement déposés, encore bien qu'on y ajouterait son nom et les mots : *selon la formule de…*

26. — En résumé, la désignation des produits ou des marchandises doit être respectée : par exception à la règle, quand un produit tombé dans le domaine public est universellement connu sous un certain nom, tout industriel pourra se servir de ce nom, mais toujours à la condition de ne pas établir de confusion entre ses produits et ceux d'une autre provenance.

§ 2.

Étiquettes, enveloppes, boîtes, flacons, etc.

27. — Les objets qui forment le titre de ce paragraphe peuvent être, comme les enseignes, et comme les dénominations de produits, l'objet d'une propriété industrielle.

Ainsi jugé dans un procès intenté par Mme veuve Barbin au sieur Simon, pour imitation frauduleuse des flacons dans lesquels elle fabrique l'eau de Botot.

« Le tribunal : — Attendu que, pour repousser la demande de la dame Barbin, Simon prétend que le produit lui-même est tombé dans le domaine public; que d'ailleurs, rien dans la forme des flacons et dans les étiquettes ne peut faire confusion avec ceux vendus par la dame Barbin; — Attendu que la dame Barbin ne conteste pas à Simon le droit de faire de l'eau dite *de Botot*, mais bien de se servir des formes de flacon, fermeture, étiquettes et libellé d'étiquettes, pouvant amener une confusion et une concurrence déloyale; — Attendu qu'il résulte de l'examen des flacons soumis au tribunal par Simon lui-même, que tout dans la forme du flacon, la manière de le boucher et de le cacheter, dans la forme et surtout dans le libellé de l'étiquette, dénote l'intention de faire à la dame Barbin une concurrence déloyale, qu'il y a donc lieu de faire défense à Simon de se servir à l'avenir des flacons, étiquettes et libellés d'étiquettes qu'il a employés jusqu'à ce jour, et de lui ordonner de les différencier de ceux employés par la dame Barbin ;

Attendu qu'il est établi par les pièces produites que la dame Barbin est en possession, par succession, des titres de l'*eau de Botot*; — qu'il y a donc lieu de faire défense à Simon de qualifier le produit de fabrication de *véritable eau de Botot;* — En ce qui touche les dommages-intérêts : Attendu que les débats ont fait connaître que Simon par la concurrence déloyale qu'il a faite à la dame Barbin, lui a causé un préjudice qu'il doit être tenu de réparer, et qu'il résulte des éléments d'appréciation fournis au tribunal que la demande de 2,000 francs de dommages-intérêts n'a rien d'exagéré, et qu'il y a lieu également d'ordonner l'insertion du jugement dans deux journaux, au choix du demandeur, et aux frais du défendeur :

Par ces motifs, fait défense à Simon d'annoncer ses produits sous l'enseigne de *véritable eau de Botot*, et de se servir de la forme des flacons, bouchons et cachets, et de la forme et du libellé des étiquettes, qui appartiennent depuis plus de quatre-vingts ans à la dame Barbin et à ses auteurs ; — Le condamne à payer 2,000 francs de dommages-intérêts, ordonne l'insertion dans les journaux, etc...» (Tribunal de commerce, 8 avril 1858).

28. — Décision analogue dans l'affaire du vinaigre de Bully. Les sieurs Lemercier et Cⁱᵉ, propriétaires de l'établissement fondé par Jean Vincent Bully, ont obtenu du tribunal de commerce un jugement qui a fait défense au sieur Millin, de se servir du nom de *Jean-Vincent Bully*, ainsi que de l'enseigne au *Temple de Flore*, et d'employer des flacons et étiquettes semblables à ceux des demandeurs (Tribunal de commerce, 8 avril 1858).

29. — Les sieurs C..., D... et D... ne s'étaient pas contentés d'imiter les flacons et les étiquettes de MM. Lemercier et Cⁱᵉ, ils avaient encore contrefait leur marque de fabrique. Sur la plainte de ces derniers, ils ont été condamnés, le premier à un an, les deux autres à trois mois de prison (Cour de Paris, chambre des appels de police correctionnelle, 21 juillet 1859).

30. — Il a été jugé que le fait de vendre des tablettes de chocolat dans des boîtes portant le nom d'un concurrent, constituait le délit prévu par l'article 1 de la loi du 28 juillet 1824, sur l'usurpation des noms (Tribunal correctionnel de la Seine, 10 mars 1858).

31. — Jugé qu'une dénomination de produits qui n'est pas un nom générique constitue une propriété privée au profit de celui qui le premier en a fait usage ; — Que, spécialement,

la désignation de *Chartreuse*, donnée par les religieux de la Grande-Chartreuse, à des liqueurs fabriquées par eux, constitue une marque distinctive et une spécification qui ne saurait être légitimement appliquée à aucun produit similaire ou analogue (Cour de Grenoble, 23 mai 1852, Pataille, année 1858, art. 290).

32. — Jugé même, à propos de la même liqueur, qu'il y a usurpation de nom de fabricant et supposition de lieu de fabrication, dans le sens de la loi du 28 juillet 1824, toutes les fois que les dénominations et mentions employées ont pour but et pour résultat d'amener une confusion et de faire croire au public que les produits auxquels elles s'appliquent proviennent de personnes ou de lieux de fabrications autres que ceux dont ils proviennent réellement; — Et qu'en pareil cas, outre le délit prévu par la loi de 1824, il y a le délit de tromperie sur la nature et la qualité de la marchandise vendue, prévu et puni par la loi du 27 mars 1851 et par l'art. 423 du Code pénal (Tribunal correctionnel de Grenoble, 2 avril 1857. Pataille, année 1858, art. 291).

33. — L'ancien employé d'une maison de commerce peut-il annoncer cette qualité sur ses prospectus, enseigne, etc.? La négative a été jugée dans l'espèce suivante. Les termes du jugement font suffisamment connaître les faits : « Le tribunal : — Attendu qu'Herlich et Vust en sortant de la maison Mayer et Pierson, se sont établis, n° 11, Boulevard des Capucines, et qu'ils ont cru pouvoir placer un tableau sur lequel ils ont rappelé qu'ils avaient appartenu à la maison Mayer et Pierson; — Que, comme employés, et non comme élèves de cette maison, ils n'avaient pas le droit de se recommander du nom de leurs anciens patrons, ce qui constitue un fait de concurrence déloyale; — Attendu que tout employé ou artiste, travaillant pour le compte d'une maison de commerce, ne saurait revendiquer le droit de conserver son individualité dans les travaux auxquels il a participé; que c'est donc à tort qu'Herlich et Vust se sont annoncés, sur leurs tableaux et affiches, comme les auteurs de portraits de personnages importants,

exécutés chez Mayer et Pierson ; — En ce qui touche les dommages-intérêts : Attendu qu'il résulte de ce qui précède qu'Herlich et Vust, par les termes de leur enseigne, ont fait une concurrence déloyale aux demandeurs, et leur ont occasionné un dommage ; — Mais, attendu que, depuis l'instance, Herlich et Vust ont modifié les annonces contre lesquelles il est réclamé, et qu'en reconnaissant ainsi leur tort, ils ont diminué l'étendue du préjudice qui peut leur être reproché ; qu'en conséquence Mayer et Pierson seront suffisamment indemnisés par une somme de 500 francs de dommages-intérêts ; — Par ces motifs, — le tribunal donne acte à Herlich et Vust de ce qu'ils ont modifié leur tableau, les condamne à supprimer le surplus des annonces contre lesquelles il est réclamé, et les condamne par corps, à payer à Mayer et Pierson la somme de 500 francs à titre de dommages-intérêts avec dépens (Trib. de com., 23 janvier 1857). »

34. — Jugé qu'il y a concurrence déloyale donnant lieu à une action en France dans le fait de la part d'un fabricant étranger de livrer au commerce français des produits similaires renfermés dans des boîtes de même forme, et portant des signes particuliers, tels que le portrait d'un homme célèbre adopté antérieurement par un fabricant français. En pareil cas, se rend coauteur du fait de concurrence déloyale et passible personnellement de dommages-intérêts, celui qui débite sciemment en France des produits étrangers pouvant entraîner une confusion avec ceux d'un autre fabricant (Cour de Paris, 9 mai 1863, aff. Alexandre et Gaffré contre Kanuna et Myers et Son).

§ 3.

Contour, dimension, forme d'une marchandise.

35. — Nous avons dit que tout ce qui sert à désigner les produits d'un fabricant peut faire l'objet d'une propriété industrielle. Lors donc qu'un commerçant donne à ses produits des formes ou des dimensions particulières, il ne sera pas

permis de chercher, par l'imitation de ces formes ou de ces dimensions, à établir une confusion entre des produits similaires.

Ainsi jugé dans l'espèce suivante, rapportée par M. Dalloz, jurisprudence générale, année 1851, 2ᵉ partie, p. 123 :

« Le sieur Leperdriel a donné le nom de toile vésicante adhérente à un taffetas de sa fabrication : à la couleur verte qui est adoptée assez généralement, il a substitué la couleur rouge, sur laquelle des rainures noires marquent une divison métrique par centimètres. — En 1849, il actionna le sieur Delvallée pour qu'il lui fût fait défense d'user de ces couleur et division. — Celui-ci oppose que le procédé Leperdriel ne constitue pas une propriété, et que soit la couleur, soit la division métrique sont dans le domaine public : la division est même nécessaire, attendu que le taffetas ne se vend pas au poids, mais par morceaux gradués sur le nombre de centimètres indiqués par les médecins. — Le 15 mai 1849, jugement du tribunal de commerce de Paris, qui admet l'action de Leperdriel : — « Attendu qu'il résulte des pièces produites que Leperdriel livre au commerce une toile vésicante pour laquelle il a adopté une couleur rouge, et qu'il y a imprimé une division métrique ; que dès lors cette disposition admise par lui constitue une propriété ; — Attendu que toute combinaison ayant pour effet d'imiter cette disposition est de nature à causer une confusion qui pourrait causer un préjudice appréciable, et que les dommages-intérêts seront suffisamment compensés par les dépens mis à la charge du défendeur ; — Fait défense à Delvallée de se servir de la couleur rouge et de la division avec indication des chiffres, semblables à celles dont se sert Leperdriel ; sinon dit qu'il sera fait droit, et condamne Delvallée aux dépens pour tous dommages-intérêts. »
— Appel par Delvallée qui reproduit son système de défense.
— L'intimé conclut par appel incident à des dommages-intérêts, en raison de ce que Delvallée a, durant l'instance d'appel, continué la fabrication. — Arrêt : « La cour : Statuant sur l'appel principal ; adoptant les motifs des premiers juges,

confirme ; — Sur l'appel incident, condamne Delvallée à
500 francs de dommages-intérêts (21 janvier 1850, cour de
Paris, 2e chambre). »

36. — La Cour de Lyon a vu, dans l'imitation de la forme
des produits d'un commerçant, une contrefaçon de marques :
« Attendu, dit l'arrêt de la Cour, que les marques choisies
et adoptées par les fabricants sont destinées à constater
l'identité des marchandises sorties de leurs fabriques, et que,
lorsque ces marques réunissent les caractères et les conditions exigés par la loi, les fabricants en ont la propriété
exclusive, et la contrefaçon qui en est faite rend l'auteur de
cette contrefaçon passible de dommages-intérêts envers le
propriétaire de la marque contrefaite ; —Attendu que Boilley
frères, fabricants de produits chimiques, à Dôle, avaient obtenu un brevet d'invention pour la fabrication du bleu solide
destiné à azurer les tissus et le linge, et que, pour s'assurer
la jouissance exclusive de cette industrie, ils ont, dans le
courant des années 1840, 1843 et 1852, en conformité de la
législation, opéré au greffe du Tribunal de commerce de Dôle
le dépôt des marques et emblèmes qui devaient servir à distinguer les marchandises qu'ils livraient au commerce ; —
Attendu que les derniers procès-verbaux de dépôt rapportés
constatent que la forme spéciale adoptée par Boilley frères,
depuis 1843, dans la confection de leurs tablettes de bleu,
était celle ogivale des fers à repasser, avec une figurine sur
l'une des faces des tablettes représentant une femme occupée
à repasser ou à étendre du linge ; —Attendu qu'à la date du
dépôt opéré par Boilley frères, conformément à la loi, ceux-ci
en ont donné avis à leurs nombreux correspondants par des
circulaires pour que leurs marchandises ne fussent pas con-
fondues avec celles provenant d'autres fabrications ;

» Attendu qu'ils ont fait saisir, à la date du 16 novembre
1855, chez Jollivet, fabricant de bleu, à Lyon, une certaine
quantité de tablettes de bleu ayant une forme extérieure qui
a paru aux membres du conseil des prud'hommes présents à
la saisie, avoir une entière similitude avec la forme et les

figurinés des tablettes du commerce de Boilley frères ; —
Attendu qu'il résulte de cette saisie, des documents du procès,
et surtout de l'enquête à laquelle il a été procédé devant la
Cour, à son audience du 12 de ce mois, en exécution de
l'arrêt interlocutoire du 11 mars dernier, que Jollivet, qui a
fait l'objet de la saisie susrelatée, a successivement, dans la
confection des tablettes de bleu provenant de son commerce,
usurpé les formes, les marques et les emblèmes choisis et
adoptés par les appelants et qui étaient ainsi devenus leur
propriété exclusive ; — Attendu que la circonstance que les
tablettes de bleu saisies portaient le nom de Jollivet est sans
importance légale en matière de contrefaçon de marques ;
que la différence du nom ne justifie pas l'usurpation de la
marque, qui est le plus souvent déterminante pour l'acheteur,
lequel retient ordinairement moins le nom du fabricant que
la forme du produit ; — ... Par ces motifs, dit et prononce
que les formes, marques et emblèmes de tablettes de bleu
saisis par procès-verbal en date du 16 novembre 1855, chez
Jollivet, fabricant de bleu, à Lyon, sont la contrefaçon des
formes, marques et emblèmes choisis et adoptés par Boilley
frères, pour les tablettes de bleu provenant de leur fabrication, et qui sont devenus leur propriété exclusive, — déclare,
en conséquence, ladite saisie bonne et valable ; — dit que
lesdits objets saisis seront anéantis, condamne Jollivet, même
par corps, à payer à Boilley frères la somme de 100 francs de
dommages-intérêts ; ordonne que le présent arrêt sera inséré
aux frais de Jollivet et au choix de Boilley frères dans un
journal de Lyon et de Paris. » (14 mai 1857, Cour de Lyon,
4e Chambre).

Nous avons dû reproduire cet arrêt dont l'importance en
droit est facile à saisir. M. Pataille le fait suivre de réflexions
fort justes. Il lui semble que la doctrine de l'arrêt va bien
loin. « Si, dit-il, la Cour de Lyon avait eu soin d'énoncer
que par l'imitation tant de la forme que des marques et emblèmes des produits de MM. Boilley frères, les intimés s'é-
taient rendus coupables tout à la fois de contrefaçon de mar-

ques et de concurrence déloyale, l'arrêt échapperait à toute
critique. Mais la Cour paraît juger dans les motifs que le dépôt d'une forme spéciale d'un produit peut créer au profit du
déposant une propriété privée semblable à celle d'une marque de fabrique : c'est ce que nous ne saurions admettre.
L'imitation de la forme d'un produit peut seulement être,
d'après les circonstances, un des éléments constitutifs d'une
concurrence déloyale, et rien de plus. — Nous n'hésitons pas
à penser qu'il en serait de même sous l'empire de la loi nouvelle (celle du 23 juin 1857 sur les marques de fabrique),
car bien qu'il ressorte de son esprit et de son texte que le
législateur a voulu permettre, à l'avenir, aux fabricants,
commerçants et producteurs de s'assurer la propriété de tous
les *signes distinctifs* pouvant servir à distinguer leurs produits, il nous paraît impossible de faire rentrer dans la classi-
fication légale de marques de fabrique la forme même de ces
produits. »

37. — La loi protége la propriété industrielle contre toute
espéce de concurrence déloyale.

Ainsi il a été jugé que le fait de chercher à établir une confusion entre un produit tombé dans le domaine public et un
objet protégé par un brevet, dans le but de déprécier ce dernier, constitue un fait de concurrence déloyale, passible de
dommages-intérêts. (Affaire Imms et Braudus contre Nos
d'Argence, brosse Volta-électrique et brosse Voltaïque ; Tribunal de commerce, 14 mars 1863).

LÉGISLATION INDUSTRIELLE

ETRANGÈRE

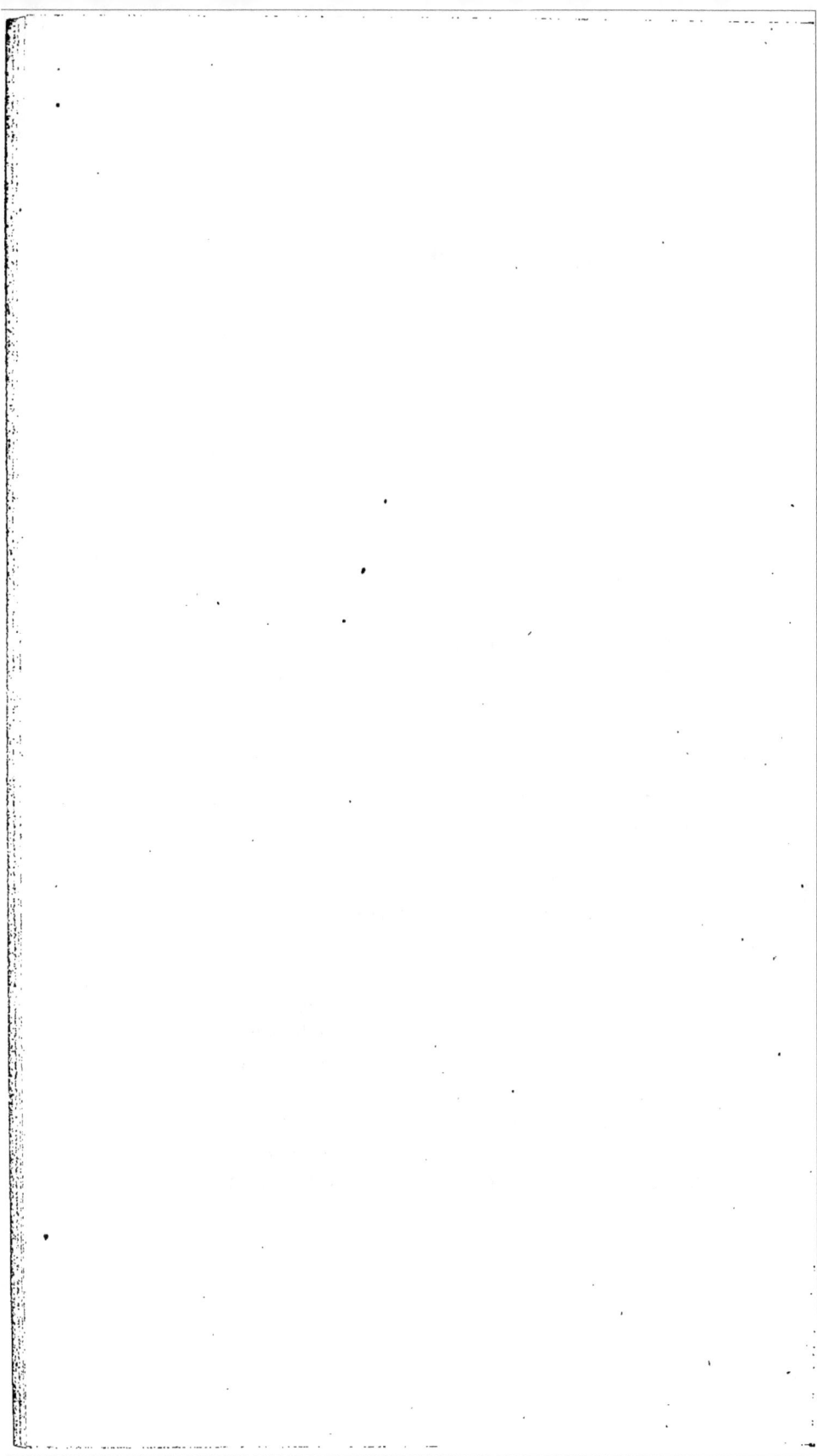

ANGLETERRE

PATENTES D'INVENTION

Acte portant amendement à la loi sur les patentes d'invention. — 1ᵉʳ juillet 1852.

Attendu qu'il est nécessaire d'amender la loi concernant les patentes d'invention, — Sa Majesté la reine, de l'avis et du consentement des lords spirituels et temporels et des communes, assemblés en ce Parlement, a ordonné ce qui suit :

1. — Le lord chancelier, le maître des rôles, l'attorney général de Sa Majesté pour l'Angleterre, le solliciteur général de Sa Majesté pour l'Angleterre, le lord avocat, le solliciteur général de Sa Majesté pour l'Ecosse, l'attorney général de Sa Majesté pour l'Irlande, et le solliciteur général de Sa Majesté pour l'Irlande, pour le temps présent respectivement, et avec toutes autres personnes qui pourront être nommées par Sa Majesté, seront commissaires des patentes d'invention. Sa Majesté pourra, par un warant revêtu de sa royale signature, nommer telles autres personnes qui lui paraîtront aptes à être commissaires, et chaque personne ainsi désignée restera commissaire pendant le temps fixé par le bon plaisir de Sa Majesté. Tous les pouvoirs dont ces commissaires sont investis pourront être exercés par trois ou un plus grand nombre d'entre eux, en y comprenant toujours le lord chancelier ou le maître des rôles.

2. — Les commissaires auront un sceau particulier aux

fonctions qui leur sont confiées par cet acte; il pourront le changer de temps en temps. Ils le feront apposer sur tous les warrants pour lettres patentes, et sur toutes les pièces et copies procédant de l'office des commissaires, et toutes cours, juges et autres personnes que ce soit, prendront connaissance de ce sceau, dont l'empreinte sera considérée comme authentique et fera foi comme les empreintes du grand sceau. Feront également foi, sans autre preuve et sans qu'il soit besoin de produire les originaux, toutes copies et extraits, certifiés sous le sceau dudit office, des documents qui y sont déposés.

3. — Il est permis aux commissaires de faire des règlements (compatibles toutefois avec les prescriptions de cet acte) concernant les affaires de l'office et généralement toutes les matières qui tombent, aux termes de la présente loi, sous leur contrôle et direction, toutes les fois qu'ils le jugeront nécessaire ou utile. Ces règlements seront soumis aux deux chambres du Parlement, dans la quinzaine, s'il siége, ou, s'il ne siége pas, dans la quinzaine de l'ouverture de la session. Les commissaires feront en outre un rapport qui sera soumis annuellement au Parlement, et comprenant l'exposé de tous les actes par eux faits sous l'observance de la présente loi.

4. — Les commissaires du trésor de Sa Majesté fourniront les locaux et bâtiments nécessaires pour un ou plusieurs offices.

5. — Du consentement des commissaires du trésor, les commissaires des patentes pourront nommer des clercs ou officiers en aussi grand nombre qu'ils le jugeront nécessaire, pour satisfaire aux prescriptions du présent acte; ils pourront également révoquer les clercs et officiers qu'ils auront nommés.

6. — Toute demande de lettres patentes pour invention, et toute déclaration accompagnant la demande, sera déposée à l'office des commissaires, ainsi qu'une description par écrit, appelée ci-après spécification provisoire, signée par le demandeur ou par son représentant, et décrivant la nature de l'invention. Le jour du dépôt de chaque pétition, déclaration et

spécification provisoire, sera enregistré à l'office, et inscrit au dos des pièces déposées ; un certificat sera délivré au demandeur ou à son agent. Les pièces seront conservées, dans les conditions que prescriront les commissaires, et il sera tenu à l'office un registre spécial où sera constaté l'accomplissement de toutes ces formalités.

7. — Toute demande de patentes, faite dans les dispositions du présent acte, sera renvoyée par les commissaires conformément aux règles qu'ils jugeront utile d'établir, à l'un des magistrats (*law officer*) faisant partie de la commission.

8. — La spécification provisoire sera renvoyée à l'un des magistrats, qui aura la liberté de consulter telle personne compétente qu'il jugera convenable, et de fixer la rémunération qui sera payée par le demandeur à la personne consultée. Si le magistrat croit que la spécification provisoire décrit suffisamment la nature de l'invention, il l'admettra et donnera un certificat de cette admission; ce certificat sera déposé à l'office du commissaire, et l'invention pourra, pendant le délai de six mois à compter de la date de la demande, être employée et publiée, sans préjudicier aux lettres patentes qui pourraient être ultérieurement accordées pour la même invention; cette protection contre les conséquences de l'emploi et de la publication sera réglée ci-après et appelée protection provisoire. Toutefois, si le titre de l'invention ou de la spécification provisoire est trop large ou insuffisant, le magistrat auquel elle est renvoyée, devra permettre ou exiger qu'il soit amendé.

9. — Le demandeur de lettres patentes pour une invention, au lieu de donner avec la pétition et la déclaration, une spécification provisoire comme dessus, peut, s'il le juge convenable, déposer, avec lesdites pétition et déclaration, un écrit signé de lui et cacheté (appelé ci-après une spécification complète), décrivant et déterminant exactement la nature de son invention, son caractère et sa forme ; cette spécification complète sera mentionnée dans la déclaration, et la date du dépôt de chaque pétition, déclaration et spécification complète, sera

inscrite sur les registres de l'office des commissaires, et au dos
des pétition, déclaration et spécification, et il en sera délivré un
certificat au demandeur ou à son agent. Par cela seul, et sous
les dispositions ci-dessous, l'invention sera protégée, en vertu
de cet acte, pendant la durée de six mois, à compter de la
date de la demande, et le demandeur, pendant ces six mois,
aura les mêmes pouvoirs, droits et priviléges que s'il était
pourvu de lettres patentes délivrées pour la même invention,
conformément à cet acte, et dûment scellées du jour de la demande ; pendant la durée de ces pouvoirs, droits et priviléges,
l'invention pourra être employée et publiée, sans toutefois
préjudicier aux lettres patentes qui pourraient être ultérieurement accordées. Et lorsque des lettres patentes seront délivrées pour cette invention, au lieu de les déclarer nulles dans
le cas de défaut de spécification complète subséquente, on
devra seulement les considérer comme soumises à la condition
d'être annulées, si la spécification ne décrit pas suffisamment
et avec détail la nature et la forme de l'invention ; une copie
de toute spécification complète sera mise à la disposition du
public, dès l'époque du dépôt, dans les conditions du règlement à faire par les commissaires.

10. — Lorsqu'il aura été fait une demande de lettres patentes, et que, sur cette demande, on aura accordé une protection provisoire, ou une protection définitive, par suite d'une
spécification complète, rédigée en fraude des droits du véritable et premier inventeur, les lettres patentes, accordées postérieurement à ce véritable inventeur, ne seront pas annulées
par le fait de la demande frauduleuse et de la protection provisoire ou autre qui en est résultée, ni de l'usage ou de la
publication de l'invention qui auraient eu lieu subséquem-
ment à cette demande et avant l'expiration du terme de la
protection.

11. — Lorsqu'une invention sera ainsi provisoirement protégée, ou qu'elle obtiendra protection par suite du dépôt d'une
spécification complète, les commissaires porteront la protec-

.tion à la connaissance du public, par la voie qu'ils jugeront la plus convenable.

12. — Le demandeur pour l'obtention de lettres patentes, soit qu'il ait pris une protection provisoire, ou qu'il ait déposé une spécification complète avec la pétition et la déclaration, pourra, dès qu'il le jugera convenable, donner avis à l'office des commissaires de son intention de demander des lettres patentes pour son invention. La demande sera publiée par les soins de commissaires par la voie qu'ils jugeront convenable ; et toutes personnes ayant intérêt à s'opposer à la délivrance des lettres patentes pour ladite invention seront libres de déposer par écrit leurs objections à la demande, en tel lieu et en tel délai que déterminera le règlement à faire par les commissaires.

13. — Aussitôt que le délai pour le dépôt des oppositions sera expiré, la spécification provisoire ou complète, selon les cas, et les objections, s'il y en a, seront renvoyées au magistrat auquel la demande de lettres patentes aura été soumise.

14. — Le magistrat pourra, s'il le juge convenable, et par un certificat revêtu de sa signature, régler par qui et à qui les frais d'audience ou d'enquête sur les oppositions ou tous autres frais relatifs à la délivrance des lettres patentes ou de la protection provisoire ou autre, non accordées au demandeur, devront être payés, et de quelle manière et par qui ces frais seront déterminés. Si ces frais ne sont pas payés dans les quatre jours, après que le montant en aura été fixé, le magistrat pourra émettre un ordre pour le paiement de ces frais, et cet ordre sera exécutoire devant toute cour supérieure à Westminster ou à Dublin, et pourra être enregistré dans les livres de conseil et de cession en Ecosse, et, en vertu de cet ordre, des poursuites pourront être faites dans les formes ordinaires.

15. — Après l'audience dans laquelle les objections auront été entendues, le magistrat pourra, s'il le juge convenable, émettre un warrant pour faire sceller les lettres patentes. Ce warrant sera scellé du sceau des commissaires et spécifiera

la teneur et les effets des lettres patentes à accorder en **vertu
du warrant**. Le magistrat prendra soin de faire insérer dans
les lettres patentes toutes les restrictions, conditions et limites
qu'il jugera convenables et utiles, ou nécessitées par les dispositions de cet acte. En vertu de ce warrant, les lettres patentes seront faites et scellées conformément à ses termes.
Toutefois, le lord chancelier aura et continuera à exercer tous
les pouvoirs, autorité et décision relativement audit warrant,
et auxdites lettres patentes, qu'il possède actuellement relativement aux warrants pour la délivrance sous le grand sceau
de patentes pour invention. Un *writ de scire facias* contiendra
le rappel des lettres patentes accordées en vertu de cet acte,
pour les mêmes cas qui détermineraient le rappel des lettres
patentes délivrées aujourd'hui sous le grand sceau.

16. — Le présent acte ne saurait affecter ou réduire les
prérogatives de la couronne en ce qui concerne la concession
ou le retrait des lettres patentes. Sa Majesté pourra, par un
warrant revêtu de sa royale signature, ordonner au magistrat
de retirer son propre warrant, et défendre que les lettres patentes soient délivrées ; elle pourra aussi ordonner l'insertion
dans les lettres patentes de toutes restrictions, clauses et conditions qu'elle jugera convenables, pour être ajoutées ou substituées aux restrictions, clauses et conditions qui auraient pu
être antérieurement insérées. Sa Majesté pourra enfin, et par
un semblable warrant, déclarer nulle et sans valeur une spécification complète, déposée conformément aux dispositions
ci-dessus, et au sujet de laquelle il n'a pas été accordé de patentes ; dès lors, la protection obtenue par le dépôt de cette
spécification cessera immédiatement.

17. — Toutes lettres patentes pour invention, accordées
sous les dispositions ci-dessus, seront soumises à la condition
d'être annulées, et à la cassation des pouvoirs et priviléges
accordés, à l'expiration du terme de trois ou sept années,
respectivement à partir de leur date, à moins de paiement
avant l'expiration desdites trois ou sept années, de la somme
ou des sommes et des droits de timbre, stipulés au tableau

annexé à cet acte. Le paiement desdites sommes et du droit
de timbre sera inscrit au dos du warrant. Un officier, nommé
à cet effet par les commissaires, donnera, sous le sceau des
commissaires, un certificat desdits paiements, et en inscrira
un reçu au dos des lettres patentes délivrées en vertu dudit
warrant, et ce certificat, dûment timbré, sera la preuve du
paiement de ces sommes.

18. — Les commissaires, aussitôt le sceau apposé sur ledit
warrant, feront dresser les lettres patentes, conformément à
la teneur du warrant, et le lord chancelier les fera sceller du
grand sceau du Royaume-Uni ; les lettres patentes, ainsi scellées, s'étendront à tout le Royaume-Uni de la Grande-Bretagne et d'Irlande, aux îles du canal et à l'île de Man, et dans
tous les cas où le warrant le prescrirait, les lettres patentes
seront applicables aux colonies de Sa Majesté et plantations
au dehors, ou à celles d'entre elles qui seraient mentionnées
dans ledit warrant ; et elles auront force et valeur dans toute
l'étendue du Royaume-Uni, des îles du canal et de Man, et
des colonies et plantations ou quelques-unes d'entre elles, et
conféreront les mêmes pouvoirs, droits et priviléges qu'auraient
conférés, si le présent acte n'eût pas été passé, des lettres patentes pour le même objet délivrées sous le grand sceau du
Royaume-Uni, sous celui qui a été institué pour tenir lieu de
grand sceau d'Écosse, et sous le grand sceau d'Irlande, et accordées pour être applicables à la fois à l'Angleterre, au pays
de Galles, à la ville de Berwick-sur-Tweed, aux îles du canal
et à l'île de Man, et aux plantations et colonies, à l'Écosse et
à l'Irlande. Toutefois le présent acte n'a point pour effet de
donner force et valeur aux lettres patentes, dans les colonies,
où les lois actuellement en vigueur s'opposent à leur validité.
Aussitôt que les lettres auront été scellées en la manière qui
sera réglée par les commissaires, il en sera transmis une copie
au directeur de la chancellerie d'Écosse, pour être par lui enregistrée, après paiement des droits dont le montant sera fixé
par les commissaires, et pour produire les mêmes effets que
les lettres patentes enregistrées sous le sceau qui, après le

15

traité d'union, a été institué pour tenir lieu du grand sceau
d'Écosse. Des extraits de ces enregistrements seront délivrés
aux parties qui le requerront, après paiement des droits fixés
par les commissaires, et feront foi dans toutes les Cours
d'Ecosse comme les lettres patentes elles-mêmes.

19. — Aucune lettre patente, excepté dans le cas de destruction ou de perte, ne sera délivrée, si la demande de scellement des lettres n'a été faite dans les trois mois de la date
du warrant.

20. — Aucune lettre patente (sauf le cas où elle est accordée en remplacement de lettres perdues ou détruites) ne sera
délivrée ou n'aura force et valeur, si elle n'a été demandée
pendant la durée de la protection provisoire, ou lorsque l'on
aura déposé une spécification complète, si elle ne l'a été pendant la durée de la protection accordée à raison du dépôt;
toutefois, lorsque la demande de scellement aura été faite
pendant la durée de la protection provisoire ou non, et que le
scellement des lettres patentes aura été différé par le fait du
dépôt d'un caveat ou d'une opposition entre les mains du lord
chancelier, les lettres patentes pourront, dans ce cas, être
scellées à toute époque qui sera fixée par le lord chancelier.

21. — En cas de décès du demandeur pendant la durée de
la protection provisoire ou de la protection accordée en raison
du dépôt d'une spécification complète, les lettres patentes
pourront être délivrées à ses exécuteurs ou administrateurs,
et ce, pendant la durée de la protection ou dans les trois mois
à partir de la mort du demandeur, nonobstant l'expiration
de cette protection. Les lettres patentes ainsi concédées auront
la même force et valeur que si elles avaient été délivrées au
demandeur lui-même pendant la durée de la protection.

22. — En cas de perte ou de destruction des premières, de
nouvelles lettres patentes, ayant du reste la même teneur et
le même effet, et scellées et datées du même jour, pourront,
conformément au règlement à faire par les commissaires, être
délivrées sous l'autorité du même warrant en vertu duquel
les premières avaient été accordées.

23. — Nonobstant l'acte de la huitième année du règne de Henri VI, chapitre premier, ou tout autre acte, les lettres patentes délivrées en vertu du présent seront scellées et datées du jour de la demande. Dans le cas où il s'agirait de lettres patentes pour une invention enregistrée provisoirement, en vertu de l'acte de 1851, pour la protection des inventions, elles porteront la date de l'enregistrement provisoire, ou, si le magistrat auquel la demande est renvoyée ou le lord chancelier le jugent convenable, celle du scellement des lettres patentes, ou telle autre date qu'ils spécifieront entre le jour de la demande ou de l'enregistrement provisoire et le jour du scellement.

24. — Toute lettre patente délivrée conformément à cet acte, et portant une date antérieure à celle du jour où elle aura été réellement scellée, aura la même force et valeur que si elle avait été scellée le jour dont elle portera la date, pourvu toutefois que, sauf le cas où la patente a été accordée sur spécification complète, aucune instance judiciaire n'ait été commencée pour infraction commise avant la délivrance de la patente.

25. — Lorsque, sur une demande faite sous l'empire du présent acte, des lettres patentes seront accordées dans le Royaume-Uni, pour une invention antérieurement trouvée en pays étranger, ou par un sujet d'un Gouvernement ou d'un État étranger, et que, dans ce pays ou État, une patente ou privilége semblable pour le monopole et la propriété exclusive de l'invention aura été obtenue antérieurement à la concession des lettres patentes dans le Royaume-Uni, tous les droits et priviléges conférés par ces lettres patentes, quel que soit le terme qui ait été fixé pour leur durée, cesseront et demeureront sans valeur aussitôt l'expiration du privilége étranger, et dans le cas où il existerait à l'étranger, pour la même invention, plus d'une patente ou privilége, à l'expiration de celle ou de celui qui prendra fin le premier; et en tous les cas, toutes lettres patentes concédées pour une invention qui a été en pays étranger l'objet d'une patente ou privilége, et

qui auront été délivrées dans le Royaume-Uni après l'expiration du privilége étranger, seront nulles et de nul effet.

26. — Les droits conférés par les lettres patentes, délivrées sous l'empire du présent, ne s'étendront pas jusqu'à prévenir l'application de l'invention sur des navires ou vaisseaux étrangers, ou pour la navigation de ces navires ou vaisseaux qui pourraient se trouver dans les ports des États de Sa Majesté ou dans les eaux qui relèvent de la juridiction d'une cour de Sa Majesté, lorsque cette application n'aura pas pour objet la fabrication de produits à vendre à l'intérieur du Royaume-Uni ou à exporter au dehors. Sont exceptés de la présente disposition les bâtiments des pays étrangers, dont les lois autorisent leurs nationaux, patentés ou privilégiés pour inventions, à prévenir et empêcher l'application de ces inventions sur les bâtiments anglais, ou pour la navigation des bâtiments anglais, dans les ports de ces pays dont les eaux relèvent de la juridiction de leurs Cours de justice, lors même qu'il ne s'agirait pas de la fabrication de produits à vendre à l'intérieur de ces pays ou à exporter au dehors.

27. — Toutes lettres patentes accordées en vertu de cet acte (excepté celles accordées après le dépôt d'une spécification complète) nécessiteront le dépôt de la spécification à la haute Cour de chancellerie, au lieu de l'enrôlement qui ne sera plus exigé.

28. — Toute spécification, en vue de lettres patentes ultérieures, sera déposée, dans tel office de la Cour de chancellerie que désignera le lord chancelier. Toute spécification provisoire ou complète, déposée à l'office des commissaires pour être jointe à la demande des lettres patentes, sera, immédiatement après la concession des lettres, ou, si elles ne sont pas concédées, dans les six mois de la demande, transférée à l'office désigné pour le dépôt des spécifications en chancellerie. Dans le cas où la spécification serait accompagnée de dessins, un double de ces dessins sera remis avec la spécification.

29. — Les commissaires mettront à la disposition du public des copies authentiques de toutes les spécifications

(autres que les spécifications provisoires) des disclaimers et mémorandum d'altération, déposés conformément à cet acte, ainsi que des spécifications provisoires après l'expiration des délais de protection provisoire, tant dans l'office des commissaires, à Londres, que dans des offices à ce destinés, à Edimbourg et à Dublin, et conformément aux règlements à faire par les commissaires. Une copie des lettres patentes sera transmise à la Cour de chancellerie de Dublin, pour y être enrôlée (enregistrée); cette transcription ou copie aura les mêmes effets, à tous égards, que si les lettres patentes elles-mêmes avaient été enrôlées à la Cour de chancellerie de Dublin, et les parties intéressées pourront exercer tous leurs droits et actions par le mode *de scire facias* ou autrement, comme si les lettres patentes avaient été concédées pour ne s'étendre qu'à l'Irlande seulement.

30. — Les commissaires feront imprimer, publier et vendre, aux prix et conditions qu'ils jugeront convenables, toutes les spécifications, disclaimers et mémorandum d'altération déposés en vertu du présent acte, et cela le plus tôt qu'il sera possible après le dépôt de chacune de ces pièces, et les spécifications provisoires seront imprimées et publiées aussitôt qu'il sera possible après l'expiration de la protection provisoire. Les commissaires donneront des exemplaires de ces publications aux bibliothèques et musées publics, autant qu'ils le jugeront convenable, et ils en remettront gratuitement un nombre qui ne pourra excéder vingt-cinq aux personnes qui auront déposé chaque spécification, disclaimer ou mémorandum d'altération.

31. — Le lord chancelier et le maître des rôles feront transférer et conserver à l'office désigné pour le dépôt des spécifications en chancellerie les spécifications, disclaimers et mémorandum d'altération, enrôlés ou déposés, jusqu'à présent ou pour l'avenir, au rôle-chapel-office, au petty-bag-office, à l'enrôlement-office de la Cour de chancellerie, ou mis à la garde du maître des rôles comme gardien des registres publics.

32. — Les commissaires feront faire des tables de toutes les spécifications, des disclaimers et mémorandum d'altération, enregistrés ou déposés dans telle forme qu'ils jugeront convenable ; et ces tables seront à la disposition du public dans les lieux désignés par les commissaires, et conformément au règlement à faire. Ils pourront faire imprimer, publier et vendre ces tables à tels prix et conditions qu'ils jugeront convenables.

33. — Les copies de spécifications, disclaimers et mémorandum d'altération, imprimés par les imprimeurs de la reine, seront considérées comme authentiques, et feront foi, pour la preuve de l'existence et du contenu des actes auxquels elles se réfèrent, en toutes Cours de justice et dans toutes contestations relatives aux lettres patentes.

34. — Il sera tenu, à l'office désigné pour le dépôt des spécifiations en chancellerie, un registre, appelé registre des patentes, où seront inscrits et enregistrés, par ordre de date, toutes les lettres patentes, dépôts de spécifications, disclaimers et mémorandum d'altération, toutes les modifications aux lettres patentes et spécifications, les confirmations ou extensions de ces lettres, leur expiration, annulation, avec leurs dates respectives, et tous autres actes ou renseignements concernant la validité des lettres patentes. Le registre ou une copie du registre sera mis à la disposition du public, dans le temps et les conditions qui seront fixés par le règlement des commissaires.

35. — Il sera tenu, à l'office désigné pour le dépôt des spécifications en chancellerie, un registre, appelé registre des propriétaires, où seront enregistrées, sous les formalités qui seront prescrites par les commissaires, les cessions de lettres patentes, ou d'une part ou intérêt dans ces patentes, les licences accordées dans un district déterminé, et l'indication du district, avec les noms des personnes auxquelles ont été concédées les part, intérêt ou licence, la date de l'acquisition, et toutes autres pièces concernant la propriété des lettres patentes ou licences. Une copie de ces enregistrements, certifiée

sous le sceau désigné par le lord chancelier pour être employé dans ledit office, sera délivrée à quiconque en fera la demande, moyennant un droit fixé ci-après. Ces copies, ainsi certifiées, feront foi devant toutes Cours de justice et en toutes contestations, et seront la preuve suffisante des cessions de lettres patentes ou de parts, intérêts ou licences. Tant que ces enregistrements n'auront pas été effectués, les concessionnaires des lettres patentes seront considérés comme en étant les seuls et uniques propriétaires, ainsi que de toutes les licences ou priviléges qui auraient pu être concédés par eux. Des duplicata certifiés de toutes les inscriptions faites sur le registre des propriétaires seront transmis à l'office des commissaires à Édimbourg et à Dublin, où ils seront mis à la disposition du public. Un *writ of scire facias*, pour le rappel des lettres patentes, pourra être remis au sheriff du comté où le concessionnaire résidait à l'époque de la délivrance des lettres patentes, et dans le cas où le cessionnaire ne résiderait pas dans le Royaume-Uni, il suffira de déposer ce *writ* au petty-bag office, et d'en faire notification écrite à la dernière résidence du concessionnaire. Le registre ou une copie du registre sera mise à la disposition du public à l'office des commissaires, conformément au règlement à faire par les commissaires. Toutefois, dans toutes les procédures intentées en Écosse pour la révocation des lettres patentes, les significations de tous actes et sommations seront faites dans les formes existantes en Écosse. Le titulaire de lettres patentes pourra les céder et transférer pour l'Écosse, l'Angleterre ou l'Irlande, aussi efficacement que si elles avaient été originairement accordées pour l'Angleterre, l'Écosse ou l'Irlande seulement, et les cessionnaires auront les mêmes droits de poursuite et de recours judiciaire et seront soumis aux mêmes actions et poursuites qu'ils l'étaient avant cet acte, relativement aux lettres patentes accordées spécialement pour l'Angleterre, l'Écosse ou l'Irlande.

36.— Malgré les prescriptions des anciennes lettres patentes, le nombre des personnes ayant un droit légal aux bénéfices de ces mêmes patentes pourra être supérieur à douze.

37. — Quiconque fera faire volontairement une fausse inscription sur le registre des propriétaires, ou qui fera faire de faux certificats d'inscription, ou qui les produira ou fera produire en justice, sachant qu'ils sont falsifiés, sera coupable de *misdemeanor*, et puni de l'amende et de la prison.

38. — Quiconque se croira lésé par une inscription sur le registre des propriétaires pourra s'adresser au maître des rôles ou à une des Cours de *common law* de Westminster pendant la session, ou par ajournement spécial à un juge d'une desdites Cours, en vacations, pour obtenir que l'inscription soit radiée, annulée et modifiée ; et sur sa demande, le maître des rôles, la Cour ou un juge pourront donner l'ordre de radier, annuler ou modifier l'inscription, et statueront sur les dépens comme ils le jugeront convenable. L'officier, chargé du soin et de la garde du registre, sur la production de l'ordre, devra radier, annuler ou modifier l'inscription, conformément aux réquisitions de cet ordre.

39. — Toutes les dispositions des actes de la session tenue dans les cinquième et sixième années du règne de Guillaume IV, chapitre trente-trois, et de la session tenue dans les septième et huitième années du règne de Sa Majesté, chapitre soixante-neuf, relatives aux disclaimers et mémorandum d'altération dans les lettres patentes et spécifications, seront, sauf les exceptions ci-après, applicables aux lettres patentes délivrées, et aux spécifications déposées en vertu de cet acte. — Toute demande pour entrer un disclaimer ou un mémorandum d'altération sera faite, et tout caveat y relatif sera déposé à l'office des commissaires, et renvoyé aux magistrats respectifs, dont il est parlé dans l'acte ci-dessus relaté ; mais tout disclaimer et mémorandum d'altération sera enregistré dans l'office désigné pour le dépôt des spécifications en chancellerie, conformément au présent acte, au lieu d'être déposé et enrôlé en la manière qui était prescrite par l'acte susrelaté, ou par l'acte de la session tenue dans les douzième et treizième années du règne de Sa Majesté, chapitre cent

neuf. Le dépôt d'un disclaimer ou d'un mémorandum d'altération, en vertu de la permission du magistrat, certifié comme dessus, sera, sauf le cas de fraude, la preuve suffisante que la partie avait le droit d'entrer un disclaimer ou mémorandum d'altération, et il ne sera pas permis de former aucune opposition concernant les lettres patentes, spécification, disclaimer et mémorandum d'observation, sous prétexte que la partie qui a déposé le disclaimer ou mémorandum d'altération n'était pas suffisamment autorisée à le faire. Et toute action relative à une infraction commise antérieurement au dépôt du disclaimer ou mémorandum d'altération ne pourra être admise que si le juge certifie dans son mandat qu'il y a lieu à l'intenter, nonobstant le dépôt.

40. — Toutes les dispositions dudit acte des cinquième et sixième années du règne de Guillaume IV, pour la confirmation des lettres patentes et la concession de nouvelles lettres, et toutes les dispositions des actes de la session tenue dans les deuxième et troisième années du règne de Sa Majesté, chapitre soixante-sept, et de la session des septième et huitième années du même règne, chapitre soixante-neuf, relatives à la prolongation de durée des lettres patentes et à la concession de nouvelles lettres pour un nouveau terme, s'étendront et s'appliqueront aux lettres patentes accordées sous l'empire du présent acte, et Sa Majesté pourra accorder de nouvelles lettres, comme dans lesdits actes ci-dessus ; un ordre rendu en conseil par Sa Majesté sera le warrant sous l'autorité duquel seront scellées les nouvelles lettres patentes, et seront insérées les restrictions, conditions et clauses énoncées dans cet ordre. Le lord chancelier, au reçu dudit ordre, et conformément à sa teneur, fera dresser et sceller les lettres patentes comme si elles étaient concédées par un warrant du magistrat. Toutefois les nouvelles lettres patentes n'auront d'effet et ne pourront s'étendre que dans les pays auxquels étaient limitées les lettres patentes originales; elles seront scellées et prendront date du jour de l'expiration de ces lettres patentes.

41. — Dans toute action devant les Cours supérieures de

Sa Majesté à Westminster ou à Dublin, pour infraction à des
lettres patentes, le plaignant fournira, avec sa déclaration,
les *détails* des infractions dont il se plaindra, et le défendeur,
en plaidant sur l'action, fournira avec ses défenses, ou le demandeur dans une procédure par *scire facias*, avec sa déclaration, les détails des objections ou des motifs qu'il entend
apporter en justice à l'appui de ses défenses. Lors du jugement sur l'action ou sur la procédure de *scire facias*, il ne
sera permis de faire preuve, à l'appui de l'allégation d'infraction ou de l'objection de déchéance des lettres patentes,
que de ce qui sera contenu dans les détails fournis comme il
est dit ci-dessus. Ces détails devront indiquer les lieux où
l'invention aurait été employée ou publiée avec la date des
lettres patentes et la manière dont elle était exécutée. Toutefois les juges pourront permettre aux parties de {modifier ces
détails dans tel délai qu'ils jugeront convenable. Dans le jugement des demandes par *scire facias* pour la déchéance des
lettres patentes, le défendeur sera admis à parler le premier,
et à fournir toutes preuves en faveur de ses lettres patentes,
et, dans le cas où le demandeur en apporterait contre leur validité, le défendeur aura le droit de répliquer.

42. — Dans toute action devant les Cours supérieures de
Sa Majesté à Westminster et à Dublin pour infractions à des
lettres patentes, la Cour devant laquelle est portée l'action,
si elle siége à ce moment, ou, si elle ne siége pas, un juge de
la même Cour, sur la demande du plaignant ou du défendeur, pourra émettre un ordre d'injonction, inspection ou
compte, et donner telle direction qu'il jugera convenable à
l'action, injonction, inspection ou compte.

43. — En taxant les frais d'une action devant une des
Cours supérieures de Sa Majesté, à Westminster ou à Dublin,
engagée sous l'empire de cet acte pour infraction à des lettres
patentes, on aura égard aux détails fournis dans le procès ;
il ne sera alloué aucuns frais, soit au plaignant, soit au défendeur, pour les détails que le juge devant lequel l'affaire
aura été portée ne certifiera pas avoir été prouvés par l'un

ou par l'autre respectivement, sans préjudice des frais généraux de la cause. Le juge devant lequel l'action sera intentée
pourra certifier sur le registre que la validité des lettres patentes aura été mise en question, et le registre avec ce certificat, produit dans une poursuite ou action pour infraction
aux lettres patentes, donnera droit au plaignant ou au défendeur dans une procédure par *scire facias*, en obtenant un
décret ou jugement définitif, au remboursement de tous ses
frais, charges et dépens, taxés entre avoué et client, à moins
que le juge ne déclare que le plaignant ou le défendeur
ne doit pas être remboursé de ces frais. Les présentes
dispositions n'affectent en rien la juridiction et les formes de
procédure des Cours d'Écosse dans toute action relative aux
lettres patentes devant ces Cours; il est bien entendu aussi
que, lorsqu'une action sera intentée en Écosse, afin de faire
révoquer des lettres patentes, la procédure à suivre sera celle
d'une action en *réduction* formée à la requête de l'avocat de
Sa Majesté, ou à la requête de toute autre partie ayant intérêt à obtenir le concours de l'avocat de Sa Majesté, lequel
concours celui-ci ne devra accorder que sur de justes motifs.

44. — Il sera payé, pour les lettres patentes demandées et
délivrées comme il est dit ci-dessus, pour le dépôt des spécifications et des disclaimers, pour les certificats, inscriptions,
recherches, et autres matières mentionnées dans le tableau
annexé à cet acte, des droits qui sont déterminés audit tableau. Il sera payé, au profit de Sa Majesté, de ses héritiers
et successeurs, pour les warrants et certificats mentionnés
dans ledit tableau, et pour le vélin, parchemin ou papier
sur lesquels ils sont respectivement écrits, des droits de timbre qui sont fixés dans le tableau. Il ne pourra être exigé
aucuns frais et droits de timbre quelconques autres que ceux
fixés.

45. — Les droits de timbre, exigibles en vertu de cet acte,
seront à la disposition des commissaires des revenus territo-
riaux; et les divers règlements, dispositions, pénalités, clauses
et règles quelconques, contenus dans tout acte actuellement

en vigueur, ou qui le serait plus tard, et relatifs aux droits de timbre, seront applicables à ceux-ci.

46. — Les taxes payées comme il est dit ci-dessus seront versées à la caisse de l'Échiquier, et feront partie des fonds consolidés du Royaume-Uni.

47. — Néanmoins il y aura toujours lieu de payer aux magistrats, en cas d'opposition à la délivrance des lettres patentes, ou en cas de disclaimers ou de mémorandum d'altération, des droits que fixeront le lord chancelier et le maître des rôles au profit de ces magistrats, pour statuer sur les oppositions ou recevoir les disclaimers ou mémorandum d'altération; il y aura lieu aussi d'acquitter toutes sommes que les commissaires croiront devoir fixer pour services divers et copies d'actes fournies par l'office des patentes. En conséquence le lord chancelier, le maître des rôles et les commissaires sont respectivement autorisés à fixer les frais à payer pour oppositions, disclaimers, mémorandum d'altération, services et copies d'actes.

48. — Les commissaires du trésor de Sa Majesté alloueront aux magistrats et à leurs clercs tels droits (pour celles de leurs fonctions à l'égard desquelles les dispositions ci-dessus ne leur ont pas accordé de rétribution) qui pourront être fixés par le lord chancelier et le maître des rôles; ils leur alloueront également tous les droits et salaires qui leur sont accordés par cet acte, et pourront ajouter des salaires additionnels au profit des autres magistrats et clercs auxquels le présent acte impose des fonctions qui ne se trouvent pas prévues au tableau.

49. — Les commissaires du trésor de Sa Majesté alloueront les sommes nécessaires pour l'établissement des offices, le paiement des droits et salaires acccordés par eux, et les dépenses courantes ou accidentelles de l'office ou des offices; les sommes ainsi allouées seront payées sur les fonds que le Parlement destinera à cet effet.

50. — Attendu que diverses personnes, en raison de leurs fonctions, percevaient certains droits sur les lettres patentes

accordées avant cet acte dans le Royaume-Uni de la Grande-
Bretagne et d'Irlande, et partageaient les diverses taxes,
émoluments et profits que produisait la procédure relative
aux lettres patentes, les commissaires du trésor pourront accorder à ces personnes, pour les aider à supporter la perte
qu'elles font de ces taxes, émoluments et profits, une compensation proportionnée à la nature de leurs charges et revenus respectifs, et selon ce qu'ils croiront juste et convenable
de faire. Les compensations seront payées sur les fonds qui
seront alloués à cet effet par le Parlement. Toutefois, dans le
cas où une personne à laquelle une indemnité annuelle
serait accordée et payée viendrait à être nommée sous l'empire du présent acte à une charge ou place rétribuée sous les
dispositions dudit acte, ou à des fonctions du service public,
le montant de l'indemnité annuelle sera diminué de la somme
que produiront chaque année les émoluments de cette charge
ou place, et il sera fait une réserve à cet égard dans chaque
allocation de l'indemnité annuelle.

51. — Un rapport sur tous les salaires, droits, allocations,
dépenses et compensations, fixés et accordés en vertu du présent acte, sera, dans la quinzaine qui suivra la décision,
adressé aux deux chambres du Parlement, si le Parlement
siége, ou, dans le cas contraire, dans la première quinzaine
de la session.

52. — Des lettres patentes pourront être accordées pour
des demandes faites avant le présent acte, de la même manière et sous les mêmes dispositions que si cet acte n'avait
pas passé.

53. — Lorsque des lettres patentes pour l'Angleterre,
l'Écosse ou l'Irlande, auront été concédées antérieurement au
présent acte, ou qu'elles le seront sur une demande antérieure,
elles devront être délivrées d'après les anciénnes dispositions,
et comme si cet acte n'existait pas, avec cette différence toutefois qu'au lieu des frais et droits de timbre qui devraient être
payés pour chacun des trois royaumes, il ne sera payé pour le
scellement de chacune des trois patentes en Angleterre, en

Écosse et en Irlande, que le tiers des frais et droits de timbre déterminés pour tout le Royaume-Uni dans le tarif annexé au présent acte, et avant la fin de la troisième et de la septième année, que le tiers des frais et droits de timbre qui sont dus avant la fin de la troisième et de la huitième année, pour une patente prise pour tout le Royaume-Uni. La taxe de ces lettres patentes pour l'Angleterre, l'Écosse et l'Irlande, ainsi modifiée, sera perçue par les fonctionnaires qui seront désignés à cet effet par les commissaires du trésor de Sa Majesté, et sera versée à ladite caisse des fonds consolidés.

54. — Les différentes formules contenues dans le tableau annexé à cet acte seront employées pour l'accomplissement des prescriptions de cet acte. Les commissaires pourront toutefois, quand ils le jugeront convenable, varier ces formules selon les circonstances, et faire imprimer et publier toutes autres formules qu'ils croiront devoir être adoptées pour satisfaire aux dispositions du présent acte.

55. — Les expressions suivantes, contenues dans le présent acte, auront la signification qui va leur être assignée, à moins que cette signification ne s'accorde pas avec le texte.

L'expression *lord chancelier* signifie le lord chancelier, ou le lord gardien du grand sceau, ou les lords commissaires du grand sceau. L'expression *les commissaires* s'entend des commissaires chargés de l'exécution de cet acte. L'expression *magistrat* (law officer) signifie l'attorney ou le solliciteur général pour l'Angleterre, ou le lord avocat, ou le solliciteur général pour l'Ecosse, ou le solliciteur général, ou l'attorney général pour l'Irlande. L'expression *invention* signifie toute espèce de nouveaux produits, objets de lettres patentes et d'une concession de privilège, dans le sens de l'acte de la vingt-unième année du règne de Jacques Ier, chapitre III. Les expressions *pétition, déclaration, spécification provisoire, warrants et lettres patentes,* signifient les écrits rédigés dans la forme du tableau annexé au présent acte, et sujets aux modifications qui pourront y être faites sous les règles et les dispositions contenues audit acte.

56. — En citant cet acte dans tout autre acte du Parlement ou dans toutes pièces et procédures, il suffira d'employer l'expression « Acte d'amendement de la loi des patentes, 1852. »

57. — Cet acte commencera à produire effet à dater du 1er octobre 1852.

TABLEAU ANNEXÉ A L'ACTE.

Taxes à payer.

	liv.	sh.	d.
En déposant la pétition pour demander les lettres patentes.	5	»	4
En donnant avis qu'on veut poursuivre la demande.	5	»	»
Pour le sceau des lettres patentes.	5	»	»
Pour le dépôt de la spécification.	5	»	»
Avant ou à l'expiration de la troisième année.	40	»	»
Avant ou à l'expiration de la septième année.	80	»	»
En déposant une notification d'objection.	2	»	»
Chaque recherche ou inspection.	»	1	»
Pour enregistrer une cession ou licence.	»	5	»
Certificat de cession ou licence	»	5	»
Dépôt d'une demande de disclaimer.	5	»	»
Caveat contre un disclaimer.	2	»	»

Droits de timbre à payer.

	liv.	sh.	d.
Sur le warrant du magistrat pour les lettres patentes. . . .	5	»	»
Sur le certificat de paiement des droits de la troisième année	10	»	»
Sur le certificat de paiement des droits payables avant ou à l'expiration de la septième année.	20	»	»

Règlement et instructions des magistrats de la Reine pour l'exécution de la loi des patentes.

Les officiers de la couronne désirent mettre un terme à l'usage qui s'est établi d'introduire dans la même patente des inventions distinctes. Toutefois, ils accorderont des lettres patentes pour toute invention qui apporterait des perfectionnements à plusieurs industries, ou pour plusieurs inventions applicables à une seule et même industrie.

Le titre énoncé dans la pétition doit déterminer aussi distinctement que possible l'étendue et l'objet de l'invention, sans toutefois en révéler ni les moyens d'exécution ni les principaux caractères.

Les commissaires appliqueront le plus tôt possible les règles qui suivent, sauf toutefois les cas où le magistrat croirait que leur stricte application pourrait être préjudiciable aux pétitionnaires :

1. — Lorsqu'une demande de patente est déposée à l'office de l'un des magistrats de la couronne, ce dernier doit porter particulièrement son attention sur le titre et la spécification provisoire ; s'il y trouve suffisamment de précision et de netteté, il sera délivré au pétitionnaire ou à son agent un certificat dans la forme suivante :

Acte d'amendement de la loi des patentes, 1852.

Le présent est pour certifier que la pétition, déclaration et spécification provisoire de. . . . ., du comté. . . . ., pour invention de. . . . ., déposée et enregistrée à l'office des commissaires des patentes d'invention, le. . . . . 185. ., m'a été représentée, et que j'ai été satisfait de la manière dont la spécification provisoire décrit la nature de l'invention.

Le. . . . . 185. .   *(Signé par le magistrat).*

Si une irrégularité ou une incorrection est relevée par le magistrat dans le titre ou dans la spécification provisoire, le pétitionnaire ou son agent sera requis de comparaître devant le magistrat, pour lui donner des explications de nature à lui prouver qu'il peut admettre le titre et la spécification dans la forme où ils sont actuellement.

Si le titre et la spécification étaient incorrects et irréguliers au point de nécessiter des modifications matérielles de nature à en restreindre la portée et l'étendue, le certificat ne sera pas délivré ; mais le magistrat pourra permettre, s'il croit que le titre et la spécification ont été rédigés de bonne foi, de faire à ces pièces les changements nécessaires.

2. — Lorsque des inventions s'appliquent à des industries ou à des machines connues, les titres des patentes doivent indiquer ces industries ou ces machines ; et, toutes les fois qu'on peut le faire sans inconvénient, le titre doit désigner la partie ou les parties des industries et machines auxquelles l'invention s'adresse spécialement.

3. — Lorsqu'une industrie est exploitée par divers procédés, manipulations ou machines distinctes, le titre de la patente doit indiquer le procédé, la machine auxquels cette invention s'applique.

4. — Si l'invention s'applique à un appareil servant à produire une force motrice, mise en action par des moyens mécaniques, ou par l'eau, la vapeur, l'air, les gaz, le galvanisme ou autres fluides, le titre doit indiquer celui ou ceux de ces moyens qu'on se propose d'employer.

5. — Si l'invention s'applique à des procédés à introduire dans certaines industries ou fabrications connues, ces procédés et les industries doivent être désignés dans le titre.

6. — Si l'invention a pour but des applications de substances connues à des objets nouveaux, ou au perfectionnement d'industries connues, le titre doit indiquer ces objets ou ces industries, et il doit, en même temps, énoncer que ce perfectionnement est dû à l'application nouvelle de matières connues.

7. — Les assignations ne se donnent que du consentement et à la convenance du magistrat, qui fixe une audience dans les sept jours de la date de l'assignation.

8. — Le délai accordé pour le dépôt de la spécification complète est de six mois, à compter de la date du dépôt et de l'enregistrement de la pétition à l'office des commissaires.

9. — Dans le cas où, à la suite d'une opposition qui aurait eu gain de cause, le magistrat refuserait d'accorder un cer-

16

tificat au pétitionnaire, celui-ci ne sera admis à réclamer une nouvelle audience qu'à la condition de payer préalablement tous les frais d'audience, tant les siens propres que ceux de la partie adverse.

10. — Les spécifications provisoires ne pourront être communiquées à qui que ce soit, excepté aux savants et à toutes autres personnes que le magistrat pourrait appeler pour s'éclairer, conformément au statut sur les patentes d'invention.

11. — Les magistrats exigeront que toute spécification provisoire établisse la nature de l'invention, de manière à la distinguer de toutes celles déjà connues, et afin que l'étendue de ladite invention puisse être clairement comprise. Toutefois, ils n'exigeront pas du pétitionnaire une description du procédé qu'il compte employer pour mettre son invention à exécution.

L'objection de la spécification provisoire est d'empêcher l'introduction dans la spécification complète de procédés et d'inventions autres que ceux pour lesquels la patente est délivrée. Il n'est pas toutefois dans l'intention des magistrats de refuser au breveté le droit d'introduire dans sa spécification complète, les perfectionnements et les détails pratiques qu'il pourra découvrir dans l'exécution de son invention, pourvu que ces perfectionnements comportent nécessairement l'application du principe de cette invention, qu'il a dû exposer dans sa spécification provisoire, et qui fait le véritable objet de la patente.

12. — Le pétitionnaire peut demander au magistrat l'autorisation d'amender sa spécification provisoire, et si, après l'avoir entendu, le magistrat estime qu'il y a lieu de faire les modifications proposées, il les autorisera ; en aucun cas, le magistrat ne permettra que le pétitionnaire ajoute de nouvelles inventions, mais il pourra l'autoriser à retrancher de sa spécification provisoire des parties de l'invention que ce dernier, après mûr examen, ne croit pas devoir laisser subsister dans sa spécification complète.

13. — Une copie de la spécification provisoire, telle qu'elle a été consentie par le magistrat, sera jointe à la spécification

complète, afin d'indiquer, d'une manière plus complète que cela ne se peut faire par le titre seul, la nature de l'invention pour laquelle la patente a été accordée.

14. — Le demandeur (si la patente porte une date antérieure au 1er octobre 1852) présentera une pétition à l'un des magistrats, par laquelle il exposera le disclaimer ou les modifications qu'il propose. La pétition doit en général être accompagnée d'une copie de la spécification originale, et aussi du disclaimer ou de la modification proposée. Si la patente porte une date postérieure au 1er octobre 1852, la pétition et les autres pièces doivent être déposées à l'office des commissaires des patentes.

15. — Si, après avoir entendu la partie, le magistrat refuse d'admettre le disclaimer ou la modification proposée, il n'y aura plus lieu à une nouvelle instance. S'il admet le disclaimer ou la modification, sans exiger d'annonces, il appose sa signature sur le *fiat* ou jugement autorisant le clerc des patentes à inscrire le disclaimer et la modification.

16. — Si le magistrat juge nécessaire la publication d'une ou de plusieurs annonces, il prescrira à cet effet ce qu'il croira utile, et il fixera un délai de dix jours au moins à partir de la première annonce indiquant sommairement l'objet de cette publication.

17. — Pour ce qui concerne les patentes délivrées avant le 1er octobre 1852, on peut déposer des *caveat* à l'office des magistrats, mais avant que le *fiat* ait été rendu; et toute personne déposant un *caveat* doit être avertie du premier jour d'audience, s'il est possible de lui en indiquer un; mais si le jour n'a pas été fixé avant la prise du *caveat*, la partie sera avertie au moins sept jours avant l'audience.

Règlement administratif pour l'exécution de la nouvelle loi des patentes, par les lords commissaires de Sa Majesté.

1. — Les pétitions, les déclarations et les spécifications doivent être déposées à l'office des patentes.

2. — Elles sont écrites sur des feuilles de douze pouces de haut sur huit-et-demi de large; une marge d'un pouce et demi doit être ménagée de chaque côté de la feuille.

3. — Toute demande de protection provisoire sera annoncée dans la *Gazette de Londres*. Cette publication indiquera le nom, l'adresse du pétitionnaire, le titre de l'invention, la date de la demande et celle de la spécification complète ou définitive.

4. — Les mêmes formalités auront lieu lorsque le demandeur, après avoir obtenu une spécification provisoire, aura effectué le dépôt de sa spécification complète, et qu'il aura fait connaître à l'office des commissaires qu'il désire obtenir le grand sceau.

5. — Toutes personnes ayant intérêt à s'opposer à la délivrance d'une patente auront le droit de former opposition à cette délivrance A cet effet, elles déposeront à l'office des commissaires, dans le délai de vingt et un jours, à partir de la date de l'insertion dans la *Gazette de Londres*, un mémoire exposant les motifs de leurs oppositions. L'opposant paiera à l'office deux pences (21 centimes), par quatre-vingt-dix mots de son mémoire; il aura en outre à payer :

	liv.	sch.	p.
Au magistrat.	2	12	6
A son clerc.		12	6
Au même clerc pour assignation.		5	
Total.	3	10 ou 87 fr. 50 c.	

Le demandeur de la patente contre laquelle l'opposition est dirigée devra supporter les mêmes frais.

6. — Les frais d'audience d'un disclaimer ou memorandum l'altération sont fixés ainsi qu'il suit :

	liv.	sch.	p.
Au magistrat.	2	12	6
Au clerc pour assignation. .		12	6
Total.	3	05 ou 81 fr. 25 c.	

Mêmes frais pour l'opposition à la délivrance d'un disclai-

mer ou memorandum d'altération. Enfin, pour la délivrance
du disclaimer, le règlement fixe les droits, ainsi :

Au magistrat.	3 03 0
Au clerc.	12 6

Total . . . . 3 15 6 ou 94 fr. 35 c.

7. — Les dessins qui accompagnent la description doivent
être fournis en double expédition.

8. — Les inventeurs qui ont déjà obtenu, ou qui sont en
instance pour obtenir des lettres patentes, doivent déposer
à l'office des commissaires quatre copies des dessins, s'il
y en a d'annexés, une pour l'office de Dublin, la deuxième
pour l'office d'Edimbourg, la troisième pour l'imprimeur de
la Reine.

*Acte pour révoquer certaines dispositions de l'acte d'amende-
ment des lois sur les patentes de 1852, relativement à la
transmission de copies certifiées de lettres patentes et de spécifications à certains offices d'Edimbourg et de Dublin, et pour
réglementer l'impression, la publication et la vente des spécifications.*

Attendu qu'il convient de révoquer certaines dispositions
de l'acte d'amendement des lois sur les patentes de 1852,
relativement à la transmission des copies certifiées de lettres
patentes et des spécifications à certains offices d'Edimbourg
et de Dublin, et de régler l'impression, la publication et la
vente des spécifications ; il est arrêté par Sa Très-Excellente
Majesté la Reine, de l'avis et du consentement des lords spirituels et temporels, et des communes, assemblés en ce parlement, et en vertu de leur autorité, ce qui suit :

1. — Les sections 29, 30 et 33 dudit acte, la disposition
de la 16ᵉ section dudit acte, par laquelle il est statué que les
transcriptions de lettres patentes doivent être transmises au
directeur de la chancellerie en Ecosse, la disposition de la
28ᵉ section dudit acte, par laquelle il est statué que dans le

cas où une spécification, déposée en conformité de cet acte,
est accompagnée de dessins auxquels elle renvoie, un double
de ces dessins doit être déposé avec la spécification, et la disposition de la 35e section dudit acte qui veut que des duplicata certifiés de tous les enregistrements effectués sur les
registres des propriétaires de lettres patentes, soient transmis
à l'office des commissaires d'Edimbourg et de Dublin, sont et
demeurent abrogées.

2. — Les commissaires feront mettre à la disposition du
public, à leur office, aux heures convenables, et sous les conditions et règles qu'ils croiront devoir établir, des copies conformes de toutes les spécifications, avec les dessins y annexés,
et de tous les disclaimers et memorandum d'altération enregistrés conformément audit acte de 1852 sur les patentes; ils
mettront également à la disposition du public toutes les spécifications provisoires déposées à leur office, dans le délai
qu'ils jugeront convenable de fixer, et qui courra de la date
de l'enregistrement.

3. — Les commissaires feront imprimer, publier et vendre
par l'imprimeur de Sa Majesté, aux prix et de la manière
qu'ils détermineront, toutes les spécifications provisoires ou
complètes, avec les dessins y annexés, et tous les disclaimers
et memorandum d'altération déposés ou enregistrés, ou qui
pourront l'être ultérieurement, en conformité dudit acte de
1852 sur les patentes, ou enregistrés au rolls-chapel-office,
au petty-bag-office, ou à l'office d'enrôlement de la Cour de
chancellerie, et qui, aux termes dudit acte, devaient être
renvoyés à l'office de la Cour de chancellerie désignée pour
l'enregistrement des spécifications; lesdites spécifications
provisoires ou complètes, lesdits disclaimers et memorandum
d'altération, seront imprimés et publiés aussitôt que les
commissaires le jugeront convenable après leur enregistrement et leur renvoi à ladite Cour de chancellerie; les commissaires devront aussi faire adresser des exemplaires de ces
spécifications, disclaimers et memorandum d'altération ainsi
imprimés par l'imprimeur de Sa Majesté, à l'office du direc-

teur de la chancellerie d'Édimbourg, et à l'office d'enrôlement de la Cour de chancellerie de Dublin, où ils seront mis
à la disposition du public, aux heures convenables, et sous
les conditions et règlements qui seront, à cet effet, publiés
par les commissaires.

4. — Une copie véritable signée du patenté ou demandeur,
ou de l'agent du patenté ou demandeur, de chaque spécification provisoire ou complète, avec les dessins y annexés, sera
laissée à la disposition de l'office des commissaires, lors du
dépôt desdites spécifications.

5. — Les copies et extraits certifiés, scellés du sceau du
commissaire, de toutes lettres patentes, spécifications, disclaimers, memorandum d'altération, et de tous autres documents déposés et enregistrés à l'office des commissaires, ou
audit office de la Cour de chancellerie, feront foi en justice
dans toutes procédures relatives aux lettres patentes pour
inventions, devant toutes les Cours du Royaume-Uni de la
Grande-Bretagne et d'Irlande, des îles du canal, de l'île de
Man, et des colonies et plantations de Sa Majesté, sans autres
preuves, et sans qu'il soit nécessaire de produire les originaux.

6. — Le présent acte et l'acte de 1852 sur les patentes seront interprétés comme s'ils ne faisaient qu'un seul et même
acte.

Troisième règlement publié par les commissaires des patentes,
le 12 décembre 1853.

Par les commissaires de Sa Majesté la reine, il est ordonné
ce qui suit :

L'art. 7 du deuxième règlement publié par les commissaires à la date du 15 octobre 1852, est révoqué.

1. — Toute demande de lettres patentes et tout titre d'invention ou de spécification provisoire ne devront comprendre
qu'une seule invention, et il ne sera pas accordé de protection
provisoire, ni délivré de warrant, lorsque le titre ou la spéci-

fication provisoire embrasseront plus d'une seule invention.

2. — Le titre doit exprimer d'une manière nette et précise la nature et l'objet de l'invention.

3. — La copie de la spécification complète qui doit être, aux termes de la section 3 de l'acte 16 et 17 Vict. chap. 115, déposée à l'office des commissaires, avec la spécification elle-même, sera écrite sur grand papier d'expédition, et seulement sur l'un des côtés de la page. La copie des dessins déposés avec la spécification, doit être faite dans les mêmes conditions, et conformément aux prescriptions de l'article 3 du 'èglement du lord chancelier, en date du 1er octobre 1852.

4. — La copie de la spécification provisoire, qui doit être déposée à l'office des commissaires avec la spécification elle-même, sera écrite sur grand papier d'expédition, et seulement sur un côté de la page. La copie des dessins déposés avec la spécification sera faite dans les mêmes conditions et conformément aux prescriptions de l'art. 2 du règlement du 1er oc-'obre 1852.

5. — Toutes les spécifications, copies de spécifications, spécifications provisoires, pétitions, notices et autres pièces déposées à l'office des commissaires, et les signatures des pétitionnaires ou de leurs agents devront être écrites lisiblement.

6. — A l'égard des demandes de patentes qui seront déposées à l'office des commissaires après le 31 décembre 1853, le demandeur devra notifier son intention de faire patenter sa découverte huit semaines au moins avant l'expiration de la protection provisoire, et il ne sera pas reçu de notification si ce délai n'a pas été rigoureusement observé, et la demande du warrant du magistrat ou de délivrance des lettres patentes devra être adressée à l'office des commissaires, douze jours pleins avant l'expiration de la protection provisoire, et il ne sera point délivré de warrant ni de lettres patentes, si ce délai n'a pas été observé rigoureusement. Toutefois, le lord chancelier pourra toujours, dans les cas ci-dessus, et selon toutes les circonstances, accorder un délai de faveur, lorsqu'il lui sera démontré que ce délai est nécessité par un cas de force ma-

jeure, et non point par la faute ou la négligence du demandeur ou de son agent.

Résumé de la législation anglaise sur les patentes d'invention.

Tout auteur d'une invention, anglais ou étranger, peut obtenir un brevet. — La loi anglaise, à la différence de la nôtre,
accorde à l'importation des inventions étrangères le bénéfice
du brevet. — Une seule patente suffit à protéger l'invention
nouvelle pour les trois royaumes et les colonies, seulement
plusieurs inventions ne doivent pas être comprises sous un
même titre, dans une seule patente, à moins toutefois qu'elles
ne se rattachent à la même industrie.

Une différence essentielle entre les législations anglaise et
française est que dans la première le gouvernement a le droit
d'examiner la nouveauté de l'invention, et de refuser la concession de la patente en cas de non-nouveauté, tandis que la
loi française ne soumet pas à l'examen préalable l'obtention
des brevets.

Formalités. Celui qui veut prendre une patente doit déposer à l'office des patentes :

1° Une pétition adressée à la reine (1), contenant indication
de ses nom, prénoms et domicile et l'objet de la demande. Cette
pétition doit être signée par le demandeur ou son représentant. Elle doit être écrite sur papier de douze pouces anglais

---

(1) Voici la formule : « A Sa très-excellente Majesté la Reine. — La très-
humble pétition... à l'effet d'obtenir... fait voir que le requérant est en possession d'une invention pour...., qu'il regarde cette invention comme étant d'une
grande utilité, — qu'il en est le véritable et premier inventeur, et que ladite
invention n'est employée par aucune autre personne à sa connaissance. — Le
requérant prie donc humblement Votre Majesté de vouloir bien accorder à lui,
à ses exécuteurs testamentaires et à ses ayant-droit, par lettres patentes
royales, pour le Royaume-Uni, pour les îles de la Manche et pour l'île de Man
(mentionner les colonies, s'il y a lieu), pour le terme de 14 ans, suivant les statuts passés à cet effet, — et le requérant priera toujours, etc.

(Signature)

de longueur et de huit pouces et demi de largeur, avec une marge d'un pouce et demi.

2° Un affidavit ou déclaration reçue par le magistrat compétent en Angleterre (juge de paix, ministre ou maître extraordinaire de la Chancellerie), et par le consul anglais, à l'étranger, et par laquelle le pétitionnaire établit son droit à la propriété de l'invention. Cette déclaration doit être écrite sur papier de même grandeur que la pétition.

3° Une description complète de l'invention avec les dessins nécessaires à l'intelligence de l'objet qu'on veut faire breveter. Cette description doit être faite sur papier de même dimension que ci-dessus.

Cette description reçoit le nom de spécification provisoire.

Le jour du dépôt de chaque pétition, déclaration et spécification provisoire, est enregistré à l'office et inscrit au dos des pièces déposées ; un certificat est délivré au demandeur ou à son agent.

La protection légale est acquise à l'inventeur à partir du jour du dépôt, sauf l'examen de la commission royale qui peut refuser la patente, pour défaut de nouveauté, et sauf l'opposition des tiers.

Durée des brevets. — La durée des brevets est de quatorze ans. — Quand la patente a été prise pour une invention étrangère, elle expire en même temps que le brevet étranger.

La durée des brevets peut être prolongée. Celui qui veut une prolongation doit présenter une requête à la Couronne six mois au moins avant l'expiration du temps pour lequel le privilége a été accordé. Après des annonces réitérées dans les journaux, une prolongation de sept ans et même de quatorze ans peut être octroyée à l'inventeur, s'il prouve que la durée de la première patente n'a pas été suffisante pour le rémunérer.

Taxe. — Le minimum des frais à payer pour la prise d'une patente est de 175 l. sterling, ou 4,375 fr., savoir : 25 l. ou 625 fr. pour les trois premières années, — 50 l. ou 1,250 fr.

pour les quatre années suivantes, et 100 l. ou 2,500 fr. pour
les sept dernières années.

Ces frais ne comprennent pas ceux des oppositions qui peuvent intervenir, et les honoraires des examinateurs auxquels
la demande est soumise.

Protection provisoire. Celui qui ne veut pas faire immédiatement les frais d'une patente peut former une demande provisoire. Elle est renvoyée à l'un des magistrats, qui peut consulter telle personne que bon lui semble et fixer la rémunération à payer par le demandeur à la personne consultée.

Si le magistrat croit que la spécification provisoire décrit
suffisamment la nature de l'invention, il donne un certificat
de cette admission ; ce certificat est déposé à l'office du commissaire, et l'invention peut, *pendant la durée de six mois*, à
compter de la date de la demande, être employée et publiée,
sans préjudice des lettres patentes qui pourront être accordées ultérieurement pour la même invention.

L'inventeur devra avoir soin de désigner aussi exactement
et aussi complétement que possible l'objet de son invention ;
car, si le titre de l'invention ou de la spécification provisoire
est trop large ou insuffisant, le magistrat auquel elle est renvoyée, doit permettre ou exiger qu'il soit amendé.

Le demandeur de lettres-patentes pour une invention, au
lieu de donner, avec la pétition et la déclaration, une spécification provisoire, peut, s'il le juge convenable, déposer avec
ladite pétition et déclaration, un écrit signé de lui et cacheté,
qu'on appelle spécification complète, décrivant et déterminant
exactement la nature de son invention, son caractère et sa
forme. Cette spécification complète sera mentionnée dans la
déclaration. — Il est délivré au demandeur ou à son agent un
certificat de la date du dépôt. — En vertu de cet acte, l'invention est protégée pendant la durée de 6 mois à compter de
la date de la demande, et le demandeur, pendant ces 6 mois,
a les mêmes pouvoirs, droits et priviléges que s'il était pourvu
de lettres-patentes délivrées pour la même invention. —
Pendant la durée de ces pouvoirs, droits et priviléges, l'in-

vention peut être employée et publiée, sans préjudicier aux
lettres-patentes qui pourront être ultérieurement accordées.—
Et lorsque plus tard, des lettres-patentes sont délivrées pour
l'invention, au lieu de les déclarer nulles, dans le cas où la
spécification n'est pas complète, on doit les considérer seulement comme soumises à la condition d'être annulées, si la
spécification ne décrit pas suffisamment et avec détail la nature et la forme de l'invention.

Une copie de toute spécification complète est mise à la
disposition du public, dès l'époque du dépôt.

Cession. — Les cessions de lettres-patentes, ou d'une part
ou intérêt dans ces patentes, les licences accordées dans un
district déterminé et l'indication du district, avec les noms des
personnes auxquelles ont été concédés les part, intérêt ou
licence, la date de l'acquisition, et toutes autres pièces concernant la propriété des lettres patentes ou licences, sont inscrites sur un registre tenu à cet effet à l'office des patentes.
Le registre ou une copie du registre est à la disposition du
public.

Des duplicata certifiés de toutes les inscriptions faites sur
le registre des propriétaires sont transmis à Édimbourg ou à
Dublin, où ils sont mis à la disposition du public.

Le nombre des personnes pouvant avoir droit au bénéfice
des patentes n'est pas limité.

Nullités et déchéances. — Les causes de nullité et de déchéance des patentes sont : 1° Le défaut de nouveauté ou
l'insuffisance de la spécification ; — 2° Le défaut de description ;
— 3° Le défaut d'acquittement de la taxe en temps utile ; —
4° Les fraudes consistant à prendre un brevet au détriment du
véritable inventeur. Mais dans ce dernier cas, le brevet n'est
annulé qu'en ce qui concerne celui qui s'est rendu coupable
de la fraude ; et les lettres-patentes accordées ultérieurement
au véritable inventeur produiront les mêmes effets que si elles
avaient été tout d'abord prises par lui, et que l'objet de l'invention n'eût pas encore été livré à la publicité.

Contrefaçon. Peines.— Le propriétaire d'un brevet, lésé par la contrefaçon, a deux voies à suivre : il peut poursuivre le contrefacteur en dommages-intérêts devant les cours de justice ordinaires, ou bien, faire enjoindre à celui-ci, par la Cour de la chancellerie, de cesser sa contrefaçon, sous peine d'emprisonnement.— Dans le premier cas, si, malgré les attaques dirigées par le contrefacteur contre la patente de son adversaire, celui-ci obtient gain de cause, le juge lui délivre un certificat en vertu duquel il fera condamner à de triples dommages-intérêts ceux qui, plus tard, attenteraient à son privilége. Si, au contraire, le patenté succombe, son brevet n'est annulé, néanmoins, qu'à l'égard de la partie qui a gagné le procès. Le brevet peut même redevenir valable vis-à-vis de cette partie, lorsque la condamnation du patenté n'a eu pour cause qu'un vice de la spécification ultérieurement réparé. — Dans le second cas, c'est-à-dire si le patenté préfère la voie plus prompte de l'injonction, il présente à la Cour de la chancellerie une requête à laquelle il joint sa patente et la spécification. Sur le vu de ces pièces, et en l'absence du prévenu de contrefaçon, le chancelier peut, par mesure provisoire, faire défense à celui-ci de continuer la fabrication, l'emploi ou la vente des objets contrefaits. Si, pour se soustraire à l'effet de cette interdiction, le prévenu demande à prouver le vice de la spécification ou la nullité de la patente, le chancelier entend les deux parties, et, suivant qu'il l'estime convenable, maintient ou non l'injonction, et renvoie aux tribunaux ordinaires l'application de la validité du titre contesté.

Une amende de 50 l. sterling (1,250 francs) est prononcée contre quiconque usurpe, pendant la durée de la patente, le nom ou la marque du patenté.

Loi sur les brevets d'invention dans les Indes anglaises (1).

(19 mars 1859.)

L'inventeur peut demander à faire le dépôt d'une spécification.
— Forme, etc., de la demande.

ART. 1. — L'inventeur d'une découverte quelconque (*new manufacture*) peut présenter au gouverneur de l'Inde, en son conseil, une pétition à l'effet d'être admis à déposer une spécification. Toute pétition devra être écrite suivant la forme et dans le but mentionnés dans l'appendice ci-annexé, et devra être signée du pétitionnaire ou (dans le cas où le pétitionnaire serait absent de l'Inde) par un agent autorisé, lequel déclarera les nom, prénoms, surnoms et domicile du pétitionnaire et la nature de l'invention.

Ordre pour effectuer le dépôt de la spécification.

ART. 2. — Sur cette pétition, le gouverneur général de l'Inde peut émettre un ordre autorisant le pétitionnaire à déposer une spécification de l'invention.

De la faculté de renvoyer la pétition pour qu'il soit fait une enquête et un rapport.

ART. 3. — Avant d'émettre l'ordre, il sera facultatif au gouverneur général de l'Inde, en son conseil, de renvoyer la pétition à toute personne ou personnes pour enquête et rapport, et cette personne ou personnes aura ou auront droit à des honoraires raisonnables pour ces enquête et rapport, les-

(1) Extrait des *Annales de la propriété industrielle.*

quels seront payés par le pétitionnaire. Le montant de ces honoraires, en cas de désaccord, sera réglé sommairement par un juge d'une des cours de justice de Sa Majesté.

Le pétitionnaire aura droit à un privilége exclusif de quatorze ans, à dater du jour du dépôt de la spécification. — Extension du terme du privilége exclusif.

Art. 4. — Si, dans le délai de six mois à dater de cet ordre, le pétitionnaire fait le dépôt d'une spécification de son invention, de la manière ci-dessous mentionnée, le pétitionnaire, ses exécuteurs testamentaires, administrateurs ou ayant-droit auront le privilége unique et exclusif de fabriquer, vendre et employer ladite invention dans l'Inde et d'autoriser d'autres à le faire pendant le terme de quatorze ans, à dater du dépôt de cette spécification et pour un terme (prolongé, s'il y a lieu) ne dépassant pas quatorze ans, après l'expiration des quatorze premières années, comme il conviendra au gouverneur général de l'Inde, en son conseil, de le décider sur une requête, qui devra être présentée par l'inventeur à un moment quelconque, mais pas plus d'une année et pas moins de six mois avant l'expiration du privilége exclusif déjà accordé.

L'ordre du dépôt de la spécification peut être assujetti à des conditions.

Art. 5. — Un ordre autorisant le dépôt de la spécification ou l'extension du terme dudit privilége exclusif, comme est ci-dessus mentionné, peut être assujetti à toutes conditions ou restrictions que le gouverneur général de l'Inde, en son conseil, jugera nécessaires.

La spécification devra être écrite et décrire l'invention.

Art. 6. — Toute spécification d'une invention déposée suivant cet acte devra être écrite et signée par le pétitionnaire, et elle décrira et spécifiera complétement la nature de ladite invention et la manière dont elle doit être mise en pratique.

La pétition et la spécification doivent être remises au secrétaire du gouvernement.— La pétition doit être accompagnée d'une déclaration. — La date de la remise doit être mentionnée sur la pétition.

Art. 7. — Toute demande à l'effet de déposer une spécification et toute spécification déposée suivant cet acte, seront remises au secrétaire du gouvernement de l'Inde, au département de l'intérieur, et elles seront accompagnées d'une déclaration écrite et signée par le pétitionnaire, dans la forme et à l'effet mentionnés dans l'appendice ci-annexé, marquées respectivement A et B, et si l'inventeur est absent de l'Inde, la demande et la spécification seront aussi accompagnées d'une déclaration signée par l'agent qui les présentera ou les déposera, à l'effet qu'il croit véritablement que la déclaration, représentée comme la déclaration de l'inventeur, a été signée de lui, que le contenu en est vrai, et cette déclaration sera dans la forme et à l'effet mentionnés dans ledit appendice. La date de la remise de chaque pétition et spécification sera mentionnée sur ces pièces respectivement, et sera également portée sur les registres du bureau dudit secrétaire.

L'exposé faux dans une déclaration est punissable comme faux serment.

Art. 8. — Si la personne qui fait une déclaration suivant cet acte, y fait volontairement et frauduleusement un faux exposé, elle sera considérée comme coupable de faux serment, poursuivie et, après condamnation, punie en conséquence.

La spécification ne doit être déposée qu'après le payement des taxes.

Art. 9. — Aucune spécification ne sera déposée que

lorsque le pétitionnaire aura payé toutes les taxes payables
suivant cet acte, y compris les honoraires (s'il en existe) de la
personne ou des personnes devant laquelle ou lesquelles la
demande aura été renvoyée pour enquête et rapport.

Des copies de la spécification devront être délivrées et distri-
buées. — Inspection publique.

ART. 10. — Au moment de la remise de la spécification
pour en faire effectuer le dépôt, le pétitionnaire en fera délivrer cinq copies audit secrétaire, dont une sera envoyée à l'un
des secrétaires du gouvernement du Bengale, qui l'enregistrera ; — Une sera envoyée à l'un des secrétaires du gouvernement du fort Saint-George, qui l'enregistrera ; — Une sera
envoyée à l'un des secrétaires du gouvernement de Bombay,
qui l'enregistrera ; — Une sera envoyée à l'un des secrétaires
du gouvernement des provinces nord-ouest, qui l'enregistrera ;
— Une copie de cette spécification sera présentée, en tous
temps raisonnables, au bureau de chacun desdits secrétaires,
à l'inspection publique, sur le payement d'une taxe d'une
roupie (2 fr. 50 c.).

Des livres pour l'enregistrement des demandes, spécifica-
tions, etc.

ART. 11. — Il sera tenu, au bureau dudit secrétaire du
gouvernement de l'Inde, un livre dans lequel seront inscrites
et enregistrées toute pétition et spécification et toute ordonnance rendue sur cette pétition ou ayant rapport à l'invention y mentionnée. Chaque spécification sera numérotée
suivant l'ordre d'après lequel elle aura été inscrite dans ce
livre, et un renvoi sera fait dans ce livre à la marge de l'inscription de chaque spécification, à chaque ordonnance ayant
rapport à l'invention et à chaque pétition, bordereau ou
spécification revisée dont le dépôt aura été effectué dans les
termes de l'article 14.

17

De l'inspection du registre. — De la copie certifiée de l'inscription à donner.

Art. 12. — Le registre ou une copie de ce livre sera accessible en tous temps raisonnables à l'inspection de toute personne sur le payement d'une taxe d'une roupie (2 fr. 50 c.), et ledit secrétaire fera délivrer une copie de toute inscription y contenue, certifiée de sa main, à toute personne qui en fera la demande, en payant les frais de la copie.

Des copies certifiées reçues comme preuve prima facie.

Art. 13. — Toute copie ainsi certifiée sera reçue comme preuve *prima facie* du document dont elle est une copie.

Des cas où il sera permis au pétitionnaire de demander à déposer une spécification révisée. — De l'effet d'une spécification révisée.

Art. 14. — Si, après le dépôt effectué de la spécification, le pétitionnaire a lieu de croire que par mégarde ou inadvertance il a fait un exposé inexact dans sa demande ou spécification, ou qu'il y a compris quelque chose qui, à la date de son invention, n'était pas nouvelle ou dont il n'était pas l'inventeur, ou que ladite spécification soit sous un rapport quelconque défectueuse ou insuffisante, il peut demander au gouverneur général, en son conseil, à être admis à déposer une note indiquant l'erreur, la faute ou insuffisance, et faisant abandon de toute partie de ladite invention, ou, dans le cas d'une faute ou insuffisance dans la spécification, à être autorisé à déposer une spécification révisée. — Le pétitionnaire mentionnera comment l'erreur, la faute ou l'insuffisance est survenue et qu'elle n'a pas été faite avec intention frauduleuse ; il y joindra une déclaration écrite et signée par lui et, dans le cas où il serait absent de l'Inde, par son agent, certifiant que le contenu de la pétition est vrai, d'après sa connaissance et sa croyance. Sur cette requête, le gouverneur général, en son conseil, pourra rendre une ordonnance autorisant le dépôt de cette note ou spécification revisée. Toutes les dispositions des articles 10, 12 et 13, applicables aux spécifications, seront applicables aux requêtes, ordonnances et notes ou spécifications révisées auxquelles on se rapporte en cet article. Une spécification révisée, déposée dans les termes de cet acte, aura le même effet que si elle était la spécification déposée en premier lieu, excepté quant aux poursuites ou procédures ayant rapport au privilége exclusif qui seront pendantes au moment du dépôt de ladite spécification révisée, et pourvu qu'il n'y ait rien dans la spécification révisée qui étende ou agrandisse un privilége exclusif quelconque déjà obtenu.

De la nullité du privilége exclusif dans les cas suivants : Si l'invention n'est d'aucune utilité ; — Si l'invention n'est pas nouvelle ; — Si le pétitionnaire n'est pas l'inventeur ; — Si la spécification ne décrit pas l'invention ; — Si la pétition ou spécification contient frauduleusement des exposés inexacts.

ART. 15. — Aucune personne n'aura droit à un privilége exclusif quelconque sous les dispositions de cet acte : si l'invention n'est d'aucune utilité ; — Si l'invention, au moment de la présentation de la pétition pour permission d'en déposer la spécification, n'était pas une invention nouvelle ou comprise dans le sens de cet acte ; — Si le pétitionnaire n'en est pas l'inventeur ; — Si la spécification déposée ou la spécification révisée (s'il en existe une) ne décrit et ne spécifie pas complétement la nature de l'invention et de quelle manière elle doit être mise en pratique, ou si la pétition originale ou toute requête postérieure ayant rapport à l'invention ou à la

spécification originale ou à la spécification révisée contient un
exposé inexact fait sciemment ou avec fraude.

*De la cessation du privilége exclusif si le gouvernement le
déclare pernicieux, etc., au public; — Ou si le gouvernement, sur preuve d'infraction des conditions, déclare qu'il
cessera.*

ART. 16. — Tout privilége exclusif, suivant cet acte,
cessera, si le gouverneur général de l'Inde, en son conseil,
décide que ce privilége ou la manière de l'exercer est nuisible
à l'État, ou généralement préjudiciable au public, ou si une
infraction d'une condition spéciale quelconque sous laquelle
le pétitionnaire a été autorisé à déposer une spécification, ou
sous laquelle le terme du privilége exclusif a été prolongé, est
prouvée à la satisfaction d'une des cours de justice de Sa
Majesté et si le gouverneur général de l'Inde, en son conseil,
déclare, en conséquence, que ledit privilége exclusif doit
cesser.

*De l'importateur d'une invention. — S'il n'en est pas le vrai
inventeur, il ne sera pas considéré comme tel.*

ART. 17. — L'importateur dans l'Inde d'une nouvelle
invention n'en sera pas regardé comme l'inventeur, suivant le
sens de cet acte, à moins qu'il n'en soit le vrai inventeur.

De l'inventeur étranger.

ART. 18. — Un étranger, qu'il réside à l'étranger ou non,
peut demander à être autorisé à déposer une spécification
suivant cet acte.

*L'invention qui n'a pas été publiquement employée ou connue
dans le Royaume-Uni ou dans l'Inde avant la demande
d'autorisation de dépôt d'une spécification devra être accep-*

*tée comme une invention nouvelle, suivant cet acte. — De la
connaissance d'une invention obtenue par fraude. — Clause
conditionnelle. — De l'emploi public par le véritable
inventeur.*

ART. 19. — Une invention sera considérée comme nouvelle
dans le sens de cet acte si, antérieurement à la demande
d'autorisation de dépôt de la spécification, elle n'a pas été
connue publiquement en un point quelconque de l'Inde et du
royaume-uni de la Grande-Bretagne et de l'Irlande, ou si elle
n'a pas été rendue publique sur un point quelconque de
l'Inde ou du Royaume-Uni au moyen d'une publication
imprimée ou écrite, ou en partie imprimée et en partie
écrite. — L'emploi public ou la connaissance d'une invention avant la demande faite pour le dépôt d'une spécification ne sera pas considéré comme un emploi public ou
connaissance dans l'acception de cet article, si la connaissance
a été obtenue subrepticement ou en fraude de l'inventeur, ou
a été communiquée au public en fraude de l'inventeur ou par
mauvaise foi; pourvu que l'inventeur, avant six mois, à dater
du commencement de cet emploi public, fasse une demande
pour être admis à déposer sa spécification et n'en ait pas préalablement sanctionné l'emploi public; pourvu aussi que l'emploi d'une invention en public par son inventeur ou par ses
serviteurs ou agents, ou par toute autre personne agissant
par une autorisation écrite de lui pendant une période ne
dépassant pas une année avant la date de sa pétition, ne soit
pas considéré comme un emploi public suivant l'acception de
cet acte.

*L'inventeur ayant obtenu des lettres patentes anglaises devra
former sa demande dans les douze mois de la mise en vigueur
du présent acte ou de la date des lettres patentes. — L'invention qui n'aura pas été publiquement employée ou connue
dans l'Inde au moment de la demande des lettres patentes
devait être considérée comme nouvelle. — De ce qui doit être*

*mentionné dans la pétition. — De la durée du privilége
exclusif.*

Art. 20. — Si un inventeur qui, avant de faire la demande
pour être admis à déposer la spécification d'une invention suivant cet acte, a obtenu des lettres patentes de Sa Majesté pour
l'emploi exclusif de cette invention dans le Royaume-Uni ou
dans une partie quelconque du Royaume-Uni, a, avant l'expiration de douze mois, à partir de la mise en vigueur de cet
acte ou avant douze mois, à partir de la date de ces lettres
patentes, présenté au gouverneur général de l'Inde, en son
conseil, une pétition à l'effet d'être autorisé à déposer une
spécification de cette invention (laquelle pétition devra être
écrite dans la forme et aux effets mentionnés dans l'appendice),
l'invention sera considérée comme nouvelle dans l'acception
de cet acte, si elle n'était pas publiquement connue ou employée dans l'Inde, à la date ou avant la date de la pétition
pour ces lettres patentes, quoiqu'elle ait pu avoir été publiquement connue ou employée dans quelque partie du Royaume-Uni ou dans l'Inde avant le moment de la demande formée
conformément à cet acte, pourvu que cette pétition mentionne
que ces lettres patentes ont été accordées et qu'elle fasse mention également de la date et de la durée qui lui ont été assi-
gnées; pourvu aussi qu'un privilége exclusif obtenu, dans les
termes de cet acte, par un inventeur qui a obtenu des lettres
patentes de Sa Majesté pour l'emploi exclusif de cette invention
cesse d'avoir effet si ces lettres patentes sont révoquées ou
annulées, et que ce privilége exclusif ne s'étende pas au-delà
du terme accordé pour ces lettres patentes, sauf le cas où elles
soient renouvelées, auquel cas le privilége exclusif peut être
renouvelé, suivant cet acte, pour toute la durée de cette prolongation ou une partie quelconque de cette durée.

*De la sauvegarde des droits des personnes ayant fait emploi
d'une invention avant le 7 juillet 1855.*

Art. 21. — Un privilége exclusif, obtenu suivant cet acte,

n'autorisera pas le titulaire de ce privilége à empêcher toute personne d'employer l'invention qui, avant le septième jour de juillet 1855, en a fait usage dans l'Inde.

Des poursuites en contrefaçon.

ART. 22. — Des poursuites en contrefaçon pourront être intentées par un inventeur contre toute personne qui, pendant la durée d'un privilége exclusif accordé par cet acte, aura, sans l'autorisation dudit inventeur, fabriqué, employé, vendu ou mis en pratique ladite invention ou qui la contrefera ou l'imitera, pourvu qu'aucune de ces poursuites ne soit maintenue en aucune autre cour que la cour principale de juridiction originale pour matières civiles dans les limites locales de laquelle la cause de poursuites incombera ou dans laquelle le défendeur résidera comme habitant à demeure.

Une faute dans la spécification ou dans la pétition ou le manque de nouveauté dans l'invention, etc., ne sera pas accepté comme une défense contre les poursuites en contrefaçon. — L'emploi réel d'une invention dans l'Inde ou le Royaume-Uni avant la date de la pétition, sera une défense contre ces poursuites.

ART. 23. — Pour motif de la défense, il ne sera pas admis qu'il y avait vice ou insuffisance dans la spécification, ou que la pétition originale ou toute pétition postérieure ayant rapport à l'invention, ou que la spécification originale ou toute spécification révisée contiennent un exposé frauduleusement ou volontairement inexact, ou que l'invention n'est pas utile, et on n'admettra pas non plus pour la défense que le plaignant n'était pas l'inventeur, à moins que le défendeur ne prouve qu'il est le véritable inventeur ou qu'il a obtenu de lui le droit de faire emploi de l'invention, soit en totalité, soit partiellement. Mais tout procès pourra être défendu en invoquant comme motif que l'invention n'était pas nouvelle si la personne établissant la défense ou quelque personne sur laquelle elle fonde ses prétentions a, avant la date de la pétition, publiquement et actuellement employé dans l'Inde ou dans quelque partie du Royaume-Uni, l'invention ou la partie de l'invention dont la contrefaçon aura été prouvée, mais pas autrement.

Compétence des cours suprêmes pour déclarer que le privilège exclusif n'a pas été acquis sur les motifs suivants. — L'invention d'aucune utilité. — L'invention pas nouvelle. — Le pétitionnaire n'étant pas l'inventeur. — L'invention n'ayant pas été décrite dans la spécification. — Fraude dans la pétition ou dans la spécification. — Exposé frauduleusement inexact dans la pétition ou dans la spécification. — Description insuffisante d'une partie de l'invention dans la spécification.

ART. 24. — Il sera loisible à toute personne de présenter une requête à une cour de justice quelconque de Sa Majesté, à l'effet de démontrer pour quelle raison la Cour doit déclarer qu'un privilège exclusif ayant rapport à une invention n'a pas été acquis suivant les conditions de cet acte, en raison de toutes ou d'une quelconque des objections suivantes (qui devront être spécifiées dans la requête), à savoir : — Que ladite invention n'est d'aucune utilité, ou que ladite invention n'était pas, au moment de la présentation de la demande de dépôt de spécification nouvelle, dans l'acception de cet acte, — ou que le pétitionnaire n'en était pas l'inventeur, — ou que la spécification déposée ou la spécification révisée (s'il en existe) ne décrit pas et ne spécifie pas complétement la nature de l'invention ou de quelle manière elle doit être mise en pratique, — ou que le pétitionnaire a sciemment ou frauduleusement inséré dans la pétition ou dans la spécification révisée, comme partie de son invention, quelque chose qui n'était pas nouveau ou dont il n'était pas l'inventeur, — ou que la pétition originale ou toute pétition postérieure ayant rapport à l'in-

vention, ou la spécification originale ou toute spécification postérieure, contient un exposé inexact fait à dessein ou frauduleusement, — ou partie de l'invention ou la manière dont cette
partie doit être mise en pratique telle qu'elle est décrite dans
la spécification déposée ou dans la spécification révisée, n'est
pas suffisamment décrite et spécifiée, et que ce défaut ou insuffisance était frauduleux ou nuisible au public.

De la demande semblable quant à une partie d'une invention.

ART. 25. — Toute personne peut, de la même manière, s'a-
dresser à une cour de justice quelconque de S. M., afin de
démontrer pour quelle raison la Cour doit déclarer qu'un
privilége exclusif n'a pas été acquis suivant les conditions de
cet acte, quant à une partie quelconque de l'invention à spécifier dans la requête, en raison de toutes ou de certaines des
objections suivantes (à spécifier dans l'adresse), à savoir : —
Que telle partie de l'invention est complétement distincte de
l'autre partie et n'est d'aucune utilité, — ou que telle partie
de l'invention n'était pas, à la date de la pétition, une invention nouvelle dans l'acception de cet acte, — ou que le pétitionnaire n'était pas l'inventeur de cette partie de l'invention,
— ou que cette partie de l'invention et la manière dont elle
doit être mise en pratique n'est pas suffisamment décrite et
indiquée dans la spécification déposée ou dans la spécification
révisée, et que ce défaut ou insuffisance est nuisible au public.

Du droit de l'avocat-général en cas d'infraction aux conditions
spéciales.

ART. 26. — Il sera loisible à l'avocat-général à une des prési-
dences quelconques du fort William, dans le Bengale, du
fort Saint-George et de Bombay, ou à toute autre personne,
par ordonnance du gouverneur général, en son conseil, de
présenter à une des cours de justice quelconque une requête
appelant le pétitionnaire, ses exécuteurs testamentaires, ad-

ministrateurs ou ayant-droit, à justifier en quoi l'infraction
d'une des conditions spéciales sur lesquelles l'autorisation de
déposer la spécification a été accordée, ou tout autre point de
fait dont peut dépendre la révocation du privilége exclusif
par le gouverneur général, en son conseil, d'après les pouvoirs ci-dessus réservés, ne doit pas être mis en jugement
dans les formes d'une question de droit dirigée par ladite
cour; et si la question est admise, la cour, à moins qu'elle
n'admette l'infraction ou tout autre point de fait, peut ordonner que la question de droit soit mise en jugement et certifier
le résultat de ce procès au gouverneur général en son conseil;
les frais de ce procès, ainsi que ceux de toutes procédures
quelconques dans une desdites cours de justice, suivant les
clauses de cet acte, seront dans les attributions de la cour.

De l'avis à donner des procédures à toutes personnes
intéressées.

ART. 27. — Avis de toute ordonnance obtenue ou procédure
effectuée en vertu d'un des trois articles précédents sera donné
à toutes personnes propriétaires apparents ou possédant une
part ou un intérêt dans le privilége exclusif, suivant les
clauses de l'article 35 de cet acte ; mais il ne sera pas nécessaire d'en donner avis à aucunes autres personnes.

La Cour suprême peut rendre une ordonnance pour mise en
jugement à d'autres Cours.— Mise en jugement nouveau.

ART. 28. — L'une desdites cours de justice, si elle le juge
à propos, peut émettre une ordonnance pour la mise en jugement, devant la même cour ou toute autre cour de justice,
ou une cour principale quelconque de justice originale en
matières civiles sur toute question de fait résultant d'une
instance suivant les articles 24, 25 ou 26 de cet acte, et cette
ordonnance sera mise en jugement d'une manière sommaire,
et si l'ordonnance est adressée à toute autre cour, la sentence

sera certifiée par la cour devant laquelle elle a été jugée, à la cour émettant l'ordonnance. Si l'ordonnance est renvoyée à une cour de justice quelconque, la cour par laquelle elle est jugée peut, avant que la sentence soit rendue, ordonner une nouvelle mise en jugement de cette ordonnance, suivant les formes et procédures ordinaires de cette cour. Si l'ordonnance est renvoyée devant une cour autre qu'une cour de justice, la sentence ne sera pas sujette à appel, mais le témoignage donné pendant le jugement sera inscrit, et une copie, certifiée par le juge, sera transmise, avec toutes les observations qu'il jugera à propos de faire à ce sujet, à la cour par laquelle l'ordonnance était émise; et cette cour pourra agir sur la décision de la cour qui a jugé la cause ou ordonner une nouvelle mise en cause, si cela paraissait nécessaire.

Du jugement. — Des frais.

Art. 29. — S'il apparaît à l'une desdites cours de justice, aux débats d'une instance introduite dans les termes des articles 24 et 25 de cet acte, que, à raison de certaines objections y mentionnées, ledit privilége exclusif dans l'invention ou dans une partie quelconque de cette invention n'a pas été acquis, la cour rendra jugement en conséquence et fera telle ordonnance quant aux frais de l'instance qu'elle croira juste; et sur ce, le pétitionnaire, ses exécuteurs testamentaires, administrateurs et ayant-droit, cesseront tant que le jugement aura force et vigueur, d'avoir droit à ce privilége exclusif.

De la révision de la spécification par la Cour. — Clause conditionnelle.

Art. 30. — Si la cour, pendant l'audience d'une instance telle que celle susnommée, croit que le pétitionnaire a, dans la description de son invention, dans la pétition ou dans la spécification, ou dans la spécification révisée (s'il en existe) compris quelque objet qui, à la date de la pétition, n'était

pas nouveau ou dont il n'était pas l'inventeur, ou que la
spécification est en un point quelconque défectueuse ou insuffisante, mais que l'erreur, faute ou insuffisance n'a pas
été faite avec intention frauduleuse, la cour pourra décider
que ledit privilége exclusif a été acquis et est valide, sauf en
ce qui regarde la partie entachée d'erreur, faute ou insuffisance ; ou si la cour juge que l'erreur, la faute ou insuffisance
peut être revisée sans préjudice pour le public, elle pourra
adjuger le privilége exclusif comme valable pour la totalité
de l'invention et elle pourra, sous telles conditions qui paraîtront raisonnables, ordonner que la spécification soit révisée
pour une desdites causes ; sur ce, le pétitionnaire, ses exécuteurs testamentaires, administrateurs ou ayant-droit feront,
dans la limite de temps prescrite par ladite cour à cet effet,
le dépôt d'une spécification révisée en accord avec ladite ordonnance, pourvu qu'une telle spécification amendée n'ait pas
pour effet d'étendre ou d'élargir le privilége exclusif antérieurement acquis.

L'exposé inexact dans la pétition, s'il n'est pas frauduleux,
ne fera pas annuler le privilége.

Art. 31. — Un privilége exclusif ne sera pas annulé par le
motif que la pétition contient un exposé inexact, à moins que
cet exposé inexact ne soit fait à dessein et frauduleusement.

De l'inscription dans le registre des jugements, etc., déclarant
que le privilége n'a pas été acquis.

Art. 32. — Toutes les fois qu'il sera jugé par une desdites
cours de justice qu'un privilége exclusif, quant à la totalité
ou une partie d'une invention, n'a pas été acquis, le secrétaire du gouvernement de l'Inde en fera, sur la production du
jugement ou ordonnance, faire une inscription dans le livre
qui doit être tenu comme il a été ci-dessus mentionné, et il
fera faire un renvoi de cette inscription en marge de l'entrée
de la spécification contenue dans ledit livre.

*Du cas dans lequel le vrai inventeur a droit à un privilége
exclusif obtenu en fraude.*

Art. 33.— Si, sur des poursuites intentées dans les deux ans
à partir de la date d'une pétition pour déposer une spécification, le vrai inventeur prouve à la satisfaction de la cour principale ayant juridiction en matières civiles dans les limites locales de juridiction de laquelle le défendeur résidera comme
habitant à demeure, que le pétitionnaire n'était pas le véritable inventeur, et qu'au moment de la pétition il savait ou
avait bonne raison pour croire que la connaissance de l'invention était obtenue par lui ou par quelque autre personne subrepticement ou en fraude du véritable inventeur, ou au
moyen d'une communication qui lui aurait été faite de confiance par le véritable inventeur, ou qui aurait été faite à
toute autre personne de laquelle il en aurait obtenu connaissance, la cour pourra obliger le pétitionnaire à rétrocéder au
véritable inventeur tout privilége obtenu sous cet acte, et à
rendre compte des bénéfices qu'il aura faits et à en faire la
restitution.

Note motivée à remettre.

Art. 34.—Dans toutes poursuites en contrefaçon d'un privilége exclusif, le plaignant déposera, avec la plainte, le détail
des infractions signalées dans lesdites poursuites, et le défendeur remettra un exposé par écrit et détaillé des motifs (s'il
en existe) sur lesquels il entend s'appuyer pour prouver que
le plaignant n'a pas droit à un privilége exclusif dans l'invention. De la même manière sur toute instance devant l'une
desdites cours de justice, suivant les articles 24, 25 et 26 de
cet acte, le demandeur remettra le détail des motifs sur lesquels il a l'intention de se baser. A l'audience d'un tel procès
ou question de droit, on n'admettra aucun témoignage en foi
d'une contrefaçon supposée, ou d'une objection quelconque

portant atteinte à la validité de ce privilége exclusif qui ne
sera pas contenu dans les détails remis comme il a été dit ci-
dessus. S'il est avancé que l'invention était publiquement
connue ou employée avant la date de la pétition tendant à
obtenir l'autorisation de déposer cette spécification, les en-
droits où et la manière par laquelle l'invention était ainsi publiquement connue ou employée, seront mentionnés dans ces
conclusions. Pourvu toutefois qu'il soit légal pour la cour devant laquelle les poursuites seront pendantes ou devant laquelle
la question de droit sera jugée, de permettre au plaignant ou
au défendeur respectivement, d'amender les conclusions remises, comme il a été ci-dessus dit, dans des termes qui seront considérés convenables.

Signification des procédures.

Art. 35. — Un livre sera tenu au bureau du secrétaire du
gouvernement de l'Inde au département de l'intérieur (ledit
livre devant être accessible au public gratuitement), dans lequel toute personne déposant une spécification suivant cet
acte, ou toute personne à laquelle le privilége exclusif peut
être cédé, fera mention du lieu situé dans l'Inde où l'avis d'une
ordonnance ou de procédures tendant à l'annulation ou révocation de son privilége exclusif pourra lui être donné, il fera
faire un renvoi à chaque élection de domicile ainsi opérée en
marge de l'inscription de la spécification ; il pourra également
en tout temps faire substituer tout autre lieu de l'Inde par
une inscription et un renvoi semblables. Toutes les ordonnances et procédures seront considérées comme suffisamment
exécutées si une copie en est laissée au domicile élu dans ce
livre ou (si tout autre endroit a été substitué au premier par
une inscription dans ledit livre) à l'endroit substitué en dernier, en remettant ces pièces à toute personne y résidant, ou
à la garde de laquelle cet endroit est confié ; ou s'il n'y réside
personne et que personne ne l'ait en garde, ou si cet endroit

ne se trouve pas dans les limites locales de la juridiction de
la cour, en faisant envoyer cette ordonnance ou procédure
par la poste, dans une lettre chargée, adressée à cette personne, et à cet endroit; et si l'on négligeait de faire où de
faire faire cette élection de domicile, alors l'avis des ordonnances ou procédures peut être effectué en en affichant une
copie dans quelque endroit visible de la cour ou de toute
autre manière qu'il plaira à la cour d'ordonner.

L'acte 6 de 1856 doit avoir effet quant à certaines spécifications
déposées et actes faits.

Art. 36. — L'acte VI de 1856 aura la même force et effet
quant à toute pétition et spécification déposées suivant ses
clauses avant qu'il ne fût révoqué, et en ce qui regarde toute
procédure à ce sujet ou y ayant rapport, et pour l'effet de
tout ce qui a été fait en vertu de cet acte pendant qu'il était en
vigueur, comme si, préalablement à la mise en vigueur dudit
acte, la sanction de Sa Majesté avait été obtenue et signifiée
suivant le statut rendu dans la dix-septième année du règne
de Sa Majesté, intitulé : « Un acte pour pourvoir au gouvernement de l'Inde, » et comme si ledit acte n'avait pas été révoqué, et le terme de tout privilége exclusif obtenu suivant
ledit acte, est par ce fait étendu et continuera jusqu'à l'expiration de quatorze ans, à dater du moment de la mise en vigueur de cet acte. Aucun privilége exclusif obtenu suivant
ledit acte par un importateur qui n'est pas le véritable inventeur ne cessera d'avoir effet en vertu des clauses de l'article
16 dudit acte, si l'invention est mise en pratique dans l'Inde
dans la période de deux ans à dater du moment où le présent
acte a été émis.

Du timbre des pétitions.

Art. 37. — Toute pétition tendant à obtenir l'autorisation
de déposer une spécification suivant les clauses du présent

acte ou pour l'extension du terme d'un privilége exclusif, sera écrite ou imprimée sur du papier de la valeur de cent roupies (250 francs).

De l'interprétation.

ART. 38. — Dans l'interprétation du présent acte, les mots et expressions suivants auront les significations qu'on leur assigne ci-dessous, à moins qu'il n'y ait quelque chose dans le sujet ou dans le texte qui répugne à pareille interprétation. (Suit une nomenclature des mots et expressions avec le sens qui doit y être attaché; la seule interprétation qui nous paraisse mériter d'être relevée est celle concernant le mot *manufacture* qui a été employé dans l'article 1er; elle est ainsi conçue :) le mot « *manufacture* » doit être considéré comme comprenant tous arts, procédés, manière de produire, de préparer ou faire un objet, et aussi tout objet préparé ou produit par un travail de l'homme (manufacture).

Nous, Victoria, R., etc., prenant cet acte proposé en notre royale considération, y avons donné par ces présentes notre sanction royale.

Donné à notre cour à Osborne, le dix-neuvième jour de mars, dans l'année de Notre-Seigneur mil huit cent cinquante-neuf, et dans la vingt-deuxième année de notre règne.

PAR LA REINE,
Signé STANLEY.

Acte pour compléter et amender les lois relatives à la propriété des dessins d'ornement pour les produits de l'industrie. (Statuts 5 et 6 de la reine Victoria, chap. 100.)

1. — Attendu que, par plusieurs actes mentionnés dans le tableau A annexé au présent, il a été accordé à toutes les fabriques de tissus qui y sont désignées le droit exclusif de se servir des dessins d'impression leur appartenant, et dont la nouveauté sera reconnue, pendant une période de trois mois; et

attendu que, par l'acte mentionné dans le tableau B annexé
au présent, il a été accordé, pour tous les articles quelconques,
à l'exception seulement des passementeries et des articles non
compris dans les termes des actes ci-dessus relatés, le droit
exclusif de propriété sur tous les dessins nouveaux et originaux, pendant le temps fixé pour les différents articles ; mais,
attendu que la protection accordée par lesdits actes relativement à l'application des dessins à certains produits·industriels,
est insuffisante ; il convient d'étendre cette protection, mais
sous les restrictions et réserves ci-après exprimées ; Par ces
motifs, et dans le but de compléter les dispositions desdits
actes, il est ordonné par Sa Majesté la reine, de l'avis et du
consentement des lords spirituels et temporels, et des communes, assemblés en ce Parlement, que le présent acte commencera à recevoir son exécution, le 1er septembre 1842, et
que tous les actes mentionnés dans les tableaux A et B sont et
demeureront définitivement abrogés.

2. — Toutefois, et nonobstant l'abrogation desdits actes,
tous les droits acquis sous l'empire de ces actes seront maintenus jusqu'à leur expiration ; et toutes les atteintes portées à
ces droits avant l'époque où le présent acte recevra son exécution, donneront lieu à toutes les peines et actions, octroyées
par lesdits actes, qui seront applicables, comme s'ils n'avaient
pas été abrogés. Mais les atteintes et les usurpations commises
depuis la mise à exécution du présent acte seront punies des
peines et réparations édictées par le présent acte, comme si
le droit exclusif avait été conféré sous l'empire de cet acte.

3. — A l'égard de tous dessins nouveaux et originaux (à
l'exception des modèles de sculpture et autres, désignés dans
les différents actes mentionnés dans le tableau C annexé au
présent), soit qu'ils servent à l'ornement d'un article de fabrication, ou d'une substance artificielle, ou naturelle, ou en
partie artificielle et en partie naturelle, ou qu'ils déterminent
la forme même et la configuration extérieure, ou qu'ils servent à l'ornement de cette forme, ou à deux ou plusieurs fins ;
et quel que soit le mode par lequel ils aient été obtenus, que

18

ce soit par l'impression ou par la peinture, la broderie, le tissage, la couture, le moulage, le coulage, la gravure, ou par
tous autres procédés, manuels, mécaniques ou chimiques,
combinés ou non : il est ordonné par le présent que tout propriétaire de ces dessins, non encore publiés dans le Royaume-
Uni de la Grande-Bretagne et d'Irlande, ni en aucun autre
pays que ce soit, aura le droit exclusif de les appliquer à tous
les articles de fabrication ou d'autres produits obtenus par lui,
à l'intérieur du Royaume, et pendant le temps qui va être ci-
après déterminé, lequel temps commencera à courir de l'époque où les dessins auront été enregistrés conformément à cet
acte.

Pour les dessins appliqués à l'un des articles de fabrication
contenus dans la première, seconde, troisième, quatrième,
cinquième, sixième, huitième et onzième classes, ci-dessous
déterminées, la durée du droit exclusif sera de trois années.

Pour les dessins appliqués aux articles appartenant à la
septième, neuvième ou dixième classe, la durée du droit sera
de neuf mois.

Pour les dessins appliqués aux articles ou substances compris dans les douzième et treizième classes, la durée du droit
sera de douze mois.

Classe 1re. Articles de métal en tout ou partie, ou composés
de métaux mélangés.

Classe 2e. Articles de bois en tout ou partie.

Classe 3e. Articles de verre en tout ou partie.

Classe 4e. Articles de terre en tout ou partie.

Classe 5e. Papiers peints.

Classe 6e. Tapis.

Classe 7e. Châles dont le dessin est obtenu par l'impression ou par tout autre procédé, en vertu duquel les couleurs sont appliquées sur le tissu postérieurement à sa confection.

Classe 8e. Châles non compris dans la classe précédente.

Classe 9e. Laines filées, fils de lin, dont le dessin est obtenu
par l'impression, ou par tout autre procédé en vertu duquel

les couleurs sont appliquées sur le fil postérieurement à sa confection.

Classe 10e. Tissus de lin, de coton, de laine, de soie, ou de deux ou plusieurs de ces matières, dont le dessin a été obtenu par l'impression, ou tout autre moyen en vertu duquel les couleurs sont appliquées après le tissage. On exceptera de cette classe les articles ci-après désignés dans la *classe* 11.

Classe 11°. Tissus de lin, de coton, de laine, de soie, ou de deux ou plusieurs de ces matières, dont le dessin a été obtenu par l'impression, ou tout autre moyen en vertu duquel les couleurs sont appliquées après le tissage, lorsqu'ils sont compris dans la désignation technique de *fournitures* (ameublement) et que le développement du dessin est de plus de douze pouces sur huit.

Classe 12e. Tissus non compris dans les précédentes classes.

Classe 13e. Lacets, passementeries et autres articles non compris dans les classes ci-dessous.

4. — Nul n'aura droit à réclamer le bénéfice de cet acte, pour s'assurer la propriété d'un dessin appliqué à l'un des articles ou substances ci-dessus désignés, si le dessin n'a été, antérieurement à sa publication, enregistré conformément à cet acte, et si, à l'époque de cet enregistrement, l'on n'a eu soin de mentionner spécialement son application à un ou plusieurs des articles et substances compris dans les classes ci-dessus, en spécifiant le numéro de la classe à laquelle s'applique l'enregistrement, et si le nom du déposant n'a été enregistré, conformément à cet acte, comme propriétaire du dessin; si enfin, après la publication du dessin, et sur les articles ou substances auxquels il est appliqué, le propriétaire n'a eu soin d'apposer à une extrémité, s'il s'agit d'un tissu imprimé, à un angle ou extrémité, s'il s'agit de toute autre substance, ou enfin à toute autre place convenable, les lettres « R*d*, » avec le numéro ou la lettre, ou les numéro et lettre, et dans la forme, qui correspondent à la date de l'enregistrement du dessin sur le registre ouvert à cet effet; ces marques peuvent être placées sur les articles ou substances, soit en les

imprimant dans ou sur la matière même dont ils se composent, soit en y attachant des étiquettes portant la marque applicable à chaque objet.'

5. — L'auteur d'un dessin nouveau et original sera considéré comme en étant le propriétaire, à moins qu'il ne l'ait exécuté au compte d'une autre personne, pour un motif valable et légitime, auquel cas celle-ci sera considérée comme propriétaire, et aura le droit de faire enregistrer son nom à la place de l'auteur; et toute personne qui, pour un motif valable et légitime, acquerra un dessin nouveau et original et le droit de l'employer à orner un ou plusieurs articles, ou une ou plusieurs substances, à l'exclusion de toutes personnes ou autrement, et aussi toute personne à qui pourra être transmise la propriété du dessin ou le droit de l'appliquer, jouira de cette propriété sous les conditions et dans toute l'étendue de son acquisition, sans pouvoir la dépasser.

6. — Toute personne qui achète ou acquiert, de quelque autre manière que ce soit, le droit à l'usage entier ou partiel d'un dessin, peut faire inscrire son titre au registre dont il est parlé au présent acte, et tout écrit ayant pour but de transférer la propriété d'un dessin, et signé par le propriétaire de ce dessin, vaudra comme cession effectuée; et le préposé de l'enregistrement (*registrar*), sur la requête de l'intéressé, et la production de l'écrit, ou, en cas d'acquisition par un autre mode que celui de vente, sur la production de toute preuve qu'il jugera suffisante, inscrira le nom du nouveau propriétaire sur ledit registre; et la cession et la requête au préposé de l'enregistrement seront rédigées dans la forme suivante :

Formule de cession et d'autorisation d'enregistrer.

« Je, A. B., auteur (ou propriétaire) du dessin portant le
nᵒ   , ayant transféré mon droit sur ce dessin (ou, si la
cession est partielle), pour ce qui concerne l'ornementation
de (ici la désignation des articles industriels ou substances ou

de la localité pour lesquels la jouissance du dessin a été cédée), à B. C. de   , vous autorise à inscrire son nom sur le registre des dessins, conformément à cette cession. »

Formule de requête au préposé de l'enregistrement.

« Je, B. C., désigné dans l'acte de cession ci-dessus, vous prie d'enregistrer mon nom et mon droit de propriété sur ledit dessin (si la cession est totale) pour l'usage entier dudit dessin, (si elle est partielle), pour l'usage partiel de ce dessin, et en ce qui concerne les objets auxquels j'ai droit de l'appliquer (ici la désignation des articles ou de la localité pour laquelle le dessin a été cédé). »

Si la requête au préposé de l'enregistrement est adressée par une personne à laquelle la propriété du dessin est acquise par tout autre mode que la vente, elle sera dans ce cas rédigée ainsi qu'il suit :

« Je, A. B., à qui a été transmis (par suite de faillite ou de toute autre manière) le dessin portant le n°   (ou, si cette transmission n'est que de partie du droit), en ce qui concerne l'application de ce dessin à   (ici la désignation des produits industriels ou substances, ou de la localité pour lesquels le droit a été spécialement transmis). »

7. — Pour prévenir la contrefaçon des dessins enregistrés, il est arrêté que, pendant toute la durée du droit à l'usage entier ou partiel d'un dessin, personne ne pourra faire ou faire faire l'un des actes ci-après énoncés, à l'égard des produits industriels ou des substances, auxquels s'adresse particulièrement le droit d'exploitation exclusive du dessin, sans la permission ou le consentement par écrit du propriétaire du dessin, protégé par l'enregistrement, savoir :

Personne ne pourra employer le dessin, ou une imitation frauduleuse de ce dessin, à l'ornementation de produits industriels, ou de substances, artificielles ou naturelles, ou partie artificielles et partie naturelles, destinées à la vente.

Personne ne pourra vendre, publier ou exposer pour la vente, un produit industriel ou une substance, à laquelle ce dessin ou une imitation frauduleuse de ce dessin aura été appliquée, après avoir reçu, soit verbalement, soit par écrit, soit encore de toute autre manière, d'autre source que du propriétaire, l'avis que celui-ci n'a pas consenti à l'emploi de son dessin, ou après avoir reçu du propriétaire lui-même ou de son agent une notification expresse et par écrit.

8. — Toute personne qui se rendra coupable d'une des contraventions ci-dessus sera passible, pour ce fait, d'une amende qui ne pourra être moindre de cinq livres, ni excéder trente livres, au profit du propriétaire du dessin, dont le droit a été usurpé de la sorte, et ledit propriétaire poursuivra le paiement de l'amende de la manière suivante :

En Angleterre, soit par une action en recouvrement de créance (*action of dept*), contre la partie contrevenante, soit par procédure sommaire devant deux juges de paix, ayant juridiction dans le lieu du domicile du contrevenant, et, si le propriétaire du dessin agit par procédure sommaire, tout juge de paix compétent dans le comté, le district, la province, la cité ou le bourg où réside le contrefacteur, et qui n'est pas lui-même intéressé dans la fabrication ou la vente de produits industriels, ou dans la propriété du dessin qui fait l'objet de la procédure sommaire, peut délivrer une sommation qui ordonne à la partie de comparaître aux lieu, jour et heure qui seront déterminés dans la sommation, le délai ne pouvant être de moins de huit jours, à compter de la date de ladite sommation ; la sommation devra être remise à la partie contrevenante, soit personnellement à elle-même, soit au lieu de sa résidence habituelle ; et soit que la partie contrevenante comparaisse ou non, deux ou un plus grand nombre de juges de paix peuvent procéder à l'audition de la plainte, et, si l'usurpation est prouvée, soit par l'aveu même de la partie contrevenante, soit par la déposition et le serment d'un ou plusieurs témoins dignes de foi, que ces juges sont autorisés à entendre, ils peuvent condamner le contrefacteur à une

amende qui ne pourra être moindre de cinq livres, ni dépasser
trente livres, ainsi qu'il est dit plus haut, pour chaque contravention, et selon qu'ils le jugeront convenable; mais, dans
tous les cas, l'ensemble des condamnations pour contraventions, relatives à un seul dessin, commises par une seule personne, jusqu'au jour où la procédure aura été entamée, ne
pourra excéder la somme de cent livres; si le montant de la
condamnation, ou des condamnations, et des frais de jugement réglés par les juges de paix, n'est pas immédiatement
payé, le montant de la condamnation ou des condamnations
et des frais du procès et de ceux de la saisie et de la vente,
sera recouvré au moyen de la saisie et de la vente des meubles et effets du contrefacteur, partout où ils pourront se
trouver en Angleterre, et les juges devant lesquels la partie a
été condamnée, ou, sur les pièces établissant la condamnation, deux juges de paix compétents dans le comté, le district,
la province, la cité ou le bourg d'Angleterre, où se trouveront les meubles et effets du contrefacteur, délivreront un
warrant pour la saisie et la vente; le surplus, s'il y en a,
sera rendu au propriétaire des meubles et effets, sur sa demande; et toutes informations et condamnations qui seront
formulées dans la procédure sommaire devant deux juges de
paix, conformément à cet acte, seront rédigées dans les termes
suivants, sauf les modifications nécessaires, selon les cas.

Formule d'information.

« On est informé que le   18 , à   , dans le
comté de   , A. B., de   , dans le comté de   , (ou
C. D., de   , dans le comté de   , sur la demande et
pour le compte de A. B., de   , dans le comté de
), s'est présenté devant nous   , et   , deux
des juges de paix de Sa Majesté, dans et pour le comté de
        , et nous a fait savoir que ledit A. B., avant et à l'é-
poque où la contrefaçon ci-après énoncée a été commise, était
propriétaire d'un dessin nouveau et original pour   (ici

la description du dessin), et que dans les douze derniers mois
le   à   dans le comté de   , E. F., de   ,
dans le comté de   , s'est rendu coupable de
(ici l'énoncé des faits de contrefaçon), contrairement au texte
de l'acte passé dans la   année du règne de Sa Majesté actuelle, intitulé : « Acte pour compléter et amender les
lois relatives à la propriété des dessins d'ornements pour les
produits de l'industrie. »

Formule de condamnation.

« On est informé qu'à la date du   ·   , à   ,
dans le comté de   , E. F., de   , dans le comté
de   , a été condamné par nous   , et
           deux des juges de Sa Majesté dans ledit comté, pour
ce fait que ledit E. F., à la date du   , de l'année
       , à   , dans le comté de   , a commis
       (ici l'énoncé des faits de contrefaçon), contrairement au
texte du statut rendu et rédigé pour cette matière, et nous lesdits juges, avons jugé que ledit E. F., pour cette contrefaçon,
doit payer la somme de   , audit A. B. »

En Ecosse, par une action devant la cour de session dans la
forme ordinaire, ou pour une action sommaire devant le sheriff du comté dans lequel la contravention a été commise, ou
dans lequel réside le contrevenant, lequel sheriff, lorsqu'il
aura la preuve de la contravention ou des contraventions, soit
par l'aveu de la partie contrevenante, soit par la déposition et
le serment d'un ou plusieurs témoins dignes de foi, condamnera le contrefacteur et le déclarera soumis à l'amende ou
aux amendes dont le montant est fixé ci-dessus, ainsi qu'au
paiement des dépens ; et le sheriff pourra, en prononçant cette
condamnation à l'amende et aux dépens, insérer dans son jugement un warrant, pour permettre, au cas où l'amende et
les dépens ne seraient pas payés, d'en poursuivre et d'en recouvrer le montant.

Il est bien entendu que le sheriff pourra toujours, s'il déclare l'action mal fondée, et s'il absout le défendeur, condamner le plaignant aux dépens; tout jugement prononcé dans ces termes par le sheriff dans une procédure sommaire sera définitif, et ne sera pas sujet à révision par évocation, suspension, réduction, ou tout autre mode.

En Irlande, soit par une action devant une cour supérieure de Dublin (court of law), ou par un bill civil devant la Cour du bill civil du comté ou du lieu où la contrefaçon a été commise.

9. — Il est entendu qu'indépendamment des actions accordées par le présent acte pour le recouvrement des amendes, le propriétaire dont le droit a été lésé aura toujours la faculté, s'il préfère en user, d'intenter telle action qu'il se croira fondé à soutenir pour la réparation du dommage dont il a souffert, soit par l'application du dessin, ou d'une imitation frauduleuse de ce dessin, à des produits industriels ou à des substances, avec intention de les vendre, soit par la publication, la vente ou l'exposition pour la vente, comme il est dit ci-dessus, d'articles ou de substances auxquels ledit dessin ou une imitation frauduleuse ont été appliqués, le vendeur sachant bien d'ailleurs que le propriétaire du dessin n'avait pas autorisé cette application.

10. — Dans toute poursuite en équité intentée par le propriétaire d'un dessin, ou par une personne légalement fondée, et relativement à ce dessin, s'il demeure établi, pour le juge chargé d'en connaître, que le dessin a été enregistré au nom d'une personne qui n'en est pas propriétaire ou qui n'est pas légalement fondée, il sera compétent pour ordonner par un décret ou une ordonnance rendue au procès, soit que l'enregistrement sera radié, auquel cas il devient entièrement nul, soit que le nom du propriétaire ou de toute personne légalement autorisée à se servir du dessin sera substitué, sur le registre, au nom de la personne à qui la propriété a été attribuée faussement, et ce, en la manière déterminée ci-dessus pour le cas de cession d'un dessin, et il pourra également ordonner tout ce qu'il jugera convenable relativement aux frais de ra-

diation ou de substitution, et à toutes autres dépenses nécessitées par cette opération; et le préposé de l'enregistrement
est dès à présent autorisé et requis, après réception d'une
copie officielle du décret ou de l'ordonnance, et après paiement de la taxe qui lui est due, de se conformer à la teneur
du décret ou de l'ordonnance, et de rayer l'enregistrement ou
d'opérer la substitution selon le cas.

11. — Tant qu'un dessin employé pour orner un article
industriel ou une substance quelconque n'aura pas été enregistré comme il est dit ci-dessus, et tant que le dessin ainsi
enregistré n'aura pas été employé à orner un article d'industrie ou une substance dans le Royaume-Uni de la Grande-
Bretagne et d'Irlande, et aussi après que la propriété du dessin relativement auxdits articles et substances aura pris fin
par suite de l'expiration du délai, il ne sera pas permis de
placer sur de semblables articles ou substances, en la manière
déterminée ci-dessus au sujet des articles ou substances
auxquelles s'applique un dessin enregistré, les marques que
le présent acte ordonne d'apposer, ou toutes autres marques
correspondantes ou semblables; et toute personne qui emploiera illégalement de semblables marques, ou qui publiera,
vendra ou exposera pour la vente un produit industriel ou
une substance revêtus de marques apposées sans droit, sachant que ces marques ont été employées illégalement, sera
passible, pour chaque contravention, d'une condamnation qui
ne pourra excéder cinq livres et dont le paiement sera poursuivi par toute personne procédant régulièrement par l'uné
des actions ci-dessus établies relativement à la contrefaçon
des dessins.

12. — Il ne pourra plus être intenté d'action ni de procédure d'aucune sorte pour une usurpation ou dommage, lorsqu'il se sera écoulé douze mois entiers depuis l'époque où la
contrefaçon a eu lieu; dans toute action ou autre procédure,
la partie qui obtiendra gain de cause aura droit au recouvrement de ses frais.

13. — En cas de procédure sommaire devant deux juges

de paix en Angleterre, ces juges sont autorisés à adjuger le paiement des frais à la partie qui obtient gain de cause, et à délivrer un warrant pour contraindre le demandeur, s'il succombe, à payer lesdits frais, de la manière qui est ci-dessus déterminée pour le recouvrement des amendes et dépens contre les contrevenants.

14. — Et pour l'enregistrement des dessins pour les produits industriels, afin de s'assurer la protection garantie par cet acte, il est arrêté que les lords de la commission du conseil privé pour les affaires du commerce et des colonies pourront désigner un préposé à l'enregistrement (*registrar*) des dessins d'ornements, et, s'ils le jugent convenable, un commis-préposé (*deputy registrar*), des clercs et autres employés; et ces préposé, commis-préposé, clercs et employés, rempliront leurs fonctions tout le temps que le jugeront convenable les lords de ladite commission; les commissaires du trésor fixeront de temps en temps le salaire ou traitement desdits préposé, commis-préposé, clercs et employés; et les lords de ladite commission pourront, en observant les dispositions du présent acte, publier des règlements pour l'accomplissement des fonctions de l'office dudit préposé; et ledit préposé aura un sceau spécial à son office.

15. — Et il est arrêté que ledit préposé n'enregistrera un dessin d'ornement pour les produits industriels et substances, que lorsqu'il lui aura été remis deux copies, dessins ou gravures dudit dessin d'ornement, avec le nom de la personne qui en réclame la propriété, ou la marque commerciale de cette personne, l'adresse de son domicile ou du lieu où elle a établi ses affaires, ou toute adresse où elle peut résider, et le numéro de la classe dans laquelle elle veut faire enregistrer le dessin; le préposé enregistrera les copies, dessins et gravures par ordre de date, à mesure qu'ils lui seront remis; sur chaque copie, dessin ou gravure, il inscrira un numéro d'ordre, et il gardera l'un des doubles pour être enliassé et conservé dans l'office, et renverra l'autre à la personne qui les aura déposés; et afin qu'il soit facile de retrouver les copies

de dessins enregistrés, il les classera régulièrement, et dressera une table alphabétique particulière à chaque classe.

16. — Sur toutes copies, dessins ou gravures d'un dessin original, ainsi renvoyés au propriétaire, ou reçus à l'office pour être enregistrés, ou pour légalisation de transfert, le préposé de l'enregistrement certifiera, en y apposant sa propre signature, que le dessin a été enregistré conformément à la demande; il certifiera la date de l'enregistrement, le nom du propriétaire enregistré, ou sa marque, ou signature commerciale; avec le lieu de son domicile et celui où il a établi ses affaires, et toute autre adresse où il pourra résider, le numéro du dessin correspondant à son ordre de date; ce certificat, écrit sur le dessin original, ou sur une copie de ce dessin, et signé par le préposé ou le commis-préposé, et scellé du sceau de l'office, sera, en l'absence de preuve contraire, la preuve suffisante :

De l'existence du dessin, et du nom du propriétaire qui l'a fait enregistrer régulièrement ;

Du jour où a commencé la protection garantie par l'enregistrement ;

De l'originalité du dessin ;

Des dispositions générales du présent acte, et des conditions particulières sous lesquelles le certificat peut avoir été rédigé.

Et tout écrit ayant pour but de servir de certificat sera, à défaut de preuve contraire, reçu pour authentique, sans qu'il soit nécessaire de prouver la sincérité de la signature ou du sceau apposés sur la pièce, non plus que d'établir que la personne qui l'a signée était bien le préposé de l'enregistrement ou le commis-préposé.

17. — Toute personne a le droit de prendre connaissance d'un dessin dont la protection est expirée, en payant un droit dont le montant sera fixé par le présent acte, mais, quant aux dessins dont la protection dure encore, ils ne pourront être montrés que par le propriétaire du dessin, ou par une personne qu'il y aura spécialement autorisée par écrit, ou bien par une personne autorisée par le préposé de

l'enregistrement, et, dans ce cas, seulement en présence du préposé ou d'un fonctionnaire de l'office, sans qu'il soit permis de prendre copie du dessin ou de partie de ce dessin, et à la condition de payer un droit dont le montant sera fixé ci-après; il est bien entendu qu'il sera toujours permis audit préposé de délivrer à toute personne qui lui représentera un dessin particulier, avec sa marque d'enregistrement, ou cette marque seulement, un certificat constatant la protection garantie au dessin, si elle dure encore, le produit industriel ou la substance auxquels s'applique le dessin, l'époque de l'expiration de la propriété exclusive, la date de l'enregistrement, et le nom et l'adresse du propriétaire enregistré.

18. — Les commissaires du trésor fixeront de temps en temps le tarif des droits à payer pour les opérations du préposé de l'enregistrement, selon ce qu'ils croiront nécessaire pour subvenir aux dépenses de l'office ; ils fixeront également les salaires du préposé de l'enregistrement et de ses subordonnés; l'excédant, s'il s'en trouve, sera versé au fonds consolidé du Royaume-Uni, et payé à la caisse de l'échiquier de Sa Majesté; les commissaires du trésor régleront la manière d'après laquelle les droits seront perçus, l'endroit où les sommes seront déposées, et les comptes à faire; ils pourront aussi faire remise des droits dans les cas où ils le jugeront convenable ; toutefois les frais pour l'enregistrement d'un dessin destiné à être appliqué aux tissus, désignés ou compris dans les classes 7, 9 ou 10, ne pourront pas excéder la somme d'un shelling; les frais d'enregistrement d'un dessin pour papiers peints n'excéderont pas la somme de dix shellings; et les droits perçus par le préposé de l'enregistrement pour certificats relatifs à l'existence ou à l'expiration du droit de propriété sur les dessins imprimés sur tissus, laine, fil ou chaîne, ou gravés, ou imprimés en relief sur papiers peints, et délivrés aux personnes qui présenteront un échantillon d'une pièce enregistrée, avec la marque d'enregistrement, n'excéderont pas deux shellings six pence.

19. — Il est arrêté que, si le préposé de l'enregistrement

ou l'un de ses subordonnés demande ou reçoit une rémunération quelconque, en argent ou aùtrement, en dehors du tarif
réglé par les commissaires du trésor, il sera passible, pour
chaque contravention de ce genre, d'une condamnation à cinquante livres d'amende au profit de toute personne qui le
poursuivra pour ce fait devant la Cour de l'échiquier à Westminster ; il s'exposera en même temps à être suspendu et privé
de son emploi, et à-être déclaré incapable de remplir aucunes
fonctions dans ledit office, au gré des commissaires du trésor.

20. — Pour l'interprétation du présent acte, il est arrêté
que les termes et expressions suivantes, autant qu'elles ne
sont pas contradictoires avec le texte de l'acte, s'entendront
ainsi qu'il suit : l'expression : « commissaires du trésor, »
s'entend du lord grand trésorier actuel, ou des commissaires
du trésor de Sa Majesté, ou de trois ou un plus grand nombre
d'entre eux ; le singulier comprend le pluriel, le genre masculin comprend le genre féminin.

21. — Le présent acte pourra être amendé ou révoqué par
un autre acte, qui passerait dans la présente session du Parlement.

Acte pour amender les lois relatives à la propriété des dessins.
(Statuts 6 et 7 de la Reine Victoria, chap. 45).

1. — Attendu que, par un acte passé dans les cinquième
et sixième années du règne de Sa Majesté actuelle, intitulé :
Acte pour compléter et amender les lois relatives à la propriété des dessins d'ornement pour les produits de l'industrie,
il a été accordé au propriétaire d'un dessin nouveau et original, sous les restrictions qui sont formulées dans cet acte,
le droit exclusif d'appliquer ces dessins à l'ornementation des
produits industriels et des substances qui y sont désignées,
pendant les périodes de temps respectivement fixées pour
chacun de ces produits et substances; et attendu qu'il est
convenable d'étendre la protection octroyée par ledit acte aux
dessins qui vont être ci-après énumérés, et qui n'ont pas le

caractère d'ornements, comme ceux qui sont indiqués dans ledit acte, il est arrêté par sa très-excellente Majesté la Reine, de l'avis et du consentement des lords spirituels et temporels, et des communes, assemblés en ce parlement, et en vertu de leur autorité, que le présent acte entrera en vigueur le 1er septembre 1843.

2. — Et en ce qui concerne tout dessin nouveau et original pour un produit industriel ayant quelque but d'utilité, toutes les fois que ledit dessin s'appliquera à la forme ou configuration du produit, et soit qu'il s'applique à la forme tout entière, soit à une partie seulement, il est arrêté que le propriétaire d'un semblable dessin, lequel n'aura pas été antérieurement publié dans le Royaume-Uni de la Grande-Bretagne et d'Irlande, ni en aucun autre pays, aura le droit exclusif d'employer ce dessin pour quelque produit que ce soit, et d'exécuter et vendre tout objet comportant le même dessin, pendant une période de trois années, à compter du jour de l'enregistrement du dessin effectué en conformité de cet acte ; il est bien entendu que cette disposition ne s'applique pas aux dessins qui sont immédiatement régis par l'acte sus-relaté, ou par deux autres actes passés dans les trente-huitième et cinquante-quatrième années du règne de Georges III, et intitulés, l'un : Acte pour encourager l'art d'exécuter de nouveaux modèles et moules de bustes, et d'autres objets mentionnés ci-après, et l'autre : Acte pour amender et rendre plus efficace un acte pour l'encouragement de l'art d'exécuter de nouveaux modèles et moules de bustes, et d'autres objets mentionnés ci-après.

3. — Toutefois nul ne sera admis à jouir du bénéfice du présent acte, si le dessin n'a été, avant la publication, régulièrement enregistré, conformément au présent acte, et si le propriétaire du dessin n'a, en cette qualité, fait enregistrer son nom, et si, après la publication du dessin, chaque produit industriel fait sur ce dessin, ou pour lequel ce dessin a servi, ne porte le mot « Registered » (enregistré) avec la date de l'enregistrement.

4. — Lorsqu'un dessin appliqué à un produit industriel
n'aura pas été enregistré, soit d'après les dispositions ci-
dessus, soit d'après les termes de l'acte susmentionné, et
aussi d'après l'expiration du droit de propriété exclusive du
dessin, il ne sera pas permis de placer sur aucun article le
mot « *registered*, » ou d'annoncer pour la vente que l'article
est enregistré ; et toute personne qui, contrairement à la loi,
publiera, vendra, ou exposera, ou annoncera pour la vente
un article revêtu de ce mot, sera passible, pour chaque contravention, d'une amende qui n'excédera pas cinq livres sterling et qui ne pourra être moindre d'une livre, et le paiement
en sera poursuivi par toute personne agissant par l'une des
voies judiciaires ouvertes par cette loi, pour le recouvrement
des dommages contre tout contrefacteur de dessins.

5. — Tous les produits de l'industrie, communément désignés sous la dénomination de *flloor cloths* ou *oil cloths*,
seront dorénavant considérés comme compris dans la classe 6,
de l'acte susmentionné, et seront enregistrés en conséquence.

6. — Toutes les clauses et dispositions contenues dans ledit
acte susmentionné, autant qu'elles ne sont pas incompatibles
avec les dispositions du présent acte, particulièrement celles
qui ont rapport à la durée de la propriété, à la cession des
dessins, à la contrefaçon des dessins, au mode de poursuite
des pénalités, aux actions en dommages-intérêts, à la radiation ou à la modification des enregistrements, aux restrictions
apportées au droit de poursuite, à l'adjudication des dépens,
aux certificats d'enregistrement, à la fixation et à la demande
des frais d'enregistrement, à la peine pour concussion, s'étendront et seront applicables au présent acte aussi complètement, et pour produire les mêmes effets, que si ces différentes
clauses et dispositions avaient été une à une reprises et répé-
tées dans le corps du présent acte.

7. — Toutes les dispositions dudit acte susmentionné, qui
ont rapport à la nomination d'un préposé à l'enregistrement
(*registrar*) des dessins pour l'ornementation des produits

industriels, et de tous autres employés, ainsi qu'à la fixation
de leurs traitements, sont et demeurent dès à présent abrogées ; et pour mettre à exécution les dispositions du présent
acte, aussi bien que celles dudit acte sus-mentionné, les lords
de la commission du conseil privé pour les affaires du commerce et des colonies pourront nommer un préposé à l'enregistrement des dessins pour les produits industriels, et, si les
lords de la commission le jugent convenable, un préposé en
second, et tous autres employés et commis qui leur paraîtront
nécessaires ; et ce préposé, son second, ces employés et commis rempliront leurs fonctions pendant tout le temps qu'il
plaira aux lords de ladite commission ; le préposé aura un
sceau particulier pour son office, et les commissaires du trésor
de Sa Majesté pourront, de temps en temps, fixer à nouveau
le traitement du préposé et de ces employés, et toutes les
dispositions contenues audit acte sus-mentionné, qui ne sont
point révoquées par le présent, et qui ont rapport au préposé
de l'enregistrement, au commis-préposé, aux clercs et autres
employés qui y sont désignés et nommés, seront considérées
comme devant s'appliquer au préposé de l'enregistrement,
au préposé en second, et aux autres employés et commis dont
il est parlé au présent acte.

8.—Ledit préposé n'enregistrera pas un dessin pour la forme
ou configuration d'un produit industriel, sans qu'il lui ait été
remis deux dessins ou gravures parfaitement exacts représentant le dessin industriel, avec toutes les explications par écrit,
qui peuvent être nécessaires à l'intelligence du dessin, et que
réclamerait le préposé, et avec le titre dudit dessin, et le nom
de toute personne qui s'en prétend propriétaire, et sans avoir
pris la marque ou enseigne commerciale de ce propriétaire,
avec l'adresse de son domicile, celle du siége de ses affaires,
et toute autre adresse qu'il pourra indiquer ; ces dessins et
gravures, avec le titre et l'explication du dessin, et les nom
et adresse du propriétaire, seront réunis sur une feuille de
papier ou de parchemin, et sur un même côté de la feuille ; la
dimension de cette feuille ne devra pas excéder vingt-quatre

19

pouces de long sur quinze de large, et on laissera sur l'une desdites feuilles un espace blanc, du même côté que lesdits dessins, titres, description, nom et adresse, et dont la dimension sera de six pouces sur quatre, à l'effet de recevoir le certificat du préposé; les dessin et gravure seront exécutés sur une échelle convenable; l'explication devra relever la partie ou les parties du dessin (s'il s'en trouve) qui ne seront pas nouvelles; le préposé enregistrera ces dessins et gravures à mesure qu'ils seront reçus par lui; il écrira sur chaque dessin ou gravure un numéro correspondant à l'ordre de succession du registre, et il conservera l'un des dessins ou gravures pour être enliassé et conservé dans l'office, et rendra l'autre à la personne qui les lui a présentés; et afin qu'il soit facile de retrouver les dessins ainsi enregistrés, il tiendra une table des titres de ces dessins.

9. — Lorsque l'on présentera un dessin au préposé pour être enregistré sous l'empire dudit acte susmentionné, et que ledit préposé pensera que ce dessin doit au contraire être enregistré sous l'empire du présent acte, il aura le droit de refuser l'enregistrement du dessin autrement que sous l'empire de cet acte, et en la manière qui y est prescrite; s'il lui semble que le dessin qui lui est apporté pour être enregistré sous l'empire dudit acte susmentionné, ou du présent acte, et qui ne doit point être appliqué à un produit industriel, mais seulement à une étiquette, une enveloppe, ou tout autre objet servant à enfermer ce produit pour être exposé pour la vente, ou que ce dessin est nuisible à l'ordre ou à la morale publique, ledit préposé aura le droit de refuser absolument, s'il le juge convenable, l'enregistrement du dessin; toutefois, les lords de ladite commission du conseil privé, sur la réclamation qui leur sera adressée par le propriétaire du dessin dont l'enregistrement leur aura été absolument refusé, pourront, après examen, ordonner audit préposé d'enregistrer le dessin, auquel cas ledit préposé est tenu d'opérer l'enregistrement.

10. — Toute personne sera admise à consulter la table des titres de dessins qui ne sont point destinés à l'ornementation,

et qui ont été enregistrés, conformément au présent acte, et
d'en prendre des copies, en payant le droit qui sera fixé par
cet acte ; l'on pourra aussi, en payant le droit fixé par cet acte,
examiner les dessins et en prendre des copies; mais on ne
pourra prendre connaissance d'un dessin dont la protection
n'est pas encore expirée, qu'en présence du préposé de l'enregistrement ou de tout autre fonctionnaire délégué pour exécuter les dispositions de cet acte, de même qu'on n'en pourra
prendre copie sans payer les droits dont le montant sera ci-
après fixé.

11. — Pour l'interprétation du présent acte, il est arrêté
que les termes et expressions suivantes devront s'entendre
ainsi qu'il suit : l'expression « Les commissaires du trésor »
s'entend du lord grand-trésorier actuel ou des commissaires
actuels du trésor de Sa Majesté pour la Grande-Bretagne et
l'Irlande, ou de trois ou un plus grand nombre d'entre eux ;
les mots pris au singulier comprendront le pluriel, et le genre
masculin comprendra le genre féminin.

12. — Cet acte peut être révoqué ou amendé par un acte
postérieur qui passerait dans la présente session du Parlement.

Avertissement publié par le préposé de l'enregistrement. —
9 septembre 1853.

L'acte 6 et 7, Vict., chap. 65, s'appliquant seulement à la
forme et configuration extérieures des articles d'utilité, et non
point au mécanisme, au principe, à l'invention ou à l'application (excepté au cas où les mécanismes, principes, etc., sont
dépendants et inséparables de la forme ou configuration), il
ne sera point enregistré de dessin dont la description contienne
la demande d'un privilége pour le mécanisme, le principe,
l'invention et l'application.

Sauf l'exception qui précède, tous les dessins dont les plans
et descriptions sont légalement présentés, seront enregistrés,
avec mention de la nature et de l'étendue du droit de pro-

priété, auquel prétendra le déposant, lesquelles nature et étendue sont laissées entièrement au jugement et à la discrétion du propriétaire du dessin.

Les parties sont instamment priées de lire l'acte avant de se déterminer à faire enregistrer leurs dessins, afin de se bien renseigner sur la nature, l'étendue et la portée de la protection qu'il accorde, et que l'enregistrement ne garantit en aucune façon.

Par ordre du préposé de l'enregistrement. J.-H. Bowen, clerc.

TABLEAU DES DROITS A PAYER.

	TIMBRE.			DROIT.			TOTAL.		
	liv.	sch.	p.	liv.	sch.	p.	liv.	sch.	p.
Enregistrement du dessin.	5	0	0	5	0	0	10	0	0
Certificat d'un ancien enregistrement.	5	0	0	1	0	0	6	0	0
Enregistrement et certificat de cession.	5	0	0	1	0	0	6	0	0
Radiation ou substitution.				1	0	0	1	0	0
Recherche de dessins par volumes, lorsque la propriété est expirée.				0	1	0	0	1	0
Copies de chaque dessin.				0	2	0	0	2	0
Recherche de dessin, dont la propriété n'est pas expirée, chaque..				0	5	0	0	5	0

Acte pour amender et compléter les actes antérieurs relatifs à la propriété des dessins (Statuts 13 et 14 de la reine Vict., chap. 104. — 14 août 1850.)

Attendu qu'il convient d'amender et de compléter les dispositions des actes relatifs à la propriété des dessins, il est arrêté par Sa Majesté la reine, de l'avis et du consentement des lords spirituels et temporels et des communes, assemblés en ce parlement, ce qui suit :

1. — Le préposé à l'enregistrement des dessins, sur la demande du propriétaire d'un dessin qui n'a pas été publié dans le Royaume-Uni de la Grande-Bretagne et d'Irlande, ni

dans aucun autre pays, et qui sera présenté à l'enregistrement conformément à l'acte des dessins de 1842, ou à l'enregistrement provisoire, conformément à l'acte sur la même
matière de 1843 et sur la représentation à lui faite des copies,
dessins, gravures ou description écrite ou imprimée, que ledit
préposé jugera nécessaires pour la désignation précise du
dessin de fabrique dont l'enregistrement est demandé, et après
avoir reçu l'indication exacte des noms, domicile et résidence
de la personne qui se prétend propriétaire du dessin, ainsi que
de sa signature ou raison commerciale, procédera à l'enregistrement du dessin dans les formes qui seront prescrites et ap-
prouvées par le conseil du commerce; le dessin ainsi enregistré sera considéré comme « provisoirement enregistré, » et
l'enregistrement sera valable pendant un an à compter de sa
date. Le préposé certifiera, sous sa propre signature et sous
le sceau de l'office, dans les formes qui seront prescrites et ap-
prouvées par le conseil du commerce, que le dessin a été enregistré provisoirement, en énonçant dans le certificat la date de
l'enregistrement et les noms, demeure et résidence du propriétaire du dessin.

2. — Le propriétaire d'un dessin qui aura été provisoirement enregistré aura, pendant la durée de l'enregistrement,
la propriété exclusive de ce dessin ; les peines prévues par
ledit acte de 1842 sur les dessins pour la répression de la contrefaçon s'appliqueront aux faits d'usurpation ci-après déterminés, aussi complétement que si ces peines étaient de nouveau prononcées par le présent acte, et expressément appliquées à ces mêmes faits, lesquels sont :

1° L'application d'un dessin provisoirement enregistré, ou
l'imitation frauduleuse de ce dessin, sur un produit industriel
ou une substance quelconque;

2° La publication, la vente et la mise en vente d'un produit industriel ou d'une substance quelconque, auxquels
aura été appliqué le dessin enregistré provisoirement.

3. — Pendant la durée de l'enregistrement provisoire, ni
cet enregistrement, ni l'exhibition ou l'exposition d'un dessin

provisoirement enregistré, ou d'un article auquel il aura été ou devra être appliqué, dans un endroit public ou particulier, qui n'est pas ouvert pour la vente et où le public est admis gratuitement, ou dans un endroit qui aura été spécialement désigné par le conseil du commerce pour servir de lieu d'exposition publique dans le sens de cet acte, ni la publication d'une description du dessin dans un catalogue, ou un journal périodique ou autre, ne pourront empêcher le propriétaire du dessin de le faire enregistrer définitivement pendant la durée de l'enregistrement provisoire, dans les mêmes formes et avec les mêmes effets que si l'enregistrement provisoire, l'exposition ou la publication n'avaient pas eu lieu. Toutefois, tout article fabriqué d'après ce dessin, ou exposé du consentement du propriétaire, devra avoir été revêtu des mots « provisoirement enregistré, » avec mention de la date de l'enregistrement.

4. — Si, pendant la durée de l'enregistrement provisoire, le propriétaire d'un dessin enregistré provisoirement, vend, expose ou met en vente un article ou une substance à laquelle ce dessin a été appliqué, l'enregistrement provisoire sera considéré comme nul et non avenu; mais le présent acte ne saurait avoir pour effet d'empêcher le propriétaire de vendre et transférer ses droits sur le dessin.

5. — Le conseil du commerce pourra, par ordonnance délivrée par écrit, et relativement à une certaine classe de dessins, ou à un dessin particulier, prolonger la durée de l'enregistrement provisoire, selon qu'il le jugera convenable, mais sans que la prolongation puisse être de plus de six mois ; et lorsqu'une semblable ordonnance aura été rendue, le dessin sera enregistré à l'office de l'enregistrement des dessins, et pendant la durée de la prolongation accordée, la protection légale et les bénéfices conférés par cet acte, en cas d'enregistrement provisoire, continueront comme si le terme ordinaire d'une année n'était pas expiré.

6. — Le préposé à l'enregistrement des dessins, sur la demande du propriétaire d'une sculpture, d'une copie, d'un

modèle ou moule compris dans la protection légale des actes
sur la propriété des sculptures, et sur la représentation qui
lui sera faite des dessins, copies, gravures ou descriptions
écrites ou imprimées qu'il aura jugés nécessaires pour la spécification exacte de l'objet dont l'enregistrement est demandé,
après avoir pris en outre le nom de la personne qui s'en prétend propriétaire, avec le lieu de son domicile, et celui du
siége de ses affaires, ainsi que son nom ou sa raison de commerce, procédera à l'enregistrement de l'œuvre de sculpture
dans la forme qui sera prescrite ou approuvée par le conseil du
commerce pour la totalité ou pour partie du temps auquel a
été fixée la durée de la propriété des sculptures par les actes
sur cette matière. Lorsque l'enregistrement aura été effectué,
ledit préposé certifiera, sous sa propre signature et sous le
sceau de l'office, dans la forme que ledit conseil aura prescrite ou approuvée, le fait de l'enregistrement, avec sa date,
le nom du propriétaire enregistré, ou sa raison de commerce,
ainsi que le lieu de son domicile et celui de son établissement
commercial.

7.— Si, pendant la durée du droit de propriété sur une sculpture, un modèle ou moule, enregistrés comme il est dit ci-
dessus, quelqu'un exécute ou importe, ou fait exécuter, im-
porter ou mettre en vente une copie contrefaite du même
objet de sculpture, dans des circonstances et d'une manière
qui donnent lieu au profit du légitime propriétaire, à l'action spéciale résultant des actes sur la propriété des sculptures, le contrevenant sera passible pour ces faits d'une
amende qui ne pourra être moindre de cinq livres, ni excéder trente livres, payables au propriétaire de l'objet contrefait ; et, pour le recouvrement de cette amende, le propriétaire
de l'objet contrefait pourra procéder comme s'il s'agissait
de pénalités encourues par application de l'acte des dessins de
1842. Toutefois, le propriétaire d'un objet de sculpture, d'un
modèle, moule, etc., enregistré conformément au présent acte,
ne sera admis à jouir des avantages qu'il accorde, qu'à la condition que chaque exemplaire du modèle de sculpture enregis-

tré, qui sera publié après l'enregistrement, sera revêtu du mot « enregistré » avec mention de la date de l'enregistrement.

8. — Les dessins d'ornement pour l'ivoire, l'os, le carton et autres substances solides non comprises dans les classes 1, 2 et 3 de l'acte des dessins de 1842, seront considérés comme rangés dans la 4e classe dudit acte, et enregistrés comme tels.

9. — Le conseil du commerce pourra ordonner que la propriété d'une classe particulière de dessins ou d'un dessin particulier, enregistré ou qui pourra être enregistré conformément à l'acte des dessins de 1842, sera prolongée pendant un temps qu'elle déterminera, sans que ce temps puisse toutefois excéder trois ans, et ledit conseil aura le pouvoir de révoquer ou de modifier une ordonnance antérieure, autant qu'il le jugera nécessaire ; lorsqu'une ordonnance sera rendue par ledit conseil, en vertu des présentes dispositions, elle sera enregistrée à l'office d'enregistrement des dessins ; pendant toute la durée de la prolongation, la protection et les avantages conférés par ledit acte sur les dessins, seront continués au profit de l'ayant-droit, comme si le terme ordinaire n'était pas expiré.

10.— Le conseil du commerce est autorisé à publier, à modifier ou révoquer les instructions et règlements relatifs au mode d'enregistrement, et aux pièces et documents à fournir par les personnes requérant des enregistrements définitifs ou provisoires. Il est bien entendu que tous les règlements et instructions seront publiés dans la *Gazette de Londres*, et soumis au Parlement immédiatement, s'il siége, et, s'il ne siége pas, dans les quatorze jours de sa réouverture. Ces règlements, ou quelques-uns d'eux, pourront aussi être publiés ou modifiés par le préposé à l'enregistrement des dessins, de la manière qui sera déterminée par le conseil du commerce.

11.— Lorsque l'enregistrement d'un dessin est requis conformément à l'un des actes sur les dessins, s'il semble au préposé de l'enregistrement que les copies ou gravures exigées par ces actes ne puissent pas être fournies, ou qu'il ne soit pas raîsonnable ni nécessaire de les exiger, il pourra dispenser le requérant des copies ou gravures, et demander seulement telle description ou spécification écrite ou imprimée qu'il jugera suffisante pour l'intelligence du dessin dont l'enregistrement est requis, et cet enregistrement, effectué dans ces conditions, sera aussi valable que si les copies et gravures avaient été fournies.

12.— Afin de prévenir les déplacements inutiles des registres publics, et des documents de l'office d'enregistrement des dessins, il est arrêté qu'aucun livre ou document dudit office ne pourra en être retiré pour être produit en justice, sans un ordre spécial du juge de la Cour de chancellerie, ou d'une des Cours supérieures de Sa Majesté, demandé et obtenu d'avance par la partie qui désire faire cette production.

13.— Lorsqu'il est adressé une demande à un juge de l'une des Cours de Westminster, par une personne qui désire obtenir une copie d'un enregistrement, d'un dessin ou de tout autre document, dont elle n'a aucun droit à avoir la copie, mais dans le but de les produire comme moyens de défense dans un procès, et si le juge a la preuve que la copie est réellement demandée dans ce seul but, il pourra ordonner au préposé de l'enregistrement de délivrer la copie à la partie intéressée, et ce dernier, après paiement à lui fait des droits déterminés par les actes sur les dessins, délivrera la copie demandée.

14.— Toute copie d'enregistrement, de dessin, de gravure ou de tout autre document, délivrée par le préposé de l'enregistrement des dessins à une personne qui en a fait la demande, sera signée par ledit préposé et scellée du sceau de l'office. Tout document scellé dudit sceau, présenté comme une copie d'un enregistrement, d'un dessin ou autre document, sera considéré comme exact, et fera foi en justice devant toute Cour, sans autre preuve, et aura la même force et valeur que les registres et les pièces elles-mêmes.

15. — Les diverses dispositions contenues dans lesdits actes sur les dessins (autant qu'elles ne sont pas incompatibles avec

les dispositions du présent acte), et qui sont relatives à la cession des dessins, à la radiation et à la rectification des enregistrements. aux refus d'enregistrement dans certains cas déterminés, au mode de recouvrement des amendes et des frais, aux actions en dommages-intérêts, à la limitation des actions, aux certificats d'enregistrement, aux peines pour l'usage de marques frauduleuses, à la fixation des frais d'enregistrement, à la peine portée contre la concussion, s'appliqueront à l'enregistrement définitif et provisoire, et à la cession de dessins, sculptures, modèles et moules, et à tout en général ce dont il est parlé dans le présent acte, aussi complétement que si ces dispositions avaient été arrêtées de nouveau dans le présent acte relativement aux dessins, sculptures, moules et modèles enregistrés définitivement ou provisoirement conformément au présent acte ; les formules contenues dans l'acte des dessins de 1842 pourront être modifiées selon les cas et les circonstances, autant que le rendra nécessaire l'application du présent acte.

16. — Dans l'interprétation du présent acte, les termes et expressions cités ci-dessous s'entendront ainsi qu'il suit :

L'expression « acte des dessins de 1842 » s'entend de l'acte passé dans la sixième année du règne de Sa Majesté actuelle, intitulé : « Acte pour compléter et amender les lois relatives à la propriété des dessins d'ornement pour les produits de l'industrie. »

L'expression « acte des dessins de 1843 » s'entend de l'acte passé dans la septième année du règne de Sa Majesté actuelle, intitulé : « Acte portant amendement aux lois sur la propriété des dessins. »

L'expression « actes sur la propriété des sculptures » s'entend de deux actes passés dans les trente-huitième et cinquante-quatrième années du règne de Georges III, et intitulés : « Acte pour l'encouragement de l'art de produire de nouveaux modèles, des moules de bustes et autres ouvrages ci-dessous mentionnés, » et « Acte pour amender et compléter l'acte pour l'encouragement de l'art de produire de nouveaux modèles, et des moules de bustes et autres ouvrages ci-dessous mentionnés. »

Les mots « conseil du commerce » signifient les lords de la commission du conseil privé pour les affaires du commerce et des colonies.

L'expression « préposé à l'enregistrement des dessins » s'entend du préposé ou de son adjoint.

L'expression « propriétaire » s'entend dans le sens qui lui est donné par ledit acte des dessins de 1842.

Les mots employés au singulier comprendront le pluriel; les mots employés au masculin comprendront le féminin.

17. — Lorsque l'on citera cet acte dans d'autres actes du Parlement et dans des pièces, documents ou procédures, il sera suffisamment désigné ainsi : Acte des dessins de 1850.

Résumé de la législation anglaise sur les dessins de fabrique.

§ 1. — Les dessins dont la loi anglaise protége la propriété, se divisent en deux catégories, savoir :

1° La première, dite *des dessins d'ornement*, comprenant soit les dessins pour étoffes, tissus, soieries, mousselines brochées, toiles et papiers peints, etc., soit tout contour ou toute configuration artistique d'un ustensile ou instrument, tels que vases, verres, objets de quincaillerie, etc., soit enfin la combinaison des deux éléments, c'est-à-dire du dessin imprimé, gravé ou sculpté avec la forme et la configuration de l'objet, telles qu'elles se rencontrent dans les objets en carton-pâte, en cuir repoussé, etc.

2° La deuxième catégorie, dite *des dessins d'utilité*, comprenant une foule d'objets concernant la mécanique ou l'industrie, tels que machines, broches de filatures, chaudières, ustensiles de ménage, plumes métalliques, etc., dont la forme ou la composition est nouvelle, mais qui ne présentent pas un caractère artistique suffisant pour rentrer dans la première catégorie, et qui n'ont pas non plus une assez grande importance pour faire l'objet d'une patente de quatorze ans,

Une condition essentielle de la protection accordée par la loi, c'est que le dessin soit nouveau et original. Pour les dessins d'ornement, c'est-à-dire ceux qui figurent sur les tissus, les soieries, etc., pas de difficulté. — Pour les dessins d'utilité, c'est-à-dire pour ceux qui s'appliquent aux articles d'utilité, ils n'auront droit à la protection légale que pour autant qu'ils présenteront une forme, une configuration extérieure nouvelle. Mais on ne saurait, sous prétexte de dessin de fabrique, s'assurer la propriété exclusive d'un mécanisme, d'un principe, d'une invention nouvelle, cet objet ne pouvant être protégé que par un brevet, excepté au cas où les mécanismes, principes, etc., sont dépendants ou inséparables de la forme ou configuration.

§ 2. *Propriété.* La propriété d'un dessin appartient soit à celui qui l'a inventé, soit aussi à l'industriel qui l'a commandé et l'a fait exécuter pour son usage.

§ 3. *Durée.* La durée de la propriété des dessins varie selon les articles auxquels ils sont appliqués, ces articles sont divisés en treize classes, qui forment, pour la durée, trois catégories, savoir :

1° La première comprend les dessins à la propriété desquels est réservée la plus longue durée, celle de trois ans : ce sont les articles de métal, de bois, de verre, de terre, en tout ou en partie ; les papiers peints ; les tapis, les châles brochés, les tissus de lin, de laine, de soie, de coton, ou de deux ou de plusieurs de ces métiers, lorsqu'ils sont compris dans la désignation technique de fournitures (ameublement), et que le développement du dessin est de plus de douze pouces sur huit.

La seconde catégorie comprend les dessins dont la propriété exclusive n'a qu'une durée de neuf mois : ce sont les dessins *imprimés* après confection ou tissage sur châles, laines filées, fils de lin, tissus de lin, de coton, de laine, de soie, ou composés de deux ou plusieurs de ces matières, mais non destinés à l'ameublement.

Enfin, la troisième catégorie comprend les lacets, passementeries et autres articles, comme aussi tous les tissus non compris dans les deux autres catégories. Pour cette troisième catégorie, la durée du droit est d'une année.

Le conseil du commerce peut ordonner que la propriété
d'une classe particulière de dessins ou d'un dessin particulier
sera prolongée pendant un temps qu'il déterminera, sans
toutefois que cette prolongation puisse excéder trois ans.

Enfin, le propriétaire d'un dessin nouveau peut demander
une protection provisoire dont la durée est d'un an.

Pendant ce temps, il est interdit au propriétaire du dessin
de vendre, exposer ou mettre en vente un article ou une
substance à laquelle ce dessin aurait été appliqué. Mais il
peut vendre son droit sur le dessin.

§ 4. *Formalités*. Pour s'assurer la protection légale, il faut
que le propriétaire du dessin l'ait fait enregistrer avant toute
publication. Il remet au préposé de l'enregistrement deux
copies du dessin original, dont une lui est rendue avec les
mentions constatant la date de son dépôt.

Quand le propriétaire doit jouir du bénéfice de la protection provisoire, il fait enregistrer provisoirement la copie du
dessin, et en conserve la propriété exclusive, sous les conditions sus·énoncées.

Le préposé de l'enregistrement peut dispenser le propriétaire du dessin de la remise d'une copie : dans ce cas, une
description détaillée du dessin tient lieu de la copie.

Le propriétaire du dessin est tenu d'apposer sur ses produits le mot « *registered* » (enregistré), avec la date de l'en·
registrement.

§ 5. *Taxe*. La taxe varie entre cinq schillings (6 fr. 25) et
quatre livres dix schillings (112 fr. 50) pour les dessins d'ornement, selon la catégorie à laquelle ils appartiennent. Elle
est de dix livres sterlings (250 fr.) pour les dessins d'utilité.

§ 6. *Cession*. Le propriétaire d'un dessin peut le vendre en tout ou en partie. Il peut aussi accorder des licences.

Celui qui s'est rendu acquéreur du droit à l'usage entier ou particl d'un dessin, peut faire inscrire son titre sur le registre des dessins.

§ 7. *Communication*. Toute personne a le droit de prendre connaissance d'un dessin dont la protection est expirée, en payant un droit de un schelling par volume. Quant aux dessins dont la protection dure encore, ils ne peuvent être montrés que par le propriétaire du dessin, ou par une personne autorisée par le préposé de l'enregistrement, sans qu'il soit permis de prendre copie du dessin ou de partie de ce dessin. En ce cas, le droit de recherche est de cinq schillings.

§ 8. *Contrefaçon*. Toute personne qui se rend coupable de contrefaçon, soit par l'emploi ou l'imitation frauduleuse d'un dessin enregistré, soit par la vente, la publication ou l'exposition pour la vente dudit dessin, est passible d'une amende qui ne peut être moindre de cinq livres, ni excéder trente livres, pour chaque contravention, au profit du propriétaire du dessin, dont le droit a été usurpé. — L'ensemble des condamnations pour contraventions relatives à un seul dessin, par une seule personne, jusqu'au jour où la procédure a été entamée, ne peut excéder cent livres.

Au lieu d'agir en recouvrement de l'amende ou des amendes encourues par le contrevenant, la partie lésée a le droit d'agir en réparation du préjudice qu'elle a éprouvé.

ACTE POUR AMENDER LA LÉGISLATION

RELATIVEMENT AUX MARQUES FRAUDULEUSEMENT APPOSÉES SUR LES MARCHANDISES (7 août 1862) (1).

Attendu qu'il convient d'amender la législation relativement aux marques frauduleusement apposées sur les marchandises et à la vente des marchandises faussement marquées dans un but de fraude, qu'il soit en conséquence ordonné par Sa Très-Excellente Majesté la Reine, par et avec l'avis et consentement des lords spirituels et temporels et les communes réunis en ce présent Parlement et par autorité des mêmes, ainsi qu'il suit :

Signification des mots.

1. — Dans l'interprétation de cet acte, le mot *personne* comprendra toute personne, soit sujet de Sa Majesté ou non, et toute corporation ou corps de même nature, qu'il soit constitué conformément à la loi de ce pays ou de toutes colonies et possessions de Sa Majesté, ou conformément à la loi de tout pays étranger et aussi toute compagnie, association ou société de personnes, soit que les membres en soient sujets de Sa Majesté ou non, ou quelques-unes de ces personnes en soient sujets de Sa Majesté et quelques-unes ne le soient pas, et soit que ces corporations, ou corps de même nature, compagnie, association ou société soient établis et exploitent dans les Etats et possessions de Sa Majesté ou ailleurs ou en partie dans les Etats de Sa Majesté et en partie ailleurs. — Le mot *marque* comprendra tout nom, signature, mot, lettre, devise, emblème,

---

(1) Extrait des *Annales de la Propriété industrielle, artistique et littéraire.*

figure, signe, sceau, timbre, diagramme, carte, étiquette, ou
autre marque de toute autre description, et l'expression *marque de commerce* comprendra tous ces nom, signature, mot,
lettre, devise, emblème, figure, signe, sceau, timbre, diagramme, empreinte, étiquette ou autre marque, comme est
dit ci-dessus, légalement employés par toute personne pour
désigner un produit *(chattel)* quelconque ou (en Ecosse) un
article quelconque de commerce, de manufacture, ou de marchandise, comme, pour être un article ou chose de la manufacture, fabrique, production ou marchandise de cette personne, ou pour être un article ou produit d'une description
spéciale ou particulière fait ou vendu par cette personne, et
comprendra aussi tout nom, signature, mot, lettre, numéro,
figure, marque ou signe, lesquels, en conformité d'un ou plusieurs statuts ayant alors force légale et relatifs aux dessins
enregistrés, doivent être apposés ou fixés sur un produit ou
article quelconque pendant l'existence ou durée d'un droit de
propriété et de reproduction ou autre droit exclusif acquis en
vertu des dispositions de ces statuts ou d'aucun d'eux. — Le
mot *délit (misdemeanor)* comprendra crime et offense en
Ecosse, — et le mot *cour* comprendra tout sheriff ou substitut
de sheriff en *Ecosse.*

*La falsification ou l'application faussement faite d'une mar-
que de commerce avec une intention de fraude est un délit.*

2. — Toute personne qui, avec l'intention de frauder quelqu'un ou de faciliter à un autre le moyen de frauder, fabriquera ou contrefera, ou fera fabriquer une marque de commerce, ou en procurera la fabrication, ou appliquera ou fera
appliquer une marque de commerce fabriquée ou contrefaite
à un produit, ou article qui ne proviendra pas de fabrication
et du travail, ou ne sera pas une production ou marchandise
de la personne désignée, ou devant être désignée par cette
marque de commerce, ou désignée ou devant être désignée

par la marque de commerce fausse, ou contrefaite, ou lorsque
le produit ou article ne proviendra pas de la fabrication ou du
travail, ou ne sera pas une production ou marchandise de la
personne dont la marque de commerce sera ainsi fabriquée,
où contrefaite, ou qui appliquera, ou fera appliquer une marque de commerce, ou une marque de commerce fausse ou
contrefaite à une chose, ou article n'étant pas la description
particulière ou spéciale de fabrication, travail produit, ou
marchandise désignée ou devant être désignée par cette marque de commerce, ou par cette marque de commerce fausse ou
contrefaite, sera coupable d'un délit, et toute personne qui
commettra ce délit perdra, par la confiscation qui sera prononcée au profit de Sa Majesté, tous les produits ou articles à
elle appartenant, auxquels elle aura ainsi illégalement appliqué ou fait appliquer lesdites marques de commerce, ou lesdites marques de commerce fausses ou contrefaites, et tout
instrument en la possession ou au pouvoir de cette personne,
au moyen duquel ces marques de commerce et ces marques
de commerce fausses ou contrefaites auront été ainsi appliquées, et tout instrument en la possession ou au pouvoir de
cette personne pour faire l'application de ces marques de commerce, ou ces marques de commerce fausses, ou contrefaites
comme ci-dessus, seront confisqués au profit de Sa Majesté,
et la Cour devant laquelle le délit en question sera poursuivi,
pourra ordonner que les susdits articles confisqués seront détruits ou qu'il en sera disposé autrement, ainsi que ladite Cour
avisera.

*L'apposition d'une marque de commerce falsifiée à des vases,
caisses, enveloppes, etc., dans lesquels un article est vendu
ou destiné à être vendu, constitue un délit.*

3. — Toute personne qui, avec l'intention de frauder ou
de faciliter à un autre le moyen de frauder quelqu'un, appliquera ou fera appliquer une marque de commerce, ou une
marque de commerce fausse ou contrefaite, à un fût, bouteille,

bouchon, vase, caisse, couverture, enveloppe, bande, bobine,
étiquette, empreinte, ou autre chose, dans, sur, ou avec lesquels un produit ou article quelconque est destiné à être
vendu, ou sera vendu, ou mis et exposé en vente, ou destiné à
un but de commerce ou de fabrication, ou qui enfermera ou
fera enfermer, ou mettre un produit ou article quelconque
dans, sur, sous, ou avec une barrique, bouteille, bouchon,
vase, caisse, couverture, enveloppe, bande, bobine, étiquette,
empreinte ou autre chose à laquelle une marque de commerce
aura été faussement appliquée, ou à laquelle une marque de
commerce fausse ou contrefaite aura été appliquée, ou qui
aura appliqué ou apposé, ou fait appliquer ou apposer à un
produit ou article quelconque, une caisse, couverture, bobine,
étiquette, empreinte ou autre chose à laquelle une marque de
commerce aura été faussement apposée, ou à laquelle une
marque de commerce fausse ou contrefaite aura été apposée,
ou qui enfermera, placera ou attachera une chose ou article,
ou fera enfermer, placer ou attacher dans, sur, dessous, avec
ou à une barrique, bouteille, bouchon, vase, caisse, couverture, enveloppe, bande, bobine, étiquette, empreinte ou autre
chose portant une marque de commerce d'aucune autre personne, sera coupable d'un délit, et toute personne commettant
ainsi un délit perdra aussi, au profit de Sa Majesté, toutes ces
dites choses et articles, et aussi toutes ces barriques, bouteilles, bouchons, vases, caisses, couvertures, enveloppes, bandes,
bobines, étiquettes, empreintes, comme il est dit ci-dessus, en
la possession ou au pouvoir de cette personne; et toute autre
semblable barrique, bouteille, bouchon, vase, caisse, couverture, enveloppe, bande, bobine, étiquette, etc., ou autre chose
faite pour être employée comme il est dit ci-dessus, et tout
instrument en la possession ou au pouvoir de cette personne
et au moyen duquel toutes lesdites marques de commerce ou
marques de commerce fausses, ou contrefaites, comme il est
dit ci-dessus, auront été appliquées et aussi tout instrument
en la possession ou au pouvoir de cette personne, pour apposer ces marques de commerce, ou ces marques de commerce

fausses ou contrefaites susdites, sera confisqué au profit de Sa Majesté, et la Cour devant laquelle ce délit sera poursuivi pourra ordonner que les articles susdits confisqués seront détruits ou qu'il en sera disposé ainsi que la Cour avisera.

La vente d'articles avec une marque de commerce falsifiée ou fausse, après le 31 décembre 1863, entraînera une amende égale à la valeur de l'article vendu et une somme n'excédant pas 5 livres, ni inférieure à 10 shillings.

4. — Toute personne qui, après le 31 décembre 1863, vendra, proposera ou mettra, soit en vente, ou pour tout autre but de commerce ou de fabrication, ou fera mettre, proposer ou exposer en vente, ou pour tout autre but susdit, un produit ou article ensemble avec une marque de commerce fausse ou contrefaite, sachant qu'elle est fausse ou contrefaite, ou avec la marque de commerce de toute autre personne y apposée faussement et sans droit, ou sans autorité légale ou excuse, sachant que cette marque de commerce d'une autre personne a été ainsi apposée ou employée comme ci-dessus est dit, et que, soit que cette marque de commerce ou cette fausse et contrefaite marque de commerce, comme dessus est dit, ensemble avec lesquelles le produit ou article sera vendu, ou mis, ou proposé en vente, ou aux but et fins ci-dessus, sera dans, dessus, à l'entour, ou avec ce produit ou article, ou dans, sur, à l'entour, ou avec une barrique, bouteille, bouchon, vase, caisse, couverture, enveloppe, bande, bobine, étiquette, empreinte ou autre chose dans, sur, à l'entour, ou avec ce produit ou article, sera ainsi vendu, ou mis, ou proposé en vente, ou aux autres fins ci-dessus, sera condamnée et payera à Sa Majesté, pour chacun desdits, une somme d'argent égale à la valeur du produit ou article ainsi vendu, mis, proposé ou exposé en vente, ou aux autres fins ci-dessus, et une somme en outre n'excédant pas 5 livres, ni au-dessous de 10 shillings.

Les additions et altérations de marques de commerce avec in-
tention de fraude doivent être considérées comme des faux
ou falsifications.

5. — Toute addition à une marque de commerce et toute
altération d'icelle, et aussi toute imitation d'icelle qui sera
faite, appliquée, ou employée avec l'intention de frauder ou
pour faciliter à une autre personne le moyen de frauder, ou
qui fera qu'une marque de commerce avec cette altération ou
addition, ou qu'une imitation de marque de commerce res-
semble à une marque de commerce véritable de manière à
pouvoir tromper, sera considérée comme marque de commerce fausse, et contrefaite dans le sens du présent acte; et
tout fait d'avoir commis, appliqué ou employé autrement une
pareille addition ou altération d'une marque de commerce,
ou une pareille imitation d'une marque de commerce comme
est dit ci-dessus, par une personne quelconque, dans un but
de fraude, ou pour faciliter à une autre personne le moyen de
frauder, sera considéré comme falsification et contrefaçon
d'une marque de commerce dans le sens du présent acte.

Toute personne qui, après le 31 décembre 1863, aura vendu
un article ayant une fausse marque de commerce, sera tenue
de déclarer où elle l'a obtenu, et les juges de paix auront le
pouvoir de citer les parties refusant cette déclaration, avec
amende de 5 livres pour les refusants.

6. — Toute personne, qui, après le 31 décembre 1863,
aura vendu, mis ou exposé en vente, ou aux fins ci-dessus, ou
aura fait vendre, mettre, ou exposer en vente, ou aux fins ci-dessus, un produit ou article quelconque, ensemble avec une fausse
ou contrefaite marque de commerce, ou ensemble avec la
marque de commerce de toute autre personne, employée
sans autorité légitime ou excuse comme est dit ci-dessus, soit
que cette marque de commerce, ou fausse, ou contrefaite
marque de commerce comme est dit ci-dessus, soit dans, sur,

à l'entour ou avec ce produit ou article, ou dans, sur, autour ou avec une barrique quelconque, bouteille, bouchon, vase, couverture, enveloppe, bande ou bobine, carte, étiquette ou autre, dans, sur, autour, ou avec laquelle ce produit ou article aura été vendu ou mis en vente, cette personne sera obligée, sur la demande qui lui en sera faite par écrit, ou laissée pour elle à sa dernière demeure connue ou au lieu de la vente ou de la mise en vente, par ou au nom de toute personne dont la marque de commerce aura été ainsi falsifiée ou contrefaite, ou employée sans autorité légitime ou excuse, comme est dit ci-dessus, de donner à la personne qui le demandera ainsi ou à son fondé de pouvoir ou agent, dans les quarante-huit heures de cette demande, pleine information, par écrit, du nom et de l'adresse de la personne dont elle aura acheté ou reçu ce produit ou article, et de l'époque où elle l'aura obtenu, et tout juge de paix aura le droit, sur l'information et sur le serment de cette demande ou de ce refus, de sommer à comparaître devant lui la partie refusante, et lorsqu'il lui sera justifié qu'il aurait dû être fait droit à cette demande, il pourra ordonner que cette information soit fournie dans un temps fixe ou à déterminer par lui ; et toute personne qui refusera ou négligera de se conformer à cette ordonnance, pour chacune de ces offenses, sera condamnée au profit de Sa Majesté et lui payera la somme de 5 livres, et ce refus ou cette négligence sera, *prima facie*, preuve que cette personne ainsi refusant ou omettant, avait pleine connaissance que la marque de commerce avec laquelle ce produit ou article était vendu, mis ou exposé en vente, ou aux autres fins comme est dit ci-dessus, à l'époque de cette vente ou mise en vente, était une marque de commerce fabriquée, contrefaite et fausse, ou était la marque de commerce d'une personne, employée sans autorité légitime ou excuse, ainsi qu'il y aura lieu suivant le cas.

L'apposition d'une fausse indication de quantité, etc., sur un article, avec une intention de fraude, entraîne une amend

égale à la valeur de l'article et une somme en outre n'excé-
dant pas 5 livres, ni inférieure à 10 shillings.

7. — Toute personne qui, avec l'intention de frauder ou
pour faciliter à un autre le moyen de frauder, mettra ou fera
mettre sur un produit quelconque ou article, ou sur une barrique quelconque, bouteille, bouchon, vase, caisse, couverture, enveloppe, bande, bobine, étiquette, carte ou autre chose
avec laquelle un produit ou article sera destiné à être vendu,
ou sera vendu, ou mis en vente, ou pour tout autre but de
commerce ou de fabrication, ou qui mettra ou fera mettre
sur une caisse quelconque, cadre ou autre objet avec lequel
un produit quelconque, ou article, sera destiné à être mis en
vente, ou sera mis en vente, une fausse description, déclaration, ou autre indication relativement au nombre, à la quantité, à la mesure ou au poids de ce produit ou article, ou d'une
partie quelconque d'icelui, ou relativement à la place, ou au
pays où ce produit ou article aura été fait, fabriqué ou créé,
ou mettra, ou fera mettre sur ce produit ou article, barrique,
bouteille, bouchon, vase, caisse, couverture, enveloppe, bande,
bobine, étiquette, carte ou chose, comme est dit ci-dessus,
tout mot, lettre, chiffre, signature ou marque, dans le but
d'indiquer faussement ce produit ou article, ou la manière de
le fabriquer ou produire, ou la décoration, forme ou configuration d'icelui comme étant l'objet d'un brevet, d'un privilége
ou d'un droit de propriété, pour chacune de ces offenses, sera
condamnée au profit de Sa Majesté et lui payera une somme
d'argent égale à la valeur du produit ou article ainsi vendu,
ou mis en vente, et une somme en outre n'excédant pas 5 livres et pas inférieure à 10 shillings.

La vente ou la mise en vente, après le 31 décembre 1863, des
articles avec fausses déclarations de quantité, etc., entraîne
une amende n'excédant pas 5 livres, ni inférieure à 5 shil-
lings.

8. — Toute personne qui, après le 31 décembre 1863,

vendra ou mettra en vente, ou dans un but de commerce ou de fabrication quelconque, ou fera vendre ou mettre en vente, ou dans un but quelconque de commerce ou de fabrication comme est dit ci-dessus, un produit ou article sur lequel, à sa connaissance, aura été apposée, ou sur une barrique, bouteille, bouchon, vase, caisse, couverture, enveloppe, bande, bobine, étiquette, carte ou autre chose, avec laquelle ce produit ou article sera vendu, ou mis en vente, ou destiné aux fins ci-dessus, sur lesquels aura été ainsi apposée, ou sur une caisse quelconque, cadre ou autre chose employée pour exposer ou montrer ce produit, ou article pour la vente d'icelui sur lesquels aura été ainsi apposée une fausse description, décla-ration ou autre indication d'icelui, ou relativement au nombre, à la quantité, mesure ou poids de ce produit ou article, ou d'une partie quelconque d'icelui, soit au lieu ou au pays où ledit produit ou article aura été fait, fabriqué ou créé, pour chacune desdites offenses, sera condamnée au profit de Sa Majesté et lui payera une somme n'excédant pas 5 li-vres, et pas inférieure à 5 shillings.

Il est entendu qu'il n'y aura pas contravention à apposer des noms ou mots connus et usités pour indiquer des espèces particulières de marchandises.

9. — Pourvu toutefois que les dispositions du présent acte ne soient jamais interprétées de manière à faire considérer comme une contravention (offense) le fait, par une personne, d'appliquer à un produit ou article quelconque, ou barrique, bouteille, bouchon, vase, caisse, couverture, enveloppe, bande, bobine, étiquette, carte, ou autre chose avec laquelle ledit produit ou article sera vendu, ou destiné à être vendu, un nom, mot ou expression quelconque généralement usitée pour indiquer ce produit ou article comme étant d'une classe particulière, ou d'un certain genre de fabrication seulement ; ne constituera pas non plus une contravention le fait par une personne de vendre ou mettre en vente un produit, ou article

vendus ou destinés à être vendus seuls ou avec une barrique,
bouteille, bouchon, vase, caisse, couverture, enveloppe,
bande, bobine, étiquette, carte, ou autres objets sur lesquels
ces nom, mot, ou expression généralement usités comme il
est dit plus haut, auront été appliqués.

*Mode de désignation des marques de commerce et fausses
marques de commerce dans les poursuites judiciaires, etc.*

10. — Dans toute poursuite, plaidoirie, procédure et document quelconque dans lesquels il s'agira de faire mention d'une
marque de commerce, il suffira de la mentionner ou déclarer
comme étant une marque de commerce, sans plus amplement
ou autrement la décrire, ou en produire une copie ou fac-
simile, et dans toute poursuite, plaidoirie et document quelconque dans lesquels il s'agira de mentionner une marque
de commerce falsifiée ou contrefaite, il suffira de la mentionner ou énoncer comme étant une marque de commerce
falsifiée ou contrefaite, sans plus amplement ou autrement
décrire cette marque de commerce falsifiée ou contrefaite, ou
en produire une copie ou fac-simile.

*Les condamnations ne doivent affecter aucun droit ou
défense.*

11. — Les dispositions, ni aucune des dispositions contenues
au présent acte relativement à tout acte ou procédure, jugement ou condamnation pour tout fait déclaré par le présent
acte être un délit ou contravention (offense), n'enlèveront
pas, ne diminueront pas, ni n'affecteront d'une manière préjudiciable aucune instance, procès, procédure, droit ou re-
dressement appartenant en droit, en équité ou autrement, à
toute personne lésée par ce fait, et ne seront pas un motif
d'exemption ou d'excuse pour aucune personne de répondre
ou faire connaître par déposition comme témoin, ou sur in-
terrogatoires ou autrement, dans toute instance ou procédure

civile : pourvu, toutefois, qu'aucune preuve, énonciation ou indication qu'une personne sera contrainte de fournir ne soit pas admissible contre elle comme preuve à l'appui d'une poursuite pour délit, en droit commun ou autrement, ou de toute autre poursuite en vertu des dispositions du présent acte.

Il ne sera pas nécessaire d'indiquer dans les actes de procédure l'intention de fraude contre une personne en particulier.

12. — Dans toute poursuite, dénonciation, condamnation, plaidoirie, procédure, contre toute personne pour un délit ou autre contravention aux dispositions du présent acte, où il sera nécessaire d'alléguer ou mentionner une intention frauduleuse, ou de faciliter à un autre le moyen de frauder, il suffira d'alléguer ou d'énoncer que la personne accusée d'avoir commis un acte qui est déclaré par les présentes être un délit ou autre contravention, a commis cet acte avec l'intention de frauder ou avec l'intention de faciliter à un autre le moyen de frauder sans alléguer ou énoncer une intention de frauder une personne en particulier; et lors du jugement de cette poursuite ou information de ce délit et sur l'audition de toute dénonciation, plainte ou accusation de toute autre contravention comme ci-dessus énoncé, et lors du jugement de toute action contre une personne pour recouvrer l'amende encourue à raison de cette contravention comme est ci-dessus énoncé, il ne sera pas nécessaire de prouver une intention de frauder une personne en particulier, ou une intention de faciliter à une personne en particulier le moyen de frauder une personne en particulier, mais il suffira à l'égard de chacun de ces délits ou contraventions, de prouver que la personne accusée a commis l'acte incriminé avec l'intention de frauder, ou avec l'intention de faciliter à quelque autre personne le moyen de frauder, ou avec l'intention qu'une autre personne ait eu le moyen de frauder.

Les tiers aidant pour commettre un délit sont également
coupables.

13. — Toute personne qui aidera, encouragera, conseillera
ou fera commettre une contravention qui est déclarée délit
par le présent acte, sera aussi coupable d'un délit.

Répression pénale des délits prévus par cet acte.

14. — Toute personne qui sera convaincue ou déclarée coupable d'une contravention qui est déclarée être un délit par
cet acte, sera passible, à la discrétion de la Cour et conformément à ce qu'elle ordonnera, de la peine de l'emprisonnement, ne dépassant pas deux années, avec ou sans travail
forcé, ou de l'amende, ou tout à la fois de l'emprisonnement
avec ou sans travail forcé et de l'amende, et aussi de l'emprisonnement jusqu'à ce que l'amende (s'il y a lieu) soit payée
et acquittée.

Recouvrement des amendes.

15. — Dans tous les cas où une personne aura commis une
contravention ou acte par lequel elle sera devenue passible
envers Sa Majesté d'aucune des amendes ou sommes d'argent
énoncées dans les dispositions du présent acte, toutes ces
amendes ou sommes d'argent seront ou pourront être recou-
vrées en Angleterre, Galles ou Irlande, par une action sur
dette que toute personne, comme demandeur au nom et pour
le compte de Sa Majesté, peut intenter et poursuivre jusqu'à
jugement, devant chaque Cour de *record*, et le montant de
chacune de ces amendes ou sommes d'argent, pouvant être
recouvré dans ces instances, sera ou pourra être déterminé
par le jury (s'il y en a) assermenté pour décider sur toutes
suites de cette action, et si ce jury n'existe pas, dans ce cas
par la Cour ou par tout autre jury, ainsi que la Cour jugera

convenable, ou dans tel lieu que cette action soit intentée, cette amende ou somme d'argent sera ou pourra être recouvrée en Angleterre ou en Galles par une procédure sommaire, devant deux juges de paix ayant juridiction dans le comté ou lieu où le prévenu résidera ou aura un établissement quelconque de commerce, ou dans le comté ou lieu où la contravention aura été commise, et sera ou pourra être recouvrée en Irlande de la même manière par *civil bill*, devant la Cour de *civil bill* du comté, soit du lieu où la contravention a été commise, soit où le prévenu résidera ou aura un établissement de commerce; et sera ou pourra être recouvrée en Écosse par voie d'action devant la Cour de *session*, en la forme ordinaire ou par voie d'action sommaire devant le sheriff du comté où la contravention aura été commise, soit de celui où le délinquant résidera ou aura un établissement de commerce, lequel sheriff, sur la preuve de la contravention acquise, soit par l'aveu du délinquant, ou par le serment ou l'affirmation d'un ou plusieurs témoins dignes de foi, condamnera le délinquant et le déclarera passible des peines ci-dessus, et aussi des frais ; et le sheriff aura le droit, en prononçant le jugement pour les amende et frais, d'insérer dans ce jugement un mandat, pour le cas où ces amende et frais ne seraient pas payés, d'en lever et recouvrer le montant au moyen de séquestration (*poinding*). Toutefois, le sheriff aura le droit, dans le cas où il repoussera l'action et absoudra le défendeur, de déclarer le plaignant passible des frais, et tout jugement devant être ainsi prononcé par le sheriff dans cette action sommaire sera définitif, et ne sera pas susceptible de révision par voie d'advocation, suspension, réduction ou autrement.

Les poursuites sommaires devant les juges de paix sont comprises dans le chapitre XLIII *des années* 11 *et* 12 *du règne de Victoria.*

16. — Dans tous les cas où le recouvrement des amendes ou sommes d'argent acquises *(forfeited)* à Sa Majesté, sera poursuivi, comme il est dit ci-dessus, par procédure sommaire devant deux justices de paix, l'acte ou contravention à raison de laquelle ces amendes ou sommes d'argent auront été ainsi encourues, sera prise et considérée comme étant un acte ou contravention comprise dans les dispositions d'un statut passé dans la douzième année du règne de sa présente Majesté, intitulé : « un acte pour faciliter l'accomplissement des devoirs des juges de paix hors de sessions en Angleterre et en Galles, relativement aux condamnations sommaires et ordonnances ; et la dénonciation, la condamnation du délinquant et les autres procédures pour le recouvrement de l'amende ou somme ainsi confisquée auront lieu conformément aux dispositions dudit acte. »

Dans les instances de ce genre il sera tenu compte des amendes
de la même manière que pour les autres sommes payables à
la Couronne, et les demandeurs récupéreront leurs frais de
poursuite.

17. — Dans tous les cas où jugement sera obtenu, dans toute action comme est dit ci-dessus, pour le montant de toutes lesdites amendes ou sommes d'argent acquises à Sa Majesté, le montant en sera payé par le défendeur au sheriff ou officier de la Cour, qui en tiendra compte de la même manière que d'autres sommes payables à Sa Majesté, et, si ce montant n'est pas payé, il pourra être recouvré, ou il pourra être exigé par contrainte *(levied)* ou le payement en être forcé par voie d'exécution ou autre poursuite régulière, comme étant de l'argent dû à Sa Majesté ; et le demandeur poursuivant au nom et au profit de Sa Majesté, sur obtention de jugement, aura droit de recouvrer et obtenir exécution pour tous ses frais d'action qui comprendront une pleine compensation de tous frais et charges qu'il aura ou pourra avoir dépensés, ou encourus dans, relativement ou pour les

fins de l'action, à moins que la Cour ou un de ses juges n'ordonne que les frais du montant ordinaire seulement seront
alloués.

Prescriptions ou limitations d'actions, etc.

18. — Nulle personne ne commencera une action ou poursuite pour le recouvrement d'une amende ou à fin de condamnation d'un délinquant de la manière prescrite ci-dessus
après l'expiration de trois années, à partir du fait même de
la contravention ou d'une année à partir de la connaissance
qui en aura été acquise par la personne poursuivant.

*Après le 31 décembre 1863, le vendeur d'un article avec une
marque de commerce est réputé prendre l'engagement que la
marque est sincère et véritable.*

19. — Dans tous les cas où, après le 31 décembre 1863,
une personne vendra ou s'engagera de vendre (soit par écrit
ou non) à toute autre personne un produit ou article portant
une marque de commerce, ou avec une marque de commerce
sur les barrique, bouteille, bouchon, vase, caisse, couverture,
enveloppe, bande, bobine, étiquette, carte ou autre chose
avec laquelle ce produit ou article sera vendu, ou fera l'objet
d'une vente (pour laquelle il y aura contrat de vente), la
vente ou le contrat de vente sera dans tous ces cas réputé
avoir été fait avec une garantie ou contrat par le vendeur avec
l'acheteur, que toute marque de commerce sur ce produit ou
article, ou sur ces barrique, bouteille, bouchon, vase, caisse,
couverture, enveloppe, bande, bobine, étiquette, carte, ou
autre chose, comme est dit ci-dessus, était sincère et véritable,
et non fausse ni contrefaite, et non employée à tort, à moins
que le contraire ne soit exprimé dans un écrit signé par ou au
nom du vendeur, remis à l'acheteur et accepté par lui.

*A partir du 31 décembre 1863, le vendeur d'un article avec
une désignation de quantité est réputé prendre l'engagement
que la désignation est véritable.*

20. — Dans tous les cas où, après le 31 décembre 1863,
une personne vendra ou s'engagera de vendre (soit par écrit
ou non) à toute autre personne un produit ou article sur lequel, ou sur la barrique, bouteille, bouchon, vase, caisse,
couverture, enveloppe, bande, bobine, étiquette, carte, ou
autre chose avec laquelle ce produit ou article sera vendu,
ou destiné à être vendu, une description, déclaration ou autre
indication, relativement au nombre, à la quantité, mesure ou
poids de ce produit ou article, ou au lieu, ou au pays où ce
produit ou article aura été fait, fabriqué ou créé, la vente ou
le contrat de vente sera dans tous ces cas réputé avoir été fait
avec une garantie ou engagement par le vendeur envers l'acquéreur, que cette description, déclaration ou autre indication
n'était pas matériellement fausse ou non vraie, à moins que
le contraire ne soit exprimé dans un écrit au nom du vendeur
et remis à l'acquéreur et accepté par lui.

*Dans les actions devant les tribunaux de droit commun ou en
équité contre des personnes employant des marques de commerce falsifiées, la Cour peut ordonner la destruction de
l'article et peut prononcer une injonction ou défense, etc.*

21. — Dans tous les cas d'instance en droit ou en équité
contre toute personne pour falsification ou contrefaçon d'une
marque de commerce, ou pour apposition frauduleuse d'une
marque de commerce à un produit ou article, ou pour la
vente, mise en vente d'un produit ou article avec une marque
de commerce faussement ou illégalement apposée, ou avec une
marque de commerce fausse ou contrefaite y appliquée, ou
afin de prévenir la répétition ou la continuation de cet acte

illégal, ou la perpétration d'un acte semblable, dans laquelle
instance le demandeur obtiendra jugement ou un décret
contre le défendeur, la Cour aura le droit d'ordonner que ce
produit ou article sera détruit, ou qu'il en soit autrement disposé, et dans toutes ces instances devant une Cour de droit,
la Cour pourra, en rendant jugement au profit du demandeur,
prononcer un mandat d'injonction au défendeur, lui ordonnant
de s'abstenir de commettre par lui-même ni autrement répé-
ter ou commettre une contravention ou acte illégal de la
même nature que celui dont il sera jugé coupable par ledit
jugement, et toute désobéissance à ce mandat d'injonction sera
punie comme un mépris de la Cour ; et dans toutes ces
instances devant la Cour de droit ou d'équité il sera permis à
la Cour, ou à un juge d'icelle, de rendre telle ordonnance que
ladite Cour ou ledit juge croira convenable pour l'inspection
de toute fabrication ou procédé usité par le défendeur dans
lequel cette marque de commerce falsifiée ou contrefaite, ou
toute marque de commerce, comme est dit ci-dessus, sera
alléguée être employée ou apposée comme est dit ci-dessus,
et de tout produit, article et chose en la possession ou au
pouvoir du défendeur sur laquelle ou avec laquelle il est
allégué exister une marque de commerce falsifiée ou contrefaite, ou toute marque de commerce faussement et illégalement apposée, et tout instrument en la possession ou au pouvoir du défendeur, employé, ou destiné, ou susceptible d'être
employé pour produire ou faire une marque de commerce
falsifiée, ou contrefaite, ou alléguée être fausse, ou contrefaite, ou pour appliquer faussement et illégalement une
marque de commerce; et toute personne qui refusera ou
négligera d'obéir à cette ordonnance sera coupable d'un mépris de la Cour.

*Les personnes lésées par des falsifications pourront réclamer
des dommages-intérêts aux parties coupables.*

22. — Dans tous les cas où une personne commettra ou

fera commettre un des actes illégaux suivants, savoir : falsifiera
ou contrefera une marque de commerce, soit pour vendre,
soit dans un but de fabrication ou de commerce, appliquera
une marque de commerce falsifiée ou contrefaite à un produit
ou article, ou à des barrique, bouteille, bouchon, vase, caisse,
couverture, enveloppe, bande, bobine, étiquette, carte ou
autre chose, dans ou avec laquelle un produit ou article sera
destiné à être vendu ou mis en vente, ou dans tout autre but
de commerce ou de fabrication, renfermera ou placera un
produit ou article, dans, dessus, dessous, ou avec des barrique, bouteille, bouchon, couverture, enveloppe, bande,
bobine, étiquette, carte ou autre chose, à laquelle une marque
de commerce aura été faussement apposée, ou à laquelle une
marque de commerce falsifiée ou contrefaite aura été apposée,
ou fixera et apposera à un produit ou article, une caisse, couverture, bobine, envelope, bande, étiquette, carte ou autre
chose, à laquelle aura été faussement apposée ou à laquelle
une marque de commerce falsifiée ou contrefaite aura été
apposée, ou renfermera, mettra ou fixera un produit ou article, dans, sur, dessous, ou avec des barrique, bouteille,
bouchon, vase, caisse, couverture, bobine, enveloppe, bande,
étiquette, carte, ou autre chose portant la marque de commerce de toute autre personne; toute personne lésée par un
de ces actes illégaux sera en droit de former une demande en
dommages-intérêts à cet égard contre la personne qui sera
coupable d'avoir fait cet acte ou de l'avoir fait faire, et afin de
prévenir la répétition ou la continuation de l'acte illégal et la
répétition de tout acte semblable.

*Le défendeur obtenant un acquittement obtiendra pleine com-
pensation de frais.*

23. — Dans toute action qu'une personne, en vertu des
dispositions du présent acte, intentera comme demandeur,
pour et au profit de Sa Majesté, afin de recouvrer une demande ou somme d'argent, si le défendeur obtient un juge-

ment (à son profit), il aura droit de recouvrer ses frais d'instance qui comprendront une pleine compensation pour tous les frais, charges et dépenses par lui faits et encourus, dans et à l'occasion et pour les nécessités de l'action, à moins que la Cour ou un des juges d'icelle n'ordonne qu'il ne lui sera alloué que le montant des frais ordinaires.

Le poursuivant à fin de condamnation peut être obligé à fournir caution pour les frais.

24. — Dans toute action qu'une personne, en vertu des dispositions du présent acte, intentera comme demandeurs pour et au profit de Sa Majesté, afin de recouvrer une amende ou somme d'argent, s'il est démontré, à la satisfaction de la Cour ou d'un juge d'icelle, que la personne poursuivant comme demandeur, pour et au profit de Sa Majesté, n'est pas en mesure de prouver qu'elle a été lésée par le fait de la contravention alléguée donnant lieu à l'amende, ou que la somme d'argent alléguée lui soit due, et aussi que cette personne poursuivant ainsi comme demandeur ne demeure pas dans la juridiction de la Cour ou qu'elle ne possède pas de fortune suffisante pour payer les frais que le défendeur pourra réclamer dans l'instance, la Cour ou le juge pourra ordonner que le demandeur fournira caution au moyen d'une obligation ou reconnaissance fournie par lui et une caution, ou par le dépôt d'une somme d'argent ou autrement, comme la Cour ou le juge le croira convenable pour le payement au défendeur des frais qu'il pourra être en droit de réclamer dans l'instance.

L'acte n'affectera pas la corporation des coutelliers de Hallamshire ni n'abrogera pas 59 Georges III, chap. VII.

25. — Rien du contenu du présent acte ne sera interprêté de manière à affecter les droits et priviléges de la corporation des coutelliers dans le district *(liberty)* de *Hallamshire,*

21

dans le comté de *York*, ni rien de contenu dans cet acte ne sera interprété de manière à abroger aucune des dispositions contenues dans le chapitre vii, 59ᵉ année de Georges III, intitulé : « Acte pour régler le commerce de coutellerie en Angleterre. »

Titre en abrégé.

26. — L'expression l'*Acte des marques de commerce* 1862 sera une désignation suffisante du présent acte.

Résumé de la législation anglaise sur les marques de fabrique.

La loi entend par marque de fabrique ou de commerce tous nom, signature, mot, lettres, chiffres, etc., destinés à spécifier un produit quelconque ou une marchandise, de quelque manière que ladite spécification soit apposée sur l'objet.

La loi accorde aux étrangers la même protection qu'aux nationaux, sans stipuler la réciprocité, et en quelque pays qu'ils exploitent leur industrie.

La répression consiste en : 1° l'amende ; 2° la confiscation au profit de la couronne des objets frauduleusement marqués, ainsi que des instruments ayant servi à la contrefaçon ; 3° enfin dans les dommages-intérêts au profit de la partie lésée. La loi s'étend à toute espèce d'usurpation des marques.

Extrait du traité de commerce conclu entre la France et l'Angleterre le 23 janvier 1860, promulgué le 10 mars 1860.

Art. 12. — Les sujets d'une des Hautes-Puissances contractantes jouiront, dans les états de l'autre, de la même protection que les nationaux pour ce qui concerne la propriété des marques de commerce et des dessins de fabrique de toute espèce.

Art. 21. — Le présent traité restera en vigueur pendant

dix années, à partir du jour de l'échange de ses ratifications ; a et dans le cas où aucune des deux Hautes-Puissances contractantes n'aurait notifié, douze mois avant l'expiration de ladite période de dix années, son intention d'en faire cesser les effets, le traité continuera à rester en vigueur encore une année et, ainsi de suite, d'année en année, jusqu'à l'expiration d'une année à partir du jour où l'une ou l'autre des Hautes-Puissances contractantes l'aura dénoncé.—Les Hautes-Puissances contractantes se réservent la faculté d'introduire, d'un commun accord, dans ce traité, toutes modifications qui ne seraient pas en opposition avec son esprit ou ses principes et dont l'utilité serait démontrée par l'expérience.

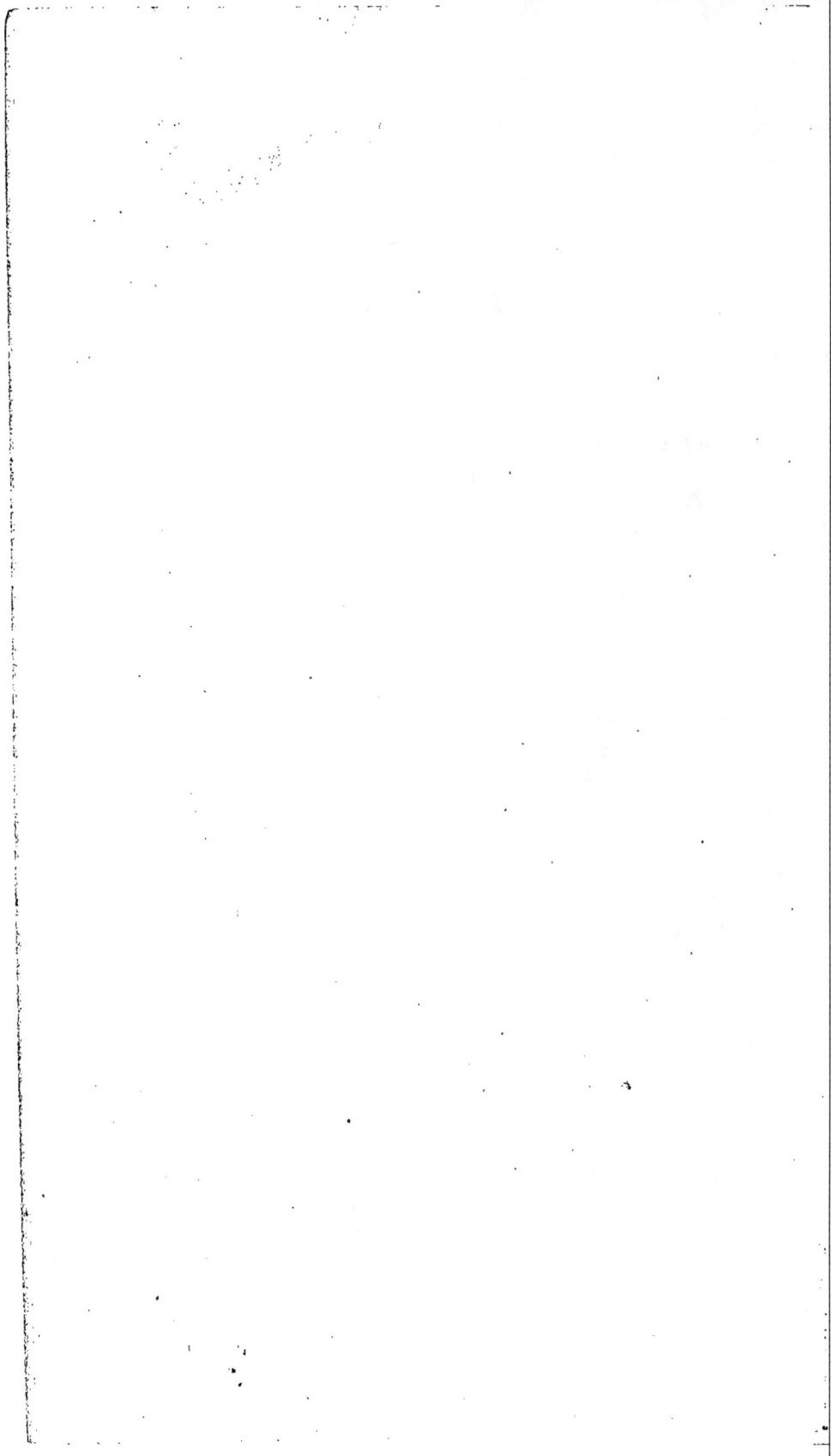

AUTRICHE

—

BREVETS D'INVENTION

———

Loi sur les brevets d'invention du 15 août 1852.

Nous, François-Joseph Ier, par la grâce de Dieu, Empereur d'Autriche, etc.,

Guidé par le désir de donner la protection nécessaire à l'esprit inventeur, dans celles des provinces de notre empire qui manquaient jusqu'à présent d'une loi sur les brevets; en considération de l'expérience acquise depuis la loi du 31 mars 1832, laquelle a démontré la nécessité de plusieurs améliorations et compléments, et ayant entendu nos ministres et notre Conseil de l'empire, nous avons résolu d'ordonner, pour toute l'étendue de nos Etats, ce qui suit :

SECTION Ire. — *Objet d'un brevet* (privilège exclusif).

§ 1. — Un brevet peut être accordé avec les modifications contenues aux §§ 2, 3, 4 et 5, pour toute découverte, invention ou amélioration qui a pour objet :

    a. un nouveau produit industriel, ou

    b. un nouveau moyen de production, ou

    c. une nouvelle méthode de production, que le brevet soit demandé par un Autrichien ou par un étranger, à moins qu'elles n'appartiennent à celles indiquées comme non *privi-légiables*, dans les §§ 2 à 5. Or, on entend par *découverte* toute révélation d'un procédé industriel exercé dans les temps passés, mais perdu depuis, ou généralement inconnu dans notre empire ; — par *invention*, toute nouvelle production d'un nouvel objet par de nouveaux moyens, ou d'un nouvel objet par des moyens déjà connus, ou bien d'un objet connu par d'autres moyens que ceux employés jusqu'ici pour le même objet ; — par *amélioration*, ou perfectionnement, toute addition d'un procédé ou d'un arrangement à un objet connu ou breveté, par laquelle on veut obtenir un meilleur succès ou une plus grande économie dans le but ou dans la manière de produire l'objet en question. — Une découverte, invention ou amélioration, est regardée comme *nouvelle*, si elle n'est pas exploitée dans l'empire d'Autriche, ni indiquée dans aucun ouvrage imprimé.

2. — On n'accorde pas de brevets pour la préparation d'aliments, de boissons et de médicaments, ni pour des découvertes, inventions ou améliorations dont l'exploitation est inadmissible, par des raisons de morale ou de sûreté publique, ou qui sont contraires aux lois de l'Etat.

3. — Pour toute découverte, invention ou amélioration, qu'on désire introduire dans les États autrichiens, un brevet ne peut être accordé qu'au cas *où l'exploitation en est encore limitée, à l'étranger, par un brevet*. Le brevet ne peut être accordé qu'*au propriétaire du brevet étranger* ou à ses représentants. Sans ces conditions, un brevet ne peut être accordé pour une invention faite à l'étranger.

4. — Un brevet accordé pour un objet déjà connu ou breveté ne peut se rapporter qu'à la partie perfectionnée.

5. — On n'accordera pas de brevet pour un principe scientifique, ou pour une thèse purement scientifique, même quand ce principe ou cette thèse serait susceptible d'être employé immédiatement pour un objet industriel ; mais tout nouvel emploi d'un tel principe est privilégiable, s'il est capable

d'effectuer un nouveau produit de l'industrie, un nouveau moyen ou une nouvelle méthode de production.

6. — La fusion de deux ou plusieurs inventions, découvertes ou améliorations dans un seul brevet, ne peut avoir lieu que si elles se rapportent au même objet, comme parties essentielles, ou moyens indispensables.

SECTION II. — *Conditions pour obtenir un brevet.*

7. — Quiconque veut obtenir un brevet pour une nouvelle découverte, invention ou amélioration, est tenu de remplir les conditions suivantes :

a. Demande adressée à l'autorité compétente et accompagnée des pièces nécessaires ;

b. Paiement d'une taxe fixée ;

c. L'obligation de présenter une description claire et détaillée de la nouvelle découverte, invention ou amélioration, ainsi que les dessins ou modèles, s'ils sont nécessaires pour l'intelligence de l'objet, de sorte que tout homme de métier puisse l'imiter quand elle sera publiée, après l'expiration de la durée du brevet.

8. — Les demandes doivent être adressées aux gouvernements provinciaux (ou aux préfectures de légations, etc.).

9. — Elles peuvent être présentées, ou par celui qui désire obtenir le brevet, ou par son fondé de pouvoir. Toute demande doit contenir :

a. Les nom et prénoms, état et domicile du pétitionnaire, et dans le cas où il n'a pas sa demeure perpétuelle dans les États autrichiens, encore le nom, l'état et le domicile d'un mandataire domicilié dans le pays. Le pétitionnaire est tenu de déclarer son nom, domicile, etc., même dans le cas où le brevet devra être exploité par une autre raison de commerce. Dans ce cas, cette raison doit être nommée, et elle ne peut être identique avec une autre raison qui existe déjà, sans la permission du propriétaire de celle-ci ;

b. La dénomination (le titre) de la découverte ou invention ;

c. Le nombre d'années pour lequel on désire assurer le brevet. Ce nombre d'années ne peut jamais surpasser celui de quinze, et doit être limité, pour le brevet d'importation, au nombre des années encore à courir du brevet étranger ;

d. La déclaration si l'on demande ou non le secret de l'invention.

10. — La demande d'un brevet doit être accompagnée :

a. De la taxe ou de la quittance constatant que le paiement a été fait à une caisse publique ; outre cette taxe, on ne paie point d'autres droits, même dans le cas où un examen a eu lieu dans l'intérêt de la sûreté publique ;

b. D'une procuration légale, dans le cas où le pétitionnaire présente sa demande par un mandataire (§ 9) ;

c. Du brevet étranger ou d'une copie légalisée pour l'invention, etc., qu'un étranger désire introduire en Autriche ;

d. De la description de l'invention, et ce, sous enveloppe cachetée, sur laquelle il faut mettre le titre de l'invention et le domicile du pétitionnaire ou de son fondé de pouvoir.

11. — La taxe est de 100 florins pour les cinq premières années, de 200 florins pour les cinq années suivantes, et de 400 florins pour les cinq dernières années, soit 20 florins pour chacune des cinq premières années ;

Total des cinq premières années, 100 florins.

Pour la 6e année. . 30 fl.	La 11e année. . . 60 fl.
— la 7e — . 35	La 12e — . . 70
— la 8e — . 40	La 13e — . . 80
— la 9e — . 45	La 14e — . . 90
— la 10e — . 50	La 15e — . . 100

De sorte que la taxe de quinze ans est de 700 florins.

La taxe doit être payée d'avance pour le nombre d'années demandé par le pétitionnaire. La restitution de cette somme n'a lieu qu'au cas où le brevet est refusé ou annulé.

12. — La description (§ 10), condition essentielle pour

l'obtention d'un brevet, doit répondre aux exigences suivantes :

a. Elle doit être rédigée en allemand ou dans la langue de
la province où la demande est présentée ; elle doit être signée
par le pétitionnaire ou par son mandataire ;

b. Elle doit contenir l'analyse détaillée de l'invention, etc.,
dont le titre est énoncé dans la demande ;

c. Elle doit être conçue en sorte que tout expert soit à
même d'en confectionner l'objet, sans avoir besoin de nouvelles inventions, additions ou améliorations ;

d. Tout ce qui est nouveau et qui, par conséquent, constitue
l'objet du brevet, doit être marqué particulièrement ;

e. L'invention, etc., doit être décrite clairement et sans
équivoques ;

f. On ne doit rien cacher, ni dans les moyens ni dans le
mode d'exécution ; on ne doit ni nommer des moyens plus
chers ou moins efficaces, ni taire des procédés essentiels à la
réussite de l'opération.

13. — L'autorité à laquelle une demande est présentée,
ayant trouvé tout en règle, écrira sur l'enveloppe de la description le jour et l'heure où la demande aura été déposée,
ainsi que la somme payée à titre de taxe. Cette notice est à
signer par le pétitionnaire ou par son mandataire. Puis on lui
donnera un certificat contenant le nom et le domicile du pétitionnaire, le jour et l'heure de la présentation de la demande,
la quittance du paiement de la taxe et le titre de l'invention
en question.

A partir de ce jour et de cette heure, la priorité de l'invention est assurée, c'est-à-dire toute invention, etc., faite ou
exploitée postérieurement, est regardée comme nulle et non
valable, et la nouveauté de l'invention régulièrement décrite
ne peut être contestée.

14. — Dans les provinces où la demande n'est pas présentée immédiatement au Gouvernement, elle doit être expédiée sans délai, et dans trois jours, au plus tard, au gouvernement provincial.

15. — Le Gouvernement examinera toute demande de brevets sous les rapports suivants :

a. Si l'objet de la demande est privilégiable ;

b. Si les pièces annexées sont conformes aux conditions prescrites.

Dans le cas où l'objet de la demande n'est pas trouvé privilégiable, on en donne avis au pétitionnaire, en l'invitant à reprendre la description cachetée et la taxe payée d'avance, ou bien à recourir au ministère du commerce.

16. — Le ministère du commerce est appelé à examiner en dernier ressort les exigences prescrites pour les demandes de brevets, mais il lui est réservé exclusivement d'ouvrir la description cachetée et d'examiner :

a. Si la description est rédigée dans une langue déclarée admissible (§ 12), et si elle est dûment signée;

b. Si l'objet pour lequel on demande un brevet ne consiste pas en deux ou plusieurs objets (§ 6), et n'exige pas une division ;

c. Si la déclaration (le titre) de l'objet en question s'accorde avec celle donnée sur l'enveloppe et dans la description; si celle-ci est rédigée avec la clarté exigée par le § 12, et surtout s'il y a les dessins, échantillons ou modèles nécessaires, enfin si toutes les formalités ont été observées ;

d. Si l'objet en question n'est pas contraire aux lois, soit à l'égard de la santé, soit sous d'autres rapports. Du reste, on aura soin que le secret soit rigoureusement gardé, en employant toutes les précautions nécessaires.

17. — Un examen préalable ayant pour objet la nouveauté et l'utilité de l'invention, etc., annoncée, n'a jamais lieu : c'est pourquoi le Gouvernement ne donne aucune garantie, et le brevet n'est accordé qu'aux risques et périls du breveté.

18. — Dans tous les cas où il n'y a pas d'empêchement, le brevet est accordé et signé par le ministre du commerce; dans le cas contraire, le pétitionnaire est renvoyé avec exposition des motifs, et la taxe lui est restituée.

19. — Un brevet accordé ne délie point de l'obligation d'observer les lois qui existent dans l'intérêt général de la santé, de la sûreté et de la morale : l'exploitation d'un brevet est donc subordonnée auxdites lois.

20. — Les descriptions et autres pièces sont gardées aux archives de brevets (voir section V).

Section III. — *Avantages et droits des brevetés.*

21. — Un brevet garantit et protége l'exercice exclusif d'une invention, découverte ou amélioration, telle qu'elle est exposée dans le mémoire descriptif. Cette protection est limitée au nombre d'années pour lequel le brevet a été accordé.

22. — Le breveté a le droit d'établir les ateliers et d'engager les ouvriers nécessaires pour exploiter son brevet avec toute l'étendue qu'il croit convenable, par conséquent de fonder dans tout l'empire des établissements et magasins pour confectionner et vendre l'objet de son brevet, de le céder, vendre, louer, et de prendre à l'étranger un brevet pour le même objet.

Mais ces droits sont strictement limités à l'objet de l'invention brevetée, et ne peuvent être étendus à des objets analogues, ni nuire aux droits d'autrui.

23. — Si le brevet se rapporte à l'amélioration ou au changement d'un objet breveté, il restera limité à ce changement individuel; mais le propriétaire du brevet originaire n'a pas le droit de mettre ladite amélioration à exécution, à moins qu'il ne s'entende avec celui qui l'a faite.

Section IV.—*Étendue et durée des brevets; publication.*

24. — Les brevets sont accordés pour l'empire d'Autriche.

25. — La plus longue durée des brevets est de quinze ans. Nous nous réservons pourtant d'accorder une plus longue

durée dans les cas où le breveté justifie sa demande par des raisons importantes.

26. — Tout privilège exclusif commence à partir de la date du brevet.

27. — Tout propriétaire d'un brevet de moins de quinze ans a le droit d'en demander la prolongation, pourvu qu'il présente sa demande avant l'expiration du terme (§ 29, 2°, a, b), et qu'il paie d'avance la taxe pour toute la durée de la prolongation (§ 11).

La clause de prolongation est insérée au brevet, qui, par conséquent, doit être présenté au ministère du commerce.

28. — Tous les brevets accordés ou prolongés par le ministère du commerce sont publiés d'office.

29. — Tous les brevets perdent leur validité :

1° Par une déclaration de nullité (cassation, abolissement). Une telle déclaration de nullité peut avoir lieu, si les conditions légales ne sont pas remplies; surtout — a, si la description de l'invention, etc., en question, est incomplète et n'est pas conforme aux instructions données par le § 12, c, f; — b, si quelqu'un prouve légalement que l'invention brevetée n'avait plus la qualité de la nouveauté (§ 1), avant le jour et l'heure du certificat, ou bien que l'invention brevetée avait été introduite d'un pays étranger, et que le brevet autrichien n'avait pas été accordé au propriétaire du brevet étranger obtenu pour le même objet, ou à ses concessionnaires; — c, si le propriétaire d'un brevet valable prouve que l'invention brevetée plus tard est identique à sa propre invention dûment annoncée et brevetée. La déclaration de nullité peut aussi avoir lieu, si l'exploitation d'un brevet est contraire à la sûreté publique (§ 19);

2° Par l'extinction. Celle-ci a lieu : a, si le breveté n'a pas commencé à exploiter son invention ou découverte dans le délai d'un an, à dater du jour de la signature du brevet, ou s'il a cessé de l'exploiter pendant deux années entières; b, si la durée du brevet est écoulée; c, si le breveté se désiste librement de son brevet.

30. — Dès qu'un brevet a perdu sa validité, l'invention en question peut être exploitée par tout le monde.

Section V. — *Enregistrement des brevets.*

31. — Tous les brevets sont enregistrés au ministère ; si un brevet est exploité sous une raison de commerce différente de celle du vrai propriétaire, elle est de même inscrite sur les registres. Les mémoires descriptifs, les dessins, modèles, etc., sont gardés dans les archives.

32. — Tout le monde peut demander des éclaircissements sur les brevets accordés et voir les registres. On peut prendre copie des descriptions d'inventions qui ne sont plus brevetées et de celles dont le secret n'a pas été demandé (voir pourtant le § 41).

33. — A la fin de chaque mois, on présentera au ministère du commerce un état des nouveaux brevets, des prolongations, etc. On communiquera cette liste mensuelle aux gouvernements des provinces et aux chambres de commerce dans tout l'empire, pour les mettre à même de faire des registres et de donner les éclaircissements qui leur seraient demandés. Un état annuel est publié par l'impression..

34. — Les descriptions des inventions qui ne sont plus brevetées, et qui ont pour objet une industrie importante ou utile, sont publiées tous les ans.

Secton VI. — *Cession des brevets.*

35. — Tout brevet peut être cédé à d'autres personnes, entre vifs ou par testament.

36. — Tout acte de cession accompagné du brevet doit être présenté au ministère du commerce, soit directement, soit par le gouvernement de la province où la cession a eu lieu, ou bien où le pétitionnaire a son domicile. A cet effet, ledit acte doit être dûment légalisé par une autorité compétente.

Toute cession sera inscrite sur les registres (§ 34) et confirmée sur le brevet même. Dans le cas où une cession ne comprend qu'une partie du brevet, on en donnera un certificat particulier.

37. — Les cessions enregistrées sont publiées sans retard.

SECTION VII. — *Empiétements sur les droits des brevetés ; litiges.*

38. — Toute personne qui, sans la permission du breveté, imite ou contrefait l'objet du brevet de la manière exposée dans le mémoire descriptif, même dans le cas où l'imitation ou la contrefaçon aurait lieu par suite d'un brevet identique, mais obtenu plus tard, qui introduit ou tire d'un pays étranger des objets contrefaits d'un brevet autrichien pour en faire le commerce ; enfin, toute personne qui se charge de la vente ou de l'exposition de tels objets, empiète sur les droits du breveté.

39. — Si la description d'une invention brevetée est inscrite sur les registres ouverts, le premier empiétement constitue déjà une violation de la loi ; mais, si la description a été tenue secrète, toute répétition de l'empiétement interdit la première fois est punissable, et sera punie, outre la confiscation des objets contrefaits, d'une amende de 25 à 1,000 florins. Dans le cas de l'insolvabilité du coupable, il sera puni de prison, à raison de 5 florins par jour. Les instruments et appareils ayant servi à la contrefaçon seront démontés ou détruits, à moins que les deux parties ne s'arrangent à l'amiable. Ladite amende sera affectée à la caisse des pauvres de l'endroit où le délit a été commis.

Si le coupable a abusé de la confiance du breveté pour empiéter sur ses droits, ce fait doit être regardé comme une circonstance aggravante.

40. — Si le breveté lésé ne veut pas instruire le procès, ou s'il s'agit d'un breveté dont la description est tenue secrète, il

a le droit de faire cesser la contrefaçon et la vente des objets contrefaits, et d'exiger toutes les garanties afin que les objets contrefaits dans l'empire d'Autriche ne soient ni employés, ni vendus pendant toute la durée du brevet, et que ceux qui ont été introduits d'un pays étranger y soient réexportés.

41. — Toute invention ou découverte en litige sera jugée uniquement selon la description déposée avec la demande. Cette description servira donc de base dans tous les cas où la décision dépend du contenu de cette description, sans égard au secret demandé par le pétitionnaire.

42. — Le ministère du commerce décidera seul la question si un brevet doit être annulé (§ 29). Il décidera donc particulièrement la question de la nouveauté d'une invention ou découverte, de l'identité entière ou partielle de deux inventions brevetées, etc.

43. — Les enquêtes et punitions des délits désignés ci-dessus (§§ 36 et 39) sont de la compétence des tribunaux de première instance; mais on peut recourir, dans le délai de quinze jours, au Gouvernement provincial et ensuite au ministère du commerce.

L'exécution d'un jugement de première instance n'a lieu, dans le cas d'un recours, qu'après la décision légale.

44. — Le tribunal peut déléguer des experts pour faire constater l'empiétement sur les droits du breveté, et ordonner, sur la demande de ce dernier, la saisie immédiate des instruments et appareils qui ont servi à la contrefaçon. Mais, en tout cas, il faut avoir soin que l'empiétement soit légalement constaté, et que l'accusé n'essuie pas des pertes irréparables dans les affaires qui ne concernent pas les droits du breveté.

45. — S'il résulte de l'instruction que la décision dépend de questions préliminaires, le tribunal est tenu de discontinuer la procédure, afin de demander d'abord le *parere* du ministère du commerce. Mais la saisie ou autres mesures préventives peuvent être maintenues jusqu'à la décision définitive.

46. — S'il ne s'agit pas d'une amende, mais seulement d'arrêter la contrefaçon, ou si la propriété d'un brevet est en question, le tribunal civil jugera l'affaire sous les formes légales.

47. — Un empiétement ayant été dûment constaté, le tribunal civil peut ordonner, sur la demande du breveté, la saisie immédiate des objets contrefaits ou d'autres mesures convenables, mais sous les précautions mentionnées au § 44.

Toutes ces mesures doivent être justifiées dans le délai de huit jours, par une plainte portée contre le défendeur ; autrement celui-ci aurait le droit d'exiger la suspension immédiate de la saisie et de demander des dommages-intérêts.

48. — Si la décision dépend de questions préliminaires, les parties sont tenues de demander le *parere* du ministère du commerce, et de produire ce *parere* dans le cours du procès.

49. — Les empiétements sur les droits d'autrui, dont un breveté se rendrait coupable, en excédant l'étendue de son privilège, seront punis par les autorités appelées à juger les contraventions en fait d'industrie.

50. — Les tribunaux compétents décideront la question si celui qui se qualifie illégalement d'auteur de l'invention d'autrui, afin d'obtenir un brevet, se rend coupable d'une fraude ou d'une action punissable.

SECTION VIII. — *Dispositions sur les brevets publiés avant la présente loi.*

51. — Les propriétaires de brevets accordés conformément à la loi du 31 mars 1832 ont le droit de faire valoir leur privilège dans les provinces de l'empire où ladite loi n'avait pas été promulguée. Mais cette extension ne peut nuire aux intérêts de ceux qui y ont déjà exploité l'invention brevetée en question, avant la publication de la présente loi.

52. — Pour obtenir cette plus grande étendue d'un privilège, le propriétaire d'un brevet accordé en vertu de la loi du

31 mars 1832 doit demander au gouvernement de la province
où il désire acquérir le droit de breveté, la publication du
brevet.

53. — Un surcroît de taxe n'a pas lieu pour la publication
des brevets antérieurs dans les diverses provinces.

54. — Toutes les demandes de prolongation des brevets
antérieurs sont sujettes à la présente loi dès qu'elle sera en
vigueur.

55. — Tous les empiétements sur les droits des brevetés,
commis avant l'application de la présente loi, seront jugés
d'après les termes de la loi du 31 mars 1832.

56. — Sauf les cas prévus dans les précédents paragraphes,
la loi actuelle prendra immédiatement la place de l'ancienne
loi du 31 mars 1832, pour tout ce qui concerne l'exploitation,
la durée, la cession ou la validité des brevets antérieurs.

Donné en notre capitale et résidence de Vienne, le
15 août 1852.

Signé : François-Joseph.

Résumé de la législation autrichienne sur les brevets d'invention.

§ 1. *Brevets*. Peut être brevetée toute découverte, invention ou amélioration qui a pour objet, soit un nouveau produit industriel, soit un nouveau moyen de production, soit
une nouvelle méthode de production.

Peut être brevetée une invention déjà brevetée à l'étranger.

La loi n'admet pas les brevets d'introduction.

§ 2. *Formalités*. Pour obtenir un brevet, il faut adresser sa
demande à l'autorité compétente accompagnée des pièces nécessaires; acquitter la taxe; présenter une description claire
et détaillée de la nouvelle découverte, invention ou améliora-

tion, ainsi que les dessins ou modèles, s'ils sont nécessaires pour l'intelligence de l'objet.

§ 3. *Durée.* Le pétitionnaire doit indiquer pour quel nombre d'années il désire s'assurer le brevet. Ce nombre ne peut dépasser celui de quinze, et doit être limité, pour le brevet d'importation, au nombre des années à courir du brevet étranger. Tout propriétaire d'un brevet de moins de quinze ans peut en demander la prolongation, pourvu qu'il présente sa demande avant l'expiration du terme, et qu'il paie d'avance la taxe pour toute la durée de la prolongation.

La prolongation de la durée de quinze ans peut aussi être accordée quand le pétitionnaire justifie sa demande par des raisons importantes.

§ 4. *Taxe.* La taxe est de 20 florins par an pour les cinq premières années; elle est de 30 florins, pour la sixième; 35 pour la septième; 40 pour la huitième; 45 pour la neuvième; 50 pour la dixième; 60 pour la onzième; 70 pour la douzième; 80 pour la treizième; 90 pour la quatorzième; 100 pour la quinzième.

La taxe doit être payée d'avance par le pétitionnaire pour le nombre d'années demandé. La restitution de cette somme n'a lieu qu'au cas où le brevet est refusé ou annulé.

§ 5. *Examen.* L'examen se borne aux deux points suivants: 1° Si l'objet de la demande est privilégiable; 2° Si les pièces annexées sont conformes aux conditions prescrites.

L'examen ne portant pas sur la nouveauté ni sur l'utilité de l'invention, le brevet est accordé sans garantie du gouvernement.

§ 6. *Nullités. Déchéances.* Les brevets perdent leur validité notamment: 1° lorsque la description est incomplète; 2° lorsqu'il est prouvé que l'invention n'était pas nouvelle au moment de la délivrance du brevet; 3° lorsque l'invention ayant été introduite de l'étranger, le brevet a été accordé à un autre qu'au véritable propriétaire; 4° lorsque le breveté n'a pas commencé à exploiter son invention ou sa découverte dans le délai d'un an, à dater du jour de la signature du brevet, ou s'il a cessé de l'exploiter pendant deux années entières.

§ 7. *Cession.* La cession peut avoir lieu entre vifs par testament.

Elle doit être enregistrée au ministère du commerce.

§ 8. *Contrefaçon.* La contrefaçon est punie d'une amende de 25 à 1,000 florins, sans préjudice des dommages-intérêts qui peuvent être alloués à la partie lésée.

MARQUES DE FABRIQUE

LOI DU 7 DÉCEMBRE 1858 (1)

Nous, François-Joseph Ier, par la grâce de Dieu, empereur d'Autriche, etc., afin de garantir les industriels et les consommateurs du préjudice qu'ils souffrent par l'abus que l'on fait des marques de fabrique et autres, nous avons trouvé bon, nos ministres et notre Conseil d'Etat entendus, de décréter les dispositions législatives suivantes, pour la protection des marques de fabrique et autres, et ordonnons qu'elles seront mises en vigueur dans toute l'étendue de notre Empire, à partir du 1er janvier 1859.

Notre ministre du commerce, de l'industrie et des travaux publics est chargé de l'exécution de la présente loi. — Donné en notre ville capitale et résidence de Vienne, le 7 décembre 1858, la onzième année de notre règne.

FRANÇOIS-JOSEPH.

Le ministre du commerce,
Chevalier de Toggenburg.
Par ordonnance de l'Empereur,
Marherr.

I. — DISPOSITIONS GÉNÉRALES.

Art. 1er. — Sous le nom de marques de fabrique on entend, dans la présente loi, les signes particuliers servant à distinguer dans le commerce les produits et les marchandises d'un industriel, des produits et marchandises d'un autre (emblèmes, chiffres, vignettes, etc.).

Art. 2. — Lorsqu'un industriel voudra s'assurer l'usage

(1) Extrait des *Annales de la propriété industrielle.*

exclusif d'une marque de fabrique, il devra se faire enregistrer, conformément aux dispositions du chapitre suivant.

Art. 3. — On ne peut obtenir un droit exclusif à des marques consistant en certains signes généralement en usage dan le commerce pour certaines marchandises, ni aux marques qui ne consistent qu'en lettres, mots ou chiffres, ou dans les armes de l'Etat ou des provinces.

Art. 4. — Le droit exclusif à une marque de fabrique n'exclut, pour les autres industriels, le droit à l'usage de la même marque, qu'à l'égard de l'espèce de marchandises appartenant à la production ou aux objets du commerce et de l'industrie, à laquelle la marque protégée est destinée.

Art. 5. — Le droit à une marque exclusive est inhérent à l'entreprise industrielle à laquelle la marque est destinée ; ce droit s'éteint avec l'entreprise ; le changement de l'entreprise en change aussi le propriétaire. Dans ce dernier cas, cependant, le nouveau propriétaire est obligé de faire transcrire, dans les trois mois, la marque en son nom, à peine de déchéance ; excepté toutefois dans le cas où l'industrie serait continuée par la veuve ou un héritier mineur de l'industriel, ou pour compte de la masse d'une succession ou d'une faillite.

Art. 6. — Personne ne peut prendre arbitrairement les noms, la raison commerciale, ni s'attribuer l'écusson ou la dénomination de l'établissement d'un autre industriel ou producteur indigène, pour désigner des marchandises ou des produits.

Art. 7. — Tout ce qui est dit dans la présente loi de la marque des marchandises s'étend également aux marques portées sur les emballages, caisses, vases, enveloppes, etc.

Art. 8. — La présente loi ne change rien aux dispositions existantes à l'égard des marques particulières ordonnées pour certaines marchandises, notamment aux dispositions sur le poinçonnement.

II. — ENREGISTREMENT DES MARQUES.

ART. 9. — La marque pour laquelle un industriel veut s'assurer le droit exclusif (art. 2) doit être déposée en double exemplaire à la Chambre de commerce et d'industrie du district où est située l'entreprise industrielle et où il doit en être fait usage ; l'un des exemplaires reste déposé à la Chambre de commerce et d'industrie et attaché au registre d'inscription ; l'autre est rendu, muni des constatations désignées dans l'article suivant.

ART. 10. — Sur chacun des deux exemplaires l'employé ou fonctionnaire, nommé à cet effet par la Chambre de commerce et d'industrie, inscrira : — a, le numéro d'ordre du registre ; — b, le jour et l'heure de la présentation ; — c, le nom pour lequel la marque a été enregistrée ; — d, la désignation de l'entreprise commerciale à laquelle la marque est destinée ; — il signera et y apposera le sceau officiel.

ART. 11. — L'enregistrement est soumis à une taxe de 10 florins, qui sera versée dans la caisse de la Chambre de commerce.

ART. 12. — Du jour et de l'heure de la présentation de la marque à la Chambre de commerce et d'industrie commence, pour le déposant, le droit exclusif à l'usage de la marque, et c'est d'après cette époque que l'on juge de son droit de priorité, dans le cas où la même marque serait déposée à la même Chambre ou dans d'autres Chambres de commerce et d'industrie.

ART. 13. — Pour obtenir la transcription d'un droit à la marque, dans le sens de l'article 5, le demandeur doit présenter la preuve que le droit avait déjà été obtenu par l'entreprise industrielle dont il s'agit. — La transcription est soumise à la même taxe que le premier enregistrement.

ART. 14. — Les Chambres de commerce et d'industrie tiendront toujours les registres des marques ouverts aux recherches du public.

III. — USURPATIONS, CONTRAVENTIONS ET PEINES.

ART. 15. — Toute usurpation du droit à la marque, soit qu'elle ait lieu par l'attribution illégale ou la contrefaçon d'une marque, soit par la vente de marchandises portant cette marque illégale, donne droit à la partie lésée de demander la cessation de tout usage ultérieur de la marque illégale et sa suppression sur les marchandises qui en sont revêtues et qui sont destinées à la vente. — La partie lésée peut également demander la destruction des instruments et appareils servant exclusivement ou principalement à contrefaire ces marques. — Les réclamations de la partie lésée à des dommages-intérêts, pour le préjudice souffert par suite de l'usurpation de son droit à la marque, seront jugées suivant les dispositions du Code civil.

ART. 16. — Il y a contrefaçon lorsque les marques en question ne peuvent être distinguées les unes des autres, sans y mettre une attention plus grande que d'ordinaire.

ART. 17. — Les dispositions contenues dans l'article 15 sont aussi applicables contre ceux — a, qui s'attribuent illégalement le nom, la raison commerciale, l'écusson ou la dénomination particulière de l'établissement d'un centre industriel ou producteur pour désigner des marchandises destinées à la vente, et ceux — b, qui mettent en vente des produits ou des marchandises marqués d'un signe interdit de cette nature.

ART. 18. — Si l'usurpation (art. 15 et 17) a été sciemment commise, le coupable est passible d'une amende de 25 à 500 florins (62 fr. 50 c. à 1,258 francs), indépendamment des peines qui pourraient être prononcées contre lui, suivant les dispositions du Code pénal général.

ART. 19. — En cas de récidive, la peine peut être doublée. — Dans le cas d'une nouvelle récidive, le coupable sera passible, indépendamment de l'amende, d'un emprisonnement d'une semaine à trois mois.

ART. 20. — Si l'amende devait porter trop sensiblement

atteinte aux moyens pécuniaires du condamné ou aux ressources dont il a besoin pour 'sa subsistance et celle de sa famille, ou pouvait l'empêcher de satisfaire aux dommages-intérêts auxquels il serait condamné, l'amende devra être convertie en un emprisonnement d'un jour pour chaque montant de 5 florins (12 fr. 50 c.).

Art. 21. — Le juge du délit peut aussi ordonner que le jugement de condamnation soit rendu public.

Art. 22. — Le montant des amendes est versé à la caisse des fonds des pauvres du lieu où la contravention a été commise.

IV. — AUTORITÉS ET MODE DE PROCÉDER.

Art. 23. — La procédure et le jugement à rendre, relatifs aux usurpations (art. 15 et 17), ainsi que l'instruction et la punition des contraventions désignées aux articles 18 et 19, sont de la compétence de la préfecture, conformément aux prescriptions existantes pour la procédure et la marche de l'instance dans les délits et contraventions en fait d'industrie. — La préfecture décide aussi du cas de conflit concernant le droit à la marque de fabrique, à sa priorité, à sa transmission, et des questions qui pourront s'élever dans le cas d'identité de plusieurs marques. — Mais au juge civil appartient la décision sur la demande de dommages-intérêts mentionnés à l'article 15.

Art. 24. — Si la poursuite des contraventions désignées dans la présente loi n'est point faite d'office, conformément au Code pénal général, par le tribunal qui doit en connaître, elle ne pourra être faite qu'à la requête de la partie lésée. — Cependant, si la partie lésée retire sa demande de condamnation avant le jugement à rendre par l'autorité, alors elle est déchue de tout droit ultérieur à demander la condamnation ou l'instruction, sans préjudice toutefois de son droit privé aux dommages-intérêts.

Art. 25. — Toutes les fois qu'il s'agira de constater une

usurpation par la comparaison de deux marques, l'autorité devra en référer au jugement d'experts. — Les parties seront appelées pour être présentes aux opérations des experts ; ceux-ci les entendront dans leurs dires et observations. — Le jugement des experts ne peut être attaqué que pour suspicion contre eux, ou pour vice de forme; si le jugement est incomplet ou obscur, on peut insister pour qu'il soit complété. Une révision n'est pas permise.

ART. 26. — La partie lésée a le droit de demander, même avant qu'il soit intervenu une décision sur sa plainte, la saisie ou autre garantie contre les marchandises signalées en contravention à la présente loi, ou contre les instruments employés pour la commettre. — La préfecture ordonnera immédiatement cette saisie ou cette garantie, sur l'indication des marchandises et la présentation de l'exemplaire authentique de la marque déposée suivant l'article 10.—Il est cependant aussi loisible à l'autorité de demander une garantie préalable contre l'outrage et le préjudice qui pourraient résulter pour le défendeur de la poursuite.

V. — DISPOSITIONS TRANSITOIRES.

ART. 27. — Les industriels qui sont actuellement en possession d'une marque ne peuvent en obtenir l'usage exclusif que suivant les conditions fixées par la présente loi.

ART. 28. — A cette fin, il leur est accordé un délai jusqu'au 30 juin 1859 ; ce délai aura l'effet que, la marque étant enregistrée avant son expiration, chacun aura le droit de faire valoir, contre quiconque, son droit à la priorité de la marque dont il a fait usage avant la publication de la présente loi, et de le revendiquer contre celui qui aurait fait enregistrer la même marque avant lui, mais qui n'en aurait pas effectivement fait usage avant l'introduction de la présente loi.

ART. 29. — Si, avant la mise en vigueur de la présente loi, plusieurs industriels ont fait usage de la même marque, alors le droit exclusif à la marque appartiendra à celui qui, l'ayant fait enregistrer dans le délai fixé à l'article **28**, prouvera qu'il en a fait usage avant les autres. — Tout conflit à ce sujet sera jugé par la préfecture, qui entendra les deux parties et statuera d'après les preuves que chacune d'elles administrera sur l'antériorité de l'époque à laquelle elles ont commencé à en faire usage. — Feront foi, dans ce cas, les registres pour l'inscription des marques de fabrique (contrôle des marques) que l'on tenait déjà dans quelques provinces avant la publication de la présente loi, et qui étaient considérés comme preuves authentiques, à moins qu'il ne s'élève des objections contre le contenu de ces registres. — Dans le cas où aucune des parties en litige ne pourrait administrer la preuve de la priorité de l'usage de la marque, la décision se fera par la voie du sort.

Art. 30. — Quant aux marques dont on ne demandera l'enregistrement qu'après le 30 juin 1859, on ne pourra pas se prévaloir de l'usage qu'on en aurait fait avant la publication de la présente loi pour réclamer un droit de priorité.

DESSINS ET MODÈLES DE FABRIQUE

Nous, François-Joseph Iᵉʳ, par la grâce de Dieu, empereur d'Autriche, etc., afin de garantir à l'industrie nationale une protection convenable, pour les nouveaux dessins de fabrique et modèles de ses produits, et d'en avancer le développement, nous avons trouvé bon, nos ministres et notre Conseil de l'empire entendus, de décréter les dispositions législatives suivantes, et ordonnons qu'elles seront mises en vigueur dans toute l'étendue de notre empire, à partir du 1ᵉʳ mars 1859. — Notre ministre du commerce, de l'industrie et des travaux publics est chargé de l'exécution de la présente loi. — Donné en notre ville capitale et résidence de Vienne, le 7 décembre 1858, la onzième année de notre règne.

FRANÇOIS-JOSEPH.

Le ministre du commerce,

Chevalier DE TOGGENBURG.

Par ordonnance de l'Empereur,

MARHERR.

Loi pour la protection des dessins de fabrique et modèles des produits de l'industrie.

I. — DISPOSITIONS GÉNÉRALES.

ART. 1ᵉʳ. — On entend, dans la présente loi, par dessin de fabrique et modèle, tout type qui se rapporte à la forme d'un produit industriel, et qui peut être identifié avec lui. — Tout ce qui se dit dans les articles suivants des dessins de fabrique est aussi applicable aux modèles.

ART. 2. — Celui qui produit un dessin original, soit par lui-même, soit par un autre, mais pour son compte, a seul le droit de l'appliquer à la fabrication des produits industriels, et ce, pendant le temps et aux conditions déterminés par la présente loi. — Il peut aussi transmettre ce droit à d'autres, soit en totalité, soit en partie.

Nul ne peut acquérir le droit à l'usage exclusif déterminé par la présente loi, sur les dessins de fabrique du pays où de l'étranger, qu'il se serait illégalement attribués (V. art. 11, lettre c.).

ART. 3. — Un droit exclusif ne peut être reconnu à des dessins de copie des œuvres d'art d'un autre.

ART. 4. — Le droit exclusif d'usage dure, sans distinction de dessins, pendant trois ans, à partir de l'époque de l'enregistrement.

II. — DÉPOT DE DESSINS ET MODÈLES.

ART. 5. — Celui qui veut s'assurer un droit exclusif à l'usage (exploitation), d'un dessin doit, avant de mettre dans le commerce un produit confectionné d'après ce dessin, en faire le dépôt à la Chambre de commerce et d'industrie du district où il a son domicile, ou de celui où est situé l'établissement dans lequel il veut exploiter le dessin. — Il est loisible au déposant de présenter le dessin à découvert ou sous enveloppe cachetée. — L'employé ou fonctionnaire, nommé à cet effet par la Chambre de commerce, inscrit le dessin ou le paquet, selon le numéro d'ordre, dans le registre des dessins. — Procès verbal est dressé du dépôt; il contient le nom ou la raison commerciale et le domicile du déposant, le jour et l'heure de la présentation et le numéro d'inscription au registre ; il est signé par la partie intéressée. Le dessin ou le paquet cacheté est attaché au procès-verbal par un fil cacheté; on y met le numéro du registre avec la signature officielle. — Le procès-verbal est conservé dans les archives, et un certificat contenant les mêmes indications est délivré au déposant. —

Si le dessin a été présenté à découvert et en double exemplaire, alors les indications ci-dessus doivent être portées sur le duplicata même, avec la signature officielle, et c'est ce duplicata qui est délivré à la partie intéressée, au lieu du certificat ci-dessus mentionné.

Art. 6. — L'enregistrement de chaque dessin est soumis à une taxe de 10 florins (25 francs), qui est versée dans la caisse de la Chambre de commerce.

Art. 7. — Il est permis de présenter plusieurs dessins sous la même enveloppe; mais dans ce cas le nombre des dessins doit être indiqué sur l'enveloppe, et la taxe payée pour chaque dessin. — Toute déclaration inexacte portée sur l'enveloppe, et tendant à frustrer les droits de taxe, est punie d'une amende équivalente au triple des droits frustrés.

Art. 8. — Celui au nom duquel un dessin est enregistré (le déposant) est considéré comme étant le propriétaire réel du dessin, jusqu'à preuve du contraire.

Art. 9. — L'ayant-droit à la protection doit, dans le terme d'un an, exploiter le dessin dans le pays, pour la fabrication des produits de l'industrie, et mettre ses produits dans le commerce. Pendant ce temps, les dessins, déposés sous enveloppe cachetée, sont conservés dans cet état. Après une année, les scellés sont levés en présence de deux témoins; procès-verbal en est dressé, et l'inspection en est permise à chacun, de même qu'elle est permise dans les dessins déposés à découvert.

III. — NULLITÉ DE L'ENREGISTREMENT. — PERTE DU DROIT AU DESSIN.

Art. 10. — L'enregistrement d'un dessin est nul et sans effet s'il est prouvé : — a, que déjà avant l'époque du dépôt, des produits de l'industrie, confectionnés d'après les dessins déposés, étaient dans le commerce, soit dans le pays, soit à l'étranger; — b, que le dessin a déjà paru dans un ouvrage imprimé et publié; — c, qu'il avait été auparavant enregistré dans le pays sous le nom d'un autre; — *d*, que le déposant s'est illégalement attribué le dessin (art. 2).

Art. 11. — Le droit à l'exploitation exclusive d'un dessin s'éteint : — *a*, si dans le terme d'une année, le déposant n'exploite pas dans l'étendue de l'empire d'Autriche le dessin protégé ; — *b*, si le déposant introduit en Autriche des marchandises confectionnées à l'étranger d'après le même dessin.

IV. — USURPATIONS. — CONTRAVENTIONS. — PEINES.

Art. 12. — Toute usurpation de droit à un dessin de fabrique, soit que l'usurpation ait lieu par la cession ou la contrefaçon d'un dessin protégé, soit par la vente de marchandises confectionnées d'après ce dessin, donne droit à la partie lésée de demander la cessation de toute exploitation ultérieure du dessin et de la vente desdites marchandises. Elle peut aussi demander la destruction de tous les instruments et appareils accessoires servant exclusivement à la production de la contrefaçon. Les réclamations de dommages-intérêts élevées par la partie lésée, pour préjudice souffert, sont de la compétence des tribunaux et doivent être jugées d'après les dispositions du Code civil.

Art. 13. — Une contrefaçon ne cesse pas d'être défendue, si l'on n'a changé que les dimensions et les couleurs du dessin.

Art. 14. — Si l'usurpation a été commise sciemment, le coupable est passible d'une amende de 25 à 500 florins (62 fr. 50 c. à 1,250 fr.), indépendamment des peines prononcées par le Code pénal général.

Art. 15. — En cas de récidive, la peine peut être doublée. En cas d'une nouvelle récidive, le coupable sera passible, indépendamment de l'amende, d'un emprisonnement d'une semaine à trois mois.

Art. 16. — Si l'amende devait porter trop sensiblement atteinte aux moyens pécuniaires du condamné, ou aux ressources dont il a besoin pour sa subsistance ou celle de sa famille, ou pouvait l'empêcher de satisfaire aux dommages-intérêts auxquels il serait condamné, l'amende devrait être convertie en un emprisonnement d'un jour pour chaque montant de 5 florins.

Art. 17. — Le juge dudit délit peut aussi ordonner que le jugement de condamnation soit rendu public.

Art. 18. — Le montant des amendes est versé à la caisse du fonds des pauvres du lieu où la contravention a été commise.

V. — AUTORITÉS ET MODE DE PROCÉDER.

Art. 19. — La procédure et le jugement à rendre, relatifs aux usurpations du droit au dessin, ainsi que l'instruction et la punition, si l'usurpation prend le caractère d'une contravention, d'après l'article 15, sont de la compétence de la préfecture pour les délits et contraventions en fait d'industrie. — La préfecture statue aussi sur la nullité du dépôt ou la perte du droit au dessin. — Quant aux réclamations de dommages-intérêts (art. 12) et aux conflits au sujet de la propriété d'un dessin, la décision en appartient au juge civil.

Art. 20. — S'il arrive, pendant le procès ou l'instruction, que la décision dépend d'une question préjudicielle dont la justice civile doit connaître, la préfecture renverra les parties devant la juridiction civile compétente, et elle ne pourra prononcer son propre jugement qu'après que la décision du juge civil, passée en force de chose jugée, lui aura été produite. — La décision, passée en force de chose jugée, de la préfecture, qui déclare quelqu'un coupable d'usurpation du droit d'exploitation d'un dessin, sert à la partie lésée pour faire valoir, devant le juge civil, sa réclamation à des dommages-intérêts.

Art. 21. — Si la poursuite des contraventions désignées dans la présente loi n'est pas faite d'office, conformément aux dispositions du Code pénal général, par le tribunal correctionnel, elle ne pourra être faite qu'à la requête de la partie lésée. — Cependant, si la partie lésée retire la demande de condamnation avant le jugement à rendre par l'autorité, alors elle est déchue du droit de demander ultérieurement la condamnation ou une nouvelle instruction pour y arriver, sans préjudice toutefois de son droit privé aux dommages-intérêts.

Art. 22. — Toutes les fois qu'il s'agira, pour constater une usurpation, de faire la comparaison entre deux dessins, l'autorité devra en référer au jugement d'experts; les parties seront appelées pour être présentes aux opérations des experts; ceux-ci les entendront dans leurs dires et observations. — Le jugement des experts ne peut être attaqué que pour suspicion contre les experts ou pour vice de forme. — Si le jugement n'est pas complet ou qu'il soit obscur, on peut exiger qu'il soit complété; mais on ne peut pas en demander la révision.

Art. 23. — Dans tous les cas de contestation, la préfecture et le tribunal ont le droit de se faire remettre, contre récépissé, le dessin déposé à la Chambre de commerce et d'industrie. Si le paquet cacheté doit être ouvert, le déposant doit être appelé. S'il ne se présente pas, on requerra l'assistance de deux témoins impartiaux. Un procès-verbal sera dressé sur l'ouverture du paquet.

Art. 24. — La partie lésée a le droit de demander, même avant qu'une décision ait été prise au sujet de la plainte, la saisie des produits d'industrie désignés comme ayant été confectionnés au préjudice de son droit à l'exploitation du dessin, ainsi que des instruments ou appareils (art. 12) qui ont servi à leur confection, ou toute autre garantie. — La préfecture doit de suite l'ordonner sur la présentation du certificat authentique ou duplicata du certificat délivré conformément à l'article 5. — Toutefois, l'autorité peut aussi, si elle le juge convenable, exiger, par contre, une sûreté préalable contre l'outrage et le préjudice qui pourraient résulter de la poursuite pour le défendeur. En même temps qu'elle ordonne la saisie ou autre garantie, l'autorité doit demander la remise du dessin déposé à la Chambre de commerce et d'industrie, dans le sens de l'article 23.

ART. 25. — S'il est reconnu qu'une usurpation du droit à l'exploitation du dessin a eu lieu, les objets y relatifs demeureront scellés sous le sceau officiel, jusqu'à l'expiration du terme de la protection. On prendra des mesures pour leur garde et leur conservation, aux frais de la partie condamnée, dans le cas où il n'en aurait pas été autrement disposé par une transaction entre les intéressés.

ART. 26. — Si le défendeur est reconnu innocent et la plainte comme ayant été méchamment faite, la préfecture peut condamner le plaignant, au profit de la caisse des pauvres, à une amende dont le montant pourra s'élever jusqu'à 300 florins (750 francs), sans préjudice du droit du défendeur à demander une satisfaction ou réparation.

OBSERVATION. — Le texte de ces lois est à la fois court et précis; il est donc inutile d'en donner un résumé.

23

BADE (GRAND-DUCHÉ DE)

BREVETS D'INVENTION

La matière des brevets d'invention est régie, dans cet État, par les principes adoptés dans la convention de l'Union douanière du Zollverein, dont on trouvera le texte plus loin.

L'objet de la demande est soumis à un examen préalable. Le possesseur seul du brevet étranger peut, en produisant le titre dudit brevet, obtenir pour la même invention le privilége *d'importation*; celui-ci expire avec le premier.

Les étrangers sont admis, comme les sujets badois, à obtenir le droit privatif pour une durée de cinq années, avant l'expiration desquelles on peut demander une prolongation, qui peut être de cinq et même de dix années.

La taxe est annuelle et se paie d'avance ; elle est de 20 florins (du Rhin) et se rend en cas de refus. En outre de cette taxe, il reste à acquitter des frais de différentes natures, parmi lesquels figurent ceux d'examen pour la plus forte part.

Tout perfectionnement à une invention déjà brevetée, ne peut être protégé que par une nouvelle demande de brevet.

Dans tous les cas, la pétition adressée au ministre de l'intérieur doit être accompagnée de la preuve qu'on est le véritable inventeur ou le propriétaire de l'invention, et d'une description en langue allemande, précise et détaillée. Il faut de plus, s'il y a lieu, annexer à cette description les dessins nécessaires.

Le gouvernement exige des étrangers, non-seulement une procuration légalisée, s'ils emploient l'intermédiaire d'un mandataire, mais encore la présentation d'un sujet de l'Etat garantissant les payements à effectuer, dont le total peut s'élever jusqu'à 70 florins.

De même qu'en Saxe, aucune formalité n'est indiquée au sujet du transfert des droits acquis par le breveté.

C'est la commission d'examen qui fixe le délai de mise en œuvre, lequel est généralement d'une année, sans prolongation.

CONVENTION DU 2 JUILLET 1857

Conclue entre la France et le grand-duché de Bade pour la garantie réciproque du droit de propriété industrielle.

(Echange des ratifications à Carlsruhe, le 20 août 1857. — Promulgation eu France par décret impérial du 26 août 1857. — Insertion au *Bulletin des lois* le 7 septembre. Bull. 557, n° 4914, XIᵉ s.)

S. M. l'empereur des Français et S. A. R. le grand-duc de Bade ayant, par un traité signé aujourd'hui même à Carlsruhe, garanti réciproquement le droit de propriété littéraire et artistique entre la France et le grand-duché de Bade, et voulant, en même temps, faire jouir leurs sujets respectifs d'une pleine protection contre la contrefaçon, dans l'un des deux pays, des timbres et marques de fabrique apposés sur les produits industriels et manufacturiers fabriqués dans l'autre pays, ont résolu de conclure à ce sujet une convention spéciale, et ont, dans ce but, nommé pour leurs plénipotentiaires, savoir : — S. M. l'empereur des Français, le sieur *Hercule*, vicomte DE SERRE, officier de son ordre impérial de la Légion d'honneur, grand officier de l'ordre impérial du Medjidié, commandeur des ordres de Léopold d'Autriche, de Charles III d'Espagne et de la Conception de Portugal, etc., etc., son ministre plénipotentiaire près S. A. R. le grand-duc de Bade; — Et S. A. R. le grand-duc de Bade, le sieur *Guillaume,* baron DE MEYSENBUG, chevalier grand-croix de son ordre du Lion de Zaehringen, grand officier de l'ordre impérial de la Légion d'honneur, etc., etc., son ministre d'État au département de la Maison et des affaires étrangères; — Lesquels, après s'être communiqué leurs pleins pouvoirs respectifs, trouvés en bonne et due forme, sont convenus des articles suivants :

ART. 1er. — La reproduction, dans l'un des deux pays, des timbres et marques de fabrique, apposés sur les produits industriels ou manufacturiers de l'autre pays pour en constater l'origine et la qualité, sera assimilée à la contrefaçon des œuvres d'art et d'esprit, et les dispositions concernant la répression de cette contrefaçon, insérées dans le traité y relatif de ce jour, seront applicables à la reproduction desdits timbres et marques de fabrique.

2. — Les timbres et marques de fabrique dont les sujets de l'un des deux États voudront s'assurer la propriété dans l'autre, devront être déposés exclusivement, savoir : les timbres et marques d'origine badoise, au greffe du tribunal de commerce de la Seine, et les timbres et marques d'origine française, au bureau du bailliage de la ville de Carlsruhe.

3. — Pour faciliter la pleine exécution de cette convention, les deux hautes parties contractantes se communiqueront respectivement les lois, ordonnances et règlements que chacune d'elles aurait promulgués ou promulguerait à l'avenir pour garantir le commerce légitime contre la contrefaçon des produits industriels et manufacturiers.

4. — La présente convention demeurera en vigueur pendant six ans, à partir de l'échange des ratifications. — Dans le cas où l'une des hautes parties contractantes ne l'aura pas dénoncée six mois, au moins, avant l'expiration des six années précitées, elle restera en vigueur pendant six autres années, et ainsi de suite.

5. — La présente convention sera ratifiée, et les ratifications en seront échangées, à Carlsruhe, dans le délai de six semaines à partir du jour de la signature, ou plus tôt, si faire' se peut. — En foi de quoi, les plénipotentiaires respectifs l'ont signée et y ont apposé le cachet de leurs armes.

Fait à Carlsruhe, le deuxième jour du mois de juillet de l'an de grâce 1857.

(L. S) *Signé* SERRE.   (L. S) *Signé* MEYSENBUG.

ARTICLE SÉPARÉ.

Les deux hauts gouvernements Français et Badois s'engagent à employer mutuellement leurs bons offices pour déterminer, dans le plus bref délai possible, l'accession des autres gouvernements étrangers, et notamment celle des États limitrophes de leurs territoires respectifs, aux dispositions consacrées par la convention signée cejourd'hui à Carlsruhe, à l'effet d'établir la garantie réciproque du droit de propriété industrielle. — Le présent article aura même force et valeur que s'il était textuellement inséré dans ladite convention.

Fait à Carlsruhe, le 2 juillet 1857.

(L. S.) *Signé* SERRE.   (L. S.) *Signé* MEYSENBUG.

BAVIÈRE

—

BREVETS D'INVENTION

—

Extrait de la loi du 11 septembre 1825, contenant les principaux règlements pour l'industrie et le commerce.

—

CHAPITRE III. — *Des priviléges industriels.*

ART. 9. — Des brevets avec privilége exclusif et d'une durée déterminée de quinze ans au plus sont accordés, dans le royaume de Bavière, aux inventeurs qui en font la demande pour leurs inventions, découvertes ou perfectionnements, lorsque ces découvertes et perfectionnements sont nouveaux ou n'ont pas encore été appliqués dans le royaume.

A l'expiration du temps fixé pour la durée du brevet, la découverte, l'invention ou le perfectionnement tombe dans le domaine public.

Les atteintes portées aux droits des propriétaires des brevets seront punies d'une amende de cent à cinq cents florins, dont une moitié revient à la partie lésée, et l'autre au bureau de bienfaisance du lieu où s'exploite le brevet.

Seront en outre confisqués, au profit du breveté, les objets imités, contrefaits ou importés malgré la prohibition résultant du brevet.

CHAPITRE V. — *Des autorités compétentes, des procès et des frais en matière d'industrie et de commerce.*

10. — 1° Des ordonnances particulières désignent les autorités compétentes chargées d'accorder les concessions nécessaires pour l'exercice d'une industrie quelconque. Mais sont expressément réservés les droits de concessions appartenant à la police seigneuriale et domaniale, et aux magistrats des communes, d'après les 4e et 6e appendices de la constitution, la déclaration du 30 décembre 1806, sur l'ancien état des seigneurs et de leurs sujets, et enfin, d'après la loi communale du 17 mai 1818.

Les brevets sont accordés directement par le ministère d'État de l'intérieur.

2° Les autorités de police réglementent l'exercice des industries protégées par des concessions ou brevets ; elles sont juges de l'étendue des droits que donne une concession ou un brevet ; elles sont juges également des contestations qui surviennent entre les patentés ou brevetés, en se conformant aux règlements administratifs et aux lois de police industrielle.

Les autorités doivent protéger promptement et d'office, et dès la première réclamation, les patentés ou brevetés, contre toute espèce de contrefaçon ou d'usurpation de leurs droits industriels.

Dans toutes ces circonstances, la procédure est sommaire.

L'appel des décisions de l'autorité inférieure ne peut être porté que devant l'autorité immédiatement supérieure.

3° Le tribunal civil ordinaire juge les différends survenus entre deux ou plusieurs parties, relativement à l'acquisition, au louage, à l'extinction ou à la cession d'une concession industrielle, dépendant d'une propriété transmissible.

Le même tribunal juge aussi les contestations qui s'élèvent sur la propriété d'une concession industrielle, basée sur un acte privé, et en général toutes les contestations résultant d'actes privés.

11. — Les frais à payer pour les inscriptions au protocole, pour les expéditions, les minutes, etc., indiquées au tarif provisoire du 8 octobre 1810, relatif aux procès civils, sont les seuls qui soient exigibles en matières de concessions et de patentes.

Tous les autres droits exigés jusqu'à ce jour, sous des titres différents, sont abolis.

Il sera établi une taxe pour chaque cas particulier de concession de brevet, laquelle ne pourra dépasser 275 florins.

Loi du 10 février 1848 sur la pratique des dispositions fondamentales de la loi du 11 septembre 1825, concernant les brevets d'invention.

Vu la pratique de la loi du 11 septembre 1825, nous avons cru devoir en soumettre les articles à une révision étendue, fondée sur l'expérience et sur les principes convenus entre les divers États du Zollverein.

§ 1. — Des brevets d'invention pourront être accordés aux inventions, découvertes ou perfectionnements, introduits dans toutes les branches de l'industrie, soit que ces inventions consistent en un produit nouveau, soit qu'elles consistent en un moyen nouveau ou une nouvelle méthode de fabrication.

Deux conditions sont nécessaires, il faut :

Que l'objet de l'invention ou le perfectionnement soient vraiment nouveaux et spéciaux ;

Qu'ils soient importants et d'utilité publique.

2. — Des brevets d'invention seront accordés aux inventions et aux perfectionnements importés de l'étranger :

a Si les conditions prescrites dans le § 1er, sont remplies ;

b, si l'objet qui doit être importé est encore protégé à l'étranger par un brevet d'invention.

3. — L'invention d'un sujet d'un État du Zollverein, déjà breveté dans cet État, ne pourra faire l'objet d'un brevet, qu'au profit de l'inventeur lui-même ou de ses successeurs ou héritiers.

Toutefois, il est bien entendu que le Gouvernement observera le principe de réciprocité.

4. — Les brevets d'importation ne pourront être accordés pour un délai plus long que celui qui a été fixé au § 2, lettre *b*, sans préjudice des règlements généraux de la loi sur l'industrie, du 11 sept. 1825, art. 9, relativement à la durée des brevets d'invention.

5. — L'obtention d'un brevet n'est pas soumise à la condition d'une enquête préalable sur la nouveauté, la spécialité ou le perfectionnement de l'invention ; la responsabilité est laissée tout entière à l'inventeur.

6. — S'il est prouvé ultérieurement que l'objet breveté n'était ni nouveau ni spécial, qu'il a été déjà mis à exécution d'une manière quelconque (sauf le cas du § 2, lettre *b*), ou connu ailleurs, ou décrit dans un ouvrage publié à l'intérieur du royaume ou à l'étranger, en allemand ou en toute autre langue, de telle sorte que l'exécution en a été rendue possible pour tout le monde, alors le brevet perd tout effet, et le propriétaire subira seul tout le préjudice qui en résultera.

Quant à la délivrance des brevets d'invention, et à la protection des droits qui en résultent, les sujets des autres États du Zollverein, chez lesquels existe le droit de réciprocité, jouiront des mêmes avantages que nos propres sujets.

7. — Celui qui désire obtenir un brevet d'invention doit faire parvenir sa demande au ministère de l'intérieur.

Cette demande doit contenir d'une manière exacte, distincte et complète :

1° Les nom, prénoms, profession, demeure et domicile de l'inventeur ;

2° Une description générale qui caractérise clairement l'invention ou le perfectionnement ;

· 3° Une déclaration précise indiquant si le privilége s'applique :

a. A la fabrication ou exécution de l'objet nouveau dont s'agit ;

b. Ou à l'emploi d'un nouveau moyen de fabrication (machines ou autres instruments) ;

c. Ou enfin à l'emploi d'une nouvelle méthode de fabrication.

4° La durée du temps pour lequel le privilége est demandé.

8. — La demande doit être suivie d'une description détaillée, fidèle et complète, en langue allemande, de l'invention ou du perfectionnement qu'il s'agit de breveter, ainsi que des principaux moyens ou procédés de l'inventeur.

Pour plus de clarté, on devra y joindre des plans, coupes, modèles et dessins.

9. — La description doit encore contenir d'une manière exacte des détails sur la nouveauté ou la spécialité de l'invention, du produit ou de la méthode de fabrication.

10. — Cette description peut être, au choix de l'inventeur, déposée ouverte ou cachetée.

L'ouverture et l'examen de la demande auront toujours lieu officiellement avant la délivrance du brevet.

On devra prendre toutes les précautions nécessaires pour empêcher qu'il n'en soit pris connaissance prématurément.

11. — Si la demande a pour objet un brevet d'importation, elle devra être accompagnée de l'original ou d'une copie légalisée du brevet accordé à l'étranger.

12. — On indiquera sur la demande et la description le jour et l'heure du dépôt de ces pièces, aussitôt que ce dépôt aura eu lieu.

L'autorité qui reçoit la demande doit en délivrer au déposant un reçu qui, en cas de besoin, lui servira de titre pour constater sa priorité.

13. — Les demandes qui ne contiendraient pas les énonciations prescrites par le § 7, ou auxquelles n'aurait pas été

jointe une description du brevet, seront considérées comme
nulles et non avenues et ne donneront aucun droit de priorité
à l'inventeur.

Si la description est insuffisante, elle devra être rendue à
l'inventeur, sans aucun préjudice pour ses droits de priorité,
pourvu toutefois qu'il la complète dans le délai qui lui sera
fixé.

14. — Si des descriptions sont remises à des autorités infé-
rieures, celles ci devront les expédier sur-le-champ au ministère de l'intérieur, en indiquant le jour et l'heure du dépôt.
Les autorités seront responsables des négligences de leurs
subordonnés et même des violations de cachet.

15. — La délivrance d'un brevet d'invention ou d'importation qui remplit toutes les conditions énoncées ci-dessus
ne doit être refusée que lorsqu'il est reconnu avant cette délivrance :

1° Que l'exploitation du nouveau produit ou l'emploi de la
nouvelle méthode de fabrication est inacceptable par des motifs
de sécurité ou de salubrité générale ; qu'ils sont contraires au
salut public, aux lois ou règlements actuels ;

2° Que l'objet à breveter n'est ni nouveau ni spécial (§ 5,
n° 2) ;

3° Qu'il est dans des conditions contraires à celle du § 3 ;

4° Qu'un premier brevet a déjà été délivré par nous pour
la même invention.

16. — Il sera expédié, pour chaque brevet d'invention, un
acte qui contiendra la désignation exacte des noms du breveté,
de l'objet breveté, du droit exclusif d'exploitation, du nombre
d'années pour lesquelles le brevet est accordé. L'expédition
de cet acte ne sera faite que contre le paiement intégral de la
taxe à laquelle le brevet est soumis.

17. — Un brevet d'invention ne peut pas être accordé
pour une durée de plus de quinze ans. Si le brevet était délivré primitivement pour un délai plus court, il y aura lieu
d'accorder une prolongation jusqu'à la limite des quinze an-

nées ; mais il faut que la demande en soit faite avant l'expiration du premier délai.

18. — Toute délivrance de brevet et toute prolongation de délai seront publiées dans le journal officiel, avec la désignation de l'objet, du nom et du domicile du breveté, ainsi que de la durée primitive et de celle de la prolongation.

19. — La taxe d'un brevet pour chacune des cinq premières années d'exploitation est fixée à 5 florins ;

Pour chaque année suivante, jusqu'à la dixième inclusivement, à 10 florins.

Cette taxe se trouve donc ainsi réglée :

Brevet d'un an	5 florins
— de 2 ans.	10
— de 3 ans.	15
— de 4 ans.	20
— de 5 ans.	25
— de 6 ans.	35
— de 7 ans.	45
— de 8 ans.	55
— de 9 ans.	65
— de 10 ans	75

A dater de la dixième année, la taxe s'accroît dans la proportion suivante :

Brevet de 11 ans.	95 florins
— de 12 ans.	125
— de 13 ans.	165
— de 14 ans.	215
— de 15 ans.	275

20. — Lorsqu'un brevet délivré pour un certain nombre d'années devient l'objet d'une prolongation, il n'y a lieu de payer la taxe que pour la durée de cette prolongation, mais en suivant la progression indiquée ci-dessus.

21. — Les taxes sont payées au bureau de la *taxation* des régences respectives, après quoi les brevets seront délivrés.

Le bureau de l'expédition est tenu de remettre le montant des taxes à l'administration générale des taxes pour les priviléges.

22. — Un brevet d'invention donne à son propriétaire, pouvoir d'interdire à toutes autres personnes le droit d'exécuter ou d'employer l'objet breveté, à moins que ce droit ne leur ait été formellement concédé par le propriétaire lui-même.

23. — Un brevet d'invention pour l'exécution et l'usage exclusifs d'un objet ne donne pas le droit,

1° De défendre l'importation d'objets semblables à l'objet breveté ;

2° D'en défendre la vente, ou même de la restreindre ;

3° D'interdire l'usage et la consommation de ces objets, s'ils ne sont pas achetés chez le breveté ou chez tout autre autorisé par lui, sauf toutefois les dispositions du paragraphe suivant.

24. — Les brevets d'invention pour l'usage exclusif,

a. d'une nouvelle méthode ou d'un nouveau moyen de fabrication ;

b. de machines nouvelles ou d'instruments nouveaux ;

Donnent, sans aucune réserve, le droit d'interdire l'emploi du procédé ou des machines nouvelles, à tous ceux qui ne les auraient pas acquis du breveté, ou n'auraient pas acheté de lui l'objet de son invention.

25. — Celui qui a obtenu un brevet de perfectionnement pour une invention déjà brevetée n'acquiert pas par ce fait le droit d'exécuter ou de faire exécuter l'invention primitive ; il est tenu d'acquérir ce droit du breveté lui-même.

26. — Tout breveté peut, en observant les lois existantes et les règlements de police, former des établissements dans toute l'étendue du royaume, et même autoriser d'autres particuliers à faire l'application de ces moyens et procédés ; mais il n'acquiert pas, par le seul fait de son brevet, le droit d'exploiter son invention et d'exercer son industrie ; ce droit est soumis à des lois spéciales.

Le brevet ne confère pas non plus de droits relativement au domicile et au mariage.

27. — Le propriétaire d'un brevet peut vendre et céder ses droits, et il peut aussi exécuter son invention en société.

Il est tenu de donner communication au ministère de l'intérieur, dans le délai de trois mois, de toute cession consentie par lui au profit d'un tiers.

En cas de décès du breveté, ses héritiers deviennent propriétaires de tous ses droits.

28. — Conformément aux dispositions de l'article 9 de la loi sur les brevets du 11 septembre 1825, l'autorité doit accorder sa protection au breveté lésé dans ses droits, dès que celui-ci en fait la demande. Dans ce cas, il a droit à des dommages-intérêts proportionnés au préjudice causé.

Si l'usurpation des droits d'un breveté a été commise de bonne foi, il y aura lieu seulement d'ordonner la cessation de l'entreprise formée contrairement à la loi sur les brevets, et d'arrêter la circulation de ses produits.

29. — Si deux ou plusieurs personnes réclament simultanément un brevet pour une invention ou un perfectionnement, la préférence est due à celui à qui appartient la priorité et qui peut le prouver, conformément aux dispositions contenues dans le § 12 de la présente loi.

30. — Les brevets deviennent nuls et de nul effet :

1° Si, après leur délivrance, on arrive à connaître un fait qui, s'il eût été connu antérieurement à cette délivrance, eût constitué l'un des obstacles prévus par le paragraphe 15 de la présente loi ;

2° Si le cas prévu dans le § 5, n° 2, de cette loi se présentait. Cependant, si l'objet breveté était déjà connu antérieurement de quelques personnes, mais que le secret eût été gardé, le brevet ne perdrait rien de sa valeur, et il ne resterait sans effet qu'à l'égard desdites personnes ;

3° S'il est constaté que le breveté n'a pas révélé ses moyens d'exécution, ou qu'il se sert de moyens secrets non détaillés dans sa description, ou même si les indications données dans celle-ci sont fausses ;

4° Si le propriétaire du brevet n'a pas mis son invention à

exécution dans un délai de trois ans; et, dans le cas où le brevet a une durée de moins de six ans, si le breveté ne l'a pas mise à exécution dans la première moitié de cette durée ;

5° Si le breveté a abandonné l'exploitation du brevet pendant trois années consécutives;

6° Si, au moment de l'importation d'un brevet, ce brevet ne jouit plus de la protection du Gouvernement étranger qui l'a accordé (§ 2, lettre *b*);

7° Par suite de vente ou cession;

8° Si, dans le cas de cession, la dénonciation n'en a pas été faite dans les trois mois qui suivent;

9° Par l'expiration du temps par lequel le brevet a été accordé.

31. — Lorsqu'un brevet d'invention aura perdu son effet pour un des motifs prévus dans le § 30, l'autorité compétente ordonnera le retrait du brevet, après avoir constaté le motif d'extinction d'une manière officielle. Aussitôt que l'extinction aura été légalement constatée, il en sera fait un rapport au ministre, qui en ordonnera la publication dans le journal officiel.

32. — La délivrance des brevets d'invention appartient au roi.

33. — Tout ce qui concerne l'exploitation d'un brevet d'invention, sa durée, son extinction ou les contestations qui pourraient en survenir, aura pour juges compétents :

1° Dans les domaines seigneuriaux, les seigneurs justiciers;

2° Dans les villes plus importantes administrées par les régences de provinces, les magistrats de la ville;

3° Dans tous les autres districts, les sénéchaux.

34. — La procédure, dans tous les cas ci-dessus (§ 33), est toujours sommaire.

L'autorité a toujours le droit, en dehors des preuves fournies par les parties, de faire une enquête pour s'éclairer sur la contestation.

35. — Le jugement rendu par une autorité inférieure n'est

susceptible que d'un seul appel devant l'autorité immédiatement supérieure.

36. — Tout appel contre un jugement de l'autorité inférieure doit être formé dans le délai de quatorze jours, verbalement ou par écrit, par devant la même autorité. Les avocats
peuvent prendre connaissance des actes d'appel inscrits au
protocole.

37. — Le délai de l'appel commence à courir, aux termes
de la loi de procédure, chap. 15, § 6, n° 2, du jour de la
publication du jugement de première instance. Le magistrat
doit, en prononçant le jugement, indiquer aux parties le
délai de l'appel.

38. — Tout jugement rendu après deux instances doit
contenir des motifs. Une décision du tribunal réuni en *collége*
(*collegium*) n'est pas nécessaire pour rendre le jugement
valable.

39. — L'appel est suspensif.

40. — L'appel interjeté contre des jugements rendus après
deux instances est nul et non avenu. Les tribunaux de première instance devront refuser de le recevoir. Les avocats qui
auront signé ces sortes d'appels seront passibles de peines
disciplinaires.

41. — Les pourvois en cassation ne sont recevables que
dans les cas déterminés par l'article 12 de notre ordonnance
du 29 décembre 1836.

42. — Les contestations survenues par suite d'actes privés
ressortent du tribunal civil. Le règlement des dommages et
intérêts doit avoir lieu d'après les lois et ordonnances qui
concernent cette matière.

43. — Le ministère de l'intérieur doit tenir un registre
spécial aux concessions de brevets d'invention. Ce registre doit
contenir :

1° Les nom, prénoms, profession, domicile et résidence du
breveté ;

2° Le jour et l'heure de la présentation ;

3° L'objet de l'invention brevetée ;

24

4° La durée pour laquelle le brevet a été accordé ;

5° Les cessions ;

6° La mention de l'extinction du brevet.

44. — Après l'extinction d'un brevet d'invention, la description de l'objet breveté peut être publiée, si le Gouvernement est d'avis que cette publication peut avoir quelque avantage pour l'industrie nationale ; mais toutes les descriptions, publiées ou non, tombent, à dater du jour de l'extinction, dans le domaine public, et chacun est libre d'en prendre connaissance, si toutefois il n'y a pas de motifs particuliers qui s'y opposent.

45. — A dater du jour de la publication des présentes dispositions, tous les règlements antérieurs et instructions concernant les brevets d'invention (art. 9, 10 et 11 de la loi sur l'industrie) sont révoqués, sauf leur application aux droits acquis avant la promulgation de la présente loi.

Notre ministre de l'intérieur est chargé de l'exécution de la présente loi, et de sa publication dans le *Moniteur* de l'État, et dans les feuilles départementales.

Munich, le 10 février 1842.

Signé : Louis.

Signé : Zenetti.

Résumé de la législation bavaroise sur les brevets d'invention.

§ 1. *Brevets.* Tout auteur d'une invention, d'une découverte ou d'un perfectionnement nouveau peut prendre un brevet. La loi admet les brevets d'importation. — Le brevet n'est délivré qu'après examen préalable.

§ 2. *Durée.* La durée des brevets est de 15 ans au plus. Si le brevet avait été délivré primitivement pour un délai plus court, on peut obtenir une prolongation jusqu'à la limite de 15 ans.

§ 3. *Formalités.* Celui qui veut obtenir un brevet d'invention doit faire parvenir sa demande au ministre de l'intérieur.

Cette demande doit contenir : 1° les nom, prénoms, profession, demeure et domicile de l'inventeur ; 2° une description générale qui caractérise clairement l'invention ou le perfectionnement ; 3° une déclaration précise indiquant si le privilége s'applique à la fabrication d'un objet nouveau, ou à l'emploi d'un nouveau moyen de fabrication (machines ou instruments); ou enfin à l'emploi d'une nouvelle méthode de fabrication ; 4° la durée du temps pour lequel le privilége est demandé ; 5° la description exacte et fidèle, en langue allemande, de l'objet de l'invention, avec plans, coupes, modèles et dessins. On devra, de plus, donner des détails sur la nouveauté ou la spécialité de l'invention.

§ 4. *Taxe.* La taxe pour chacune des cinq premières années est de 5 florins ; — pour chaque année suivante, jusqu'à la dixième inclusivement, de 10 florins. La taxe s'accroît à partir de la dixième année jusqu'au maximum de **275 florins** pour 15 ans.

§ 5. *Cession.* Tout acte de cession doit être dénoncé dans les trois mois au ministère de l'intérieur.

§ 6. *Nullités.* 1° La publicité antérieure à l'obtention du brevet ; 2° l'insuffisance de la description ; 3° le défaut de mise à exécution dans les 3 ans ou dans la première moitié de la durée, si le brevet a moins de 6 ans ; 4° l'abandon de l'exploitation pendant 3 années consécutives ; 5° le défaut de protection à l'étranger au moment de l'importation du brevet; 6° le défaut de dénonciation dans les 3 mois en cas de cession.

§ 7. *Contrefaçon.* Toute atteinte portée aux droits du breveté est punie d'une amende de 100 à 500 florins, dont moitié est attribuée à la partie lésée. Les objets contrefaits sont, en outre, confisqués au profit du breveté.

MARQUES DE FABRIQUE

Loi du 6 mars 1840 sur les marques de fabrique,
étiquettes, etc.

Art. 1er. — Il est loisible à tout fabricant et industriel, quant aux objets fabriqués par lui et destinés à la vente :

1° De les mettre en circulation sans aucune marque ;

2° Ou de les marquer de son nom, du lieu de son domicile, ou du lieu du domicile, de la ville ou endroit où se trouve sa fabrique ;

3° Ou enfin de munir les objets de sa fabrication d'une marque particulière de fabrique qui peut aussi consister dans le nom de la raison sociale de la fabrique ou dans un parafe ou autre signe indiquant ce nom.

2. — Tout fabricant ou industriel qui veut s'assurer la protection de la police contre l'imitation de la marque qu'il aura choisie, doit :

1° Conformément à l'art. 1er, § 2, marquer son nom et son domicile ou le lieu de sa fabrique, avec ou sans autres marques, sur les objets fabriqués par lui, et qu'il destine à la vente ;

2° Ou faire auprès de la police du district une déclaration des marques qu'il a adoptées pour les objets ou marchandises qu'il destine à la vente, en fournissant la description exacte desdites marques et en déposant une empreinte ou un exemplaire.

3. — La police du district tiendra un registre, à numéros d'ordre et sans lacunes, desdites déclarations, en indiquant avec exactitude le jour et l'heure des déclarations et dépôts ; un certificat en sera délivré aux déclarants, et le registre res-

tera toujours ouvert, afin que les intéressés puissent en prendre connaissance.

4. — Dans le choix de leurs marques, les fabricants doivent, autant que possible, faire en sorte qu'elles se distinguent suffisamment de celles déjà adoptées par d'autres fabricants. Les marques ne peuvent renfermer aucune indication ou allusion contraire aux lois et aux bonnes mœurs. Le droit de priorité, quant aux dépôts et déclarations de marques déjà faits avant la publication de la présente loi, doit être réclamé en présentant à l'appui un certificat de l'autorité, constatant l'époque desdits dépôts et déclarations.

5. — Lorsque des fabricants et industriels d'un district autre que celui où réside la partie lésée, ou bien où est le centre de ses affaires, se servent d'une des marques déjà adoptées et mentionnées au paragraphe 3 de l'article 1er, et enregistrées conformément au § 2 de l'article 2, ladite partie lésée doit immédiatement faire donner un avertissement aux contrevenants par l'intermédiaire de la police du district, afin de lui en interdire l'usage. Si le fabricant averti n'obéit pas à l'ordre délivré par la police et qu'il continue de se servir desdites marques, il sera de suite procédé contre lui à l'application des peines déterminées par la police sur l'industrie.

Si les fabricants ou industriels habitent un seul et même district, ou lorsqu'ils se servent des noms, domicile personnel ou lieu du siége de la fabrique adoptés pour marques par d'autres producteurs, soit que les contrevenants habitent ou non le même district que le fabricant lésé, l'avertissement préalable n'est pas nécessaire.

6. — Celui qui se rend coupable du fait d'emploi sans autorisation de marques, noms ou formes étrangères quelconques appartenant à d'autres, encourt une amende de 10 à 50 florins. En appliquant la peine dans ces limites, on prendra surtout en considération la quantité et la valeur de marchandises mises en vente avec marques qui tombent sous les peines portées par la loi, leur forme extérieure comparée à celle des concurrents, le plus ou le moins de possibilité de re-

connaître les marques contrefaites, et enfin, et principalement,
le dommage qui a été causé soit aux fabricants et industriels,
soit aux consommateurs. Ce qui doit être surtout sévèrement
poursuivi et puni, c'est l'usurpation des noms, domiciles,
marques et raisons sociales étrangères.

7. — Dans le cas de récidive, l'amende ne sera pas simplement doublée, mais la suspension temporaire ou définitive de
la fabrique ou de l'industrie coupable pourra être prononcée,
selon les circonstances, si l'abus continue d'avoir lieu, et que
le contrevenant refuse d'obtempérer aux injonctions des autorités, le tout conformément à l'article 6, § 4, de la loi sur
l'industrie du 11 septembre 1825.

8. — Indépendamment de ce qui précède, sont encore réservés :

1° L'enquête judiciaire et les peines prononcées par le Code
pénal, dans le cas où la nature et les circonstances de la contravention peuvent y donner lieu ;

2° L'action civile en dommages-intérêts du fabricant ou de
l'industriel lésé, et même du consommateur.

9. — L'intervention et l'action de la police n'ont lieu que sur
l'indication et la réquisition des parties intéressées. Mais la
police est tenue d'agir immédiatement lorsque cette réquisition lui aura été adressée.

10. — Les dispositions de la présente loi sont également
applicables à la contrefaçon et à l'usage des marques de fabrique et de la raison sociale de fabricants et industriels
étrangers dans les cas suivants :

a. Si lesdits fabricants et industriels ont conformément aux
prescriptions du § 2, imprimé sur leurs produits leurs nom
et domicile, ou s'ils ont fait la déclaration et le dépôt de leurs
marques de fabrique près d'une autorité de police d'un des
districts du royaume ;

b. Si la même protection est accordée et assurée dans le

pays du fabricant étranger aux fabricants et industriels de Bavière.

11. — La présente loi sera publiée dans le journal officiel et mise en vigueur, trente jours après cette publication, dans les districts de régence en deçà du Rhin.

12. — Notre ministre de l'intérieur est chargé de son exécution.

BELGIQUE

BREVETS D'INVENTION

LOI DU 24 MAI 1854

Sur les brevets d'invention.

LÉOPOLD, roi des Belges, etc., etc.

ART. 1er. — Il sera accordé des droits exclusifs et temporaires, sous le nom de brevet d'invention, de perfectionnement ou d'importation, pour toute découverte ou tout perfectionnement susceptible d'être exploité comme objet d'industrie ou de commerce.

2. — La concession des brevets se fera sans examen préalable, aux risques et périls des demandeurs, sans garantie, soit de la réalité, soit de la nouveauté ou du mérite de l'invention, soit de l'exactitude de la description, et sans préjudice des droits des tiers.

3. — La durée des brevets est fixé à vingt ans, sauf le cas prévu à l'art. 14; elle prendra cours à dater du jour où aura été dressé le procès-verbal mentionné à l'art. 18. — Il sera payé, pour chaque brevet, une taxe annuelle et progressive ainsi qu'il suit : première année, 10 fr.; deuxième année,

20 fr.; troisième année, 30 fr., et ainsi de suite jusqu'à la vingtième année, pour laquelle la taxe sera de 200 fr. La taxe sera payée par anticipation et, dans aucun cas, ne sera remboursée. — Il ne sera point exigé de taxe pour les brevets de perfectionnement, lorsqu'ils auront été délivrés au titulaire du brevet principal.

4. — Les brevets confèrent à leurs possesseurs ou ayant-droit le droit exclusif : — a. D'exploiter à leur profit l'objet breveté, ou de le faire exploiter par ceux qu'ils y autorisent ; — b. De poursuivre devant les tribunaux ceux qui porteraient atteinte à leurs droits, soit par la fabrication de produits, ou l'emploi des moyens compris dans le brevet, soit en détenant, vendant, exposant en vente ou en introduisant sur le territoire belge un ou plusieurs objets contrefaits.

5. — Si les personnes poursuivies en vertu de l'art. 4 b, ont agi sciemment, les tribunaux prononceront, au profit du breveté ou de ses ayant-droit, la confiscation des objets confectionnés en contravention du brevet, et des instruments et ustensiles spécialement destinés à leur confection, ou alloueront une somme égale au prix des objets qui seraient déjà vendus. — Si les personnes poursuivies sont de bonne foi, les tribunaux leur feront défense, sous les peines ci-dessus, d'employer, dans un but commercial, les machines et appareils de production reconnus contrefaits et de faire usage, dans le même but, des instruments et ustensiles pour confectionner les objets brevetés. — Dans l'un et l'autre cas, des dommages et intérêts pourront être alloués au breveté ou à ses ayant-droit.

6. — Les possesseurs de brevets, ou leurs ayant-droit, pourront, avec l'autorisation du président du tribunal de première instance, obtenue sur requête, faire procéder, par un ou plusieurs experts, à la description des appareils, machines et objets prétendus contrefaits. — Le président pourra, par la même ordonnance, faire défense aux détenteurs desdits objets de s'en dessaisir, permettre au breveté de constituer gardien, ou même de mettre les objets sous scellé. — Cette ordonnance sera signifiée par un huissier à ce commis.

7.— Le brevet sera joint à la requête, laquelle contiendra élection de domicile dans la commune où doit avoir lieu la description. Les experts nommés par le président prêteront serment entre ses mains, avant de commencer leurs opérations.

8.— Le président pourra imposer au breveté l'obligation de consigner un cautionnement. Dans ce cas, l'ordonnance du président ne sera délivrée que sur la preuve de la consignation faite. Le cautionnement sera toujours imposé à l'étranger.

9. — Le breveté pourra être présent à la description; s'il y est spécialement autorisé par le président du tribunal.

10. — Si les portes sont fermées ou si l'ouverture en est refusée, il sera opéré conformément à l'art. 587 du Code de procédure civile.

11. — Copie du procès-verbal de description sera laissée au détenteur des objets décrits.

12. — Si, dans la huitaine, la description n'est pas suivie d'une assignation devant le tribunal dans le ressort duquel elle a été faite, l'ordonnance rendue conformément à l'art. 6 cessera de plein droit ses effets, et le détenteur des objets décrits pourra réclamer la remise du procès-verbal original, avec défense au breveté de faire usage de son contenu et de le rendre public ; le tout sans préjudice de tous dommages et intérêts.

13. — Les tribunaux connaîtront des affaires relatives aux brevets comme d'affaires sommaires et urgentes.

14.— L'auteur d'une découverte déjà brevetée à l'étranger pourra obtenir, par lui-même ou par ses ayant-droit, un brevet d'importation en Belgique ; la durée de ce brevet n'excédera pas celle du brevet antérieurement concédé à l'étranger pour le terme le plus long et, dans aucun cas, la limite fixée par l'art. 3.

15.— En cas de modification à l'objet de la découverte, il pourra être obtenu un brevet de perfectionnement, qui prendra fin en même temps que le brevet primitif. — Toutefois, si le possesseur du nouveau brevet n'est pas le breveté principal, il ne pourra, sans le consentement de ce dernier, se servir de la-découverte primitive ; et, réciproquement, le breveté principal ne pourra exploiter le perfectionnement sans le consentement du possesseur du nouveau brevet.

16. — Les brevets d'importation et de perfectionnement confèrent les mêmes droits que les brevets d'invention.

17.— Quiconque voudra prendre un brevet sera tenu de déposer, sous cachet, en double, au greffe de l'un des gouvernements provinciaux du royaume, ou au bureau d'un commissariat d'arrondissement, en suivant les formalités qui seront déterminées par un arrêté royal, la description claire et complète, dans l'une des langues usitées en Belgique, et le dessin exact et sur échelle métrique, de l'objet de l'invention. —Aucun dépôt ne sera reçu que sur la production d'un récépissé constatant le versement de la première annuité de la taxe du brevet. — Un procès-verbal, dressé sans frais, par le greffier provincial ou par le commissaire d'arrondissement, sur un registre à ce destiné, et signé par le demandeur, constatera chaque dépôt, en énonçant le jour et l'heure de la remise des pièces.

18. — La date légale de l'invention est constatée par le procès-verbal qui sera dressé lors du dépôt de la demande du brevet. — Un duplicata de ce procès-verbal sera remis sans frais au déposant.

19. — Un arrêté du ministre de l'intérieur, constatant l'accomplissement des formalités prescrites, sera délivré sans retard au déposant, et constituera son brevet. Cet arrêté sera inséré par extrait au *Moniteur*.

20. — Les descriptions des brevets concédés seront publiées textuellement ou en substance, à la diligence de l'administration, dans un recueil spécial, trois mois après l'octroi du brevet. Lorsque le breveté requerra la publication complète ou par un extrait fourni par lui, cette publication se fera à ses frais. — Après le même terme, le public sera également admis à prendre connaissance des descriptions, et des copies pourront en être obtenues moyennant le payement des frais.

21. — Toute transmission de brevet par acte entre vifs ou testamentaire sera enregistrée au droit fixe de 10 fr.

22. — Le brevet sera nul, de plein droit, en cas de non-acquittement, dans le mois de l'échéance, de la taxe fixée à l'art. 3. Cette nullité sera rendue publique par la voie du *Moniteur*.

23. — Le possesseur d'un brevet devra exploiter ou faire exploiter en Belgique l'objet breveté, dans l'année à dater de la mise en exploitation à l'étranger. — Toutefois le gouvernement pourra, par un arrêté motivé, inséré au *Moniteur* avant l'expiration de ce terme, accorder une prorogation d'une année au plus. — A l'expiration de la première année ou du délai qui aura été accordé, le brevet sera annulé par arrêté royal. — L'annulation sera également prononcée lorsque l'objet breveté mis en exploitation à l'étranger aura cessé d'être exploité en Belgique pendant une année, à moins que le possesseur du brevet ne justifie des causes de son inaction.

24. — Le brevet sera déclaré nul par les tribunaux, pour les causes suivantes : — *a*. Lorsqu'il sera prouvé que l'objet breveté a été employé, mis en œuvre ou exploité par un tiers, dans le royaume, dans un but commercial, avant la date légale de l'invention, de l'importation ou du perfectionnement; — *b*. Lorsque le breveté, dans la description jointe à sa demande, aura, avec intention, omis de faire mention d'une partie de son secret ou l'aura indiqué d'une manière inexacte; — *c*. Lorsqu'il sera prouvé que la spécification complète et les dessins exacts de l'objet breveté ont été produits, antérieurement à la date du dépôt, dans un ouvrage ou recueil imprimé et publié, à moins que, pour ce qui concerne les brevets d'importation, cette publication ne soit exclusivement le fait d'une prescription légale.

25. — Un brevet d'invention sera déclaré nul, par les tribunaux, dans le cas où l'objet pour lequel il a été accordé aurait été antérieurement breveté en Belgique ou à l'étranger. — Toutefois, si le demandeur a la qualité requise par l'art. 14, son brevet pourra être maintenu, comme brevet d'importation, aux termes dudit article. — Ces dispositions seront appliquées, le cas échéant, aux brevets de perfectionnement.

26. — Lorsque la nullité ou la déchéance d'un brevet aura été prononcée, aux termes des articles 24 et 25, par jugement ou arrêt ayant acquis force de chose jugée, l'annulation du brevet sera proclamée par un arrêté royal.

27. — Les brevets qui ne seront expirés ni annulés à l'époque de la publication de la présente loi continueront d'être régis par la loi en vigueur au moment de leur délivrance. — Néanmoins, il sera libre aux titulaires de faire, dans l'année qui suivra cette publication, une nouvelle demande de brevet dans la forme qui sera déterminée par arrêté royal. — Dans ce cas, le brevet pourra continuer à avoir cours pendant tout le temps nécessaire pour parfaire la durée de vingt ans, sauf ce qui est dit à l'article 14. — Les brevets pour lesquels on aura réclamé le bénéfice de cette disposition seront régis par la présente loi ; toutefois, les procédures commencées avant sa publication seront mises à fin, conformément à la loi antérieure. — Les titulaires de ces brevets qui auront acquitté la totalité de la taxe primitive payeront, après l'expiration du terme qui avait d'abord été assigné à leur privilège, les taxes afférentes aux années suivantes, d'après ce qui est déterminé à l'article 3. — Quant aux titulaires des brevets qui n'auraient point soldé la taxe fixée comme prix d'acquisition du brevet primitif, il leur sera tenu compte des versements qu'ils auront déjà opérés, et les annuités seront réglées d'après les versements faits, conformément à l'article 3.

Donné à Laeken, le 24 mai 1854. — LÉOPOLD.

ARRÊTÉ ROYAL DU 24 MAI 1854

Réglant l'exécution de la loi sur les brevets.

LÉOPOLD, et etc., c. — ART. 1er. — Toute personne qui voudra prendre un brevet d'invention, d'importation ou de perfection-

nement, devra déposer une demande à cet effet au greffe de
l'un des gouvernements provinciaux du royaume, ou au bureau de l'un des commissariats d'arrondissement situés hors
du chef-lieu de la province. — A cette demande seront joints,
sous enveloppe cachetée : — 1° la description de l'objet inventé ; — 2° les dessins, modèles ou échantillons, qui seraient
nécessaires pour l'intelligence de la description ; — 3° un duplicata, certifié conforme, de la description et des dessins; et
— 4° un bordereau des pièces et objets déposés.

2. — Le dépôt des pièces mentionnées à l'art. 1er ne sera
reçu que sur la production d'une quittance constatant le payement de la somme de 10 francs, formant la première annuité
de la taxe. — Cette quittance sera jointe aux autres pièces.

3. — La demande sera rédigée sur papier timbré ; elle indiquera les nom, prénoms, profession et domicile réel ou élu
de l'inventeur dans le royaume. Elle énoncera un titre renfermant la désignation sommaire et précise de l'objet de l'invention. Chaque demande ne comprendra qu'un seul objet
principal, avec les détails qui se rattachent à cet objet et les
applications qui auront été indiquées. — Lorsqu'il s'agira
d'un brevet d'importation, la requête fera connaître la date et
la durée du brevet original et le pays où il a été concédé. Si
l'auteur de la demande n'est pas le titulaire du brevet étranger, mais son ayant-cause, celui-ci devra justifier de sa qualité au moyen d'un acte en due forme.

4. — La description devra être rédigée en langue française,
flamande ou allemande. — La description qui ne serait pas
rédigée en français devra être accompagnée d'une traduction
en cette langue, lorsque l'auteur de la découverte ne sera pas
domicilié en Belgique. — La description devra être écrite sans
altération ni surcharge ; les mots rayés comme nuls seront
comptés et constatés, les pages et les renvois paraphés. — La
description fera connaître d'une manière claire et complète
l'invention, et elle se terminera par l'énonciation précise des
caractères constitutifs de celle-ci.

5. — Les dessins devront être tracés à l'encre et sur échelle

métrique. Ils représenteront, autant que possible, l'appareil ou machine à breveter, en plan, coupe et élévation. Les parties des dessins qui caractérisent spécialement l'invention auront une teinte différente de celle des autres parties.

6. — Toutes les pièces devront être datées et signées par le demandeur ou par son mandataire, dont le pouvoir, dûment légalisé, restera annexé à la demande.

7. — Un procès-verbal dressé par le greffier du gouvernement provincial ou par le commissaire d'arrondissement constatera la remise de chaque paquet, aux jour et heure qu'elle aura été effectuée. L'invention y sera désignée sous le titre sommaire et véridique que le demandeur aura indiqué. — Ce procès-verbal contiendra les nom, prénoms, qualité et domicile du demandeur ou de son mandataire. Il indiquera également, lorsqu'il s'agira d'un brevet d'importation, la date et la durée du brevet d'invention dans le pays d'origine et le nom du breveté. Enfin, mention y sera faite du payement de la première annuité. — Ce procès-verbal sera signé par le déposant et par le rédacteur, et sera fixé sur l'enveloppe du paquet contenant les pièces relatives à la demande de brevet. — Une expédition du procès-verbal sera délivrée sans frais au déposant.

8. — La date légale de l'invention est constatée par ledit procès-verbal.

9. — Les bureaux des greffiers provinciaux et ceux des commissaires d'arrondissement seront ouverts, pour les demandes de brevets, tous les jours, les dimanches et fêtes exceptés, de dix à deux heures de relevée.

10. — Toutes les pièces relatives aux demandes de brevet seront transmises dans les cinq jours au département de l'intérieur.

11. — A l'arrivée des pièces au département de l'intérieur, les demandes seront enregistrées, dans l'ordre de date de leur entrée, sur un registre spécial que le public pourra consulter tous les jours, les dimanches et fêtes exceptés, de dix heures du matin à deux heures de relevée.

12. — En cas d'omission ou d'irrégularité dans la forme, les demandeurs seront invités à effectuer les rectifications nécessaires. — Il sera tenu note de la date de ces rectifications sur le registre spécial mentionné à l'article précédent.

13. — Il sera procédé sans retard à la délivrance des brevets qui auront été demandés d'une manière régulière.— Un arrêté de notre ministre de l'intérieur, constatant l'accomplissement des formalités prescrites, sera délivré au demandeur et constituera son brevet.

14. — Le brevet mentionnera expressément que la concession en est faite sans examen préalable, aux risques et périls des demandeurs, sans garantie, soit de la réalité, soit de la nouveauté ou du mérite de l'invention, soit de l'exactitude de la description, et sans préjudice des droits des tiers.

15. — La première expédition des brevets sera remise sans frais. Toute expédition ultérieure, demandée par le breveté ou ses ayant-cause, donnera lieu au remboursement des frais.

16. — Les descriptions des brevets seront publiées textuellement ou en substance, à la diligence de l'administration, dans un recueil spécial, trois mois après l'octroi du brevet.— Lorsque le breveté voudra obtenir la publication complète de ses spécifications ou d'un extrait fourni par lui, il devra en donner avis à l'administration au moins un mois avant l'expiration du terme fixé au paragraphe précédent, et consigner la somme qui serait nécessaire pour couvrir les frais de cette publication.

17. — Après le même terme de trois mois, le public sera admis à prendre connaissance des descriptions, et des copies pourront en être obtenues moyennant le remboursement des frais.

18. — Le breveté qui voudra obtenir une prolongation de délai, dans le cas prévu par l'article 23 de la loi, pour la mise à exécution de l'objet breveté, devra adresser sa demande au ministre de l'intérieur deux mois au moins avant l'expiration du délai fixé par ledit article. — Cette demande

devra être suffisamment motivée et indiquer, dans la limite légale, le terme nécessaire pour la mise en œuvre de l'invention.

19. — Toute cession ou mutation, totale ou partielle, de brevet, devra être notifiée au département de l'intérieur. — La notification de la cession ou de tout autre acte emportant mutation devra être accompagnée d'un extrait authentique de l'acte de cession et de mutation.

20. — Les titulaires dont les brevets ne sont ni expirés ni annulés à l'époque de la publication de la loi du 24 mai 1854, pourront obtenir que leurs titres soient placés sous le régime de cette loi, en formant leur demande avant le 25 mai 1855. — Les brevetés qui n'auraient point payé, au moment où ils demanderont à jouir du bénéfice de cette disposition, une somme égale au montant des annuités échues, d'après la base établie à l'art. 3 de la loi, seront tenus d'effectuer ou de compléter ce payement et d'en justifier au moyen d'une quittance qu'ils joindront à leur demande. Faute d'accomplir cette obligation, la demande sera considérée comme non avenue. — Une déclaration constatant que le brevet est placé sous le régime de la loi nouvelle sera envoyée à l'intéressé.

21. — Les concessions de brevet, les actes de cession ou de mutation, ainsi que les déclarations mentionnées dans l'article précédent, seront publiés au recueil spécial des brevets. — Il en sera de même des arrêtés prononçant l'annulation ou la mise dans le domaine public du brevet.

22. — A l'expiration des brevets, les originaux des descriptions et dessins seront déposés au Musée de l'industrie.

23. — Notre ministre de l'intérieur est chargé de l'exécution du présent arrêté.

Donné à Lacken, le 24 mai 1854. — LÉOPOLD.

Loi du 27 mars 1857, modifiant les art. 7 et 22 de la loi du 24 mai 1854, sur les Brevets d'invention.

LÉOPOLD, roi des Belges, etc. Les chambres ont adopté et nous sanctionnons ce qui suit :

ARTICLE UNIQUE. L'art. 7, de la loi du 24 mai 1854, est remplacé par la disposition suivante :

« Le brevet sera joint à la requête, laquelle contiendra élection de domicile dans la commune où doit avoir lieu la description. Les experts, nommés par le président, prêteront serment entre ses mains, ou entre celles du juge de paix à ce spécialement autorisé par lui, avant de commencer leurs opérations. »

L'art. 22 de la même loi est remplacé par les dispositions suivantes :

« Lorsque la taxe fixée à l'art. 3 de la loi du 24 mai 1854 n'aura pas été payée dans le mois de l'échéance, le titulaire, après avertissement préalable, devra, sous peine d'être déchu des droits que lui confère son titre, acquitter avant l'expiration des six mois qui suivront l'échéance, outre l'annuité exigible, une somme de 10 francs. Les titulaires de brevets accordés depuis la mise en vigueur de la loi précitée, qui n'auraient pas payé dans le délai légal les annuités exigibles, conformément à l'art. 3 de cette loi, seront relevés de la déchéance encourue, en payant dans les trois mois de la publication de la présente loi, outre les annuités exigibles, une somme de 10 francs. — La déchéance des brevets sera rendue publique par la voie du *Moniteur*. — Il en sera de même lorsqu'en vertu des dispositions qui précèdent, le breveté aura été, sur sa demande, relevé de la déchéance. »

Résumé de la législation belge sur les brevets d'invention.

§ 1. *Brevets.* Tout auteur d'une découverte ou d'un perfectionnement susceptible d'être exploité industriellement peut prendre un brevet. — La loi admet les brevets d'importation.

§ 2. *Formalités.* Celui qui veut prendre un brevet doit déposer sous cachet, en double, au greffe de l'un des gouvernements provinciaux du royaume, ou au bureau d'un commissariat d'arrondissement, la description claire et complète et le dessin exact de l'objet de l'invention. — Le dépôt n'est reçu que sur la production du récépissé constatant le versement de la première annuité de la taxe du brevet.

§ 3. *Durée.* La durée des brevets est de 20 ans. Mais la durée des brevets d'importation ne peut excéder celle du brevet antérieurement concédé à l'étranger.

§ 4. *Taxe.* Il est payé pour la première année 10 francs; pour la deuxième, 20 francs; pour la troisième, 30 francs et ainsi de suite jusqu'à la vingtième année, pour laquelle la taxe est de 200 francs. — Il n'est point exigé de taxe pour les brevets de perfectionnement, lorsqu'ils ont été délivrés au titulaire du brevet principal.

§ 5. *Cession.* Toute transmission de brevets par acte entre vifs ou testamentaire est enregistrée au droit de 10 francs.

§ 6. *Nullités* et *déchéances.* Le brevet tombe : 1° Lorsqu'il y a eu publicité antérieure à la prise du brevet; 2° lorsque la description n'est pas complète; 3° lorsque la taxe n'a pas été acquittée dans les délais voulus par la loi; 4° lorsque l'exploitation aura cessé pendant le laps de temps fixé par l'art. 23.

§ 7. *Contrefaçon.* Si les personnes poursuivies sont de bonne foi, les tribunaux leur font défense de fabriquer les objets brevetés. — Si elles sont de mauvaise foi, les tribunaux prononcent la confiscation de tout ce qui a été confectionné en contravention du brevet, en allouant une somme égale au prix des objets déjà vendus. Même en cas de bonne foi, le contrefacteur est passible de dommages-intérêts.

DESSINS DE FABRIQUE

Les dessins de fabrique sont régis par la loi française, celle du 18 mars 1806.

Il fut entendu, lors de la discussion de la loi du 9 avril 1842, qui a rendu applicable à la Belgique le décret du 18 mars 1806, que sa protection s'étendrait à tous les dessins et modèles de fabrique (*Moniteur belge* du 21 mars 1842).

MARQUES DE FABRIQUE

Les marques de fabrique sont régies par les lois françaises, antérieures à celles du 27 juin 1857, et par deux arrêtés royaux, l'un du 25 décembre 1818, relatif aux marques des fabricants de pipes, et l'autre du 1er juin 1820, relatif à celles des fabricants de draps.

En résumé :

Tout industriel peut s'assurer la propriété exclusive de la marque de fabrique par lui adoptée.

La marque est obligatoire pour les fabriques de pipes et pour les fabriques de draps.

La contrefaçon est punie de peines correctionnelles, sans préjudice des dommages-intérêts qui peuvent être alloués à la partie lésée.

— *Noms, enseignes, étiquettes,* etc. — La propriété des noms, enseignes, étiquettes, etc., n'est protégée par aucune loi spéciale ; mais elle l'est par le droit commun qui ouvre une action en dommages-intérêts à la partie lésée contre le contre-facteur.

Extrait de la convention conclue entre la France et la Bel-
gique pour la garantie réciproque de la propriété littéraire,
artistique et industrielle (Promulguée le 27 mai 1861, insé-
rée au Bulletin des lois du 31 mai).

Art. 15. — Les sujets de l'une des Hautes-Parties
contractantes jouiront dans les états de l'autre, de la même
protection que les nationaux, pour tout ce qui concerne
la propriété des marques de fabrique ou de commerce, ainsi
que des dessins ou modèles industriels et de fabrique de toute
espèce. — Le droit exclusif d'exploiter un dessin ou modèle
industriel ou de fabrique ne peut avoir, au profit des Français
en Belgique, et réciproquement, au profit des Belges en
France, une durée plus longue que celle fixée par la loi du
pays à l'égard des nationaux. — Si le dessin ou modèle industriel ou de fabrique appartient au domaine public dans le
pays d'origine, il ne peut être l'objet d'une jouissance exclu·
sive dans l'autre pays. — Les dispositions des deux paragraphes qui précèdent sont applicables aux marques de fabrique
ou de commerce. — Les droits des sujets de l'une des Hautes-
Parties contractantes dans les états de l'autre ne sont pas subordonnés à l'obligation d'y exploiter les modèles ou dessins
industriels ou de fabrique. Le présent article ne recevra son
exécution dans l'un ou l'autre pays à l'égard des modèles ou
dessins industriels ou de fabrique, qu'à l'expiration d'une année à partir de ce jour.

Art. 16. — Les Français ne pourront revendiquer en Belgique la propriété exclusive d'une marque, d'un modèle ou
d'un dessin, s'ils n'en ont déposé deux exemplaires au greffe
du tribunal de commerce de Bruxelles. — Réciproquement, les
Belges ne pourront revendiquer en France la propriété exclu-

sive d'une marque, d'un modèle ou d'un dessin, s'ils n'en ont déposé deux exemplaires à Paris, au greffe du tribunal de commerce de la Seine (1).

(1) Le dépôt a lieu au greffe du Tribunal de commerce pour les Marques de fabrique, et au Conseil des Prud'hommes pour les Dessins et Modèles.

BRÉSIL

BREVETS D'INVENTION

Les brevets y sont délivrés, sans examen préalable, pour des inventions ou des perfectionnements. Il est interdit au possesseur d'un privilége, sous peine de nullité, de se faire breveter ultérieurement dans d'autres pays pour le même objet.

L'importateur n'a droit qu'à une *prime d'encouragement*, dont la valeur dépend de l'importance de l'invention.

La durée du brevet est fixée, par l'administration, entre cinq et vingt années, et commence le jour de la délivrance.

Les pièces à annexer à la demande aux autorités sont, comme toujours, une description claire et complète de l'invention, et des dessins, s'il y a lieu. Le pétitionnaire y doit déclarer s'il est le véritable inventeur.

Il n'y a pas de taxe, mais seulement des frais pour le grand sceau et les autres formalités administratives. Ils peuvent être évalués à 800 francs.

Aucune condition particulière n'est prescrite au sujet du transfert des priviléges, qui peut avoir lieu dans les mêmés formes que la transmission de toute autre espèce de propriété.

Deux ans sont accordés pour la mise en pratique de l'invention.

CHILI

BREVETS D'INVENTION

Il n'y a pas d'examen préalable, et la législation de ce pays, qui admet les demandes en importation, soumet la concession du brevet, à la condition d'initier un certain nombre d'habitants à l'exploitation de la découverte ou invention, de manière à les faire profiter des bénéfices qui en résultent. Après un certain temps, on permet l'introduction des produits brevetés.

Il en est de même au Pérou et à la Nouvelle-Grenade.

C'est le pouvoir législatif qui délivre le brevet et en fixe la durée, dont le minimum est de 25 ans, à partir du jour de la délivrance.

Les documents à déposer avec la requête sont, ainsi que les frais à payer et le mode de transmission du brevet, les mêmes que ceux indiqués pour le Brésil. Les machines peuvent être introduites de l'étranger, ce qui peut satisfaire à la condition de mise en œuvre, laquelle est exigée dans le plus court délai.

CONFÉDÉRATION GERMANIQUE

BREVETS D'INVENTION

La propriété industrielle, dans les principaux Etats allemands, est régie par une convention conclue entre vingt-cinq de ces Etats, et connue sous le nom de Zollverein, en date du 21 septembre 1842, ratifiée le 29 juin 1843. Ladite convention sert de base à la législation des brevets d'invention dans tous les Etats appartenant à l'Union.

Ces États sont : les royaumes de Bavière, Hanovre, Prusse, Saxe et Wurtemberg ; les grands-duchés de Bade, de Hesse, de Saxe-Weimar-Eisenach ; l'électorat de Hesse ; d'Anhalt-Bernbourg, Anhalt-Dessau, Anhalt-Kœthen, de Nassau, de Saxe-Altenbourg, Saxe-Cobourg-Gotha , Saxe-Meinigen-Hildburghausen ; les principautés de Hohenzollern-Hechingen, Hohenzollern-Sigmaringen , Reuss branche aînée , Reuss branche cadette, Schwartzbourg-Rudolstadt, Schwartzbourg-Sondershausen et Waldeck ; le landgraviat de Hesse-Hombourg ; la ville libre de Francfort-sur-le-Mein.

Voici le texte de cette convention :

Convention entre les États du Zollverein, pour la délivrance des brevets d'invention et d'importation en date du 21 septembre 1842.

Chaque État du Zollverein conservera la liberté de régler et

de modifier à son gré sa législation concernant la délivrance
des brevets d'invention et des priviléges pour toute espèce
d'industrie, soit qu'il s'agisse d'inventions nationales, soit qu'il
s'agisse d'inventions importées. Toutefois les États du Zollverein s'entendront, d'une part, pour s'opposer à toutes mesures qui pourraient être prises individuellement et qui seraient contraires à la liberté du commerce, et, d'autre part,
pour arriver à une législation uniforme, et ils se soumettront,
en ce qui concerne les brevets d'invention, aux principes suivants :

Art. 1er. — Les États ne doivent accorder de brevets que
pour des inventions vraiment nouvelles. On ne pourra donc
jamais délivrer un brevet pour tout objet qui aura été antérieurement connu ou exécuté, d'une manière quelconque,
dans toute l'étendue du Zollverein, ou pour toute invention
déjà décrite dans des ouvrages publiés, à l'intérieur de l'Union
ou à l'extérieur, en allemand ou en toute autre langue, ou dont
il existerait des dessins ou des modèles qui en auraient rendu
l'exécution possible.

Chaque Gouvernement du Zollverein est juge de la nouveauté ou de la spécialité d'une invention.

Si le sujet d'un État du Zollverein a obtenu un brevet valable seulement dans les limites de cet État, il est interdit aux
autres États du Zollverein de délivrer un brevet semblable, à
moins que ce ne soit au premier inventeur.

2. — D'après les termes de l'article 1er, un brevet peut
être accordé pour le perfectionnement d'un objet déjà connu
ou breveté, si ce perfectionnement est vraiment nouveau. Si
l'invention perfectionnée était déjà brevetée elle-même, le
nouveau brevet ne perdra rien de sa valeur ; l'exploitation de
l'invention première peut être acquise par celui qui l'a perfectionnée.

3. — La propriété d'un brevet d'invention ne peut jamais
donner le droit :

a. D'empêcher l'importation d'objets semblables à l'objet
breveté ;

b. D'interdire ou de restreindre la vente de ces objets, ou d'en défendre l'usage et l'emploi, sous prétexte qu'ils n'auraient pas été achetés chez le breveté, ou en pays étranger avec son autorisation.

Il y a toutefois exception aux cas précédents, s'il s'agit d'une machine ou d'instruments de fabrication. Il ne peut y en avoir aucune s'il s'agit d'articles généraux de commerce, propres à l'usage et à la consommation du public.

4. — Cependant chacun des Gouvernements du Zollverein peut accorder au breveté le droit exclusif d'exécuter et d'exploiter son invention; en conséquence, chaque Gouvernement est libre d'accorder au breveté, dans les limites de ses Etats respectifs, le droit d'employer exclusivement :

a. Un nouveau procédé de fabrication;

b. Des machines nouvelles ou instruments nouveaux de fabrication, dont il pourra interdire l'emploi à tous ceux qui n'auront pas acquis de lui l'autorisation de se servir de son procédé, ou qui n'auront pas acheté chez lui l'objet breveté.

5. — Les sujets des divers États du Zollverein doivent jouir des mêmes droits que les sujets respectifs de chaque Etat particulier, pour ce qui concerne la délivrance des brevets d'invention, et les privilèges qui y sont attachés. Cependant la délivrance d'un brevet accordé dans un Etat quelconque ne peut empêcher un autre Etat d'en refuser un pour la même invention. Chaque Gouvernement est libre de décider si l'invention est ou n'est pas digne d'être protégée par un brevet.

C'est d'après ces principes que les divers Gouvernements peuvent agir, en conservant leur libre arbitre et leurs usages, et sans être obligés à se régler sur la conduite des autres Etats.

L'obtention d'un brevet ne donne pas le droit d'établir son domicile dans le pays où le brevet a été accordé, ou d'en devenir citoyen ; ces derniers droits ne peuvent être acquis que d'après les lois fondamentales de chaque pays.

6. — Tout brevet délivré dans les Etats du Zollverein doit être publié dans les feuilles officielles, avec la désignation des

objets brevetés, du nom et du domicile de l'inventeur, et de la durée du brevet. Il en est de même de l'extinction et de la prolongation du brevet, quand elles auront lieu avant le terme primitivement fixé.

7. — Lorsqu'après la délivrance d'un brevet, il est prouvé que l'invention n'était pas nouvelle, le brevet peut être retiré. Dans le cas où l'invention aurait déjà été connue d'un certain nombre de personnes, qui auraient gardé le secret, le brevet demeure valable, mais il perd son effet à l'égard de ces personnes.

8. — Tous les Gouvernements du Zollverein se communiqueront, à la fin de chaque année, la liste des brevets qu'ils auront délivrés.

DANEMARK

BREVETS D'INVENTION

Aucune loi proprement dite ne régit, en Danemark, la propriété industrielle. On y délivre des priviléges pour l'industrie d'après un règlement spécial, principalement établi par l'usage, et dont nous allons faire connaître les dispositions.

Les brevets sont accordés en Danemark, après un examen peu sérieux, aux étrangers comme aux sujets danois; mais ils ne peuvent mettre obstacle à l'introduction, dans le royaume, des produits fabriqués dans d'autres contrées.

Le brevet d'importation est limité à cinq années, et la prolongation en est très-difficilement obtenue. La durée des autres brevets reste au gré de l'administration, et peut être portée jusqu'à vingt ans au maximum.

La demande doit être adressée au Roi, et bien caractériser la nature de l'invention. Si elle est accueillie, le privilége ne court que de ce moment, et le pétitionnaire a un délai de six semaines pour faire parvenir au Conseil du commerce une description complète, en langue danoise, et des dessins s'il y a lieu, le tout en double expédition.

Le gouvernement perçoit, pour chaque brevet, un droit de 17 rixdalers d'argent (1), somme qui est portée au double

26

quand le titre est délivré au nom de plusieurs personnes. A ces frais s'ajoutent ceux de papier, de timbre et de publication dans les journaux officiels.

Les documents annexés à la demande ne sont visibles que pour le conseil du commerce, par l'intermédiaire seul duquel le public peut obtenir connaissance de l'invention brevetée.

En principe, la vente d'un brevet n'est pas admise ; mais le titulaire et son cessionnaire peuvent présenter conjointement une demande, et obtenir que, pour le temps restant à courir, un nouveau brevet soit délivré au nom de ce dernier.

Il n'est pas délivré de certificats de perfectionnements à une invention déjà privilégiée. C'est, comme en Suède, le cas d'une nouvelle demande de brevet.

La mise à exécution de l'objet du privilége doit, sous peine de déchéance, avoir lieu sans interruption, et commencer au plus tard avant l'expiration de la première année.

On exige que la procuration du fondé de pouvoir soit, dans les pays étrangers, revêtue de la légalisation du consul du Danemark.

(1) Le rixdaler danois est de 3 fr. 53 c., environ.

ESPAGNE

BREVETS D'INVENTION

Décret royal sur les règles à observer pour la concession de priviléges exclusifs pour l'invention, l'introduction et l'amélioration de machines, etc. — 27 mars 1826.

L'industrie trouve un moyen naturel de se développer dans la multiplication et l'amélioration des machines, des instruments, des appareils, des procédés et des méthodes scientifiques et mécaniques ; mais on ne saurait compter sur le concours de ces agents de la production, si l'on n'assurait à ceux qui les inventent, les améliorent ou les introduisent dans nos Etats, la jouissance et la propriété des œuvres de leur industrie et de leur talent, au moyen de dispositions légales, conciliant à la fois l'égale protection que méritent l'intérêt particulier et l'intérêt de l'industrie, mettant l'un à l'abri de toute usurpation, obviant d'autre part au préjudice que causeraient à l'autre le monopole et le privilége exclusif des découvertes destinées à le servir. En conséquence, j'ai cru nécessaire de déterminer les règles uniformes suivant lesquelles, pour remplir un but si élevé, on devra dorénavant concéder les priviléges exclusifs pour l'invention, l'introduc-

tion et l'amélioration de toute œuvre d'art ; et après avoir
entendu la commission d'encouragement de la richesse publique, et conformément à l'avis du conseil d'Etat, il me plaît
d'ordonner, et j'ordonne qu'on observe et qu'on applique les
articles suivants :

Art. 1er.— Toute personne, de toute condition et de tout pays,
qui se proposera d'établir ou qui établira une machine, un
appareil, un instrument, un procédé, ou une opération de
mécanique ou de chimie, dont l'application sera nouvelle en
tout ou en partie, ou qui du moins n'aura pas encore été
appliquée dans nos Etats, en aura la jouissance et la propriété exclusive, pour tout ce qui y sera nouveau, sous les
conditions ci-dessous exprimées, et en se soumettant aux
lois, ordonnances royales, règlements et ordonnances de
police.

2. — Pour assurer à l'intéressé cette propriété exclusive, il
lui sera envoyé, sans examen préalable de la nouveauté ni de
l'utilité de l'objet de l'invention, une patente royale de privilége, sans que la concession de ce brevet puisse en aucun cas
être considérée comme une garantie de la nouveauté et de
l'utilité de l'objet pour lequel le privilége est demandé ; l'intéressé restera sujet à toutes les conséquences, conformément
à la teneur de ce décret royal.

3. — Il sera délivré des brevets pour cinq, dix ou quinze
ans, à la volonté des impétrants, quand il s'agira de brevets
d'invention ; et pour cinq ans seulement, lorsqu'il sera demandé un brevet d'introduction ; il est bien entendu que le
brevet d'introduction ne vaut que pour exécuter ou établir
un objet nouveau dans ce royaume, mais non pour apporter
de l'étranger un objet exécuté et fabriqué, auquel cas l'objet
resterait soumis aux dispositions des tarifs et ordonnances
pour l'entrée en Espagne des produits étrangers.

4. — Le brevet accordé pour cinq ans pourra être prorogé
pendant cinq années, pour de justes motifs ; les brevets de dix
et de quinze ans ne pourront être prorogés.

5. — Tout ce qui n'a pas été appliqué, ni en Espagne, ni en

pays étranger, peut être l'objet d'un brevet d'invention. Tout
ce qui est appliqué à l'étranger, mais qui ne l'est pas dans ce
royaume, peut être l'objet d'un brevet d'introduction. Cependant tout ce dont il existe des modèles ou descriptions en
langue espagnole au Conservatoire royal des arts, ne pourra
devenir l'objet d'un brevet, qu'après trois ans écoulés, sans
qu'il en ait été fait application, auquel cas il pourra être accordé un brevet d'introduction pour cinq ans seulement.

6. — Les intéressés doivent solliciter le brevet par eux-
mêmes ou par fondé de pouvoir, en remettant un mémoire
détaillé conforme au nº 1, à l'intendant de la province où ils
résident. Ils pourront, en tout cas, le remettre, s'il leur plaît,
à l'intendant de Madrid.

7. — Le mémoire sera accompagné : 1º d'une pétition à ma
royale Personne, sur grand papier timbré nº 4, indiquant
l'objet du privilége, et s'il s'agit d'un brevet d'invention ou
d'introduction, le temps pour lequel il est demandé conformément à l'art. 3. Cette pétition sera faite littéralement conforme au modèle nº 2. On ne pourra demander, dans une seule
pétition, plus d'un seul brevet; 2ª d'un plan ou modèle, avec
explication et description de l'objet, indiquant quel est le mécanisme ou procédé que l'on présente comme jusqu'alors
inappliqué, le tout avec le plus d'exactitude et de clarté possible, de manière à ce qu'il ne puisse jamais survenir d'incer-
titude sur l'objet ou la particularité que l'on présente comme
jusqu'alors inappliqué, car c'est pour cet objet seul que le
brevet est accordé.

8. — Les modèles doivent être présentés dans une caisse
fermée et scellée. De même, les plans, descriptions et feuilles
d'explications doivent être cachetés et scellés; on y apposera,
dans les deux cas, un titre dans les termes indiqués au modèle
nº 3.

9. — L'intendant écrira au-dessous du titre le mot *Présenté*,
puis il parafera, fera sceller la caisse ou l'enveloppe, et donnera aux intéressés un certificat de présentation, et un avis
sera envoyé à mon secrétaire d'État, ministre du départe-

ment des finances, pour [que les intéressés ou leurs mandataires lui fassent parvenir le tout.

10. — Lorsque je jugerai à propos de concéder le brevet, les documents passeront à mon conseil d'État, qui se trouve aujourd'hui chargé de toutes les affaires dans lesquelles il y a lieu d'entendre le consul général du commerce, des monnaies et des mines; les caisses et enveloppes y seront ouvertes; et, après vérification des documents exigés par l'article 7, on expédiera, sans autre examen, le brevet correspondant à la demande, conformément au modèle n° 4.

11. — Cette expédition ne sera faite aux intéressés qu'autant qu'ils justifieront du paiement, fait par eux au Conservatoire royal des arts, des taxes suivantes :

Pour un brevet de 5 ans. . . . . 1,000 réaux.
— de 10 ans. . . . . 3,000 —
— de 15 ans. . . . . 6,000 —
Pour le brevet d'introduction . . . 3,000 —

On paiera en outre un droit de 80 réaux pour les frais d'expédition du brevet.

12. — Le brevet expédié, les pièces scellées et fermées seront remises au Conservatoire royal des arts et métiers, placées suivant leur nature et ne seront ouvertes qu'en cas de litige, sur l'ordre des juges compétents.

13. — Les concessions de brevets seront publiées dans la *Gazette de Madrid.*

14. — Conformément aux dispositions des articles 6 et 21 de l'ordonnance royale du 18 août 1824, instituant le Conservatoire royal des arts, il y aura dans cet établissement un registre des brevets délivrés, contenant par ordre de date, les noms, prénoms et demeures de ceux qui les ont obtenus, l'objet du brevet et sa durée. Le registre sera représenté à toutes les personnes qui le demanderont.

15. — Le possesseur d'un brevet aura la propriété exclusive de l'objet pour lequel il l'a demandé. Nul ne pourra, sans son consentement, ni l'exécuter, ni le mettre en pratique, qu'il

s'agisse d'un objet entièrement nouveau, ou d'un perfectionnement qu'il a déclaré nouveau ou encore inappliqué
dans nos Etats, tel qu'il a dû le présenter dans les plans,
modèles et descriptions qu'il a remis pour servir de preuve
en toute circonstance.

16. — La propriété commencera du jour et de l'heure de
la présentation des pièces à l'intendant, et, au cas où deux ou
plusieurs personnes auraient demandé un brevet pour le même
objet, il n'y aura de demande valable que pour celui qui aura,
le premier, fait parvenir ses pièces.

17. — La jouissance d'un brevet pourra être cédée, donnée,
vendue, échangée, léguée par testament, comme toute autre
propriété particulière.

18. — Toute cession devra être faite par acte authentique.
On indiquera si le brevet est cédé pour être exploité dans tout
le royaume ou dans une seule ou plusieurs provinces, ou encore dans les villes et territoires déterminés, si la cession ou
renonciation est absolue, ou avec réserve, pour le breveté, de
l'exploiter concurremment, si le cessionnaire peut l'exploiter
à l'étranger, et si le cédant a déjà cédé à une ou plusieurs
personnes.

19. — Le cessionnaire sera tenu de présenter une copie de
l'acte de cession à l'intendant auquel a été faite la demande
du brevet ; celui-ci, après en avoir pris connaissance, l'enverra
au conseil d'État, qui en donnera avis au Conservatoire royal
des arts, pour qu'il en soit fait mention au registre dont il est
parlé à l'article 14. La cession sera nulle, si la copie n'a pas
été présentée dans les trente jours de la date de l'acte.

20. — La durée du brevet commencera à courir du jour de
l'expédition de la patente royale.

21. — Les effets de cette patente cessent, et le brevet devient
nul et sans valeur, dans les cas suivants : 1° à l'expiration du
temps pour lequel il a été concédé ; 2° lorsque le demandeur
ne s'est pas présenté pour retirer son brevet dans les trois
mois du jour où il l'a demandé ; 3° quand, depuis un an et
un jour, ni par lui-même, ni par d'autres personnes, il n'a

mis en pratique l'invention pour laquelle il s'est fait breveter ;
4° quand l'intéressé abandonne son brevet ; l'abandon résulte
de ce qu'il laisse pratiquer l'invention pendant un an et un
jour sans interruption ; 5° lorsqu'il est prouvé que l'objet breveté était exécuté dans le royaume, ou décrit dans un livre
imprimé, ou qu'il se trouve dans les gravures, estampes, modèles, plans et descriptions du Conservatoire royal des arts, ou
que l'objet du brevet est pratiqué et exécuté à l'étranger, alors
que le breveté l'a présenté comme sa propre invention.

22. — Au cas où le temps pour lequel le brevet a été accordé
sera expiré, le directeur du Conservatoire royal des arts pré-
viendra le conseil d'Etat du jour de l'expiration, et le conseil
prononcera la déchéance.

23. — Dans les autres cas de déchéance, le juge, à la requête de tout intéressé, vérifiera le fait allégué, et s'il lui est
prouvé, il en fera part au conseil d'État, qui en prononcera la
déchéance.

24. — Les juges compétents en ces matières seront les intendants, chacun dans sa province ; les demandes doivent être
portées devant l'intendant de la résidence du défendeur ; on
interjettera appel devant le conseil d'État.

25. — Lorsque, pour une des causes énoncées en l'art. 21,
le brevet viendra à expirer, le directeur du Conservatoire
royal des arts ouvrira la caisse et l'enveloppe déposées, et exposera publiquement ce qu'elles contenaient, après avoir fait
une annonce dans la *Gazette*.

26. — Le possesseur d'un brevet, délivré à quelque titre
que ce soit, aura droit d'actionner et de poursuivre en justice
tout usurpateur de sa propriété. Les intendants des provinces
où résident les prévenus connaîtront de ces demandes. Les appels sont portés au conseil d'État.

27. — Si la demande est justifiée, le contrevenant sera condamné à la confiscation de toutes les machines, appareils,
ustensiles et produits, au profit du possesseur du brevet ; il
sera également contraint à payer, à titre de dommages-intérêts, trois fois leur valeur d'après l'estimation d'experts.

28. — Les brevets délivrés jusqu'à ce jour resteront soumis aux règles d'après lesquelles ils ont été accordés ; quant à ceux qui l'ont été sous la réserve des règles à formuler dans le présent décret, ils seront soumis à ses dispositions.

Ordonnance royale concernant les brevets d'importation. —
14 juin 1829.

Attendu que, par suite de la fausse interprétation donnée aux dispositions sur les brevets d'importation, contrairement à la lettre de l'art. 3 du décret royal du 27 mars 1826, sur les brevets d'invention et d'importation, il est présenté constamment des demandes de brevets pour des objets qui ne peuvent être brevetés, ou qui, s'ils l'étaient, rencontreraient des obstacles à leur entrée dans le royaume ; attendu que ceux qui les introduisent sont amenés devant les intendances respectives, d'où il résulte, pour les intéressés et pour le trésor royal, des frais et des dommages qu'il importe d'éviter, il a plu au Roi, notre seigneur, d'ordonner ce qui suit :

Art. 1er. — Le brevet d'importation ne donne pas le droit de tirer de l'étranger des machines, des instruments et autres objets de même espèce, mais bien le droit de les construire dans le royaume, le privilége se bornant d'ailleurs à la partie de l'invention, ou au moyen de production qui n'a pas encore été mis en usage en Espagne, sans préjudice des droits de tout autre qui pourrait inventer plus tard un moyen différent pour produire le même objet.

2. — Le brevet d'importation, ainsi qu'il vient d'être dit, donne droit d'exécuter dans l'intérieur du royaume ce qui n'y a pas encore été exécuté, et non pas de tirer de l'étranger les objets brevetés, et il n'enlève à personne la faculté d'introduire de l'étranger des machines, instruments et objets semblables, si l'entrée n'en est pas prohibée par les lois de douane ou les ordonnances royales.

3. — Celui qui aura obtenu un brevet d'importation, sera tenu de présenter, dans l'espace d'un an et un jour, comme

il est dit dans le brevet, un certificat en due forme, constatant qu'il a mis en pratique l'objet de son privilége ; ce certificat sera présenté à l'intendant, qui le transmettra au conseil des finances, et celui-ci au Conservatoire des arts, pour y être enregistré.

4. — Si, après un an et un jour, ledit document n'a pas été produit, le conseil des finances prononcera la nullité du brevet ; il en donnera avis au directeur du Conservatoire royal des arts, afin qu'il soit procédé conformément à l'art. 25 du décret royal du 27 mars 1826.

Ordonnance royale sur les priviléges exclusifs. —
23 décembre 1829.

Ma volonté souveraine n'ayant pas été de concéder, par mon décret royal du 27 mars 1826, des priviléges exclusifs pour des entreprises ou des opérations commerciales, mais seulement pour les moyens de production industrielle, ainsi que cela est clairement énoncé à l'art. 1er dudit décret royal, où il est dit que les objets susceptibles d'être privilégiés doivent être des machines, des appareils, instruments, procédés, des combinaisons mécaniques ou chimiques dont la propriété exclusive appartient aux possesseurs de ces priviléges, soit en totalité, soit pour la partie qui n'est pas encore connue et employée dans le royaume ; attendu qu'il s'ensuit que lorsqu'on sollicite un brevet d'importation pour un produit nouveau dans nos royaumes, le privilége ne s'étend qu'aux moyens employés pour obtenir ce produit, et que toutes autres personnes conservent la faculté de le fabriquer à leur tour par d'autres moyens qu'elles peuvent posséder ou inventer ; à cette fin, et pour éviter tous les doutes et les contestations qui pourraient s'élever au préjudice des titulaires des priviléges, j'ai jugé nécessaire de faciliter l'intelligence des dispositions exprimées dans ledit décret royal du 27 mars 1826, en ordonnant, comme de fait j'ordonne, ce qui suit :

ART. 1er.—A l'avenir, toute personne qui sollicitera un privilége exclusif, conformément aux dispositions du décret royal du 27 mars 1826, devra ajouter à la description qu'elle est tenue de présenter d'après l'art. 7 dudit décret royal, une notice dans laquelle elle énoncera clairement et distinctement quelle est la partie, la pièce, le mouvement, le mécanisme, la matière, l'opération ou le procédé qu'elle présente comme faisant l'objet du privilége, et dont elle veut s'assurer la propriété.

2. — Le privilége ne s'étendra qu'au contenu de cette notice.

3. — Le conseil des finances, lorsqu'on lui aura remis la boîte ou le pli renfermant les pièces énoncées à l'art. 10 du décret royal précité, s'assurera si la notice mentionnée ci-dessus s'y trouve jointe, et si toutes les conditions prescrites par la loi ont été remplies, et dans le cas contraire, il ne procédera point à la délivrance du brevet avant que lesdites pièces ne soient conformes à ce qui est prescrit et ordonné, en me consultant dans les cas où il le croirait nécessaire.

4. — En cas de contestation, soit que le titulaire du privilége, usant du droit que lui accorde l'article 26 du susdit décret royal, se présente comme demandeur en justice contre celui qu'il prétend être l'usurpateur de sa propriété, ou que ledit propriétaire soit attaqué par les motifs énoncés à l'article 26 de la même loi, le juge compétent procédera à la constatation du fait, en prévenant les experts qui ont à en connaître, qu'ils doivent se borner à dire s'il y a ou non identité entre l'objet attaqué et celui qui est contenu ou énoncé dans la notice qui, ainsi qu'il est dit ci-dessus, doit être ajoutée à la description qui a été présentée et déposée. Vous l'aurez pour entendu. — Signé de la main du Roi, au palais, le 23 décembre 1829.

Ordonnance royale sur les brevets d'invention et d'importation. — 11 janvier 1849.

Le décret royal du 27 mars 1826, qui établit l'ordre et les formalités à observer, relativement à la concession des brevets d'invention et d'importation de procédés industriels et artistiques, et qui a pour base de ses dispositions l'intérêt et les progrès de l'industrie, assure le droit exclusif des inventeurs et importateurs, mais seulement d'une manière temporaire et conditionnelle. En même temps qu'il les récompense de leurs veilles et de leurs dépenses, il les stimule à de nouveaux efforts; il garantit à l'industrie en général la participation aux avantages des inventions, lorsqu'à l'expiration du temps de la concession, ou à défaut d'accomplissement de l'une des conditions moyennant lesquelles le privilége a été accordé, le secret du procédé est levé par l'ouverture du pli cacheté qui le renferme, et tombe dans le domaine public. Une de ces conditions, à l'inexécution de laquelle la loi attache la déchéance, c'est l'obligation imposée au breveté d'exploiter ou de faire exploiter l'invention brevetée dans l'an et jour à compter de la date de la concession, et de ne pas faire abandon de l'invention en cessant de l'exploiter pendant un an et un jour. Telles sont les dispositions des paragraphes 3 et 4 de l'article 21 du décret royal ci-dessus cité. Dans l'un et l'autre cas, pour que la loi reçoive son application, il faut, à l'égard du breveté, qu'il prouve qu'il a exploité l'objet de son brevet avant l'expiration de l'an et jour, et à l'égard du demandeur en déchéance, qu'il établisse l'abandon pendant le même espace de temps.

Mais la forme dans laquelle ces faits doivent être prouvés, n'est pas bien définie dans ce décret, ni dans aucune des dispositions postérieures. La seule qui en fasse mention est l'ordonnance royale du 14 juin 1829; mais au paragraphe 3 de cette ordonnance, il est dit seulement : « Celui qui aura obte-

» nu un brevet d'importation, sera tenu de présenter, dans
» l'espace d'un an et un jour, un certificat en due forme
» constatant qu'il a mis en pratique l'objet de son privilége, »
sans qu'il soit expliqué quel doit être ce certificat, et à quelles
conditions il peut être admis. Il en résulte encore qu'en exigeant la présentation du certificat dans le même terme d'un
an et un jour, délai qui est accordé pour l'exploitation du
privilége, on restreint sans motifs et sans nécessité les droits
que la loi confère au breveté, droits dont il doit jouir, alors
même qu'il ne produit le certificat qu'après ce terme, s'il est
bien constaté qu'il a exploité dans le délai légal d'un an et
un jour. Et attendu que plusieurs questions ont déjà été soulevées sur ces dispositions qui semblent contradictoires, il a
plu à Sa Majesté la Reine, pour faire disparaître le doute,
d'ordonner ce qui suit :

ART. 1er. — Celui qui aura obtenu un privilége industriel
devra prouver, devant le chef politique de la province, qu'il
a mis en pratique l'objet de son privilége dans le délai d'un
an et un jour, à courir de la date de la délivrance du brevet.
Le chef politique s'assurera par lui-même, ou par une personne spécialement déléguée, de la réalité du fait. Un secrétaire, nommé par le chef politique ou son délégué, dressera
procès-verbal conforme à la décision rendue par cette autorité.

2. — Après avoir reçu ce certificat, le chef politique le
transmettra, à Madrid, au directeur du Conservatoire, dans
les provinces, aux juntes de commerce, et dans celles où il
n'en existe pas, aux sociétés économiques, et à défaut des
unes et des autres, aux personnes compétentes qui seront
désignées par ledit chef politique. L'information devra se
borner à constater si la mise en exploitation est réelle et certaine, sans avoir à s'occuper de l'utilité ou de l'excellence de
l'invention brevetée.

3. — Si l'objet breveté s'applique à l'industrie agricole,
l'information sera faite près la junte d'agriculture. Toutefois,

à Madrid, on devra toujours entendre le directeur du Conservatoire.

4. — Lorsque l'objet breveté fonctionne hors du chef-lieu
de la province et de ses environs, lesdites corporations pourront, chacune en ce qui la concerne, déléguer une personne
ou une corporation qu'elles jugeront propres à procéder à la
visite et à prendre sur les lieux mêmes les renseignements
nécessaires à l'information.

5. — L'information terminée, le chef politique la fera parvenir au Gouvernement par l'intermédiaire de la direction
générale de l'industrie, accompagnée de la demande de la
partie intéressée et du certificat de mise en exploitation, avec
toutes les observations qu'il croira utile d'y joindre.

6. — S'il s'agit de prouver que l'exploitation a été suspendue pendant un an et un jour, afin de faire prononcer la déchéance du brevet, la demande sera présentée dans les mêmes
formes. Cependant les premières diligences seront faites par
le chef politique qui citera le breveté devant lui. Si celui-ci
n'oppose aucune objection, les poursuites seront continuées
d'après le mode indiqué antérieurement, et la déchéance sera
déclarée, s'il y a lieu, par l'administration. Mais dans le cas
d'opposition de la part de l'intéressé, le chef politique renverra les poursuites devant les juges de première instance du
domicile du défendeur, devant lesquels la question sera vidée,
toutes les contestations qui s'élèvent entre les particuliers relativement aux brevets étant par leur nature des questions de
propriété et, comme telles, de la compétence des tribunaux
ordinaires.

7. — Le fait d'avoir mis en exploitation l'objet breveté doit
être établi devant le chef politique, avant l'expiration du
terme d'un an et un jour. Il suffit que l'intéressé ait demandé
à faire cette justification un jour avant l'expiration du terme,
et réclamé l'intervention de l'autorité, qui sera responsable
du dommage causé par négligence ou omission. L'autorité
pourra toujours déléguer les fonctions qu'elle ne pourrait pas
remplir elle-même. Lorsque le fait d'exploitation aura été

prouvé, il importera peu que les diligences ultérieures et l'envoi au Gouvernement aient lieu au delà de ce terme, pourvu que ce soit dans les 30 jours qui suivent, l'autorité demeurant toujours responsable de tous les retards qu'elle aurait causés ou auxquels elle aurait consenti.

Résumé de la législation éspagnole sur les brevets d'invention.

§ 1. *Brevets.* La loi admet : 1° les brevets d'invention ; 2° les brevets de perfectionnement ; 3° les brevets d'introduction.

Ils sont accordés sans garantie du gouvernement.

§ 2. *Durée.* La durée des brevets d'invention est de cinq, dix ou quinze ans ; celle des brevets d'introduction n'est que de cinq ans.

Les brevets de cinq ans peuvent être prorogés de cinq ans, mais non ceux de dix ou de quinze ans.

§ 3. *Formalités.* Celui qui veut prendre un brevet d'invention doit, lui-même, ou par un fondé de pouvoir, remettre à l'intendance de la province où il réside une demande accompagnée : 1° d'une pétition à la reine, sur grand papier timbré n° 4, indiquant l'objet du privilége et le temps pour lequel il est demandé ; 2° d'un plan ou modèle, avec explication et description de l'objet aussi exactes et aussi claires que possible ; 3° d'une quittance des frais de taxe.

§ 4. *Taxe.* La taxe est de 1,000 réaux (270 fr.) pour un brevet de cinq ans ; — 3,000 réaux (800 fr.) pour un brevet de dix ans ; — 6,000 réaux (1,620 fr.) pour un brevet de quinze ans ; — 3,000 réaux pour les brevets d'introduction.

Il y a en outre une taxe de 80 réaux pour les frais d'expédition du brevet.

§ 5. *Cession.* La jouissance d'un brevet peut être cédée, donnée, vendue, échangée, léguée par testament, comme toute autre propriété particulière.

La cession doit avoir lieu par acte authentique.

Copie de l'acte de cession doit être présentée dans les trente jours, sous peine de nullité, à l'intendant auquel a été faite la demande du brevet.

§ 6. *Nullités. Déchéances.* Le brevet devient sans valeur : 1° lorsque le demandeur ne s'est pas présenté dans les trois mois pour retirer son brevet; 2° par le défaut d'exploitation dans l'an et jour; 3° quand l'intéressé laisse pratiquer l'invention par un autre pendant un an et un jour sans interruption; 4° lorsqu'il est prouvé que l'objet de l'invention était exécuté ou décrit avant la prise du brevet.

§ 7. *Contrefaçon.* La poursuite en contrefaçon donne lieu à la confiscation des appareils et produits saisis au profit du breveté, et à des dommages-intérêts dont le montant est fixé à trois fois la valeur des objets saisis.

MARQUES DE FABRIQUE

La contrefaçon des marques de fabrique est prévue et punie par l'article 247 du Code pénal espagnol, lequel est ainsi conçu : « L'imitation frauduleuse des sceaux, marques et contre-seings adoptés par les établissements de commerce et d'industrie, sera punie de la peine de l'emprisonnement et d'une amende de 50 à 500 ducats. »

La marque de fabrique n'est obligatoire, d'après un règlement du 30 janvier 1842, que pour les fabriques de drap. D'après ce règlement, les fabricants doivent apposer sur leurs produits la marque de première, deuxième et troisième qualité. La marque doit contenir en outre l'énonciation des noms et raison sociale du fabricant et du lieu de l'établissement.

27

ÉTATS-UNIS D'AMÉRIQUE

—

PATENTES D'INVENTION

Acte pour favoriser les progrès des arts industriels, et pour
abroger tous les actes antérieurs sur la matière. — 4 juillet
1836.

ART. 1er. — Il sera établi et attaché au ministère d'État, un
office qui prendra la dénomination d'office des patentes, et
dont le premier fonctionnaire sera désigné sous le titre de
commissaire des patentes, et sera nommé par le président, et
de l'avis du consentement du Sénat. Ce commissaire sera
chargé, sous la direction du secrétaire d'État, de tout ce qui a
rapport à la délivrance des patentes, pour les découvertes, inventions et améliorations nouvelles et utiles, conformément
aux dispositions du présent acte ou à celles qui pourront être
ultérieurement adoptées; il aura la charge et la garde des
livres, registres, papiers, modèles, machines et autres objets
dépendant de l'office. Ledit commissaire recevra un traitement
égal à celui qui est alloué par la loi au commissaire du département indien (1); il sera autorisé à expédier et à recevoir,
francs de port, les lettres et paquets relatifs aux affaires de
l'office.

(1) Trois mille dollars par an.

2. — Il sera nommé, dans ledit office des patentes, par
ledit commissaire principal, et sous l'approbation du secrétaire d'État, un fonctionnaire inférieur qui recevra un traitement annuel de dix-sept cents dollars, et sera désigné sous le
nom de clerc principal de l'office des patentes ; ce dernier,
pendant l'absence du commissaire, ou lorsque la place du premier fonctionnaire deviendra vacante, aura la charge et la
garde du sceau, des registres, livres, papiers, machines, modèles et autres objets appartenant à l'office, et remplira toutes
les fonctions du commissaire durant la vacance. Le commissaire pourra aussi, avec la même approbation que dessus,
nommer un clerc inspecteur, aux appointements de quinze
cents dollars ; deux autres clercs, à douze cents dollars chacun,
et dont l'un sera dessinateur ; un autre clerc, à mille dollars ;
un machiniste à douze cent cinquante dollars ; et un courrier
à onze cents dollars. Lesdits commissaires, clercs et toutes
autres personnes employées et appointées dans ledit office
devront s'interdire d'acquérir ou de prendre, excepté par héritage, durant la période de leurs fonctions, aucun droit ou
intérêt, directement ou indirectement, dans tout brevet, pour
invention ou découverte, qui aurait été ou serait ultérieurement délivré.

3. — Ledit fonctionnaire principal et tous les employés de
l'office devront, avant d'entrer en fonctions, prêter le serment
de bien et fidèlement remplir les devoirs qui leur sont confiés.
Et ledit commissaire et son principal clerc, devront aussi,
avant d'entrer en fonctions, fournir un cautionnement au trésor des États-Unis, lequel se montera, pour le premier, à la
somme de dix mille dollars, pour le second, à cinq mille dollars ; ils s'engageront à rendre bon compte, à l'État ou à leurs
successeurs, de toutes les sommes qu'ils auront reçues, pour
délivrance de patentes, de copies des registres ou des dessins, etc.

4. — Ledit commissaire fera faire un sceau spécialement
destiné aux opérations de l'office, avec une devise approuvée
par le Président. Toutes copies de registres, livres, papiers ou

dessins, portant la signature du commissaire ou, en son absence, du clerc principal, lorsqu'elles porteront l'empreinte dudit sceau, feront foi dans tous les cas comme les registres, livres ou dessins eux-mêmes. En conséquence, toute personne pourra obtenir des copies certifiées des registres, papiers et dessins de l'office, en payant, pour les copies écrites, la somme de dix centimes par chaque page de cent mots, et pour les copies de dessins, une somme proportionnée au travail.

5. — Les patentes provenant dudit office seront délivrées au nom des États-Unis, et sous le sceau dudit office, et signées par le secrétaire d'État, contre-signées par le commissaire de l'office, et seront enregistrées, avec les descriptions, spécifications et dessins, dans des livres conservés pour cet usage. Chaque patente contiendra une description abrégée, ou titre de l'invention ou de la découverte, indiquant exactement sa nature et son but, et à cette condition, elle donnera à celui ou ceux qui l'auront demandée, ou à leurs héritiers, administrateurs, exécuteurs ou ayant-cause, pour un terme qui ne pourra excéder quatorze ans, le droit entier et exclusif, d'exécuter, employer, ou vendre à d'autres ladite invention ou découverte. Il sera joint à la patente une copie de la spécification, laquelle donnera les détails de l'invention et fera connaître précisément ce que le patenté revendique comme sa propriété.

6. — Toutes personnes ayant découvert ou inventé une industrie, machine, fabrication, ou combinaison de matières nouvelle et utile, ou un perfectionnement nouveau et utile des mêmes industries, machines, etc., qui n'auront pas été connus ou employés par d'autres, avant leur découverte ou invention, ou qui ne seront pas, au moment où elles font leur demande, publiquement vendus ou usités par leur consentement ou leur tolérance, pourront, si elles désirent en obtenir la propriété exclusive, adresser une demande écrite au commissaire des patentes, et ce dernier, toutes formalités préalablement remplies, pourra leur accorder une patente. Mais avant d'obtenir sa patente, tout inventeur devra donner

une description écrite de son invention ou découverte, de ses procédés, de la méthode qu'il emploie pour exécuter, construire, employer, composer son invention ou découverte, et cela en termes clairs, exacts, suffisants, sans prolixité inutile, de manière à ce que toute personne compétente dans l'industrie ou la science à laquelle l'invention appartient, puisse, à la lecture de la description, exécuter, construire ou employer ladite invention ; et s'il s'agit d'une machine, il expliquera nettement les principes et les différences par lesquels il a pensé que sa machine se distinguait des autres ; et il décrira et signalera particulièrement le perfectionnement ou la combinaison qu'il réclame comme sa propre invention. Il devra encore accompagner le tout de dessins, de renvois ou légendes, lorsque l'invention en comportera, ou d'échantillons et modèles, s'il s'agit de matières composées. Ces descriptions et dessins, signés par l'inventeur et deux témoins, seront conservés à l'office. L'inventeur devra enfin, toutes les fois que cela sera nécessaire, fournir un modèle de son invention, de dimension suffisante pour qu'il puisse être utilement examiné dans toutes ses parties. Le postulant viendra jurer ou affirmer, qu'il croit sincèrement être le premier inventeur des procédés, machines, compositions ou perfectionnements, pour lesquels il sollicite une patente, et qu'il ignore ou ne pense pas que rien de pareil ait jamais été connu et employé, et il déclarera à quel pays il appartient ; lesquels serment et affirmation seront reçus par toute personne autorisée par la loi à recevoir les serments.

7. — Après la réception de la demande, de la description et de la spécification, le paiement des taxes ayant été régulièrement effectué, le commissaire examinera ou fera examiner l'invention ou découverte prétendue nouvelle, et si, l'examen fait, il ne lui paraît pas que personne autre, en ce pays, en ait jamais fait une semblable, ou qu'elle ait jamais été patentée ou antérieurement décrite dans aucune publication, dans les États ou à l'étranger, ou enfin que ladite invention ait jamais été exécutée ou vendue publiquement du consente-

ment ou par la tolérance du pétitionnaire ; si, enfin, le commissaire juge l'invention suffisamment utile et importante, il
devra délivrer une patente. Mais lorsque, après l'examen, il
paraîtra au commissaire que le pétitionnaire n'était pas le
véritable et premier auteur de la découverte, ou que le perfectionnement qu'il revendiquait comme nouveau avait déjà
été découvert, ou patenté, ou décrit dans une publication
américaine ou étrangère, ou que la description est défectueuse
et insuffisante, il en avertira le pétitionnaire, en lui donnant
brièvement assez de renseignements pour qu'il puisse juger
s'il doit renouveler sa demande, ou s'il y a lieu de changer la
spécification pour n'y embrasser exactement que ce qui est
vraiment nouveau. Dans chacun de ces cas, si le pétitionnaire
se décide à retirer sa demande, en renonçant à la propriété
exclusive de son modèle, il aura droit à reprendre 20 dollars
sur la taxe par lui déposée, à la seule condition d'écrire sur
les registres de l'office une déclaration de renonciation ; une
copie de cette déclaration, certifiée par le commissaire, sera
remise au trésorier qui paiera lesdits 20 dollars, et lui servira
de décharge. Mais si le pétitionnaire persiste dans sa demande,
avec ou sans modification de sa spécification, il sera requis
de venir faire de nouveau le serment ou l'affirmation dont il
est ci-dessus parlé ; et si la spécification et la prétention du
pétitionnaire n'ont pas été suffisamment corrigées ou justifiées, pour que de l'avis du commissaire, il y ait lieu d'accorder la patente, celui-ci pourra, sur la demande écrite du pétitionnaire, prendre l'avis d'un conseil d'*examinateurs*,
composé de trois personnes désintéressées, nommées par le
secrétaire d'Etat, et dont une au moins sera, s'il est possible,
choisie pour ses connaissances spéciales dans l'art, la branche
d'industrie ou la science à laquelle appartiendra la prétendue
invention ; ces trois personnes jureront ou affirmeront de bien
et impartialement remplir leur mission. Il sera remis audit
conseil une déclaration écrite de l'avis et de la décision du
commissaire, avec les principaux motifs de son opposition,
et l'indication des parties de l'invention qu'il considère comme

ne pouvant pas être patentées. Le conseil notifiera au pétitionnaire, ainsi qu'au commissaire, le lieu et l'heure de sa
réunion, pour qu'ils soient à même de fournir tous les documents nécessaires pour éclairer sa décision; le commissaire
aura spécialement la charge de donner aux examinateurs tous
les renseignements qu'il pourra posséder sur la question soumise à leur appréciation. Examen fait, le conseil pourra infirmer, en tout ou partie, la décision du commissaire, et son
avis, dûment certifié et remis au commissaire, servira de règle
pour procéder sur la demande; *pourvu cependant* qu'avant
la nomination du conseil le pétitionnaire ait payé au trésor,
à titre de provision, la somme de 25 dollars. Chacun des
membres nommés pour faire partie du conseil recevra, pour
ses services, une somme qui ne pourra excéder 10 dollars, et
qui sera déterminée et payée par le commissaire.

8. — Lorsqu'une demande est faite pour une patente qui
paraît au commissaire avoir quelque rapport avec une autre
patente dont la demande a déjà été faite, ou avec une patente
antérieurement délivrée et non encore expirée, de manière à
pouvoir leur nuire, le commissaire devra en donner avis aux
pétitionnaires ou aux patentés; et si les uns ou les autres
n'acceptent point la décision du commissaire, sur la question
de priorité de droit ou d'invention, ils pourront en appeler
d'après le mode qui a été réglé dans la précédente section de
cet acte, et l'on procédera comme dessus pour déterminer qui
des pétitionnaires devra obtenir une patente, ou même s'il en
devra être délivré une. Mais jamais il n'y aura lieu, aux termes
de cet acte, à priver un véritable inventeur de son droit à une
patente, parce qu'il aurait pris antérieurement des lettres patentes dans un pays étranger, et que ces lettres auraient été
publiées six mois avant le dépôt de sa spécification et de ses
dessins. Et lorsque le pétitionnaire le demandera, la patente
prendra date du jour du dépôt de la spécification et des dessins, sans cependant qu'elle puisse remonter au-delà de six
mois avant l'époque de la délivrance; de même, sur sa demande, et le paiement des taxes préalablement effectué, la

spécification et les dessins pourront être déposés dans les archives secrètes de l'office, jusqu'à ce que le pétitionnaire puisse fournir le modèle jugé nécessaire, auquel cas la patente lui sera accordée. Mais cette faculté sera limitée à un an, le pétitionnaire ayant droit d'ailleurs à être averti de toute demande analogue à la sienne.

9. — Toute demande de patente ne sera prise en considération par le commissaire, qu'après que le pétitionnaire aura payé au trésor des États-Unis, ou à l'office des patentes, ou à une banque, au compte du trésor, la somme de 20 dollars, s'il est citoyen des États-Unis, ou étranger ayant résidé un an dans les Etats, et ayant attesté, par serment, son intention de devenir citoyen des États-Unis; celle de 500 dollars, s'il est sujet du royaume de la Grande-Bretagne; celle enfin, de 300 dollars pour toutes autres personnes; il sera délivré deux reçus de paiement, l'un desquels sera déposé dans l'office du trésorier. Les sommes ainsi perçues par le trésor, constitueront un fonds pour le paiement des droits dus aux employés et aux clercs, et de toutes les dépenses de l'office, et prendront le nom de fonds des patentes.

10. — Lorsqu'une personne aura fait une découverte ou invention, trouvé un perfectionnement, au sujet duquel une patente pourrait être délivrée d'après les termes du présent acte, et que cette personne sera décédée avant qu'aucune patente n'ait été délivrée, le droit de demander et d'obtenir une patente sera dévolu à l'exécuteur testamentaire ou à l'administrateur des biens de l'inventeur, au profit des héritiers légitimes du défunt, s'il est mort intestat; si, au contraire, il a testé, au profit des héritiers institués, sous les conditions, restrictions et limites qui auront pu être posées par le testateur, ou qui lui étaient imposées à lui-même pendant sa vie; et lorsque la demande sera faite ainsi par ses représentants légaux, le serment ou l'affirmation prescrite dans la sixième section de cet acte, sera modifiée dans ses termes de manière à leur être applicable.

11. — Toute patente pourra être cédée légalement, soit

pour la totalité, soit pour partie indivisément ; la cession aura
lieu par écrit ; cette cession, et aussi la vente et le transport
du droit exclusif de faire ou employer l'objet patenté ou d'en
céder l'emploi à d'autres, dans toute l'étendue d'une partie
déterminée des Etats-Unis, seront enregistrés à l'office des
patentes, dans les trois mois de la rédaction des actes ; pour
lesdits transport et cession, il sera payé au commissaire des
patentes une somme de trois dollars.

12. — Tout citoyen des États-Unis, ou étranger ayant un
an de résidence dans les États-Unis, et ayant attesté par serment son intention d'en devenir citoyen, qui aura inventé un
nouveau procédé, une nouvelle machine, ou un perfectionnement nouveau, et qui désirera prendre du temps pour mûrir
son invention, pourra, en payant, au compte du trésor, en la
manière déterminée par la neuvième section de cet acte, la
somme de vingt dollars, déposer à l'office des patentes un caveat contenant un dessin de l'invention, son but, ses principaux caractères, et demandant la protection de son droit, jusqu'à ce qu'il ait mûri son invention ; cette somme de vingt
dollars, si la personne qui dépose le caveat, vient ensuite à
prendre une patente pour la même invention, lui sera comptée
en déduction des droits à payer pour la patente. Le caveat
sera déposé dans les archives confidentielles de l'office, et sera
tenu secret. Et si, dans l'année du dépôt du caveat, il est fait
par toute autre personne une demande de patente pour une
invention qui ait quelque rapport avec celle protégée par le
caveat, le commissaire devra déposer la description, les spécifications, dessins et modèles, dans les archives confidentielles
de l'office, et donner avis, par la poste, à l'inventeur qui a déposé le caveat, de la demande ainsi faite, et ce dernier devra,
dans les trois mois de la réception de l'avis, s'il veut se prévaloir du bénéfice de son caveat, déposer à son tour la description, les spécifications, dessins et modèles ; et si le commissaire est d'avis que les deux spécifications ont entre elles de
notables rapports, il sera procédé comme il est dit ci-dessus
en cas de demandes semblables. *Pourvu toutefois*, que l'opi-

nion ou l'avis d'un conseil d'examinateurs, institué d'après
les règles de cet acte, ne puisse jamais priver toute personne
intéressée à la validité ou à la non-validité d'une patente qui
a été déjà et qui pourra être délivrée, du droit de contester
cette patente devant toute cour de justice, et par toute action
dans laquelle sa validité peut être mise en question.

13. — Toutes les fois qu'une patente qui a été accordée antérieurement à cet acte, ou pourra l'être ultérieurement, sera
inefficace ou nulle, parce que la description et la spécification
sont défectueuses et insuffisantes, ou parce que le patenté, dans
sa spécification, a réclamé, comme nouveau, plus que ce qui
l'était véritablement, si l'erreur a été commise par inadvertance, accident ou méprise, et sans aucune intention frauduleuse, le commissaire pourra, sur le vu de la patente qui lui
sera rapportée (*surrender*), et après paiement de la taxe de
15 dollars, faire délivrer une nouvelle patente à l'inventeur
pour la même invention, en y joignant la description et la
spécification corrigées, et dont la durée devra être du temps
qui restait à courir pour la première patente. Si le patenté est
mort ou a cédé à d'autres cette première patente, le même
droit appartiendra à ses exécuteurs, administrateurs ou cessionnaires. La patente, ainsi délivrée à nouveau, avec la description et la spécification corrigées, aura même valeur et
même autorité en justice, et en toutes actions et procès intentés postérieurement, que si elle était la première patente enregistrée dès l'abord avec les mêmes corrections. Lorsque le
patenté désirera faire une addition à sa description ou spécification pour un perfectionnement à la découverte ou invention première, et postérieurement à la date de la patente, il
pourra, en remplissant les formalités exigées, et après paiement de la taxe de 15 dollars, comme ci-dessus, obtenir que
cette addition soit jointe à la description et à la spécification
originales; et, dès lors, l'addition obtiendra même force et
valeur en justice que lesdites description et spécification.

14. — Lorsque, dans une action en dommages-intérêts
fondée sur ce que le défendeur a exécuté, employé ou vendu

l'objet protégé par une patente, il sera rendu un verdict en
faveur du plaignant, la Cour pourra prononcer une condamnation en sus de la somme qui aura été allouée au plaignant
par le verdict à titre de dommages-intérêts; cette condamnation ne pourra, toutefois, excéder le triple de cette somme.
Le recouvrement de ces dommages sera poursuivi par une
action, devant toute Cour compétente, intentée au nom de
toute personne intéressée, qu'elle soit patentée, ou cessionnaire, ou propriétaire du droit exclusif dans une partie déterminée des États-Unis.

15. — Le défendeur, dans toute action de ce genre, sera
admis à plaider à toutes fins, à la charge de faire notifier ses
défenses écrites au plaignant ou à son procureur, trente jours
avant le jugement, et à arguer de cet acte et de la législation
spéciale sur la matière, pour prouver que la description et la
spécification déposées par le plaignant ne contiennent pas
toute la vérité sur son invention ou découverte, ou qu'elles
contiennent plus qu'il n'était nécessaire pour produire le résultat décrit, et cela dans le but de tromper le public; ou que
le patenté n'était pas le véritable et premier inventeur de
l'objet protégé par la patente, ou d'une partie matérielle et essentielle de cet objet; ou que la prétendue découverte avait été
déjà décrite dans un ouvrage publié antérieurement à la demande du patenté ; ou qu'elle était dans le domaine public, ou
en vente avec son consentement ; ou que le plaignant avait subrepticement et illégalement obtenu une patente pour une découverte qui appartenait à un autre, lequel avait voulu
prendre le temps raisonnable pour l'achever et la perfectionner ; ou que le patenté, s'il était étranger au moment où la patente lui a été accordée, a négligé, dans les seize mois de la
date de la patente, de mettre publiquement en vente l'objet
patenté à des prix raisonnables ; dans tous ces cas, s'ils sont
prouvés, le jugement sera rendu au profit du défendeur avec
dépens. Et lorsque le défendeur appuiera sa défense sur le
fait que l'objet de la patente aura été antérieurement inventé,
connu ou employé, il devra déterminer, dans sa notification,

les noms et les lieux de résidence de ceux qu'il prétend avoir eu connaissance de l'invention patentée, et l'endroit où elle a été mise en pratique, *pourvu toutefois* que, lorsqu'il sera suffisamment démontré que le patenté, à l'époque où il a fait sa demande, se croyait sincèrement le premier inventeur de l'objet patenté, la patente ne soit pas réputée nulle, par ce seul motif que l'invention ou découverte aurait été antérieurement connue ou employée à l'étranger, et lorsqu'il ne paraîtra d'ailleurs pas qu'elle ait jamais été, en tout ou en partie, brevetée ou décrite dans une publication antérieure ; *pourvu aussi* que, lorsque le plaignant ne soutiendra pas son action, en ce sens qu'il reconnaîtra que sa spécification revendique comme nouveau plus que ce qui l'était véritablement, s'il est démontré que le défendeur a usurpé et mis à exécution la partie de l'invention qui était justement spécifiée et revendiquée comme nouvelle, il sera dans les pouvoirs de la Cour d'adjuger au plaignant tels dépens et dommages qu'elle croira convenables.

16. — Lorsque deux patentes analogues se trouveront en concurrence, ou qu'une demande aura été rejetée, conformément à une décision d'un conseil d'examinateurs, par le motif que la patente demandée viendrait en concurrence avec une autre, précédemment accordée et non encore expirée, toute personne intéressée, soit par cession ou autrement, dans le premier cas, et tout pétitionnaire dans le second, pourra exercer son recours en s'adressant à justice; et la Cour, saisie de l'affaire, après notification aux parties adverses et toutes autres formalités dûment remplies, pourra déclarer les patentes déchues en tout ou en partie, ou bien inefficaces dans une partie déterminée des États-Unis, selon l'intérêt qu'auront les parties dans la patente ou les inventions patentées ; elle pourra aussi déclarer, conformément aux principes et aux dispositions de cet acte, que le pétitionnaire recevra une patente pour son invention entière, telle qu'elle est spécifiée dans sa demande, ou seulement pour partie, si l'on reconnaît l'existence d'un droit antérieur acquis. La sentence, si elle

est favorable au pétitionnaire, autorisera le commissaire à délivrer la patente, après dépôt d'une copie de cette sentence, et sans déroger aux dispositions de cet acte. *Pourvu toutefois* que le jugement ainsi rendu ne puisse porter atteinte aux droits de qui que ce soit, autre que les parties au procès et leurs ayant-cause.

17. — Toutes actions, poursuites et contestations qui naîtront au sujet de toutes lois des États-Unis accordant ou confirmant aux inventeurs la propriété exclusive de leurs inventions et découvertes, seront portées devant les cours de circuit des États-Unis, ou devant toute cour de district ayant les pouvoirs et la juridiction d'une cour de circuit. Ces cours pourront, sur la demande en justice formée par la partie lésée, accorder des *injonctions*, pour prévenir la violation des droits d'inventeur protégés par les lois, sous les conditions et restrictions que lesdites cours jugeront raisonnables.

Pourvu toutefois que tous les jugements et arrêts rendus par ces cours puissent toujours être déférés par voie d'appel ou comme entachés d'erreur (*writ of error*) à la cour suprême des États-Unis, sous les formalités et les règles imposées par la loi pour tous les jugements des cours de circuit, et en tous autres cas dans lesquels la cour jugera convenable d'accorder le bénéfice de l'appel.

18. — Lorsqu'un patenté désirera obtenir une prolongation de sa patente au delà du terme qui lui était assigné, il pourra en faire la demande par écrit au commissaire des patentes, en énonçant les motifs sur lesquels il la fonde. Le commissaire, après paiement par le pétitionnaire de la somme de quarante dollars au compte du trésor, comme ci-dessus, fera publier dans un ou plusieurs des principaux journaux de la ville de Washington, et dans toutes autres feuilles publiques qu'il jugera convenable de désigner pour la partie des États qui sera le plus intéressée à empêcher la prolongation de la patente, un avertissement énonçant le lieu et l'époque où la demande a été faite, et où elle sera prise en considération, afin que

toute personne puisse se présenter pour déclarer les motifs qui doivent faire refuser la prolongation. Le secrétaire d'Etat, le commissaire des patentes et le *solliciteur* du trésor constitueront un conseil pour examiner et statuer sur les motifs déduits devant eux, pour et contre la prolongation, et se réuniront, à cet effet, à l'époque et dans le lieu qui auront été spécifiés à l'avance dans l'avertissement publié. Le patenté fournira au conseil un état, dressé par écrit, affirmé sous serment, de la valeur positive de son invention, de ses recettes et de ses dépenses, suffisamment détaillées pour donner le compte exact des pertes ou des profits que lui aura procurés ladite invention. Si, les parties entendues, il est pleinement démontré, de manière à satisfaire entièrement le conseil, et l'intérêt public préalablement consulté, qu'il est juste et utile de prolonger la durée de la patente, parce que le patenté, sans qu'il y ait eu faute ou négligence de sa part, n'a pas encore obtenu de l'emploi ou de la vente de son invention une compensation suffisante du temps, du travail et des frais, qu'ont exigés l'invention et son introduction dans l'usage, le commissaire devra renouveler et prolonger la patente, en délivrant un certificat d'extension, pour le terme de sept ans, à partir de l'expiration du premier terme : ce certificat, avec le jugement du conseil, sera enregistré dans l'office des patentes; et dès ce moment ladite patente aura la même force et valeur en justice que si elle avait été originairement délivrée pour vingt et une années. Le bénéfice de ce renouvellement s'étenra à tous les cessionnaires et possesseurs du droit d'user de l'objet patenté, dans les limites de leur intérêt respectif. *Pourvu toutefois* qu'aucune extension de patente ne puisse être accordée après l'expiration du terme pour lequel elle était originairement accordée.

19. — Il sera établi à l'usage de l'office des patentes une bibliothèque d'ouvrages scientifiques et de publications périodiques, étrangères et américaines, propres à faciliter le travail des employés de l'office, et qui seront recueillis sous la direction du comité de la bibliothèque du Congrès.

La somme de quinze cents dollars est affectée à cet établissement.

20. — Le commissaire sera tenu de classer et ranger par ordre dans des salles et galeries qui seront disposées à cet effet, et dans des boîtes spéciales, quand cela sera nécessaire pour la conservation des objets, mais, de manière à ce que tout soit convenablement exposé, les modèles et spécimens de produits, machines et objets d'art, patentés ou non patentés, qui sont ou seront déposés à l'office. Les salles et galeries seront ouvertes au public aux heures convenables.

21. — Tous actes ou sections d'actes passés sur cette matière, sont abrogés par le présent. *Pourvu toutefois* que toutes actions et procès en justice ou équité, intentés avant le présent acte, puissent être poursuivis jusqu'au jugement et à l'exécution, comme si cet acte n'avait pas été passé, sans toutefois les dispositions des quatorzième et quinzième sections, qui s'appliqueront, autant que cela sera possible. *Et pourvu aussi* que sur toutes demandes de patentes, déposées avant la date de cet acte, dans les cas où la taxe aura été payée, il soit néanmoins procédé comme si elles avaient été déposées sous l'empire de cet acte.

Acte additionnel à un acte pour l'encouragement des sciences et des arts industriels. — 3 mars 1837.

§ 1er. — Toute personne qui sera en possession d'une patente ou qui aura un intérêt dans une patente pour une invention, découverte ou perfectionnement, délivrée avant le 15 décembre de l'année de Notre-Seigneur mil huit cent trente-six, ou qui sera cessionnaire, ou intéressée dans la cession d'une patente, ladite cession opérée et enregistrée avant le 15 décembre de la même année, pourra, sans frais, après présentation de la patente ou cession au commissaire des patentes, la faire enregistrer de nouveau à l'office des patentes, avec les descriptions, spécifications et dessins y annexés ; et le commissaire

devra faire copier sur les registres conservés à cet effet ladite
patente ou cession, ou une copie authentique de l'enregistrement desdites patente ou cession, et des spécifications ou dessins ; et lorsqu'il n'y aura pas eu originairement de dessin
annexé à la patente et se rapportant à la spécification, tout
dessin produit comme une représentation de l'invention, préalablement vérifié et affirmé par serment en la manière ordonnée
par le commissaire, pourra être reçu et enliassé, ou copié sur
les registres comme ci-dessus, avec le certificat de serment ;
les dessins pourront être exécutés dans l'office, sous la direction du commissaire, en conformité avec la spécification. Ledit
commissaire devra prendre toutes mesures qui pourront être
ordonnées par le conseil d'administrateurs institué par la quatrième section de cet acte, pour obtenir les patentes, spécifications et copies qui doivent être ainsi transcrites et enregistrées. Ce sera le devoir de tous les clercs des cours de justice
des États-Unis de transmettre, aussitôt qu'ils le pourront, au
commissaire de l'office des patentes, un état de toutes les copies authentiques de patentes, descriptions, spécifications et
dessins d'inventions ou découvertes, exécutées avant ledit
quinzième jour de décembre, et qui pourront se trouver déposées dans leur office, et aussi de tirer et de transmettre audit
commissaire pour être par lui enregistrées, des copies certifiées de chaque patente, description, spécification ou dessin
qui auront été spécialement requises par le commissaire.

2. — Des copies de ces enregistrements et des dessins, certifiées par le commissaire, ou en son absence par le clerc principal, feront foi pour les détails de l'invention et de la patente
délivrée à son sujet, dans toute cour de justice des États-Unis,
dans tous les cas où auraient fait foi les copies des enregistrement, spécifications et dessins originaux sans qu'il soit besoin de prouver la perte de ces originaux. — Et aucune patente accordée avant ledit quinzième jour de décembre ne
pourra, à partir du premier juin prochain, faire foi dans lesdites cours, au profit du patenté, ou de toutes autres personnes
en possession, lorsqu'elles n'auront pas été ainsi enregistrées

à nouveau, et qu'un dessin de l'invention, s'il n'est pas joint à la patente, n'aura été déposé à l'office des patentes ; de même aucune cession de patente, consignée par écrit, faite et enregistrée avant ledit quinzième jour de décembre, ne fera foi dans lesdites cours, au profit du cessionnaire ou de toute personne en possession, avant d'avoir été enregistrée à nouveau.

3. — Lorsqu'il sera démontré pour le commissaire qu'une patente a été détruite dans l'incendie de l'office des patentes, ou perdue de toute autre manière avant ledit quinze décembre, il devra, sur la demande qui lui en sera faite par le patenté ou toute autre personne intéressée, délivrer une nouvelle patente pour la même invention ou découverte portant la date de la patente originale, avec un certificat constatant qu'elle a été accordée conformément aux dispositions de la troisième section de cet acte : *Pourvu toutefois*, qu'avant que la patente ne soit délivrée, le pétitionnaire dépose, aussitôt qu'il lui sera possible, un duplicata du modèle original, des dessins, descriptions et spécifications de l'invention ou découverte, certifiés par serment ; à cette condition, des copies, dûment certifiées, de ces dessins et descriptions, seront admises à faire foi dans toutes les cours de justice des États-Unis, et protégeront les droits du patenté, de ses administrateurs, héritiers ou cessionnaires, comme ils l'auraient été par la patente et la spécification originale.

4. — Le commissaire devra se procurer des duplicata de chacun des modèles détruits par le feu, ledit quinzième jour de décembre, et qui étaient intéressants, ou dont la conservation était importante pour le public, et cela autant qu'il sera nécessaire pour faciliter au commissaire l'accomplissement des devoirs que la loi lui impose, et pour sauvegarder les droits du public et des patentés : *pourvu toutefois* que les duplicata de chaque modèle soient obtenus à des prix raisonnables ; et *pourvu aussi* que la dépense totale de cette opération n'excède pas la somme de cent mille dollars. Il sera institué une commission temporaire, composée du commissaire de l'office des patentes, et de deux autres personnes, nommées

à cet effet par le Président, dont les fonctions consisteront à examiner et à déterminer la meilleure voie à suivre pour obtenir
ces modèles, et aussi pour décider quels modèles devront particulièrement être choisis, pour obéir aux prescriptions de cet acte.

Et lesdits commissaires pourront établir toutes règles, conditions et délais compatibles avec les dispositions de la loi
qu'ils jugeront utiles et nécessaires pour exécuter dans son
véritable esprit ce qui est ordonné par cette section.

5. — Lorsqu'une patente sera rapportée pour être corrigée
et délivrée à nouveau d'après les termes de la treizième section
de l'acte auquel le présent est additionnel, et que le patenté
désirera obtenir des patentes séparées pour chacune des parties distinctes de l'invention, il devra payer d'avance, de la
manière et en surplus de la somme déterminée par cet acte,
celle de trente dollars pour chaque patente additionnelle ;
pourvu toutefois que jamais une patente antérieure audit
quinzième jour de décembre ne puisse être corrigée et délivrée à nouveau, avant qu'un duplicata du modèle et les dessins de l'invention, certifiés par serment, aient été déposés à
l'office des patentes. On ne pourra, non plus, faire d'addition
pour un perfectionnement à une patente accordée avant cette
époque, ni délivrer une nouvelle patente pour un perfectionnement apporté à une machine, fabrication ou procédé, à
l'inventeur originaire, son cessionnaire, ou au possesseur
quelconque de la patente, ni enfin recevoir aucun *disclaimer*
dans les registres de l'office, avant qu'un duplicata des dessins
et modèles de l'invention première, vérifiée comme il est dit
ci-dessus, n'ait été déposé à l'office des patentes, si le commissaire l'exige ; enfin il ne sera pas accordé de patentes pour
inventions, perfectionnements ou découvertes dont les dessins
et modèles auront été perdus, jusqu'à ce que de nouveaux
dessins et modèles, s'ils sont requis par le commissaire, soient,
de la même manière, déposés dans l'office des patentes. Dans
tous les cas prévus par la troisième section de cet acte, la
question d'indemnité, pour les frais de modèles et de dessins
nouveaux, sera soumise au jugement et à la décision des

commissaires institués par la quatrième section, sous les limites et restrictions portées par la loi.

6. — Toute patente à délivrer ultérieurement pourra être faite et accordée au nom du cessionnaire de l'inventeur, la cession ayant été préalablement enregistrée, et sur la demande formelle de l'inventeur. Et, dans tous les cas, toute personne demandant une patente sera admise à fournir deux exemplaires des dessins, l'un pour être déposé à l'office, l'autre pour être annexé à la patente et faire partie de la spécification.

7. — Lorsqu'un patenté aura, par inadvertance, accident ou erreur, réclamé dans sa spécification un droit exclusif sur quelque chose de plus que ce dont il est réellement inventeur, une partie importante et essentielle de l'objet patenté lui étant d'ailleurs véritablement propre, ce patenté ou ses administrateurs, exécuteurs testamentaires ou cessionnaires, en tout ou partie, pourront faire un *disclaimer* pour toutes les parties de l'objet patenté auxquelles ils reconnaîtront n'avoir pas droit en vertu de la patente ou de la cession, et énonçant l'étendue de leur intérêt dans la patente; le disclaimer sera par écrit, attesté par un ou plusieurs témoins, et enregistré à l'office des patentes, après paiement, en la manière déterminée pour tous les droits relatifs aux patentes, de la somme de dix dollars. Le disclaimer sera dès lors et immédiatement considéré comme faisant partie de la spécification dans les limites du droit qui appartient, dans la patente, à celui qui a déposé le disclaimer et à ceux qui y adhèrent avec ou après lui. Le disclaimer ne peut nuire d'ailleurs à toute action engagée à l'époque où il est déposé, à moins qu'il ne soit allégué qu'il a été apporté à ce dépôt une lenteur et une négligence impardonnables.

8. — Lorsqu'une demande sera adressée au commissaire pour une addition à faire à une patente déjà existante, relativement à un perfectionnement nouveau, ou qu'une patente lui sera renvoyée pour être corrigée et réexpédiée, la spécification de la demande dans chacun de ces cas sera sujette à

examen et révision, en la même manière que les demandes
relatives à des patentes non encore existantes ; le commissaire
ne devra pas accorder l'addition dans un cas, ni la réexpédi-
tion dans l'autre, avant que le pétitionnaire n'ait déposé un
disclaimer ou modifié sa spécification, de manière à ce qu'elle
soit d'accord avec la décision du commissaire ; mais, dans tous
les cas, le pétitionnaire, s'il a des griefs contre cette décision,
aura le recours et profitera des priviléges et procédures établis par la loi pour les demandes relatives à des patentes non
encore existantes.

9. — Nonobstant les dispositions de la quinzième section
de l'acte auquel le présent est additionnel, lorsque, par erreur, accident ou inadvertance, et sans intention de nuire ou
de tromper le public, un patenté aura, dans sa spécification,
prétendu être le premier inventeur d'une partie matérielle et
essentielle de l'objet patenté, quoiqu'il n'en fût pas premier
inventeur et n'eût aucun droit juste et légitime d'en réclamer
la propriété exclusive, dans tous ces cas, la patente sera estimée bonne et valable pour toute la portion de l'invention ou
découverte qui appartient véritablement au patenté, pourvu
que cette portion soit aussi une partie essentielle et matérielle
de l'objet patenté, et puisse être facilement séparée et distin-
guée de ce qui a été revendiqué sans droit. En conséquence,
le patenté ou ses administrateurs, exécuteurs ou cessionnaires
en tout ou partie, sera fondé à exercer, en vertu de cette
patente, une action en justice ou en équité, pour toute usurpation de la partie de l'invention ou découverte qui lui appartient légitimement, et bien que la spécification embrasse
dans ses termes plus que ce qu'il n'a le droit de demander.
Mais, toutes les fois qu'un jugement ou verdict sera rendu au
profit du plaignant, il ne sera admis à poursuivre contre les
défendeurs le payement des dépens que lorsqu'il aura déposé
à l'office des patentes, avant le commencement de la poursuite,
un disclaimer pour toute la partie de l'objet patenté qui était
réclamée sans droit : *pourvu toutefois* que toute personne qui
introduit une semblable action ne soit jamais admise à profiter

des dispositions de cette section, lorsqu'elle aura négligé, sans raison, de déposer à l'office des patentes un disclaimer comme dessus.

10. — Le commissaire est par le présent autorisé à nommer des agents dans vingt au plus des principales villes et cités des États-Unis, à l'effet de recevoir et expédier à l'office des patentes tous les modèles, échantillons et matériaux, qui leur seront remis pour être patentés ou déposés à l'office, et dont le transport sera à la charge de la caisse des patentes.

11. — Au lieu d'un seul clerc examinateur, ainsi qu'il avait été ordonné par la seconde section de l'acte auquel le présent est additionnel, il sera nommé, en la manière déterminée par cet acte, deux clercs examinateurs qui recevront chacun un salaire annuel de quinze cents dollars, et aussi un clerc expéditionnaire adjoint, au salaire annuel de huit cents dollars. Le commissaire est encore autorisé à employer de temps en temps autant de clercs temporaires qu'il sera nécessaire pour exécuter les copies et les dessins requis par la première section de cet acte, et pour collationner les enregistrements avec les originaux ; ces clercs ne recevront pas plus de sept *cents* par page de cent mots, et pour les dessins et lectures comparatives, une indemnité proportionnelle leur sera réglée par le commissaire.

12. — Lorsqu'une demande faite par un étranger aura été rejetée pour défaut de nouveauté de l'invention, conformément à la septième section de l'acte auquel le présent est additionnel, sur le vu du certificat qui en sera délivré par le commissaire, le trésorier devra restituer au demandeur deux tiers du droit qu'il aura payé au trésor pour la demande.

13. — Dans tous les cas où le serment est exigé par cet acte ou celui auquel il est additionnel, si la personne dont il est exigé répugne au serment par scrupule de conscience, son affirmation pourra en tenir lieu.

14. — Toutes sommes payées au trésor des États-Unis pour patentes ou pour droit de copies fournies par le surintendant de l'office des patentes, antérieurement à l'acte auquel le

présent est additionnel, seront portées au compte de la caisse
des patentes, créée par ledit acte; et les sommes appartenant
à ladite caisse seront et sont dès à présent affectées au paiement
des traitements des employés et des clercs institués par ledit
acte, et de toutes autres dépenses de l'office des patentes, y
compris celles ordonnées par le présent acte ; et aussi à tous
autres services qui pourraient être ultérieurement déterminés
par la loi. Le commissaire est dès à présent autorisé à prendre
sur ladite caisse, au fur et à mesure des besoins, toutes les
sommes nécessaires à l'exécution des dispositions de cet acte,
sous les restrictions et limites qui y sont contenues. Et il devra,
dans le mois de janvier de chaque année, soumettre au congrès un état détaillé de toutes les dépenses et paiements par
lui faits sur ladite caisse ; il devra aussi présenter au congrès,
dans le mois de janvier de chaque année, une liste de toutes
les patentes délivrées dans le courant de l'année précédente,
contenant la désignation de l'objet de chaque patente, et une
liste alphabétique des patentés avec le lieu de leur résidence ;
il donnera aussi une liste de toutes les patentes tombées dans
le domaine public dans le même temps, avec toutes autres
indications sur l'état et la situation de l'office des patentes,
qui pourront être utiles au congrès ou au public.

*Acte additionnel à un acte pour l'encouragement des arts
industriels. — 3 mars 1839.*

1. — Il sera nommé, en la manière déterminée dans la
seconde section de l'acte auquel le présent est additionnel,
deux examinateurs adjoints qui recevront chacun un traitement annuel de douze cent cinquante dollars.

2. — Le commissaire est autorisé à employer temporaire-
ment des clercs surnuméraires pour faire les copies et transcriptions, toutes les fois que les affaires courantes de l'office
l'exigeront. *Pourvu toutefois* qu'au lieu de traitement ils ne

reçoivent qu'une allocation proportionnée au nombre de copies délivrées par l'office.

3. — Le commissaire est par cet acte autorisé à publier une liste alphabétique de toutes les patentes délivrées par l'office avant cette publication, et à retenir cent copies pour l'office ; neuf cents des mêmes seront déposées dans la bibliothèque du congrès, pour en être fait telle distribution qu'il sera ultérieurement ordonné ; une somme de mille dollars sera, s'il est nécessaire, destinée, en dehors du fonds des patentes, à couvrir les frais de cette publication.

4. — La somme de trois mille six cent cinquante-neuf dollars et vingt-deux *cents* est prélevée sur le fonds des patentes pour le paiement des loyers des lieux occupés par l'office des patentes sur la place de la cité.

5. — La somme de mille dollars est prélevée sur le fonds des patentes, pour être consacrée, sous la direction du commissaire des patentes, à l'acquisition des livres nécessaires pour la bibliothèque de l'office.

6. — Personne ne pourra être considéré comme déchu du droit de recevoir une patente pour une invention ou découverte, sous les prescriptions de l'acte du 4 juillet 1836, auquel le présent est additionnel, par la seule raison que la même invention ou découverte a été patentée à l'étranger plus de six mois avant la demande : *pourvu* qu'avant cette demande l'invention ne soit pas tombée dans le domaine public dans les États-Unis ; et *pourvu aussi* que, dans tous les cas, la patente délivrée dans les États soit limitée au terme de quatorze années, à compter de la date ou de la publication de la patente étrangère.

7. — Toute personne ou association qui a ou aura acheté et exécuté une nouvelle machine, un nouveau procédé de fabrication ou une combinaison nouvelle de matières, avant que l'inventeur ait fait la demande d'une patente, sera autorisée à conserver le droit d'employer ou de vendre à d'autres les procédé, machine et combinaison par elle achetés ou exécutés, sans pouvoir être, pour cela, inquiétée par l'inventeur ou

toute personne intéressée dans l'invention ; néanmoins, une patente ne sera pas nulle, par ce seul fait que l'objet qu'elle protége aura été ainsi acheté, employé ou vendu antérieurement à la demande, à moins qu'il ne soit prouvé que l'invention a été abandonnée au public, ou que le fait d'achat, d'usage ou de vente, n'ait eu lieu plus de deux ans avant la demande. ·

8. — Une somme, ne pouvant excéder 1,000 dollars, sera prise sur le fonds des patentes, pour être employée, par le commissaire des patentes, à l'acquisition des statistiques agricoles et autres objets concernant l'agriculture ; ledit commissaire rendra compte de l'emploi de cette somme dans son prochain rapport annuel.

9. — La onzième section de l'acte ci-dessus relaté est abrogée, en ce qu'elle ordonne le paiement d'une taxe de 3 dollars au commissaire des patentes, pour l'enregistrement des cessions, ventes et transports de tout ou partie du droit : ces actes seront, à l'avenir, enregistrés sans frais.

10. — Les dispositions de la seizième section de l'acte ci-dessus relaté s'étendront à tous les cas où des patentes auront été refusées, pour quelque raison que ce soit, soit par le commissaire des patentes, soit par le chef de justice du district de Colombia, sur l'appel de la décision du commissaire, même au cas où le refus aura été motivé sur une ressemblance avec une patente antérieurement existante; et toutes les fois qu'il n'y aura pas de partie opposante, une copie du titre sera conservée par le commissaire des patentes, lorsque le demandeur aura payé tous les frais de la procédure, que la décision définitive soit ou non en sa faveur.

11. — Dans tous les cas où la loi accorde l'appel de la décision du commissaire des patentes à un conseil d'examinateurs, aux termes de la septième section de l'acte, auquel le présent est additionnel, la partie devra, désormais, porter son appel devant le chef de justice de la cour de district des États-Unis, pour le district de Colombia, en en donnant avis au

commissaire et en déposant à l'office des patentes, dans le
délai fixé par ledit commissaire, les motifs de son appel, consignés par écrit, et en payant à l'office, au compte du fonds
des patentes, la somme de 25 dollars. Et ledit chef de justice
devra, sur la demande, connaître de l'appel porté devant lui,
et réviser la décision qui lui est déférée, sommairement en
présence du commissaire, aussitôt qu'il le pourra et au jour
qu'il indiquera lui-même, après avoir dûment notifié l'époque
et le lieu de son audience audit commissaire, qui devra, à
son tour, en donner avis à toutes les parties intéressées, en la
manière déterminée par le juge. Le commissaire devra aussi
présenter devant ledit juge toutes les pièces et les documents
de l'affaire, avec les motifs de sa décision, consignés en entier
par écrit et répondant aux griefs invoqués dans l'appel ; et,
sur la demande de toute partie intéressée, ou sur l'ordre du
juge, les commissaires et examinateurs de l'office des patentes
pourront être entendus, sous serment, et exposeront les principes de l'invention pour laquelle la patente est demandée.
Enfin, le juge, après avoir rendu sa décision, devra renvoyer
toutes les pièces au commissaire, avec un certificat constatant
la procédure et la sentence, lequel sera enregistré à l'office
des patentes ; cette sentence, ainsi certifiée, servira de règle
audit commissaire pour procéder ultérieurement sur la demande : *pourvu toutefois* que l'opinion ou la sentence du juge
n'ait jamais pour effet de priver toute personne intéressée à
la validité ou à la non-validité d'une patente, qui a été déjà
ou qui pourra être accordée, du droit de contester cette patente devant toute cour de justice, et par toute action dans laquelle sa validité peut être mise en question.

12. — Le commissaire des patentes aura tout pouvoir, dans
les contestations soulevées devant lui, pour prendre toutes
décisions et faire toutes ratifications justes et raisonnables
que l'évidence lui ordonnera de prendre et de faire. Sont et
demeurent abrogées toutes les dispositions de l'acte auquel
le présent est additionnel, relatives à l'établissement d'un
conseil d'examinateurs.

13. — Il sera payé annuellement, en dehors du fonds des patentes, audit chef de justice, en considération des fonctions qui lui sont attribuées par cet acte, la somme de 100 dollars.

Acte additionnel à un acte ayant pour but de faciliter le progrès des arts industriels et d'abroger tous autres actes antérieurs sur les mêmes matières. — 29 août 1842.

1. — Le trésorier des Etats-Unis est, par le présent acte, autorisé à restituer sur le fonds des patentes, à toutes personnes qui les auraient payées, soit au trésor, soit entre les mains des receveurs ou de dépositaires, au compte du trésor, les sommes perçues par erreur au profit de l'office des patentes, et dont la perception n'a pas été ordonnée par les lois existantes ; des certificats seront à cet effet et préalablement délivrés au trésorier par le commissaire des patentes.

2. — La troisième section de l'acte de mars 1837, qui autorise le renouvellement des patentes déchues avant le 15 décembre 1836, est étendue aux patentes délivrées avant ledit jour, 15 décembre, qui auraient été postérieurement déchues, à moins cependant qu'elles n'aient été déjà renouvelées sous l'empire des prescriptions dudit acte.

3. — Tous citoyens ou étrangers ayant résidé un an dans les Etats-Unis, et attesté par serment leur intention de devenir citoyens des Etats, qui, par leur industrie, leur talent, leurs efforts ou leurs dépenses, auront inventé ou produit de nouveaux dessins pour la fabrication, soit de métaux, soit de toutes autres matières, ou pour l'impression des étoffes de laine, soie, coton, ou autres, ou pour des bustes, statues et bas-reliefs, ou de nouvelles empreintes et ornements, pour être placés sur les objets fabriqués, lesdits ornements et empreintes exécutés sur marbre ou autrement ; ou des estampilles, marques, peintures, pour être empreintes sur les produits ou à l'intérieur ; — ou de nouvelles formes ou modèles d'articles de fabrique, non encore employés ni connus par

d'autres avant eux, ou avant l'époque où ils ont formé une
demande de patente; — et qui voudront obtenir la propriété
exclusive de leurs dessins, modèles, etc., et le droit exclusif
de les exécuter, employer et vendre, ou de les céder à d'autres
pour être, par eux, exécutés, employés et vendus, — pourront
adresser aux commissaires des patentes une demande écrite
énonçant leur prétention, et le commissaire, après examen,
pourra leur accorder une patente. Toutefois, dans ce cas, les
droits à payer au trésor seront seulement de la moitié des
sommes fixées par les lois existantes pour les patentes ordinaires, et la durée de la patente ainsi délivrée ne sera que de
sept années, toutes les règles relatives à l'obtention et à la
protection des patentes, non incompatibles avec les dispositions du présent acte, recevant d'ailleurs leur pleine et entière
application.

4. — Le serment exigé de toutes personnes qui demandent
des patentes, pourra être reçu, quand le demandeur n'est pas,
à l'époque de sa demande, domicilié dans les Etats, par tout
ministre plénipotentiaire, chargé d'affaires, consul ou agent
commercial, délégué et accrédité par le Gouvernement des
Etats-Unis, ou par un notaire public du pays où réside le
demandeur.

5. — Toute personne qui peindra, gravera, moulera ou
imprimera sur tous objets exécutés, employés ou vendus par
elle, et pour lesquels elle n'aura pas obtenu de patente, le
nom ou l'imitation du nom de toute autre qui aura obtenu,
par lettres patentes, le droit exclusif d'employer ou vendre ces
mêmes objets, et cela sans le consentement du patenté, ou de
ses cessionnaires ou représentants légaux; ou toute personne
qui, sur un objet qu'elle n'aura pas acheté du patenté, sans y
être autorisée par le patenté, ses cessionnaires ou ses représentants légaux, écrira, peindra, gravera, moulera, imprimera ou fixera, de quelque manière que ce soit, le mot « patente, » ou les mots « lettres patentes, » ou le mot « patenté, »
ou tous autres mots de même genre ou de même sens, avec
l'intention d'imiter ou de contrefaire l'estampille, marque ou

devise du patenté ; — ou toute personne qui placera les mêmes
mots, estampille ou devise sur un article non patenté, dans le
but de tromper le public, — sera passible, pour ces faits,
d'une amende qui ne pourra être moindre de cent dollars et
des frais ; lesquels frais et amendes seront recouvrés par une
action devant les cours des Etats-Unis ou devant toute cour de
districts, ayant les pouvoirs et la juridiction d'une cour de
circuit. Une moitié de l'amende sera payée à la caisse des patentes et l'autre moitié aux personnes qui auront intenté
l'action.

6. — Tous patentés ou cessionnaires de patentes délivrées
postérieurement à cet acte seront requis d'imprimer ou graver,
ou de faire imprimer ou graver sur 'tous les articles vendus
ou mis en vente, la date de la patente ; et toutes personnes,
patentées ou cessionnaires, qui négligeront de le faire, seront
passibles de la même amende que ci-dessus, laquelle sera
recouvrée et distribuée en la manière spécifiée par la précédente section.

Acte relatif au droit de patente. — 20 février 1845 (état de
New-York).

1. — Toute femme mariée, résidant dans cet Etat, qui recevra une patente pour une découverte par elle faite, et conformément aux lois des Etats-Unis, en jouira séparément et
en recueillera tous les bénéfices, fruits et profits, sans qu'ils
puissent être atteints par le mari et ses créanciers. Elle peut
céder sa patente et en disposer, et faire tous actes y relatifs,
comme si elle n'était point mariée ; mais cet acte ne l'autorise
pas à contracter des obligations pécuniaires dont elle puisse
venir ensuite se faire décharger.

2. — Cet acte prendra effet immédiatement.

OBSERVATION. — Ces actes ont été complétés et modifiés : 1° par des
actes des 6 août 1846, 27 mai 1848 et 30 août 1852, spécialement relatifs aux demandes de brevets et de prolongation ; 2° par un acte du 4
mars 1861, dont voici le texte :

Acte du 4 mars 1861 pour faire suite à l'acte du 4 juillet 1836, ayant pour objet l'encouragement des arts utiles (1).

1. — Le Sénat et la Chambre des représentants des Etats-Unis de l'Amérique, réunis en congrès, décrètent que le com·missaire du département des brevets aura le droit d'établir des règlements relatifs aux affidavits et dépositions nécessaires dans les affaires existantes dans ce département, et ces affidavits et dépositions peuvent être reçus par tous magistrats de paix ou tout autre officier autorisé par la loi à recevoir des dépositions destinées à servir devant les tribunaux des Etats-Unis ou devant les tribunaux de l'État dans lequel résidera ledit officier, et dans toute instance litigieuse existante dans le département des brevets, le greffier de tout tribunal des Etats-Unis ayant juridiction sur un territoire ou district quelconque aura le droit, et par le présent acte il lui est commandé, sur la demande de l'une des parties de ladite instance, de délivrer des mandats de comparution à tous témoins demeurant ou se trouvant dans ledit district ou territoire, leur enjoignant de se présenter devant tout magistrat de paix ou autre fonctionnaire sus-indiqué, résidant dans ledit district ou territoire, à tels jour et lieu qui seront indiqués dans lesdits mandats. Si un témoin, après avoir reçu ce mandat, ne comparaît pas par mauvaise volonté ou négligence, ou, ayant comparu, refuse de témoigner (sans y être autorisé à titre de privilège), après la constatation de ce refus ou cette négligence, par un des juges du tribunal dont le greffier aura notifié ledit mandat de comparution, ledit juge pourra procéder par voie de contrainte ou infliger telle peine qu'il appartient à tout tribunal des États-Unis d'infliger, en cas de désobéissance à un mandat *ad testificandum*, émanant de ce tribunal. Il sera alloué aux témoins, dans ces matières, la même indemnité que celle allouée aux témoins comparaissant devant les tribunaux des Etats-Unis. Toutefois aucun témoin ne sera

(1) Extrait des *Annales de la Propriété industrielle*.

requis de se rendre à une distance de plus de quarante milles
de l'endroit où ledit mandat de faire sa déposition, en vertu de
cette loi, lui aura été notifié, et aucun témoin ne sera considéré coupable de refus, parce qu'il refusera de faire connaître
toute invention secrète à lui appartenant, comme aussi pour
n'avoir pas obtempéré au mandat à lui notifié en vertu de cet
acte, à moins qu'il ne lui soit payé ou offert, au moment de
la notification du mandat, ses frais d'aller et retour et de sé-
jour pendant un jour au lieu où il devra déposer.

2. — Il est, en outre, édicté, afin d'arriver à une plus grande
uniformité dans le mode d'octroi ou de refus de lettres-patentes (brevets), qu'il sera nommé par le président, après
avoir pris l'avis et le consentement du Sénat, trois examinateurs en chefs, avec un salaire annuel de 3,000 dollars
(15,600 fr.) pour chacun d'eux, et ayant les connaissances légales et scientifiques nécessaires, dont le devoir sera, lorsqu'ils
en seront requis, sur pétition écrite et à eux déposée à cet
effet par l'impétrant, de réviser et statuer sur les décisions de
rejet des demandes de brevets rendues par les examinateurs
et aussi de réviser et statuer de la même manière les décisions
des examinateurs, dans les cas de conflit (*Interference cases*).
Et sur la demande du commissaire du département des brevets, sur les demandes de prolongation de brevet, et de remplir telles autres fonctions dont ils pourraient être chargés
par le commissaire, que leurs décisions seront soumises à un
appel devant le commissaire en personne, sur le payement de
la somme ci-après déterminée. Que lesdits examinateurs en
chef se conformeront, dans leur procédure, aux règlements
prescrits par le commissaire des brevets.

3. — Il est, en outre, édicté qu'il n'y aura pas d'appel devant les examinateurs en chef des décisions des premiers
examinateurs, excepté dans les cas de conflit, jusqu'à ce que
la demande ait été deux fois rejetée, et le second examen de
la demande par le premier examinateur n'aura lieu qu'après
que le demandeur, à l'égard des raisons produites lors du
premier rejet, aura renouvelé le serment prescrit par l'article

7 de l'acte intitulé : « Un acte pour encourager les progrès des arts utiles et pour abroger tous actes et parties d'actes antérieurement faits à cet effet, sanctionné le 4 juillet 1856. »

4. — Il est, en outre, édicté que le traitement du commissaire des brevets, à partir de la promulgation de cet acte, sera de 4,500 dollars par an (23,400 fr.), et celui du chef du bureau des brevets sera de 2,500 dollars (12,800 fr.), et celui du bibliothécaire dudit bureau sera de 1,800 dollars, (9,260 fr.).

5. — Il est, en outre, édicté que le commissaire des brevets est autorisé à rendre aux impétrants, et dans le cas où ils ne les retireraient pas, à en disposer autrement, les modèles qui auraient accompagné les demandes rejetées qu'il ne croirait pas devoir conserver. Le même pouvoir est aussi conféré, relativement aux modèles accompagnant les demandes pour dessins. Il est autorisé, en outre, à dispenser pour l'avenir des modèles de dessins lorsque le dessin simple suffit pour la représentation de l'objet.

6. — Il est, en outre, édicté que l'article 10 de l'acte sanctionné le 3 mars 1837, autorisant la nomination d'agents pour le transport de modèles et échantillons au bureau des brevets, est abrogé.

7. — Il est, en outre, édicté que le commissaire est autorisé aussi à augmenter, conformément à la loi, et de temps à autre, le nombre des examinateurs principaux, de premiers examinateurs auxiliaires et de seconds examinateurs auxiliaires, nécessaires pour la bonne expédition des affaires courantes, pourvu toutefois que ce nombre n'excède pas quatre dans chaque classe, et que la somme totale des dépenses annuelles du bureau des brevets ne dépasse pas ses recettes.

8. — Il est, en outre, édicté que le commissaire pourra exiger que toutes les pièces déposées au bureau des brevets, qui ne seraient pas correctement, lisiblement et proprement écrites, seront imprimées aux frais des parties qui les auraient déposées, et il pourra, pour manquement grave, refuser d'admettre une personne en qualité d'agent de brevets, soit d'une

manière générale, soit dans un cas spécial ; mais les motifs de ce refus seront régulièrement constatés et subordonnés à l'approbation du président des Etats-Unis.

9. — Il est, en outre, édicté que nulle somme d'argent payée à l'occasion de la demande d'un brevet et à titre de frais d'obtention, après la passation de cet acte, ne sera retirée ni rendue, et la somme payée à l'occasion de l'enregistrement d'un *caveat*, ne sera pas considérée comme faisant partie de la somme exigée lors de l'enregistrement de la demande postérieure d'un brevet pour la même invention ; que le délai de trois mois d'avertissement donné à toute personne ayant formé un *caveat*, conformément aux dispositions de l'article 12 de l'acte du 4 juillet 1836, courra du jour où ledit avertissement sera mis à la poste à Washington, en y ajoutant le temps usuel pour la transmission d'icelui, lequel temps sera consigné sur ledit avertissement, et que cette partie de l'article 13 de l'acte du congrès, sanctionné le 4 juillet 1836, autorisant l'annexion aux brevets, de la description et de la spécification de perfectionnements postérieurs, est abrogée par le présent acte. Et dans tous les cas où des perfectionnements postérieurs ou additionnels seraient actuellement admissibles, des brevets séparés devront être demandés.

10. — Et il est, en outre, édicté que toutes les lois actuellement en vigueur établissant les droits à percevoir (*fees*) par le bureau des brevets et faisant une distinction entre les habitants des Etats-Unis et ceux d'autres nations qui n'en font pas au préjudice des habitants des Etats-Unis, sont abrogées par le présent acte, et les droits suivants sont substitués aux susdits droits.

	Dollars.	Francs.
Pour l'enregistrement de chaque *caveat*	10	52
Pour l'enregistrement de toute demande première de brevet, excepté pour un dessin. . . . . ;	15	78
Pour la délivrance de tout premier brevet	20	104
Pour tout appel au commissaire de la décision des examinateurs en chef.	20	104

Pour toute demande à fin de nouvelle délivrance d'un brevet.	30	156
Pour toute demande de prolongation d'un brevet. . .	50	260
Et, en outre, pour l'obtention de celte prolongation. .	50	260
Pour l'enregistrement de toute restriction *(disclaimer)*.	10	52
Pour copies certifiées de brevets et autres pièces, dix *cents* par cent mots (soit 52 centimes de France). . .	»	»
Pour constatation de tout transport, toute convention, procuration et autres pièces de trois cents mots ou au-dessous.	1	5 20
Pour constatation de tout transport ou autre pièce de plus de trois cents et au-dessous de mille mots. . . .	2	10 40
Pour la constatation de tout transport ou autre écrit dépassant mille mots.	3	15 60
Pour copies de dessin, leur coût raisonnable	»	»

11. — Et il est, en outre, édicté que tout citoyen ou tout étranger ayant résidé pendant une année dans les Etats-Unis et fait le serment de son intention de devenir citoyen, qui par son industrie, son génie, ses efforts et frais aura inventé ou produit un nouveau dessin de manufacture, soit en métal ou matériaux, et un dessin original pour buste, statue ou bas-relief ou composition en haut ou bas-relief, ou une nouvelle impression ou nouvel ornement, ou pour figurer sur tout article de manufacture en marbre ou autre matière, ou impression ou gravure devant former l'objet d'un autre travail, ou reproduit par l'impression, la peinture ou la fonte ou autrement, adapté à un article de manufacture ou toute forme nouvelle, ou toute configuration de tout article de manufacture antérieurement inconnue ou inusitée par d'autres avant son invention ou production, et avant sa demande d'un brevet à cet égard, et qui désirera obtenir une propriété ou droit exclusif ce concernant, de le faire, l'employer, le vendre ou des copies à des tiers pour par eux être fait, employé et vendu, peut s'adresser par écrit au commissaire des brevets exprimant ce désir, et le commissaire peut, après les formalités dûment remplies, accorder un brevet, comme dans le cas

maintenant de demande d'un brevet, pour la durée de trois ans et demi, ou de sept ans, ou de quatorze ans, au choix manifesté par l'impétrant dans sa demande. Le droit à percevoir sur cette demande sera, pour trois ans et six mois, de 10 dollars (52 francs); pour sept ans, de 15 dollars (78 francs), et pour quatorze ans, 30 dollars (156 francs). Et les brevetés pour dessins, en vertu de cet acte, auront droit à la prolongation de leurs brevets pendant sept ans, à partir du jour de l'expiration de leurs dits brevets, dans les mêmes conditions maintenant établies pour la prolongation des patentes.

12. — Et il est, de plus, édicté que toutes demandes de brevet seront complétées et préparées pour être examinées dans les deux années qui suivront la pétition ; sinon, elles seront considérées comme abandonnées par les parties impétrantes, à moins qu'il ne soit démontré, à la satisfaction du commissaire, que le délai encouru était inévitable, et toutes demandes actuellement en instance seront considérées comme déposées après la passation du présent acte, et toutes demandes à fin de prolongation de brevets seront déposées quatre-vingt-dix jours au moins avant leur expiration, et avis du jour fixé pour connaître de l'affaire sera publié, conformément à la loi actuelle, au moins soixante jours avant.

13. — Et il est, en outre, édicté que, dans tous les cas où un objet est fait et vendu par une personne quelconque sous la protection d'un brevet, il incombera à cette personne l'obligation de faire connaître d'une manière suffisante que ledit objet est breveté, soit en y apposant le mot breveté avec la date du brevet, soit dans le cas où ce mode n'est pas praticable, en raison de la nature de l'objet, en enveloppant un ou plusieurs desdits objets dans un paquet et y apposant ou y attachant autrement une étiquette portant cet avertissement avec la date imprimée, à défaut de quoi, le demandeur dans toute poursuite en contrefaçon, qui aura négligé de marquer ainsi ledit objet, n'aura pas droit à des dommages-intérêts à raison de cette usurpation, à moins qu'il ne prouve que le vendeur avait été dûment averti de la contrefaçon et a con-

tinué après cet avertissement de faire ou vendre l'objet breveté ; et l'article 6 de l'acte intitulé : « Un acte faisant suite à un acte pour l'encouragement des arts utiles, etc., » sanctionné le 22 août 1842, est abrogé par le présent acte.

14.— Et il est, en outre, édicté que le commissaire des brevets est autorisé par le présent acte, à imprimer ou faire imprimer à sa discrétion dix copies des descriptions et demandes de tous brevets qui seront dorénavant accordés, et dix copies des dessins annexés, lorsqu'il y en aura, pourvu que les frais pour imprimer le texte desdites descriptions et demandes ne dépassent pas deux *cents* (10 cent 2/5) par cent mots de chacune desdites copies en sus du papier, et que les frais de dessin ne dépassent pas cinquante *cents* (2 fr. 60) pour chaque copie. Une de ces copies sera imprimée sur parchemin pour être annexée au brevet. Ce travail se fera sous la direction et sera soumis à l'approbation du commissaire des brevets, et les frais en seront à la charge de la caisse des brevets.

15. — Et il est, en outre, édicté que des copies imprimées des brevets des États-Unis, portant le cachet du département des brevets, certifiées et signées par le commissaire des brevets, feront foi dans tous les cas de leur contenu.

16. — Et il est, en outre, édicté que tous brevets accordés ci-après auront une durée de dix-sept ans, à partir de la date de leur délivrance, et toute prolongation de ces brevets est prohibée par le présent acte.

17. — Et il est, en outre, édicté que tous actes ou parties d'actes antérieurement passés, incompatibles avec les dispositions du présent acte, sont et demeurent abrogés.

Résumé de la législation des États-Unis d'Amérique sur les patentes ou brevets d'invention.

§ 1er. *Patentes.* Tout auteur d'une invention nouvelle, citoyen ou étranger, a le droit d'obtenir une patente pour une invention ou découverte nouvelle.

Chaque patente doit contenir une description abrégée, ou titre de l'invention ou de la découverte, indiquant exactement sa nature et son but, et à cette condition elle donne, à celui ou ceux qui l'auront demandée, ou à leurs héritiers ou ayant-cause, le droit entier et exclusif d'exécuter, employer, ou vendre à d'autres ladite invention ou découverte. Il est joint à la patente une copie de la spécification, qui donne les détails de l'invention et fait connaître précisément ce que le patenté revendique comme sa propriété.

§ 2. *Formalités*. Tout demandeur d'une patente doit : 1° jurer ou affirmer entre les mains de toute personne autorisée par la loi à recevoir les serments, qu'il croit sincèrement être le premier inventeur des procédés, machines, compositions ou perfectionnements pour lesquels il sollicite une patente ; — cette déclaration ou affidavit est reçue par le consul des Etats-Unis à l'étranger ; 2° déposer une description écrite de son invention ou découverte, et cela en termes clairs, exacts, suffisants, de manière à ce que toute personne compétente puisse, à la lecture de la description, exécuter ou employer ladite invention ; 3° joindre à la description les dessins, renvois ou légendes nécessaires, ou des échantillons et modèles, s'il s'agit de matières composées ou de machines. Aux termes de l'acte du 4 mars 1861, l'office des patentes peut autoriser à restituer le modèle produit, et même à dispenser le pétitionnaire de cette production ; 4° produire un certificat constatant le paiement préalable de la totalité de la taxe ci-après indiquée ; 5° adresser, avec ces pièces, au commissaire de l'office, une demande écrite, afin d'obtention de patente.

§ 3. *Examen*. Le commissaire examine ou fait examiner l'invention ou découverte prétendue nouvelle ; et si, l'examen fait, le commissaire trouve l'invention tout à la fois nouvelle et suffisamment utile et importante, il fait délivrer une patente. Au cas contraire, il avertit le pétitionnaire, en lui donnant brièvement assez de renseignements pour qu'il puisse juger s'il doit renouveler sa demande, ou, s'il y a lieu de changer la spécification pour n'y embrasser exactement que ce qui est vraiment nouveau. Si le pétitionnaire retire sa demande, il a le droit de reprendre 20 dollars sur la taxe par lui déposée. — S'il persiste dans sa demande, avec ou sans modification de sa spécification, il est requis de venir faire de nouveau le serment ou l'affirmation dont il a été ci-dessus parlé ; et si les corrections ou justifications sont insuffisantes, le commissaire peut, sur la demande écrite du pétitionnaire, prendre l'avis d'un conseil d'*examinateurs*. Le conseil peut infirmer, en tout ou en partie, la décision du commissaire. Enfin la loi nouvelle ouvre au pétitionnaire une quatrième voie de recours : car il peut déférer la décision des examinateurs en chef au commissaire des patentes.

§ 4. *Durée.* D'après la législation de 1836, la durée de la patente était de quatorze ans. Elle pouvait être prolongée de sept ans, si le bénéficiaire justifiait que, sans négligence de sa part, il n'avait pas encore obtenu de l'emploi ou de la vente de son invention une compensation suffisante du temps, du travail et des frais qu'avait exigés l'invention. Cette législation reste en vigueur pour les brevets délivrés avant le 4 mars 1861 ; mais, d'après cette loi, la durée des brevets est fixée pour l'avenir à la durée uniforme de dix-sept ans, sauf pour ceux qui se rapportent à des inventions déjà brevetées à l'étranger, dont la durée ne peut excéder celle du brevet originaire.

§ 5. *Taxe.* La taxe était autrefois de 20 dollars pour un Américain ; de 500 dollars pour un Anglais ; et pour les autres étrangers de 300 dollars. L'acte du 4 mars 1861 a effacé toutes ces distinctions. La taxe est aujourd'hui de 15 dollars (78 fr.) pour le dépôt de la demande, et de 20 dollars (104 fr.) pour la délivrance, pour les étrangers comme pour les nationaux. Seulement, il faut ajouter, au montant de cette taxe, les frais accessoires de copie et autres, dont il est question à l'art. 10 de la nouvelle loi, et les frais d'appel, en cas de difficultés, et de disclaimers, dans le cas où il y a lieu à rectification ou limitation, sans compter les honoraires d'intermédiaire.

§ 6. *Caveat* ou *Protection provisoire.* Celui qui ne juge pas son invention suffisamment mûrie, peut demander une protection provisoire. A cet effet, il dépose à l'office des patentes un *caveat* contenant un dessin de l'invention, son but, ses principaux caractères. La taxe à payer est de 10 dollars. Au moyen de l'accomplissement de ces formalités le droit de l'inventeur est protégé jusqu'à ce qu'il ait mûri son invention. Le droit de caveat n'appartient qu'aux citoyens des Etats-Unis et aux étrangers ayant un an de résidence et qui déclarent, par serment, l'intention de devenir citoyens. D'après l'acte de 1861, toutes demandes de brevet doivent être complétées et préparées pour être examinées dans les deux années qui suivent la pétition.

§ 7. *Cession.* Toute patente peut être cédée légalement, soit pour la totalité, soit pour partie; des licences peuvent également être accordées. La cession doit être enregistrée dans les trois mois, à l'office des patentes. Le droit à payer est de 3 dollars.

§ 8. *Communication.* Toute personne peut obtenir des copies certifiées des registres, papiers et dessins de l'office, en payant pour les copies écrites la somme de 10 c. par chaque page de cent mots et pour les copies de dessins une somme proportionnelle au travail.

§ 9. *Addition.* L'acte du 4 mars 1861 abolit les certificats d'addition. Un nouveau brevet peut seul protéger les changements ou perfectionnements nouveaux apportés par le breveté à l'objet de sa découverte ou de son invention.

§ 10. *Nullités et déchéances.* Les causes qui font tomber un brevet sont : 1° le défaut de nouveauté; 2° l'insuffisance ou la défectuosité de la spécification; 3° le fait d'avoir réclamé dans sa spécification un droit exclusif sur quelque chose de plus que ce dont on est réellement inventeur; 4° le défaut d'accomplissement des formalités; 5° le défaut d'exploitation dans les dix-huit mois; 6° le fait d'avoir subrepticement obtenu une patente pour une découverte qui appartient à autrui.

Un brevet peut être nul partiellement, lorsque telle ou telle partie du brevet ne constitue pas une invention nouvelle.

Toute personne qui vend un objet breveté est tenue de faire connaître d'une manière suffisante que cet objet est breveté, soit par l'apposition de ce mot, avec la date du brevet, sur le produit, soit par tout autre mode, étiquette, enveloppe, etc. Celui qui n'observe pas cette prescription peut être débouté de sa demande afin de dommages-intérêts contre le contrefacteur.

Il n'y a pas nullité parce que l'objet de la patente était entièrement connu à l'étranger, s'il ne l'était pas dans les Etats-Unis.

Enfin, une patente n'est pas nulle par ce seul fait que l'objet qu'elle protége aura été acheté, employé ou vendu antérieurement à la demande, à moins qu'il ne soit prouvé que l'invention a été abandonnée au public, ou que le fait d'achat, d'usage et de vente n'ait eu lieu plus de deux ans avant la demande.

§ 11. *Disclaimer.* Pour éviter la nullité résultant de ce que le patenté aurait, par inadvertance, accident ou erreur, réclamé dans sa spécification un droit exclusif sur quelque chose de plus que ce dont il est réellement inventeur, une partie essentielle de l'objet patenté lui étant d'ailleurs véritablement propre, il peut, par un disclaimer ou écrit adressé à plusieurs témoins, et enregistré à l'office des patentes, renoncer à la partie réclamée à tort, et couvrir ainsi le vice de la description. Les frais du *disclaimer* sont de 10 dollars.

§ 12. *Contrefaçon.* L'exécution, l'emploi ou la vente de l'objet patenté peuvent donner lieu à une action de la part du propriétaire de la patente. La cour peut prononcer, au profit de ce dernier, une condamnation en sus de la somme allouée à titre de dommages-intérêts ; mais la condamnation ne peut excéder le triple du dommage causé.

DESSINS, MODÈLES ET MARQUES DE FABRIQUE

Tout citoyen ou étranger ayant résidé un an aux Etats-Unis peut demander une patente, à l'effet de s'assurer la propriété exclusive des dessins ou modèles par eux inventés, ou de leurs estampilles, marques, peintures, etc.

Les formalités à remplir sont les mêmes qu'en matière de patente; mais les droits à payer au Trésor sont de 10, 15 ou 30 dollars, selon la durée de la patente.

La durée de la patente est de trois ans et demi, sept ou quatorze ans, au choix de l'impétrant.

Toute personne munie d'une patente doit apposer sur ses produits la date de la patente, sous peine d'une amende de 100 dollars.

L'usurpation des marques de fabrique est également punie d'une amende de 100 dollars, dont moitié est attribuée à la caisse des patentes et moitié au patenté.

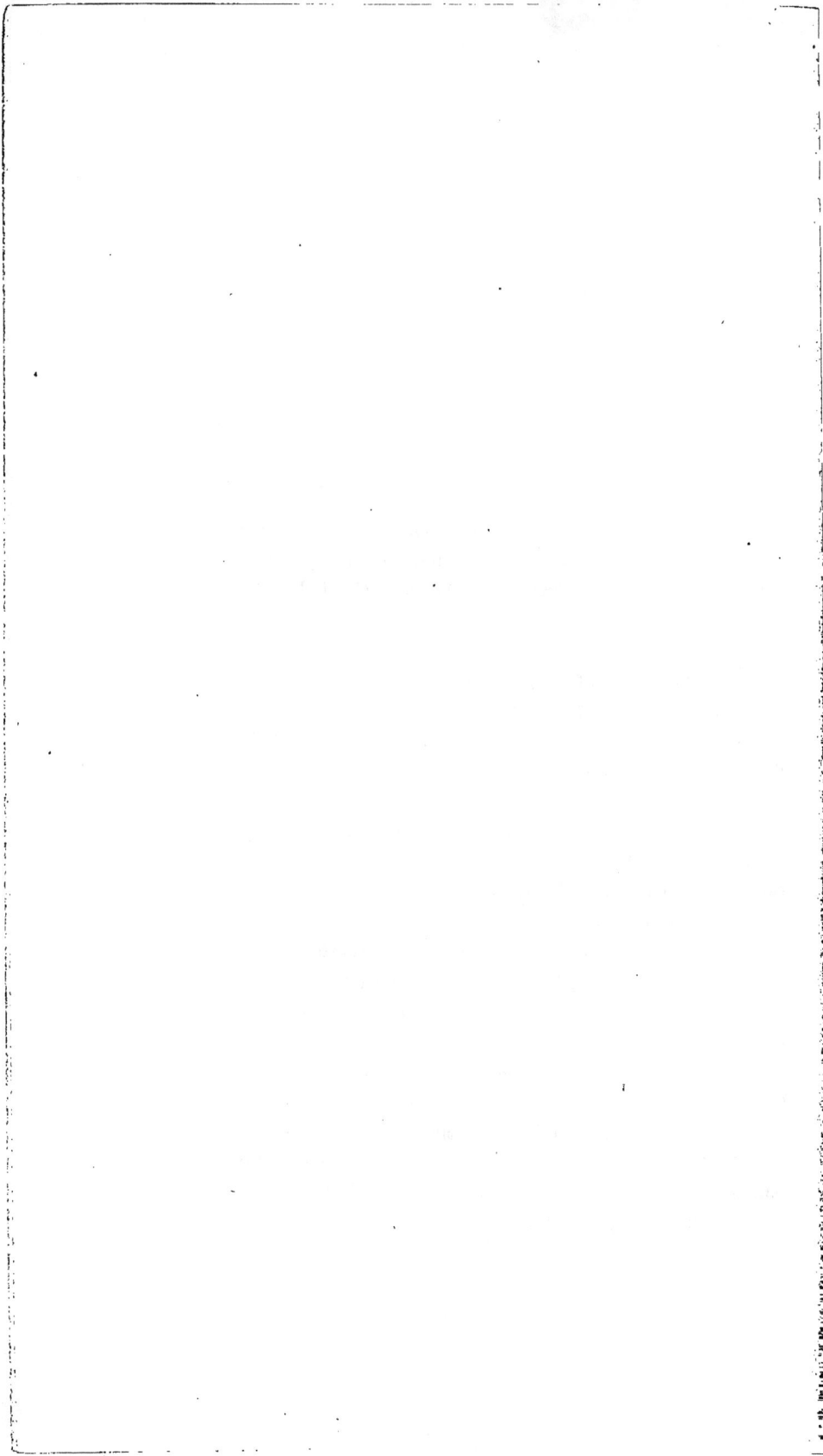

ÉTATS ROMAINS

Par édit en date du 3 septembre 1833, le pape a déterminé les conditions d'après lesquelles l'auteur d'une industrie nouvelle peut obtenir le privilége exclusif d'exploitation.

La protection ou patente, accordée sans examen et sans autre garantie que l'état de priorité établi par le fait du dépôt de la demande, s'étend aux perfectionnements à une industrie connue, ainsi qu'aux inventions nées et brevetées déjà à l'étranger; mais elle cesse en même temps que ce privilége primitif.

Dans tous les autres cas, la durée du brevet varie de cinq à quinze ans, et peut être prolongée, par exception, pour des raisons majeures d'utilité publique.

Passé six mois, à dater de la délivrance et de la publication de la patente, nul ne peut plus contester au breveté la propriété de son invention. C'est mettre, comme on le voit, tout au profit de l'inventeur, le public en demeure d'apporter ses réclamations.

Pour les brevets d'invention, la taxe est calculée à raison de 53 fr. 80 c. par année; elle est de 80 fr. 70 c. pour ceux de perfectionnements ou d'importation.

Ces droits s'acquittent, sous peine de déchéance, en deux paiements : l'un au moment de la concession de la patente, l'autre pendant le premier mois de la seconde moitié de sa durée. Si l'on a obtenu une prolongation, la taxe à payer est, pour chaque nouvelle année, d'un tiers en sus de la taxe ordinaire.

La demande est adressée au pape, mais peut être faite par l'intermédiaire des prélats, des cardinaux, des légats ou des présidents de tribunaux de commerce.

Il faut y joindre en double une description en langue italienne, très-détaillée et accompagnée de dessins ou d'échantillons, nécessaires à l'intelligence de l'exécution.

Pour les demandes en importation, la copie légalisée du brevet étranger est de rigueur. Le pouvoir à présenter par le mandataire, quand on se sert de cette voie, doit également être authentique.

Les modifications ultérieures à l'objet d'une patente romaine ne peuvent être protégées que par un brevet de perfectionnement.

L'objet patenté d'une découverte étant complétement assimilé à toute autre espèce de propriété, le breveté a le droit de l'aliéner à son gré, sans conditions gouvernementales.

Il n'est accordé qu'un an pour la mise en œuvre ; l'interruption pendant le même espace de temps est aussi une cause de déchéance.

GENÈVE (CANTON DE)

—

CONVENTIONS INTERNATIONALES.

*Extrait de la convention conclue le 30 octobre 1858 entre la
France et le canton de Genève pour la protection des œuvres
d'esprit et d'art, et des marques de fabrique.*

ART. 19. — Les états contractants ayant reconnu, en outre,
l'utilité d'appliquer aux travaux de l'industrie la protection
qu'ils octroient, par la convention actuelle, à ceux de l'art et
de l'esprit, considéreront désormais les marques de fabrique
comme comprises dans ces derniers, et en assimileront en
conséquence, la reproduction, sous tous les rapports, à la
contrefaçon artistique et littéraire.

Les marques destinées à assurer la propriété industrielle
des ressortissants de l'une ou de l'autre des parties contractantes seront déposées, en ce qui concerne l'industrie génevoise,
au greffe du tribunal de commerce de Paris, conformément aux
dispositions de la loi du 23 juin 1857 et du décret impérial du
26 juillet 1858, et, en ce qui touche l'industrie française, entre
les mains de l'autorité génevoise, chargée par la loi de recevoir les dépôts semblables des industriels indigènes.

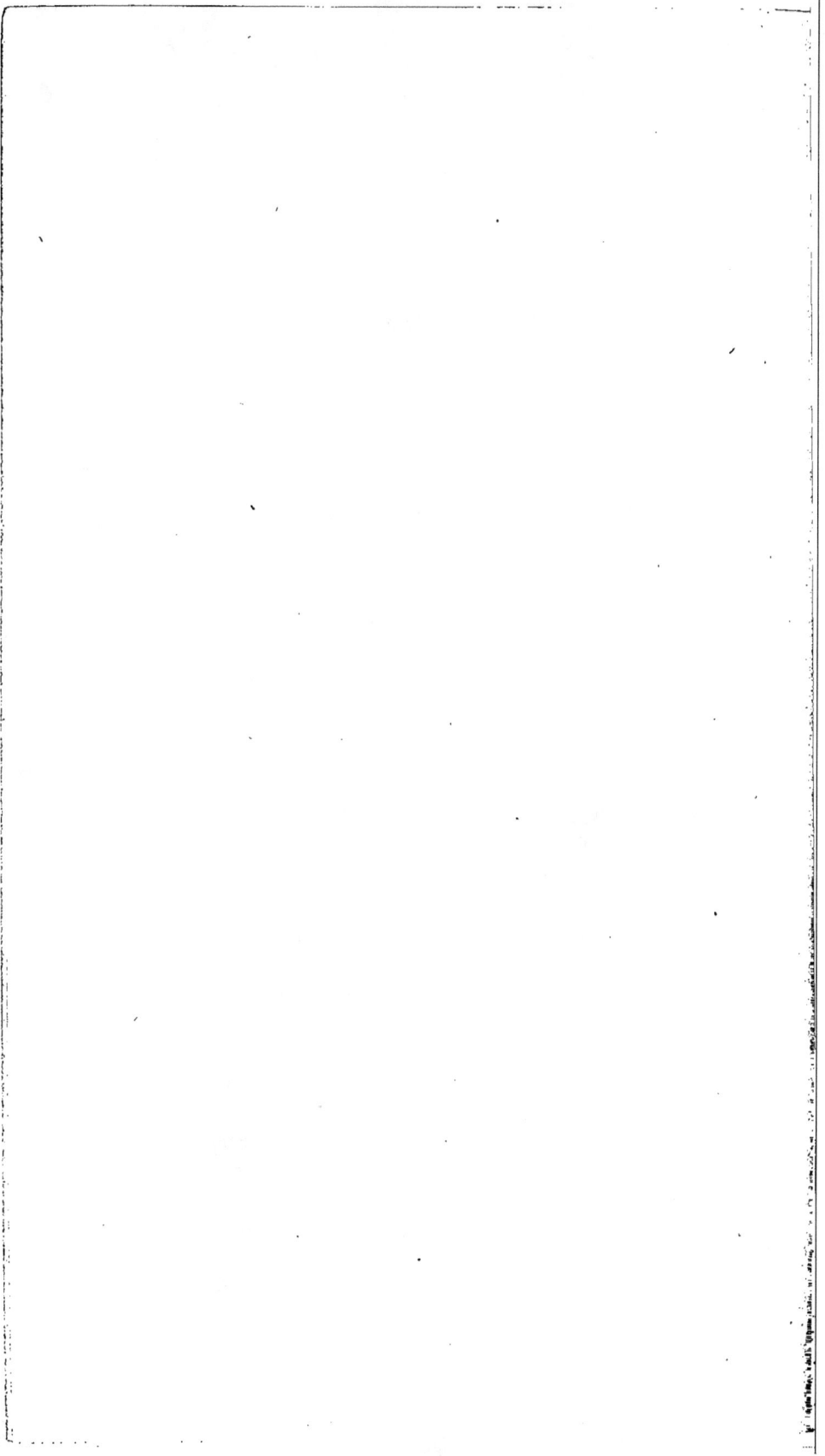

HOLLANDE

—

BREVETS D'INVENTION

—

Loi relative à la concession de droits exclusifs pour l'invention ou l'amélioration d'objets d'art et d'industrie. — 25 janvier 1817.

Nous, GUILLAUME, Roi des Pays-Bas, etc.,

A tous ceux qui les présentes verront, salut! savoir faisons:

Ayant pris en considération qu'il est de l'intérêt public d'établir des dispositions générales sur la concession de droits exclusifs pour l'invention ou l'amélioration d'objets d'art et d'industrie:

A ces causes, notre conseil d'État entendu, et de commun accord avec les États généraux, avons statué comme nous statuons par les présentes:

ART. 1er. — Des droits exclusifs pourront être accordés par nous, pour un temps limité, sous le nom de *brevets d'invention,* sur la demande qui nous en sera faite, à ceux qui, dans le royaume, auront fait une invention ou un perfectionnement essentiel dans quelque branche des arts ou de l'industrie, ainsi qu'à ceux qui, les premiers, introduiront ou met-

tront en œuvre, dans le royaume, une invention ou un
perfectionnement fait à l'étranger.

2. — La concession des brevets d'invention se fera sans préjudice des droits acquis d'un tiers, et sera nulle, s'il est prouvé
que l'invention ou le perfectionnement pour lesquels quelqu'un aura été breveté, ont été employés, mis en œuvre ou
exercés par un autre dans le royaume avant l'obtention du
brevet.

3. — Les brevets d'invention seront accordés pour l'espace
de *cinq*, *dix* ou *quinze* ans. Les droits à payer par l'obtenteur seront proportionnés à la durée du brevet et à l'importance de l'invention ou du perfectionnement, mais ne pourront
jamais surpasser la somme de fl. 750, ni être moindres de
fl. 150.

4. — Un brevet d'invention accordé pour l'espace de *cinq* ou
dix ans pourra aussi être prolongé à l'expiration de ce terme,
s'il existe des raisons majeures pour accueillir la demande
faite à cet effet; mais sa durée totale ne pourra jamais excéder
le terme de *quinze* ans.

5. — Les brevets d'invention pour l'introduction ou l'application d'inventions ou de perfectionnements faits en pays
étrangers, et dont les auteurs y seraient brevetés, ne seront
point accordés pour un plus long espace de temps que celui
de la durée du droit exclusif accordé pour ces objets à l'étranger, et contiendront la clause expresse que les objets mentionnés seront fabriqués dans le royaume.

6. — Les brevets d'invention donneront à leurs possesseurs
ou leurs ayant-droit la faculté :

a. De confectionner et de vendre exclusivement par tout le
royaume, pendant le temps fixé pour la durée du brevet, les
objets y mentionnés, ou de les faire confectionner et vendre
par d'autres qu'ils y autoriseraient.

b. De poursuivre devant les tribunaux ceux qui porteraient
atteinte au droit exclusif qui leur aura été accordé, et de procéder contre eux en justice, à l'effet d'obtenir la confiscation à
leur profit des objets confectionnés pour la partie mentionnée

au brevet d'invention, et non encore vendus, et du prix d'achat des objets qui seraient déjà vendus, ainsi que d'instituer une action de dommages et intérêts, en tant qu'il y aura lieu.

7. — Celui qui formera une demande à l'effet d'obtenir un brevet d'invention sera tenu d'y joindre, sous cachet, une description exacte, détaillée et signée par lui, de l'objet ou du secret pour lequel le brevet est demandé, accompagnée des plans et dessins nécessaires ; cette description sera publiée après l'expiration du temps de la durée du brevet d'invention, soit originaire, soit prolongé, ou plus tôt, au cas que le brevet, pour quelqu'un des motifs à mentionner ci-dessous, soit déclaré nul.

Le Gouvernement pourra néanmoins différer cette publication, s'il le juge convenir, pour des raisons importantes.

8. — Un brevet d'invention sera déclaré nul pour les causes suivantes :

a. Lorsque l'obtenteur, dans la description jointe à sa demande, aura malicieusement omis de faire mention d'une partie de son secret, ou l'aura indiqué d'une manière fausse;

b. S'il paraissait que l'objet pour lequel un brevet aurait été accordé, fût déjà décrit antérieurement à cette époque dans quelque ouvrage imprimé et publié ;

c. Lorsque l'acquéreur, dans l'espace de deux années à compter de la date de son brevet, n'en aura pas fait usage, sinon pour des raisons majeures dont le Gouvernement jugera ;

d. Si celui qui aura obtenu un brevet d'invention en obtenait ensuite un pour la même invention dans un pays étranger ;

e. S'il paraissait que l'invention, pour laquelle un brevet d'invention aurait été accordé, fût, par sa nature ou dans son application, dangereuse pour la sûreté du royaume ou de ses habitants.

9. — Il sera tenu un compte séparé des droits à payer par ceux qui obtiendront des brevets d'invention, et le produit en

30

sera employé en primes ou en récompenses, etc., pour l'encouragement des arts et de l'industrie nationale.

10. — Sont abrogés et mis hors de vigueur, par la présente, les lois et règlements sur les brevets d'invention et autres droits exclusifs semblables; bien entendu néanmoins que ceux à qui des octrois de brevets d'invention ont été délivrés et accordés jusqu'à ce jour, seront maintenus dans la jouissance de tous leurs droits.

Mandons et ordonnons que la présente loi soit insérée au *Journal officiel,* et que nos ministres et autres autorités qu'elle concerne tiennent strictement la main à son exécution.   .

Donné à Bruxelles, le 25 janvier de l'an 1817, le quatrième de notre règne.

GUILLAUME.

Règlement pour l'exécution de la loi du 25 janvier 1817, et la délivrance des brevets d'invention, d'importation et de perfectionnement. — 26 mars 1817.   .

ART. 1er. — Celui qui voudra obtenir un brevet d'invention, d'importation ou de perfectionnement, devra remettre au greffier des États de sa province une requête au roi, contenant l'objet général de sa demande, l'indication de ses nom, prénoms et domicile, ainsi que du temps pour lequel il désire obtenir un brevet et pour lequel ce même objet aurait pu déjà être breveté à l'étranger. Il y joindra sous cachet une description exacte, détaillée et signée par lui, de l'objet ou du secret pour lequel le brevet est demandé, accompagnée des plans et dessins nécessaires, conformément à l'article 7 de la loi du 25 janvier 1817.

2. — Le greffier des Etats de la province dressera procès-verbal au dos du paquet (modèle n° 1) de la date précise du dépôt de la requête et pièces jointes, et ce procès-verbal sera signé par lui et par le demandeur, auquel il en sera délivré un double.

3. — Le gouverneur adressera de suite, et au plus tard dans les dix jours à dater de celui où le dépôt aura été effectué, au commissaire général de l'instruction, des arts et des sciences, toutes les demandes de brevets d'invention, perfectionnement, importation, etc.

4. — Le commissaire général présentera au Roi, avec son avis, les demandes de brevets d'invention, perfectionnement, importation, etc., et lorsqu'il aura reconnu qu'une demande est de nature à être accordée, il joindra à son rapport le brevet à signer par Sa Majesté.

5. — Lorsque le Roi jugera convenable de ne point accorder la demande ou de l'envoyer à l'avis, soit de l'Institut royal des Pays-Bas, soit de l'Académie royale des sciences et belles-lettres de Bruxelles, il en sera donné connaissance au demandeur.

6. — Le brevet (modèle n° 2) contiendra la description de l'invention; il indiquera les droits qu'il donne à l'obtenteur, conformément à l'article 6 de la loi du 25 janvier dernier, et mentionnera expressément que le Gouvernement, en accordant le brevet, ne garantit en rien ni la priorité, ni le mérite de l'invention, et qu'il se réserve la faculté de la déclarer nulle pour une des causes indiquées art. 8 de la loi. Le brevet d'importation pour un objet déjà breveté à l'étranger contiendra de plus la mention expresse que le Gouvernement ne garantit point la vérité de l'assertion du demandeur sur la durée du brevet accordé à l'étranger. Il contiendra aussi la clause prescrite par l'article 5 de la loi, que les objets mentionnés seront fabriqués dans le royaume.

7. — Celui qui voudra obtenir une prolongation pour un brevet de 5 ou 10 ans (art. 4), devra en faire la demande au commissaire général de l'instruction, des arts et des sciences, qui fera son rapport au Roi. Les prolongations seront également signées par le Roi.

8. — Tout propriétaire d'un brevet qui, par de nouvelles découvertes, aura perfectionné celle pour laquelle il est déjà breveté, pourra obtenir, soit pour la durée du premier brevet

seulement, soit pour un des termes fixés par l'article 3 de la loi du 25 janvier, un nouveau brevet pour l'exercice de ces nouveaux moyens.

9. — Pour obtenir ce brevet, il faudrait remplir les mêmes formalités que pour les autres. Quant aux droits à acquitter, ceux-ci seront réglés à proportion du laps de temps pendant lequel on jouira de l'octroi, et d'après l'importance du moyen de perfectionnement.

10. — Si quelque personne annonce un moyen de perfectionnement pour une invention déjà brevetée, elle pourra obtenir un brevet pour l'exercice privatif dudit moyen, sans qu'il lui soit permis, sous aucun prétexte, d'exécuter ou faire exécuter l'invention principale, aussi longtemps que le brevet délivré pour cette invention ne sera pas expiré, et réciproquement, sans que l'inventeur puisse faire exécuter par lui-même le nouveau moyen de perfectionnement.

Ne seront point mis au rang des perfectionnements industriels, les changements de formes ou de proportions, non plus que les ornements, de quelque genre que ce puisse être.

11. — Les propriétaires de brevets, qui voudraient faire la cession de leurs droits en tout ou en partie, seront tenus d'obtenir préalablement l'autorisation du Roi. Ils devront, sous peine de nullité, faire enregistrer cette cession au greffe de la province, où il en sera dressé un procès-verbal, conforme au modèle n° 3, qui sera de suite transmis au commissaire général de l'instruction, des arts et sciences. Ce procès-verbal sera consigné au registre dont il sera parlé ci-après.

12. — De même, celui ou ceux qui, par droit de succession, deviendront propriétaires d'un brevet, devront, avant de jouir de leurs droits, faire enregistrer cette acquisition au greffe de la province, où il en sera dressé un procès-verbal, conforme au modèle n° 4, qui sera de suite transmis au commissaire général de l'instruction, des arts et des sciences. Ce procès-verbal sera consigné au registre dont il sera parlé ci-après.

13. — A l'expiration des brevets d'invention, ou lorsqu'un

brevet sera déclaré nul pour un des cas prévus par l'art. 8 de la loi du 25 janvier, le commissaire général de l'instruction prendra les mesures convenables pour rendre publiques les découvertes et inventions qui auront été brevetées.

14. — Si, à l'expiration d'un brevet, ou par suite d'un des cas prévus par l'art. 8, le commissaire général de l'instruction ne jugeait point convenable, pour des raisons politiques ou commerciales, de rendre publique la découverte de l'invention, il en fera son rapport au Roi, qui décidera.

15. — Le commissaire de l'instruction enverra les brevets d'invention, d'importation ou de perfectionnement, accordés et signés par le Roi, au gouverneur de la province où est le domicile du demandeur, en lui indiquant la somme à payer pour les brevets. Le gouverneur les remettra aux demandeurs lorsque ceux-ci auront justifié avoir versé, chez le receveur de la province, les droits fixés par le tarif.

16. — Le tarif des droits à payer pour l'obtention des brevets est réglé de la manière suivante :

Pour un brevet de 5 ans, 150 florins;

Pour un brevet de 10 ans, 300 ou 400 florins, suivant l'importance de l'invention ou du perfectionnement;

Pour un brevet de 15 ans, 600 ou 750 florins, suivant l'importance de l'invention ou du perfectionnement;

Pour une cession ou acquisition par droit de succession de brevet, 9 florins.

17. — Lorsque l'annulation sera prononcée pour une des causes mentionnées article 8 de la loi du 25 janvier, les droits payés pour ce brevet seront restitués au prorata du temps qu'il avait encore à courir.

18. — Le ministre des finances fera passer annuellement au commissaire général de l'instruction un état exact des sommes provenant des droits payés pour l'obtention des brevets d'invention, d'importation ou de perfectionnement. Le commissaire général proposera au Roi l'emploi de ces fonds, conformément au vœu de l'article 9 de la loi du 25 janvier dernier.

19. — Il sera ouvert un registre au commissariat général de l'instruction, dans lequel les brevets délivrés seront ins·crits, ainsi que les certificats de concession et de translation de droits. Ce registre pourra être consulté par ceux qui se proposent de demander un brevet.

20. — Il sera fait mention dans les feuilles officielles des brevets délivrés et du nom de ceux qui les auront obtenus.

Arrêté par Sa Majesté, le 26 mars 1817.

Le secrétaire d'État, Falk.

Résumé de la législation hollandaise sur les brevets d'invention.

§ 1. *Brevets.* Tout auteur d'une invention ou d'un perfec·tionnement dans les arts ou dans l'industrie peut obtenir un brevet d'invention.

La loi admet les brevets d'importation et d'introduction.

§ 2. *Durée.* Les brevets sont accordés pour cinq, dix ou quinze ans.

Un brevet de cinq ou de dix ans peut être prolongé, en cas de raison majeure.

La durée des brevets d'importation ne peut dépasser celle des brevets déjà pris à l'étranger.

§ 3. *Taxe.* Les droits à payer varient selon la durée du brevet et l'importance de l'objet de l'invention. Mais ils ne peuvent être supérieurs à la somme de 750 florins ni inférieurs à celle de 150.

La taxe doit être payée intégralement lors de la délivrance du brevet. Mais l'administration accorde des délais.

§ 4. *Formalités.* Celui qui veut prendre un brevet d'invention doit déposer au greffe des États de la province : 1° Une demande au Roi ; 2° La description, avec les dessins et modèles nécessaires à l'intelligence de la découverte, le tout en double expédition ; 3° S'il s'agit d'un brevet d'introduction, le nom de l'inventeur étranger, la date et la durée de son brevet. — Dans les trois mois, si la demande est régulière, le brevet est délivré.

§ 5. *Cession.* Un brevet ne peut être cédé qu'après autorisation préalable du Roi. La cession doit être enregistrée au greffe de la province ; le droit à payer est de 9 francs.

§ 6. *Communication.* Les descriptions ne sont publiées qu'à l'expiration du temps de la durée du brevet d'invention ou lorsque le brevet est déclaré nul pour l'une des causes ci-après indiquées.

§ 7. *Nullités.* Les causes de nullité sont : 1° Le défaut de nouveauté ; 2° L'omission volontaire dans la description ou la fausse indication d'une partie de l'objet de l'invention ; 3° Le défaut d'exploitation dans les deux ans à partir de la délivrance du brevet ; 4° Le fait par le breveté de prendre en pays étranger un brevet pour le même objet.

§ 8. *Contrefaçon.* Le breveté a droit de poursuivre tout contrefacteur à l'effet d'obtenir la confiscation des objets contrefaits et non encore vendus, et le prix d'achat des objets déjà vendus, sans préjudice des dommages-intérêts, s'il y a lieu.

MARQUES DE FABRIQUE

La législation hollandaise ne contient pas de loi spéciale pour la protection des marques de fabrique. Mais l'usurpation de ces marques est réprimée par la loi pénale ordinaire.

ITALIE (ROYAUME D')

—

BREVETS D'INVENTION

————•••————

CHAPITRE I.

Décret royal du 30 *octobre* 1860.

Victor-Emmanuel II, etc. — En vertu des pouvoirs extraordinaires qui nous été conférés par la loi du 25 avril dernier; — Considérant la nécessité d'étendre aux nouvelles provinces la loi sur les brevets d'invention et l'opportunité d'y apporter quelques modifications; — Le Conseil des ministres entendu, sur la proposition du ministre des finances, — Avons ordonné et ordonnons ce qui suit :

TITRE I. — Droits dérivant d'inventions ou découvertes industrielles et leurs titres.

Chapitre I. — *Droits de l'inventeur.*

Art. 1. — L'auteur d'une nouvelle invention ou découverte industrielle a le droit de la réaliser et d'en retirer exclusivement profit pour le temps, dans les limites et sous les conditions prescrites par le présent décret. Ce droit exclusif constitue un privilége industriel (*privativa industriale*) (1).

Art. 2. — Une invention ou une découverte est dite *industrielle*, lorsqu'elle a directement pour objet : — 1° un produit ou un résultat industriel ; — 2° un instrument, une machine, un engin, une combinaison ou une disposition mécanique quelconque ; — 3° un procédé ou une méthode de production industrielle ; — 4° un moteur ou l'application industrielle d'une force déjà connue ; — 5° enfin l'application technique d'un principe scientifique, pourvu qu'il donne des résultats industriels immédiats. Dans ce dernier cas, le privilége est limité aux seuls résultats expressément indiqués par l'inventeur.

Art. 3. — Doit être considérée comme nouvelle une invention ou une découverte industrielle, lorsqu'elle n'était pas connue auparavant, ou lorsque, tout en possédant une certaine connaissance, on ignorait les nécessités particulières de sa mise à exécution.

Art. 4. — Une nouvelle invention ou découverte industrielle, déjà brevetée à l'étranger, bien que publiée par l'effet du privilége étranger, confère à son auteur ou à son ayant-cause le droit d'obtenir le privilége dans l'État, pourvu qu'on en demande le titre avant l'expiration du privilége étranger et avant que d'autres aient librement importé et mis en exécution dans le royaume ladite invention ou découverte.

Art. 5. — Toute modification d'une invention ou découverte faisant l'objet d'un brevet encore en vigueur donne droit à un titre de brevet, sans préjudice de celui qui existe déjà pour l'invention principale.

Art. 6. — Ne peuvent donner lieu à un brevet : — 1° les inventions et découvertes concernant les industries contraires aux lois, à la morale et à la sûreté publique ; — 2° les inventions ou découvertes qui n'ont pas pour but la production d'objets matériels ; — 3° les inventions ou découvertes pure-

(1) Extrait des *Annales de la propriété industrielle*.

ment théoriques ; — 4° les médicaments, de quelque espèce
que ce soit.

CHAP. II. — *Titres de brevets.* — *Leur efficacité, leur durée et*
taxe.

ART. 7. — L'exercice d'un privilége industriel a pour titre
légal une attestation (brevet) donnée par l'administration publique. Le brevet ne garantit ni l'utilité ni la réalité de l'invention
ou découverte prétendue par celui qui fait la demande. Il ne
prouve pas davantage l'existence des caractères exigés par la
loi pour qu'une invention ou découverte puisse être valablement et efficacement brevetée.

ART. 8. — Le brevet délivré pour un objet nouveau en
comprend la fabrication et la vente exclusives. — Le brevet
pour l'application à une industrie d'un agent chimique, d'un
procédé, d'une méthode, d'un instrument, d'une machine,
d'un engin, d'une combinaison ou d'une disposition mécanique quelconque, inventés ou découverts, confère la faculté
d'empêcher qu'un autre ne les applique. — Mais quand celui
qui jouit du privilége a cédé lui-même les préparations ou
moyens mécaniques dont l'application exclusive constitue
l'objet d'un brevet, on présume, à moins de convention contraire, qu'il a en même temps concédé le droit d'en faire usage.

ART. 9. — L'auteur d'une invention ou découverte brevetée
et ses ayant-cause peuvent demander un brevet complétif
(certificat d'addition) pour toute modification apportée par
eux à la découverte ou invention principale. — Ce brevet
étend à la modification qu'il a pour objet les effets du brevet
principal pour tout le temps de la durée de ce brevet.

ART. 10. — Les effets d'une attestation de privilége (brevet)
vis-à-vis des tiers commencent du moment où la demande en
est faite. — La durée d'un brevet ne peut dépasser quinze ans
ni être moindre d'une année, en commençant toujours à
compter du dernier jour de l'un des mois de mars, juin, septembre ou décembre suivant, et le plus prochain du jour de

la demande, et sans qu'il y ait jamais de fraction d'année.

Art. 11. — La durée d'un brevet pour invention ou découverte déjà brevetée à l'étranger, ne peut excéder celle du brevet étranger accordé pour le terme le plus long, et, en tout cas, ne dépassera pas quinze ans.

Art. 12. — Un titre de brevet concédé pour moins de quinze ans peut être prolongé d'une ou plusieurs années, sans cependant que la durée de la prolongation, jointe à celle du premier titre, puisse jamais dépasser quinze ans.

Art. 13. — La prolongation d'un titre de brevet comprend celle de tous les titres collectifs.

Art. 14. — Les titres de brevets qui seront conférés sur demande présentée après la publication du présent décret, auront effet dans toute l'étendue de l'État, et seront soumis à une taxe proportionnelle lors de la demande du brevet, et à une autre annuelle. — La taxe proportionelle consistera dans une somme d'autant de fois 10 livres que le brevet demandé devra durer d'années. La taxe annuelle sera de 40 livres pour les trois premières années; 65 livres pour les trois années suivantes; 90 livres pour les septième, huitième et neuvième; 115 livres pour les dixième, onzième et douzième; et 140 livres pour les trois dernières.

Art. 15. — La première annuité, comme la taxe proportionnelle, sera payée au moment de la demande du titre. — Les autres annuités seront payées, d'avance, le premier jour de chaque année de la durée du brevet, et subiront l'augmentation triennale, même dans le cas de prolongation du brevet.

Art. 16. — Un titre complétif (certificat d'addition) ne donnera lieu qu'à une seule taxe de 20 livres.

Art. 17. — Pour chaque titre de prolongation il sera payé 40 livres, outre la taxe proportionnelle et les annuités, dont la première, c'est-à-dire celle correspondante à la première année de prolongation, sera versée au moment de la demande, et les autres par anticipation, comme il est dit en l'article 15.

Art. 18. — Dans le cas de demande d'un brevet d'importation devant durer jusqu'au terme du brevet étranger, toute fraction d'année sera comptée pour une année entière, quant au payement de la taxe.

TITRE II. — Conditions et formalités pour obtenir un titre de brevet.

Chap. I. — *De la demande et de ses conditions.*

Art. 19. — La direction de tout ce qui concerne les brevets industriels appartient au ministère des finances.

Art. 20. — Quiconque désirera obtenir un brevet en devra adresser la demande au chef de bureau du ministère des finances, qui en sera chargé ; cette demande sera présentée par l'inventeur ou par son mandataire spécial et contiendra : — 1° les nom et prénoms, la patrie et le domicile tant du requérant que de son mandataire, s'il en existe un ; — 2° l'indication de la découverte ou de l'invention formulée par un titre qui en exprime brièvement, mais avec précision, les caractères et le but ; — 3° l'indication de la durée qu'on désire assigner au brevet, dans les limites prescrites par la loi. — La même demande ne pourra tendre à l'obtention de plusieurs brevets ni à celle d'un seul brevet pour plusieurs inventions ou découvertes.

Art. 21. — A la demande doivent être joints : — 1° la description de l'invention ou découverte ; — 2° les dessins, lorsqu'ils sont possibles, et, en outre, les modèles que l'inventeur pourra juger utiles pour l'intelligence de la description ; — 3° le reçu constatant le versement dans une caisse publique de la taxe correspondant au titre demandé ; — 4° le titre original ou une copie légalisée justifiant l'existence du brevet étranger, lorsqu'il s'agira d'une demande de brevet d'importation ; — 5° si la demande est faite par un mandataire, la procuration en forme authentique ou en forme privée, pourvu que dans ce dernier cas la signature du mandant soit certifiée par un notaire public ou par le syndic de la commune dans laquelle réside le mandant ; — 6° un inventaire des pièces et objets présentés.

Art. 22. — La description dont il est parlé à l'article précédent sera faite en langue italienne ou française et contiendra l'énumération complète et détaillée de toutes les particularités nécessaires à connaître, pour qu'une personne experte puisse mettre en pratique l'invention ou la découverte. — L'auteur de la demande devra y joindre trois originaux, dont l'identité sera certifiée par lui, tant de la description que des dessins. — Dans le cas où un modèle est joint à la description, le requérant n'est pas dispensé pour cela d'y joindre deux originaux identiques d'un ou plusieurs dessins retraçant le modèle entier, ou du moins celles de ses parties dans lesquelles consiste l'invention.

Art. 23. — Dans le cours des six premiers mois de la durée d'un brevet, à partir du dernier jour de mars, juin, septembre ou décembre, qui suivra la demande, le propriétaire du brevet peut demander qu'il soit réduit à une des parties seulement de la description jointe à la première demande en indiquant distinctement celles qu'il entend exclure du brevet. — Les parties exclues sont considérées comme n'ayant jamais été comprises dans le brevet réduit.

Art. 24. — A ces demandes de réduction doivent être joints : — 1° le bulletin cu récépissé prouvant le versement de 40 livres ; — 2° trois originaux identiques de la description que l'on entend substituer à celle primitivement produite;— 3° les trois originaux des nouveaux dessins qu'il pourrait y avoir lieu de substituer aux précédents.

Art. 25. — Les titres (brevets) délivrés à la suite de demandes de ce genre s'appelleront *titres de réduction, attestati di riduzione*, et auront la durée des titres (brevets) réduits.

Art. 26. — Dans les six mois dont il est parlé à l'article 23, il sera accordé des titres (brevets) pour modifications, mais seulement à l'auteur de l'invention ou découverte brevetée ou à son ayant-cause. Les demandes de semblables titres produites par d'autres personnes, et les documents joints à ces demandes seront présentés sous un pli cacheté, qui sera déposé conformément aux dispositions ci-après. — A l'expiration des six mois sus-mentionnés, le pli sera décacheté et le titre (brevet) sera délivré, à moins que la partie intéressée ne déclare vouloir retirer sa demande, auquel cas la taxe lui sera restituée. — Le titre ainsi conféré produira son effet, quant à l'objet des brevets complétifs, à partir du jour qui suivra l'expiration des six mois ; mais à l'égard des personnes étrangères au brevet principal, les titres qui leur seront délivrés produiront effet à partir du jour de la demande.

ART. 27. — La demande d'un brevet complétif ne contiendra pas d'indication de durée. — Pour le surplus, on observera les prescriptions des articles 20 et suivants.

ART. 28. — A la demande de prolongation de brevet seront joints : — 1º le titre justifiant que le brevet dont la prolongation est demandée appartient au requérant ; — 2º le reçu de la taxe indiquée dans l'article 17 ; — 3º la procuration et l'inventaire mentionnés aux paragraphes 5 et 6 de l'article 21.

CHAP. II. — *Dépôt des demandes et des autres pièces et objets qui y sont joints.*

ART. 29. — Les demandes, de quelque espèce que ce soit, et les documents et autres objets qui peuvent ou qui doivent y être joints, seront déposés : à Turin, au bureau désigné par le ministre ; et ailleurs, aux intendances.

ART. 30. — L'employé chargé de recevoir ce dépôt rédigera un procès-verbal dans lequel il indiquera le jour et l'heure du dépôt et mentionnera l'objet de la demande. — Le procès-verbal indiquera en outre le domicile réel ou élu du requérant ou de son mandataire dans la ville où a lieu le dépôt, à défaut de quoi le domicile sera réputé, de droit, élu dans la maison communale.

ART. 31. — Lorsqu'il s'agira du dépôt mentionné à l'article 26, le procès-verbal contiendra la déclaration du déposant qu'il entend réclamer, dans le temps voulu, un titre de brevet pour la modification spécifiée dans la description incluse dans le pli cacheté et concernant l'invention ou découverte principale, dont il indiquera le titre dans le procès-verbal même.

ART. 32. — Chacun de ces procès-verbaux sera écrit sur un registre spécial et signé par le requérant ou son mandataire. — Une copie en sera délivrée à la partie, sans autres frais que ceux du papier timbré sur lequel elle sera donnée.

ART. 33. — Dans les cinq jours suivants, toutes les pièces et les objets déposés au secrétariat des intendances seront expédiés au ministère des finances. — A cet envoi sera jointe une copie sur papier libre du procès-verbal.

ART. 34. — Les procès-verbaux venant des provinces seront transcrits sur les registres du bureau du ministère.

ART. 35. — Lorsque les prescriptions de la loi auront été exécutées, les demandes seront enregistrées à la date de leur présentation, et on délivrera les brevets demandés.

ART. 36. — Tout brevet sera écrit sur un registre spécial et signé par le chef de bureau qui en sera chargé. — Une copie, également signée par le chef de bureau, sera délivrée à la partie intéressée, avec un des exemplaires originaux de la description, des dessins et de l'invention, le tout coté par ledit employé. — Cette première copie du brevet sera gratuite ; pour toute autre, qui portera le numéro d'ordre d'expédition, il sera payé 15 livres.

ART. 37. — Lorsqu'il s'agira d'inventions ou découvertes concernant des boissons ou comestibles de quelque nature que ce soit, le bureau chargé enverra la description, et tout ce qu'il pourra y avoir lieu d'envoyer, au Conseil supérieur de santé, pour avoir son avis avant d'accorder le brevet.

ART. 38. — Si le Conseil de santé est d'avis que l'invention ou découverte est nuisible à la santé, ou tout au moins qu'il y a doute, la demande sera rejetée. — Si l'avis est favorable, dans le brevet qui sera conféré on ajoutera la clause suivante : Vu l'avis du Conseil de santé (*sentito l'avviso del Consiglio superiore di sanità*). — Le brevet ainsi conféré n'exemptera pas les personnes qui en jouiront, ou qui feront usage de la nou-

velle invention, de l'observation de toutes les autres prescriptions des lois sanitaires.

ART. 39. — Le brevet sera refusé : — 1° si l'invention ou
découverte, pour laquelle il est demandé, rentre dans une
des quatre catégories indiquées à l'article 6 ; — 2° s'il n'y a
pas de demande écrite, ou si dans la demande le titre de
l'invention ou de la découverte n'est pas indiqué ; — 3° s'il
n'y a pas de description ; — 4° si le brevet est demandé pour
plusieurs inventions ou découvertes, ou bien si l'on demande
plusieurs brevets de même espèce ou d'espèces différentes ; —
5° si la taxe versée ne correspond pas à l'espèce de brevet
demandé.

ART. 40. — La concession du brevet sera suspendue lorsque quelque autre des conditions établies par le présent décret ne sera pas accomplie, ou que la description n'aura pas
les caractères requis.

ART. 41. — Le refus ou la suspension, ainsi que leurs
motifs, seront communiqués aux postulants ou à leurs mandataires par le ministère des huissiers attachés aux intendances, et par actes signifiés aux domiciles élus ou réels
indiqués dans les procès-verbaux de dépôt.

ART. 42. — Dans les quinze jours qui suivront la signification, le requérant ou son mandataire pourra suppléer à ce
qui manque, ou réclamer contre le refus ou la suspension. —
Les pièces supplétives ou la réclamation seront déposées, soit
au secrétariat de l'intendance, soit au bureau chargé du ministère, et il sera dressé un procès-verbal dont copie sera
délivrée à la partie intéressée, moyennant le seul payement
du papier timbré. — Si aucun dépôt n'est fait, ni aucune
réclamation produite dans les quinze jours, la demande de
brevet sera considérée comme non avenue, sauf le droit, pour
l'inventeur, de la reproduire.

ART. 43. — Le ministre confiera l'examen des réclamations
à une Commission composée de quinze membres, savoir :
trois personnes appartenant à la magistrature inamovible ou
à la Faculté de droit de l'Université royale de Turin, et de

31

douze autres choisies : 1° dans la classe des sciences physi-
·ques et mathématiques de l'Académie royale des sciences;
2° parmi les professeurs ou docteurs des Facultés du même
ordre dans l'Université royale; 3° parmi les professeurs des
écoles techniques. — Les membres de cette Commission seront nommés tous les ans par le ministère. — La Commission
se divisera en trois sections : mécanique, physique et chimie;
chacune d'elles sera composée de l'un des trois membres
juristes et de quatre autres membres techniques. — Toute
réclamation sera examinée par la section indiquée par la
nature du brevet demandé. Dans le cas où l'avis de la section
ne serait pas rendu à l'unanimité, il sera revu par la Commission entière. — S'il s'agit d'invention repoussée ou suspendue comme contraire aux lois, à la morale ou à la sécurité publique, on consultera, en outre, l'avocat fiscal, et son
avis sera communiqué à la Commission chargée de l'examen
de la réclamation.

Art. 44. — La réclamation sera considérée comme non
avenue, s'il n'est fait en même temps un dépôt de 50 livres.

Art. 45. — Si l'avis mentionné à l'article 43 est favorable
au réclamant, le chef de bureau chargé délivrera le brevet,
en restituant la somme déposée conformément à l'article précédent. — Dans le cas contraire, le brevet sera définitivement
refusé et la somme déposée sera acquise au Trésor.

TITRE III. — CESSION DES BREVETS.

Art. 46. — Tout acte de cession de brevets devra être enregistré au ministère et publié dans la gazette officielle du
royaume aux frais du requérant. — La cession n'aura d'effet,
à l'égard des tiers, qu'à partir de la date de l'enregistrement.

Art. 47. — Pour opérer cet enregistrement, le cessionnaire
devra présenter ou faire présenter le titre translatif et deux
notes, sur papier timbré, contenant : — 1° ses nom, prénoms
et domicile, ainsi que ceux de la personne qui lui transmet
les droits mentionnés au titre; — 2° la date et la nature du

titre présenté et l'indication du lieu où il a été passé par acte public, et le nom du notaire qui l'a reçu ; — 3° la date de' l'insinuation, lorsqu'elle a eu lieu ; — 4° la déclaration précise des droits transmis ; — 5° la date de la production des notes elles-mêmes, qui fixera celle de l'enregistrement.

ART. 48. — Cette production aura lieu dans un des secrétariats des intendances ou au bureau du ministère. — Dans les deux cas, le titre sera restitué à la partie, après l'apposition du visa pour enregistrement, signé par l'intendant ou par le chef de bureau. — Le contenu des notes prescrites par l'article précédent sera transcrit sur un registre spécial au secrétariat de l'intendance où a été faite la production; l'une des notes sera conservée et l'autre adressée sans délai au bureau du ministère. — Dans ce bureau, on transcrira ou conservera toutes les notes, soit produites directement, soit transmises par les intendances.

ART. 49. — Si les droits résultant d'un brevet sont transférés en entier à une seule personne, celle-ci est substituée à l'obligation de payer la taxe; s'ils sont transmis à plusieurs personnes conjointement, celles-ci sont substituées solidairement à cette obligation ; s'ils sont transmis partiellement à plusieurs ou ne sont aliénés qu'en partie, la cession ne sera admise à l'enregistrement que sur la présentation du récépissé constatant le payement, dans une caisse publique, d'une somme égale aux annuités de la taxe restant à payer.

TITRE IV. — CONSERVATION ET PUBLICITÉ DES DOCUMENTS CONCERNANT LES BREVETS.

ART. 50. — Les registres où sont transcrits les brevets délivrés et mentionnées toutes les mutations successives, ainsi que les annulations, les déclarations de nullité ou les déchéances desdits brevets, et ceux où sont enregistrées les translations des droits dérivant des brevets, sont des registres publics.

ART. 51. — Toute personne désirant un extrait de ces registres en fera la demande sur papier timbré, et l'extrait sera délivré également sur timbre, aux frais du requérant.

ART. 52. — Un exemplaire de la description et des dessins sera déposé au bureau du ministère, mais il ne pourra en être donné communication que trois mois après la délivrance du brevet. — Les modèles ou l'un des exemplaires de la description et des dessins seront conservés dans une salle spécialement destinée à cet usage par le gouvernement, et où ils seront exposés au public également trois mois après la délivrance du brevet. — Après le terme de trois mois, chacun pourra prendre communication des descriptions, dessins et modèles et en faire faire une ou plusieurs copies à ses frais, de la manière et sous les conditions qui seront fixées par les règlements.

ART. 53. — Tous les trois mois, la liste des brevets délivrés sera publiée dans la gazette officielle.

ART. 54. — En outre, tous les six mois, on publiera textuellement les descriptions et les dessins concernant les inventions ou découvertes brevetées dans le semestre précédent. — Le chef de bureau chargé par le ministre peut ordonner que certaines de ces descriptions soient seulement publiées par extraits revus par lui et jugés suffisants à l'intelligence de l'invention. — Ces dessins pourront également être réduits à quelques-unes de leurs parties essentielles.

ART. 55. — Une copie de ces listes de descriptions et dessins publiés, rangées par ordre de matières, sera envoyée à chaque intendance et à chaque Chambre de commerce, au secrétariat desquelles elle pourra être consultée par toute personne.

TITRE V. — NULLITÉ ET ANNULATION DES BREVETS.

CHAPITRE I. — *Causes de nullité et d'annulation.*

ART. 56. — Les examen et jugement préliminaires ne couvrent pas les nullités d'un brevet.

ART. 57. — Est nul le brevet : — 1° s'il concerne une des

inventions ou découvertes mentionnées à l'article 6; — 2o si, concernant une des inventions ou découvertes indiquées à l'article 37, il a été délivré par erreur contre l'avis de l'autorité sanitaire; de même, lorsque le brevet a été, par erreur, délivré sans que l'autorité sanitaire ait été consultée, il deviendra nul si cette autorité consultée donne un avis contraire; — 3o si, par mauvaise foi de la part de celui qui a pris le brevet, le titre et la rubrique de l'invention ou découverte ne répondent pas à son véritable objet; — 4° si la description, jointe à la demande de brevet, est insuffisante, dissimule ou omet quelques unes des indications nécessaires à la mise en pratique de l'invention ou découverte brevetée; — 5° si l'invention ou découverte n'est pas nouvelle ou n'est pas industrielle; — 6° si le brevet a été concédé à un tiers pour modifications d'une invention dans les six mois réservés à l'inventeur ou à ses ayant-cause; — 7° est également nul tout brevet complétif (certificat d'addition), quand, en réalité, la modification pour laquelle il a été demandé ne se rapporte pas à l'invention principale; — 8° est enfin nulle la prolongation demandée après l'expiration du terme du brevet ou après la prononciation de sa nullité.

Art. 58. — Cesse d'être valable le brevet : — 1° lorsque le payement d'avance de la taxe annuelle n'a pas eu lieu, ne fût-ce qu'une seule fois, dans les trois mois qui suivent l'échéance ; — 2° lorsque, dans le cas où le brevet a été délivré pour cinq années au moins, l'invention ou découverte n'a pas été mise en pratique dans l'année qui a suivi la délivrance ou si l'exercice en a été suspendu pendant une année continue; — 3° lorsqu'elle n'a pas été mise en pratique ou qu'elle a été suspendue pendant deux ans, dans le cas où la durée du brevet est de plus de cinq ans. — Dans l'une et l'autre hypothèse, l'annulation n'aura pas lieu si l'inaction provient de causes indépendantes de la volonté de celui ou de ceux auxquels appartient le brevet. — Parmi ces causes n'est pas compris le défaut de moyens pécuniaires.

CHAP. II. — *Exercice des actions en nullité et annulation.*

ART. 59. — L'action en déclaration de nullité ou annulation d'un brevet quelconque sera portée devant les tribunaux provinciaux. — La cause sera instruite et jugée comme matière sommaire. — Les pièces seront communiquées au ministère public.

ART. 60. — Lorsque la nullité ou l'annulation partielle d'un brevet quelconque aura été prononcée deux fois sur la demande et dans l'intérêt de personnes privées, le ministère public du lieu ou de l'un des lieux où l'invention ou découverte brevetée est exploitée pourra demander, par action directe, que le brevet soit déclaré nul ou annulé d'une manière absolue et définitive. — Il peut également le faire, avant l'introduction de toute instance privée, dans les cas prévus par les paragraphes 1, 2, 3 et 8 de l'article 57 et par l'article 58. — Dans les deux annulations dont il est parlé au premier alinéa de cet article, ne sera pas comptée celle qui aura eu lieu pour les parties de l'invention ou découverte qui ont été postérieurement éliminées par suite d'une amende en réduction présentée dans le terme de six mois fixé, à cet effet, par la présente loi.

ART. 61. — Dans chacune des hypothèses précédentes, devront être appelés en cause tous ceux qui ont légalement intérêt à l'exercice du brevet et dont les noms se trouveront indiqués sur le registre du bureau central.

ART. 62. — Sauf le cas prévu par le paragraphe 8 de l'article 57 précité, le tribunal, avant de prononcer sur la nullité, devra entendre l'avis de trois experts toutes les fois que l'une des parties en fera la demande, et en appel la révision de l'avis des experts devra également être ordonnée, si elle est requise par l'une des parties. — En outre, dans tous les cas, le Tribunal et la Cour d'appel peuvent ordonner d'office une expertise ou une révision d'expertise.

ART. 63. — Le ministère public fera parvenir au ministre des finances, par l'intermédiaire du ministre de la justice, un extrait des sentences qui déclarent la nullité ou prononcent l'annulation d'une manière absolue. — Le dispositif de ces sentences sera transcrit sur un registre spécial et publié dans la gazette officielle.

TITRE VI. — Violation des droits du brevet et actions qui en dérivent.

Art. 64. — Ceux qui, en fraude ou en contravention d'un brevet, fabriquent des produits, emploient des machines ou autres moyens et procédés industriels, ou bien achètent pour revendre, débitent, exposent en vente ou introduisent dans l'Etat des objets contrefaits, commettent des délits punissables d'une amende qui peut s'élever jusqu'à 500 livres.

Art. 65. — En outre, dans le cas où l'action civile est exercée conjointement avec l'action pénale, aussi bien que dans celui où elle est exercée séparément, les machines et autres moyens industriels employés en contravention au brevet, les objets contrefaits, ainsi que les instruments destinés à leur production, seront enlevés au contrefacteur et attribués, en propriété, au possesseur du brevet. — Il en sera de même à l'égard de ceux qui achètent pour revendre, débitent, vendent ou introduisent des objets contrefaits.

Art. 66. — La partie lésée aura, en outre, droit à l'allocation de dommages-intérêts. — Si le détenteur des objets mentionnés dans l'article précédent est exempt de dol et de faute, il subira seulement la confiscation desdits objets au profit de la partie lésée.

Art. 67. — L'action civile sera introduite selon les formes de la procédure sommaire. — L'action correctionnelle, pour les délits dont il est parlé à l'article 64, ne peut être exercée qu'en cas de plainte de la partie lésée.

Art. 68. — Le président du tribunal provincial peut, sur la demande du propriétaire d'un brevet, ordonner la saisie ou la simple description des objets qui sont prétendus contrefaits ou employés en contravention du brevet, pourvu que ces objets ne soient pas appliqués à un usage purement personnel. — Par la même ordonnance, le président déléguera un huissier pour l'exécuter et pourra nommer un ou plusieurs experts pour la description des objets. — Il imposera, en outre, au demandeur une caution qui devra être fournie avant de procéder à la saisie.

ART. 69. — Le demandeur peut assister à l'exécution de la saisie ou de la description, s'il y est autorisé par le président du tribunal : il peut, en tout cas, convertir la saisie en simple description, pourvu qu'il en fasse constater la volonté, soit dans le procès-verbal de l'exécution, soit dans un acte spécial signifié par huissier, tant à la partie contre laquelle il procède qu'à l'huissier chargé de l'exécution.

ART. 70. — Il sera laissé au détenteur des objets saisis ou décrits copie de l'ordonnance du président, de l'acte prouvant le dépôt de la caution et du procès-verbal de la saisie ou de la description.

ART. 71. — La saisie ou la description perdront toute efficacité, si, dans les huit jours consécutifs, elles ne sont pas suivies d'une instance judiciaire, et la partie au préjudice de laquelle a eu lieu la saisie ou la description aura droit à des dommages-intérêts.

TITRE VII. — DISPOSITIONS SPÉCIALES ET TRANSITOIRES.

ART. 72. — Les brevets industriels (privilèges) concédés par l'ex-gouverneur autrichien, et valables dans le royaume lombardo-vénitien avant le 8 juin 1859, conservent leur vigueur dans les nouvelles provinces de l'État et restent régis par les lois précédentes autrichiennes en tout ce qui n'est pas modifié par le présent décret. — Ils doivent être inscrits par les soins des parties intéressées, au bureau central des brevets.

ART. 73. — Cette inscription sera faite au moyen de la présentation sur papier timbré : 1_o d'une demande spéciale adressée au chef du bureau central des brevets ; 2° du titre original (patente) ou de sa copie légale constatant le brevet accordé ; 3° de la copie de la description et des dessins présentés originairement. — Cette copie sera en double exemplaire. — Si le dépôt est fait par un mandataire, ce dernier déposera également sa procuration conformément à l'article 21. Les dessins dont il est question dans le présent article pourront avoir des dimensions différentes de celles prescrites par le règlement.— Toutes ces pièces seront signées par la partie ou par le mandataire faisant le dépôt.

ART. 74. — Les brevets dont l'inscription ne sera pas demandée dans les six mois de la publication du présent décret seront considérés comme abandonnés, et après l'examen de ce terme, l'usage des découvertes ou inventions, qui en faisaient l'objet, deviendra libre et commun.

ART. 75. — La demande d'inscription et les documents y relatifs seront présentés au bureau central et au secrétariat de l'intendance qui en délivreront procès-verbal conformément à la disposition de l'article 29. — Les intendances feront parvenir au bureau central, dans les délais de l'article 33, les demandes d'inscription et documents y relatifs déposés à leurs secrétariats. — Le chef du bureau central transcrira sur un registre spécial le titre (*documento*) de la concession primitive qu'il restituera à la partie en y mentionnant, en marge, l'inscription opérée avec la date de la demande et de cette inscription, le tout sans frais.

ART. 76. — Les brevets dont il est question à l'article 72 cesseront d'être valables : — 1° si, dans le cas où il leur reste encore cinq ans de durée ou moins, les titulaires ne mettent pas en pratique, dans l'État, l'invention qui en fait l'objet, et cela dans le délai d'une année à partir du 1er janvier prochain, ou s'ils en suspendent la pratique pendant un an; — 2° s'ils ne la mettent pas en pratique dans les deux ans à compter du même jour, ou s'ils en suspendent la pratique pendant deux ans, dans le cas où le brevet a plus de cinq ans de durée. — Dans l'un et l'autre cas, le dernier alinéa de l'article 58 est applicable.

ART. 77. — La nullité ou l'annulation d'un brevet autrichien inscrit conformément aux articles 72 et suivants seront déclarées selon la procédure prescrite par le présent décret.

Art. 78. — Celui qui jouit d'un brevet dans les nouvelles provinces peut, en en requérant l'inscription, demander qu'il soit étendu, à ses risques et périls, aux anciennes provinces. Cette demande sera toujours écrite sur une feuille séparée, mais il n'est pas nécessaire qu'elle soit appuyée de nouveaux documents. — Si les deux demandes sont présentées ensemble, il suffira d'un seul procès-verbal de dépôt. — Le chef de bureau délivrera un brevet (*attestato di privativa*) sur lequel il écrira cette mention : *A valoir dans les anciennes provinces, y ayant, pour les nouvelles, semblable brevet inscrit.* — Ce brevet sera en tout et pour tout régi par le présent décret. — Pour cette extension, il sera payé la taxe proportionnelle de 10 livres par chaque année de durée successive du brevet et, en outre, les annuités suivantes, savoir : 30 livres pour chacune des trois premières années; 50 livres pour les quatrième, cinquième et sixième ; 60 livres pour les septième, huitème et neuvième; 90 livres pour les dixième, onzième et douzième, et 110 livres pour chacune des trois dernières. — La première annuité sera payée au moment de la demande ; les autres, d'avance, dans les délais de l'article 15.

Art. 79. — Les descriptions et dessins des brevets étendus aux anciennes provinces seront publiés dans les délais des articles 54 et 55. — Si ceux qui ont un brevet autrichien, avec la faveur du secret, veulent l'étendre aux anciennes provinces, ils devront se soumettre à la publication susmentionnée.

Art. 80. — Celui qui, possédant un brevet autrichien valable dans les nouvelles provinces, voudra le prolonger sans l'étendre aux anciennes, devra en faire la demande spéciale au chef du bureau des brevets. — Pour cette prolongation on payera, d'avance, le droit proportionnel de 5 livres par chaque année de prolongation, sans excepter les années déjà écoulées du brevet, et, en outre, les annuités établies par l'article suivant. — A cette demande de prolongation seront joints : 1° le titre établissant les droits du requérant sur le brevet qu'il désire prolonger; — 2° le récépissé du droit de 20 livres et de l'annuité établie par l'article 81 ; — 3° l'acte et l'inventaire mentionnés aux paragraphes 5 et 6 de l'article 21.

ART. 81. — Les annuités, pour la prolongation dont il est question à l'article précédent, sont de 10 livres pour chacune des trois premières années ; de 15 livres pour les quatrième, cinquième et sixième; de 20 livres pour les septième, huitième et neuvième; de 25 livres pour les dixième, onzième et douzième, et de 30 livres pour chacune des trois dernières années.—L'annuité à payer sera celle correspondante à l'année de laquelle partira la prolongation, en déduisant les années écoulées durant lesquelles le brevet prolongé a été en vigueur.

ART. 82. — Celui qui, jouissant d'un brevet dans les anciennes provinces, voudra, à ses risques et périls, l'étendre aux nouvelles, pour le reste de sa durée, en adressera la demande au chef du bureau central.

ART. 83. — Cette demande sera faite dans les formes accoutumées; le brevet primitif y sera reproduit sans aucune annexion de documents.

ART. 84. — Le chef de bureau délivrera un brevet dans lequel sera mentionné le précédent et exprimé que les effets en sont étendus aux nouvelles provinces, aux risques et périls du requérant.

ART. 85. — Pour cette extension d'ancien brevet on payera, outre les taxes déjà en vigueur en vertu de la loi du 12 mars 1855, celles établies par l'article 81 ci-dessus.

ART. 86. — Dans les cas prévus par les articles 78 et 82, si l'extension vient à être annulée, le brevet préexistant reste en vigueur.

ART. 87. — Celui qui, jouissant d'un brevet valable dans les anciennes provinces, voudra le prolonger sans l'étendre aux nouvelles, devra payer le droit fixe de 40 livres et les annuités prescrites par l'article 78.

ART. 88. — Celui qui jouira de deux brevets pour le même objet, l'un dans les nouvelles, l'autre dans les anciennes provinces, pourra en demander la réunion en en élevant la durée,

pourvu que cette durée n'excède pas celle du brevet le plus
long et, en tout cas, ne dépasse pas quinze ans. — Cette réunion n'aura lieu que pour les parties identiques des deux
brevets.

ART. 89. — Cette demande de réunion n'est pas sujette à
taxe, sauf le coût du papier timbré des actes. Elle ne dispense
pas de l'inscription du brevet existant dans les nouvelles provinces.

ART. 90. — Si la réunion occasionne un accroissement de
durée du brevet dans les nouvelles provinces de l'État, on
payera annuellement pour cet accroissement, outre la taxe
déjà due pour le brevet existant dans les anciennes provinces,
l'annuité dont il est parlé à l'article 81, calculée en raison
des années que devra encore durer le brevet et de celles déjà
écoulées. — Si la demande de réunion a pour effet d'augmenter la durée du brevet dans les anciennes provinces, elle
sera considérée, en même temps, comme demande de prolongation et soumise au payement de 40 livres une fois payées,
outre la taxe proportionnelle dans la mesure et le mode établis par l'article 78.

ART. 91. — La réunion dont il est parlé à l'article précédent
sera constatée par une note spéciale, écrite sur papier timbré,
par le chef du bureau des brevets, et jointe aux anciens brevets. — Il sera fait mention de cette note sur les registres du
bureau.

ART. 92. — Le chef de bureau refusera la réunion des parties non identiques des deux brevets. — La Commission
d'examen des réclamations jugera si le refus est fondé.

ART. 93. — Les demandes de brevet encore pendantes près
les autorités des nouvelles provinces peuvent être représentées
jusques et y compris le 1ᵉʳ janvier 1860, selon les règles prescrites par le présent décret, et moyennant le payement des
taxes indiquées à l'article 14. — L'effet de ces demandes remontera au jour de leur première présentation, pourvu
qu'elles portent sur le même objet. Si la nouvelle demande
porte sur une invention non identique à celle qui formait

l'objet de la première demande, le brevet n'aura d'effet que de la date de la nouvelle demande.

Art. 94. — Dans le cas où le chef du bureau trouvera que les deux demandes ne portent pas sur des inventions identiques, ou si la demande renouvelée est postérieure au 1er janvier 1860, il refusera d'insérer dans le brevet la clause de rétroactivité. — Dans les quinze jours de la notification dont il est parlé aux articles 41 et 42, le requérant pourra acquiescer au refus et se faire délivrer le brevet avec effet à partir de la date de la dernière demande, ou bien il pourra réclamer. — Sa déclaration écrite sur papier timbré et envoyée au ministère sera jointe à la demande. — La réclamation sera produite et jugée dans les formes prescrites par la présente loi.

Art. 95. — Lés brevets qui seront conférés sur demandes présentées à partir de ce jour auront effet, tant pour les nouvelles que pour les anciennes provinces, et seront soumis à la taxe prescrite par l'article 14.

Art. 96. — Les titres de droits privatifs, désignés précédemment sous le nom de *brevets* ou *priviléges*, qui ont été concédés avant la publication de la loi du 12 mars 1855 dans les anciennes provinces de l'État, continueront à être régis par la législation antérieure quant à leurs effets, à leur duré et à la taxe. — Les procédures judiciaires pendantes seront conduites à terme, conformément aux lois antérieures. — Mais le présent décret sera appliqué sans distinction à la procédure de toutes actions non encore intentées.

Art. 97. — La loi précitée du 12 mars 1855 sera appliquée aux titres de droits privatifs (brevets) concédés dans les anciennes provinces, ainsi qu'à ceux dont les demandes ont été présentées avant la mise en vigueur du présent décret, en tout ce qui ne lui sera pas contraire.

Art. 98. — Les procédures commencées devant les autorités judiciaires de la Lombardie, pour contestations élevées à l'occasion de brevets industriels ou priviléges concédés par l'ancien gouvernement autrichien, continueront à être suivies et jugées par les mêmes autorités, aux termes des lois qui y étaient en vigueur avant la publication du présent décret. — Ces contestations, pour lesquelles, selon la teneur desdites lois, une procédure administrative devait être entreprise ou était en cours, devront être portées et suivies devant les tribunaux compétents ordinaires de cette province.

Art. 99. — Il sera pourvu, par décret royal, au règlement nécessaire pour l'exécution du présent décret.

Art. 100. — Sont abrogés toutes lois et règlements précédents relatifs aux brevets industriels (privilèges), sauf dans celles de leurs dispositions auxquelles le présent décret se réfère expressément.

Nous ordonnons que le présent décret, muni du sceau de l'Etat, soit inséré dans le recueil des actes du gouvernement, mandant à qui il appartient de l'observer et faire observer.

Donné à Turin, le 30 octobre 1859.

VICTOR-EMMANUEL.

Loi du 31 janvier 1864, étendant la loi du 30 octobre 1860 à tout le royaume d'Italie.

(Exécutoire à partir du 23 février 1864.) (1)

VICTOR-EMMANUEL II, — Par la grâce de Dieu et la volonté nationale, roi d'Italie. — Le Sénat et la Chambre des députés ont approuvé. — Nous avons promulgué et promulguons ce qui suit :

Art. 1er. — La loi du 30 octobre 1859 sur les privilèges industriels aura dorénavant vigueur dans tout le royaume.

Art. 2. — Les brevets d'invention, les privilèges industriels, les patentes déjà concédées dans les Etats du gouvernement pontifical, de Parme, de Modène et des Deux-Siciles, conserveront leur efficacité dans les provinces où ils ont été accordés, mais pourvu que les intéressés prennent inscription

(1) Extrait des *Annales de la propriété industrielle.*

à l'office des priviléges au ministère de l'agriculture, de l'industrie et du commerce, conformément aux articles 75 et 78 de l'ancienne loi, dans le délai de six mois à partir de la publication des présentes, et sans qu'il soit besoin d'acquitter les divers droits de la loi en vigueur qui continuera à régler l'exploitation des brevets jusqu'à la fin de leur concession ou jusqu'à leur annulation légale.

ART. 3. — Dans aucun cas, la durée des brevets et des priviléges énoncés dans l'article précédent ne pourra excéder quinze années, à partir de la publication de la présente loi.

ART. 4. — Les priviléges inscrits conformément à l'article 2, et ceux qui sont réglés par l'ancienne loi du 30 octobre 1859, pourront être étendus à tous les Etats sur la demande et aux risques et périls de ceux auxquels ils appartiennent jusqu'à la fin de leur durée, moyennant le seul droit fixe de 40 livres payées d'avance et une seule fois, sauf la réserve des droits préexistants et l'exécution des conditions requises pour la validité et la conservation des priviléges industriels par l'ancienne loi de 1859.

ART. 5. — Les demandes de brevets encore en cours conservent la date de leur première présentation et pourront être renouvelées dans le délai de deux mois à partir de la publication de la présente loi, pour être étendues à tout le royaume, et il sera pourvu à leur égard selon la susdite loi de 1859. Dans le cas où des certificats de privilége auraient été délivrés pour le même objet dans diverses parties du royaume, la demande sera limitée aux provinces où il n'existe pas de privilége. Les demandes de certificats d'addition, de prolongation et de réduction des priviléges existants seront réglées d'après la nouvelle loi.

ART. 6. — Par l'effet de la présente loi se trouvent abrogés les articles 72, 76, 77, 80, 81, 82, 83, 84, 85, 86, 87, 90, 93, 94, 95, 96, 97, 98, ainsi que les trois derniers paragraphes de l'article 78 et le dernier paragraphe de l'article 79 de la loi du 30 octobre 1859 sur les priviléges industriels. — Ordonnons que la présente, revêtue du sceau de l'Etat, sera inscrite

au Bulletin officiel des lois et des décrets du royaume d'Italie,
mandant à tout fonctionnaire de l'observer et de la faire
observer comme loi de l'Etat.

Donné à Turin, le 31 janvier 1864.

VICTOR-EMMANUEL.

Vu : *Le garde des sceaux,*
  G. PISANELLI.

Résumé de la législation sur les brevets industriels.

§ 1. *Brevets.* Peuvent obtenir un *brevet industriel* : 1° les
auteurs de découvertes ou d'inventions nouvelles; 2° ceux qui
introduisent dans le royaume des inventions utiles connues à
l'étranger.

Les brevets sont délivrés sans garantie.

§ 2. *Formalités.* Celui qui veut obtenir un brevet doit déposer au ministère des finances une demande contenant : 1° le
nom, les prénoms, le nom du père et de la patrie, tant de
l'inventeur que de son mandataire; 2° l'indication de la découverte ou invention sous forme de *titre* qui en exprime
brièvement, mais avec précision, les caractères et l'objet;
3° l'indication de la durée que l'on désire assigner au brevet.
— On ne peut demander plus d'un brevet dans la même requête ni un seul brevet pour plusieurs inventions.

A cette demande doivent être joints : 1° une description en
triple original et rédigée en langue italienne ou française de
l'industrie ou découverte; 2° également en triple original, les
dessins et modèles que l'inventeur juge nécessaires à l'intelligence de ladite invention ou découverte; 3° une quittance
constatant le paiement de la taxe; 4° le titre original ou une
copie légale du brevet concédé à l'étranger, lorsqu'on demande
un brevet d'importation; 5° s'il y a un mandataire, une procuration en forme authentique ou sous seing-privé, pourvu que
dans ce dernier cas, la signature du mandat soit légalisée par
un notaire public ou par le maire de la commune; 6° un bordereau des pièces présentées.

Dans le cours des six premiers mois de la durée d'un brevet, celui à qui appartient le certificat, peut demander qu'il ne comprenne plus que quelques-unes des parties de la description jointe à la première demande. — A l'appui d'une demande en réduction, on doit produire : 1° une quittance constatant le versement de 40 francs ; 2° trois originaux identiques de la description que l'on veut substituer à la première ; 3° trois originaux des nouveaux dessins que l'on peut avoir à substituer aux précédents. Les certificats délivrés par suite de demandes semblables se nomment *certificats de réduction.*

Des certificats complémentaires peuvent être accordés pour des modifications à l'invention. Durant les six premiers mois de la durée du brevet, ces certificats ne sont délivrés qu'à l'auteur de l'invention ou à ses ayant-cause. Les demandes faites par des tiers dans cette période de temps sont présentées dans un paquet cacheté par eux et qui n'est ouvert qu'à l'expiration des six mois sus-mentionnés. Dans les cinq jours qui suivent le dépôt des pièces aux secrétariats des intendances, ces pièces sont expédiées au ministère des finances ; si les prescriptions de la loi ont été suivies, les certificats demandés sont délivrés.

§ 3. *Durée.* La durée des brevets ne peut être moindre d'une année, ni excéder 15 ans. — La durée des brevets d'importation ne peut excéder celle du brevet déjà pris à l'étranger. — La durée d'un certificat de brevet concédé pour moins de quinze ans peut être prolongée d'une ou plusieurs années, de façon cependant que la durée du prolongement, jointe à la durée du premier certificat, ne dépasse pas quinze années. — La prolongation d'un certificat de brevet comprend celle de tous les certificats complémentaires.

§ 4. *Taxe.* Les frais d'obtention d'un brevet s'élèvent à la somme d'environ 1,500 francs pour un brevet de quinze ans. Cette somme est payable par annuités qui vont en augmentant, suivant la durée du brevet.

Les frais d'obtention d'un certificat complémentaire sont de 20 francs, une fois payés.

32

Les certificats de prolongation coûtent une somme fixe de 40 francs, en sus des annuités.

§ 5. *Cession.* La cession des brevets doit être enregistrée au ministère, et publiée dans le journal officiel.

§ 6. *Nullités et déchéances.* Les brevets perdent leur validité 1° par le défaut de nouveauté; 2° la dissimulation dans la description de quelques parties de l'invention; 3° le fait par l'inventeur de n'avoir pas fourni un titre correspondant au véritable objet de l'invention; 4$_0$ le défaut d'exploitation dans l'année de la concession du brevet ou la suspension d'exploitation pendant une année entière, dans le cas où le brevet a été accordé pour cinq ans ; 5° le défaut d'exploitation dans les deux ans de la concession, ou la suspension d'exploitation pendant deux années entières, lorsque le brevet a été accordé pour plus de quinze ans. Toutefois, le breveté est admis à prouver que son inaction provient de circonstances indépendantes de sa volonté, mais sans pouvoir invoquer le défaut de ressources pécuniaires ; 6° le défaut de paiement de la taxe, dans les trois mois qui suivent le jour fixé pour le paiement.

Quant aux certificats complémentaires, ils sont nuls, lorsque le changement pour lequel ils ont été demandés n'a pas trait à l'invention principale.

Enfin, le certificat de prolongation est nul, lorsqu'il a été demandé après l'expiration du brevet ou après que la nullité du brevet a été prononcée.

§ 7. *Contrefaçon.* La peine de la contrefaçon consiste dans : 1° une amende qui peut aller jusqu'à 500 francs ; 2° la confiscation des objets contrefaits, sans préjudice des dommages-intérêts qui peuvent être accordés à la partie lésée.

MARQUES DE FABRIQUE

Loi Sarde, du 12 mars 1855, sur les marques et autres
signes distinctifs des marchandises.

VICTOR-EMMANUEL II, par la grâce de Dieu, roi de Sardaigne, etc., le Sénat et la Chambre des députés ont approuvé ;
nous avons sanctionné et promulgué ce qui suit :

CHAP. 1er. — *Marques et autres signes distinctifs,*
et leur usage.

ART. 1er. — Quiconque adopte une marque ou tout autre
signe pour distinguer les produits de son industrie, les marchandises de son commerce et les animaux d'une race à lui
appartenant, en aura l'usage exclusif, pourvu qu'il fasse le
dépôt prescrit par cette loi.

ART. 2. — Toute marque ou signe distinctif, 1° doit être
différente de celles déjà employées par d'autres ; 2° et en indiquant d'une manière générale le lieu d'origine, la fabrique,
le commerce ou la race, elle doit contenir aussi le nom de la
personne, la raison sociale ou la dénomination de l'établissement d'où proviennent les produits, les marchandises ou les
animaux.

ART. 3. — La signature commerciale du producteur, du
commerçant et du propriétaire, apposée sur ses produits et
empreinte de son sceau ou de toute autre manière, ou écrite
de sa main, peut constituer une marque ou signe distinctif.

Art. 4.— Le successeur industriel ou commercial, ou même l'héritier qui voudra conserver la marque de son auteur, devra renouveler le dépôt, et y comprendre l'indication de successeur ou héritier de N. N.

Art. 5. — Le commerçant ne peut pas supprimer ou altérer la marque ou le signe distinctif du producteur de ses marchandises sans le consentement exprès de celui-ci, bien qu'il puisse y mettre séparément sa propre marque ou signe distinctif de son commerce.

Chap. II. — *Du dépôt, de sa conservation et de ses effets.*

Art. 6. — Le bureau des affaires privées dépendant du ministère des finances conservera les marques ou signes distinctifs de quiconque aura déposé.

Art. 7. — Quiconque veut s'assurer l'usage exclusif d'une marque ou signe distinctif, doit en former la demande au chef du bureau susdit, soit directement, soit par un mandataire spécial, et y joindre : 1º deux exemplaires de la marque ou signe distinctif qu'il a l'intention d'adopter ; 2º la description de l'un et de l'autre, dans le cas où une figure ou un emblème y serait contenu ; 3º l'indication de l'espèce d'objet sur lequel il veut l'apposer et de l'usage qu'il veut en faire, déclarant s'il veut l'apposer sur des objets de son propre produit ou sur des marchandises de son commerce ; 4º le récépissé constatant qu'il a été versé dans une des caisses publiques, la somme de vingt francs ; 5º si cela se fait par mandataire, l'acte de procuration sous forme authentique, ou même sous seing privé, pourvu que dans ce second cas, le consentement du déposant soit souscrit par-devant notaire, et par-devant le syndic de la commune où le déposant réside.

Art. 8. — Le dépôt de la demande et des exemplaires des autres papiers et documents dont il est parlé dans l'article précédent, sera fait, soit près de l'officier central, soit près de l'un des secrétaires des intendances; l'officier public qui recevra le dépôt en dressera le procès-verbal dans lequel il marquera la date du dépôt. Ce procès-verbal sera signé du déposant, auquel il en sera donné copie authentique sans autres frais que ceux de la feuille timbrée sur laquelle on l'écrit.

ART. 9. — Dans les cinq jours qui s'en suivront, les papiers et autres objets déposés seront expédiés à l'office central, avec une copie sur papier libre du procès-verbal. Là seront transcrits sur les registres publics les procès-verbaux de dépôt, les descriptions de marques ou signes distinctifs, ainsi que l'indication de leur usage donnée par le déposant ; là seront gardés les exemplaires des marques ou signes déposés. — Quiconque désire prendre connaissance des registres ainsi faits en fera la demande sur papier timbré, et il lui en sera donné une copie transcrite également sur papier timbré, sans autres frais que ceux du timbre.

ART. 10. — De la date du dépôt commence, pour celui au nom duquel il a été fait, l'usage exclusif de la marque ou signe distinctif déposé.

ART. 11. — Est considéré comme non avenu le dépôt d'une marque ou signe distinctif, dans lequel il manque une des dispositions requises indiquées dans l'art. 2, ou contenant l'indication d'un lieu d'origine différent de celui d'où provient l'objet, et qui en constitue le caractère distinctif.

CHAP. III. — *Des marques et signes employés à l'étranger.*

ART. 12. — Les marques et signes distinctifs employés à l'étranger, sur des produits et des marchandises de fabrique ou de commerce étranger, par des personnes qui ont des magasins, des dépôts ou des succursales dans l'État, ou sur des animaux de race étrangère répandus dans le royaume, sont reconnus et garantis, pourvu que le dépôt en soit fait de la manière et sous les conditions indiquées dans les articles précédents.

ART. 13. — Pour les autres marques ou signes distinctifs

employés à l'étranger, il sera appliqué la disposition de l'article 26 du Code civil aux alinéas 2 et 3 (1).

CHAP. IV. — *De la violation des marques et signes distinctifs et des actions contre qui de droit.*

ART. 14. — Les actions civiles concernant la propriété des marques et autres signes distinctifs industriels ou commerciaux seront exercées par-devant les tribunaux de provinces, lesquels procéderont sommairement. — Les actions pénales par-devant le juge criminel ; pour les susciter, l'instance privée n'est pas nécessaire.

ART. 15. — La disposition de l'article 406 du Code pénal sera applicable à ceux 1° qui auront contrefait une marque ou signe distinctif déposé, ou qui en auront sciemment fait usage; 2° qui auront sciemment acheté, vendu ou introduit de l'étranger, et pour le compte du commerce, des produits avec des marques ou signes contrefaits ; 3° qui auront contrevenu à la disposition de l'article 5. — Les marques ou signes contrefaits seront détruits, et ceux qui auront été supprimés ou altérés seront réintégrés aux frais du délinquant. — Enfin, la sentence de condamnation sera publiée à ses frais dans cinq journaux de l'Etat, au choix de la partie lésée.

ART. 16. — Dans le cas où la partie lésée opte pour l'action civile, le tribunal statuera sur les dommages et intérêts et

---

(1) Cet article est ainsi conçu :

« L'étranger qui voudra jouir de tous les droits civils appartenant au sujet devra fixer son domicile dans les États, obtenir le privilége de la naturalisation, et prêter serment de fidélité au roi.

» A défaut, il ne jouira que de ceux de ces droits qui sont accordés aux sujets du roi dans l'État auquel appartient cet étranger, sauf les exceptions portées par des traités ou conventions diplomatiques.

» Néanmoins, l'étranger ne pourra jamais invoquer la réciprocité pour jouir de droits plus étendus ou autres que ceux dont les sujets jouissent dans les États; et cette réciprocité ne pourra s'appliquer aux cas pour lesquels la loi a spécialement disposé d'une autre manière. »

pourra ordonner la vente des objets séquestrés, pour en ajouter la valeur à la réparation desdits dommages et intérêts. — Dans tous les cas, il condamnera le contrevenant à la destruction des marques contrefaites, à la réintégration à ses frais, des marques supprimées ou altérées; à la perte des instruments ayant servi à la contrefaçon ou altération, et à la publication, comme il est dit, dans l'article précédent.

ART. 17. — Sera ordonnée la modification ou destruction de toute marque ou signe distinctif semblable à une marque ou signe déjà déposé, même quand cette marque ou ce signe aurait été employé sans dol ni fraude.

ART. 18. — Le président du tribunal de la province, sur la demande de la partie lésée, et sur la production du procès-verbal de dépôt de sa marque ou signe distinctif industriel, pourra avec une caution préalable, ordonner le séquestre ou la description des objets sur lesquels est prétendue être apposée la marque contrefaite, pourvu que ces objets ne soient destinés qu'à un usage purement personnel. — Par la même ordonnance, le président déléguera un huissier chargé de la mettre à exécution et pourra y joindre la nomination d'un expert pour l'assister.

ART. 19. — Le demandeur pourra assister à l'exécution du sequestre ou de la description, s'il y est autorisé par le président du tribunal. — Le demandeur pourra, dans tous les cas, convertir le sequestre en simple description, pourvu qu'il en fasse constater la volonté, soit dans le procès-verbal de l'exécution, soit dans un acte distinct intimé par main d'huissier, aussi bien à la partie contre laquelle on procède qu'à l'huissier exécuteur.

ART. 20. — Il sera laissé au détenteur des objets séquestrés et décrits copie de l'ordonnance du président, de l'acte approuvant le dépôt de la caution et du procès-verbal du séquestre et de la description.

ART. 21. — Le séquestre ou la description perdront toute vigueur si, dans les huit jours qui s'ensuivront, ils ne sont pas suivis d'instance judiciaire, et celui au préjudice duquel il a été procédé au séquestre ou à la description susdite aura droit à des dommages et intérêts.

CHAP. V. — *De l'emploi des noms, raisons, dénominations, etc., et d'autres dispositions générales.*

ART. 22. — Il ne sera pas permis d'usurper la devise commerciale, le nom ou la raison d'une société ou d'un individu, ou même la dénomination ou le titre d'une association ou d'un corps moral soit national, soit étranger, et de les porter sur des objets d'industrie ou de commerce, ou sur des œuvres de génie, lors même que la devise, le nom ou la dénomination, ou le titre susdit ne font pas partie d'une marque ou d'un signe distinctif, et que la raison individuelle ou sociale n'a pas été déposée à tel effet dans les formes prescrites par la présente loi. — Une telle usurpation sera punie d'une amende qui pourra s'étendre à deux cent cinquante livres, outre la réparation des dommages et intérêts et la publication de l'arrêt dans cinq journaux, aux termes des articles 15 et 16, sauf toujours l'action en faux, s'il y a lieu.

ART. 23. — Par décret royal, il sera plus spécialement pourvu à l'ordonnance du dépôt et de la conservation des marques et autres signes distinctifs.

Ordonnons que la présente, munie du sceau de l'Etat, soit insérée dans le *Recueil des actes du Gouvernement*, et ordonnons expressément à chaque sujet de l'observer et de la faire observer comme loi de l'Etat.

Donné à Turin, le 12 mars 1855.

. VICTOR-EMMANUEL.

Extrait de la convention conclue entre la France et la Sardaigne, le 24 novembre 1860.

ART. 8. — Tout concessionnaire d'un brevet d'invention ou d'importation, accordé par le gouvernement sarde avant le 14 juin 1860, continuera à jouir pleinement des droits qu'il lui donne dans les départements de la Savoie et des Alpes-

Maritimes jusqu'à l'expiration de la durée de la concession.

Tout concessionnaire d'un brevet d'invention ou d'importation également accordé par le gouvernement sarde, qui aura opté pour la nationalité française, continuera à jouir de son brevet dans les États de S. M. sarde en se conformant aux lois et règlements qui régissent la matière dans le royaume de Sardaigne.

Extrait de la convention conclue le 29 juin 1862 entre la France et le royaume d'Italie, pour la garantie de la propriété littéraire et des dessins et marques de fabrique.

Art. 13. — Les sujets de l'une des hautes parties contractantes jouiront, dans les États de l'autre, de la même protection que les nationaux, pour tout ce qui concerne la propriété des marques de fabrique ou de commerce, ainsi que des dessins ou modèles industriels et de fabrique de toute espèce. Le droit exclusif d'exploiter un dessin ou modèle industriel, ou de fabrique, ne peut avoir au profit des Français en Italie, et réciproquement au profit des Italiens en France, une durée plus longue que celle fixée par la loi à l'égard des nationaux. Si le dessin ou modèle de fabrique appartient au domaine public dans le pays d'origine, il ne peut être l'objet d'une jouissance exclusive dans l'autre pays.

Les droits des sujets de l'une des hautes parties contractantes dans les États de l'autre ne sont pas subordonnés à l'obligation d'y exploiter les modèles ou dessins industriels ou de fabrique.

Les Français ne pourront revendiquer en Italie la propriété exclusive d'une marque, d'un modèle ou d'un dessin, s'ils n'en ont déposé deux exemplaires au bureau central des privatives industrielles à Turin. Réciproquement les Italiens ne pourront revendiquer en France la propriété exclusive d'une marque, d'un modèle ou d'un dessin, s'ils n'en ont déposé deux exemplaires à Paris, au greffe du tribunal de commerce de la Seine.

MECKLEMBOURG-SCHWERIN

Extrait du traité de commerce et de la navigation conclu le 9 juin 1865, entre la France et le grand-duché de Mecklembourg-Schwerin, et promulgué en France par décret impérial du 24 juin 1865.

ART. 22. — En ce qui concerne les marques ou étiquettes des marchandises ou de leurs emballages, les dessins et modèles de fabrique ou de commerce, les sujets de chacun des États contractants jouiront respectivement, sur le territoire de l'autre, de la même protection que les nationaux.

MECKLEMBOURG-STRELITZ

Le 24 août 1865, le grand-duché de Mecklembourg-Strelitz a accédé au traité de commerce dont l'extrait précède. Un décret impérial du 27 septembre 1865 a approuvé l'acte d'acceptation et en a ordonné l'insertion au *Bulletin des Lois.*

MEXIQUE

—

BREVETS D'INVENTION

(*Loi du 3 novembre 1865*).

TITRE I. — DISPOSITIONS GÉNÉRALES.

ARTICLE Ier. — Toute découverte ou invention nouvelle, en quelque genre d'industrie que ce soit, donne à son auteur, sous les conditions et pour le temps exprimés dans cette loi, le droit de profiter exclusivement de son invention ou de sa découverte. Ce droit se garantit par des titres expédiés, sous le nom de *patentes d'invention*, par le ministre du commerce, etc.

ART. 2. — Suivant cette loi, sera considérée comme invention ou découverte nouvelle tout produit, tout travail mécanique et tout moyen de production inconnus jusqu'alors.

ART. 3. — Les mêmes patentes seront accordées à toute personne qui voudra introduire une découverte, un procédé étranger qui n'aurait été ni pratiqué dans la république, ni connu, du moins en théorie, pour avoir été traité dans quelque ouvrage. Ne seront pas octroyés de priviléges, pour l'introduction de produits naturels ou fabriqués de provenance étrangère. Les inventeurs qui ont obtenu des patentes dans un autre pays, seront préférés dans leurs demandes de patentes d'introduction pour ces découvertes pour lesquelles ils ont obtenu la patente ; bien entendu que cette préférence n'existera qu'autant que lesdites inventions ne seront pas tombées dans le domaine public, et dans le cas où le privilége d'introduction n'aura pas été obtenu par une autre personne.

Art. 4. — Les priviléges sollicités pour la navigation, la construction de routes ou autres moyens de communication, pour introduction d'eaux, exécution de digues et autres ouvrages d'utilité publique, enfin, pour tout objet qui, sans être une invention, peut rapporter quelque perfectionnement, ne seront pas l'objet d'une patente ; des contrats pourront toutefois être proposés au gouvernement sur de pareilles entreprises.

Art. 5. — Ne seront pas délivrées de patentes :

1° Pour les compositions pharmaceutiques ou les remèdes de toute espèce : cette matière sera réglée par les dispositions du titre VI de la présente loi ;

2° Pour des plans de domaines, ni pour des combinaisons de crédit ;

3° Pour l'application des moteurs ou mécanismes connus à des procédés industriels également connus.

Art. 6. — La durée des patentes sera de cinq, huit et douze années, suivant la demande de la partie intéressée. Pour celles du premier terme, il sera payé, outre la valeur du papier timbré et suivant la désignation provenant du ministère, de 25 à 100 piastres ; pour celles de huit années, de 100 à 200 piastres, et de 200 à 300 piastres pour celles de douze années. Les patentes de perfectionnement s'accorderont avec les mêmes désignations et pour le temps qui reste à courir au privilége primitif, si ce dernier excède six années ; si le terme est moindre ou si le perfectionnement retombait sur le procédé du domaine public, son terme sera de six années. Les patentes d'introduction, à l'exception de celles désignées dans l'article 4, se délivreront pour un terme qui n'excédera pas huit années.

Art. 7. — Les droits de patentes se payéront au ministère du commerce, etc., en totalité, aussitôt que la concession sera faite.

TITRE II. — FORMALITÉS RELATIVES A LA DÉLIVRANCE DES PATENTES. — DEMANDES DE PATENTES.

Art. 8. — Celui qui sollicite une patente d'invention adressera un écrit au ministère du commerce, dans lequel il affirmera par serment qu'il est l'inventeur de l'objet industriel auquel il réfère dans son exposé, ou qu'il est le cessionnaire ou le représentant des droits de l'inventeur, et il délivrera sous couvert audit ministère :

1° Sa demande;

2° Une description de la découverte, invention ou application faisant l'objet de la patente demandée;

3° Les dessins, échantillons, modèles, etc., qui seraient nécessaires pour l'intelligence de la description et tout ce qui peut conduire à ces fins;

4° Un bordereau des pièces mentionnées.

Art. 9. — La pétition se limitera à un seul objet principal, avec les accessoires qui y correspondent et les applications que l'on peut faire dudit objet; elle exprimera la durée que doit avoir la patente, sans excéder, toutefois, les limites fixées par l'article 6, et elle ne contiendra ni restrictions, ni conditions, ni réserves. Elle contiendra à la lettre, et précisées en peu de mots, les clauses qui caractérisent l'objet de la patente et que cette dernière est appelée à garantir. La description sera écrite en langue espagnole, sans altérations ou corrections, sauf à numéroter, marquer et parafer à la fin les mots tachés, surchargés ou corrigés. Les poids et mesures qui pourront y être mentionnés seront les mêmes que ceux en cours légal dans l'empire. Les dessins seront tracés à l'encre et à une échelle donnée : les dessins et la description doivent être présentés en double expédition. Tous les documents seront signés par l'inventeur ou son mandataire muni de pouvoirs.

Art. 10. — Aussitôt la demande et les documents reçus au ministère, l'enregistrement s'en fera sur un registre *ad hoc* que signera le destinataire. Dans ce registre seront constatés le jour et l'heure du dépôt de la demande et des pièces, et il sera envoyé à l'intéressé une copie du procès-verbal.

Art. 11. — La durée du privilège courra à partir du jour où la patente aura été accordée.

De la concession des patentes.

Art. 12. — Au reçu au ministère des demandes et documents pour la concession de patentes, on ouvrira les paquets contenant lesdites demandes et descriptions, et l'affaire passera immédiatement à l'examen du bureau respectif.

Art. 13. — Celui-ci examinera la question de savoir si toutes les formalités prescrites ont été remplies, et si l'invention ou le perfectionnement est contraire à la sécurité ou au salut public, ou aux bonnes coutumes, lois et règlements, s'il y a eu des antériorités, parce que, dans ce cas, le privilège sera refusé sans autre formalité.

Art. 14. — La demande de la partie intéressée sera publiée trois fois dans le journal officiel et dans deux autres des grands journaux qui se publient dans la capitale de l'empire, afin que si quelqu'un désire former une opposition, la vérification ait lieu dans les deux mois, à partir du jour de la première publication.

Art. 15. — Quand une opposition est formée contre la délivrance d'une patente pour quelque cause que ce soit, c'est le gouvernement qui en décide.

Art. 16. — S'il s'élevait une contestation entre deux ou un plus grand nombre d'aspirants à une patente, c'est le gouvernement qui en décidera, ne s'occupant que de celui qui a formé la première demande, afin de la délivrer à ce dernier, ladite priorité se déduisant des certificats mêmes et des registres des demandes.

ART. 17. — Pour la décision du ministère, en cas d'opposition, on convoquera une assemblée après l'expiration des deux mois. A cette assemblée seront seules admises les parties intéressées; ou si le ministre le jugeait opportun, deux experts pourront être appelés à donner leur avis sur les points sur lesquels ils seraient consultés par le ministère, qui pourra nommer un tiers arbitre, si les premiers différaient d'opinion entre eux.

ART. 18. — Une patente étant délivrée, toute question touchant la priorité, le domaine public de l'invention, ou qui s'élèverait contre un privilégié, ou sur la protection que ce dernier sollicite contre quelque usurpateur, sera traitée sans conciliation préalable devant le tribunal de première instance du défendeur, et par toutes les voies prévues par la présente loi.

ART. 19. — La délivrance d'une patente demandée conformément aux provisions antérieures, se fera sans examen préalable de l'utilité de l'objet et de la question de savoir s'il s'agit d'une invention ou d'un perfectionnement. Le gouvernement ne déclare, en la concédant, ni qu'elle est véritable ni utile, ni que le privilégié est le réel inventeur, ni que l'objet est nouveau, ni fidèles les descriptions, lesquels faits seront l'objet de preuves et de la décision judiciaire, s'il se présente une des demandes indiquées dans l'article précédent.

ART. 20. — Dès qu'il apparaîtra que la patente a été prise conformément à la loi, elle sera délivrée avec cette réserve que la concession n'est faite qu'autant qu'elle ne préjudicie pas aux droits acquis antérieurement par le public ou par des particuliers. Cette patente expédiée sur papier et imprimée par ordre du ministre, sera remise à l'intéressé après le payement dont parle l'article 7, avec le double du certificat de la description et des dessins mentionnés dans l'article 9, après avoir copié en marge de la même patente les dispositions des articles 19 et 21 de cette loi.

33

Si, pour quelque motif justifié, on venait à demander un double d'une patente, ce duplicata sera envoyé moyennant le versement dans la caisse du trésor de 6 piastres, et le prix des copies de la description et des dessins.

ART. 21. — A l'expiration de trois mois, le gouvernement fera publier dans le journal officiel, la liste détaillée des patentes et leurs duplicata, qui en ce temps auront été expédiés.

Des perfectionnements apportés à une invention.

ART. 22. — Pendant tout le temps pour lequel une patente a été accordée, les intéressés pourront faire des changements dans les descriptions et les dessins qui ont servi à la prendre, apportant des perfectionnements ou des additions à l'invention primitive, en observant dans la demande présentée à cet effet, les formalités prescrites par les articles 8 et 9.

ART. 23. — Pour assurer aux inventeurs le privilége de ces changements ou additions, il leur sera délivré de nouvelles patentes, dans lesquelles sera indiqué leur rapport avec la patente primitive.

ART. 24. — Seuls ceux qui ont obtenu une patente, et leurs mandataires ou ayant-droit, pourront dans le cours de la première année, à partir du jour où ladite patente a été accordée, obtenir une patente de perfectionnement ou d'addition à l'invention qui fait l'objet de la patente primitive. Nonobstant cette disposition, toute personne voulant prendre une patente de perfectionnement ou d'addition à une découverte déjà brevetée, pourra, dans le cours de ladite année, présenter une demande de perfectionnement, qui sera déposée au ministère, sous pli cacheté. A l'expiration de l'année, le cachet sera brisé et la patente expédiée; mais si, dans le cours de la même année, le privilégié a demandé un certificat d'addition ou une patente de perfectionnement identique à l'objet de la demande déposée, la patente ne sera pas accordée à celui qui n'a apporté qu'un perfectionnement.

Art. 25. — Quiconque aura obtenu une patente de perfectionnement ou d'application nouvelle qui ne serait pas applicable autrement que combinée avec le procédé de l'invention primitive, ne pourra, sous aucun prétexte, exécuter l'objet de sa patente de perfectionnement avant le terme du privilége de l'invention; de même le possesseur de cette dernière ne pourra exécuter ni faire exécuter le nouveau procédé de perfectionnement, mais inventeurs et perfectionneurs pourront s'entendre entre eux comme il leur conviendra. Ces conventions seront consignées dans un acte public, et un résumé de ces mêmes conventions, signé par celui qui les aura rédigées, sera remis au ministère pour y être enregistré.

Cessions et aliénations de patentes.

Art. 26. — Quiconque possédera une patente pourra la céder en tout ou en partie. La cession totale ou partielle d'une patente, à titre gratuit ou onéreux, ne pourra se faire que par acte public. La prise de possession desdites cessions se fera par la remise de l'extrait de l'acte et contrat, signé de l'officier par-devant lequel l'acte aura été passé.

Art. 27. — Pour ces notes et examens, il sera tenu un livre au ministère, et, à la fin de chaque trimestre, il sera donné notice de tous les procédés qui auront eu lieu dans les trois derniers mois, et l'insertion s'en fera dans les journaux de la capitale.

Art. 28. — Les cessionnaires n'auront pas le droit, sans une convention nouvelle, d'user des perfectionnements du principal privilégié qui seraient ultérieurs à leur contrat.

De la manifestation et de la publication des patentes.

Art. 29. — Les descriptions, dessins, échantillons et modèles des patentes accordées resteront déposés au ministère, où le public pourra les examiner et où chacun pourra à ses frais, sur sa demande, obtenir des copies desdites descriptions et des dessins.

Art. 30. — Le même ministère publiera tous les ans un catalogue des descriptions : cette publication sera faite littérale ou par extrait avec adjonction des dessins.

Art. 31. — Deux exemplaires de la collection des descriptions, dessins et catalogues publiés conformément à la disposition de l'article qui précède, seront remis au gouverneur de chaque département, à ceux des territoires et celui du district, pour être mis sous les yeux de ceux qui en feront la demande, et en délivrer des copies à leurs frais.

TITRE III. — DE CE QUI REGARDE LES ÉTRANGERS AU SUJET DES PATENTES.

Art. 32. — Les étrangers pourront obtenir au Mexique, après présentation de leur carte de sûreté, des patentes d'invention, d'introduction et de perfectionnement, en se conformant aux dispositions précédentes, sans qu'ils aient d'autres droits ni d'autres moyens à les faire valoir que ceux qu'ont les Mexicains eux-mêmes.

Art. 33. — Dans les questions sus-citées ayant pour origine la concession ou le refus d'un privilége obtenu ou sollicité par un étranger, celui-ci ne pourra revendiquer son droit d'étranger.

TITRE IV. — DE LA NULLITÉ ET DE LA PERTE DES DROITS ET DE CE QU'IL Y A A FAIRE DANS L'UN ET DANS L'AUTRE CAS.

Nullité et perte du droit.

Art. 34. — Des patentes accordées seront nulles et de nulle valeur ou effet dans les cas suivants :

1° Si la découverte, invention ou perfectionnement, déclarée comme étant nouvelle, ne l'était pas ;

2° Si la découverte, invention ou application ne doit pas être privilégiée, en conformité de l'article 5 de cette loi ;

3° S'il résulte que la découverte, invention ou application

est contraire à l'ordre, à la sûreté publique, aux bonnes mœurs ou aux lois et règlements de l'empire : dans ce cas, suivant le paragraphe qui précède, il y aurait lieu d'appliquer les peines encourues pour la fabrication ou la vente d'objets prohibés;

4° Si la cause ou motif pour lequel a été prise la patente était exprimé frauduleusement, indiquant un objet différent du véritable objet de l'invention ;

5° Si les descriptions jointes à la demande de patente n'étaient pas suffisantes pour l'exécution de l'invention, ou si elles n'indiquaient pas d'une manière complète et vraie, les moyens dont use l'inventeur.

ART. 35. — Ne sera pas regardée comme nouvelle pour obtenir un privilége d'invention ou une déclaration de validité par un juge, en cas de procès, toute découverte ou application, qui, dans le sein de l'empire ou à l'étranger, et antérieurement à la demande du privilége, aurait reçu une publicité suffisante pour pouvoir être pratiquée.

ART. 36. — Seront perdus tous les droits dérivant d'une patente pour :

1° Celui qui n'aurait pas mis en pratique sa découverte ou invention dans les deux premières années, à partir du jour où fut concédée la patente, ou qui aurait cessé pendant deux années consécutives de travailler à l'objet de la patente, à moins que, dans l'un ou l'autre cas, il ne justifie d'une manière satisfaisante, auprès du gouverneur général, de la cause de son inaction.

2° Si le privilége ne comporte point l'érection d'une fabrique ou autre établissement de travail quotidien et continu, mais bien l'exécution de travaux en divers lieux et qui exigent des contrats préalables passés avec les propriétaires, la déchéance aura lieu faute d'application dans les trois premières années.

3° Celui qui aurait introduit dans l'empire des objets semblables à ceux garantis par sa patente, et qui auraient été fabriqués en pays étranger. Sont exceptés de cette disposition

les modèles de machines, que le patenté peut introduire avec
la permission du ministre.

Art. 37. — C'est au gouverneur général, par l'organe du
ministère, qu'il appartient, sans recours ultérieur, de déclarer la déchéance des priviléges accordés.

Art. 38. — Quiconque dans ses annonces, avis, prospectus, marques ou estampilles dirait être muni d'une patente
sans la posséder légitimement, ou après l'expiration de celle
qu'il aurait possédée ; ou bien qui, ayant une patente en vigueur, s'en déclarerait possesseur dans des inscriptions,
marques, prospectus et estampilles sans ajouter ces mots :
Sans garantie du gouvernement, sera puni d'une amende de
10 à 200 piastres. En cas de récidive, l'amende pourra être
augmentée jusqu'à deux fois ladite somme.

Actions et procédés pour la déclaration de la nullité ou de la
perte d'une patente.

Art. 39. — Est compétent pour demander la nullité ou
la perte du droit à une patente, quiconque a intérêt à faire
déclarer l'une ou l'autre ; ces actions se déduisent par-devant
les tribunaux civils de première instance.

Art. 40. — Quand il s'agit de la nullité ou de la perte
de la patente, parce qu'elle est contraire aux dispositions des
paragraphes 2, 4 et 5 de l'article 34 précédent, les syndics
des municipalités devront intenter l'action directe pour provoquer ladite déclaration, bien que personne n'ait formé de
demande antérieure dans un intérêt privé, sans que ces fonctionnaires aient à payer des frais ou employer d'autre papier
timbré que celui du cinquième sceau.

Art. 41. — Seront défendeurs, dans le cas de l'article précédent, les concessionnaires primitifs du privilége et ceux qui
l'ont acquis postérieurement en tout ou en partie.

Art. 42. — Quand une sentence définitive rendue exécutoire aura déclaré la nullité ou la perte absolue du droit

d'une patente, il en sera donné connaissance par le juge respectif au ministère, pour que note en soit prise sur les registres correspondants, et que publicité soit donnée de la nullité
ou de la perte du droit avec la même solennité et dans les
mêmes formes que se fait la publication des patentes accordées.

TITRE V.— DE L'USURPATION ET DE LA FALSIFICATION DES PATENTES
SOUS PEINE D'AMENDE ET AUTRES PEINES PRONONCÉES PAR LES
COURS ET TRIBUNAUX.

ART. 43. — Par usurpation, on entend toute attaque à la
propriété et aux droits du privilégié, en faisant construire la
chose ou l'objet pour la fabrication ou la production de laquelle
a été délivrée la patente, ou en se servant des procédés privilégiés. Ceux qui feront ceci et ceux qui, en connaissance de
cause, y prêteraient la main en cachant ou vendant, en petite
ou en grande quantité, des objets dont la fabrication aurait
été privilégiée, seront punis de la perte desdits objets, et de
celle des machines et instruments qui ont servi à la fabrication,
ainsi que d'une amende appliquée par la Cour, laquelle ne
sera pas moindre de 20 piastres, sans pouvoir excéder 1,000,
suivant les circonstances. En cas de récidive, les peines mentionnées s'aggraveront de la prison, d'un mois à six mois.

ART. 44. — Il y a récidive quand le défendeur a été condamné une autre fois ou d'autres fois dans les cinq dernières
années pour la même cause.

ART. 45. — A la première contravention, il sera prononcé
de un à six mois de prison, outre la peine pécuniaire, si l'u-
surpateur s'est trouvé dans le cas d'être ouvrier ou employé
dans l'atelier ou autre établissement du privilégié.

ART. 46. — Si les contrevenants ne peuvent pas payer
l'amende mentionnée dans l'article 43, il sera, au lieu de
cette dernière, imposé la prison, qui n'excédera pas une
année, en ayant égard au plus ou moins de gravité du délit
commis.

Art. 47. — Dans le cas où le dommage causé n'atteindrait pas 6 piastres, les juges pourront diminuer les peines d'amende et de prison, en considération du peu de gravité de la faute.

Art. 48. — La connaissance des causes et demandes d'usurpation est du ressort du tribunal de première instance.

Art. 49. — Celle de falsification de cachets, marques, étiquettes du propriétaire de la patente, quand il n'y a pas eu de demande civile, sera poursuivie et jugée au criminel, en procédant par accusation ou d'office; mais si la présentation se faisait comme incident du jugement civil, ce sera au tribunal de première instance d'en connaître, celui devant lequel fut portée la première demande.

Art. 50. — Les jugements sur priviléges, soit qu'ils portent sur la priorité de l'invention, sur un perfectionnement ou l'introduction de quelque industrie, ou sur la question du domaine public, seront prononcés par le tribunal de première instance du ressort auquel appartient le défendeur.

Art. 51. — Ces procès s'instruisent de la manière suivante : le demandeur présente sa demande qui sera transmise au défendeur ; celui-ci devra répondre dans les six jours improrogeables, à compter du jour où fut faite la notification. Le juge, passé ces six jours, convoquera d'office un comité, dans lequel le demandeur et le défendeur préciseront respectivement leurs actions et exceptions, et fixeront les faits que chacun d'eux se proposera de prouver. Au sein de ce même comité sera désigné le terme des preuves, qui, selon les circonstances, ne sera pas moindre de dix jours ni ne pourra excéder quarante, et ensuite il se formera un nouveau comité, cité également d'office, dans les trois jours, dans lequel comité on lira les preuves exhibées, et les intéressés allégueront verbalement ce qu'ils réputent profitable à leurs droits. Si le tribunal juge nécessaire d'entendre l'opinion des experts et que les parties ne l'aient pas provoquée dans le terme voulu, il sera décrété d'office.

Art. 52. — Dans l'un et l'autre cas, chaque partie fera

choix d'un expert, et le tribunal d'un troisième, si les opinions des premiers étaient divergentes, et ces experts examineraient les procédés, appareils ou machines des deux parties intéressées. Si l'un des experts ou les deux ne manifestaient pas leur opinion dans le terme que le tribunal aurait désigné, lequel terme ne devra pas excéder quinze jours, il en sera nommé un troisième, et la décision résultera des opinions conformes.

ART. 53. — Le tribunal prononcera la sentence six jours après la réunion du comité, ou après avoir reçu l'avis des experts, s'il en a été nommé.

ART. 54. — Il peut être appelé de la sentence dans les trois jours qui suivront sa notification, et le tribunal supérieur connaîtra de l'affaire en seconde instance, en suivant les voies et errements de la première instance.

ART. 55. — La sentence sera exécutoire *de visu :* elle confirme ou révoque celle de première instance, quel que soit l'intérêt du procès, et celle de première instance, s'il n'est point fait appel dans le terme accordé par l'article précédent.

ART. 56. — Quand dans le premier cas, ou dans tout cas analogue, se rencontrent des machines ou appareils spéciaux pour produire l'objet breveté ou les articles perfectionnés, ces machines ou appareils seront déclarés en état de saisie, et le produit de leur vente s'appliquera aux établissements d'éducation primaire du district, après avoir anéanti les machines ne pouvant s'employer que pour produire des objets garantis par le privilége.

ART. 57. — Si, par les preuves fournies, l'usurpation d'un privilége se trouve pleinement constatée, l'usurpateur sera condamné aux frais et dépens, et s'il est justifié que l'invention disputée appartenait au domaine public, sur l'expédition de la patente, les frais seront payés par celui qui a prétendu défendre la validité du privilége.

ART. 58. — Les juges de paix, les juges mineurs et ceux de première instance, dicteront toutes les mesures momentanées et de précaution pour découvrir la fabrication ou la construction et l'existence des produits gardés ou en vente

d'objets privilégiés, faisant en ce cas les confrontations nécessaires. Si celui qui aurait été mis en séquestre se prononce
contre la mesure, elle ne sera pas pour cela suspendue ;
mais, en vertu de cette contradiction, le juge de paix ou mineur
qui aurait commandé le séquestre, mettant en dépôt les objets
séquestrés et à la disposition du juge de première instance du
district, lui donnera connaissance de l'affaire et des procédures faites, tout en faisant savoir au demandeur qu'il ait,
dans l'espace de trois jours, à presser sa demande.

Art. 59. — Si le juge de première instance avait dicté les
premières mesures, c'est devant lui que se présentera la demande, qui suivra la même marche que dans les articles 50
et suivants.

Art. 60. — Quand il s'agit de la reconnaissance seule des
objets supposés fabriqués en contravention à une patente,
ordre sera donné pour que ces objets soient inventoriés conjointement avec les instruments, les machines et outils destinés à la fabrication, sans toutefois déposer plus d'un objet
fabriqué pris dans chacune des classes qui s'y rencontrent.

Art. 61. — Nul ordre ne sera délivré pour séquestre et reconnaissance par inventaire, si le premier n'accompagne sa
patente des dessins et descriptions autorisés par le ministre :
cet ordre ne deviendra pas exécutoire, bien que délivré au temps
de la reconnaissance des produits dénoncés, s'il ne résulte aucune identité entre ces derniers et ceux décrits et représentés
par les dessins.

Art. 62. — Pour juger provisionnellement de cette identité
entre l'objet privilégié et celui dénoncé, le juge aura à nommer
un expert pour assister l'exécuteur, et, dans les cas graves, il
sera lui-même présent.

Art. 63. — Aussitôt la reconnaissance et le séquestre pratiqués dont parlent les précédents articles, le juge fera requérir le demandeur pour que, dans les trois jours, il formule
sa demande. Si celui-ci ne le fait pas, le séquestre sera levé,
s'il a eu lieu pour le simple fait de non-présentation de la demande. Si, après une seconde sommation, la requête n'est

point formulée, il y aura désistement, et déclaration en ce sens sera faite par le juge.

ART. 64. — Les juges observeront, dans leurs procédés et déterminations de leurs jugements sur les patentes, les préventions suivantes :

I. Quiconque aura acquis par cession, par achat ou autre titre, les droits accordés par une patente, aura les mêmes actions, obligations et responsabilité que celui à qui la patente fut primivement concédée.

II. Quand, en vertu d'un séquestre provisoire, il n'arrive pas qu'on découvre une contravention, le demandeur payera les frais, dépens ou préjudices qu'il a causés à celui qui a souffert le séquestre, sauf que, au jugement du juge, les preuves produites de la prétendue contravention soient de nature à démontrer que le demandeur n'a pas agi témérairement.

III. Il n'y aura pas non plus de dommages et intérêts à payer, ni de condamnation aux frais, dans le cas où deux personnes privilégiées fabriquent un même article; en pareil cas, si la ressemblance était complète et absolue, sera déclarée valide la patente de date antérieure et l'autre nulle. Si la ressemblance n'était que partielle, la patente prise en dernière date sera convertie en une patente de perfectionnement, motivée sur ce qui n'aurait pas été décrit dans la description qui donna lieu à la patente de date antérieure, ce qui s'accomplira par une communication faite au ministère par le juge, et cela sans qu'il y ait aucuns droits à payer pour ladite patente de perfectionnement.

IV. Une patente devra être déclarée nulle et déchue, quand des preuves sont fournies à l'appui de cette annulation.

V. Quand le privilége a été sollicité et concédé, non pour un procédé, mais bien pour un produit industriel, comme nouveau, la nullité, la déchéance en seront déclarées si le produit était déjà connu, bien que le procédé employé fût nouveau. Sera considérée comme n'étant pas nouvelle toute invention, quand il sera prouvé qu'avant la prise de la patente, le produit était connu dans le commerce, ou décrit et expliqué dans quelque livre, même un livre étranger.

VI. Toutes les fois qu'il est constaté qu'un procédé ou une invention était employée avant la concession de la patente, le privilége donné pour l'application du même procédé ou invention à un objet du même genre sera déclaré déchu.

VII. La cause jugée contre un usurpateur ou falsificateur ne saurait se faire valoir contre une autre personne qui ne serait pas complice.

VIII. Ni le fabricant, ni le vendeur des appareils ou pro - duits privilégiés, ne peut exciper en alléguant isolément la bonne foi avec laquelle il a travaillé depuis la publication de la patente.

IX. Le juge compétent de l'accusé est celui du lieu de son domicile, ou du lieu où fut commis le délit, ou celui où la saisie a été faite, ou de celui où s'est opérée la vente de l'objet. qui constitue l'usurpation du privilége, la connaissance de l'affaire devant correspondre à la première intervenue dans la question.

X. Les objets privilégiés saisis sont perdus et s'appliquent en totalité, en espèces, si cela est utile, ou en valeur, aux maisons de correction, aux établissements d'éducation des populations respectives, les frais étant préalablement retirés.

TITRE VI. — DES INVENTIONS MÉDICALES.

ART. 65. — Quiconque aurait inventé ou découvert quelque composition médicinale, ou l'usage bienfaisant de quelque substance médicinale, ou simple, et désirerait traiter avec le gouvernement pour la publicité de ses procédés et applications, présentera une pétition au ministre, en fournissant une notice et des preuves des résultats qu'il aurait obtenus.

ART. 66. — Le ministre tiendra la chose en secret et nommera une commission de cinq personnes, dont trois professeurs de médecine. La commission examinera :

I. Le remède, et s'il peut en certain cas être dangereux de l'employer.

II. Si ledit remède est bon en soi, et s'il a produit et produit encore des effets utiles à l'humanité.

III. Quelle rémunération il sera juste de payer à l'inventeur du secret d'un remède qualifié utile, en considération du mérite de la découverte, des avantages que son application peut avoir procurés et procurera, et de ceux que l'inventeur en a retirés ou en retirera.

Art. 67. — Sur l'avis de la commission, le gouvernement pourra, s'il le croit convenable, traiter avec l'inventeur afin de faire entrer le secret dans le domaine public.

Art. 68. — Les fonds perçus pour l'expédition des patentes, étant déduits les frais de publication desdites patentes, seront appliqués à ces sortes de rétributions.

Art. 69. — Est et demeure abrogé le décret du 7 mai 1832 et les autres dispositions en vigueur sur cette matière.

Mandons et ordonnons que le présent décret soit imprimé, publié et mis en circulation et dûment exécuté.

Fait au Palais impérial de Mexico, le 3 novembre 1865.

Au ministre des vivres, de la colonisation, de l'industrie et du commerce.

Mexico, 3 novembre 1865.

MAXIMILIEN.

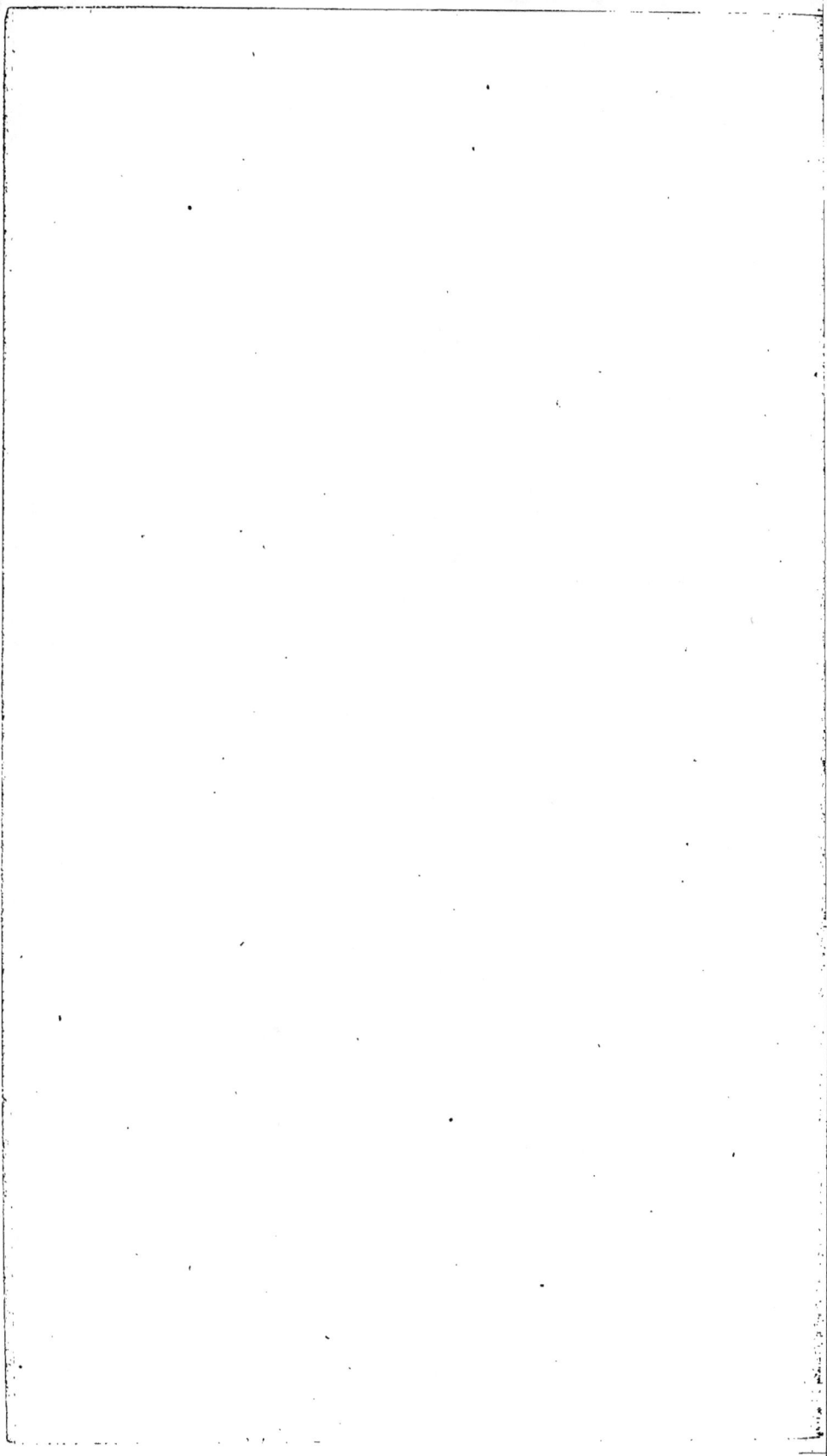

NOUVELLE - GRENADE

—

Les pièces à l'appui de la demande doivent être déposées au Musée national.

Pour le surplus, même législation que celle du Chili.

———

PARAGUAY

—

La loi industrielle de cette république date du **20 mai 1845** ; elle est semblable, en certains points, à la loi française de 1844.

On délivre sans examen, des brevets pour inventions nées dans le pays, introductions de découvertes nouvellement privilégiées à l'étranger, et perfectionnements à des industries déjà mises en usage.

Une simple rémunération est accordée au solliciteur, à titre d'encouragement, au lieu du droit privatif d'exploitation, toutes les fois que l'objet de la demande est d'une faible importance ou d'une exécution très-facile.

Sauf des cas exceptionnels de prolongation, le temps du privilége varie entre cinq et dix années, et commence le jour du dépôt des pièces jointes à la requête, lesquelles consistent en une description (en langue espagnole), accompagnée des dessins nécessaires, le tout sous paquet portant le cachet de l'impétrant ou de son fondé de pouvoir.

Le brevet d'introduction expire six mois après la protection étrangère.

La demande est présentée au secrétaire du gouvernement suprême; elle doit spécifier nettement : 1° la nature de l'invention ; 2° s'il s'agit d'une invention première, ou d'un perfectionnement, ou seulement d'une introduction.

Il n'y a pas d'autres frais à acquitter que des dépenses administratives, qui sont assez variables.

Le breveté est autorisé, sans condition législative, à faire exploiter l'objet de son industrie par toute personne de son choix, et d'ailleurs à céder ses droits comme il le ferait d'une propriété mobilière.

Le possesseur d'un privilége ne peut, sans une autorisation préalable, se faire ultérieurement breveter dans d'autres contrées.

Une description incomplète, l'omission de déclarer au gouvernement les modifications que l'on apporte, dans la suite, à l'invention primitive; le manque de nouveauté judiciairement reconnu; le défaut d'exploitation dans un délai maximum de deux années, sont autant de motifs qui entraînent la déchéance.

Pour ce dernier cas, cependant, on est admis à justifier des causes de son inaction.

PÉROU

Les dispositions législatives du Pérou sont en tout semblables à celles du Chili. Nous n'avons rien de particulier à y
ajouter. On peut se faire représenter par un habitant du pays,
muni d'un pouvoir spécial.

POLOGNE

Les demandes de brevets sont adressées à la *Commission
administrative des affaires intérieures et du culte,* à Varsovie.

Le solliciteur, ou son fondé de pouvoir, doit faire dresser
un *procès-verbal* précisant la nature et la propriété de l'invention, la durée qu'il entend assigner à son privilège, et son
intention sur la publicité ou le secret de la description.

Il est tenu de déposer un récépissé du versement intégral
de la taxe, qui se monte :

Pour un brevet de 3 ans, à 22 roubles d'argent;

        id.   5 ans   37 id.

        id.   10 ans   75 id.

A ce procès-verbal doivent être annexés, sous le cachet du demandeur, la description et les dessins relatifs à l'intelligence de l'invention.

Quoique le règlement porte que tout demandeur doit se présenter personnellement, ou se faire représenter à la régence gouvernementale ou à la municipalité de Varsovie, les étrangers peuvent néanmoins faire dresser le susdit procès-verbal par l'intermédiaire du consulat russe de leur pays, qui fait parvenir les pièces à l'autorité compétente de la Pologne.

La description peut être rédigée en toute langue étrangère.

Comme en Russie, on peut acquitter la taxe en un mandat ou lettre de change à vue sur la banque de Pologne, à l'ordre de la Commission précitée.

Pour le reste, le règlement polonais est conforme aux lois russes.

PORTUGAL

—

BREVETS D'INVENTION

Chapitre 2 de la deuxième section de la loi pénale.

ART. 378. — Le vol industriel est celui que l'on commet par le moyen du plagiat ou par usurpation d'une invention nouvelle.

379. — Sont considérées comme inventions nouvelles, toutes les productions que l'esprit ou le génie n'avaient pas encore fait connaître, soit par des écrits en prose, poésie ou musique, soit par le moyen du dessin, de la peinture ou de la sculpture. Le sont aussi toutes les découvertes relatives à la construction et à l'organisation d'instruments, de machines, d'appareils, types, planches, moules, ressorts, modèles et autres genres d'ouvrages; les nouvelles combinaisons et procédés chimiques et toute autre invention pour l'amélioration d'une branche quelconque des arts industriels, de l'agriculture, de la navigation, de la guerre de mer ou de terre, des arts libéraux et même des sciences, si ces découvertes sont inconnues dans le royaume et à l'étranger.

On admet encore au nombre des inventions nouvelles l'introduction et la publication de quelqu'une de ces découvertes inconnues ou non publiées dans ce royaume, bien qu'elles soient déjà connues en pays étranger.

Mais les changements de formes, proportions ou ornements ne doivent pas être considérés comme inventions nouvelles.

385. — Celui qui fabriquera ou introduira quelque ouvrage d'art, mentionné dans la seconde partie de l'article 379, et dont les procédés mécaniques seront empruntés à ceux d'une invention ou introduction nouvelle, et qui publiera ces procédés ou répandra ces nouveaux produits, durant le privilège accordé à l'inventeur ou introducteur, sans le consentement de celui-ci, encourra la peine édictée dans l'article précédent (1).

Les vendeurs et distributeurs seront punis comme dans ledit article.

Décret du 16 janvier 1837.

Considérant qu'il est absolument nécessaire de songer aux moyens de récompenser les auteurs des inventions nouvelles, et d'établir des règles à ce sujet, J'ORDONNE ce qui suit :

TITRE Ier. — DE LA PROPRIÉTÉ DES INVENTIONS NOUVELLES.

ART. 1er. — Les auteurs ou inventeurs de productions et découvertes nouvelles, mentionnés dans l'article 369 du Code pénal, qu'ils soient nationaux ou étrangers, qui viennent les publier en Portugal, ont, concernant les susdites découvertes, un droit exclusif de propriété sous la garde et la défense de la loi.

2. — Les introducteurs mentionnés dans l'article susdit, acquièrent le même droit de propriété, aussitôt que le Gouvernement leur accorde le brevet respectif.

3. — Les droits des propriétaires, établis dans l'article 1er, peuvent durer quinze années, à la volonté de ces propriétaires. Le terme de ceux mentionnés dans l'article 2, aura

_____

(1) L'amende des délits et l'emprisonnement pour les contrefacteurs, l'amende des contraventions et la détention pour les distributeurs.

la durée que le Gouvernement jugera convenable d'accorder.

4: — Ces droits sont transmissibles aux héritiers et aux cessionnaires du propriétaire, soit par héritage *ab intestat*, soit par contrat solennel.

5. — L'État peut, après avoir accordé le brevet au propriétaire, acquérir par une convention passée d'accord avec lui, la propriété de l'invention, qu'on aura jugée être d'utilité publique.

6. — La loi refuse toute action contre les agresseurs de la propriété mentionnée dans les articles précédents, si l'on ne s'est pas muni au préalable des titres prescrits ci-dessous, avant l'agression, et cela même dans les cas prévus dans le titre IV.

TITRE II. — Des privilèges et brevets pour les nouvelles inventions ; du mode de délivrance de ces diplômes et des taxes.

7. — Au secrétariat d'État des affaires du royaume, il sera tenu un registre destiné à l'enregistrement des privilèges et brevets que l'on accordera aux nouvelles productions et aux nouvelles découvertes.

Les brevets donnent un caractère authentique aux déclarations du prétendu inventeur ; mais ils ne garantissent pas la réalité, la priorité, ni le mérite de l'invention prétendue.

8. — Les auteurs des nouvelles productions de l'esprit qui voudront jouir de leur droit de propriété, devront payer à la recette respective de leur domicile, la taxe relative au nombre d'années qu'ils demanderont, d'après l'article 3. Ils devront déposer un exemplaire de l'ouvrage non publié à l'administration générale de la province, et en retirer un reçu qui contiendra un résumé du sujet et du titre du susdit ouvrage. Ils devront aussi obtenir un certificat déclarant qu'aucun privilège pour le même ouvrage n'a été enregistré, et, avec ces preuves, ils demanderont leur brevet au secrétariat du royaume.

Le reçu mentionné ci-dessus leur sera accordé dans le délai de dix jours, et le brevet dans le délai de vingt jours.

9. — Les auteurs de nouvelles productions du génie et les inventeurs de nouvelles découvertes rempliront les mêmes formalités que dessus, en déposant, pliée et cachetée, une description exacte des principes, moyens et procédés qui constituent la découverte, ainsi que les plans, coupes, dessins et modèles qui y ont rapport. Ils devront y joindre en double la récapitulation des objets qui se trouvent dans le paquet. Il leur sera délivré un reçu qui contiendra une copie exacte de la description, des modèles et les dessins réduits à une échelle moindre, le tout fourni par les requérants. Avec ce reçu et les autres pièces ci-dessus prescrites, ils demanderont leurs brevets.

Le reçu et les brevets seront délivrés dans les délais ci-dessus fixés.

10. — L'auteur d'une invention déjà brevetée et publiée en pays étranger, pourra obtenir un brevet pour le temps qui reste à courir pour la jouissance du brevet étranger, pourvu que ce temps n'excède pas le maximum commun établi dans l'article 3 ci-dessus, et que le requérant remplisse les conditions prescrites dans l'article précédent. Si le breveté est étranger, il devra renoncer à son brevet quand le terme finira.

11. — Il sera délivré à l'inventeur d'un perfectionnement dans une découverte nouvelle, un brevet pour son perfectionnement, sous les conditions requises.

12. — Le breveté qui voudra faire quelque amélioration ou changement dans son invention, et qui voudra jouir de cette nouvelle propriété, devra remplir les conditions ci-dessus fixées, et il lui sera délivré un brevet ; mais s'il veut jouir de cette amélioration ou de ce changement seulement pendant le temps qui reste à courir pour l'expiration de son brevet, le gouvernement lui accordera un simple certificat qui contiendra sa déclaration et la remise du paquet comme ci-dessus.

13. — Les héritiers et les cessionnaires des priviléges n'ont

pas besoin de demander un second brevet; ils doivent, toute-fois, déclarer leur acquisition à l'autorité administrative, et celle-ci au secrétariat du royaume, afin de faire inscrire sur le registre les mentions voulues par la loi.

14. — Les introducteurs qui voudront user de leur droit de propriété doivent demander un brevet avant l'introduction. Le Gouvernement la fera mettre au concours, en offrant la préférence à celui qui l'accomplira dans le délai le moins long. Enfin, il refusera ou accordera le brevet comme il le jugera à propos. En cas de concession, le délai ne pourra pas excéder cinq ans.

15. — Les taxes seront de 3,200 réis pour chaque année de privilége. Les priviléges et les brevets seront délivrés gratui-tement.

16. — Un seul privilége et un seul brevet ne peuvent pro-téger plus d'un seul objet.

17. — Le premier délai de jouissance demandé par le pro-priétaire ne pourra jamais être prolongé.

· TITRE III. — DES OBLIGATIONS DES PRIVILÉGIÉS.

18. — Les inventeurs et les introducteurs privilégiés doivent exposer publiquement leurs ouvrages d'art en plein exercice, au moins deux fois par mois, en annonçant trois jours d'a-vance celui de l'exposition dans le journal du Gouvernement.

19. — Si l'invention est un procédé chimique, l'inventeur donnera un cautionnement de 1,000,000 de réis, garantissant qu'aussitôt l'expiration du privilége, le procédé sera mis en pratique trois fois devant toutes personnes qui voudront en avoir connaissance, et cela, après les annonces prescrites dans l'article précédent.

20.—La violation des dispositions de l'article 18 sera punie la première fois, de la moitié de la détention et de l'amende des contraventions; la seconde fois on appliquera le maximum de ces peines, et la troisième fois, outre ces peines, l'objet breveté sera saisi.

21. — La violation des dispositions de l'article 19 sera punie du maximum de la détention, de l'amende des contraventions, et de la saisie des matières et instruments, ou de la confiscation du montant du cautionnement, dans le cas où l'on aura fait disparaître ces objets.

TITRE IV. — DE L'EXTINCTION DES PRIVILÉGES DES PROPRIÉTAIRES ET DE LA PRESCRIPTION DES ACTIONS.

22. — Les priviléges des brevetés cessent : 1° si la moitié de la durée du privilége est échue, sans que les propriétaires en aient fait usage ; 2° lorsqu'un jugement les déclare nuls ou nuisibles, ou ordonne la saisie de l'objet breveté ; 3° à l'expiration du terme.

23. — Toute action contre l'auteur, l'inventeur ou l'introducteur, est prescrite, lorsque chacun d'eux a joui paisiblement de son privilége pendant la moitié du temps qui lui a été concédé.

On en excepte pourtant l'espèce mentionnée dans l'article 484 du Code pénal, dans laquelle il n'y a jamais prescription.

TITRE V. — DES ACTIONS DES PROPRIÉTAIRES, ET DE LA PROCÉDURE.

24. — Les propriétaires d'inventions nouvelles ont contre tous agresseurs de leur propriété les actions civiles et criminelles mentionnées dans les articles 370 et 381 du Code pénal.

25. — On peut prescrire entre eux les actions mentionnées dans les articles 382 et 385 du même Code, ainsi que celles de priorité et de divulgation.

26. — La priorité se règle d'après le jour dans lequel l'un des prétendant-droit a rempli les formalités exigées par les articles 8 et 9.

27. — Il y a divulgation lorsqu'un exemplaire imprimé, lithographié, dessiné ou sculpté, ou quand les modèles,

moules, planches et prototypes de la machine, ou les procédés et la description de chacun des objets ci-dessus passeront, du consentement et par le fait du propriétaire, entre les mains d'un tiers ne faisant pas partie de sa famille, et quand bien même il habiterait le même domicile.

28. — Les actions contre les propriétaires de privilégrs peuvent servir d'exceptions contre les demandes qu'ils intentent.

29. — Les litiges entre les propriétaires et les tierces personnes seront jugés sommairement par des arbitres nommés par les parties, ou par jugement, si les parties ne les désignent point. La décision des arbitres peut être déférée aux juges supérieurs. Les parties peuvent aussi porter le débat devant des juges arbitres, dont la décision sera sans appel.

30. — Quand la décision d'une contestation dépendra de l'ouverture et de l'examen des paquets déposés conformément aux termes de l'article 9, les demandeurs devront fournir une caution proportionnelle au dommage que pourront éprouver les propriétaires du privilége par suite de la divulgation des secrets de leurs ouvrages.

31. — Dans l'espèce prévue par l'article 384 du Code pénal, il sera procédé comme pour les autres délits contre la sûreté publique, et par les autorités chargées d'y veiller.

TITRE VI. — DE LA PUBLICATION DES INVENTIONS NOUVELLES.

32. — A l'expiration des priviléges pour l'une des causes énoncées dans le titre IV, le Gouvernement veillera à faire exposer publiquement les inventions nouvelles qui seront reconnues d'une utilité manifeste tant pour la capitale que pour les autres villes du royaume, et à étendre autant que possible la publicité, en faisant renouveler périodiquement l'exposition.

33. — Cette exposition aura lieu nécessairement dans la capitale, tous les deux ans; elle sera précédée d'annonces qui désigneront le local et le jour.

34. — Il sera établi un ou deux prix en faveur des auteurs ou inventeurs de tous objets d'utilité publique, jugés les plus parfaits par des experts nommés à cet effet par le ministère du royaume.

35. — Restent en vigueur les priviléges exclusifs accordés jusqu'à ce jour aux auteurs, inventeurs ou introducteurs, avec les mêmes clauses et exemptions qui leur ont été concédées avant le présent décret.

36. — Est dès à présent révoquée toute législation contraire aux présentes dispositions.

L'exécution en est confiée au secrétaire d'Etat du royaume.

Palais des Necessidades, le 16 janvier 1837.

                                        LA REINE.

Résumé de la législation portugaise sur les brevets d'invention.

§ 1. *Brevets.* Tout auteur d'une invention ou découverte nouvelle, Portugais ou étranger, peut s'assurer un droit exclusif d'exploitation par l'obtention d'un brevet.

La loi admet les brevets de perfectionnement, d'importation et même dans certains cas, ceux d'introduction. Les brevets sont accordés sur garantie du gouvernement.

§ 2. *Durée.* La durée des brevets d'invention est de 15 ans; celle des brevets d'introduction est fixée par le Gouvernement, sans pouvoir excéder cinq ans.

§ 3. *Formalités.* Celui qui veut obtenir un brevet doit avec sa demande, déposer à l'administration générale de la province, pliée et cachetée, une description exacte des principes, moyens et procédés qui constituent la découverte, ainsi que les plans, coupes, dessins et modèles qui y ont rapport. Il doit y joindre en double la récapitulation des objets qui se trouvent dans le paquet cacheté. Il est délivré à l'impétrant un récépissé, qu'il joint aux autres pièces pour demander son brevet.

§ 4. *Certificats d'addition.* Celui qui a fait quelque amélioration ou quelque changement dans son invention, peut prendre un brevet de perfectionnement. Mais il peut aussi se contenter d'un simple certificat d'addition pour le temps qui reste à courir pour l'expiration de son brevet.

§ 5. *Taxe.* La taxe est de 3200 réis (22 fr. 63 c.) par an.

§ 6. *Cession.* Les brevets peuvent être cédés en tout ou partie. La cession doit être enregistrée.

§ 7. *Nullités et déchéances.* Les brevets perdent leur validité : 1° lorsque la moitié de la durée du privilége est échue, sans que les propriétaires en aient fait usage ; 2° lorsqu'un jugement les déclare nuls ou nuisibles, ou ordonne la saisie de l'objet breveté.

Toute action contre l'inventeur ou l'importateur est prescrite lorsque l'un ou l'autre a joui de son brevet pendant la première moitié de la concession, sans être troublé.

§ 8. *Contrefaçon.* Les peines qui frappent les contrefacteurs sont l'emprisonnement, l'amende, la confiscation des produits contrefaits sans préjudice des dommages-intérêts au profit de la partie lésée, s'il y a lieu.

Extrait de la convention conclue le 12 avril 1851 entre la France et le Portugal pour garantir dans les deux pays la propriété des œuvres d'art et d'esprit, et celle des marques de fabrique.

ART. 17. — Les hautes parties contractantes désirant en outre, protéger l'application et l'industrie manufacturière des travaux d'esprit et d'art, profitent de cette occasion pour déclarer, d'un commun accord, que la reproduction, dans l'un des deux pays, des marques de fabrique apposées dans l'autre sur certaines marchandises pour constater leur origine et leur qualité, sera assimilée à la contrefaçon des œuvres d'art, poursuivie comme telle, et que les dispositions relatives à la répression de ce délit, insérées dans la présente convention, seront également applicables à la reproduction desdites marques de fabrique. — Les marques de fabrique dont les citoyens ou les sujets de l'un des deux états voudront s'assurer la propriété dans l'autre, devront être déposées exclusivement, savoir : les marques d'origine portugaise, à Paris, au greffe du tribunal de commerce de la Seine, et les marques de fabrique française à Lisbonne, au greffe du tribunal de commerce de première instance.

PRUSSE

—

BREVETS D'INVENTION

——

Loi relative à la délivrance des brevets d'invention. —
14 octobre 1815.

Attendu que le public doit connaître les conditions qui
seront exigées pour la délivrance et l'exploitation des brevets
d'invention et d'importation ; attendu que cette connaissance
même est pour l'industrie un encouragement et une récompense ; je m'empresse de rendre publics les articles suivants,
qui ont reçu l'approbation royale par décret du 27 décembre
dernier.

1. — Auront droit à obtenir un brevet, tel qu'il est désigné
ci-dessus, toutes personnes jouissant des droits de citoyen de
l'Etat, ou admises à voter dans une commune.

2. — Toute invention nouvelle, ou perfectionnement nouveau, peut devenir l'objet d'un brevet. Il en est de même de
l'importation des inventions étrangères, à condition cependant
que l'inventeur soit le premier qui fasse connaître et exploite
l'invention.

3. — Quiconque voudra obtenir un brevet d'invention devra
présenter à la régence provinciale sa demande, accompagnée
d'une description très-exacte de ce qui doit faire l'objet du

brevet, soit par écrit, soit par modèles ou dessins, et autant que possible par ces trois moyens réunis.

En outre, il devra déclarer si le brevet qu'il demande doit être valable dans toute l'étendue, ou seulement dans une partie du royaume, et quelle en sera la durée.

Le gouvernement provincial fera faire, par experts, l'examen de l'invention ou des perfectionnements dont il s'agit, puis il présentera un rapport au ministre des finances. Le ministre ordonnera un examen nouveau, s'il y a lieu, ou se prononcera sur les conclusions de la régence. Si le brevet est accordé, on conservera avec soin les descriptions, modèles ou dessins.

4. — La durée la plus courte d'un brevet d'invention est fixée à six mois ; la plus longue, à quinze ans.

5. — Tout breveté est tenu, dans le délai de six semaines, à compter du jour de la délivrance de son brevet, de faire annoncer, dans les feuilles officielles de chaque province, qu'il lui a été accordé un brevet et pour quels motifs, en renvoyant pour les détails à la description de l'invention. Chaque fois que cette publication n'aura pas eu lieu dans le délai prescrit ci-dessus, le privilége résultant du brevet sera regardé comme non avenu.

6. — Le breveté doit faire usage de son droit avant l'expiration des six mois qui suivent la délivrance du brevet; faute de ce, il en est déchu.

7. — Dans le but d'encourager l'industrie, le gouvernement ne percevra d'autre taxe que les droits ordinaires de timbre et des épices (1). Il va sans dire que le breveté devra payer l'impôt légal qui grève son industrie, comme tous autres industriels.

8. — Toute personne qui sera en mesure de prouver qu'elle a inventé ou perfectionné, avant un breveté ou en même temps que lui, l'objet pour lequel le brevet a été ac-

(1) D'après la loi du 7 mars 1822, le timbre d'un brevet et des autres pièces qui s'y rapportent, est d'environ 4 écus. — Les épices sont d'un écu pour le gouvernement, et de 1 à 10 écus pour les examinateurs.

cordé, aura le droit de profiter de cette invention et de ce perfectionnement, et ce droit ne sera point restreint par le brevet délivré antérieurement.

9. — Lorsque le breveté aura à se plaindre d'une usurpation de son droit, il devra s'adresser à la régence de la province où est domicilié celui contre lequel il porte plainte. La régence pourra, sauf recours au ministre des finances, prononcer jugement ainsi qu'il suit :

Tout individu convaincu d'avoir usurpé les droits d'un breveté sera condamné aux frais de la procédure, à la privation du droit d'exploiter l'objet breveté, pendant toute la durée du privilége, et, en cas de récidive, à la confiscation des outils, instruments, matières et produits fabriqués.

Le jugement attribuera à la partie lésée, et pour son propre usage, tous les objets confisqués. Le plaignant aura, en outre, le droit de demander des dommages-intérêts par la voie civile.

- Paris, le 14 octobre 1815.

Le ministre des finances et du commerce,
BULOW.

EXPLICATIONS, ADDITIONS ET CHANGEMENTS A LA LOI PRÉCÉDENTE.

Introduction.

Le privilége auquel un brevet donne lieu varie dans ses effets selon le cas et les circonstances.

§ 1er. Si le brevet est accordé pour un procédé particulier de fabrication, le titulaire peut interdire l'emploi de son procédé dans la partie du royaume où le brevet est valable ; mais il ne peut interdire ni la fabrication des mêmes produits, lorsqu'ils sont obtenus par un autre procédé, ni l'importation de ces produits fabriqués à l'étranger par son procédé ou par tout autre.

§ 2. Si, au contraire, le brevet est accordé pour un instrument ou une machine, dans de tels termes que le titulaire du brevet soit reconnu devoir en profiter seul, il a le droit d'interdire à toutes personnes l'exploitation d'objets semblables à ceux qu'il fabrique, quand même ils proviendraient d'importation étrangère. Cependant, l'administration ne prend à cet égard aucune responsabilité, et elle n'est point engagée à arrêter l'importation des objets en question.

Le breveté a le droit de poursuivre celui qui, par l'exploitation de l'objet breveté, porte préjudice à son industrie.

Autrefois, on accordait des brevets d'invention pour des objets qui n'étaient pas spécialement destinés à la fabrication; le Gouvernement a adopté un autre système : on n'accorde de priviléges exclusifs que pour les objets qui servent à la fabrication ou à l'industrie.

Additions.

Add. 1re. — Aucun étranger ne peut obtenir un brevet d'invention. Si l'invention faite par un étranger est jugée digne d'être protégée, le brevet doit avoir pour titulaire un citoyen de la Prusse.

Add. 2. — L'application d'un procédé déjà connu à un but différent de celui auquel il s'appliquait jusqu'alors, ne peut être considérée comme une invention nouvelle, ni donner lieu à l'obtention d'un brevet.

Ne peuvent être l'objet d'un brevet, toutes les inventions qui ont été rendues publiques dans des ouvrages imprimés dans le royaume ou à l'étranger, en langue allemande ou en langue étrangère; tout ce qui est publiquement connu par descriptions, dessins ou modèles; tout ce que l'inventeur lui-même a fait connaître par description, dessin, ou même par l'exécution.

Des brevets d'importation ne seront accordés que pour les objets qui ne sont pas encore portés à la connaissance générale par des livres ou par tout autre moyen de publicité. Si l'invention est déjà connue, le brevet doit être refusé, quand bien même l'inventeur s'engagerait à l'exploiter lui-même.

Add. 3. — L'examen de la demande du brevet est fait par la commission spéciale et royale de l'industrie. Cette commission se borne à rechercher ce qu'il y a de nouveau et de spécial dans l'invention qu'on lui soumet, sans examiner son utilité, sauf le cas où il s'agit d'obtenir un brevet pour le perfectionnement de procédés déjà connus.

Si la demande du brevet est fondée, on en fera part à l'impétrant, en spécifiant ce qui est vraiment nouveau dans son invention, en désignant avec soin ce qui doit faire l'objet du brevet, si l'invention est nouvelle dans son ensemble, ou si elle l'est seulement dans l'une ou plusieurs de ses parties.

Add. 4. — La publication du brevet se fait officiellement dans la gazette de l'Etat et dans toute feuille du Gouvernement ; cette publication doit contenir le résumé sommaire de l'invention, avec renvoi pour les détails, à la description, aux dessins et modèles déposés ; il y sera également déclaré si le brevet est accordé pour l'ensemble ou seulement pour l'une des parties de l'invention.

Tous les traficants qui voudront savoir ce qu'il leur est loisible de faire sans porter préjudice au breveté, pourront demander des renseignements au ministère des finances.

Add. 5. — Le délai de six mois commence à dater du jour de la notification faite au breveté, et non pas du jour de la délivrance.

Le breveté est tenu de justifier devant le ministre des finances, par un certificat émané de l'administration de la police de sa localité, de ce qu'il a exécuté le brevet avant l'expiration du délai.

Add. 6. — Le brevet et l'acte de notification paient un droit de timbre de 15 *silbergroschen*. Il n'y aura point d'autres frais.

Add. 7. — S'il arrive que la nouveauté et la spécialité de l'invention ne soient pas justifiées, le privilége cesse aussitôt, et il en sera fait part au breveté par une clause particulière ajoutée à la suite du brevet.

35

Dans le cas où le brevet devra être retiré, on emploiera les mêmes formalités de publicité que pour sa délivrance.

ADD. 8. — L'État ne garantit pas au breveté le secret de son invention. Une clause particulière en fait mention.

En cas de contestation, les pièces et éclaircissements nécessaires seront communiqués à la régence par le ministère des finances.

Résumé de la législation prussienne sur les brevets d'invention.

§ 1. *Brevets.* Toute invention nouvelle ou perfectionnement nouveau peut devenir l'objet d'un brevet.

La loi admet encore les brevets d'importation, à condition que l'inventeur soit le premier qui fasse connaître l'invention.

Pour être titulaire d'un brevet, il faut être citoyen prussien. Mais on peut déclarer que l'invention appartient à un étranger.

§ 2. *Formalités.* Celui qui veut obtenir un brevet doit présenter à la régence provinciale sa demande, accompagnée d'une description exacte de ce qui doit faire l'objet du brevet, soit par écrit, soit par modèles ou dessins, et, autant que possible, par ces trois moyens réunis.

Il doit déclarer, en outre, si le brevet qu'il demande doit être valable dans toute l'étendue ou seulement dans une partie du royaume, et quelle doit en être la durée.

§ 3. *Examen.* L'examen est fait par la commission royale et spéciale de l'industrie. Si la demande est fondée, on en fait part à l'impétrant, en spécifiant ce qui est vraiment nouveau dans son invention, en désignant avec soin ce qui doit faire l'objet du brevet.

§ 4. *Durée.* La durée la plus courte d'un brevet est de six mois; la plus longue, de quinze ans.

§ 5. *Publicité.* Le breveté est tenu de faire annoncer, dans le délai de six semaines à compter du jour de la délivrance du brevet, dans les feuilles officielles du Gouvernement qu'il lui a été accordé un brevet et pour quels motifs.

§ 6. *Taxe*. Le Gouvernement ne perçoit d'autre taxe que les droits ordinaires de timbre et des épices. Les droits de timbre s'élèvent à quatre écus de Prusse. Le mot *épice* comprend le droit d'un écu à payer à la régence, et un droit de un à dix écus à payer aux experts. En résumé, d'après une lettre du ministre de l'intérieur du 18 septembre 1828, les frais pour un brevet délivré pour tout le royaume s'élèvent à dix-huit écus, vingt-six schellings, trois deniers.

§ 7. *Cession*. La cession des brevets est régie par le droit commun.

§ 8. *Nullité*. Les causes de nullité sont : 1° le défaut de nouveauté et de spécialité ; — 2° le défaut d'annonces dans les six années à partir du jour de la délivrance du brevet ; — 3° le défaut d'exploitation dans les six mois à partir de la notification faite au breveté.

§ 9. *Contrefaçon*. Les plaintes sont adressées à la régence de la province où est domicilié celui qui est accusé de contrefaçon.

Tout individu convaincu d'avoir usurpé les droits d'un breveté est condamné aux frais.

En cas de récidive, la loi prononcera la confiscation, au profit de la partie lésée, des instruments qui ont servi à la contrefaçon, et des objets contrefaits, sans préjudice des dommages-intérêts, s'il y a lieu.

MARQUES DE FABRIQUE

ET NOMS DES FABRICANTS

Aux termes de l'article 269 du Code pénal prussien, celui qui imprime sur les marchandises ou sur les enveloppes le nom, la raison sociale ou le domicile d'un autre fabricant, ou qui met sciemment dans le commerce des marchandises portant de fausses marques, est puni d'une amende de 50 à 1,000 thalers, et même, selon les circonstances, d'un emprisonnement d'une année au plus. La même peine est appliquée, lorsque la marque d'un fabricant étranger a été contrefaite par un Prussien, mais seulement dans le cas où la réciprocité est garantie aux sujets prussiens par les lois du pays du fabricant étranger ou par les traités internationaux.

Extrait du traité de commerce conclu entre la France et la Prusse, le 2 août 1862, tant en son nom qu'au nom des différents états allemands faisant partie du Zollverein.

S. M. l'empereur des Français d'une part, et S. M. le roi de Prusse, tant en son nom et pour les autres pays et parties de pays souverains compris dans son système de douanes et d'impôts, savoir: le Grand-Duché de Luxembourg, les enclaves du Grand-Duché de Mecklembourg, Rossow, Netzeband et Schœneberg, les principautés de Birkenfeld, du Grand-Duché d'Oldenbourg, les duchés d'Anhalt, Dessau,

Cœthen et d'Anhalt-Bernbourg , les principautés de Waldeck et Pyrmont, la principauté de Lippe et le Grand-Bailliage de Meisenheim, du Landgraviat de Hesse, qu'au nom des autres membres de l'Association de douanes et de commerce alle-mands, savoir : la couronne de Bavière, la couronne de Saxe, la couronne de Hanovre, tant pour elle que pour la princi-pauté de Schauenbourg-Lippe, et la couronne de Wurtem-berg, le Grand-Duché de Bade, l'électorat de Hesse, le Grand-Duché de Hesse, tant pour lui que pour le Bailliage de Hom-bourg, du Landgraviat de Hesse, les états formant l'associa-tion de douanes et de commerce de Thuringe ; savoir : le Grand-Duché de Saxe, les duchés de Saxe-Meiningen, de Saxe-Altenbourg, de Saxe-Cobourg et Gotha, les principau-tés de Schwarzbourg-Rudolstadt et de Schwarzbourg-Son-dershausen, de Reuss, ligne aînée et de Reuss, ligne cadette, le duché de Brunswick, le duché d'Oldenbourg, le duché de Nassau, et la ville libre de Francfort, d'autre part ; — animés d'un égal désir de resserrer les liens d'amitié et d'étendre les relations commerciales entre les états du Zollwerein et la France, ont résolu de conclure un traité à cet effet, et ont nommé pour leurs plénipotentiaires, savoir : (Suivent les noms des plénipotentiaires et 33 articles réglant les rapports commerciaux et de douanes entre les Etats respectifs).

Voici l'article relatif aux dessins et marques de fabrique :

ART. 28. — En ce qui concerne les marques ou étiquettes de marchandises ou de leurs emballages, les dessins ou mar-ques de fabrique ou de commerce, les sujets de chacun des états contractants, jouiront respectivement dans l'autre de la même protection que les nationaux. — Il n'y aura lieu à au-cune poursuite à raison de l'emploi dans l'un des deux pays, des marques de fabrique de l'autre, lorsque la création de ces marques dans le pays de provenance des produits, remen-tera à une époque antérieure à l'appropriation de ces marques par dépôt ou autrement dans le pays d'importation.

Art. 33. — Le présent traité entrera en vigueur deux mois après l'échange des ratifications. Les ratifications seront échangées à Berlin dans le plus bref délai possible. (Elles l'ont été le 9 mai 1865).

RIO-DE-LA-PLATA

—

La loi de la Confédération argentine sur les brevets d'invention est du 15 octobre 1855.

Le privilége industriel est délivré par le pouvoir exécutif, sans examen et sans garantie gouvernementale, tant aux inventeurs qu'aux premiers importateurs, ainsi que pour des perfectionnements à une industrie déjà connue.

Sont exclus les produits pharmaceutiques et les idées purement théoriques.

L'absolue nouveauté dans toute l'étendue de la République est de rigueur.

Le maximum de la durée est de dix ans, mais de cinq seulement pour les importations et les perfectionnements.

La date est celle du dépôt de la requête, à laquelle il faut joindre, en double expédition, la description et les dessins relatifs à l'invention.

Le pouvoir exécutif peut exiger du breveté une explication pratique telle, que les hommes de l'art puissent, dans la suite, faire usage public de sa découverte.

La taxe est de 500 pesos (1); elle est portée au double pour les brevets de perfectionnement et pour ceux d'importation. Le paiement en est exigé dans les six premiers mois,

(1) Le peso vaut environ 5 fr. 40 c.

sous peine de déchéance. Les brevetés, sont, en outre, assujettis à un droit de patente.

On opère la transmission dans les mêmes formes que celle d'une propriété mobilière quelconque.

Le breveté est déchu de ses droits, s'il n'a pas mis à exécution l'objet de son invention dans la première année du privilége.

RUSSIE

BREVETS D'INVENTION

Des privilèges pour les nouvelles inventions et découvertes.
(Digeste, t. iv, liv. i, 3ᵉ part., 3ᵉ sect.).

CHAPITRE I. — *De ce qui constitue l'essence d'un privilége pour inventions et découvertes.*

ART. 116. — Toute découverte, invention ou perfectionnement d'un objet quelconque d'utilité publique, ou d'un procédé de fabrication dans les arts, les métiers et les manufactures, est la propriété de celui qui l'a fait, lequel, pour garantir ses droits sur cette propriété, peut solliciter du Gouvernement un privilége exclusif.
(Ukase du 22 nov. 1833, § 1ᵉʳ et suiv.)

117. — Il s'ensuit que le privilége est un acte délivré par le Gouvernement à une ou plusieurs personnes, constatant que la découverte, l'invention ou le perfectionnement qui y est décrit a été, en son temps, présenté au Gouvernement; cet acte confère, à cette ou à ces personnes, le droit exclusif de jouir et profiter de la propriété de cette découverte, invention

ou perfectionnement, et ce, pendant le laps de temps qui y
est déterminé.

118. — Le Gouvernement, en accordant un privilége, ne
garantit point que la découverte, l'invention ou le perfectionnement appartienne réellement à la personne qui l'a présenté,
non plus que son utilité et son succès; mais il constate uniquement qu'il a été présenté par telle personne, et à telle
époque.

119. — C'est pourquoi un privilége accordé par le Gouvernement ne prive personne du droit de démontrer, par voie
judiciaire, que la découverte, l'invention ou le perfectionnement lui appartient, ou avait déjà été connu et pratiqué avant
la concession du privilége.

120. — Mais tant que cette propriété ne sera pas détruite
par la justice, celui qui a obtenu le privilége conservera les
droits suivants : lui seul pourra, pendant le laps de temps
fixé dans le privilége, 1° jouir de la découverte, de l'invention
ou du perfectionnement comme de sa propriété insaisissable
et exclusive, et par conséquent, l'introduire, l'employer, la
vendre et la céder à d'autres, et ce, par donation, testaments,
ou par toute autre voie légale, tant en ce qui concerne l'objet
pour lequel a été accordé le privilége, qu'en ce qui concerne
ce privilége lui-même; ou bien permettre à d'autres d'en
jouir pendant tout le temps accordé à l'inventeur, ou pendant
un temps plus court; 2° poursuivre judiciairement les contrefaçons, et demander une indemnité pour le dommage qui
en résultera.

121. — Sera réputé contrefait tout produit ressemblant,
dans ses parties essentielles, au produit de la découverte, invention ou perfectionnement, pour lequel a été octroyé le privilége, et ce, lors même qu'il y aurait été fait quelques changements de peu d'importance, ne constituant pas son essence,
ou même quelques améliorations dans les parties constitutives
de la découverte précédente.

122. — Les priviléges peuvent aussi être accordés pour les
découvertes, les inventions ou les perfectionnements faits dans

d'autres pays, et qui y sont protégés par des brevets qui ne sont pas encore expirés, avec cette restriction, toutefois, que l'effet d'un privilége accordé pour une découverte importée de l'étranger, ne peut s'étendre au delà du temps accordé à l'inventeur lui-même. Quant aux inventions déjà connues dans d'autres pays, qui n'y sont point protégées par des brevets, et qui y ont même été déjà décrites, il ne pourra être accordé de privilége par le Gouvernement pour de pareilles inventions qu'en faveur de leur utilité exceptionnelle, et en considération des frais qu'exige leur introduction. Au reste, les priviléges accordés pour les inventions importées de l'étranger, ont la même force et les mêmes effets que les priviléges accordés pour les inventions faites en Russie.

123. — Il ne sera point accordé de priviléges pour de simples principes, dont on n'aura point fait d'applications à aucun objet industriel, comme, par exemple, pour la distillation d'eau-de-vie au moyen de la vapeur, ou pour le raffinage du sucre dans le vide, au moyen de la vapeur, lorsqu'on n'a pas présenté un appareil nouveau destiné à obtenir cet effet.

124. — De même, il ne sera point accordé de privilége pour des découvertes, des inventions ou des perfectionnements insignifiants, et qui annoncent seulement la sagacité de l'inventeur, sans qu'on puisse en attendre aucun avantage réel ; comme aussi pour les inventions qui peuvent devenir préjudiciables à la société, ou faire tort aux revenus de l'Etat.

125. — Pourront obtenir ces priviléges, tant les sujets de la Russie que les étrangers, auxquels il est permis d'établir des fabriques et des usines sans qu'ils soient tenus de devenir sujets de la Russie.

CHAP. II. — *De la délivrance des priviléges.*

126. — Celui qui désire obtenir un privilége pour une découverte, invention ou un perfectionnement, dans les arts, manufactures ou métiers, doit présenter une pétition au dé-

partement des manufactures et du commerce intérieur, avec la désignation du terme du privilége demandé, l'énonciation de l'utilité, et la description de l'objet pour lequel il demande le privilége, avec la spécification de tous ses détails essentiels, de ses avantages, et de la manière de l'employer, et avec les plans et dessins qui y sont relatifs, sans rien déguiser de ce qui se rapporte à la production de cet objet, de manière à ce que les experts qui en connaissent puissent, d'après la seule description et les plans, mettre en œuvre la découverte dé·signée dans le privilége, sans avoir à deviner ou à corriger les imperfections qui y sont inhérentes. Dans cette description, tout ce qui constitue directement l'objet nouveau, c'est-à-dire ce pourquoi on demande le privilége, doit être précisément défini, et si, pour plus d'éclaircissement, il est nécessaire d'ajouter un modèle à la description, le pétitionnaire est tenu de le fournir. En outre, le pétitionnaire doit déposer le montant des droits d'après la taxe établie ci-après.

127. — Le département, après avoir reçu la pétition avec tous ses annexes, et aussi avec le péage déposé par le pétitionnaire, lui en délivre le même jour un certificat de réception, signé du directeur du département et revêtu du cachet de la caisse. Le certificat doit spécifier l'an, le mois, le jour et l'heure de la présentation de la demande au département.

128. — Les pétitions pour la délivrance des priviléges sont examinées dans le conseil des manufactures ; on invitera pour le présider le directeur du département du ministère auquel la pétition devra être soumise, suivant la nature de l'objet auquel elle se rapporte. Cet examen n'aura pour but que d'apprécier s'il n'a pas été accordé déjà un privilége pour le même objet à une autre personne, si l'objet pour lequel on demande privilége est décrit avec la lucidité, la précision et les développements nécessaires, et en général si l'objet est susceptible de produire des résultats utiles. Le conseil des manufactures doit surtout fixer son attention sur la question de savoir si l'invention pour laquelle on demande privilége ne contient pas elle-même quelque chose de nui·

sible à la santé et à la sécurité publiques. Si cela est nécessaire, le conseil, pour juger en connaissance de cause, peut
s'entendre avec le conseil médical.

129. — Lorsque le conseil des manufactures a reconnu que
l'objet pour lequel on demande le privilége est décrit avec la
précision, la clarté et les développements suffisants, et qu'il
n'existe pas de privilége antérieur pour le même objet au
profit d'une autre personne, et lorsqu'il s'est convaincu qu'il
ne renferme rien de nuisible à la santé publique ou qui puisse
préjudicier aux revenus impériaux, il prépare aussitôt un rapport au ministre des finances, auquel appartient la faculté de
délivrer les priviléges. Le même conseil indique en même
temps la durée du privilége, afin que les ordres nécessaires
soient rendus conformément aux règles établies. Si, au contraire, le conseil acquiert la certitude que la découverte pour
laquelle on demande un privilége a déjà été décrite ou pratiquée, il rejettera la demande, et, en outre, si la découverte
est reconnue préjudiciable à la santé et à la sécurité publiques, il adressera un avertissement écrit au pétitionnaire,
pour l'engager à ne point mettre cette découverte à exécution
et ne pas s'exposer à se voir appliquer les peines portées par
la loi. En même temps, les motifs de refus du privilége seront
publiés dans les journaux des deux capitales.

130. — Celui à qui l'on a refusé d'accorder un privilége à
raison du défaut de clarté et de précision, et de l'insuffisance
de la description, peut de nouveau présenter les éclaircissements et complément exigés, et s'ils sont reconnus suffisants,
on procède à la délivrance du privilége conformément aux
règles exposées ci-dessus.

131. — En cas de refus du privilége, le montant de la redevance fiscale déposée par le pétitionnaire lui est remis en
même temps, sans aucune retenue.

132. — Si, au moment de la production des pièces, différentes personnes demandent un privilége pour un même et
semblable objet, alors il y a lieu de refuser péremptoirement
le privilége. Il faut cependant excepter de cette règle le cas où

l'un des pétitionnaires pourrait prouver judiciairement que l'autre lui a dérobé son invention.

CHAP. III. — *De la durée des priviléges, et des taxes*.

133. — Les priviléges pour les découvertes, inventions et perfectionnements personnels aux privilégiés, sont, suivant la demande du pétitionnaire et avec l'assentiment du Gouvernement, délivrés pour trois, cinq ou dix ans au plus. Les priviléges pour l'introduction d'inventions connues déjà dans d'autres pays ne peuvent être délivrés que pour six ans ou pour le temps déterminé dans l'art. 122. — (22 novembre 1833, 6588, § 28).

134. — Le terme du privilége ne peut jamais être prolongé. — (*Ibidem*, § 19 et suivants).

135. — Le terme du privilége commence du jour où il a été signé, et l'action en vertu du privilége pour la poursuite des contrefaçons prend son commencement au jour de la délivrance du certificat constatant la présentation de la pétition pour obtenir le privilége. C'est pourquoi les certificats délivrés sont publiés dans les journaux publics des deux capitales.

136. — Les droits relatifs aux priviléges sont perçus conformément à la taxe ci-dessous :

1° Pour les découvertes, inventions et perfectionnements personnels :

Pour trois ans.	90 roubles.
— cinq ans.	150 —
— dix ans.	450 —

2° Pour l'introduction d'inventions étrangères :

Pour un an.	60 roubles.
— deux ans	120 —
— trois ans	180 —
— quatre ans.	240 —
— cinq ans.	300 —
— six ans	360 —

137. — Le privilége une fois délivré, les droits ne peuvent être en aucun cas restitués, quand bien même la durée du privilége viendrait à être abrégée exceptionnellement, ou quand même celui qui l'a obtenu n'aurait pas mis sa découverte en activité.

138. — Le revenu des taxes payées pour un privilége appartient au département qui l'aura délivré. Le département emploie ces sommes au paiement des dépenses pour la délivrance des priviléges et leur promulgation, et l'excédant, s'il y en a, est affecté à différentes acquisitions utiles, telles que livres, modèles, etc.

CHAP. IV. — *De la forme des priviléges et de leur publication.*

139. — Le privilége contient : 1° le nom des inventeurs ; 2° le jour de la présentation ; 3° la description et la découverte de l'invention et du perfectionnement, dans ses données principales et dans tous ses détails ; 4° le terme du privilége ; 5° le montant des taxes payées pour ce privilége ; 6° l'affirmation qu'il n'y a pas eu antérieurement de privilége délivré à une autre personne pour le même objet ; 7° l'avis que le Gouvernement ne garantit ni la propriété de la découverte, de l'invention ou du perfectionnement à la personne qui demande le privilége, ni le succès de l'invention ; 8° la signature du ministre au département duquel le privilége appartient ; 9° le timbre du département qui délivre le privilége ; 10° le contre-seing du directeur du département.

140. — Les priviléges sont écrits sur parchemin, dont le prix est prélevé sur les taxes.

141. — Chaque privilége, aussitôt après avoir été délivré, est publié, dans toute son étendue, dans les journaux du ministère auquel il appartient ; il est imprimé partiellement dans les nouvelles du Sénat et dans les feuilles publiques des deux capitales. Indépendamment de ce qui précède, les départements qui délivrent un privilége doivent, à la demande de tout requérant, communiquer les registres et permettre la recherche de toutes inventions nouvelles qui ont pu être privilégiées.

CHAP. V. — *Des devoirs de celui qui a obtenu un privilége.*

142. — Celui qui a obtenu un privilége doit dans le premier quart du temps qui lui est accordé, mettre en activité l'invention, la découverte ou le perfectionnement privilégié, et en prévenir le département qui lui a délivré le privilége.

143. — Si le possesseur du privilége demande à le céder à une autre personne, ou à s'associer quelqu'un pour l'exploitation, dans ce cas, des transactions à cet effet doivent intervenir entre les parties devant les tribunaux respectifs, conformément aux lois existantes ; la transaction effectuée, le premier possesseur du privilége en fait la notification au département qui la promulgue dans les nouvelles.

144. — Le propriétaire du privilége n'a pas le droit d'entrer en association avec une compagnie par actions, ou de le vendre à une telle compagnie, sans l'autorisation spéciale du Gouvernement.

145. — Lorsque le propriétaire d'un privilége pour une découverte, une invention ou un nouvel établissement, parvient à y introduire quelque modification essentielle tendant à perfectionner ou simplifier l'exécution, il peut demander un privilége séparé ; mais en tous cas, il devra faire connaître, par une description précise, au département qui lui aura délivré le privilége, en quoi consiste spécialement le perfectionnement.

146. — S'il est fait un perfectionnement à une invention privilégiée par un autre que le titulaire du privilége, il ne sera pas délivré de nouveau privilége à l'auteur du perfectionnement, à moins qu'il ne prouve qu'il s'est entendu avec le propriétaire du premier privilége sur les parties de l'invention qui lui reviennent ; mais à l'expiration du premier pri-

vilége, il peut en être délivré un autre pour la partie perfectionnée de l'invention.

147. — Après la délivrance des priviléges, dans les cas prévus par les art. 145 et 146, il est ordonné : 1° que pour les perfectionnements apportés par l'inventeur lui-même, les priviléges auront une durée au moins égale à celle du privilége qui protége l'invention principale ; 2° que l'action qui en découle ne sera pas liée à celle qui se fonde sur l'invention principale, en ce sens que le terme de cette dernière ne pourra être prolongé par ce fait que le privilége délivré pour le perfectionnement dure encore ; 3° que le terme du privilége accordé pour un perfectionnement imaginé par tout autre que l'inventeur, ne dépassera pas la moitié de celui dont jouissait cet inventeur.

148. — Les priviléges s'éteignent : 1° par l'expiration du terme ; 2° lorsqu'il est prouvé judiciairement que la découverte, l'invention ou le perfectionnement, pour lequel on a délivré le privilége, était avant la présentation de la pétition, déjà introduit dans l'empire russe, ou exposé dans une description suffisante, pour que l'exécution ou la mise en pratique en fût possible sans autres documents ; 3° lorsqu'il est prouvé judiciairement que la même découverte, l'invention ou le perfectionnement se trouvait déjà employé quelque part et sans privilége, sauf les cas d'introduction d'inventions étrangères réglés et autorisés par l'art. 122 ; 4° lorsqu'il est prouvé judiciairement que le titulaire du privilége a faussement donné pour sienne l'invention ou la découverte, et que le véritable inventeur a réclamé à ce sujet ; 5° s'il est reconnu dans la suite que la description présentée était incomplète, ou que les agents accessoires, mais essentiels à la production de l'objet privilégié, et indispensables pour amener les résultats espérés, ont été dissimulés, ou que, dans la pratique, on y a apporté des changements ou perfectionnements sans lesquels il était impossible d'atteindre le but que l'on s'est proposé, et qu'en général, la description n'est pas d'accord avec l'état actuel de l'invention ; 6° si le possesseur du privilége, aux

36

termes de l'art. 142, ne parvient pas à mettre en pleine activité l'invention pour laquelle il l'aura obtenu.

149. — Dans tous les cas énumérés ci-dessus, le département qui délivre le privilége, publie immédiatement, dans les nouvelles publiques des deux capitales, un sommaire du privilége, et dès lors, chacun a le droit absolu d'user de la découverte, de l'invention ou du perfectionnement qui en était l'objet.

Résumé de la législation russe sur les brevets d'invention.

§ 1. *Brevets.* Est brevetable toute découverte, invention ou perfectionnement d'un objet quelconque d'utilité publique, ou d'un procédé de fabrication dans les arts, les métiers et les manufactures.

Les brevets sont délivrés sans garantie du Gouvernement. La loi admet les brevets d'importation.

Quant aux brevets d'introduction, ils ne sont accordés qu'au cas d'utilité exceptionnelle, et en considération des frais qu'exige l'introduction de l'objet déjà connu, mais non breveté à l'étranger.

§ 2. *Formalités.* Le demandeur doit présenter au département des manufactures et du commerce intérieur, 1° une pétition contenant la désignation du terme du privilége demandé, et l'énonciation de l'utilité; 2° une description de l'objet pour lequel il demande le privilége, avec la spécification de tous ses détails essentiels, de ses avantages, et de la manière de l'employer, et avec les plans et dessins qui y sont relatifs. Si, pour plus d'éclaircissement, il est nécessaire d'ajouter un modèle à la description, le pétitionnaire est tenu de le fournir; 3° une quittance justificative du paiement de la taxe.

§ 3. *Durée.* Les brevets sont délivrés pour trois, cinq ou dix ans au plus. La durée des brevets d'importation ne peut s'étendre au-delà du temps accordé à l'étranger à l'inventeur lui-même, et dans tous les cas, ne peut excéder six années, à moins que l'importateur ne soit l'inventeur lui-même, auquel cas il peut obtenir un brevet de 10 ans.

§ 4. *Taxe.* Les droits à payer pour les découvertes, inventions ou perfectionnements personnels sont de : 90 roubles pour trois ans, de 150 pour cinq ans, de 450 pour dix ans. — Pour l'introduction d'inventions étrangères, la taxe est de : 60 roubles pour un an ; — 120 pour deux ans ; — 180 pour trois ans ; — 240 pour quatre ans ; — 300 pour cinq ans ; — 360 pour six ans.

§ 5. *Cession.* Les brevets peuvent être cédés en tout ou en partie. — Des associations peuvent être formées pour l'exploitation d'un brevet. Mais la loi interdit de traiter soit par la voie de la cession, soit par celle de l'association avec les compagnies par actions, sans l'autorisation spéciale du Gouvernement.

§ 6. *Déchéances.* Les causes de déchéance sont : 1° le défaut d'exploitation de la découverte avant l'expiration du quart du temps accordé pour la durée du privilége ; 2° le défaut de nouveauté ; 3° la preuve faite en justice que le titulaire du privilége a faussement donné pour sienne l'invention ou la découverte, et que le véritable inventeur a réclamé à ce sujet ; 4° l'insuffisance de la description ou la dissimulation des parties essentielles et indispensables pour la production du résultat annoncé. L'extinction ou la déchéance des brevets est annoncée dans les journaux.

§ 7. *Contrefaçon.* Le propriétaire du brevet a droit de poursuivre en justice les contrefacteurs et de réclamer contre eux des dommages-intérêts.

MARQUES DE FABRIQUE

(Digeste des ordonnances de police. — Liv. Iᵉʳ, tit. I. *Art.* 1158. Chap. 2, sect. 8 ; éd. de 1832.) L'application frauduleuse, sur des produits russes, des marques appartenant à d'autres fabricants sujets de l'Empire, est punie, conformément aux principes généraux du droit, des peines portées contre le faux, et la marchandise revêtue de la marque d'autrui est adjugée au fabricant dont la marque a été contrefaite.

1159. — L'application frauduleuse des marques russes sur des marchandises étrangères, entraîne la confiscation de ces marchandises et une condamnation à l'amende, et les coupables sont, en outre, passibles de la peine portée contre les contrefacteurs des plombs de la douane.

1160. — Il sera procédé de la même manière dans le cas où l'on aura appliqué, sur des produits russes, de faux plombs imitant ceux de la douane, afin de faire passer ces produits pour des marchandises de provenance étrangère.

1161. — Ni les sujets russes, ni les étrangers ne pourront alléguer l'ignorance de la loi.

Loi russe du 11 juillet 1864, concernant le droit de propriété des dessins et des modèles destinés à la reproduction dans les fabriques , usines et autres ateliers industriels (1).

ART. 1ᵉʳ. — L'inventeur d'un dessin ou d'un modèle destiné à la reproduction, dans les fabriques, usines et autres ateliers industriels, peut se faire garantir, pour un temps déterminé,

(1) Extrait de la revue le *Génie Industriel*, par MM. Armengaud frères.

le privilége d'employer et d'utiliser son invention. Est admis à jouir du même privilége, celui qui, par une voie légale, est devenu propriétaire des dessins ou modèles constituant l'invention.

a. Les étrangers sont tenus de remplir les prescriptions de cette loi, s'ils veulent jouir du privilége de l'exploitation de leurs dessins ou de leurs modèles.

b. Les dessins ou modèles composés dans les fabriques ou les usines par leurs dessinateurs ou modeleurs, *sont regardés, en règle générale, comme la propriété du fabricant, ou du propriétaire de l'usine.*

Art. 2. — Pour obtenir la propriété exclusive de dessins ou de modèles pour un temps déterminé, l'inventeur ou celui qui est devenu légalement propriétaire de l'invention, doit faire le dépôt légal avant de donner de la publicité à son invention, par la mise en vente ou l'exploitation des objets qui la reproduisent.

Art. 3. — Le dépôt est soumis aux formalités suivantes :

On doit adresser une pétition sur papier timbré au ministère des finances, section des manufactures et du commerce à Saint-Pétersbourg, ou à la même section de ce ministère, à Moscou. La pétition doit être accompagnée d'un exemplaire du dessin ou d'un dessin du modèle en double expédition.

La pétition doit spécifier si le demandeur est l'inventeur lui-même ou seulement le propriétaire de l'invention d'un autre.

a. Le ministre des finances peut permettre, s'il le juge nécessaire, de faire le dépôt dans d'autres sections de son ministère.

Art. 4. — La pétition est transcrite sur un registre spécial. Sur les deux exemplaires déposés, on inscrit :

1° Le numéro du registre ;

2° Le prénom, le nom et l'adresse du pétitionnaire ;

3° La date du dépôt des dessins ou modèles ;

4° La durée du privilége demandé.

L'un des exemplaires reste au ministère ; l'autre, portant

la signature ministérielle et le sceau du Gouvernement, est
délivré au titulaire avec un certificat constatant son privilége.
Ce certificat est délivré sur papier libre.

Art. 5. — Le dépôt d'un dessin ou d'un modèle, qui ne
constituerait pas une nouveauté, est nul de plein droit et de
nul effet.

Sont considérées comme n'ayant pas le caractère de la
nouveauté :

a. Toute contrefaçon ou imitation d'un produit étranger
livré au commerce.

b. Toute reproduction complète ou partielle d'un dessin ou
d'un modèle déjà déposés, de même grandeur, amplifiée, ou
réduite, sans distinction de la matière employée.

c. N'est pas considérée comme contrefaçon, la reproduction
en effigie d'un objet de sculpture, soit par la peinture ou le
dessin et leurs analogues, soit en impressions sur étoffes, soit
par l'industrie textile et réciproquement.

Art. 6. — Les dessins, croquis, modèles ou échantillons
sont conservés à Moscou au département des manufactures.
A l'expiration de l'année qui commence le jour du dépôt,
chacun peut aller consulter les pièces déposées.

a. Le titulaire du privilége peut demander que les pièces
déposées soient tenues au secret pendant un temps plus long,
mais qui ne peut excéder trois ans.

Art. 7. — Tous les ouvrages, qui reproduisent le dessin
ou modèle privilégié, devront porter dans un endroit appa-
rent, au moyen d'un cachet, d'un timbre ou d'un plomb, une
marque de fabrique conforme au modèle arrêté par le ministre
des finances. Cette marque indiquera la date de l'expiration
du privilége.

Art. 8. — Chaque fois que le propriétaire d'un dessin ou
modèle transmet son droit à sa propriété exclusive, il doit en
donner avis à la section des manufactures et du commerce,
ou à la section du conseil des manufactures à Moscou, suivant le lieu où le dépôt a été fait. Cette transmission est

enregistrée et, en outre, notée sur les exemplaires conservés par l'État.

ART. 9. — Le privilége date du jour du dépôt et sa durée est de *un* à *dix ans,* suivant le désir du pétitionnaire.

ART. 10. — Les droits perçus par l'État sont proportionnels à la durée du privilége et à raison de *cinquante kopeks par an* (deux francs).

ART. 11. — Ces droits se paient en faisant le dépôt et s'appliquent aux revenus de l'Empire.

ART. 12. — Quiconque appose sur ses produits *une marque de fabrique* du modèle adopté (art. 7), sans avoir préalablement fait le dépôt en se conformant aux articles 3 et 4, est passible d'une amende qui ne peut excéder *cinquante roubles.*

ART. 13. — Toute contrefaçon d'un produit breveté est passible d'une amende de *50 à 200 roubles.*

ART. 14. — Sans préjudice de l'amende énoncée en l'art. 13, le propriétaire privilégié du dessin ou du modèle contrefait, a le droit de poursuivre son contrefacteur en dommages et intérêts pour le préjudice porté à son exploitation.

Suivent deux articles fixant la procédure en la matière et qui a lieu dans la forme ordinaire.

Extrait du traité de commerce conclu entre la France et la Russie le 14 juin 1857.

Les hautes parties contractantes, désirant assurer dans leurs États une complète et efficace protection à l'industrie manufacturière de leurs sujets respectifs, sont convenues, d'un commun accord, que toute reproduction dans l'un des deux pays des marques de fabrique apposées dans l'autre sur certaines marchandises, pour constater leur origine et leur qualité, sera sévèrement interdite et réprimée, et pourra donner lieu à une action en dommages-intérêts valablement exercée par la partie lésée devant les tribunaux du pays où la contrefaçon aura été constatée. — Les marques de fabrique, dont les sujets de l'un des deux États voudraient s'assurer la pro-

priété dans l'autre, devront être déposées exclusivement,
savoir : les marques d'origine russe, à Paris, au greffe du
tribunal de la Seine, et les marques d'origine française, à
Saint-Pétersbourg, au département des manufactures et du
commerce intérieur.

SAXE

—

Extrait de la convention conclue le 19 mai 1856 entre la France et le royaume de Saxe, pour la garantie réciproque de la propriété des œuvres d'esprit et d'art, et des marques de fabrique.

ART. 19. — Les hautes parties contractantes désirant, en outre, protéger l'application à l'industrie manufacturière des travaux d'esprit et d'art, déclarent d'un commun accord que la reproduction, dans l'un des deux pays, des marques de fabrique apposées dans l'autre sur certaines marchandises, pour constater leur origine et leur qualité, sera assimilée à la contrefaçon des œuvres d'art, et que les dispositions relatives à la répression de ce délit, insérées dans la présente convention, seront également applicables à la reproduction desdites marques de fabrique. — Les marques de fabrique dont les sujets de l'un des deux États voudront s'assurer la propriété dans l'autre, devront être déposées exclusivement, savoir : les marques d'origine saxonne, à Paris, au greffe du tribunal de commerce de la Seine, et les marques de fabrique d'origine française, devant l'autorité compétente en Saxe pour recevoir ce dépôt, lorsqu'il sera effectué par des sujets saxons, en vertu des prescriptions légales.

SUÈDE

BREVETS D'INVENTION

Ordonnance royale du 19 août 1856.

(Exécutoire depuis le 1er octobre 1856.)

Nous Oscar, par la grâce de Dieu, roi de Suède, de Norwége, des Goths et des Vandales, savoir faisons : Que sur la demande respectueuse qui nous a été présentée par les États du royaume relativement à divers changements à faire à l'ordonnance du 13 décembre 1834, concernant les brevets d'invention, et conformément au projet fait sous l'influence de l'expérience acquise et présenté par notre collége du commerce, et après examen convenable, nous avons jugé à propos, par cette nouvelle ordonnance, de fixer le mode à suivre et les conditions à remplir pour obtenir une *patente* ou lettre d'autorisation donnant la faculté d'exploiter exclusivement pendant un temps déterminé, les nouvelles inventions industrielles et artistiques, et leurs perfectionnements. En conséquence, nous avons arrêté ce qui suit :

§ 1er. — Le brevet donne à son possesseur, pour la période de temps qui a été fixée, le droit exclusif d'exploiter, seul ou par d'autres, dans tout le royaume, son invention, de faire les fabrications mentionnées dans le brevet, de les mettre en vente, en se conformant aux lois concernant la fabrication et la vente des marchandises, sans être obligé toutefois, pour jouir de ce droit, d'acquérir la maîtrise et le droit de bourgeoisie. — Le brevet doit être considéré comme la propriété légale du breveté; c'est pourquoi il peut être transmis, par héritage et par toute espèce de traité légal, à une autre personne, avec le droit que possédait le breveté.

§ 2. — On peut obtenir un brevet : — 1° Pour des inventions nouvelles concernant l'industrie ou les arts; — 2° Pour des perfectionnements apportés à des inventions plus anciennes du même genre, toutefois sans empiéter sur des brevets accordés antérieurement.

Il ne sera pas accordé de brevet pour les préparations médicinales, ou pour les inventions dont l'usage serait évidemment contraire aux lois existantes, à la sécurité publique ou aux bonnes mœurs. — Personne ne pourra non plus obtenir, moyennant un brevet, le droit exclusif d'employer un nouveau *principe*, mais seulement de faire usage de la manière et du moyen de s'en servir pour une invention nouvelle, indiquée et décrite par la personne qui demande le brevet.

§ 3. — Le brevet est accordé au moins pour trois ans, et au plus pour quinze ans, suivant la nature ou l'importance de l'invention.

§ 4. — L'inventeur, qu'il soit Suédois ou étranger, peut seul, en se conformant à ce qui précède, obtenir un brevet.

§ 5. — Si un inventeur a obtenu un brevet pour son invention à l'étranger, et si, par cette raison, il a été obligé de faire connaître publiquement les procédés qu'il emploie afin de prévenir toute erreur, il n'en pourra pas moins obtenir dans notre royaume un brevet pour un certain temps, selon le paragraphe 3, mais qui ne pourra se prolonger au delà de l'époque déterminée dans le brevet obtenu en pays étranger.

§ 6. — L'inventeur qui désire un brevet en fait la demande à notre collége du commerce, et y joint, en même temps que l'annonce de l'invention dont il s'agit, une explication nette, indiquant jusqu'à quel point cette invention est nouvelle, ou si elle est le perfectionnement d'une invention déjà exploitée; il dira aussi pour combien de temps il désire jouir du droit

que le brevet lui accorde. Il y joindra une description exacte
de son invention, des procédés employés, ainsi que des dessins exacts, ou des modèles, quand cela sera nécessaire. Cette
description et ces dessins doivent être remis au collége du
commerce, sous enveloppe cachetée, laquelle ne sera ouverte
qu'au moment où l'on s'occupera de l'examen de la demande
du brevet, après quoi ils seront conservés dans le collége du
commerce, afin d'être à la disposition de ceux qui désireront
en prendre connaissance.

Si le demandeur ne peut remettre immédiatement une description complète de son invention, il l'annoncera dans sa
demande. Le collége du commerce accorde alors au demandeur, par l'extrait du protocole qui doit être publié dans
l'affiche, un délai d'un mois à partir du jour de l'affichage,
pour remettre cette description, et diffère pendant ce temps
sa décision relativement au brevet. — Si l'inventeur ne remet
pas la description dans cet intervalle, sa demande est considérée comme non avenue, ce qui n'empêche pas le demandeur
de présenter au collége du commerce une nouvelle demande
pour la même invention.

La demande de brevet, dont il s'agit dans cet article, doit,
si le demandeur n'habite pas dans le royaume, être remise
par un mandataire établi en Suède, qui indiquera son nom et
son domicile au collége du commerce, afin que celui-ci puisse
les inscrire. Ce mandataire, si la demande doit être examinée, remettra en outre au collége du commerce la procuration écrite que lui aura donnée le demandeur, afin de parler
et répondre en son nom au sujet de tout ce qui concerne son
brevet.

§ 7. — Quand tous les actes indiqués dans l'article précédent ont été remis au collége du commerce, celui-ci examine
l'affaire et délivre, s'il n'y a pas empêchement, le brevet demandé. Dans ce brevet doivent être mentionnés les principaux
passages de la demande de l'inventeur ; la description donnée,
avec renvois aux dessins et modèles, s'il en a présenté; la
durée du brevet; le droit concédé par ce brevet, et les obli-

gations imposées au breveté pour jouir des droits que lui
donne son brevet. Le brevet contiendra, en outre, la déclaration qu'il ne doit pas être considéré comme donnant la certitude que l'invention est nouvelle, ou qu'on peut l'exploiter
avec avantage.

§ 8. — Si deux ou plusieurs demandes de brevet sont
présentées pour des inventions du même genre, le brevet sera
accordé à la première qui aura été remise au collège du
commerce avec les actes complets qui doivent accompagner
ces demandes.

§ 9. — Quand le brevet est prêt à être remis au breveté,
on doit le faire connaître par une affiche posée dans la pièce
extérieure du collège du commerce. Le brevet est daté du jour
où cette formalité a été remplie, et sa durée compte de ce jour.

§ 10. — Le breveté est tenu : — 1° De donner connaissance publiquement de son brevet, en le faisant insérer en
entier, trois fois, dans le journal officiel : *Post och Inrikes
tidningar* (Nouvelles des postes et de l'intérieur). Cette publication doit être faite dans l'espace de deux mois, à partir
du jour où le brevet a été affiché. — 2° De faire savoir dans
le courant de deux années au collège du commerce, si l'invention brevetée est en pleine exploitation. Ce laps de temps
peut cependant être limité à une année par le collège du
commerce, comme aussi, sur la demande à lui adressée, il
peut le prolonger au plus jusqu'à quatre années, si la nature
et le développement de l'invention y donnent lieu. — 3° De
donner l'assurance chaque année, pendant toute la durée du
brevet, que l'invention brevetée continue à être exploitée.

§ 11. — Si le breveté désire transmettre son brevet à une
autre personne, il l'annonce au collège du commerce qui
donnera une résolution à ce sujet; il instruira le nouveau
breveté des obligations qu'il a à remplir pour conserver ses
droits. — Si cette transmission de brevet est faite à une personne établie hors du royaume, elle doit indiquer un fondé
de pouvoir, en la manière indiquée en l'article 6.

§ 12. — Si le brevet a été accordé à une invention d'une

nature quelconque exploitée déjà par une personne brevetée ou autre dans le royaume; ou bien si le breveté a donné une description fausse, ou tellement incomplète des moyens et procédés employés par lui dans l'exploitation de son invention qu'elle ne puisse servir pour juger la nature vraie de l'invention, ou si le breveté s'est présenté faussement comme l'inventeur; si une invention brevetée peut être nuisible à la sécurité ou à la salubrité publique; si elle contient quelque chose de contraire aux mœurs; alors tout individu qui croit son droit lésé par ce brevet, ou se pose en accusateur public quand le bien public l'exige, peut attaquer le brevet accordé devant le tribunal du domicile du breveté, ou, si celui-ci habite l'étranger, de son fondé de pouvoir; et le tribunal, dans le cas où l'une des circonstances ci-dessus se trouverait justifiée, déclarera le brevet annulé. — Dans ce cas, un exemplaire de l'arrêt est envoyé immédiatement au collège du commerce, qui, lorsque l'arrêt a acquis force de loi, doit agir conformément à l'article 6.

§ 13. — Si le breveté, après avoir reçu son brevet, prétend qu'une autre personne exploite illégalement l'invention brevetée, il l'assignera devant le tribunal de sa juridiction pour justifier son dire. Si le breveté peut prouver qu'on empiète sur son droit, de la manière indiquée par lui, la personne qui lui a causé ce préjudice payera une amende, la première fois, de 100 à 200 riksdalers, monnaie du royaume (1), et, dans le cas de récidive, de 200 à 400 riksdalers, même monnaie, en donnant chaque fois une indemnité complète au breveté pour le dommage à lui causé; une moitié de l'amende est remise au breveté, qui a seul le droit d'intenter un procès de ce genre; l'autre moitié est donnée aux pauvres de la paroisse du condamné. — Dans le cas où le condamné n'aurait pas le moyen de payer l'amende, cette peine serait changée en prison simple, conformément aux bases indiquées dans la loi, pour les changements de ce genre.

(1) Le riksdaler vaut 1 fr. 75 c. de notre monnaie.

§ 14. — Si, lors d'une accusation d'empiétement des droits d'un breveté portée devant le tribunal, il se trouvait que l'invention pour laquelle un brevet a été accordé était connue dans le royaume et exploitée avant la demande du brevet adressée au collége du commerce, ou si le breveté a présenté une description fausse de l'invention, ou tellement incomplète des procédés et moyens employés pour son exploitation, qu'on ne puisse y trouver une direction suffisante pour bien juger de la véritable nature de cette invention, ou si le breveté s'est présenté faussement comme inventeur, le défendeur sera renvoyé des fins de la plainte.

§ 15. — Le droit du breveté s'annule et se perd : — 1° S'il a négligé de remplir l'une des obligations qui lui sont imposées par l'article 10. — 2° Si, par suite de l'accusation mentionnée dans l'article 12, le tribunal déclare le brevet annulé.

§ 16. — Lorsque le breveté sera déchu de son droit, ou que la durée du brevet sera expirée, le collége du commerce annoncera dans le journal officiel (*Post och Inrikes tidningar*) que la force et l'effet du brevet sont expirés.

§ 17. — Toutes les fois que dans notre ordonnance royale il est question de mois pour la fixation de diverses obligations, ces mois, dans l'application, seront toujours comptés à raison de trente jours.

§ 18. — Cette ordonnance sera en vigueur à partir du 1er octobre prochain, époque à laquelle nos ordonnances royales sur cette matière, du 13 décembre 1834, et du 30 décembre 1841, seront abrogées, toutefois sans annuler la force des brevets accordés ni les plaintes déposées avant sa mise en vigueur au collége du commerce, et qui seront examinées et jugées dans l'ordre suivi, et conformément aux lois en vigueur jusqu'à ce jour.

Que chacun ait à s'y conformer. En foi de quoi nous l'avons signé de notre nom et scellé de notre sceau royal.

OSCAR.

Château de Stockholm, 19 août 1856.

SUÈDE ET NORWÉGE

Extrait du traité de commerce du 14 février 1865 entre la France et les royaumes-unis de Suède et de Norwége.

ART. 12. — En ce qui concerne les marques ou étiquettes de marchandises ou de leurs emballages, les dessins et marques de fabrique ou de commerce, les sujets de chacun des Etats respectifs jouiront, dans l'autre, de la même protection que les nationaux. — Il n'y aura lieu à aucune poursuite à raison de l'emploi, dans l'un des pays, des marques de fabrique de l'autre, lorsque la création des marques dans le pays de provenance des produits, remontera à une époque antérieure à l'appropriation de ces marques, par dépôt ou autrement, dans le pays d'importation.

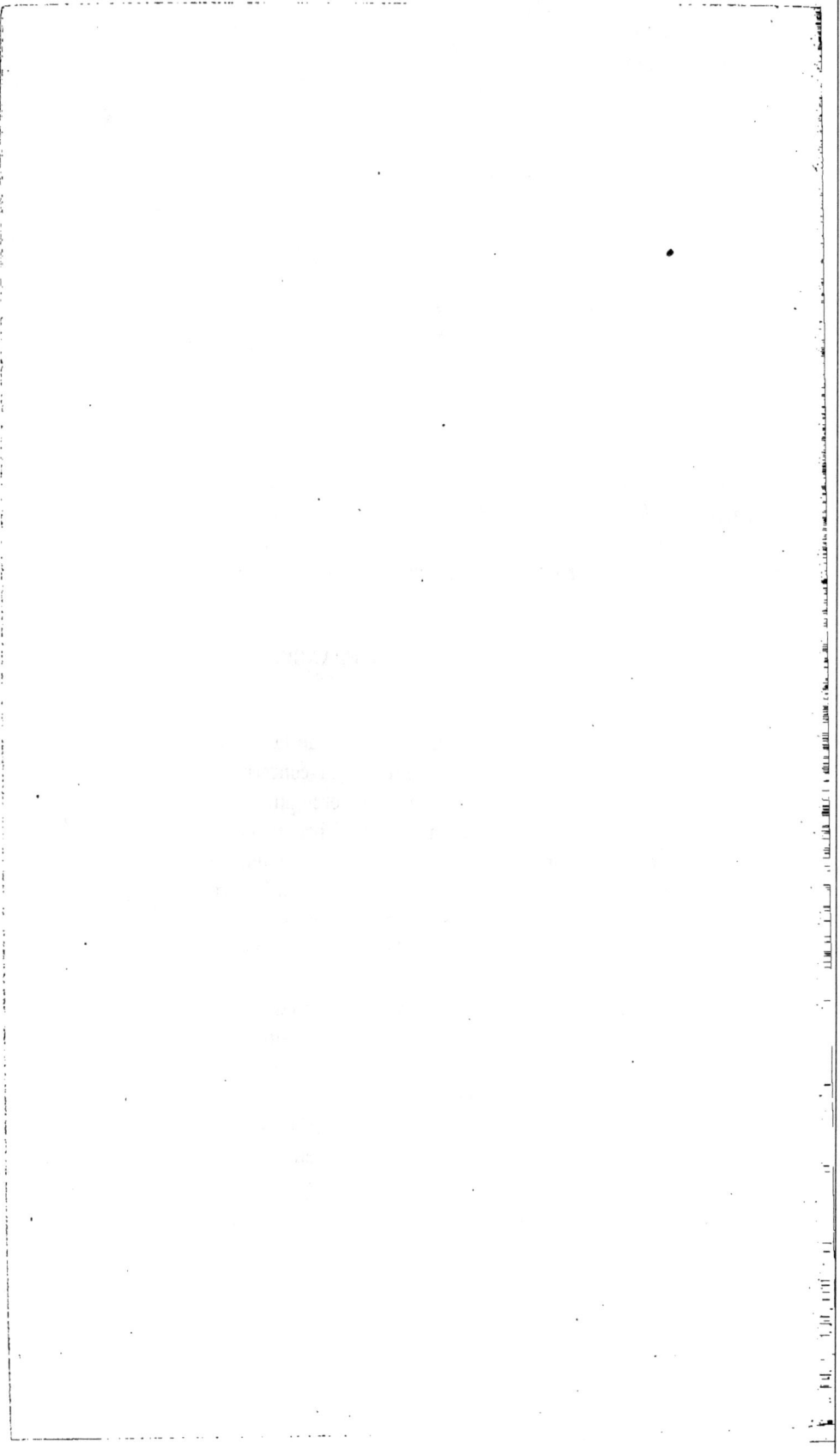

SUISSE

Extrait de la convention conclue le 30 juin 1864 entre la France et la Confédération Suisse pour la garantie réciproque de la propriété littéraire, artistique et industrielle.

DISPOSITIONS APPLICABLES EN FRANCE.

Art. 14. — Les Suisses jouiront en France de la même protection que les nationaux, pour tout ce qui concerne la propriété des marques de fabrique et de commerce, ainsi que des dessins de fabrique. — Si la marque de fabrique et de commerce ou le dessin de fabrique appartient au domaine public en Suisse, il ne pourra être l'objet d'une jouissance exclusive en France. — Les droits des ressortissants suisses ne sont pas subordonnés en France à l'obligation d'y exploiter les dessins de fabrique.

Art. 15. — Les Suisses ne pourront revendiquer en France la propriété exclusive d'une marque ou d'un dessin, s'ils n'ont déposé, pour la marque, deux exemplaires au greffe du tribunal de commerce de la Seine, et, pour les dessins de fabrique, une esquisse ou un échantillon au secrétariat du conseil des Prud'hommes des tissus à Paris, qui se chargera de transmettre aux consuls compétents, ceux des dessins dont il ne serait pas autorisé à conserver le dépôt.

DISPOSITIONS APPLICABLES EN SUISSE.

Art. 17. — Les dispositions (de l'article 14) recevront également à titre de réciprocité, leur application en Suisse, pour la protection de la propriété, dûment acquise en France, des marques et dessins de fabrique et de commerce.

Art. 19. — Le dépôt prescrit par l'article 15 pour l'acquisition de la propriété des marques et dessins de fabrique ou de commerce se fera au bureau du département fédéral de l'intérieur, à Berne..

Art. 29. — Sont considérés comme marques de fabrique ou de commerce les noms sous une forme distinctive, les dénominations, emblèmes, empreintes, timbres, cachets, vignettes, reliefs, lettres, chiffres, enveloppes, et tous autres signes servant à distinguer les produits d'une fabrique ou les objets d'un commerce.

Art. 30. — Le dépôt effectué conformément à la prescription de l'art. 19 n'assurera la propriété des marques de fabrique en Suisse que pour 15 années. Mais la durée de ce droit pourra toujours être prolongée pour une nouvelle période de 15 ans, au moyen d'un nouveau dépôt.

Art. 34. — Toutes les dispositions relatives aux marques de fabrique et de commerce sont applicables aux vins, eaux-de-vie et autres boissons, aux bestiaux, graines, farines, et généralement à tous les produits de l'agriculture.

Art. 36. — Il est perçu un droit de cinq francs pour le dépôt de chaque marque de fabrique et de commerce.

Art. 37. — Le dépôt des dessins de fabrique, effectué conformément à l'art. 19, assurera la propriété des déposants pour un, deux ou trois ans, suivant leur déclaration et à compter de sa date; mais la durée de ce droit pourra toujours être prorogée pour une nouvelle période de trois ans, au moyen d'un nouveau dépôt.

Art. 38. — Le déposant pourra faire son dépôt, soit ouvertement, certifié de sa signature et de son cachet, soit sous enveloppe cachetée. Dans ce dernier cas, l'enveloppe contenant le dessin ou l'échantillon ne pourra être ouverte qu'un an après l'acte de son dépôt. — Après ce terme, il sera permis de prendre inspection des échantillons ou dessins déposés. L'enveloppe pourra, à toute époque, et sur la réquisition du déposant, être ouverte, ou, en cas de contestation, en vertu d'une ordonnance judiciaire.

Art. 39. — Le dépôt sera considéré comme non avenu dans les cas suivants : 1° Si le dessin n'est pas nouveau ; 2° si, antérieurement au dépôt, des produits fabriqués sur le dessin déposé ont été livrés au commerce.

Art. 40. — Sera déchu du droit résultant du dépôt le déposant qui n'aura pas exploité en France le dessin faisant l'objet du dépôt, dans le cours des deux années qui auront suivi ledit dépôt.

VILLES ANSÉATIQUES

—

Extrait du traité de commerce conclu le 4 mars 1865, entre la France et les villes libres et anséatiques de Bréme, Hambourg et Lubeck.

DESSINS ET MARQUES DE FABRIQUE

Art. 24. — Pendant la durée du présent traité, la propriété des marques de fabrique et de commerce, sous quelque forme et nom que ce soit, ainsi que les étiquettes de marchandises et emballages de toute espèce, appartenant aux sujets et citoyens de l'une ou l'autre des hautes parties contractantes, sera réciproquement protégée. — Toute contrefaçon, imitation ou emploi abusif desdites marques, étiquettes et emballages pourra être poursuivi devant les tribunaux compétents par les parties lésées ou leurs ayant-droit.

Pour jouir de la protection stipulée par le premier alinéa du présent article, les sujets et citoyens de hautes parties contractantes devront fournir aux tribunaux compétents, la preuve d'avoir fait le dépôt des marques, étiquettes et emballages qui leur appartiennent, savoir : Les sujets français dans les villes anséatiques, au tribunal de commerce de chacune d'elles, et les citoyens des villes anséatiques en France, au greffe du tribunal de commerce ou du conseil des Prud'hommes. (Les marques de fabrique doivent se déposer au tribunal de commerce et les dessins et modèles au conseil des Prud'hommes).

Quant aux dessins et modèles industriels appartenant aux sujets et citoyens de l'une ou l'autre des hautes parties contractantes, ils jouiront réciproquement de la protection que les lois respectives accordent actuellement ou accorderont par la suite aux dessins et modèles industriels des nationaux.

ART. 25. — Le présent traité restera en vigueur pendant 12 annés, à partir de sa mise à exécution.

WURTEMBERG

BREVETS D'INVENTION

La matière des brevets d'invention est régie en Wurtemberg par les principes généraux adoptés par le Zollverein et en outre par divers règlements et ordonnances, notamment un règlement du 5 août 1836, une loi du 29 juin 1842, et une ordonnance du 30 novembre 1848, dont voici les principales dispositions :

§ 1. *Brevets.* — La loi admet les brevets d'invention et d'importation. Pour que l'invention soit brevetable, il faut qu'elle existe comme application pratique et qu'elle ait été mise à exécution. — Les brevets d'importation ne sont concédés qu'à la condition que la découverte soit déjà protégée dans un autre pays. Rappelons que d'après une disposition qui concerne également les autres états du Zollverein, le droit exclusif concédé aux étrangers n'a pas d'empire sur les objets importés, et qu'il est restreint à la seule exploitation dans le royaume.

§ 2. *Formalités.* — La demande est adressée au ministère

de l'intérieur, et déposée au bailliage d'un des districts du royaume, où un certificat provisoire est délivré. Elle peut être faite par un tiers, muni du pouvoir de l'inventeur. On doit y joindre un mémoire descriptif, et, s'il y a lieu, des dessins figurant l'objet de la découverte.

§ 3. *Examen.* — Lorsqu'il a déjà été délivré un brevet pour la même invention, ou lorsque le brevet, dans le cas où il s'agit d'une importation, est relatif à une invention déjà exécutée dans le royaume, la demande de privilége est refusée.

§ 4. *Durée.* — La durée des brevets ne peut dépasser dix ans. Une loi spéciale est nécessaire pour une plus longue durée.

§ 5. *Taxe.* — La taxe annuelle est de 25 florins.

§ 6. *Cession.* — Le breveté peut céder son privilége à un tiers, sans avoir à remplir aucune formalité.

§ 7. *Nullités.* — Le brevet est nul ou déchu : 1° Lorsque l'objet de l'invention a reçu une publicité antérieure à la demande du privilége; 2° Lorsque la description n'est pas complète; 3° Lorsque le propriétaire du brevet n'a pas mis son invention à exécution deux ans après la délivrance de son brevet, ou lorsqu'il en a suspendu l'exécution commencée, sans pouvoir prouver, dans les deux cas, qu'il y a eu force majeure; 4° Lorsque l'objet breveté cesse d'être en usage dans le pays.

§ 8. *Contrefaçon.* — Le contrefacteur est puni de la confiscation des objets fabriqués, des instruments ou appareils de fabrication, au bénéfice du propriétaire du brevet; de plus, il est tenu de payer à ce dernier la valeur des objets vendus en contrefaçon. Si le contrefacteur est de bonne foi, il lui est fait une simple défense d'avoir à se servir des procédés brevetés, sous peine de l'application des dispositions précitées. — Mais le propriétaire du brevet ne peut s'opposer à la vente de con-

trefaçons de son procédé, quand le vendeur n'a pas participé
à la production ou à l'importation des objets contrefaits.

MARQUES DE FABRIQUE.

D'après le règlement du 5 août 1836, chaque fabricant est
tenu de marquer ses produits. — Un exemplaire de la marque
doit être déposé à l'administration, soit du lieu du domicile
du fabricant, soit du lieu où est situé son établissement. La
contrefaçon des marques est punie des peines du faux.

CONVENTIONS INTERNATIONALES

Aux termes du traité de commerce conclu le 2 août 1862,
entre la France d'une part, la Prusse et les états du Zollverein
d'autre part, les Français jouissent en Wurtemberg pour
leurs dessins et leurs marques de fabrique, de la même protection que les nationaux, sous la seule condition d'appropriation desdits dessins ou marques, par l'observation des
formalités prescrites dans chaque pays.

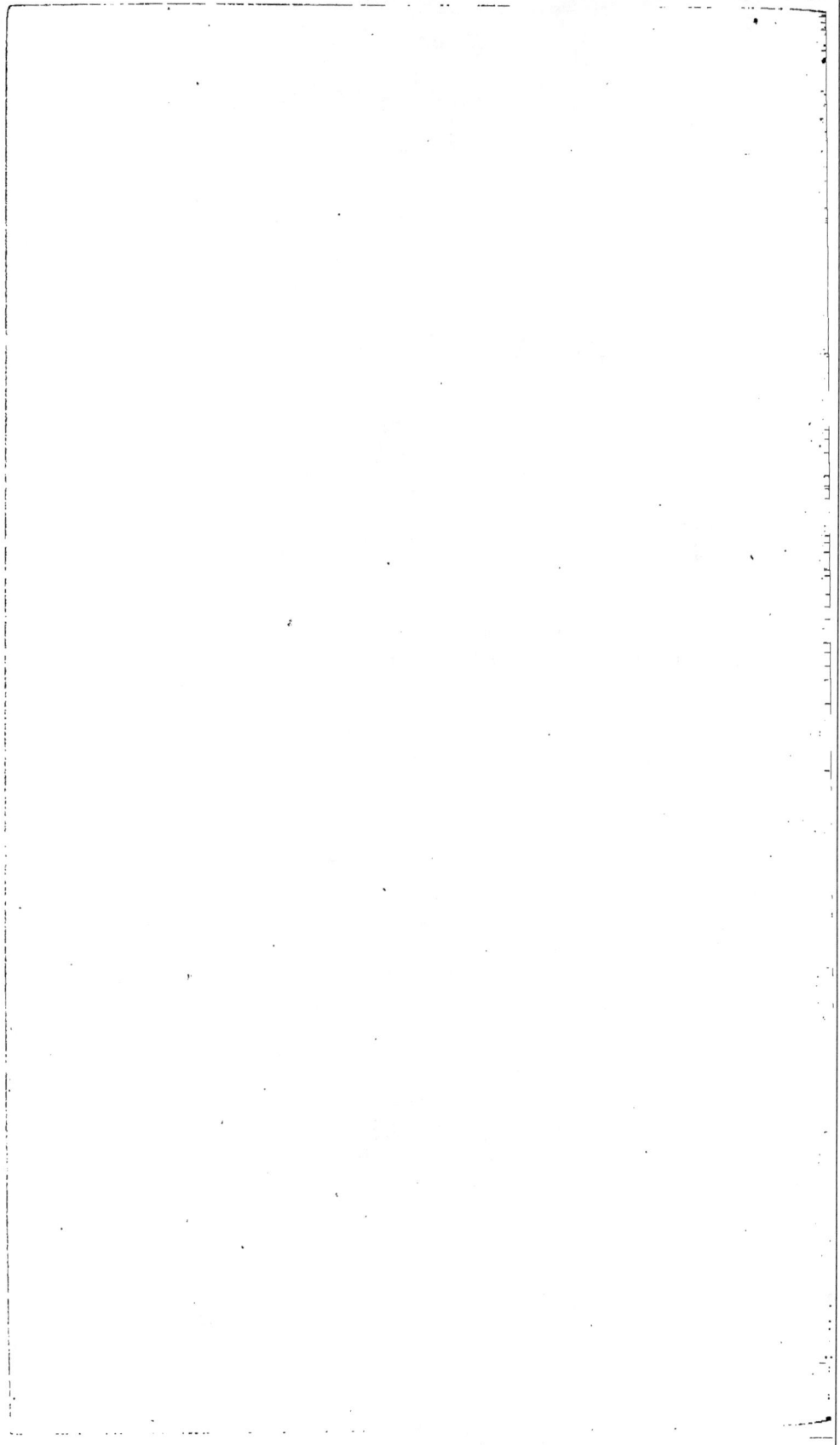

APPENDICE

La Grèce, la Suisse et la Turquie sont les seuls États de l'Europe qui n'aient pas de lois relatives aux brevets d'invention.

En Grèce et en Turquie, le seul moyen de faire protéger la propriété d'une invention nouvelle, serait de demander un privilége au Souverain; mais ce moyen nécessite tant de démarches et de dépenses, qu'il est extrêmement rare qu'on l'ait employé.

Quant aux dessins et aux marques de fabrique, on a vu qu'ils étaient aujourd'hui protégés en Suisse par une convention internationale, en date du 30 juin 1864. En Grèce, les dessins de fabrique sont protégés par l'article 432 du Code pénal du 30 décembre 1833. D'après cet article, la propriété artistique et industrielle n'a qu'une durée de quinze années. Celui qui, avant l'expiration de ce laps de temps, reproduit, par l'impression ou par tout autre procédé, l'œuvre d'autrui, est passible d'une amende de 100 à 2,000 drachmes (180 à 1,800 francs). On peut solliciter du Souverain un privilége plus étendu. Dans ce cas, le chiffre de l'amende peut être fixé par le privilége. La partie lésée peut arrêter la circulation des contrefaçons en les faisant saisir.— L'article 433 du même code porte que les dispositions de l'article précédent s'appliquent à un étranger, lors même qu'il n'aurait pas obtenu un privilége spécial, si l'état auquel cet étranger appartient garantit aux sujets grecs un droit semblable.

TABLE ANALYTIQUE DES MATIÈRES

BREVETS D'INVENTION.

	Pages.
Loi du 5 juillet 1844 sur les brevets d'invention...............	1
Explication de la loi. Principes généraux....................	13
De ce qui peut être l'objet d'un brevet......................	15
Produits pharmaceutiques. Plans et combinaisons de crédit et de finance...	17
De la durée des brevets.................................	ibid.
Des formalités à remplir pour l'obtention d'un brevet...........	ibid.
De la délivrance des brevets..............................	20
Des certificats d'addition	21
De la transmission et de la cession des brevets......	23
De la communication et de la publication des descriptions et dessins de brevets.................................	26
Des droits des étrangers.................................	27
Des nullités et déchéances et des actions y relatives............	28
Des actions en nullité et en déchéance......................	37
De la contrefaçon, des poursuites et des peines...............	41
Dispositions particulières et transitoires.....................	57

ANNEXES.

Circulaire du ministre de l'agriculture et du commerce aux préfets des départements...................................	58
Loi du 2 mai 1855, garantissant jusqu'au 1er mai 1856 les inventions industrielles et les dessins de fabrique admis à l'Exposition universelle de 1855...............................	65
Arrêté du 21 octobre 1848, réglant l'application dans les colonies de la loi du 5 juillet 1844.............................	66
Décret du 5 juillet 1850 qui déclare la loi du 5 juillet 1844, sur les brevets d'invention, applicable à l'Algérie...............	67
Départements annexés. Décret du 11 août 1860...............	68
Loi (relatée dans le commentaire) relative aux modèles de machines et autres objets fabriqués à l'étranger.............	36

DESSINS ET MODÈLES DE FABRIQUE.

	Pages.
Loi du 18 mars 1806	70
Ce qu'on entend par dessin de fabrique	71
Qualités nécessaires au dessin de fabrique pour pouvoir être l'objet d'une propriété industrielle	78
Du dépôt	84
De la contrefaçon	91
Des tribunaux compétents	96
De la preuve de la contrefaçon	97

MARQUES DE FABRIQUE.

Loi sur les marques de fabrique et de commerce	105
Principes généraux	111
Du droit de propriété des marques	114
Des formalités à remplir pour conserver la propriété des marques	117
Dispositions relatives aux étrangers	121
Pénalités	123
Juridictions	128
Dispositions générales ou transitoires	132
Annexes	135

SECRETS DE FABRIQUE.

Secrets de fabrique	161

NOMS COMMERCIAUX ; ENSEIGNES ET AUTRES DÉSIGNATIONS D'ÉTABLISSEMENTS OU PRODUITS INDUSTRIELS ET COMMERCIAUX.

Loi du 28 juillet 1824 relative à la propriété des noms	166
De la concurrence déloyale par l'usage des noms commerciaux	167
De l'action en contrefaçon	178
Du nom des villes	183
Des enseignes	191
Dénomination de produits et marchandises	203
Étiquettes, enveloppes, boîtes, flacons	208
Couleur, dimension, forme d'une marchandise	211

SUPPLÉMENT

—

LÉGISLATION FRANÇAISE

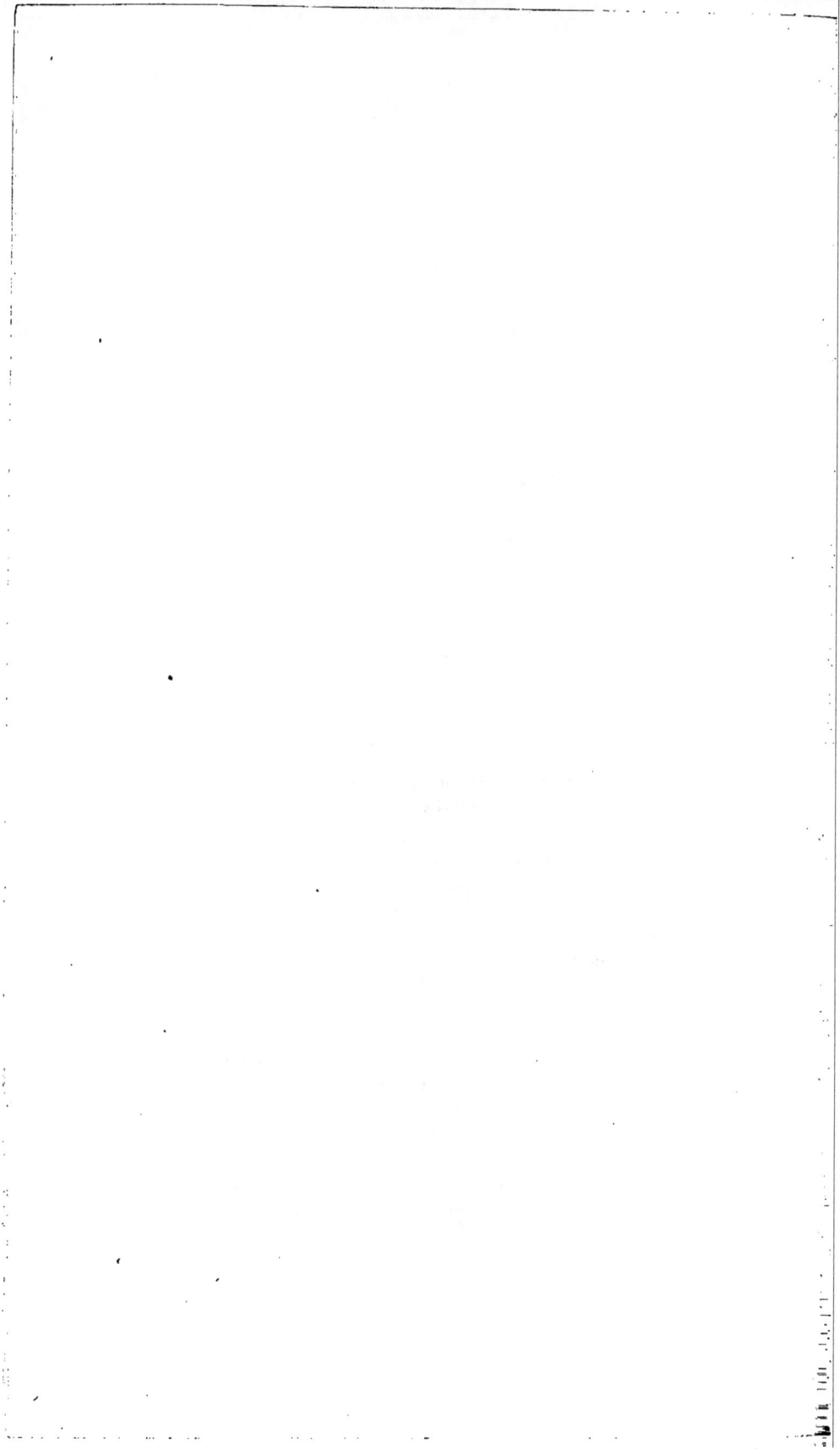

SUPPLÉMENT

—

LÉGISLATION FRANÇAISE

——

*Loi du 3 avril 1867, relative à la garantie des inventions suscep-
tibles d'être brevetées et des dessins de fabrique qui seront
admis à l'Exposition universelle.*

(Adoptée par le Corps législatif le 27 mars 1867; approuvée par le Sénat le
2 avril. — Promulguée le 3 avril et insérée au *Moniteur* le 4 avril.)

ARTICLE PREMIER. — Tout Français ou étranger, auteur soit d'une
découverte ou invention susceptible d'être brevetée, aux termes de la
loi du 5 juillet 1844, soit d'un dessin de fabrique qui doive être déposé,
conformément à la loi du 18 mars 1806, ou ses ayants-droits, peuvent,
s'ils sont admis à l'Exposition universelle, obtenir de la Commission
impériale de l'Exposition un certificat descriptif de l'objet déposé. — La
demande de ce certificat doit être faite dans le premier mois, au plus
tard, de l'ouverture de l'Exposition.

ART. 2.—Ce certificat assure, à celui qui l'obtient, les mêmes droits
que lui conférerait un brevet d'invention ou un dépôt légal de dessin
de fabrique, à dater du jour de l'admission par l'autorité française ou
étrangère chargée de ce service, jusqu'au 1ᵉʳ avril 1868, lors même que
cette admission serait antérieure à la promulgation de la présente loi,
et sans préjudice du brevet que l'exposant peut prendre ou du dépôt
qu'il peut opérer avant l'expiration de ce terme.

ART. 3.—Les demandes de certificats doivent être accompagnées d'une
description exacte de l'objet à garantir, et, s'il y a lieu, d'un plan ou
d'un dessin dudit objet. — Ces demandes, ainsi que les décisions prises

par la Commission impériale, seront inscrites sur un registre spécial, qui sera ultérieurement déposé au ministère de l'agriculture, du commerce et des travaux publics. — La délivrance de ce certificat est gratuite

Loi du 23 mai 1868, relative à la garantie des inventions susceptibles d'être brevetées et des dessins de fabrique qui seront admis aux expositions publiques, autorisées par l'administration dans toute l'étendue de l'empire.

(Promulguée le 25 mai 1868. XI° S. Bull. MDLXXXIX, n° 15983.)

ARTICLE PREMIER.— Tout Français ou étranger auteur soit d'une découverte ou invention susceptible d'être brevetée aux termes de la loi du 5 juillet 1844, soit d'un dessin de fabrique qui doive être déposé conformément à la loi du 18 mars 1806, ou ses ayant-droits peuvent, s'ils sont admis dans une exposition publique autorisée par l'administration se faire délivrer par le préfet ou le sous-préfet, dans le département ou l'arrondissement duquel cette exposition est ouverte, un certificat descriptif de l'objet déposé.

ART. 2. — Ce certificat assure à celui qui l'obtient les mêmes droits que lui conférerait un brevet d'invention ou un dépôt légal de dessin de fabrique, à dater de l'admission jusqu'à la fin du troisième mois qui suivra la clôture de l'exposition, sans préjudice du brevet que l'exposant peut prendre, ou du dépôt qu'il peut opérer avant l'expiration de ce temps.

ART. 3. — La demande de ce certificat doit être faite dans le premier mois, au plus tard, de l'ouverture de l'Exposition. — Elle est adressée à la préfecture ou à la sous-préfecture et accompagnée d'une description exacte de l'objet à garantir, et, s'il y a lieu, d'un plan ou d'un dessin dudit objet. — Les demandes, ainsi que les décisions prises par le préfet ou le sous-préfet, sont inscrites sur un registre spécial, qui est ultérieurement transmis au Ministère de l'Agriculture, du Commerce et des Travaux publics, et communiqué sans frais, à toute réquisition. — La délivrance du certificat est gratuite.

Décret impérial portant promulgation de la convention conclue le 16 avril 1869, entre la France et les Etats-Unis d'Amérique pour la garantie de la propriété des marques de fabrique.

Napoléon, — Par la grâce de Dieu et la volonté nationale, Empereur des Français, — A tous présents et à venir, salut ;

Sur la proposition de notre Ministre des Affaires étrangères.

Avons décrété et décrétons ce qui suit :

ARTICLE PREMIER. — Une convention ayant été conclue, le 16 avril 1869, entre la France et les Etats-Unis d'Amérique pour assurer la garantie de la propriété des marques de fabrique, et les ratifications de cet acte ayant été échangées à Washington le 3 juillet 1869, ladite convention, dont la teneur suit, recevra sa pleine et entière exécution.

CONVENTION.

S. M. l'Empereur des Français et les Etats-Unis d'Amérique, désirant assurer sur leurs territoires respectifs la garantie de la propriété des marques de fabrique, ont résolu de conclure à cet effet une convention spéciale et ont nommé pour leurs plénipotentiaires, savoir : — S. M. l'Empereur des Français, le sieur J. Berthemy, commandeur de l'ordre impérial de la Légion d'honneur, etc., etc., etc., accrédité comme son envoyé extraordinaire et ministre plénipotentiaire près les Etats-Unis; — et le président des Etats-Unis, le sieur Hamilton Fish, secrétaire d'Etat; lesquels, après s'être communiqué leurs pleins pouvoirs respectifs, trouvés en bonne et due forme, ont arrêté et signé les articles suivants :

ARTICLE PREMIER. — Toute reproduction, dans l'un des deux pays, des marques de fabrique apposées dans l'autre sur certaines marchandises pour constater leur origine et leur qualité est interdite et pourra donner lieu à une action en dommages-intérêts valablement exercée par la partie lésée devant les tribunaux du pays où la contrefaçon aura été constatée, au même titre que si le plaignant était sujet ou citoyen de ce pays. — Le droit exclusif d'exploiter une marque de fabrique ne peut avoir, au profit des citoyens des Etats-Unis en France, ou des Français sur le territoire des Etats-Unis, une durée plus longue que celle fixée par la loi du pays à l'égard des nationaux. — Si la marque de fabrique appartient au domaine public dans le pays d'origine, elle ne peut être l'objet d'une jouissance exclusive dans l'autre pays.

ART. 2. — Les marques de fabrique dont les propriétaires résidant dans l'un des deux Etats voudront assurer la garantie de leurs droits dans l'autre, devront respectivement être déposées en double exemplaire : à Paris, au greffe du Tribunal de commerce de la Seine; à Washington, au bureau des patentes.

ART. 3. — Le présent arrangement entrera en vigueur trois mois après l'échange des ratifications des deux gouvernements, et il recevra son application pendant dix années, à partir de cette époque. — Dans le cas où aucune des deux hautes parties contractantes n'aurait notifié, douze mois avant l'expiration de ladite période, son intention d'en faire cesser les effets, il demeurera obligatoire jusqu'à l'expiration d'une année, à partir du jour où l'une ou l'autre des hautes parties contractantes l'aura dénoncé.

ART. 4.—Les ratifications du présent arrangement seront échangées à Washington dans un délai de dix mois, ou plus tôt, si faire se peut.

— En foi de quoi les plénipotentiaires respectifs ont signé la présente convention en double et y ont apposé le sceau de leurs armes.

Fait à Washington, le seizième jour d'avril, l'an de Notre Seigneur mil huit cent soixante-neuf.

> (L. S) BERTHEMY.
> (L. S.) HAMILTON FISCH.

ART. **2**. — Notre Ministre des Affaires étrangères est chargé de l'exécution du présent décret.

Fait à Saint-Cloud, le 28 juillet 1869.

NAPOLÉON.

Vu et scellé du sceau de l'Etat :

Le garde des sceaux, ministre de la justice et des cultes,
DUVERGIER.

Par l'Empereur :

Le ministre des affaires étrangères,
Prince DE LA TOUR D'AUVERGNE.

Décret du 10 septembre 1870 concernant les inventeurs brevetés qui depuis le 25 août 1870 n'auront pu acquitter les annuités de leurs brevets dans le délai légal.

Le Gouvernement de la Défense nationale,

Attendu les circonstances de force majeure qui, depuis le 25 août 1870, ont empêché les inventeurs brevetés d'acquitter les annuités de leurs brevets arrivées à échéance; — sur le rapport du ministre du commerce, — décrète :

Les inventeurs brevetés qui, depuis le 25 août 1870, n'auront pu acquitter les annuités de leurs brevets dans le délai légal seront relevés de la déchéance encourue, en justifiant de l'acquittement de ces annuités avant une époque qui sera fixée ultérieurement.

Fait à l'Hôtel-de-Ville de Paris, le 10 septembre 1870.

Signé : Général TROCHU, Jules FAVRE, Emmanuel ARAGO, Jules FERRY, GAMBETTA, GARNIER-PAGÈS, GLAIS-BIZOIN, PELLETAN, E. PICART, ROCHEFORT, Jules SIMON.

Décret du 14 octobre 1870, dispensant les inventeurs qui prendront un brevet d'invention de verser immédiatement la 1re annuité de la taxe.

Le Gouvernement de la Défense nationale,

Vu le décret du 10 septembre 1870, portant que les inventeurs brevetés, qui depuis le 25 août, n'auront pu acquitter les annuités de leurs droits, dans le délai légal, seront relevés de la déchéance encourue en justifiant de l'acquittement de ces annuités avant une époque qui sera fixée ultérieurement, sur le rapport du Ministre de l'agriculture et du commerce ;

Décrète :

Les inventeurs qui voudront prendre un brevet d'invention seront dispensés de verser immédiatement la première annuité de la taxe. Ce versement devra être fait ultérieurement et dans les conditions qui ont été réglées pour les annuités par le décret du 25 août 1870.

Décret du 25 janvier 1871, qui proroge de six mois le délai de deux ans accordé aux brevetés pour mettre leurs inventions en exploitation en France.

(Promulgué au *Moniteur* du 11 janvier, inséré au bulletin de Bordeaux, 24, n° 537.)

La délégation du gouvernement de la Défense nationale ; — Vu l'article 32 de la loi du 5 juillet 1844 sur les brevets d'invention ; — Vu le décret du 10 septembre 1870 qui proroge les délais fixés pour l'acquittement des annuités des brevets d'inventions ; — Sur le rapport du ministre de l'agriculture et du commerce ; — Décrète :

Le délai de deux ans dans lequel les brevets doivent, à peine de déchéance, mettre leurs inventions en exploitation en France, est prorogé de six mois à dater du 1er janvier 1871 pour les brevets pris moins de deux ans avant cette date.

Arrêté du 5 juillet 1871, fixant l'époque où devront être acquittées les annuités arriérées des brevets d'invention qui n'ont pu être versées depuis le 25 août 1870.

Le chef du pouvoir exécutif de la République française, président du conseil des ministres : Sur le rapport du ministre de l'agriculture et du commerce ; — Vu la loi du 5 juillet 1844 concernant les brevets d'invention ; — Vu les décrets du gouvernement de la défense nationale, en date du 10 septembre et du 14 octobre 1870, concernant le paiement des annuités des brevets d'invention,

Arrête :

Article unique. Les décrets du gouvernement de la défense nationale, en date du 10 septembre et du 14 octobre 1870, concernant les annuités de brevets d'invention, cesseront d'avoir leur effet à partir du 1er octobre 1871.

Les annuités échues et non payées depuis le 25 août 1870, ainsi que les premières annuités non payées depuis le 14 octobre 1870, devront être acquittées à l'époque fixée ci-dessus.

A dater du présent arrêté, les brevetés dont les annuités viendraient à échéance, et les nouveaux brevetés qui ne pourraient payer immédiatement la première annuité, auront aussi jusqu'au 1er octobre 1871, pour en faire le versement.

Fait à Versailles, le 4 juillet 1871.

A. THIERS.

Le ministre de l'agriculture et du commerce,
VICTOR LEFRANC.

Convention additionnelle au traité de paix du 10 mai 1871 entre la France et l'Allemagne. (Brevets d'invention).

« ART. 10. — Les individus originaires des territoires cédés ayant opté pour la nationalité allemande, qui ont obtenu du gouvernement français avant le 2 mars 1871 la concession d'un brevet d'invention ou d'un certificat d'addition, continueront à jouir de leur brevet dans toute l'étendue du territoire français en se conformant aux lois et règlements qui régissent la matière. Réciproquement tout concessionnaire d'un brevet d'invention ou d'un certificat d'addition, accordé par le gouvernement français avant la même date continuera jusqu'à l'expiration de la durée de la concession, à jouir pleinement des droits qu'il lui donne dans toute l'étendue des territoires cédés. »

Protocole de clôture. (Brevets d'invention).

« V. — Des doutes s'étant élevés en Allemagne sur la portée des paragraphes 2 et 3 de l'article 32 de la loi du 5 juillet 1844, les plénipotentiaires français ont déclaré qu'il est expressément entendu :

» 1° Que les brevetés mentionnés dans l'article 10 de la convention additionnelle de ce jour, et qui ont commencé à exploiter leur invention en Alsace-Lorraine, dans les délais légaux, seront considérés comme ayant mis en œuvre leur découverte sur le territoire français;

» Et 2° que les mêmes brevetés ne seront passibles, en France, pour les brevets qui leur sont garantis, ni de la défense d'importation, ni de la déchéance édictées par les paragraphes 2 et 3 de l'article 32 de la loi précitée.

» Ils ont annoncé en outre que les titulaires de brevets français, résidant en Alsace-Lorraine, seront libres de choisir les caisses publiques des villes frontières dans lesquelles il leur conviendrait de verser le montant des annuités dues au Trésor. »

Marques de fabrique. France et empire d'Allemagne.

Le Président de la République française,
Sur le rapport du ministre des affaires étrangères,
     Décrète :

ART. 1er. — Une déclaration relative à la propriété des marques de fabrique ou de commerce ayant été signée à Paris, le 8 octobre 1873, entre la France et l'Allemagne, ladite déclaration, dont la teneur suit, est approuvée et sera insérée au *Journal Officiel.*

DÉCLARATION.

Des doutes s'étant élevés sur la portée de l'article 28 de la convention additionnelle au traité de paix du 10 mai 1871 entre la France et l'Allemagne, conclue à Berlin le 12 octobre 1871, les soussignés dûment autorisés à cet effet, sont convenus de ce qui suit :

Il est entendu que toutes les dispositions stipulées par les traités conclus avant la guerre entre la France, d'une part, et un ou plusieurs états allemands, d'autre part, relativement à la protection des marques de fabrique ou de commerce, ont été remises en vigueur par l'article 18 de la convention sus-mentionnée.

En foi de quoi les soussignés ont signé la présente déclaration et y ont apposé le sceau de leurs armes.

Fait en double à Paris le 8 octobre 1873.
    (L. S.) *Signé* : BROGLIE.
    (L. S.) *Signé* : ARNIM.

ART. 2. — Le ministre des affaires étrangères est chargé de l'exécution du présent décret.

Fait à Versailles, le 11 octobre 1873.
    MARÉCHAL DE MAC MAHON,
     DUC DE MAGENTA.

Par le Président de la République :
    Le ministre des affaires étrangères,
    BROGLIE.

Loi du 26 novembre 1873, relative à l'établissement d'un timbre ou signe spécial destiné à être apposé sur les marques commerciales et de fabrique.

L'Assemblée nationale a adopté la loi dont la teneur suit :

ART. 1ᵉʳ. — Tout propriétaire d'une marque de fabrique ou de commerce, déposée conformément à la loi du 23 juin 1857, pourra être admis, sur sa réquisition écrite, à faire apposer par l'État, soit sur les étiquettes, bandes ou enveloppes en papier, soit sur les étiquettes ou estampilles en métal sur lesquelles figure sa marque, un timbre ou poinçon spécial destiné à affirmer l'authenticité de cette marque.

Le poinçon pourra être apposé sur la marque faisant corps avec les objets eux-mêmes, si l'administration les en juge susceptibles.

ART. 2. — Il sera perçu au profit de l'État, par chaque apposition du timbre, un droit qui pourra varier de 1 centime à 1 franc. Le droit dû pour chaque apposition de poinçon sur les objets eux-mêmes ne pourra être inférieur à 5 centimes ni excéder 3 francs.

ART. 3. — La quotité des droits perçus au profit du Trésor sera proportionnée à la valeur des objets sur lesquels doivent être apposées les étiquettes, soit en papier, soit en métal, et à la difficulté de frapper d'un poinçon les marques fixées sur les objets eux-mêmes. Cette quotité sera établie par des règlements d'administration publique, qui détermineront, en outre, les métaux sur lesquels le poinçon pourra être appliqué, les conditions à remplir pour être admis à obtenir l'apposition des timbre ou poinçon, les lieux dans lesquels cette apposition pourra être effectuée, ainsi que les autres mesures d'exécution de la présente loi.

ART. 4. — La vente des objets par le propriétaire de la marque de fabrique ou de commerce à un prix supérieur à celui correspondant à la quotité du timbre ou du poinçon sera punie, par chaque contravention, d'une amende de cent francs à cinq mille francs.

Les contraventions seront constatées dans tous les lieux ouverts au public par tous les agents qui ont qualité pour verbaliser en matière de timbre et de contributions indirectes, par les agents des postes et par ceux des douanes, lors de l'exportation. — Il leur est accordé un quart de l'amende ou portion d'amende recouvrée.

Les contraventions seront constatées et les instances seront suivies et jugées, savoir : 1° comme en matière de timbre, lorsqu'il s'agira du timbre apposé sur les étiquettes, bandes ou enveloppes en papier ;

2° Comme en matière de contributions indirectes, en ce qui concerne l'application du poinçon.

ART. 5. — Les consuls de France à l'étranger auront qualité pour dresser les procès-verbaux des usurpations de marques et les transmettre à l'autorité compétente.

ART. 6. — Ceux qui auront contrefait ou falsifié les timbres ou poinçons établis par la présente loi ; ceux qui auront fait usage des timbres ou poinçons falsifiés ou contrefaits seront punis des peines portées en l'article 140 du Code pénal, et sans préjudice des réparations civiles.

Tout autre usage frauduleux de ces timbres ou poinçons, et des étiquettes, bandes, enveloppes et estampilles qui en seraient revêtues, sera puni des peines portées en l'article 142 dudit code. — Il pourra être fait application des dispositions de l'article 463 du Code pénal.

ART. 7. — Le timbre ou poinçon de l'État apposé sur une marque de fabrique ou de commerce fait partie intégrante de cette marque.

A défaut par l'État de poursuivre en France ou à l'étranger, la contrefaçon ou la falsification desdits timbres ou poinçons, la poursuite pourra être exercée par le propriétaire de la marque.

ART. 8. — La présente loi sera applicable dans les colonies françaises et en Algérie.

ART. 9. — Les dispositions des autres lois en vigueur touchant le nom commercial, les marques, dessins ou modèles de fabrique seront appliquées au profit des étrangers, si dans leur pays la législation ou des traités internationaux assurent aux Français les mêmes garanties.

Délibéré en séance publique, à Versailles, le 26 novembre 1873.

Le président,
Signé : L. BUFFET.

Les secrétaires,
Signé : FELIX VOISIN ; ALBERT DESJARDINS ; L. GRIVART ;
Vicomte BLIN DE BOURDON.

Le Président de la République promulgue la présente loi.

MARÉCHAL DE MAC MAHON,
DUC DE MAGENTA.

Le ministre de l'agriculture et du commerce,
A. DESEILLIGNY.

Décret du 24 février 1874, qui approuve l'article additionnel à la convention conclue, le 1er mai 1861, entre la France et la Belgique pour la garantie réciproque de la propriété littéraire, artistique et industrielle, signé à Bruxelles le 7 février 1874.

Le président de la République française.

Sur la proposition du ministre des affaires étrangères.

Décrète :

Art. 1ᵉʳ. Un article additionnel à la convention conclue, le 1er mai 1861, entre la France et la Belgique pour la garantie réciproque de la propriété littéraire, artistique et industrielle, ayant été signé à Bruxelles le 7 février 1874, ledit article additionnel, dont la teneur suit, est approuvé et sera inséré au *Journal Officiel*.

Article additionnel à la convention conclue, le 1er mai 1861, entre la France et la Belgique pour la garantie réciproque de la propriété littéraire, artistique et industrielle.

Le gouvernement de la République française et le gouvernement de S. M. le roi des Belges, reconnaissant l'utilité de mieux préciser le sens et de compléter les dispositions des articles 15 et 16 de la convention conclue, le 1er mai 1861, entre la France et la Belgique pour la garantie réciproque de la propriété littéraire, artistique et industrielle, sont convenus de ce qui suit :

Article unique. Les marques de fabrique auxquelles s'appliquent les articles 13 et 16 de la convention précitée, du 1er mai 1861, sont celles qui, dans les deux pays, sont légitimement acquises aux industriels ou négociants qui en usent, c'est-à-dire que le caractère d'une marque de fabrique française doit être apprécié d'après la loi française, de même que celui d'une marque belge doit être jugé d'après la loi belge.

Le présent article additionnel aura la même force, valeur et durée que s'il était inséré mot pour mot dans la convention précitée, du 1er mai 1861, à laquelle il sert de commentaire.

Fait en double à Bruxelles, le 7 février 1874.

Le ministre plénipotentiaire de France.

(L. S.) *Signé* : Baron BAUDE.

Le ministre des affaires étrangères de Belgique,

(L. S.) *Signé* : Comte D'ASPREMONT LYDEN.

ART. 2. Le ministre des affaires étrangères est chargé de l'exécution du présent décret.

Fait à Versailles, le 24 février 1874.

Maréchal de MAC MAHON.

Duc de Magenta.

Par le président de la République :

Le ministre des affaires étrangères,

DECAZES.

Décret du 25 juin 1874, portant règlement d'administration publique sur le territoire continental de la France, en exécution de la loi du 26 novembre 1873, concernant l'apposition d'un timbre spécial sur les marques de fabrique.

Le Président de la République Française,

Sur le rapport du Ministre des Finances ; — Vu l'article 1er de la loi du 26 novembre 1873, relatif à la création, pour les marques de fabrique, d'un timbre ou poinçon spécial destiné à être apposé soit sur les étiquettes, bandes ou enveloppes en papier, soit sur les étiquettes ou estampilles en métal sur lesquelles figure la marque faisant corps avec les objets eux-mêmes, si l'administration les en juge susceptibles ; — Vu l'article 2 de la même loi, portant qu'il sera perçu un droit au profit du Trésor pour chaque apposition de timbre ou de poinçon ; — Et l'article 3 ainsi conçu : — « La quotité des droits perçus au profit du Trésor sera proportionnée à la valeur des objets sur lesquels doivent être apposées les étiquettes soit en papier, soit en métal, et à la difficulté de frapper du poinçon les marques fixées sur les objets eux-mêmes. Cette quotité sera établie par des règlements d'administration publique qui détermineront, en outre, les métaux sur lesquels le poinçon pourra être appliqué, les conditions à remplir pour être admis à obtenir l'apposition du timbre ou poinçon, ainsi que les autres mesures d'exécution de la présente loi ; »

Le Conseil d'État entendu,

Décrète :

TITRE Ier. — DISPOSITIONS GÉNÉRALES.

ARTICLE PREMIER. — Tout propriétaire d'une marque de fabrique ou de commerce qui veut être admis à user de la faculté ouverte par la loi du 26 novembre 1873, doit préalablement en faire la déclaration à l'un des bureaux désignés par les articles 5 et 9 ci-après et y déposer en même temps :

1º Une expédition du procès-verbal du dépôt de sa marque, fait en exécution de la loi du 23 juin 1857 et du décret du 26 juillet 1858 ;

2° Un exemplaire du dessin, de la gravure ou de l'empreinte qui représente sa marque. Cet exemplaire est revêtu d'un certificat du greffier, attestant qu'il est conforme au modèle annexé au procès-verbal de dépôt ;

3° L'original de sa signature, dûment légalisé. Il y a autant de signatures déposées que de propriétaires ou d'associés ayant la signature sociale et qui voudront user de la faculté de requérir l'apposition du timbre ou du poinçon de l'État.

En cas de transmission, à quelque titre que ce soit, de la propriété de la marque, le nouveau propriétaire justifie de son droit par le dépôt des actes ou pièces qui établissent cette transmission. Il dépose, en outre, l'original de sa signature, dûment légalisé.

Il est dressé, sur un registre, procès-verbal des déclarations et dépôts prescrits par le présent article. Le procès-verbal est signé par le déclarant, à qui en est délivré récépissé ou ampliation.

Art. 2. — Toutes les fois que le propriétaire d'une marque de fabrique ou de commerce veut faire apposer sur cette marque le timbre ou le poinçon, il remet au receveur du bureau dans lequel la déclaration et le dépôt prévus par l'article précédent ont été effectués, une réquisition écrite sur papier non timbré, et conforme aux modèles ci-annexés sous les numéros 1 et 2.

La réquisition, dressée au bureau sur une formule fournie gratuitement par l'administration, est datée et signée. Elle est accompagnée d'un spécimen des étiquettes, bandes, enveloppes ou estampilles à timbrer ou poinçonner, lequel reste déposé avec la réquisition.

Ne peuvent être admises que les réquisitions donnant ouverture à la perception de 5 francs de droit au moins.

Art. 3. — Les déclarations, dépôts et réquisitions prévus par les deux articles précédents peuvent être faits par un mandataire spécial, à la condition de déposer au bureau soit l'original en brevet, soit une expédition authentique de sa procuration, laquelle est certifiée par le fondé de pouvoirs.

TITRE II. — DE L'APPOSITION DU TIMBRE.

Art. 4. — Les droits de timbre à percevoir en exécution de l'article 2 de la loi susvisée du 26 novembre 1873, pour les étiquettes, bandes ou enveloppes en papier sur lesquelles figurent des marques de fabrique ou de commerce, sont fixés ainsi qu'il suit, savoir :

1 centime par chaque marque timbrée se rapportant à des objets d'une valeur de 1 franc et au-dessous ;

2 centimes s'il s'agit d'objets d'une valeur supérieure à 1 franc jusqu'à 2 francs ;

3 centimes s'il s'agit d'objets d'une valeur supérieure à 2 francs jusqu'à 3 francs ;

5 centimes s'il s'agit d'objets d'une valeur supérieure à 3 francs jusqu'à 5 francs ;

10 centimes s'il s'agit d'objets d'une valeur supérieure à 5 francs
jusqu'à 10 francs ;

20 centimes s'il s'agit d'objets d'une valeur supérieure à 10 francs
jusqu'à 20 francs.

30 centimes s'il s'agit d'objets d'une valeur supérieure à 20 francs
jusqu'à 30 francs ;

50 centimes s'il s'agit d'objets d'une valeur supérieure à 30 francs
jusqu'à 50 francs ;

1 franc s'il s'agit d'objets d'une valeur supérieure à 50 francs.

ART. 5. — La déclaration et le dépôt prescrits par l'article 1er ci-
dessus, ainsi que la réquisition, ne peuvent être opérées que dans les
chefs-lieux de département désignés comme centre d'une circonscription. — Les départements sont répartis entre dix circonscriptions,
conformément au tableau ci-après :

1re circonscription. — *Lille* : Nord, Pas-de-Calais.

2e circonscription. — *Rouen* : Calvados, Eure, Manche, Orne, Seine
Inférieure.

3e circonscription. — *Paris* : Aisne, Eure-et-Loir, Loiret, Oise,
Seine, Seine-et-Marne, Seine-et-Oise, Somme, Yonne.

4e circonscription.—*Châlons-sur-Marne* : Ardennes, Aube, Marne,
Marne (Haute-), Meurthe-et-Moselle, Meuse, Saône (Haute-), Vosges.

5 circonscription. — *Nantes* : Côtes-du-Nord, Finistère, Ille-et-Vi-
laine, Loire-Inférieure, Mayenne, Morbihan.

6e circonscription. — *Tours* : Cher, Creuse, Indre, Indre-et-Loire,
Loir-et-Cher, Maine-et-Loire, Sarthe, Sèvres (Deux-), Vendée, Vienne,
Vienne (Haute-).

7e circonscription.—*Lyon* : Ain, Allier, Ardèche, Côte-d'Or, Doubs,
Drôme, Isère, Jura, Loire, Loire (Haute-), Nièvre, Puy-de-Dôme, Rhône,
Saône-et-Loire, Savoie, Savoie (Haute-).

8e circonscription. — *Bordeaux* : Charente, Charente-Inférieure,
Corrèze, Dordogne, Gironde, Landes, Lot-et-Garonne, Pyrénées
(Basses-).

9e circonscription. — *Toulouse* : Ariége, Aude, Aveyron, Cantal,
Garonne (Haute-), Gers, Lot, Lozère, Pyrénées (Hautes-), Pyrénées-
Orientales, Tarn, Tarn-et-Garonne.

10e circonscription. — *Marseille* : Alpes (Basses-), Alpes (Hautes-),
Alpes-Maritimes, Bouches-du-Rhône, Corse, Gard, Hérault, Var, Vau-
cluse.

Les marques ne peuvent être timbrées qu'au chef-lieu de la circonscription dans laquelle a eu lieu le dépôt au greffe prescrit par la loi du 23 juin 1837.

ART. 6. — Le timbre sera apposé, après payement des droits, sur la marque, si cette apposition peut avoir lieu sans oblitérer cette marque et sans nuire à la netteté du timbre. Dans le cas contraire, le timbre sera apposé partie sur la marque et partie sur la bande, étiquette ou enveloppe.

L'administration de l'enregistrement, des domaines et du timbre est autorisée à refuser de timbrer :

1° Les marques apposées sur des étiquettes, bandes ou enveloppes dont la dimension serait inférieure à 35 millimètres en largeur et en longueur ;

2° Les marques qui seraient reproduites en relief ou qui seraient imprimées ou apposées sur des papiers drapés, veloutés, gaufrés, vernisés ou enduits, façonnés à l'emporte-pièce, sur papier joseph, sur papier végétal et tous autres papiers sur lesquels l'administration jugerait que l'empreinte du timbre ne peut être apposée ;

3° Les papiers noirs, de couleur foncée ou disposés de manière que l'empreinte du timbre ne puisse y être appliquée d'une façon suffisamment distincte.

ART. 7. — Les étiquettes ou bandes doivent être présentées en feuilles et divisées en séries de dix destinées à être frappées du timbre de la même quotité. Toutefois les étiquettes ou bandes destinées à être frappées du timbre de 1 franc peuvent être reçues au nombre minimum de cinq.

Si la dimension des papiers portant les étiquettes ou bandes présentées au timbre est inférieure à 10 centimètres en longueur et en largeur, il est perçu, à titre de frais extraordinaires de manipulation, un droit supplémentaire de 2 francs par 1,000 étiquettes ou bandes, sans que ce supplément puisse être jamais inférieur à 20 centimes.

Les feuilles, étiquettes, bandes ou enveloppes maculées ou avariées pendant l'opération sont oblitérées et remises au propriétaire de la marque ou à son mandataire, et il lui est tenu compte des droits afférents à ces maculatures.

Dans tous les cas, le propriétaire ou son mandataire donne décharge des marques qui lui sont remises après avoir reçu l'apposition du timbre, et de celles qui ont été maculées ou avariées pendant l'opération.

TITRE III. — DE L'APPOSITION DU POINÇON.

ART. 8. — Les droits de poinçonnage à percevoir en exécution des articles 2 et 3 de la loi du 26 novembre 1873, pour les étiquettes et estampilles en métal sur lesquelles figurent les marques de fabrique ou de commerce, ou pour les marques faisant corps avec l'objet lui-même, sont fixés ainsi qu'il suit :

Valeurs pour chaque objet d'une valeur déclarée.	Classes.	Étiquettes et estampilles présentées sans l'objet qui doit les porter.	Marques fixées sur l'objet ou faisant corps avec l'objet lui-même.
De 5 francs et au-dessous........	1re	0 fr. 05	0 fr. 06
De 5 fr. 01 a 10 francs............	2e	0 10	0 12
De 10 fr. 01 à 20 francs..........	3e	0 20	0 24
De 20 fr. 01 à 30 francs..........	4e	0 30	0 36
De 30 fr. 01 à 50 francs..........	5e	0 50	0 60
De 50 fr. 01 à 100 francs..........	6e	1 0	1 20
De 100 fr. 01 à 200 francs........	7e	2 0	2 40
De 200 fr. 01 à 350 francs........	8e	3 50	4 20
De 350 fr. 01 et au-dessus	9e	5 0	5 0

ART. 9. — La déclaration et le dépôt prescrits par l'article 1er du présent décret, ainsi que l'apposition du poinçon, ne pourront être opérés que dans les bureaux de garantie des matières d'or et d'argent désignés ci-après, au choix du déclarant :

Amiens. — Avignon. — Besançon. — Bordeaux. — Le Havre. — Lille.— Lyon.— Marseille.— Nancy.— Nantes.— Nîmes.— Paris.— Rouen. — Saumur. — Toulouse. — Valence.

ART. 10. — Les étiquettes, estampilles ou objets fabriqués en aluminium, bronze, cuivre ou laiton, étain, fer-blanc, fer doux, plomb, tôle et zinc, sont admis seuls à recevoir l'empreinte du poinçon de l'Etat, à la condition de présenter assez de résistance pour supporter l'application du poinçon. L'administration des contributions indirectes est néanmoins autorisée à refuser d'apposer le poinçon dans tous les cas où elle jugerait que cette opération est impraticable. — Les marques doivent présenter dans l'intérieur un espace nu circulaire d'au moins 1 centimètre de diamètre pour contenir l'empreinte du poinçon.

ART. 11.—Le montant des droits est perçu au moment du dépôt des étiquettes, estampilles en métal ou objets à poinçonner. Il en est délivré quittance. — Les étiquettes ou estampilles en métal avariées pendant l'opération sont oblitérées et remises au propriétaire de la marque ou à son mandataire, et il lui est tenu compte des droits afférents à ces rebuts. — Le propriétaire ou son mandataire donne décharge des étiquettes, estampilles ou objets qui lui sont remis après avoir reçu

39

l'apposition du poinçon, ainsi que des étiquettes ou estampilles avariées pendant l'opération.

ART. 12. — Les préfets règleront par des arrêtés les jours et heures où les bureaux de garantie désignés à l'article 9 seront ouverts pour le poinçonnage des marques de fabrique ou de commerce.

ART. 13.—Les poinçons seront renfermés dans une caisse à deux serrures, sous la garde du contrôleur et du receveur du bureau de garantie Ces deux employés auront chacun une clef de ladite caisse.

ART. 14. — Le ministre des finances est chargé de l'exécution du présent décret, qui sera inséré au *Journal officiel* et au *Bulletin des lois*.

Fait à Versailles, le 25 juin 1874.

M^{al} DE MAC-MAHON,
duc DE MAGENTA.

Par le Président de la République :
Le Ministre des Finances,
P. MAGNE.

Le Président de la République française,

Sur le rapport du ministre des finances : — Vu la loi du 26 novembre 1873, relative à la création d'un timbre ou poinçon spécial pour les marques de fabrique ; — Vu l'article 3 de cette loi portant que des règlements d'administration publique détermineront la quotité des droits à percevoir au profit du Trésor pour l'apposition du timbre ou du poinçon sur les marques de fabrique ; — Vu les articles 4 et 8 du règlement d'administration publique en date de ce jour, ainsi conçus :

ART. 4.—Les droits de timbre à percevoir en exécution de l'article 2 de la loi sus-visée du 26 novembre 1873 pour les étiquettes, bandes ou enveloppes en papier sur lesquelles figurent des marques de fabrique ou de commerce, sont fixés ainsi qu'il suit, savoir :

1 centime pour chaque marque timbrée se rapportant à des objets d'une valeur de 1 franc et au-dessous.

2 centimes s'il s'agit d'objets d'une valeur supérieure à 1 franc jusqu'à 2 francs.

3 centimes s'il s'agit d'objets d'une valeur supérieure à 2 francs jusqu'à 3 francs.

5 centimes s'il s'agit d'objets d'une valeur supérieure à 3 francs jusqu'à 5 francs.

10 centimes s'il s'agit d'objets d'une valeur supérieure à 5 francs jusqu'à 10 francs.

20 centimes s'il s'agit d'objets d'une valeur supérieure à 10 francs jusqu'à 20 francs.

30 centimes s'il s'agit d'objets d'une valeur supérieure à 20 francs jusqu'à 30 francs.

50 centimes s'il s'agit d'objets d'une valeur supérieure à 30 francs jusqu'à 50 francs.

1 franc s'il s'agit d'objets d'une valeur supérieure à 50 francs.

ART. 8. — Les droits de poinçonnage à percevoir en exécution des articles 2 et 3 de la loi du 26 novembre 1873 pour les étiquettes et estampilles en métal sur lesquelles figurent les marques de fabrique ou de commerce, ou pour les marques faisant corps avec l'objet lui-même, sont fixés ainsi qu'il suit :

Valeurs pour chaque objet d'une valeur déclarée.	Classes.	Étiquettes et estampilles présentées sans l'objet qui doit les porter.	Marques fixées sur l'objet ou faisant corps avec l'objet lui-même.
De 5 francs et au-dessous.........	1re	0 fr. 05	0 fr. 06
De 5 fr. 01 à 10 francs............	2e	0 10	0 12
De 10 fr. 01 à 20 francs	3o	0 20	0 24
De 20 fr. 01 à 30 francs..........	4e	0 30	0 36
De 30 fr. 01 à 50 francs..........	5o	0 50	0 60
De 50 fr. 01 à 100 francs..........	6o	1 00	1 20
De 100 fr. 01 à 200 francs.........	7e	2 00	2 40
De 200 fr. 01 à 350 francs........	8e	3 50	4 20
De 350 fr. 01 et au-dessus........	9o	5 00	5 00

Décrète,

ART. 1er. — Il est créé des types destinés à timbrer les étiquettes, bandes ou enveloppes en papier sur lesquelles figurent des marques de fabrique ou de commerce.

Ces types, qui sont conformes au modèle annexé au présent décret, portent l'indication des quotités établies par l'article 4 ci-dessus du règlement d'administration publique.

ART. 2. — L'administration de l'enregistrement, des domaines et du timbre fera déposer aux greffes des Cours et Tribunaux des empreintes des timbres établis par l'article précédent. — Ce dépôt sera constaté par un procès-verbal dressé sans frais.

ART. 3. — Le poinçon destiné à être apposé sur les étiquettes ou estampilles en métal dans les conditions déterminées par l'article 1er de loi du 26 novembre 1873 affecte la forme ronde ; son diamètre est de 6 millimètres et demi et il représente une tête d'*Amphitrite d'après l'antique*. Il porte l'un des chiffres arabes 1 à 9 indiquant le numéro de la classe du tarif correspondant à la taxe à percevoir.

Art. 4.— Le ministre des finances est chargé de l'exécution du présent décret qui sera inséré au *Journal officiel*.

Fait à Versailles, le 25 juin 1874.

Mal DE MAC MAHON,
duc DE MAGENTA.

Par le Président de la République,
Le Ministre des Finances,
P. MAGNE.

LÉGISLATION ÉTRANGÈRE

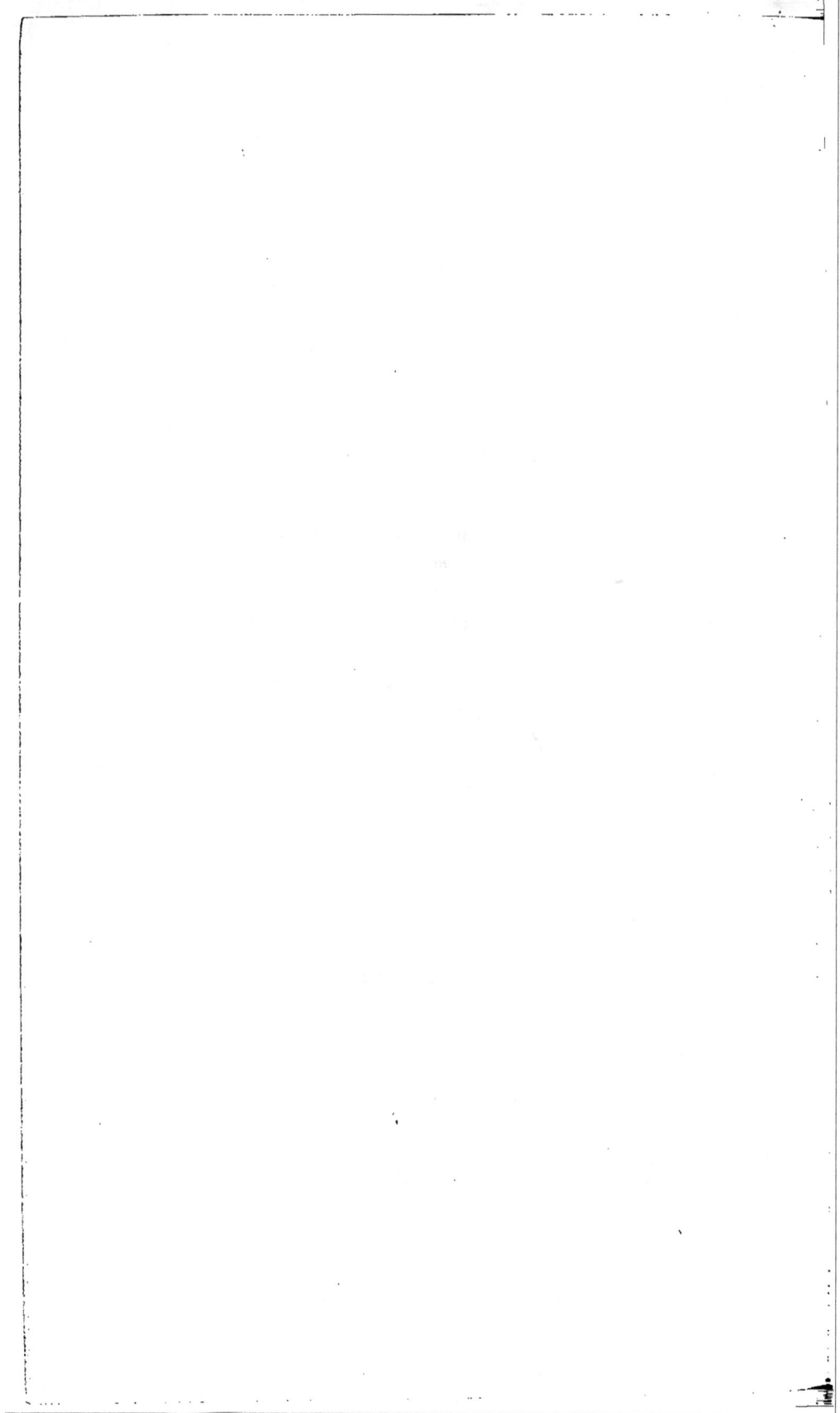

LÉGISLATION ÉTRANGÈRE

AUTRICHE [1].

Le brevet couvre l'empire d'Autriche-Hongrie.

L'Administration est devenue plus rigoureuse, relativement à la mise en exploitation des inventions pour lesquelles
elle a accordé des brevets.Cette exploitation doit maintenant
être constatée officiellement, il est stipulé que la fabrication
doit être effectuée dans le pays.

Le délai accordé pour la mise en exploitation est d'un an ;
mais on peut toujours le prolonger d'une seconde année,
en en faisant la demande avant l'expiration de la première,
si l'on peut prouver que l'invention a reçu un commencement
d'exécution.

CANADA.

BREVETS D'INVENTION

Une loi du 14 juin 1872, exécutoire depuis le 1er septembre suivant, accorde aux étrangers aussi bien qu'aux nationaux, le droit d'obtenir une patente au Canada pour toute

(1) Une partie des documents qui suivent, est empruntée aux
Tablettes de l'Inventeur breveté, de M. Ch. Thirion, ingénieur civil.
Nous le remercions de son obligeante communication.

invention qui n'est pas depuis plus d'un an en vente ou en usage public dans le pays, du fait ou du consentement de l'inventeur ; il ne doit pas non plus exister de brevet étranger ayant plus d'un an de date au moment de la demande de patente au Canada.

Une patente ne peut être obtenue que par le ou les inventeurs véritables ou par les ayants-droits, et après serment devant le Consul.

Il n'est pas accordé de patentes pour les inventions dont l'objet est illicite, ni pour les principes purement scientifiques ou les théorèmes abstraits.

En cas de refus de la patente, le demandeur jouit d'un délai de six mois pour former opposition.

Quant à la nature des priviléges accordés par le Canada, elle est la même, aussi bien pour les inventions nées dans le pays que pour celles importées du dehors et pour les perfectionnements à une invention déjà patentée.

On peut former une demande de *caveat* ou dépôt provisoire. Ces demandes ne confèrent aucun privilége et sont tenues secrètes. Toutefois, s'il est fait une demande de patente pour une invention semblable, la personne qui a déposé le caveat doit en être informée par la commission des patentes si le caveat n'a pas plus d'une année de date, et elle jouit d'un délai de trois mois pour compléter sa demande de patente.

La durée des patentes est de 5, 10 ou 15 ans, à la volonté des demandeurs et avec faculté de prolongation jusqu'à cette dernière durée, si la demande n'a été faite que pour une durée moindre.

Toutefois, lorsqu'il a été demandé des brevets étrangers antérieurement, la patente canadienne prend fin avec celui de ces brevets qui expire le premier.

La date du privilége est celle de la délivrance.

Les taxes sont les suivantes :

Pour une patente de 5 ans........ 20 dollars.

    —   10 ans........ 40 —

Pour une patente de 15 ans....... 60 dollars.

Pour une prolongation de 5 ans.... 20   —

—   10 ans.... 40   —

Les pièces jointes à la demande doivent être préparées en double expédition. On doit fournir également un modèle ou des échantillons du produit ; pour des raisons sérieuses et sur demande spéciale, l'inventeur peut être dispensé de l'obligation de fournir un modèle.

L'invention doit être mise en exploitation dans un délai de deux années ; un nouveau délai peut être obtenu si l'inventeur prouve que des raisons de force majeure l'ont empêché de mettre son invention en exploitation.

Pendant la première année de son privilége, l'inventeur peut introduire de l'étranger des produits semblables à ceux pour lesquels il a obtenu sa patente.

Un patenté peut céder tout ou partie des intérêts attachés à sa patente, soit pour toute l'étendue du Canada, soit pour une portion du territoire. Cette cession doit être constatée par un acte qu'il faut faire enregistrer au bureau des patentes.

Le Gouvernement du Canada a toujours le droit d'employer une invention patentée, à la condition de donner à l'inventeur une indemnité qui est déterminée par un rapport du commissaire.

Une patente pourra être déclarée nulle :

1° Si la description est insuffisante ou fausse ;

2° Si l'exploitation n'a pas eu lieu dans les délais prescrits ;

3° S'il est introduit au Canada, après la première année du privilége, par le patenté ou son cessionnaire total ou partiel des produits semblables à ceux garantis par sa patente.

MARQUES DE FABRIQUE

Une loi nouvelle, du 14 juin 1872, a été édictée, au Canada, pour la protection des marques de fabrique.

Toute personne domiciliée ou non au Canada, a le droit de faire respecter sa marque.

L'enregistrement n'est pas nécessaire.

Quiconque contrefait une marque ou met en vente des objets revêtus d'une marque contrefaite, est passible d'une amende égale à la valeur des objets, et en outre, d'une autre somme qui ne sera pas au-dessus de 20 piastres ni au-dessous de 2 piastres, sans préjudice de la confiscation, et des dommages-intérêts.

ÉTATS-UNIS D'AMÉRIQUE

Le règlement publié en mars 1873 par le *Patent Office* de Washington, pour l'obtention et la délivrance des patentes, ne change rien à la législation dans ses parties essentielles; quelques points seulement ont été modifiés.

Plusieurs co-inventeurs peuvent être titulaires d'une même patente s'ils ont coopéré à l'invention, mais celui dont le rôle se borne à fournir le capital, n'est pas autorisé à joindre son nom à celui de l'inventeur. Toutefois, la demande de patente faite au nom de l'inventeur peut en mentionner la cession à un tiers ou à une collectivité dont peut faire partie l'inventeur ; la patente est alors délivrée au nom du ou des cessionnnaires.

La date de la patente est déterminée par celle que porte

la cédule délivrée à l'inventeur lors de l'octroi de sa patente; elle n'est donc plus celle du dépôt de la demande comme l'indique le tableau. La date attribuée à la demande sera celle du dépôt *régulièrement effectué*.

Le *Patent Office* a adopté la photo-lithographie pour la reproduction et la publication des dessins qui accompagnent les patentes accordées. Il en résulte que les dessins joints aux demandes de patentes doivent être faits d'après des règles rigoureuses établies dans le but d'en faciliter la production. Ainsi, ils doivent être tracés à l'encre noire, et toute teinte de couleur est proscrite ; chaque feuille doit avoir 10 pouces anglais sur 15, être en papier fort et remise roulée et non pliée.

Une importante modification a encore été apportée à la réglementation des patentes aux États-Unis ; elle consiste dans une décision en vertu de laquelle les inventeurs étrangers ne sont plus tenus de mettre leur invention en exploitation dans un délai déterminé, sous peine d'encourir la déchéance.

C'est là une modification très-avantageuse pour les étrangers, car souvent le délai de dix-huit mois, qui leur était antérieurement accordé pour la mise en œuvre, se trouvait insuffisant ; ils étaient seuls soumis, d'ailleurs, à cette exigence, qui ne s'appliquait pas aux nationaux.

ÉTATS ROMAINS.

Par décret du 13 novembre 1870, la loi italienne sur les brevets d'invention a été étendue aux États-Romains, qui font maintenant partie du royaume d'Italie.

Voir pour les détails l'article consacré plus loin à l'Italie.

GRANDE-BRETAGNE

(ANGLETERRE, ÉCOSSE, IRLANDE).

La Grande-Bretagne délivre des protections provisoires de six mois, qui peuvent être transformées en patentes définitives par la notification qu'en fait le demandeur avant l'expiration du quatrième mois à partir de la date de la protection provisoire qu'il a obtenue.

En général, l'inventeur qui demande une protection provisoire en Grande-Bretagne croit pouvoir atteindre jusqu'au délai de rigueur fixé par la loi, c'est-à-dire avant la fin du quatrième mois, pour notifier son intention de transformer sa patente provisoire en patente définitive. Ce mode de procéder présente de sérieux dangers, qui ont été mis en évidence par des arrêts récents de la Chambre de l'Échiquier. Ainsi, il a été jugé que lorsqu'une demande de protection provisoire a été présentée et accueillie pour une invention, et que le grand sceau (complément de la patente) n'a pas été demandé aussitôt qu'il était possible de le faire, s'il est présenté postérieurement par une autre personne et pour la même invention une demande de protection provisoire et que celle-ci soit scellée avant la première, elle prime l'autre demande. C'est donc la demande du grand sceau qui établit les droits et la priorité, et non pas la date du dépôt de la protection provisoire.

De ce qui précède on peut conclure que la disposition de la législation anglaise qui autorise le dépôt de demande de protections provisoires, a moins eu en vue d'établir un droit de priorité en faveur de l'inventeur, que de lui permettre de compléter et de perfectionner son invention, — les certificats d'addition n'étant pas prévus par la loi, — le dépôt de la spécification définitive (mémoires et dessins) n'étant, dans tous les cas, exigé qu'à l'expiration des six mois de la protection provisoire.

Il en résulte que, pour conserver ses droits à la priorité de son invention et profiter en même temps du délai de six mois accordé par la loi pour la perfectionner, l'inventeur doit, aussitôt sa demande de protection provisoire accueillie, notifier son intention de compléter sa patente (*notice to proceed*), et, aussitôt que le délai de trois semaines pendant lequel les oppositions peuvent se produire est écoulé, il lui faut faire sceller sa patente. Il ne peut ainsi être devancé par un tiers et il n'en jouit pas moins des six mois de protection pour perfectionner son invention, puisque ses pièces définitives sur parchemin (mémoires et dessins), peuvent, comme nous l'avons dit, n'être déposées qu'un peu avant l'expiration du sixième mois.

HANOVRE.

Par suite de l'annexion du Hanovre à l'empire d'Allemagne, il n'y est plus délivré de brevets et la patente prussienne couvre le Hanovre.

La législation prussienne s'applique également à tous les états ou villes qui ont été annexés à la Prusse, savoir: Francfort, Nassau, Hanovre, Hesse-électorale, et partie de la Bavière.

HOLLANDE.

Une loi du 15 juillet 1869 a décidé qu'à partir du 8 août suivant, il ne serait plus délivré de brevets d'invention ni d'importation en Hollande.

Les brevets pris antérieurement continuent, d'ailleurs, à avoir force et valeur jusqu'à l'expiration de leur durée, et ceux demandés pour moins de 15 ans sont susceptibles d'être prolongés, conformément à l'ancienne loi.

ITALIE.

Ainsi qu'il est dit plus haut, un décret royal du 13 novembre 1870 a étendu aux États romains la loi italienne sur les brevets d'invention.

Tous les brevets sollicités du Gouvernement Italien depuis le 1er janvier 1871 couvrent, en conséquence, les provinces romaines.

Les brevets italiens d'une date antérieure peuvent être étendus à ces provinces au moyen d'une demande spéciale.

Quant aux brevets qui avaient été délivrés pour les États romains par le Gouvernement pontifical. le décret sus-mentionné enjoignait aux titulaires de les faire enregistrer à Turin dans le premier semestre de 1871, sous peine de déchéance.

Nous avons aussi à mentionner un décret antérieur (16 septembre 1869), spécifiant que chaque demande de brevet en Italie ne peut être accompagnée de plus d'une feuille de dessins, ayant les dimensions de l'un des trois types indiqués par le décret (0^m, 15 sur 0^m, 20 ; 20 sur 0^m, 30 ; 0^m, 30 sur 0^m, 40, avec une marge de 0^m, 05), et préférablement celles du plus restreint ; les figures, d'ailleurs, devant toujours être tracées à l'encre noire et à la plus petite échelle possible, sous peine de rejet de la demande. Ces mesures ont pour but de faciliter la reproduction des dessins par les procédés rapides, en vue de la plus prompte publication des brevets.

POLOGNE.

En vertu d'un décret de l'année 1867, les brevets russes couvrent maintenant la Pologne, et, par suite, il n'est plus nécessaire de former une demande de brevet spéciale dans ce dernier pays.

———

PRUSSE.

Sauf la possibilité pour les étrangers d'obtenir directement un brevet sans recourir, comme avant 1865, au nom d'un citoyen prussien, aucune modification n'a encore été introduite dans la législation ni dans l'administration des brevets en Prusse ; mais la question y est depuis quelque temps vivement agitée, non-seulement dans les sphères officielles, mais plus encore, peut-être, dans le public. Il se manifeste de sérieuses tendances abolitionistes, tandis que d'autres voix s'élèvent, et principalement du sein des classes industrielles, en faveur du maintien de la loi des brevets, notablement et sagement modifiée.

En attendant, l'administration prussienne rejette impitoyablement à peu près toutes les demandes qui lui sont présentées, sans même, la plupart du temps, motiver suffisamment ses décisions.

Notons, en passant, que ces refus à peu près constants des demandes de brevets présentées, devront engager les inventeurs à apporter toute la réserve nécessaire à l'égard des propositions de vente de leurs inventions en Prusse, qui leur sont ordinairement adressées et qui servent à couvrir une spéculation basée sur la fréquence même de ces refus.

———

EMPIRE D'ALLEMAGNE

Loi sur les Marques de fabrique, du 30 novembre 1874 (1)

§ 1

Les industriels dont la raison commerciale est inscrite sur le registre du commerce, peuvent faire consigner sur le registre du commerce du lieu de leur principal établissement, au tribunal de leur ressort, les marques figurant soit sur leurs marchandises soit sur les enveloppes de ces marchandises et destinées à les distinguer de celles d'autres industriels.

§ 2

A la notice doit être joint un dessin exact de la marque de fabrique, avec une liste des espèces de marchandises sur lesquelles la marque doit figurer, et au bas de laquelle sera apposée la signature de la raison commerciale.

§ 3

L'enregistrement des marques dont l'emploi a été légalement autorisé ou qui ont été communément en usage jusqu'au commencement de 1875, ne peut être refusé; mais il sera refusé si les marques ne sont composées exclusivement que de nombres, lettres ou mots, ou si elles contiennent des blasons officiels, ou sont de nature scandaleuse.

§ 4

L'enregistrement se fait sous la raison commerciale du requérant. On inscrira la date du dépôt. Si le requérant

(1) A raison de l'importance de cette loi, nous avons cru devoir en donner une traduction complète.

change de domicile. et si, pour cela, la marque doit être enregistrée de nouveau, il faut ajouter la date du premier dépôt.

§ 5

L'enregistrement sera annulé à la requête du propriétaire de la marque.

L'annulation a lieu d'office :

1° Si la raison est effacée du registre de commerce ;

2° S'il y a un changement de raison, sans qu'on ait demandé en même temps la conservation de la marque.

3° Si 10 ans se sont écoulés depuis l'enregistrement sans qu'il ait été renouvelé ; ou si 10 ans se sont écoulés depuis le renouvellement, sans nouvelle réquisition.

4° Si d'après les dispositions du § 3 la marque ne devait pas être enregistrée.

§ 6

Le premier enregistrement et l'annulation d'une marque seront publiés dans le *Moniteur de l'Empire*. Les frais de publication sont à la charge du propriétaire de la raison.

§ 7

Pour le premier enregistrement d'une marque dont l'emploi n'a pas été jusqu'à présent protégé par la loi du pays, il sera perçu un droit de 50 mark. (62 fr. 50).

Les règlements locaux peuvent dispenser du paiement du droit pour l'enregistrement des marques qui ont été en usage comme signe distinctif des marchandises de tel industriel jusqu'au commencement de l'année 1875.

Les autres enregistrements et annulations auront lieu sans frais.

§ 8

Le droit de se servir des marques consignées sur le registre du commerce comme devant être apposées sur les

40

marchandises ou leur enveloppe et de mettre dans le commerce des marchandises ainsi marquées, appartient au propriétaire de la raison, dont l'enregistrement a été effectué, à l'exclusion de tout autre.

§ 9

Seul le propriétaire d'une marque déjà garantie par la loi ou qui a été en usage comme signe distinctif des marchandises de tel industriel jusqu'en 1875 peut en faire effectuer l'enregistrement, à la condition de la faire enregistrer avant le 1er octobre 1875.

§ 10

L'enregistrement d'une marque contenant des lettres ou des mots n'empêche pas le propriétaire de la marque de se servir de son nom ou de sa raison, même en abrégé.

Quant aux marques qui sont du domaine public, ou dont l'enregistrement n'est pas autorisé, elles ne peuvent créer de droit pour personne.

§ 11

Le propriétaire d'une raison commerciale, sous laquelle une marque de fabrique a été enregistrée, doit la faire annuler sur la demande d'un tiers qui serait fondé à l'emploi de cette marque ou même si cette marque est de celles spécifiées dans le § 10, 2° alinéa.

§ 12

Le droit acquis par l'enregistrement d'une marque, s'éteint :

1° Par le retrait de la demande ou sur la demande d'annulation de la part du propriétaire de la raison ;

2° Dans les cas prévus par le § 5, n° 1 à 3.

§ 13

Chaque producteur ou commerçant indigène peut porter

plainte contre quiconque se sert illégalement d'une marque destinée à distinguer ses marchandises ou leur enveloppe, contre quiconque se sert de son nom ou de sa raison.

Plainte pourra être également portée contre quiconque met dans le commerce ou expose en vente des marchandises munies d'une marque frauduleuse.

§ 14

Celui qui, sciemment, fera usage de la marque, du nom ou de la raison d'un producteur ou d'un commerçant indigène ou qui, sciemment, mettra dans le commerce ou exposera en vente des marchandises portant une marque frauduleuse, sera puni d'une amende de 150 à 3,000 mark (187 fr. 50 à 3,750), ou d'un emprisonnement jusqu'à 6 mois sans préjudice des dommages-intérêts vis-à-vis de la partie lésée.

La poursuite n'aura lieu que sur réquisition de la partie lésée.

§ 15

A la requête du propriétaire de la marque, au lieu d'une indemnité civile, une somme totale pouvant s'élever jusqu'à 5,000 mark peut lui être accordée. Tous les condamnés sont tenus solidairement au paiement de cette somme. L'octroi d'une indemnité dans ces conditions s'oppose à ce que la partie lésée formule toute autre prétention.

§ 16

Le tribunal fixe le montant des dommages-intérêts d'après les circonstances.

§ 17

S'il intervient une condamnation dans les termes de l'art. 14, la partie lésée peut réclamer la destruction des marques illégales et s'il est nécessaire, des marchandises ou des enveloppes munies de marques frauduleuses.

S'il y a une condamnation correctionnelle, la partie lésée peut être autorisée à publier cette condamnation aux frais du condamné. Les moyens et l'époque de la publication seront fixés par le jugement.

§ 18

Le droit du propriétaire d'une marque, d'un nom ou d'une raison ne subsiste pas moins parce que la contrefaçon aurait eu lieu avec des modifications qui ne pourraient être aperçues qu'au moyen d'un examen attentif.

§ 19

Les procès civils dans lesquels des prétentions sont formulées en vertu de la présente loi sont considérés comme affaires commerciales.

§ 20

Les dispositions de cette loi sont applicables aux marques des industriels ne possédant pas d'établissement commercial dans le pays, ainsi qu'aux noms et raisons commerciales des producteurs et commerçants étrangers si, dans le pays où se trouve leur établissement, les marques, noms et raisons commerciales des Allemands jouissent de la même protection légale, conformément aux publications faites dans le *Bulletin des Lois* de l'Empire. Toutefois la protection des marques est soumise aux conditions suivantes :

1° Le dépôt d'une marque doit se faire au tribunal de commerce de Leipsig, avec la déclaration que le déposant se soumet à la juridiction dudit tribunal, pour toute contestation basée sur les dispositions de la présente loi ;

2° Au dépôt sera jointe la preuve que le déposant a rempli dans son pays les formalités nécessaires pour la protection de sa marque ;

3° Le dépôt n'engendre un droit que dans la mesure et

pour le temps qui sont assurés à l'étranger par la loi de son pays.

§ 21

La présente loi entrera en vigueur à partir du 1ᵉʳ mai 1875.

Quant aux marques de fabrique qui ont été protégées jusqu'à ce jour par les lois du pays, les dispositions de ces lois seront appliquées jusqu'à ce que le dépôt desdites marques ait eu lieu conformément à la présente loi, ce qui devra avoir lieu d'ici au 1ᵉʳ octobre 1875.

En foi de quoi, nous avons de notre propre main, signé les présentes, et les avons scellées du sceau impérial.

Donné à Berlin, le 30 novembre 1874.

GUILLAUME.

Prince de BISMARCK.

RUSSIE.

La Russie délivre des brevets en vertu de la loi du 22 novembre 1833 (art. 125-168, vol. II, du Code des lois du royaume).

En dehors de certaines modifications de formes récemment introduites (en mars 1870) dans le but de simplifier et d'accélérer la délivrance des brevets, les principaux changements apportés à la loi sont les suivants :

1° Les brevets délivrés conformément à la loi de l'empire auront force et effet dans les gouvernements du royaume de Pologne, et se substitueront aux brevets spéciaux qui étaient antérieurement accordés à Varsovie pour ces provinces (16 février 1867).

2° Il ne sera pas accordé de brevets pour des inventions

ou perfectionnements se rattachant à la guerre et à la défense du sol, comme les canons, les obus, les fusées et autres engins d'artillerie, les blindages de navires, les torpilles, les magasins à poudre, les tourelles, etc., dont l'usage exclusif est réservé au gouvernement.

Quant aux inventions et perfectionnements dont l'objet, bien qu'étant applicable à des usages militaires, est susceptible aussi d'un usage privé, comme les armes à feu portatives, les cartouches métalliques, les balles et autres accessoires de ces armes, il sera accordé des brevets pour ces inventions, mais sous la condition qu'ils n'empêcheront pas les administrations de l'armée et de la marine d'essayer les systèmes et de les employer aux usages militaires (22 avril 1868).

TABLE ANALYTIQUE DES MATIÈRES

BREVETS D'INVENTION.

	Pages.
Loi du 5 juillet 1844 sur les brevets d'invention...............	1
Explication de la loi. Principes généraux....................	13
De ce qui peut être l'objet d'un brevet.....................	15
Produits pharmaceutiques. Plans et combinaisons de crédit et de finance...	17
De la durée des brevets....................................	ibid.
Des formalités à remplir pour l'obtention d'un brevet..........	ibid.
De la délivrance des brevets...............................	20
Des certificats d'addition	21
De la transmission et de la cession des brevets.......	23
De la communication et de la publication des descriptions et dessins de brevets.....................................	26
Des droits des étrangers...................................	27
Des nullités et déchéances et des actions y relatives...........	28
Des actions en nullité et en déchéance......................	37
De la contrefaçon, des poursuites et des peines...............	41
Dispositions particulières et transitoires....................	57

ANNEXES.

Circulaire du ministre de l'agriculture et du commerce aux préfets des départements................................	58
Loi du 2 mai 1855, garantissant jusqu'au 1er mai 1856 les inventions industrielles et les dessins de fabrique admis à l'Exposition universelle de 1855...............................	65
Arrêté du 21 octobre 1848, réglant l'application dans les colonies de la loi du 5 juillet 1844.............................	66
Décret du 5 juillet 1850 qui déclare la loi du 5 juillet 1844, sur les brevets d'invention, applicable à l'Algérie..............	67
Départements annexés. Décret du 11 août 1860..............	68
Loi (relatée dans le commentaire) relative aux modèles de machines et autres objets fabriqués à l'étranger.............	36

DESSINS ET MODÈLES DE FABRIQUE.

	Pages.
Loi du 18 mars 1806	70
Ce qu'on entend par dessin de fabrique	71
Qualités nécessaires au dessin de fabrique pour pouvoir être l'objet d'une propriété industrielle	78
Du dépôt	84
De la contrefaçon	91
Des tribunaux compétents	96
De la preuve de la contrefaçon	97

MARQUES DE FABRIQUE.

Loi sur les marques de fabrique et de commerce	105
Principes généraux	111
Du droit de propriété des marques	114
Des formalités à remplir pour conserver la propriété des marques	117
Dispositions relatives aux étrangers	121
Pénalités	123
Juridictions	123
Dispositions générales ou transitoires	132
Annexes	135

SECRETS DE FABRIQUE.

Secrets de fabrique	161

NOMS COMMERCIAUX ; ENSEIGNES ET AUTRES DÉSIGNATIONS D'ÉTABLISSE-
MENTS OU PRODUITS INDUSTRIELS ET COMMERCIAUX.

Loi du 28 juillet 1824 relative à la propriété des noms	166
De la concurrence déloyale par l'usage des noms commerciaux	167
De l'action en contrefaçon	178
Du nom des villes	183
Des enseignes	191
Dénomination de produits et marchandises	203
Etiquettes, enveloppes, boîtes, flacons	208
Couleur, dimension, forme d'une marchandise	211

LÉGISLATION ÉTRANGÈRE.

TRAITÉS INTERNATIONAUX.

Angleterre: Patentes d'invention; texte de la loi, 219. — Résumé, 249. — Loi sur les brevets d'invention dans les Indes anglaises, 254. — Dessins de fabrique ; texte de la loi, 272. — Résumé, 299. — Marques de fabrique; texte de la loi, 303. — Résumé, 322. — Conventions internationales pour la protection des marques et des dessins de fabrique, 322.

Autriche: Loi sur les brevets d'invention, 325. — Résumé, 337. — Loi sur les marques de fabrique, 340. — Loi sur les dessins et modèles de fabrique, 347.

Bade (Grand-Duché de) : Brevets d'invention, 355. — Conventions internationales pour la protection des marques de fabrique, 356.

Bavière: Brevets d'invention, 359. — Résumé de la législation bavaroise, 370. — Marques de fabrique, 372.

Belgique : Brevets d'invention, 377. — Résumé de la législation belge, 387. — Dessins de fabrique, 389. — Marques de fabrique, 390.— Conventions internationales pour la protection des marques et des dessins de fabrique, 391.

Brésil : Brevets d'invention, 393.

Chili : Brevets d'invention, 395.

Confédération germanique : Brevets d'invention, 397.

Danemark : Brevets d'invention, 401.

Espagne : Brevets d'invention, 403. — Résumé de la législation espagnole, 415. — Marques de fabrique, 417.

Etats-Romains : Brevets d'invention, 459.

Etats-Unis d'Amérique : Patentes d'invention, 419. — Résumé de la législation, 452. — Dessins, modèles et marques de fabrique, 457.

Genève (Canton de) : Conventions internationales, 461.

Grèce: Pas de législation sur les brevets, 589. — Dessins de fabrique, *ibid.*

Hollande : Brevets d'invention, 463. — Résumé de la législation hollandaise, 470. — Marques de fabrique, 471.

Italie (Royaume d') : Brevets d'invention, 473. — Résumé de la législation italienne, 496. — Marques de fabrique, 499. — Conventions internationales, 504.

Mecklembourg-Schwerin : Conventions internationales, 507.

Mecklembourg-Strelitz : Conventions internationales, 507.

Mexique : Brevets d'invention, 509.

Nouvelle-Grenade : Brevets d'invention, 527.

Paraguay : Brevets d'invention, 527.

Pérou : Brevets d'invention, 529.

Pologne : Brevets d'invention, 529.

Portugal : Brevets d'invention, 531. — Résumé de la législation portugaise, 538. — Conventions internationales, 539.

Prusse : Brevets d'invention, 541. — Résumé de la législation prussienne, 546. — Marques de fabrique et noms des fabricants, 548. — Conventions internationales, ibid.

Rio de la Plata : Brevets d'invention, 551.

Russie : Brevets d'invention, 553. — Résumé de la législation russe, 562. — Marques et dessins de fabrique, 564. — Conventions internationales, 567.

Saxe : Conventions internationales, 569. — (Pour les brevets, voir *Confédération germanique*).

Suède et Norwége : Brevets d'invention, 571. — Conventions internationales, 577.

Suisse : Conventions internationales, 579. — N'a pas de législation sur les brevets, 589.

Turquie : Pas de législation industrielle, 589.

Villes anséatiques : Conventions internationales, 583.

Wurtemberg : Brevets d'invention, 585. — Marques de fabrique, 587. — Conventions internationales, *ibid.*

TABLE DES MATIÈRES

PAR ORDRE ALPHABÉTIQUE.

(Les chiffres indiquent la page à laquelle il faut se reporter.)

———

Acquittement du prévenu de contrefaçon : La partie lésée peut interjeter appel pour les dommages-intérêts, 47.

Actions en nullité ou déchéance de brevets : sont portées devant le tribunal civil du domicile du titulaire du brevet, 38. — Sont instruites et jugées sommairement, *ibid.* — Communication au ministère public, 39. — Le ministère public partie intervenante, *ibid.* — Nullité et déchéance absolues, *ibid.* — Action directe du ministère public, 40.

Affiche des jugements rendus en matière de contrefaçon, 55.

Agriculture : Extension aux produits de l'agriculture de la loi relative aux marques de fabrique, 133.

Algérie : Décret du 5 juillet 1850, qui déclare la loi sur les brevets d'invention applicable à l'Algérie, 67.

Angleterre. Patentes d'invention, texte des lois, 219. — Résumé, 249. Loi sur les brevets d'invention dans les Indes anglaises, 254. — Dessins de fabrique, texte des lois, 272. — Résumé, 299. — Marques de fabrique, texte de la loi, 303. — Résumé, 322. — Conventions internationales pour la protection des marques et des dessins de fabrique, 322.

Annuités : Comment doit se calculer le délai pour le paiement des annuités, 35.

Appel des jugements correctionnels, 56. — Des jugements civils, en matière de brevets d'invention, *ibid.*

Apposition, addition, retranchement ou altération sur des objets fabriqués du nom d'un fabricant, d'une raison commerciale, d'un lieu de fabrication, 168.

Armes à feu : Décret du 14 décembre 1810, 139.

Autorité de la chose jugée en matière de brevets d'invention, 39 et suivantes, 48 et suivantes.

Autriche : Loi sur les brevets d'invention, 325. — Résumé, 337. — Loi sur les marques de fabrique, 340. — Loi sur les dessins et modèles de fabrique, 347.

Bade (grand-duché de) : Brevets d'invention, 355. — Conventions internationales pour la protection des marques de fabrique, 356.

Bavière : Brevets d'invention, 359.— Résumé de la législation bavaroise, 370. — Marques de fabrique, 372.

Beaux-Arts industriels : Nécessité du dépôt au conseil des prud'hommes pour conserver la propriété des objets se rattachant aux beaux-arts industriels, 86.

Belgique : Brevets d'invention, 377. — Résumé de la législation belge, 387. — Dessins de fabrique, 389. — Marques de fabrique, 390. — Conventions internationales pour la protection des marques et des dessins de fabrique, 391.

Bijouterie : Dépôt du modèle au conseil des prud'hommes; contrefaçon, 80.

Botot : Eau de Botot; de l'usage de ce nom, 177, 208.

Brésil : Brevets d'invention, 393.

Breveté : Enonciation mensongère de la qualité de breveté, 36. — Enonciation de ladite qualité sans y ajouter les mots : *sans garantie du gouvernement, ibid.*

Brevets de perfectionnement : Différences entre le brevet dit de perfectionnement et le certificat d'addition, 22.

Brevets d'invention. Propriété d'un brevet : peut appartenir à toute personne, à un seul ou à une société, 14. — Est commerciale la société constituée pour l'exploitation d'un brevet, *ibid.* — La communauté conjugale propriétaire du brevet, *ibid.* — Brevet, gage des créanciers, *ibid.* — La qualité d'inventeur n'est pas une condition nécessaire pour l'obtention d'un brevet, *ibid.* — Revendication de la propriété d'un brevet, *ibid.* — Le dépôt au conseil des prud'hommes ou au greffe ne peut suppléer la prise d'un brevet, *ibid.* — Droit des co-propriétaires d'un brevet, 15. — Sont brevetables : 1° l'invention d'un nouveau produit industriel, *ibid.* — 2° l'invention d'un moyen nouveau pour l'obtention d'un produit ou d'un résultat industriel connu, *ibid.* — 3° l'application nouvelle de moyens connus pour l'obtention d'un résultat ou d'un produit industriel, *ibid.* — La découverte d'un principe scientifique ne peut faire l'objet d'un brevet, 16. — Un brevet peut être annulé partiellement, 21. (V. *contrefaçon,* voir aussi les mots *déchéance* et *nullité.*)

Caoutchouc : Le brevet pris pour l'idée de filer le caoutchouc réserve en même temps à l'inventeur le droit de faire des tissus avec les fils, 19.

Carcel : Lampes carcel, façon de carcel, **174.**

Cartes à jouer : Décret du 9 février 1810, **138.**

Catalogue des titres des brevets pris l'année précédente : est publié au commencement de chaque année, **27.**

Cautionnement : Peut être imposé par le président à celui qui requiert la saisie, **50.**

Certificats d'addition : Dans quels cas et par qui peut être pris un certificat d'addition, 21. — Qu'arrive-t-il lorsqu'un autre que le premier inventeur prend un brevet de perfectionnement, 23. — Les certificats d'addition pris par le breveté profitent aux cessionnaires, et réciproquement, 26.

Cession des brevets : Peut être totale ou partielle, 24. — Est nulle quand le cessionnaire, en suivant fidèlement les indications de la description, ne peut obtenir le produit annoncé, *ibid.* — Quel tribunal compétent pour statuer sur les contestations s'élevant à l'occasion des cessions de brevets, *ibid.* — Quelles formalités à remplir, 25.

Châles de l'Inde : Une disposition imitée des châles de l'Inde peut constituer un dessin nouveau, 80.

Chili : Brevets d'invention, **395.**

Chimiste : Le chimiste employé dans une usine ne peut, en aucun cas, divulguer les secrets de la fabrication, **163.**

Chinage : Ne constitue pas un dessin de fabrique, 82.

Circonstances atténuantes, **46.**

Chose jugée : Autorité de la chose jugée, 39 et suivantes, 48 et suivantes

Colonies : Décret du 21 octobre 1848, réglant l'application dans les colonies de la loi sur les brevets d'invention, 66.

Combinaisons de crédit ou de finances : Ne sont pas brevetables, **17.**

Communication des brevets, **26.**

Communication d'un secret de fabrique à des Français, 161 ; — à des étrangers ou à des Français résidant à l'étranger, *ibid.* — Violation du secret de fabrication d'armes et munitions de guerre appartenant à l'État, *ibid.*

Compétence des tribunaux civils et correctionnels en matière de brevets d'invention, 42. — Id. en matière de marques de fabrique, 130. — Compétence en matière de dessins et modèles de fabrique, 96.

Complicité : Celui qui reçoit d'un ouvrier communication du secret de fabrique de son maître, doit-il être, par cela seul, considéré comme complice ? 163.

Concurrence déloyale : Peut motiver des dommages-intérêts devant le tribunal civil, même après acquittement du prévenu sur la plainte en contrefaçon, 45. — Est passible de dommages-intérêts pour concurrence déloyale, celui qui se dit l'inventeur d'un procédé dont il n'est que l'acheteur, 37. — De même celui qui, ayant reçu des médailles pour des machines à graver, les fait figurer sur des annonces, où il n'est question que de machines à coudre, *ibid*. Interdiction de se servir de son propre nom dans un but de concurrence déloyale, 169. — Similitude de noms commerciaux, 170 et suivantes. — Interdiction de se servir du nom d'un fabricant même alors qu'un produit est tombé dans le domaine public, 171. — De la concurrence déloyale au moyen des enseignes, factures, prospectus, etc... 191 et suivantes. — Concurrence déloyale par la similitude des noms de fantaisie donnés à des produits ou marchandises, 203. — Par l'imitation des flacons, formes, couleurs, etc..., 208. — Par la confusion établie entre un produit breveté et un produit tombé dans le domaine public, 215.

Confédération germanique : Brevets d'invention, 397.

Confiscation des objets contrefaits : Est prononcée, même en cas d'acquittement, contre les vendeurs, etc... 53. — A quels objets s'applique la confiscation, *ibid*. — Le propriétaire pourrait-il faire valoir son privilège sur les objets confisqués ? *ibid*. — Les tribunaux civils peuvent-ils prononcer la confiscation des objets contrefaits ? 54.

Conservatoire des arts et métiers : Y sont déposés les originaux des descriptions et dessins, à l'expiration des brevets, 27.

Consuls : Leur juridiction à l'étranger, entre Français, pour les contestations relatives aux marques de fabrique, 132.

Contrefaçon des objets brevetés : Est punie d'une amende de cent à deux mille francs, 42. — Poursuite exercée au choix du plaignant devant le tribunal civil ou le tribunal correctionnel, *ibid*. — Fabrication d'un objet destiné à l'usage personnel, *ibid*. — Différences légères dans la fabrication, *ibid*. — Réparation d'objets contrefaits, 43. — Violation des conventions passées avec le breveté, *ibid*. — Commande d'objets contrefaits, 44. — N'est pas coupable de contrefaçon celui qui obtient un résultat industriel par d'autres procédés que les procédés brevetés, *ibid*. — Recel, vente, exposition en vente, introduction sur le territoire français d'objets contrefaits, *ibid*. — Le débitant, même de bonne foi, peut être condamné à des dommages-intérêts, 45. — Le prévenu de contrefaçon, acquitté, peut aussi être condamné civilement à des dommages-intérêts, *ibid*. — De la récidive, *ibid*. — Des ouvriers du breveté, 46. — Des circonstances atténuantes, *ibid*. — Le ministère public ne peut poursuivre les contrefacteurs que sur la plainte de la partie lésée, *ibid*. — A qui appartient le choix de la juridiction, 47. — Celui qui a commencé un procès civil peut-il y renoncer, pour porter plainte au correctionnel ? *ibid*. — Quand le prévenu est acquitté, s'il n'y a pas appel de la part du ministère public, peut-il être condamné sur l'appel du plaignant ? *ibid*. — Les tribunaux correctionnels peuvent-ils prononcer la nullité ou la déchéance d'un brevet ? 48. — De l'autorité de la chose jugée, *ibid*. — De la demande de sursis devant le tribunal correctionnel jusqu'à l'issue du procès civil, 49.

Contrefaçon des dessins de fabrique : Peines, 91. — Imitation frauduleuse, *ibid*. — Combinaisons nouvelles, 93. — Question de bonne foi, 94. — Reproduction du dessin d'une étoffe sur une autre, 81, 95. — Tribunaux compétents, 96. — Preuve de la contrefaçon, 97.

Contrefaçon des marques de fabrique, 123. — Usage d'une marque contrefaite, *ibid*. — Apposition frauduleuse d'une marque appartenant à autrui, *ibid*. — Vente ou mise en vente de produits revêtus d'une marque contrefaite, ou frauduleusement apposée, *ibid*. — Du recel, *ibid*. — Imitation frauduleuse; usage d'une marque frauduleusement imitée, 124. — Vente ou mise en vente de produits portant une marque frauduleusement imitée, 125. — Produits étrangers revêtus d'une marque française, 132, 146, 157. — Contrefaçon des marques du gouvernement, 138.

Contrefaçon des noms d'individus ou de villes, 166, 181, 182.

Conventions passées avec le breveté : Leur violation peut constituer le délit de contrefaçon, 43.

Cotons filés, tissus et tricots de coton et de laine prohibés; marque obligatoire, 117, 143 et suivantes.

Danemark : Brevets d'invention, 401.

Déchéance des brevets : Distinction des mots déchéance et nullité, 28. — Défaut d'acquittement de l'annuité, 34. — Défaut d'exploitation pendant deux années, 35. — Introduction en France d'objets fabriqués en pays étranger et semblables aux objets brevetés, *ibid*. — Actions en déchéance, 37. — Sont portées devant les tribunaux civils, *ibid*.

Demande de brevet : Doit être bornée à un seul objet principal, 18. — Doit mentionner la durée; doit indiquer un titre exact, *ibid*. — Bien que limitée à un seul objet, la demande comprend les applications naturelles, nécessaires, 19.

Départements annexés : Décret du 11 août 1860, qui déclare exécutoires dans lesdits départements les lois sur les brevets d'invention, 68.

Dépôt des dessins de fabrique aux archives du conseil des prud'hommes, 84. — Au greffe du tribunal de commerce, dans les villes où il n'y a pas de conseil de prud'hommes, 88. — Nécessité du dépôt pour conserver la propriété des dessins, 85. — Dépôt des dessins et modèles de fabrique étrangers, 100.

Dépôt des marques de fabrique au greffe du tribunal de commerce, 118. Doit être renouvelé au bout de 15 ans, 121. — Droits à payer, *ibid.*

Description de l'objet de l'invention : Doit être claire, exacte et précise, 19. — Les originaux des descriptions et dessins déposés au Conservatoire des Arts et Métiers à l'expiration des brevets, 27. — Description des objets contrefaits, 49.

Désignation de marchandises : Noms, boîtes, enveloppes, étiquettes, etc., 203. — Concurrence déloyale au moyen du nom donné au produit, 203 et suivantes. — Préparation pharmaceutique ; titre du remède ; rob Boyveau-Laffecteur, 205. — Elixir tonique anti-glaireux de Guillié, 207. — Propriété exclusive en ce qui concerne la forme, la couleur, la disposition typographique des flacons, enveloppes, étiquettes, etc., 208. — Concurrence déloyale par l'imitation desdites formes, couleurs, etc., *ibid.* — Eau de Botot, forme des flacons, *ibid.* — Vinaigre de Bully ; nom commercial, enseigne, marque de fabrique, 209. — Dénomination spéciale : liqueur dite Chartreuse ; usurpation de nom ; tromperie sur la nature et la qualité de la marchandise vendue, 209 et suivantes. — Annonce sur les prospectus, enseignes, etc., de la qualité d'ancien employé d'une maison de commerce, 210. — Couleur, dimension, forme de la marchandise, 211.

Dessins de fabrique : Loi du 18 mars 1806, 70. — Qu'est-ce qu'un dessin de fabrique ? Différences entre le dessin de fabrique et le dessin artistique, 71 et suivantes. — Extension de la loi à diverses industries, 76. — Qualités nécessaires au dessin de fabrique pour constituer une propriété industrielle, 78. — Différence entre le dessin de fabrique et le procédé de fabrication, 81. (V. *Contrefaçon.*)

Dommages-intérêts : Règles d'appréciation des dommages-intérêts dus à la partie lésée par la contrefaçon, 54. — Saisies pratiquées sans droit, 55.

Dorure et argenture par les procédés galvaniques, 157.

Draps : Décret du 25 février 1810, 139. — Du 22 décembre 1812, 141.

Drap-velours de Montagnac : Brevet pris pour un procédé nouveau de fabrication, après un brevet pris pour le produit lui-même, 34.

Droits de timbre et autres en matière de marques de fabrique, 120. — Instruction du 6 octobre 1858, 156.

Durée des brevets : 5, 10 ou 15 années, 17. — Court du jour du dépôt de la demande, 20.

Durée de la propriété des dessins de fabrique, 90. — Des marques de fabrique, 121.

Eaux-de-vie : Extension aux eaux-de-vie et autres boissons de la loi relative aux marques de fabrique, 133.

Echantillons : L'inventeur peut-il déposer un échantillon ? 18. — Dépôt des échantillons de dessins de fabrique, 81.

Engrais : Fraudes dans la vente des engrais, 134.

Enseignes : Droit de choisir une désignation commerciale ; droit de premier occupant, 192 et suivantes. — Enseignes similaires, *ibid.* et suivantes. — Qualités prises dans les enseignes, prospectus, factures, etc., 193 et suivantes. — Vente de l'enseigne comme accessoire du fonds de commerce, 197. — Confusion provenant de la similitude des noms sur les enseignes, factures, 199. — Interdiction à un individu de se servir du nom de son associé sur ses enseignes, factures, prospectus, etc., *ibid.* et suivantes. — Droit de conserver le nom commercial d'un établissement, 201. — Vente de produits dans des boîtes portant le nom d'un concurrent, 209.

Espagne : Brevets d'invention, 403. — Résumé de la législation espagnole, 415. — Marques de fabrique, 417.

Essais : Des essais infructueux constituent-ils une antériorité capable d'invalider un brevet d'invention ? 29.

Etats-Romains : Brevets d'invention, 459.

Etats-Unis d'Amérique : Patentes d'invention, 419. — Résumé de la législation, 452. — Dessins, modèles et marques de fabrique, 457.

Etoffes : Dessins de fabrique, combinaison nouvelle d'éléments connus, 76, 80. — Etoffes d'or et d'argent, décret du 23 floréal, an XIII, 137.

Etrangers : Peuvent obtenir des brevets en France, 27. — Même faculté pour leurs héritiers ou ayant-cause, *ibid.* — Conditions de la protection accordée à leurs marques de fabrique, 121. — Produits étrangers revêtus d'une marque française, 146, 157.

Examen : Les brevets en France sont délivrés sans examen, sans garantie du gouvernement, 20.

Expédition des brevets : La première est délivrée sans frais, la seconde coûte 25 francs, 20.

Expositions publiques : Objets destinés aux expositions, 36.

Farines, grains, etc. : Jouissent du bénéfice de la loi relative aux marques de fabrique, 133.

41

Fils métalliques : La disposition donnée à des fils métalliques ne constitue pas un dessin de fabrique, 83.

Formalités à remplir pour la prise d'un brevet d'invention, 17. — Formalités nécessaires pour conserver la propriété des dessins de fabrique, 84. — Pour conserver la propriété des marques de fabrique, 117.

Gants : Est brevetable l'application d'un nœud à chaque point de la couture des gants, 16.

Garantie : Les brevets sont accordés sans garantie du gouvernement, 21. — Le ministre a le droit de rejeter toute demande, dans laquelle les formalités n'ont pas été observées, *ibid*.

Gaz : L'idée théorique de la déviation verticale des gaz des hauts-fourneaux ne constitue pas une invention brevetable indépendamment de tout système d'application, 33.

Genève (canton de) : Conventions internationales, 461.

Grèce : Pas de législation sur les brevets, 589. — Dessins de fabrique, *ibid*.

Guimperie : Décret du 23 floréal, an XIII, 137.

Hollande : Brevets d'invention, 463. — Résumé de la législation hollandaise, 470. — Marques de fabrique, 471.

Impressions : Sont protégés par la loi les dessins appliqués au moyen de l'impression, 76.

Imprimerie : Loi du 21 avril 1814, 143.

Indiennes : Dessin nouveau, contrefaçon, 80. — Reproduction sur des indiennes de dessins appliqués à des soieries, 95.

Initiales : Usurpation des initiales du nom d'un fabricant, 169.

Insertion dans les journaux des jugements de contrefaçon, 55, 97, 127.

Introduction sur le territoire français d'objets contrefaits, 44.

Italie (royaume d') : Brevets d'invention, 473. — Résumé de la législation italienne, 496. — Marques de fabrique, 499. — Conventions internationales, 504.

Jugement des affaires de contrefaçon : Sont jugées sommairement, 38, 130.

Leperdriel : Toile vésicante Leperdriel, imitation frauduleuse de la couleur, 212.

Licences : L'octroi d'une licence n'est soumis à aucune formalité, 25.

Loi du 5 juillet 1844 sur les brevets d'invention, 1. — Loi du 18 mars 1806, sur les dessins de fabrique, 70. — Loi du 23 juin 1857, sur les marques de fabrique et de commerce, 105. — Loi du 28 juillet 1824, sur la propriété des noms, 166.

Machines : Modèles de machines fabriqués à l'étranger, 36

Mailles : L'agencement particulier des mailles ne constitue pas un dessin de fabrique, 83.

Marques de fabrique : La marque facultative, 113. — Sens général du mot marque de fabrique, 115. — Le nom marque de fabrique, *ibid.* — Similitude des noms, *ibid.* et suivantes. — Marques obligatoires, 116. — Défaut d'apposition desdites marques, peines, 126. (V. *contrefaçon*).

Matières et ouvrages d'or et d'argent : Loi du 19 brumaire, an VI, 135.

Mecklembourg-Schwerin : Conventions internationales, 507.

Mecklembourg-Strelitz : Conventions internationales, 507.

Métier à tisser : Est brevetable l'application du métier à tisser à la fabrication des paillassons, 16.

Mexique : Brevets d'invention, 509.

Mise en commun d'un brevet d'invention, 25.

Noms : De la propriété des noms, loi du 28 juillet 1824, 166. — De la concurrence déloyale faite au moyen de la similitude des noms, 167 et suivantes. — Usurpation d'initiales, 169. — Noms semblables appartenant à deux commerçants, 169 et suivantes. — Produits tombés dans le domaine public, nom du fabricant, 171 et suivantes. — De l'usage légitime du nom commercial, 174. — De l'action en contrefaçon, 178. — A qui elle appartient, *ibid.* — Du droit de se servir du nom du prédécesseur, 178 et suivantes. — Objets provenant de fabriques étrangères vendus sous le nom d'un commerçant français, 181. — Des tribunaux compétents, *ibid* et suivantes. — Peines de la contrefaçon, 182. — De la prescription, *ibid.*

Noms des villes : Apposition, addition, retranchement, altération d'un nom de provenance, 182 et suivantes. — Le nom d'une ville ou d'un canton, peut-il devenir la propriété d'un seul individu ? 183 et suivantes. — Le nom d'une ville appartient-il d'une manière exclusive aux habitants *intra muros* ? 185. — Le propriétaire d'une source d'eau thermale a-t-il le droit exclusif d'employer le nom de la source ? 186. — Le nom d'une ville étrangère peut-il être l'objet d'une propriété exclusive? 187. — Action, compétence, peines, prescription, *ibid.*

Nouvelle-Grenade : Brevets d'invention, 527.

Nullité : des brevets : Distinction des mots *nullité* et *déchéance*, 28. — Défaut de nouveauté, 29. — Nullité partielle, *ibid.* — Questions relatives à la publicité donnée à l'invention, antérieurement à la prise du brevet, 30 et suivantes. — Compositions pharmaceutiques; plans ou combinaisons de crédit ou de finances, 32. — Simples changements de formes; ornements nouveaux, ibid. — Conceptions purement théoriques, *ibid.* — Inventions contraires à l'ordre, à la sûreté publique, aux bonnes mœurs ou aux lois, 33. — Titre frauduleux, *ibid.* — Description insuffisante, *ibid.* — Brevet de perfectionnement pris par un autre que l'inventeur dans la première année de la concession du brevet, 34. — Certificats d'addition pour changements ou perfectionnements, ne se rattachant pas au brevet principal, *ibid.* — Actions en nullité, 37. — Sont portées devant les tribunaux civils, *ibid.* (Voir les mots *déchéance* et *action.*)

Ombrelles : Étoffe pour ombrelles ; combinaison nouvelle d'éléments connus ; dessin de fabrique, 80.

Opposition aux jugements rendus par défaut, 56.

Ouvriers : Violation du secret de fabrique par les ouvriers, 162.

Papiers peints : Sont protégés par la loi de 1806, les dessins sur papiers peints, 76, 79. — Reproduction sur papiers peints de dessins de tentures, 95.

Paraguay : Brevets d'invention, 527.

Peines de la contrefaçon, en matière de brevets d'invention, 41 et suivantes. — Peines de la récidive, 45. — Id. contre l'ouvrier ayant travaillé dans les ateliers du breveté, 46. — Circonstances atténuantes, *ibid.*

Peines de la contrefaçon des dessins de fabrique, 91.

Peines de la contrefaçon des marques de fabrique, 123. — Défaut d'apposition d'une marque déclarée obligatoire, 126. — Interdiction du cumul des peines ; récidive, circonstances atténuantes, *ibid.* — Peines accessoires : affiche, impression du jugement, etc., 126 et suivantes. — Confiscation facultative pour le juge, 127. — Destruction des marques contraires aux dispositions de la loi, *ibid.* — Peines de la contrefaçon des marques du gouvernement, 138.

Peines de la violation du secret de fabrique, 161.

Peines relatives aux altérations ou suppositions de noms sur des produits fabriqués, 166.

Pérou : Brevets d'invention, 529.

Pharmacie : Ne peuvent être l'objet d'un brevet les compositions pharmaceutiques, 17, 32. — Pâte Regnault : emploi de ce nom, 174. — Rob Boyveau Laffecteur : droit de se servir du titre de ce remède, 116, 205. — Elixir tonique anti-glaireux de Guillié, 207. — Propriété de la couleur et de la forme du produit ; toile vésicante Leperdriel, 212.

Plans et combinaisons de crédit ou de finance : Ne peuvent être l'objet d'un brevet d'invention, 17, 32.

Pliage : Un mode particulier de pliage ne constitue pas un dessin de fabrique, 83.

Point de couture : Est brevetable l'application nouvelle d'un point de couture depuis longtemps employé, lorsque ce point de couture est substitué à l'emploi des cercles de cuivre servant à la fabrication des tuyaux à incendie en toile, 16.

Pologne : Brevets d'invention, 529.

Porcelaines : Sont protégés par la loi les dessins sur porcelaine, 76.

Portugal : Brevets d'invention, 531. — Résumé de la législation portugaise, 538. — Conventions internationales, 539.

Pourvoi en cassation, 56.

Prescription contre les actions et jugements, 56, 98, 182, 187.

Procédés chimiques : L'emploi de substances analogues à celles qui sont employées dans un brevet suffit pour constituer la contrefaçon, 42.

Propriété artistique et littéraire : Coup-d'œil sur la loi du 19 juillet 1793, 71.

Prusse : Brevets d'invention, 541. — Résumé de la législation prussienne, 546. — Marques de fabrique et noms des fabricants, 548. — Conventions internationales, *ibid.*

Publication des brevets : A lieu après le paiement de la seconde annuité, 27.

Quincaillerie et coutellerie : Arrêté du 23 nivôse an IX, relatif à la marque des ouvrages de quincaillerie et coutellerie, 137.

Recel d'objets contrefaits, 43.

Récidive : Peines de la récidive, 45.

Recueil des descriptions et dessins de brevets d'invention : Est déposé au ministère de l'agriculture et du commerce et au secrétariat de la préfecture, 27. — Originaux des descriptions et dessins déposés au conservatoire des Arts et Métiers, à l'expiration des brevets, *ibid.*

Rio de la Plata : Brevets d'invention, 551.

Rouge d'aniline : Ne peut être fabriqué au mépris des droits du breveté, même par des procédés différents, 42.

Rubans : Dessin nouveau, 80.

Russie : Brevets d'invention, 553. — Résumé de la législation russe, 562. — Marques et dessins de fabrique, 564. — Conventions internationales, 567.

Saisie en matière de contrefaçon de brevets d'invention : Description des objets contrefaits avec ou sans saisie, 49. — Du cautionnement, 50. — De ce que peut comprendre la saisie, 51. — Comment on peut se pourvoir contre l'ordonnance du président qui autorise la saisie, *ibid.* — Des dommages-intérêts contre le saisissant, en cas d'acquittement, 52. — De l'assignation dans la huitaine de la saisie, *ibid.*

Saisie en matière de contrefaçon de dessins de fabrique, 98. — Id. en matière de contrefaçon de marques de fabrique, 130. — Saisie des produits venus de l'étranger avec une marque française, 132. — Circulaire du ministre de la justice, 146.— Circulaire de la direction des douanes, 147.

Savons : Décret du 1er avril 1811, 139. — Du 18 septembre 1811, 140. Du 22 décembre 1812, 141.

Saxe : Conventions internationales, 569. — (Pour les brevets, voir *Confédération germanique*).

Sceaux, timbres, marques des autorités, 138.

Sculpture industrielle : Objets en fer, fonte, porcelaine, etc., dessin de fabrique, 76.

Secret de fabrique : Conditions d'existence du secret de fabrique, 162. —(Voir les mots *communication d'un secret de fabrique, ouvriers, peines*).

Société : Apport d'un brevet dans une société commerciale, 25.

Soie : Reproduction sur des indiennes de dessins de soieries, 95.

Spencer : Du droit d'employer ce nom, 176.

Substances vénéneuses ; marque obligatoire, 146.

Suède et Norwége : Brevets d'invention, 571. — Conventions internationales, 577.

Suisse : Conventions internationales, 579. — N'a pas de législation sur les brevets, 589.

Tannage : Lorsqu'un individu est breveté pour le tannage des cuirs au moyen d'une presse à plateau de son invention, n'est pas coupable de contrefaçon celui qui fait usage d'une presse différente pour le tannage par la pression, 44.

Teinture : Une matière colorante, bien que connue scientifiquement, peut faire l'objet d'un brevet au profit de celui qui, le premier, en fait l'application industrielle, 16, 42.

Tenture : Reproductions sur papiers peints de dessins de tenture, 95.

Ternaux : De l'usage de ce nom, 177, 179.

Timbres-poste : Contrefaçon ou usage de timbres-poste contrefaits, 138.

Tissage : Sont protégés par la loi les dessins appliqués au moyen du tissage, 76.

Tissus : Est brevetable un tissu imitant la broderie au crochet faite à la main, quoique produit par l'adjonction du métier à la Jacquard et du métier à mailles fixes, 15. — Est brevetable un tissu composé d'éléments connus dans la fabrication, si ces éléments n'ont jamais été combinés ensemble pour produire le même effet, 16.

Le dessin appliqué à des tissus de fil, dentelles, etc..., n'est pas nouveau, quand il a déjà été appliqué à des tissus de laine, 81.

Tissus français, similaires à des tissus étrangers prohibés, **117**.

Tribunaux compétents en matière de contrefaçon : **42, 150, 96**. (Voir le mot *compétence.*)

Tromperie au moyen de la marque de fabrique, **124, 133**.

Turquie : Pas de législation industrielle, **589**.

Velours : Un dessin, quoique puisé dans le domaine public, peut constituer une nouveauté par l'agencement et la disposition, **80**. — Décret du 23 fléréal an XIII, **137**.

Vente d'objets contrefaits, **44, 96, 123, 181**.

Villes anséatiques ; Conventions internationales, **538**.

Vins : Sont applicables aux vins les dispositions de la loi sur les marques de fabrique, **133**.

Voies de recours contre les jugements et arrêts en matière de contrefaçon, **56**.

Wurtemberg : Brevets d'invention, **585**. — Marques de fabrique, **587**. — Conventions internationales, *ibid.*

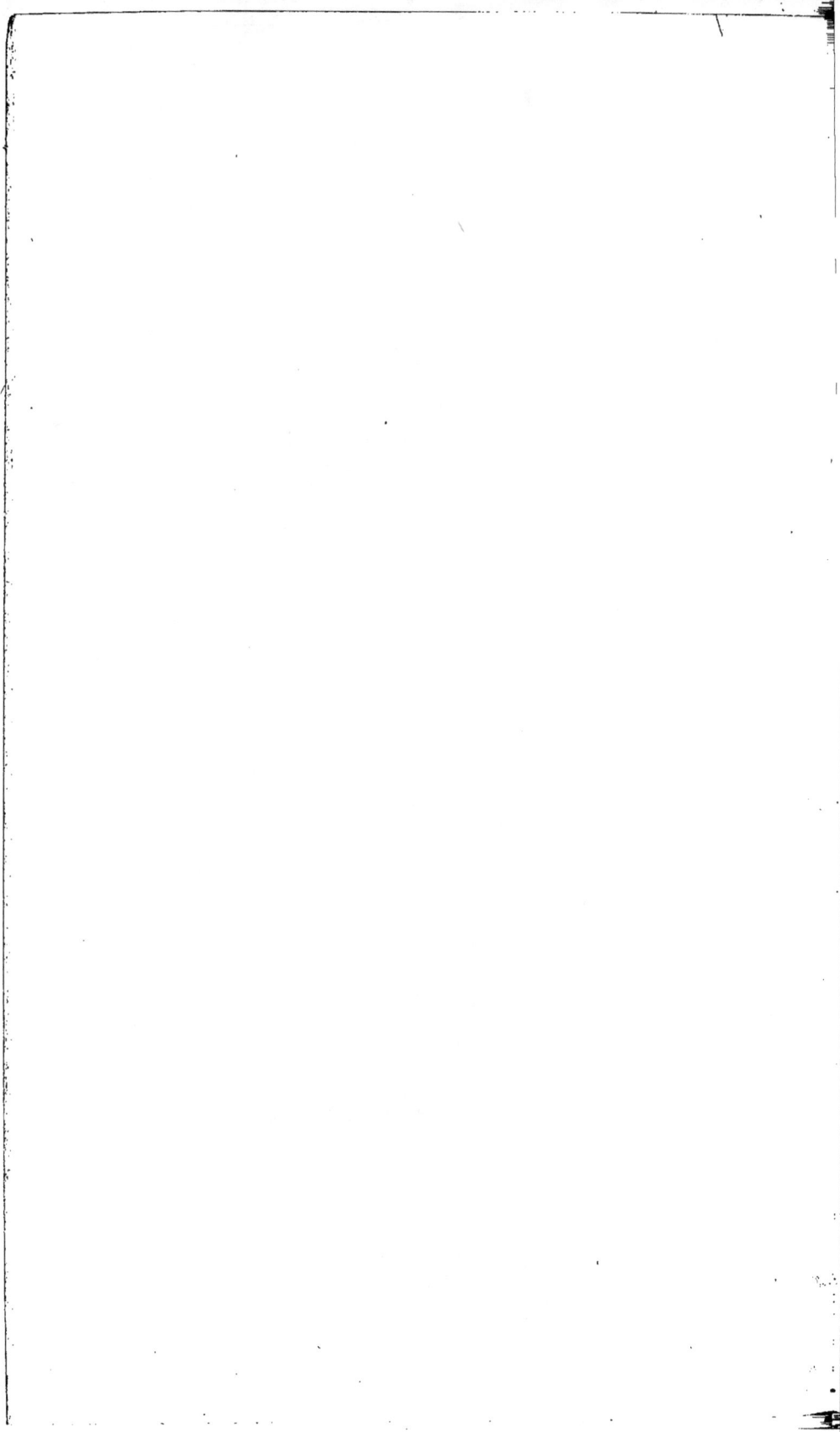

TABLE DES MATIÈRES DU SUPPLÉMENT

LÉGISLATION FRANÇAISE.

Pages.

Loi du 3 avril 1867, relative à la garantie des inventions susceptibles d'être brevetées et des dessins de fabrique qui seront
admis à l'exposition universelle........................ 593

Loi du 23 mai 1868, relative à la garantie des inventions susceptibles d'être brevetées et des dessins de fabrique qui seront
admis aux expositions publiques autorisées par l'administration dans toute l'étendue de l'empire................. 594

Décret impérial portant promulgation de la convention conclue
le 16 avril 1869, entre la France et les Etats-Unis d'Amérique pour la garantie de la propriété des marques de fabrique.. 594

Décret du 10 septembre 1870, concernant les inventeurs brevetés qui, depuis le 25 août 1870, n'auront pu acquitter les annuités de leur brevet dans le délai légal................ 596

Décret du 14 octobre 1870, dispensant les inventeurs qui prendront un brevet d'invention de verser immédiatement la
1re annuité de la taxe................................. 596

Décret du 25 janvier 1871, qui proroge de six mois le délai accordé aux brevetés pour mettre leurs inventions en exploitation en France...................................... 597

Arrêté du 5 juillet 1871, fixant l'époque où devront être acquittées les annuités arriérées des brevets d'invention qui n'ont
pu être versées depuis le 25 août 1870................. 597

Convention additionnelle au traité de paix du 10 mai 1871, entre
la France et l'Allemagne (Brevets d'invention)........... 598

Déclaration relative aux marques de fabrique............... 599

Loi du 26 novembre 1873, relative à l'établissement d'un timbre
ou signe spécial destiné à être apposé sur les marques commerciales et de fabrique............................... 600

Décret du 24 février 1874, qui approuve l'article additionnel à la

42

Pages.

convention conclue le 1er mai 1861, entre la France et la Belgique pour la garantie réciproque de la propriété littéraire, artistique et industrielle, signée à Bruxelles, le 7 février 1874.. 602

Décret du 25 juin 1874, portant règlement d'administration publique sur le territoire continental de la France, en exécution de la loi du 26 novembre 1873, concernant l'apposition d'un timbre spécial sur les marques de fabrique.......... 603

LÉGISLATION ÉTRANGÈRE

Autriche (brevets d'invention)............................. 613
Canada (brevets d'invention)............................. 613
　　— (marques de fabrique)............................. 616
Etats-Unis d'Amérique (brevets d'invention)............... 616
Etats-Romains (brevets d'invention)....................... 617
Grande-Bretagne (Angleterre, Ecosse, Irlande ;—brevets d'invention)... 618
Hanovre (brevets d'invention)............................. 619
Hollande (brevets d'invention)............................ 619
Italie (brevets d'invention)............................... 620
Pologne (brevets d'invention)............................. 621
Prusse (brevets d'invention)............................. 621
Empire d'Allemagne. Loi sur les marques de fabrique du 30 novembre 1874................................... 622
Russie (brevets d'invention)............................. 627

* 9 7 8 2 3 2 9 0 2 2 2 6 0 *